21世纪高等院校
新闻学与传播学经典教材
JOURNALISM&COMMUNICATION

当代中国广播电视史

哈艳秋 主编

中国国际广播出版社

图书在版编目（CIP）数据

当代中国广播电视史 / 哈艳秋主编. —北京：中国国际广播出版社，2018.6

ISBN 978-7-5078-3803-9

Ⅰ.①当… Ⅱ.①哈… Ⅲ.①广播事业－文化史－中国②电视事业－文化史－中国 Ⅳ.①G229.29

中国版本图书馆CIP数据核字（2015）第236343号

当代中国广播电视史

主　　编　哈艳秋
责任编辑　何宗思
版式设计　国广设计室
责任校对　徐秀英

出版发行　中国国际广播出版社［010-83139469　010-83139489（传真）］
社　　址　北京市西城区天宁寺前街2号北院A座一层
　　　　　邮编：100055
网　　址　www.chirp.com.cn
经　　销　新华书店
印　　刷　环球东方（北京）印务有限公司

开　　本　710×1000　1/16
字　　数　600千字
印　　张　44
版　　次　2018年9月　北京第一版
印　　次　2018年9月　第一次印刷
定　　价　98.00元

CRI 中国国际广播出版社　欢迎关注本社新浪官方微博　官方网站 www.chirp.cn

目　录

前　言

2009年，在中华人民共和国成立60周年之际，我向教育部申请了《当代中国广播电视史》的课题，荣幸地获得了批准，接下来的工作，就是我与我的学生们用了几年时间对课题进行深入的研究和写作。随着时间的推移，《当代中国广播电视史》也渐渐成形，到了付梓阶段。回顾几年来的写作岁月，我发现我已经与这一部书有了深厚的感情。

60年，整整一个甲子，新中国的广播电视从稚嫩走向成熟，走向了事业的辉煌。截至2009年年底，全国有广播电视播出机构2654座，其中广播电台251座，电视台272座，教育电视台44座，广播电视台208座；开办了3985套开路播出的广播电视节目，其中广播2675套、电视1310套；共计178套付费广播电视节目，其中付费电视139套、付费广播39套；我国广播和电视的覆盖率分别为96.31%和97.23%，覆盖人口超过12.8亿人。我国广播和电视在节目套数、生产数量、播出时间、用户规模等方面都位居世界前列；2009年，中央电视台6个国际频道在140个国家和地区落地入户，整频道落地用户超过1.3亿。中国国际广播电台对外播出语种达到59种，其中包括49种外语、汉语和普通话以及9种方言和少数民族语言，每天累计播出2562小时[①]。2009年12月28日，中国网络电视台正式开播，成为媒体融合发展的一个重要里程碑。回顾60年来广播电视业

① 中国传媒大学主编：《中国广播电视年鉴（2010）》，中国广播电视年鉴社，2010年10月版，第32、34、60页。

的发展，既有丰收的喜悦，也有对60年来广播电视业发展的反思。

一、本书写作的价值和意义

从1949年到2009年中华人民共和国已成立60周年，我国的广播电视事业也走过了60年的风雨历程。60年，在历史的沧海桑田中，不过是短短的一瞬间，但对于中国广播电视事业来说，却承载着太多的重负。特别是改革开放以来，我国的广播电视事业在各方面发生了很大的变化，取得了很大的成就。从“以阶级斗争为纲”转到服务于经济建设这个中心，这是最根本的变革。60年来广播电视工作者坚持解放思想，实事求是，在广播电视工作中不断探索，大胆实践，勇于创新，走出了一条符合中国国情、具有中国特色的广播电视发展道路。1992年，党的十四大确立了市场经济理论，在市场经济理论的指导下，广播电视管理体制、频道、频率、节目、经营等在理论研究和实践上都取得了很大成就，人们对广播电视作为媒体规律、新闻规律的重新认识和运作，广电集团的成立，节目栏目化、栏目频道化、企业化的经营机制的引入和发展，节目、栏目、频道的营销理念等都有许多新的认识和实践。新世纪以来，广播电视新闻工作者在构建社会主义和谐社会、实践科学发展观等理论方面做出了重要贡献。

近些年来，关于广播电视史方面的研究论述不少，如中国传媒大学赵玉明教授主编的《中国广播电视通史》、徐光春主编的《中华人民共和国广播电视简史》、刘习良主编的《中国电视史》、赵化勇主编的《中央电视台发展史》、杨波主编的《中央人民广播电台简史》、王庚年主编的《中国国际广播电台发展史》等，这其中有些属通史类的著作，有些则属于部门史、台史等。这些著作为研究中国广播电视业的发展做出了重要贡献。而以《当代中国广播电视史》为题，对广播电视事业自1949年至2009年这60年的发展，特别是从历史视角对新中国广播电视业发展进行跨世纪全面梳理的研究性著作还没有。因此，本书的写作和出版的意义与价值有以下几点：

第一，总结广播电视发展的历史经验，探索适合中国国情、具有中国特色的广播电视发展道路。从中华人民共和国成立到2009年，60年来广播电视事业发展风云变幻，特别是1978年以来的30年间，是中国广播电视出现以来发展最快、进步最大的历史时期，可以说它所蕴含的关于广播电视的传播思想、理论发展与改革创新等重大问题超出了以往任何阶段的总和；同时，进入新世纪以来中国广播电视行业内的改革不断深化，科学技术的迅猛发展，为广播电视事业的发展带来了新的机遇，同时也产生了许多新问题、新情况亟待研究和解决。本书及时地总结了这一时期中国广播电视发展进程中的新理念、新经验、新成果，以便为中国广播电视事业今后的发展和决策提供历史经验和理论依据，探索适合中国国情的、具有中国特色的广播电视发展道路。

第二，自改革开放至新世纪第一个十年中，广播电视工作者坚持与时俱进、大刀阔斧的改革，中国的广播电视业发生了巨大的改变。本书系统地梳理了中华人民共和国成立60年来广播电视事业的发展进程，论述在中共中央的领导下，党的十一届三中全会到十七大提出一系列正确理论和方针政策对广播电视事业发展的指导和影响，以及广播电视事业的发展对改革开放、市场经济理论、全面奔小康社会、构建和谐社会和坚持科学发展观等理念贯彻的实际推动力，为广播电视可持续发展提供具有借鉴价值的经验和规律。同时，本书着眼于新时期广播电视事业的新发展，具体研究了广播电视在弘扬社会正气，通过社情民意引导社会热点、疏导社会情绪，并在搞好舆论监督和保障人民知情权、参与权、表达权、监督权等方面发挥的重要作用。

第三，本书对广播电视学的理论建构具有重要意义。20世纪60年代前后，广播电视学作为一门新兴的学科在我国起步，经过广播电视工作者的努力，90年代出现了繁荣发展的局面。改革开放以来，中国广播电视事业发展迅速，而广播电视学的理论研究却相对滞后，特别是对新世纪广播电视发展的研究呈现出零散的、碎片化的倾向，没有形成完整科学的理论体系，本书的出版对于推动新世纪中国广播电视理论研究具有一定的借鉴作用。

最重要的是，本书认真总结60年来广播电视工作理论与实践经验，为广播电视系统调整结构、制定广播电视政策提供参考，为制定广播电视人才的发展战略提供理论支持，并为广播电视业的发展提供一定的参考作用。

第四，本书对构建和谐社会、发展社会主义新闻传播事业具有重要意义。广播电视作为一门专业性、实践性较强的学科，与社会发展的关系密不可分，在国家建设和文化传承中有着不可替代的重要作用。在构建和谐社会的大背景下，如何使广播电视新闻传播与社会发展形成良性互动，是当前广播电视研究的重要课题。截至2009年广播电视统计数字显示，当代中国有上千家广播电台和电视台、有上千个频道和频率，有着世界上最大的受众群和传媒市场。本书对中华人民共和国成立以来中国广播电视新闻传播事业进行科学系统的分析研究，有助于中国广播电视事业的发展，促进先进文化的传播，促进中华民族文化的健康发展，促进和谐社会的构建。

二、本书写作目的和达成目标

本书的写作坚持以历史本体论为导向，以“存史、资政、育人”为指导思想，力求在广度和深度上开掘中国广播电视历史研究的内涵，重视将当代中国广播电视的专题研究和个案研究有机结合，既重视系统性，又重视专业性。致力于发掘当代中国广播电视发展中出现的新问题和新经验，总结当代中国广播电视事业在改革开放大背景下的发展规律，写作中坚持论从史出、以史带论，从而对今后中国广播电视事业提出具有前瞻性的思想和发展理念。

总体目标为：

（1）本书本着为社会服务、创造最佳社会效益为主要目标。本书的研究对象是当代的中国广播电视事业，从社会科学发展的角度而言，它是构建完整和系统的广播电视学科体系的重要基础。

（2）本书的出版，一方面要促进我国广播电视事业的发展，一方面有利于我国广播电视的学科建设，使之更加完善、系统，形成科学的理论体系。本书可以作为新闻院校的广播电视专业的教学材料，成为开展广播电视理论和历史研究的重要参照，从而成为广播电视学科建设的重要组成部分。

（3）本书有利于广播电视工作者提高广播电视素养。本书可以作为广播电视工作者在实践中的理论学习或参考资料。在实践工作中积累了丰富经验的广播电视工作者需要不断提高个人的理论水平和综合能力，通过业界和学界的交流沟通，使广播电视理论和历史研究与现实紧密结合，切实做到理论联系实际。

（4）本书写作过程中注意在广播电视理论和历史研究领域培养出一支年轻有为、富有创新精神的研究团队，为我国的广播电视事业输送人才。本书主要成员均为取得广播电视学（广播电视史方向）博士、硕士学位的大学教师或编辑记者等，他们主持并参加过国家和省部级科研课题，并出版或发表广播电视史方面的学术论文，有些成员长期从事广播电台、电视台、报社的实践工作，有着丰富的实践经验；并具有新闻传播学科的学术背景，这些为本书的顺利完成提供了重要保障。在本书写作的过程中，团队成员强化对广播电视事业和广播电视历史知识的正确认识，强化马克思主义的历史观，掌握科学的研究方法，进行科学的资料汇集和分析研究。同时，在新的历史发展阶段，面对改革开放所带来的新情况和新问题，要求团队成员站在历史的高度，总揽全局，关注当下，将对广播电视传统媒介研究与媒介融合有机结合在一起。通过《当代中国广播电视史》的研究和写作，这支研究团队将成为中国广播电视发展历史的记录者和理论创新的探求者。

（5）本书写作的重点是梳理中华人民共和国成立 60 多年以来中国广播电视事业在新闻传播和事业建设方面的轨迹与脉络，总结改革开放理论对广播电视的指导作用和影响，探讨改革开放理论对构建中国广播电视经营管理体制的重要意义以及对广播电视理论和实践的创新与改革的重要价值；发现并阐述中华人民共和国成立60多年以来广播电视的重要特点、发展规律和取得的伟大成就与经验。

三、本书的主要特点

1. 重视对广播电视史实描述，同时也重视对其进行评价

书中每章都重视对一些重要事件、现象，广播电视事业发展，业务工作改革、节目创新等进行分析和评价，指出其历史意义、作用或者影响。本书一改以往广播电视史书只叙述、不评价，述而不作的问题，力求在总结和反思中做出准确客观的评价，做到以史为鉴、启迪后人。

本书每章开头都有概述，对该章提纲挈领；每章结尾都有“本章小结”，既有对本章内容的总结概括，更有帮助读者对各章总体把握和认识的总体评价。除此之外，书中还有对各章重点内容的重点关注及对相关问题的重点提示和把握，对一个时期广播电视发展既有肯定，同时也指出存在的问题和不足，例如书中第五章的章末小结，对改革开放初期的广播电视发展既有肯定，又指出存在的问题。又如第二章中，评价“大跃进”时期广播电视在对内对外宣传上的深刻教训，指出当时广播电视宣传的消极影响，对“大跃进”时期广播电视事业进行反思。

2. 注重背景和细节的交代和介绍

中国广播电视的发展离不开中国社会大背景、大环境和历史时代，本书注重与时代背景有机联系与融合，如第四章第一节“广播电视工作在拨乱反正中初步发展”，其中对关于真理标准大讨论的背景、细节进行呈现；又如广播电视宣传初步改观，这个时期出现的一些新情况，书中都对其细节做了介绍，如对1976年12月21日北京电视台转播的《诗刊》编辑部主办的一场诗歌朗诵音乐会实况；1977年1月周恩来总理逝世一周年文艺

演唱会；1978 年 10 月话剧《于无声处》在上海公演，中央电视台破天荒要求上海电视台向全国现场直播，这是上海电视台第一次向全国直播节目，以及 1977 年 12 月高考的恢复等。以上这些内容所发出的信号告诉人们广播电视发展的春天来临了，广播电视发展的机遇来了，她与我们国家的时代命运息息相关。此后不久，广播电视中评论节目发展、批评性报道节目崭露头角，都说明了这个道理。又如书中提到的一个有趣的细节：1980 年 5 月中央电视台组团赴英国考察，看到了英国广播公司（BBC）正在制作英语教学节目《跟我学》样片，中央电视台从中得到启示。1982 年 1 月中央电视台推出的《跟我学》，该节目提供了一个形象化教学的实例，为电视教育节目提出了一种新的思路和方法。《跟我学》节目使中国人学习外语的观念为之一新，收视效果极好，6000 万份的学习资料很快销售一空。

3. 尽量做到处理好几个关系

第一，除了反映中央三台（中央人民广播电台、中央电视台、中国国际广播电台）对内对外传播，也注重对地方广播电台、电视台的新闻节目，经济、文化、文艺、体育等节目，纪录片，广告等节目的改革创新的关照。一部当代中国广播电视史，必须具有全局的眼光、视野；同时也要兼顾地方广播电视业发展，不能单单写成“中央三台史”。第二，既重视广播电视节目内容的改革与发展，也重视广播电视事业、广播电视技术应用的发展变迁，认识到技术是做好广播电视传播的保障。如 20 世纪 80 年代调频立体声广播出现、微波传输节目、同步卫星传送广播电视节目、ENG 电子采访设备引进、黑白电视向彩色电视发展等都有所涉及。第三，既要做好对内传播，也要重视我国广播电视对外传播。我国广播电视的对外传播，是本书重点关注的一个方面。从中华人民共和国成立初期到改革开放以来，我国一直重视对外传播，提出了“向世界介绍中国、向中国介绍世界”的发展方针。因此，广播电视在中国走向世界、让世界了解中国、讲好中国故事中，发挥了重要的桥梁和纽带作用。中国国际广播电台、中央电视台国际频道在中华人民共和国 60 多年广播电视发展中一直重视对外传播，新世纪以来进入了新的发展阶段。对外广播电视全面调整，加强传播的针对性，积极优化广播电视节目，提高对外的传播力、影响力。第四，本书单独开辟篇章研究香港、澳门、台湾地区的广播电视业发展，包括新世纪以来的最新发展情况。

4. 重视研究广播电视的受众调查工作开展

以往的研究中更关注广播电视传播的主体，本书则同时关注广播电视客体（即广播电视受众调查方针）变化，多处涉及相关内容，做好信息反馈工作和改进受众需求。受众调查运用社会统计方法，借助计算机完成抽样、统计和运算，在大量的数据基础上进行分析并得出结论。20 世纪 80 年代以来广播电视开展的受众调查工作，采取科学化、现代化的抽样调查研究方法；1982 年 6 月北京新闻学会对北京市居民读报、听广播、看电视情况进行了一次综合考察，从此以后受众调查成为广播电视了解受众，提高节目质量和效果的重要方法，是具有里程碑意义的工作。1986 年中央电视台组织了一次全国城市范围的受众抽样调查，这是电视领域开展的一次大型受众调查工作，此后，广播电视受众调查工作已经逐渐成为常态开展起来，还成立了专门的机构。

5. 重视对广播电视重大事件的评论、记录和研究

1964 年中央广播事业局制定的《宣传业务整改提纲（草案）》，推动了当时广播电视业务的改进。1983 年第十一次全国广播工作会议提出“四级办广播、四级办电视、四级混合覆盖”的方针，这是广播电视行业发展的一项重要方针。这个方针使广播电视体制与广播电视事业的性质和任务相适应，极大地激发了中央和地方、特别是地方市县办广播电视的积极性。“四级办”的提出，是广播电视方针政策和广播电视体制的一次重要改革和调整。20 世纪 80 年代广播电视提出“自己走路”的方针，为探索广播电视的宣传规律，更好地发挥了广播电视的优势作用，如 1983 年中央人民广播电台对黑龙江省双城堡火车站野蛮装卸的连续报道、1987 年对大兴安岭火灾的报道，本书都重视记录这些在广播电视史上产生重大影响的事件。2008 年第二十九届夏季奥运会在北京召开，在中国广播电视史上同样留下精彩纷呈的一页。北京奥运会是中国步入新世纪以来的一大盛事。举国倾力办奥运，在世界奥运史上留下浓墨重彩的一笔。北京奥运会提出“绿色奥运、科技奥运、人文奥运”的理念，广播电视发挥现场报道、视听报道的优势，成功向世界传播这些理念。本书第七章设立专节，来展示广播电视对北京奥运会报道的盛况。

6. 重点介绍了一批在中国广播电视史上有影响的广播节目、电视节目的发展情况

1980 年第十次全国广播工作会议提出坚持“自己走路”的方针；1983 年，第十一次全国广播电视工作会议提出宣传工作的改革要以“新闻改革为突破口”，同时，这次会议上倡导“扬独家之优势，汇天下之精华”的业务方针。在内容为王的时代，好的节目、好的内容更容易得到受众的青睐，如 20 世纪 80 年代的《为您服务》《观察思考》、90 年代的《焦点访谈》《东方时空》《新闻调查》《实话实说》《今日说法》等，以及新世纪以来的《南京零距离》《非常 6+1》《百家讲坛》《感动中国》等都是老百姓家喻户晓、耳熟能详，产生了极大社会影响的节目。同时，一大批优秀的主持人也随着诸多广播电视节目的热播脱颖而出。

7. 重点对广播电视发展中，广播电视节目、广播电视机制体制等重大改革和创新进行研究

20 世纪 80 年代初，广播电视中出现主持人节目，一改以往传统生硬的节目模式，在广播电视与观众（听众）的交流互动上进行大胆探索。1979 年 8 月中央电视台开办的第一个综合性服务节目，推出颇有影响力的《为您服务》节目，1982 年由主持人沈力主持，1983 年开始设置固定主持人。1981 年中央人民广播电台对台湾广播《空中之友》的主持人徐曼，她的广播在台湾有广泛影响。1987 年 1 月 1 日中央人民广播电台的《午间半小时》

节目开播，其主持人是傅成励、虹云、陈希。节目火爆的同时都使其节目主持人走入百姓视野、获得巨大关注度。主持人节目的出现，表明在改革开放的大环境中，广播电视的传播特性逐渐得到认可，推动了广播电视节目的改革创新。

又如本书中梳理了广播电视文艺类节目的发展。文艺类节目是最早推行栏目化的，它优化了节目手段，加强了受众的参与度。广播电视文艺从过去的单一、封闭式的办节目方式，向着开放式发展。在广播电视栏目化过程中，栏目采用了一些开放式手段提高节目效果。如通过直播方式为广播电视文艺节目增添活力。20 世纪 80 年代，中央人民广播电台在第三套开办调频立体声节目，如《音乐杂志》《乐坛人物》。随后又开辟了《都市闲情》《歌迷俱乐部》等直播栏目，直播、热线、广大听众直接参与等成为办好广播的关键。

20 世纪 80 年代，因电视文艺工作者借助先进电子技术和屏幕的视听兼容功能而产生新型的综合艺术，综艺节目的兴起为电视文艺节目发展开拓途径。1983 年《春节联欢晚会》在名称、内容、形式、气氛等方面都为以后历届“春晚”起到了奠基作用，这也标志着我国电视文艺晚会走入成熟时期，1983 年“春晚”已成为中国广播电视史上标志性节目。

1986 年 12 月 15 日，珠江经济广播电台开播，这是我国改革开放后建立的第一家经济广播电台。珠江经济台提出了“大众型、信息型、服务型、娱乐型”的办台方针，实行了以新闻、信息为骨架，以大时段（大板块）节目为肌体，主持人直播进行双向交流的传播方式。珠江经济台开播第一年收到听众来信一百多万封，接到听众电话近百万个，听众参与节目的热情空前高涨。“珠江模式”使广播更加贴近受众、贴近实际、贴近生活。珠江经济台的成功在全国产生广泛影响，短短几年内就有上海、天津、北京、辽宁、河南、四川、浙江等十几个经济广播电台（又称专业台）开播，使广播的多种功能得到充分发挥。

8. 加强了对少数民族广播电视事业的发展研究

从20世纪50年代少数民族广播出现，到80年代、90年代以及新世纪以来，少数民族广播电视事业和节目发展变化巨大。本书在相关章节中重点记述了少数民族广播电视的发展。改革开放后我国少数民族广播电视事业在技术、节目制作等方面与时俱进、继往开来，为社会主义建设贡献了自己应有的力量。随着通信卫星实现、西部大开发战略的实施，少数民族地区广播电视覆盖率提高，各少数民族地区的电台、电视台都使用少数民族语言播送节目，各少数民族人民群众的思想观点，价值取向、伦理道德、风俗习惯，经济生活与文化生活方式等发生了明显的变化。

9. 重视广播电视传播技术发展变化的呈现

广播电视技术是支撑广播电视发展的支柱、基础。20世纪50年代以来，广播电视的发展离不开技术的推动。从20世纪50年代到新世纪以来的60年间，广播电视技术发展变化惊人，改变了人们的接收习惯和方法，本书记录了广播电视技术是怎么一步步走过来的，特别是网络时代、数字时代、广播电视技术与互联网、新媒体的融合，带来的广播电视业在视听领域的革命性变革。

10. 加强了对新世纪以来广播电视业的研究。对于新世纪以来广播电视业发展的研究无论在篇幅、内容上都在本书中占有重要地位，也是本书跨世纪专著的重要体现

新世纪广播电视业承上启下，走向未来。我国广播电视业由广播电视大国走向广播电视强国，写好新世纪第一个十年广播电视业，是本书的重要责任和一大亮点。

本书“新世纪广播电视事业发展”分为上、中、下三章，呈现了中国广播电视对内对外传播、少数民族广播电视、民营电视节目的兴起、广播电视教育和理论研究、广播电视技术发展及媒介融合等具有新特色的广播电视内容。

对新世纪重要的广播电视节目研究，有展现原生态、低门槛、具有励志意味的《超级女声》，传递中华民族精神和社会正能量的《感动中国》等电视节目的研究；又有关注社会民生话题的《行风热线》《每周质量报告》等节目的研究；还有新时期广播电视公共服务的建设成果如“村村通”工程、“西新工程”“三网融合”等成果及其评价，均在书中有所呈现；新世纪广播电视产业发展中的动画产业、电视剧产业、付费频道等相继出现，2009年广播电视产业年总收入为1852亿等具有新时期特色、新发展特点的研究均有所涉及。本书对新世纪以来的广播电视事业发展的研究涉及二十余万字，占到全书超过三分之一的篇幅。

11. 重视运用统计数据、图表说话，试图通过数据展示广播电视的发展变化情况，使人一目了然

最后，需要加以说明的一点是，本书的时间上限是1949年10月，下限是2010年前后。但是少数内容数据又有适当的延长，个别统计数据时间延长到2013年前后。

哈艳秋

2017年6月于北京

第一章　新中国初创时期的广播事业

1949 年 10 月 1 日，中华人民共和国正式成立，揭开了中国历史的新篇章，也标志着中国共产党领导的人民广播事业由此进入了新的历史阶段。从 1949 年 10 月到 1956 年年底，是中国共产党发动、组织全国人民恢复国民经济，贯彻执行党在过渡时期总路线，把新建立的人民共和国由新民主主义国家转变为社会主义国家的伟大历史时期，也是中国共产党和人民政府通过接管、改造旧中国的广播电台，在全国范围内开创、建设人民广播电台，为发展具有中国特色的人民广播事业奠定基础的历史阶段。

这一时期，新中国的人民广播事业体系得以建立起来；中央广播事业局和地方广播管理机构为主干的广播事业管理机构逐渐形成；中央和地方广播，对内和对外广播，无线和有线广播都得到了快速的发展，并为重大政治运动和经济建设作了较为积极的宣传。截至 1956 年年底，我国共有广播电台 56 座、发射机 42 部、有线广播站 1458 个、广播喇叭 50.6 万只[①]，初步形成从中央到各大行政区、省（市）到地市、县区乡村的广播宣传网。新中国的广播事业建设开始全面启动。

① 左漠野主编：《当代中国的广播电视》（上），中国社会科学出版社，1987 年版，第 35 页。

第一节 新中国广播事业的建立

中华人民共和国成立之初，同其他领域一样，广播事业也有一个建立、健全并逐步发展的过程。从 1949 年开始到 1956 年，建立和健全了各级广播事业领导和管理体系，建设了以中央人民广播电台为中心的全国宣传广播网，并通过接管原国民党广播电台、对私营广播电台的社会主义改造以及大力发展人民广播收音网，形成了新中国社会主义广播事业新格局。

一、建立和健全各级广播事业领导机构

解放区人民广播事业到中华人民共和国成立前夕，已经发展成一定规模，形成了相应的管理制度。除关于广播电台管理和新闻宣传管理的具体规定外，主要有：（1）适应广播事业发展，中共中央决定将原新华总社的口头广播部扩充为中央广播事业管理处，领导和管理全国广播事业。其主要职责是直接领导与管理北平新华广播电台；计划与建立全国广播网；指导各地广播电台的业务；训练广播事业干部；管理各地私营广播电台等。（2）该处与当时的北平新华广播电台（1949 年 9 月改名为北京新华广播电台，1949 年 12 月 5 日改名为中央人民广播电台）合二为一，与新华总社同受中央宣传部的领导。（3）地方则由中央局所在地人民广播电台领导和管理所属区域的广播事业。（4）中央局所在地人民广播电台的日常工作由中央局宣传部管理，其重要工作方针、重要技术设施与重要人事配备须报告中央广播事业管理处批准；普通城市人民广播电台的日常工作由所在地的市委、区党委、省委宣传部管理，其重要工作方针、重要技术设施与重要人事配备须报告中央局所在地人民广播电台批准[①]。

① 黄金良：《新中国广播电视行政管理体制的演变》，载《声屏世界》2009 年第 11 期，第 6—7 页。

中华人民共和国刚刚成立，中国共产党开始领导全国各族人民有步骤地实现从新民主主义到社会主义的转变。为了适应有计划大规模经济建设的需要，自1952年开始，我国进行了首次政府机构改革。广播电视行政管理体制的初创，就是在这样的大背景下，既继承了解放区人民广播事业的管理制度，又考虑了中华人民共和国建立初期广播事业百废待举的需要，呈现出一些新的特点。

1. 建立和健全广播事业领导机构

1949年12月21日，中央广播事业管理处发出通告，“兹以中央人民政府新闻总署广播事业局成立，奉中宣部之命即日结束处务”。由此，中央广播事业管理处改组为中央广播事业局①，直属中央人民政府政务院新闻总署领导。它既是新闻宣传机关，又是行政事业管理机关，主要任务包括：（1）领导全国各地人民广播电台；（2）直接领导中央人民广播电台对国内和对国外（呼号为“北京广播电台”）的广播；（3）普及人民广播事业；（4）指导和管理各地私营广播电台；（5）培养和训练广播事业干部。中央广播事业局李强任局长，梅益、徐迈进为副局长。1952年2月12日，新闻总署②撤销，中央广播事业局改由政务院文化教育委员会领导，宣传业务由中共中央宣传部领导。同年9月，李强调任其他工作，梅益任局长，徐迈进、温济泽任副局长。1954年11月，由于国家机关改组，中央广播事业局的技术行政业务改由国务院第二办公室（一度由文化部）领导，宣传业务仍由中共中央宣传部领导。

中华人民共和国成立初期，地方政府并没有设立专门的广播事业管理机构，设中央局的时候，由中央局所在地人民广播电台领导和管理所属区域的广播事业；中央局撤销后，由省级人民广播电台负责领导和管理本省

① 广播事业局前身为1949年6月5日成立的中央广播事业管理处。1952年改称中央广播事业局，1954年又改称广播事业局，1967年12月起，中央相关文件中开始使用中央广播事业局的名称，1982年5月改组为广播电视部。

② 中央人民政府新闻总署，是中华人民共和国成立后，第一届中央人民政府政务院的一个部门。新闻总署于1949年11月1日成立，1952年政府机构调整时撤销。

的广播事业。各地人民广播电台同时领导和管理所在地方的广播事业和广播工业。

1956年2月20日，国务院根据农村广播网的建立和迅速发展使得省级人民广播电台管理起来越来越力不从心的实际，发出了《关于农村广播网管理机构和领导关系的通知》。文件除规定中央广播事业局设立相应机构负责全国农村广播网建设外，还要求各省、自治区、直辖市人民委员会设立广播管理局或处，负责全省（包括城市郊区）农村广播网的建设，并管理省属市的人民广播电台。山西、内蒙古、江苏、福建、江西、山东、湖南等地陆续成立了省级广播管理局，东北三省和安徽、广西、贵州等地陆续建立了广播管理处。

2. 广播管理机构管、办合一，“三位（宣传、技术、行政）一体”

广播管理机构既是新闻宣传机关，又是事业管理机关，肩负着双重职能，管、办合一，所以又有“三位（宣传、技术、行政）一体”之说。当时中央广播事业局的内设机构有秘书室（含人事处、财务处、行政处）、编辑室（中央人民广播电台编辑部、国际广播电台编辑部、地方电台编辑研究室）、技术室、工程处、工务处、研究室。主要职责是领导全国各地人民广播电台，审核批准各地人民广播电台之重要工作方针、重要技术设备、重要人事配备；普及人民广播事业，推行中心城市的有线广播建设，以组织和教育工厂、机关、团体、部队、学校的听众；指导与管理各地的私营广播电台；培养与训练广播事业干部。随着农村广播网的建立和迅速发展以及广播艺术团体的成立、人民唱片事业的兴起、广播器材厂的开办、修理服务部的设立、广播报纸和期刊的出版、监测台的建立等，又不断扩大了中央广播事业局的职责范围。地方广播管理机构起初是由中央局以及中央局撤销后的省、自治区、直辖市人民广播电台担任，后来成立的专门广播事业管理机构，一般和广播电台合署办公，由台长兼任局长。

3. 地方广播事业实行中央广播事业局和地方政府双重领导

1955年9月12日，国务院发布的《关于地方人民广播电台管理办法的规定》明确规定，各省、自治区、直辖市、省辖市人民广播电台为各省、自治区、直辖市、省辖市人民委员会主管广播事业的直属机构，受各该级人民委员会及中央广播事业局领导。具体说来，就是各省、自治区、直辖市人民广播电台的编制、财务、计划和一般行政业务，受各级人民委员会领导；其广播业务（新闻宣传）、广播技术和广播事业建设，受中央广播事业局领导；省辖市人民广播电台的上述业务，由中央广播事业局通过该省人民广播电台加以领导。9月13日，中共中央宣传部发出《关于各级党委宣传部应加强对广播宣传的领导和监督的通知》，规定了地方人民广播电台的日常宣传业务，广播电台工作的政治思想领导以及广播电台干部的教育管理，仍应由各级党委领导。要求各级党委宣传部加强对广播宣传的领导和监督，充分利用它来推动和改进工作。1956年2月，国务院发文要求各省、自治区、直辖市人民委员会成立广播管理机构时，再次明确省、自治区、直辖市的广播管理机构属于该级人民委员会，业务上受中央广播事业局的领导。

4. 中央广播事业局通过行政手段实施管理

中央广播事业局管理全国广播事业的方式，主要是通过行政手段，采取从上到下层层下达指示、命令、决定的方式实施管理。1950年1月4日，中央广播事业局发出《关于规定各地人民广播电台分区管理办法的通令》。紧接着，中央广播事业局编印的《广播通报》，第一期于1950年2月1日出版。这一内部刊物主要刊登新闻总署和中央广播事业局给各地方电台的指示和通知、中央人民广播电台各部门的工作总结和节目情况、地方电台的工作报告和节目情况，旨在加强对广播工作的领导。1950年3月12日，中央广播事业局发出《关于宣传政务院统一国家财政经济工作决定的通知》。这是中央广播事业局建立后关于广播宣传的第一个指示，要求各地人民广播电台组织讨论，联系当地实际情况，指定宣传计划。通知还要求有些省台将政务院的决定和中共中央的通知等文件以记录新闻播送，以使交通困难、报纸传递迟缓的地方尽快知道。其后，中央广播事业局连续发出指导各地广播工作的文件，如《关于各地人民台联播中央人民广播电台节目的规定》（1950年4月1日）、《关于各台编播分工、工程方针、中波波段分配、短波机使用等办法的规定》（1950年4月6日）、《关于人民广播电台订定广播节目时间的规定》（1950年5月11日）、《关于人民广播器材厂营业方针给各人民电台的通知》（1950年6月1日）等。中央广播事业局对各地人民广播电台的初期建设给予了有力的指导。

二、建设以中央电台为中心的全国广播宣传网

1949年3月25日，陕北新华广播电台迁进北平，改名为北平新华广播电台，对全国播音后，实际上已经成为全国性的中央电台。1949年9月27日，中国人民政治协商会议第一届全体会议通过中华人民共和国定都北平，并从即日起北平改名为北京的决定。同一天，北平新华广播电台改名为北京新华广播电台。1949年12月5日，经中共中央批准，北京新华广播电台（第一台）定名为中央人民广播电台（简称“中央电台”），归中央广播事业局直接领导，成为中华人民共和国的国家广播电台。同日，北京新华广播电台第二台改成北京市人民广播电台（简称“北京市台”）。

根据1950年年底的统计，中央电台成立之初，对国内广播有广播发射机8部，总发射功率94千瓦，全天播音9小时20分。当时广播设备落后，发射功率不足，作为国家广播电台的中央人民广播电台，很难承担其面向全国的宣传任务。为了扭转这种状况，适应政治宣传需要和人民群众的要求，中央广播事业局决定首先集中全力建设中央电台，包括宣传业务和技术设备等。经过第一个五年计划时期的建设，中央电台的发射功率和技术设备得到初步加强。据1956年年底统计，中央电台对国内广播使用的广播发射机增至42部，总发射功率达到760千瓦，办有四套广播节目（两套对全国广播的综合节目，一套少数民族语言广播，一套对台湾广播），全天播音时间增至39小时以上[①]。中央电台的广播，通过地方电台和农村

① 徐光春主编：《中华人民共和国广播电视简史》，中国广播电视出版社，2003年6月版，第13页。

有线广播站的转播，传到全国广大城乡千家万户。

中华人民共和国成立之初，全国分为六大行政区，除华北行政区外，先后建立了5个大行政区广播电台，即华东人民广播电台（上海，1950年4月1日起使用现名称）、东北人民广播电台（沈阳，1950年4月15日起使用现名称）、中南人民广播电台（武汉，1950年5月1日起使用现名称）、西南人民广播电台（重庆，1950年5月5日起使用现名称）和西北人民广播电台（西安，1950年9月1日起使用现名称）。各大行政区台担负着面向全区的广播宣传和管理本区广播事业的双重任务。

此后几年中，地方电台的新建和调整，大都与当时行政区划的变更密切相关。1949年10月至1956年年底，为适应国民经济恢复和建设以及实行社会主义改造的需要，国家的行政区划曾作过多次调整。这期间，大区级、省级和省级以下广播电台也随之作过三次大的调整。

截至1956年年底，全国共有地方广播电台56座。除西藏外，大陆共有省级广播电台27座，其余为地市级广播电台，基本上建成了以中央人民广播电台为中心的全国性广播宣传网。

三、接管原国民党广播电台

中华人民共和国成立之初，在西南、华南和沿海岛屿一带盘踞着上百万国民党残余部队负隅顽抗，并辖有多座广播电台。随着人民解放战争不断向西南、华南一带推进，广州、重庆、成都、昆明等大中城市相继解放，人民解放军又陆续接管了一批国民党广播电台。

为了及时、正确地接管新解放城市中原有的广播电台，中共中央于1948年11月20日发出了《对新解放城市中原有之广播电台及其人员的政策决定》，后又陆续发出《关于对私营广播电台的处理办法给天津市委的指示》和《关于对旧广播人员政策的补充指示》。上述文件中规定，中国人民解放军军事管制委员会将全部接收国民党政府、军队和党部管理的广播电台，然后迅速利用其设备建立人民广播电台，并开始播送入城法令、布告、城市政策等，同时按时转播陕北电台节目。对原编辑技术人员，应根据情况，分别做出安排。这样，就为中国人民解放军在新解放城市接收国民党广播电台、建立人民广播电台制定了明确的政策和措施。在接管工作中，主力是驻地军管会和中央广播事业局派出的代表，协同工作的有当地中共地下党组织。

1949年10月17日，广州市军管会派人接管了原国民党广州广播电台；10月18日，广州人民广播电台开始播音。11月17日，贵阳市军管会派人接管了原国民党贵州广播电台；1950年元旦，贵阳人民广播电台开始播音。1949年11月29日，重庆解放，重庆市军事管制委员会派出军代表接管“国际广播电台”，并筹备创建西南人民广播电台和重庆广播电台。12月2日，成都市解放，成都市军管会派人先后接管了国民党的成都广播电台、“军都之声”广播电台和华西广播电台（原国民党陕西广播电台逃至成都后改名）。利用接管上述电台设备建立的成都人民广播电台于1950年1月5日开始播音。该台从1951年2月1日起，改名为川西人民广播电台。1950年2月，国民党昆明广播电台被接管，建立了昆明人民广播电台。

根据中共中央、中央军委的有关政策规定，对国民党广播电台人员要启发他们认清大局，弃暗投明，保护机器设备，迎接解放。周恩来总理一直非常重视国民党电台的接管工作，专门叮嘱中央广播事业局负责人一定做好接管国民党设在重庆“国际广播电台”工作。国民党“国际广播电台”和重庆“中央广播电台”中的进步员工1949年11月组成临时职工会，在接管前就装设好百瓦广播发射机，播送中国人民解放军约法八章和《新民主主义论》。逃至成都的国民党广播电台的负责人，迫于大势所趋，在1949年12月给中央广播事业局局长梅益发电报表示起义。

至1950年年初，随着人民解放战争的最后胜利，新中国已有49座人民广播电台，使用89部长、中、短波发射机向国内外播音，见下表。

新中国广播电台一览表（截至1950年年初）[①]

序号	台名	开播日期	备注
1	中央人民广播电台	1949年12月5日	其前身是延安（陕北）新华广播电台，1940年12月30日开始播音。
2	中国国际广播电台	1941年12月3日	开始为延安（陕北）新华广播电台、中央人民广播电台的外语广播。1950年4月对外呼号改为北京广播电台。1978年5月1日改称中华人民共和国国际广播电台（中国国际广播电台），对外呼号仍为北京广播电台（RADIO BEIJING）。
3	北京人民广播电台	1949年2月2日	开始称北平新华广播电台。1949年10月改称现名。
4	天津人民广播电台	1949年1月15日	曾称天津新华广播电台。
5	河北人民广播电台	1949年9月1日	台址原在保定市，曾称保定人民广播电台，1951年4月1日改现名，后迁天津市，1968年迁石家庄市。
6	唐山人民广播电台	1948年12月	曾称唐山新华广播电台。
7	山西人民广播电台	1949年4月25日	曾称太原新华广播电台，1950年12月20日改用现名。
8	包头人民广播电台	1949年9月19日	1952年曾改为转播台，1956年6月1日恢复自办节目。
9	大连人民广播电台	1946年1月16日	曾称大连广播电台、关东广播电台、大连新华广播电台、旅大人民广播电台。
10	鞍山人民广播电台	1945年10月24日	曾称鞍山新华广播电台。1945年10月开播后曾两次停播。1949年3月恢复播音后连续至今。
11	本溪人民广播电台	1951年1月1日	
12	丹东人民广播电台	1945年10月	曾称安东新华广播电台、辽东人民广播电台、安东人民广播电台。

① 《当代中国的广播电视》编辑部选编：《中国广播电视大事记》，北京广播学院出版社，1987年版，第454页。

续表

13	营口人民广播电台	1959年4月1日	1948年5月、1949年4月曾先后建台播音。
14	锦州人民广播电台	1948年12月15日	曾称锦州新华广播电台、锦州人民广播电台、辽西人民广播电台。
15	吉林人民广播电台	1945年11月21日	曾称吉林新华广播电台。1954年由吉林市迁到长春市。
16	长春人民广播电台	1945年8月22日	曾称长春新华广播电台。
17	延边人民广播电台	1948年11月1日	曾称延吉新华广播电台。
18	黑龙江人民广播电台	1945年8月20日	前身是哈尔滨广播电台，1954年8月1日原在齐齐哈尔的黑龙江台同松江电台合并，组建成新的黑龙江电台。
19	哈尔滨人民广播电台	1945年8月20日	1975年2月20日与省台分离独立。
20	齐齐哈尔人民广播电台	1946年5月1日	曾称齐齐哈尔新华广播电台、西满新华广播电台，1954年8月1日起不再是省台而是市台。
21	上海人民广播电台	1949年5月27日	
22	南京人民广播电台	1949年5月18日	
23	无锡人民广播电台	1949年9月1日	1951年4月1日无锡一台改名苏南电台，苏南电台于1952年10月31日停播。
24	徐州人民广播电台	1949年9月	曾于1953年1月15日撤销，1958年7月恢复播音。
25	常州人民广播电台	1949年11月1日	1950年曾并入无锡电台，1959年1月1日恢复播音，1962年4月奉命停播，1969年恢复播音。
26	苏州人民广播电台	1949年5月15日	1950年曾并入无锡电台，1958年5月1日恢复播音，1962年7月曾改为转播台，后恢复播音。
27	南通人民广播电台	1949年3月20日	曾于1953年1月16日撤销，1958年6月恢复播音。

续表

28	扬州人民广播电台	1950年6月25日	1951年3月15日改为苏北台，1952年10月31日停播。1958年重建试播，一度停播。1956年恢复播音。
29	浙江人民广播电台	1949年5月25日	曾称浙江新华广播电台、杭州人民广播电台，1953年5月用现名。
30	福建人民广播电台	1949年8月24日	曾称福州人民广播电台，1951年9月28日改现名。
31	厦门人民广播电台	1949年12月25日	1953年撤销，1958年12月25日恢复播音。
32	江西人民广播电台	1949年5月28日	曾称南昌新华广播电台、南昌人民广播电台，1950年11月11日用现名。
33	南昌人民广播电台	1951年5月	曾一度撤销。
34	山东人民广播电台	1948年11月8日	前身是济南特别市新华广播电台，1949年6月20日改称济南人民广播电台，1950年10月27日用现名。
35	济南人民广播电台	1948年11月8日	1979年1月1日从山东人民广播电台分出。
36	青岛人民广播电台	1949年6月2日	
37	武汉人民广播电台	1949年5月23日	
38	湖南人民广播电台	1949年11月7日	
39	广东人民广播电台	1950年6月16日	
40	广州人民广播电台	1949年10月20日	
41	广西人民广播电台	1950年5月1日	
42	成都人民广播电台	1950年1月5日	曾于1952年2月一度停止播音，1959年11月1日恢复建立正式播音。
43	重庆人民广播电台	1950年1月4日	
44	贵阳人民广播电台	1950年1月1日	1951年6月改用贵州人民广播电台。

续表

45	昆明人民广播电台	1950年3月4日	1951年3月23日，改称云南人民广播电台。
46	西安人民广播电台	1949年1月5日	前身是西北新华广播电台和西北电台。西北新华广播电台1949年5月20日于西安开始播音。
47	兰州人民广播电台	1949年9月14日	1951年4月1日改称甘肃人民广播电台。
48	西宁人民广播电台	1949年9月14日	1951年4月1日改称青海人民广播电台。
49	乌鲁木齐人民广播电台	1949年12月12日	曾称迪化人民广播电台，维吾尔呼号为乌鲁木齐人民广播电台，1951年5月20日改用新疆人民广播电台。

四、私营广播电台的社会主义改造

实行社会主义改造是中华人民共和国成立后国内出现的新情况对共产党人提出的新任务，也是巩固新生人民政权的需要，而对国民党统治时期遗留下来的私营广播电台加强管理和改造，是中共中央既定的政策，也是各地广播管理机构的一项重要任务。中华人民共和国成立前夕，中共中央于1948年11月20日发出的《对新解放城市的原广播电台及其人员的政策决定》中明确规定:“新中国之广播事业，应归国家经营，禁止私人经营。”关于民营广播电台，在军事管制期间，一律归军管会统一管理，并按有关规定，办理登记手续，经批准后始得广播。

1. 私营台社会主义改造的背景及原因

中国的私营广播电台最早于1927年出现在上海，抗日战争前有了较大的发展，截至1937年6月，已有55座。抗日战争时期，私营电台受到日伪政权的摧残。抗战胜利后开始恢复并有新的发展，1947年年底达87座。国民党统治后期由于连年内战，工商业破产，民生凋敝，私营电台日渐衰落。据 1950 年 4 月统计，当时大陆共有私营广播电台 33 座，分布在北京（1 座）、天津（1 座）、上海（22 座）、宁波（2 座）、青岛（1 座）、广州（3 座）和重庆（3 座）等 7 个大中城市。（见下表）

全国各地私营广播电台（1950 年 4 月统计）

省份	广播电台名称
北京	华声
天津	中行
上海	大中华、大陆、亚美、麟记、东方、华美、元昌、沪声、九九、合众、金都、鹤鸣、民生、中华自由、建成、新声、大中国、大同、亚洲、大美、福音、大沪
宁波	宁钟、宁波
青岛	山东无线电业行
广州	时代、新生、胜利
重庆	谷声、陪都、万国

中华人民共和国成立前后，大多数私营广播台能积极参与重大宣传活动，如转播北平（北京）新华广播电台、中央人民广播电台的重要节目，播出慰问中国人民解放军、劝购公债的节目，为反轰炸捐款救济被炸同胞等，都发挥了有益的作用，但同时也暴露了私营广播电台存在的许多严重问题。

私营广播不同于一般的私营工商业，它属于意识形态范畴。私人资本家开办的广播电台不可避免地要宣扬资产阶级的世界观、人生观和价值观，这与中国共产党和人民政府提出的无产阶级的新思想和新作风存在着不可调和的矛盾。同时私营台的节目以文艺娱乐节目为主，依靠商业广告的形式维持营业并获取利润。为了吸引听众，播出了大量虚假广告和低级庸俗的娱乐节目，危害社会经济秩序和正常文化生活的作用日益凸显。有些私营台的频率还干扰了人民台的播音。更有甚者，个别私营台还胡编乱播政治性文章和消息，扰乱社会治安。因此，私营广播电台的社会主义改造势在必行。

2. 私营台社会主义改造的方式与特点

对私营电台的管理和改造，大体经历了两个阶段。第一阶段是私营电台所在城市获得解放后，对尚存的私营电台进行登记，经审核后，始准继续广播；对名为私营电台，实则国民党及其派系所办者，则分别加以处理。第二阶段是20世纪50年代初对私营电台进行的社会主义改造。

上海是中国私营广播电台的发源地，也是旧中国私营广播电台的大本营。因而，上海市对私营广播电台的改造也最具代表性。1949年6月13日，上海市军事管制委员会公布《关于上海市私营广播电台暂行管制条例》。这是在已解放城市中颁布的第一个管理私营电台的法令。《条例》规定，私营电台必须转播军管会指定的节目；非得许可，不得自播政治性的节目；不得使用短波。凡要求开设和复业的私营广播电台必须先行登记。上海解放初期尚存私营台23座，经军管会审核登记，除一座查明系国民党“公营电台”奉令停播外，其余22座准予登记，继续播音[①]。上海人民广播电台与各私营广播电台从1949年7月起，联合轮流主持召开上海广播界座谈会，以调查情况、帮助私营台了解党和政府的有关政策和法令，推进私营台的改造工作。

1949年9月29日，北京市军事管制委员会公布《关于北京市私营广播电台管理暂行办法》，规定私营广播电台必须向军管会申请登记，外国人一律不许设台播音。私营电台只准用中波机，每天必须转播北京新华广播电台的新闻节目，在军事管制期间不得播送自行编写的新闻节目。其他一些大城市军事管制委员会也陆续公布了类似的管理办法。上海、北京、天津等大中城市对私营台的处理和改造，主要有四种方式：

第一，接管或查封名为私营台，实际上是国民党党政军或其派系经营的广播电台。如北京市军管会于1949年10月25日下令查封的“中国”“民生”“军友”3家广播电台。此前，天津市军管会于1949年3月接管的“文化”、“青联”和“华生”3座广播电台，都属于此类情况。

① 中央广播事业局：《广播通报》第1卷第8期，1950年4月编印。

第二，因违反军管会条例和人民政府法令而被明令禁止播音。如上海市1951年被勒令停止播音的“鹤鸣”“亚洲”“新声”“福音”“大同”“大中华”6座私营广播电台[①]。

第三，根据私营台主的申请，由人民政府出资收购其广播器材而随后停止播音，如北京市的“华声”、天津市的“中行”、重庆市的“谷声”等私营台。

第四，实行公私合营。最后根据私方代表的申请，由人民政府出资收购私股，从而完成改造。此种方式以私营台集中地上海最有代表性。

截至1952年12月31日，中国内地的广播事业已全部实现了由国家经营[②]，私营广播电台的社会主义改造工作宣告完成。私营广播电台的社会主义改造在中国广播史上具有重要的历史意义，也为1953年至1956年进行的大规模的农业、手工业和资本主义工商业的社会主义改造积累了宝贵经验，创造了良好的舆论环境。当然，同其他行业进行的对私改造一样，私营广播电台社会主义改造的进程中也存在“要求过急”“工作过粗”“改变过快”“形式过于简单划一”的“四过”缺点和偏差，以致在长时间遗留了一些问题。这些工作中的失误，虽然带来了一定的损失，但毕竟是次要的。“整个来说，在一个几亿人口的大国中比较顺利地实现了如此复杂、困难和深刻的社会变革，促进了工农业和整个国民经济的发展，这的确是伟大的历史性胜利[③]。”

五、大力发展广播收音网

1. 发展广播收音网的背景

中华人民共和国成立初期，我国的电子工业处于初创阶段，没有力量

① 上海市广播电视局《当代》编辑组：《上海广播电视资料汇编（1）》，1986年，第245页。

② 《当代中国的广播电视》编辑部选编：《中国广播电视大事记》，北京广播学院出版社，1987年版，第54页。

③ 引自《中国共产党中央委员会关于建国以来党的若干历史问题的决议》，人民出版社，1981年版。

生产大量的收听设备；同时，刚刚翻身的工人、农民和其他城镇居民，也买不起价格比较昂贵的收音机。当时全国共有收音机约100万台，其中半数以上是日本制造的三灯或四灯中波收音机，大部分分布在东北、华北、华东一带中上等人家手中，劳动人民所有的只占很少一部分。再加上20世纪50年代，报纸很少，交通又十分不便，而全国范围内的广播电台仅有五六十座，发射功率也有限，很难覆盖全国。如何使人民群众，特别是生活在交通不便的广大农村地区人民群众能够听到广播，是当时迫切需要解决的问题。

根据我国的基本国情和当时的实际情况，党和政府决定从建立广播收音网入手，发展有线广播体系，做到有线广播和无线广播相结合，组成一个全国性的广播宣传网。1950年3月底至4月中旬，新闻总署在北京组织召开全国新闻工作会议。会议讨论了广播工作，认为人民广播事业的发展方向是为广大人民服务，应在全国建立广播收音网，使广播真正发挥宣传教育的作用。

2. 发展广播收音网的进程

为了解决广大人民群众收听广播的工具问题，新闻总署于1950年4月22日发布《关于建立广播收音网的决定》，规定全国各县市的人民政府、每个部队的政治机关，都应设置收音员；全国各机关、团体、工厂、学校也酌量设置收音员。当天，中央电台发表广播评论《拥护新闻总署关于建立收音网的决定》。26日，中央广播事业局发出《为实施新闻总署〈关于建立广播收音网的决定〉给各人民广播电台的通知》。1951年4月6日，人民革命军事委员会总政治部发布关于建立广播及广播收音网的指示。同年9月12日，新闻总署、中华全国总工会联合发布《关于在全国工厂、矿山、企业中建立广播收音网的决定》，要求凡是没有建立有线广播电台或收音站的工矿企业都应该在行政方面的帮助和当地人民广播电台的协助下，将有线广播电台或收音站建立起来。次日，《人民日报》发表社论《大力开展工人中的广播工作》。同年9月29日，中央广播事业局又发出《为执行〈关于在全国工厂、矿山、企业中建立广播收音网的决定〉给各地人民广播电台的指示》。同年12月29日，中央广播事业局进一步发出1952年广播收音网建设工作的方针和计划，指出应健全和巩固县、工厂矿山和部队的广播收音站，并有计划地在全国建立中等以上学校的收音站；有重点地在有电源的中小城市推广有线广播，在靠近大中城市的农村推广矿石机；在华北及东北若干地区建立收音站。

中央以及各大区、各省、自治区、直辖市人民广播电台，积极贯彻落实上述指示、决定。中央电台及时制订本台《收音员条例》，于1950年4月29日公布。6月开始举办《收音员服务》节目，每周一次，播送收音员、听众来信和问题解答。1951年3月起，编印《收音员通讯》。1951年年初，根据中央广播事业局关于记录广播内容和时间的规定，为适应全国多数地区普遍建立广播收音网的需要，中央和地方电台都增设了记录广播，并将记录广播的内容逐步加以改善，更好地担负起迅速传布新闻、政令，组织时事宣传的任务。为适应广播收音网建立、发展的需要，各地电台组建收音网科，以加强管理工作。许多电台编辑部业务组，如农业组、工业组、讲座组、秘书组等，也分工做收音站和听众工作，使广播更好地联系群众，联系实际。1950年6月11日，上海电台最先成立"广播之友"组织，召开了第一次"广播之友"座谈会。其后，许多省、自治区、直辖市电台纷纷发展"广播之友"，使听众工作与收音工作结合起来。

3. 发展广播收音网的意义

经过全国上下协力工作，各地城乡、工矿企业、部队和学校迅速建立广播收音站，初步形成规模宏大的广播收音网。据1952年年底统计，各地共建广播收音站2万多个，收音小组数以万计，专职或兼职的收音员4万多名，他们负责抄收中央和地方电台的新闻、政令和其他重要节目，并通过办油印小报或黑板报等方式向广大群众再传播。各地有1056个收音站编印了收音小报，有25个省的收音站联系了17.16万个黑板报和"屋顶广播"（用喇叭筒口头广播）。1952年1月至10月中旬，有21个省2900

多位收音员下乡组织群众收听广播，人数达1800多万[1]。到1956年年底，全国有线广播站发展到1458个，广播喇叭50.6万只。

广播收音网的建立和发展，是农村和边远山区人们获取信息和文化知识的重要来源，成为党和政府团结和教育群众的重要工具，改变了当时我国农村的宣传鼓动工作，使农村广大群众能够及时知道国内外发生的重大事件，大大加强了中央、地方党政领导机关和农村劳动人民之间的联系。

广播收音网的建立和发展，对人民群众的政治、文化生活起着重要的作用。各地收音站在播送新闻、传达政令、鼓舞人民的生产建设热情、活跃人民的文化生活、普及科学知识、预报灾害性天气、抢险救灾等方面，成效显著。

同时，全国星罗棋布的收音站，使得广播深入机关、团体、学校、工矿企业、部队营房、城市街道和农村院落。广播收音网的建立和发展，使人民广播事业具有实在的群众基础和有利的发展条件。

第二节　新中国成立初期广播工作方针政策的初步探索

新中国成立初期，中共中央及宣传部、政务院及新闻总署及时对人民广播事业建设方针和宣传原则做出指示。这一时期，中央广播事业局先后于1952年、1954年、1955年、1956年相继组织召开第一至第四次全国广播工作会议，四次会议均总结了前一阶段广播事业建设和广播宣传取得的成绩并为今后的发展制定了方针和政策。第一次全国广播工作会议提出“重点建设，稳步前进”方针和“精办节目”的口号；第二次全国广播工作会

① 赵玉明、艾红红著：《中国广播电视史教程》，中国广播电视出版社，2009年1月版，第85页。

议提出“学习苏联经验，建设集中统一的全国广播宣传网”；第三次全国广播工作会议做出关于发展农村广播网的方针规划；第四次全国广播工作会议明确提出“广播要更好地为社会主义建设服务”的方针，推动广播宣传迈开改革的步伐，并取得了初步成果。

一、新中国成立初期广播工作的发展方针

1. 确立报纸、通讯社和广播电台的发展方向及相互关系

1950 年 2 月 27 日，新闻总署召开京津地区新闻工作会议，这是新中国成立后召开的第一次新闻工作会议，讨论了报纸、通讯社和广播电台的发展方向及相互关系等问题。

关于广播电台的发展方向，会议认为，“广播电台应以发布新闻传达政令、社会教育及文化娱乐为主，市台（编者注：指市广播电台）则应着重社会教育。人民广播电台对全国及对国际广播节目，应集中于中央人民广播电台；地方人民广播电台除联播中央人民广播电台外，应特别加强地方性节目”。关于报纸、通讯社与广播电台的相互关系，会议认为，“全国性与全世界性的重要新闻，报纸与广播（电）台均应以新华社为主要来源。但除公告及主要公告性新闻外，各报社及广播（电）台亦应在可能条件下对国内外重要新闻进行自己的采访工作。新华总社应将重要新闻尽早交中央人民广播电台发表。”“任何外国通讯社稿件，均须经过新华社才能发表，各报及广播电台均不得自行抄收与采用。”“广播电台应采用报纸言论及消息，并应有自己的新闻与评论。”[①] 上述意见，在很长一段时间，成为我国有关新闻机构之间相互分工和协作的基本原则。

2. 决定建立全国收音网

1950 年 3 月 29 日至 4 月 16 日，全国新闻工作会议在北京召开。会议

① 《京津新闻工作会议关于（新闻工作）统一与分工的初步意见摘要》，载中央广播事业局《广播通报》第 1 卷第 7 期，1950 年 4 月 2 日编印。

讨论了改进报纸工作，统一新华社的组织和工作以及建立全国收音网等问题。

会议拟定了《关于广播工作的决定（草案）》。会议指出，人民广播事业的发展方向，是以广播为人民服务，并在工作中与听众不断加强联系，使之成为人民的讲坛、新闻的播送者、社会的学校与群众文化娱乐的工具。各级人民广播电台应明确分工，对全国及国际的广播应集中于中央电台，地方人民广播电台应加强地方性节目。

梅益副局长在会上作了题为《人民广播事业概况》的报告。会议决定在全国建立广播收音网，以便使人民广播事业建立在确实的群众基础上发挥应有的宣传教育作用。

3. 党和政府对广播工作的专门指示

党和政府重视和关心广播事业，多次对广播工作作专门指示。1950 年 4 月 22 日，新闻总署发布《关于建立广播收音网的决定》。这是中华人民共和国成立后第一个由政府公布的有关无线电广播的政令。4 月 25 日，新闻总署做出关于省、市、区新闻机关员额暂行编制的决定，其中具体规定了人民广播电台员额编制。中共中央宣传部在同年 9 月 7 日转批东北局宣传部关于加强广播电台工作的决定，并要求各中央局宣传部和各级市委宣传部讨论上述决定，做出改进本地广播工作的决定。

遵循党和政府的指示，中央广播事业局担负起了具体指导全国广播工作的重任。1950 年 1 月 4 日，中央广播事业局发出《关于规定各地人民广播电台分区管理办法的通令》。通令规定，除华北五省、北京、天津及唐山等人民广播电台由中央广播事业局直接管理外，各大行政区内的各人民广播电台及私营广播电台，均由各该大行政区台管辖，华东区仍由华东军政委员会广播管理处负责。1950 年 2 月 1 日，中央广播事业局编印的《广播通报》第一期出版。这一内部刊物主要刊登新闻总署和中央广播事业局给各地方电台的指示和通知、中央人民广播电台各部门的工作中结合节目情况、地方电台的工作报告和节目情况等，旨在加强对广播工作的领导。1950 年 3 月 12 日，中央广播事业局发出《关于宣传政务院统一国家财政经济工作决定的通知》。这是中央广播事业局建立后关于广播宣传的第一个指示，要求各地人民电台组织讨论，联系当地实际情况，制定宣传计划。通知还要求一些省台将政务院的决定和中共中央的通知等文件以纪录新闻播送，以使交通困难、报纸传递迟缓的地方尽快知道。其后，中央广播事业局连续发出指导各地广播工作的文件，如《关于各地人民台联播中央人民广播电台节目的规定》（1950 年 4 月 1 日）、《关于各台编辑分工、工程方针、中波波段分配、短波机使用等办法的规定》（1950 年 4 月 6 日）、《关于人民广播电台订定广播节目时间的规定》（1950 年 5 月 11 日）、《关于中南、武汉、长沙三个人民电台转播发生错误给各地人民广播电台的通知》（1950 年 5 月 25 日）、《关于人民广播器材厂营业方针给各人民电台的通知》（1950 年 6 月 1 日）、《关于调查广播节目〈听众服务〉节目的通知》（1950 年 8 月 14 日）等。中央广播事业局成立一年来对人民广播的重大问题做出决定、发出文件不下十余个，对各地人民广播电台初期建设给予了及时、具体而有力的指导。

综上所述，新闻工作会议的决定、政府的政令、中央广播事业局的系列文件是指导新中国成立初期广播工作的方针，对以后发展人民广播事业和组织宣传工作具有很大影响。

二、全国广播工作会议对广播事业发展方针的探索

1.“重点建设，稳步前进”和“精办节目”

经过新中国成立初期三年左右的建设，人民广播事业有了较大的发展。到 1952 年 10 月，全国有人民广播电台 71 座，比 1949 年 10 月增加 26 座；发射机增加 67 部；输出电力总数则为 1949 年 10 月的 382% 倍；广播器材工厂 5 个，职工达 1500 余人。另外，广播收音网的广泛展开和组织收听工作的普遍推行，使人民广播事业具有了坚实的群众基础[①]。

① 《一九五三年广播工作的方针和任务——梅益同志在第一次全国广播工作会议上的讲话》，载中央广播事业局内部资料《全国广播工作会议文件选编》第 5—6 页。

广播电台的宣传经过一段时间的摸索，也积累了若干经验，训练了一批人员，创造性地开办了一些人民群众喜爱的特色节目。人民广播在群众中的威信有了显著的增长，但人民广播初创中难免存在一些缺点和弱点，如各地电台数量很多，功率却相当小，大多数省电台的发射功率不能保证本省范围内的有效收听，特别是中央电台的发射功率和它所担负的任务很不适应；编辑和技术人员非常欠缺，有经验的干部尤其少；广播节目的质量普遍不高；广播收音网的建设不健全、不巩固；广播工业也很薄弱。所有这些，使得广播的作用没有得到充分发挥，事业的发展也受到限制。

1952 年 12 月 1 日至 11 日，中央广播事业局在北京召开新中国成立后第一次全国广播工作会议。这次会议是在三年经济恢复时期行将结束，国家有计划的大规模的经济建设就要开始，需要广播电台更多更好地进行宣传教育的时候举行的。会议总结了新中国成立三年多来广播事业取得的成就和经验，研究了存在的问题和不足，确定了今后的发展方针和任务。在事业发展方面，提出“重点建设，稳步前进”的方针。会议讨论指出，必须首先集中全力建设中央电台，这不仅是从政治出发，而且是从技术出发得到的结论。在宣传方面，讨论了联系群众、联系实际，做好广播宣传的基本措施，提出了“精办节目”的口号；并强调指出，广播宣传的所有节目都必须把听众和经济建设联系起来，动员广大人民群众为完成社会主义建设任务而奋斗。

会上，局长梅益作《1953 年广播工作的方针和任务》的报告。代表们一致同意梅益同志提出的重点建设中央电台的方针。中共中央宣传部批准了这个建设方针，并电告各中央局、分局、省（市）委及宣传部，要求各级党委督促行动，采取多种措施，帮助各地广播事业机关认真执行。

但是，这个方针在执行过程中出现了偏差，主要是领导思想上过分偏重于对中央电台的建设，损害了中央和地方的正常关系，削弱了地方性的广播，对我国的广播事业造成了损失。1956 年的第四次全国广播会议对此进行了纠正。

2. 学习苏联经验，建设集中统一的全国广播宣传网

在大规模经济建设开始的“向苏联学习”声中，中央广播事业局组成以副局长温济泽为团长的中国广播代表团 18 人，于 1954 年 7 月 6 日到 9 月 5 日访问苏联。这是我国广播界出访的第一个大型代表团。代表团学习苏联广播工作经验，并同苏联广播总局在莫斯科签订了关于广播事业合作的决定。

当时，我国的广播工作已经积累了一些经验，但广播工作中存在的问题也是非常严重的。比如节目的思想性不高；许多广播节目形式呆板、语言贫乏、效果不大；中央电台和地方电台广播没有形成一个整体；中央广播事业局的业务领导严重脱离实际，对地方电台缺乏具体切实的帮助。

中央广播事业局于 1954 年 11 月 8 日至 20 日在北京召开第二次全国广播工作会议，中心议题就是学习苏联广播工作经验。局长梅益在会上作了题为《学习苏联广播工作经验，改进我们的广播工作》的报告。会议介绍了苏联广播工作经验，结合我国具体情况，研究广播宣传如何为过渡时期总路线服务的问题，并讨论了改进我国广播宣传工作的方案。根据访苏代表团的建议，会议据此做出了“中央台与地方台密切配合，以中央台为基础、地方台为补充构成一个宣传整体”的决定。会议指出，在过渡时期，广播的基本任务是宣传党在过渡时期的总路线和国家的建设计划，鼓舞、教育和组织广大人民积极参加社会主义建设和社会主义改造事业，并逐步提高其政治觉悟和文化水平。

第二次全国广播工作会议上提出的学习苏联广播工作经验，对推动我国当时的广播工作起到积极作用，但也曾犯过教条主义的毛病，产生了一定的负面影响。主要表现在两个方面，一是减少甚至中断广播中的批评性报道；二是照搬苏联“以中央台为基础、地方台为补充”的做法，大量削减了地方电台的自办节目，从而削弱了地方电台的地方特色和民族特色，影响了宣传效果。比如 1955 年，上海电台被要求大量削减节目，把 1953 年已设置的 9 套节目减为 5 套，广播时间从 120 小时减为 67 小时。云南电台把大量时间用来转播中央电台节目，特别是撤销了当时办得比较有成效的《工人节目》，对《农民节目》的播出时间也予以减少。其他电台也一度减少、停办本台节目。个别地方电台还一度开设《苏联的今天，就是我们的明天》等节目，盲目生硬地介绍苏联经验。这种状况到 1956 年第四次全国广播工作会议后才得到纠正。[①]

3. 发展农村广播网

在过渡时期，为配合社会主义建设和社会主义改造的伟大任务，宣传对农业的社会主义改造，发展农村有线广播成为这一时期广播事业的重要政治任务之一。1955 年 3 月 29 日，国务院发出《关于在农业、畜牧业、渔业生产合作社重点建立收音站的指示》和《在边远省份和少数民族地区建立收音站的通知》，决定由中央广播事业局免费提供一批收音机，建立一万多个收音站。中央广播事业局在 1955 年 6 月 25 日至 9 月 3 日在北京举行全国农村有线广播工作座谈会，会上着重介绍了福建、吉林两省建设农村有线广播的经验[②]，并确定多数省应采取“重点示范、分批发展”的方针，积极地发展农村有线广播。局长梅益在会上作了题为《大力发展农村有线广播》的讲话。这次会后，大多数省都很重视，开始积极准备建设农村有线广播。

1955 年 10 月，中共中央召开扩大的七届六中全会，重点研究农村合作化问题。11 日，毛泽东在全会的讲话中提出“发展农村广播网”的要求，其后，12 月 21 日在《征询对农业十七条的意见》中又提出：“在七年内，建立有线广播网，使每个乡和每个合作社都能收听有线广播。”[③] 这是党

① 赵玉明主编：《中国广播电视通史》，中国传媒大学出版社，2006 年 2 月版，第 223 页。

② 1952 年 4 月 1 日，全国第一座以一个县为区域范围的广播站——吉林省九台县广播站正式播音，为在全国建立农村有线广播网提供了范例。在中央广播事业局的倡导和推广下，浙江、江苏、山东、四川、广东、山西、陕西等省都到九台学习办台经验，并建立各自的有线广播站。

③《农业合作化的全面规划和加强领导问题》，载《毛泽东选集》第 6 卷，人民出版社，1991 年 6 月版，第 510 页。

和国家继中国人民政治协商会议《共同纲领》中明确规定“发展人民广播事业”之后的又一重要决策。

在这一背景下，中央广播事业局在1955年12月15日至22日在北京举行第三次全国广播工作会议。会议的主要任务有两个，一是讨论发展我国广播事业的第二个五年计划和十五年远景计划以及修改第一个五年计划后两年计划的问题；二是讨论发展农村有线广播的方针、规划问题。局长梅益在会上作了《关于发展农村广播网的方针规划的初步报告》，提出发展农村有线广播应该采取民办公助、从点到面、从简陋到正规、从集体收听到单独收听的方针；并根据此方针，对农村有线广播的线路、经费、编制和领导等问题提出初步意见。会议最后，局长梅益在总结报告中强调在讨论发展我国农村和城市的有线广播、讨论第二个五年计划和十五年远景规划时，必须根据客观形势和主观力量，首先明确规定发展的方针、任务、到达水平、速度、关系和平衡等原则问题。

这次会议对全国广播事业在过渡时期的发展起到了重要的指导作用。尤其会议初步制定了农村广播网发展的总方针和具体方针，明确了广播事业的发展方向，为落实中共中央和国务院关于“发展农村广播网”的要求，为解决占全国人口绝大多数的农民听广播问题奠定了重要基础。会后，《人民日报》12月30日发表题为《发展农村广播网》的社论，要求各级领导机关要充分关心和重视农村广播网的建设工作，列入地方全面规划之中，加强对它的领导。并进一步明确了发展农村广播网的方针是：坚持依靠群众，利用现有设备，分期发展，逐步正规，先到村、社，后到院、户。1956年1月，中共中央颁发《全国农业发展纲要（草案）》第32条中规定：“从一九五六年起，按照各地情况，分别在五年或十二年内，基本上普及农村广播网。”之后，全国范围内掀起了建设农村广播网的高潮。

4. 中央和地方并举加快广播事业建设

1956年，我国社会主义改造基本完成。4月，中共中央召开政治局扩大会议。毛泽东总结我国建设、发展经验，又以苏联经验为借鉴，在会上作了《论十大关系》的报告，确定在科学文化工作中实行百花齐放、百家争鸣的方针。1956年5月28日，中央广播事业局党组向中共中央汇报广播事业发展规划时，中共中央副主席刘少奇代表党中央对广播工作作了指示，主要包括十个方面的问题：（1）发展农村有线广播很重要，要依靠群众，但不要因此加重群众的负担；（2）要加强对国外广播；（3）要尽快创办电视，自己生产电视发射机和电视接收机，先黑白，后彩电；（4）要降低收音机、广播喇叭、广播扩大机的售价，使更多的人能买得起；（5）不要急于收取广播收听费，不要因收费而影响广播事业的发展，将来收费也要慎重；广播电台应该播广告；（6）加强对广播事业的领导；（7）广播系统独立负责自己的技术工作很好，应采用新技术；（8）要创办大学，培养专门人才；（9）中央广播事业局机构的设置和调整；（10）广播宣传要密切联系人民的思想、生活需要，应该关心人民的生活问题①。

毛泽东的《论十大关系》和刘少奇的讲话，对全国广播工作总结新中国成立以来，尤其是学习苏联的正反两方面的经验，从实际出发，走自己的路，更好地为建设社会主义服务，具有重大的历史意义和现实意义。

1956年7月25日—8月16日，中央广播事业局在北京召开第四次全国广播工作会议。会议根据毛泽东的《论十大关系》和刘少奇关于广播工作的指示精神，主要讨论广播事业的体制问题、第二个五年计划的指标、关于广播宣传及其他方面的方针问题。在这次会上，调整了广播事业的建设方针，从1957年起，除继续重点建设对国外广播外，由原来的先中央后地方，集中力量建设中央电台改为中央和地方并举，并在中央广播事业局制定的第二个五年计划（1958—1962）中正式确立。这一重要的方针调整，大大调动了地方广播部门的积极性，地方电台的建设速度明显加快。会议对广播宣传的指导思想提出六条：第一，要改进新闻节目，广播新闻要做到又多又快又短；第二，要扩大取材范围，加强同群众的联系，广播

① 左漠野主编：《当代中国的广播电视》（上），中国社会科学出版社，1987年版，第37页。

节目要更接近、更能体现人民生活；第三，要在广播中开展批评；第四，要根据广播特点对待“百家争鸣”，由于广播不宜播送艰深和长篇的论文，一般只是介绍正在进行的学术争论情况；第五，要贯彻“百花齐放”的方针，办好文艺节目；第六，要让听众听到更多的节目。

第四次全国广播工作会议之后，总结学习苏联广播工作的经验、教训，地方电台改变了自己仅仅是“补充”的地位后，还有力地推动了广播业务建设。地方电台除了用一定时间联播或转播中央电台的某些重要节目外，根据自己的条件安排节目，扩大了针对本地实际情况进行宣传教育的阵地。各电台还普遍加强了对广播特点和地方特色的研究，加强了对广播的指导性和可听性的研究。江苏、河北等电台的对农村广播节目，在接近生活、接近实际、接近农民方面下大功夫，注意宣传技巧，使节目具有通俗化、口语化的鲜明特色，受到广大农村听众的热烈欢迎。

第三节　新中国成立初期广播宣传业务改进

1950 年，新闻总署署长胡乔木对中央广播事业局的同志提出了“广播要学会自己走路”的要求。2 月，新闻总署召开的京津新闻工作会议规定，广播应有自己的新闻和评论。按照这些规定和要求，新中国成立初期的人民广播注意发挥广播的特点和优势，配合我党在各个时期的不同任务，开展了一系列卓有成效的宣传工作，经过一段时期的探索，各电台开办了一些广播所特有的，也为广大人民群众所喜爱的节目。

一、新中国成立初期的广播宣传工作

新中国成立后，人民广播就以独特优势开展卓有成效的宣传。中央电台和各地方电台遵照中共中央、政务院一系列指示、决定，为争取国家财

政经济状况的基本好转，为抗美援朝战争、土地制度改革而开展宣传，为恢复国民经济、配合“三反”（反对贪污、反对浪费、反对官僚主义）、“五反”（反对行贿、反对偷税漏税、反对偷工减料、反对盗骗国家财产、反对盗窃国家经济情报）运动开展宣传，为新中国成立后三年国民经济恢复做出了重要贡献。

1. 做好经济工作报道

毛泽东指出，“通讯社报纸广播电台的工作都是围绕着生产建设这一个中心工作并为这个中心工作服务”。各人民广播电台遵照中央七届二中全会精神，一进城就组织广播宣传计划。随后又遵照毛泽东在七届三中全会上提出的“为争取国家财政经济状况的基本好转而斗争”的要求组织节目。各个电台通过新闻、专题等节目持续宣传上述精神。1951 年 9 月，华北地区城乡物资交流展览会在天津举行。在中央广播事业局的领导下，由北京、天津、河北、山西、平原、察哈尔等电台共 16 人组成报道组，采用特别节目、记录广播和文艺节目，向包括内蒙古在内的五省（区）二市发稿，7 个电台用 14 个频率广播，这是一次大规模的经济宣传活动。从 9 月 16 日到 10 月底，各台共举办特别节目 63 次，大会实况转播 2 次，工厂现场转播 3 次，座谈会转播 3 次，记录广播 41 次。这是一次大规模的联合经济宣传。

在对过渡时期总路线的宣传期间，中央电台和地方电台还采取多种形式加强对经济建设的宣传，并重点宣传了第一个五年计划的实施及其成就和涌现出来的新型的工农业生产劳动模范人物。

围绕着生产建设的中心，各地电台开办了《工人节目》《农民节目》或《对职工广播》《对农村广播》等节目；有的还开设职工台、工商台、经济台、广告台等，许多节目新颖、生动、多样。

2. 做好政治宣传报道

人民广播在新中国成立初期配合政治宣传报道非常出色。毛泽东对广播中的土地改革、镇压反革命运动的报道十分重视，要求及时转发报纸、期刊和电台的有关文章、讲话和报道。

1950 年 10 月 1 日，中央电台举办《庆祝中华人民共和国第一届国庆节》特别节目。节目内容包括“北京庆祝中华人民共和国国庆节大会的实况广播”“英雄模范讲演”“访问新中国的世界民主青年联盟代表团代表的演讲”“各地国庆文艺节目”“各民族国庆文艺节目”“文艺晚会”等。

为配合惩治反革命活动的开展，北京人民广播电台在 1951 年 3 月 5 日至 31 日反复播送北京市、区各界人民代表扩大联席会议讨论惩治反革命罪犯的实况录音。北京市人民政府和市各人民团体分别发出通知组织收听，收听人数在 30 万人以上。大会实况录音反复播放 7 天，中央人民广播电台还向全国广播，天津、济南、青岛、上海、南京、广州、武汉、重庆、西安等电台同时联播。同年 3 月 29 日至 4 月 25 日，天津电台先后举行了天津市、区各界代表扩大会议（关于镇压反革命）实况转播和“彻底摧毁反动会道门”“拥护缔结和平公约签名，关于日本问题投票”广播大会。全市 12.4 万架收音机、工厂学校 150 个广播站以及工商户、文化馆等一切收音设备全部动员起来同时收听。第一次收听人数 92 万，第二次仅组织起来收听的市民就有 46 万多人，第三次有 150 多万人收听。同年 4 月 15 日，武汉市举行各界人民镇压反革命广播大会，全市有 50 万人收听。17 日，中南、武汉、江西、湖南、河南 5 个电台联播了这次镇压反革命大会的实况录音。

中央和地方的广播电台对过渡时期总路线的宣传，形式多种多样，时间持久，宣传深入。中共中央 1953 年 6 月提出党在过渡时期的总路线后到 1956 年，中央和地方的广播电台在节目中对过渡时期总路线及其指导思想和原则，在节目中做了比较系统、充分的宣传，并广泛地组织收听；还与其他的宣传方式相配合，如报告员、宣传员做报告、讲解，使过渡时期总路线的精神，迅速广泛地传播到千家万户。中央电台除举办专题性的特别节目外，在新闻节目如《新闻和报纸摘要》《联播》中及时播报有关法令、公告、要闻等；在对农民、工人、工商界等节目中选择播送有针对性报道、评论、讲话等；有的文艺节目也演播有关宣传、歌唱过渡时期总路线的快板、金钱板、大鼓、清音、评书、小演唱等节目。中央电台还进一步举办《农业合作化问题讲话》《进一步做好资本主义工商业改造节目》《手工业改造节目》等。一些地方电台也举办类似节目。经过持续不断地宣传，过渡时期总路线精神及其方针政策家喻户晓、深入人心。

3. 做好抗美援朝宣传

抗美援朝战争期间，我国对反对美国侵略、保卫和平及抗美援朝的必要性进行了广泛宣传，后来随着形势发展转变为对支援抗美援朝战争和争取战争胜利进行的宣传。抗美援朝宣传工作不仅进行了成功的经济建设动员和战争动员，也成功地诠释了民族精神和马克思主义思想意识，掀起了新中国成立后第一次爱国主义高潮。

1950 年 11 月 7 日，中央广播事业局发出通知，要求各地广播电台根据情况组织节目，进行抗美援朝的宣传。1951 年 3 月 18 日，中央广播事业局发出为普及和深入抗美援朝的宣传工作给各地电台的通知，并于 4 月 4 日发出补充通知。4 月 6 日至 8 日，华北各广播电台台长会议召开，研究普及和深入进行抗美援朝宣传工作。1951 年 6 月 9 日，中央广播事业局给各地电台发出《关于捐献“人民广播号”飞机的信》，随后，各地广播电台纷纷举办抗美援朝、反对美国重新武装日本广播大会。1951 年 9 月 18 日，北京市电台和北京市工商界联合会共同举办“迎接国庆，加强抗美援朝广播大会”，广大听众纷纷捐款捐物，支援抗美援朝。

由北京、天津、沈阳等地的广播电台技术工作人员组成“抗美援朝广播工作团”，于 1951 年 11 月 21 日出发到朝鲜前线，他们携带 1000 架长短波收音机、广播喇叭和大批干电池，设立“中国人民志愿军广播服务站”，在前线战壕里，组织战士收听广播和开办志愿军收音员训练班，逐日收听中央电台的记录新闻，并根据广播收音的材料编印《广播新闻》《战壕简报》《战地传单》等，在前线广为流传。

中央广播事业局还专门派记者奔赴朝鲜前线，采访制作了一批反映中国人民志愿军与朝鲜人民并肩作战、抗击美国侵略者的广播节目，在中央电台播出后，中国人民志愿军中涌现出来的英雄模范人物杨根思、邱少云、黄继光、罗盛教等人的英雄事迹随着广播的声音传遍了全中国，在国内引起了强烈的反响。作家魏巍的通讯《谁是最可爱的人》就是由中央电台《部队节目》播出，然后在1951年4月11日《人民日报》发表，从此“最可爱的人”成为全国人民对志愿军指战员的最尊敬和亲切的称呼，极大地鼓舞了全国人民抗美援朝、保家卫国的斗志。

中国国际广播电台（即原北京广播电台）对外广播中及时报道了中国政府的声明、前线战报和世界各地反对美国侵略朝鲜的战争行径。有关抗美援朝的新闻、评论、通讯成了对外广播的重大主题。从1951年年初至1953年，朝鲜停战协定前夕，中央电台举办专门对侵朝美军的英语广播节目，揭露美国的欺骗宣传，阐明我国抗美援朝的严正立场和主张，影响巨大。如从1951年11月15日起，北京广播电台在对侵略朝鲜美军的英语节目中逐日播送侵朝美军俘虏的讲话和他们的歌唱、短剧、乐器演奏等录音，美英战俘通过广播向自己的家属讲述他们在战俘营中受到的人道主义待遇。广播有力地戳穿了美国侵略者捏造的所谓朝中方面“虐待”战俘的谎言。这样的广播内容不仅战俘家属和美国官兵关心，一般外国听众也爱听。新西兰一位听众自动录下200多个战俘的广播讲话，转寄给他们的家属。与此同时，广播电台还与报纸、期刊的宣传相配合，揭露了“美国之音”为美国侵略朝鲜辩解和攻击我国抗美援朝运动，煽动侵略战争的荒谬言论。

4. 做好思想理论宣传工作

人民广播重视马克思主义理论宣传，1950年4月，中央人民广播电台开始举办《社会科学讲座》。首先开办的是艾思奇主讲的《社会发展史》讲座和于光远、王惠德主讲的《政治经济学》讲座。这是解放初期影响最大的两个帮助干部学习马列主义的理论讲座节目。全国有27个省市电台转播，组织收听。同年下半年，中央电台又开办《帝国主义论》《国家与革命》《新民主主义论》等讲座。

为了更好地贯彻党在过渡时期的总路线，从1954年10月起在思想文化领域开展了批判资产阶级唯心主义思想的运动。1955年3月，中共中央在有关指示中指出“利用广播向听众宣传辩证唯物主义和历史唯物主义”，随后中央电台开始举办《唯物主义讲座》节目，向广大听众进行唯物主义和无神论的宣传教育。

许多省、市电台也开办了各自的《学习节目》《讲座节目》《理论节目》。如江苏电台设有《政治经济学讲座》《唯物主义通俗讲座》；四川电台设有《共产党与共产党基本知识讲座》《经济建设常识学习讲座》等。这些讲座的主讲人和撰稿人大多是各省、自治区、直辖市的专家、学者，对推动本地区干部理论学习起了很大作用。

5. 举办文艺节目，组建文艺广播队伍

新中国成立初期，中央电台和各地电台除了播送唱片外，采录了一些革命歌曲、民族和民间音乐、戏曲、曲艺节目，开办了教唱歌节目。1950年2月7日，中央电台播出新中国成立后录制的第一部广播剧《一万块夹板》；3月8日播出第一部电影录音剪辑《白衣战士》；其后多种形式的广播文艺节目陆续开办。同年5月13日，中央电台开始举办《新歌剧讲座》，由戏剧家张庚主讲，这是中央电台首次举办的文艺性讲座。许多电台还在剧场进行舞台文艺的实况转播。上海电台在室内10多个剧场架设转播专用线，每周固定转播三四次。

中央和大区的广播电台还组建广播文艺团体，以开辟文艺节目的来源。1949年10月，广播文工团成立，隶属北京新华电台文艺科。同月，上海广播乐团正式命名为上海人民广播电台广播乐团。这是业余性质的文艺团体。11月，一部分团员转为专业团员。1950年6月29日，上海市成立文艺广播工作委员会，下设戏剧、剧艺、音乐、文学4个组。夏衍、黄源、于伶、向隅、刘厚生等参加。同年9月3日，西北人民广播电台广播文艺工作团成立，任务是以短小精悍的陕西、西北人民喜闻乐见的文艺形式，及时配合党的各个时期的中心工作。

新中国成立初期的广播宣传虽然取得了很大成绩，某些方面仍属创造和尝试，如过多利用广播大会，严重影响广大群众的日常工作和生活问题等，后来这种情况根据中共中央的有关指示得到及时纠正。

二、广播宣传工作初学“自己走路”

在新中国成立初期，作为“群众性宣传教育最有力的工具之一”的广播，面对政治宣传需要和人民群众要求，必须迅速转换角色，从战争时期中国共产党的政治军事宣传武器，转变成对全国人民进行宣传教育最有力的工具。这对广播来说是一个新的挑战。

当时，业界也有人认为，广播没有与众不同的影响和作用，广播电台不过是报纸、通讯社的大喇叭和布告牌，主张广播电台只要播送新华社的新闻和《人民日报》的社论就够了。1950 年，新闻总署署长胡乔木在与中央广播事业局副局长梅益的一次谈话中提出“广播要学会自己走路”，要求广播不要套用办报办通讯社那些做法，要从广播的实际出发，发挥本身的特点与优势办好广播。1950 年 2 月 27 日，新闻总署召开京津新闻工作会议。会议提出，全国性与世界性的重要新闻，报纸与广播（电）台均应以新华社为主要来源。但除公告及主要公告性新闻外，各报社及广播（电）台亦应在可能条件下对国内外重要新闻进行自行的采访工作，并要求广播电台应有自己的新闻与评论。由此，新中国的人民广播开始了“自己走路”的探索，开办了一批听众欢迎的广播节目。（见下表）

新中国成立初期中央人民广播电台节目构成表

节目种类	节目名称
新闻性节目	《新闻和报纸摘要》、《各地人民广播电台联播节目》、新闻报道、新闻评论、记录新闻等
教育性节目	对农村广播、对少年儿童广播、对军队广播、自然科学讲座、社会科学讲座、人民讲坛等
文艺性节目	音乐、京剧、曲艺、文艺节目
服务类节目	节目预告、听众信箱、教学节目
其他节目	对少数民族广播、对台湾广播、对国外广播

1. 中央人民广播电台创办一批听众欢迎的特色节目

新中国成立以来，中央人民广播电台的宣传工作不断改进，在其发展、变化的过程中，经过一段时间的探索，逐渐形成了一批适合我国亿万听众需要的节目。（见下表）

（1）“报摘”“联播”等新闻性节目的创办和发展。

“报摘”节目，全称《首都报纸摘要》节目。1950 年 4 月 10 日开播，当时受通信、交通条件的限制，安排在每天傍晚播出。1952 年 1 月 30 日调整节目时，该节目停办。1955 年 4 月 4 日恢复播出，更名为《中央报纸摘要》节目，改在每天清晨播出。同年 7 月 4 日定名为《新闻和报纸摘要》节目，不到一年，又改为《新闻和中央报纸摘要》。（1960 年 11 月 7 日再次更名为《新闻和首都报纸摘要》，1967 年 1 月 26 日恢复了《新闻和报纸摘要》的名称，一致延续至今。）

“报摘”节目的广播时间从 1961 年 11 月 6 日开始到现在，都安排在第一套节目 06:30—07:00，第二套节目 07:00—07:30 的重播时间也是固定不变的。为了照顾西北地区（主要是新疆）听众的需要，根据那里的时差，第一套节目 08:30—09:00 还重播一次。作为综合性的要闻和评论节目，“报摘”以全国人民并侧重以各级干部为宣传对象，充分选用本台编写的消息和评论，同时注意选用各报的独家新闻和比较重要的言论。节目大体上由要闻、言论和版面介绍三部分组成。

中央人民广播电台 1950 年 4 月节目时间表[①]

第一次播音时间（06:50—09:00）	
06:50—07:00	开始曲（国歌） 对时
07:00—07:15	第一次新闻
07:15—07:45	音乐
07:45—08:00	第二次新闻
08:00—09:00	讲座重播时间

① 杨波主编：《中央人民广播电台简史》，中国广播电视出版社，2010 年版，第 399 页。

续表

第二次播音时间（11:50—15:30）	
11:50—12:00	开始曲 对时
12:00—12:30	京剧
12:30—12:45	第三次新闻
12:45—13:00	书刊、电影、戏剧、歌曲介绍
13:00—13:30	故事讲述
13:30—13:45	第四次新闻 结束曲
13:45—15:30	记录新闻
第三次播音时间（17:50—次日 00:30）	
17:50—18:00	开始曲 报告晚上节目
18:00—18:30	曲艺
18:30—18:45	首都报纸摘要
18:45—19:00	自然科学讲座
19:00—20:00	社会科学讲座
20:00—20:30	人民讲坛
20:30—21:00	文艺节目
21:00—21:15	第五次新闻
21:15—21:30	评论
21:30—21:45	第六次新闻——国际新闻
21:45—22:00	各地通讯和人物故事
22:00—22:30	文艺节目
22:30—22:45	第七次新闻
22:45—23:00	音乐 结束曲
23:00—00:30	记录新闻

“联播”节目，全称为《全国各地人民广播电台联播》节目，是中央电台各类节目中历史最悠久的一个重点新闻节目。1951 年 5 月 1 日开办，当时称《全国各地人民广播电台联播节目》。1955 年 7 月 4 日起定名为《各地人民广播电台联播节目》，以后长期沿用下来。广播时间一直安排在晚间，整个节目为半小时。从 1958 年 5 月 5 日起实行的 20:30—21:00 的

广播时间，保持了十年之久；1968 年 11 月 25 日，广播时间改在 20:00—20:30，直到现在未变。“联播”是以国内外要闻为主的综合性新闻、评论节目，经常播送本台记者采制的有广播特点的各种录音报道，并设有“听众信箱”“地方电台今天广播的部分消息”等专栏，并努力使这方面内容的广播经常化。中央电台为办好这个节目，多次提出“全台办《联播》”的口号。

中央人民广播电台“报摘”“联播”节目的相继开办，并为全国各地方电台转播，使得这两个节目的影响日益扩大，长久不衰，在全国亿万听众中享有很高的声誉，成为人们了解国内外大事以及党和国家大政方针、政策的重要新闻渠道之一。

（2）开办《社会科学讲座》等社教类节目。

举办“讲座”或“论坛”，通俗讲解马克思列宁主义、毛泽东思想的基本原理，传播理论知识，阐述党的路线、方针、政策，是广播理论的重要任务。新中国成立初期，为帮助全国新参加工作的干部和知识分子树立无产阶级宇宙观和革命人生观，正确理解和贯彻执行党的路线、方针、政策，中央电台于 1950 年 4 月开办《社会科学讲座》节目，为直接传播马克思主义真理提供了新的阵地。在这个节目先后播出了《社会发展史》（艾思奇主讲），《政治经济学》（王惠德、于光远主讲）。这两个讲座是新中国成立初期中央电台举办的影响最大的理论讲座。全国 27 个省市许多机关、团体、学校、工厂组织收听，仅直接和中央电台联系的就有 400 多个单位，据其中 190 多个单位统计，有组织地收听的人数，就在 8 万人以上。坚持听完的有 1 万多人。不少单位反映，组织干部收听广播讲座，解决了请不到优秀辅导员的问题，推动了干部学习。

“讲座”节目还播出了马克思、恩格斯的《共产党宣言》，列宁的《帝国主义论》《国家与革命》，毛泽东的《新民主主义论》等著作的讲座。全国各地许多党政机关、部队、团体、学校有组织地收听了上述节目，对传播马克思列宁主义、毛泽东思想，推动知识分子的思想改造起了很大作用。

抗美援朝开始后，《社会科学讲座》设了《美帝侵华史》和《美帝真相》（杨兆麟播讲）两个节目，进行反帝和爱国主义教育。

中央电台早在1949年9月开办《自然科学讲座》，内容包括各种科学常识、科技新知识、科学家介绍以及怎样用马克思列宁主义观点研究自然科学等，主要是约请一些科学家和专业工作者介绍科学常识和科学家的故事。这个节目曾于1952年调整节目时停办。1954年3月15日，中央电台重新开办了科普节目《科学知识讲座》，后几经更名，在“文化大革命”初期被当作“大毒草”铲掉。

（3）开办《部队节目》等对象性节目。

为加强新中国成立后国家电台的军事报道，中央电台根据解放军总政治部的建议，从1951年5月1日起开始举办《部队节目》。1955年，解放军总政治部发出《关于〈部队节目〉的通知》，对在国家电台新设置的部队节目的报道方针、任务和内容作了进一步的阐述：“《部队节目》以公开形式，对部队进行经常的、广泛的宣传教育工作。它的主要任务是配合基本政治教育和时事政策教育，大力宣扬部队中的好人好事，提高部队的社会主义觉悟；其次是对部队进行军事、文化、体育方面的辅助教育，鼓舞部队学习热情和增强学习效果；再次是在不泄露秘密的原则下，介绍和推广政治教育、文化教育、青年团活动、俱乐部活动等方面的工作经验。”按照规定，《部队节目》以各军种、兵种的广大士兵和连队军官为主要对象，特别照顾到边缘分散执行勤务的部队。此外，鉴于和平时期对广大人民进行国防教育的需要，对军外听众也作了适当照顾。①

《部队节目》刚开播时，每周安排播出2次，每次半小时，不重播。1955年4月起，改为每周播出3次（重播除外），每次20分钟。为了办好这个设在国家电台的唯一的部队节目，中央电台除了经常安排受部队欢迎的政治思想教育、时事政策教育和文艺、体育活动等宣传内容外，还增

① 杨波主编：《中央人民广播电台简史》，北京广播学院出版社，2000年11月版，第111页。

加了一些革命故事、军事常识等。

为满足广大少年儿童收听广播的需要，1951 年 5 月 1 日起又开办对少年儿童广播节目。每天播出两次，每次 30 分钟，以小学生为收听对象，兼顾初中一二年级学生。开始曲是《少年儿童先锋队队歌》。节目内容有时事政治、祖国建设成就、先进人物事迹、学校生活报道、科学知识以及大量的文艺节目：故事、广播剧、音乐歌曲、教唱歌和少年儿童表演的朗诵、相声等。寒暑假还播出长篇故事，并举办征文活动。重点是配合学校少先队组织，对少年儿童进行爱国主义、国际主义和社会主义教育，培养他们成为爱祖国、爱人民、爱劳动、爱科学、爱护公共财物，健壮、活泼、勇敢、诚实的社会主义新人。

为了办出具有特色并有较强针对性的少儿节目，1956 年 9 月 4 日增办了对学龄前儿童广播《小喇叭》，针对学龄前儿童年龄小、思维具体形象的特点，讲故事、教歌谣、教唱歌、猜谜语，对孩子们进行思想品德教育，在社会上产生广泛影响。

中央电台还于 1955 年 4 月开办了《对农村广播》节目，以广大农村干部和农民为主要对象，成为广大农民获取信息、接受知识、提高素质的重要渠道，成为促进农业发展、农村繁荣、农民致富的舆论阵地。

（4）开办《听众信箱》《天气预报》等服务类节目。

中央电台从它的前身——延安新华广播电台的时代起，就开办了专为听众服务的信箱节目。以后，随着人民广播事业的发展，中央电台的节目日益丰富，为各界听众服务的专题节目信箱也不断增加。这些《信箱》以专栏形式分别附属各有关专题节目。《听众信箱》通过选播听众来信，反映人民群众对社会生活各方面问题的看法和建议；通过回答一些为听众普遍关心的问题，更好地为听众服务，进一步密切中央电台与全国听众的联系。其他一些节目的专题《信箱》，则主要回答听众提出的和各节目内容有关的问题。

《预告节目》和《节目介绍》是中央电台节目组主办的两个服务性节

目。《预告节目》是中央电台建台初期就有的一个节目。那时，每天分早、中、晚三次播音，每次播音开始都以节目播出顺序预告节目，当时叫《报告节目》；另外，在前两次播音结束时，还要预告下一次播音的节目。20世纪50年代初，中央电台节目分四次播音。除在第一次播音时预告全天节目和第四次播音时预告晚间节目外，在21:30还要预告次日重要节目。从1953年开始，在每周四还要预告下周重要节目。《节目介绍》只是有重点地介绍中央电台部分节目的内容。随着广播节目的发展，《预告节目》和《节目介绍》的影响越来越大。

《天气预报》作为一个服务性节目，一直受到全国各方面听众的欢迎。1953年8月11日，中央电台与中央气象台订立《关于危险天气的预报办法》。《办法》规定，关于危险天气的预报，中央电台在各次新闻节目里随时播出，特别是紧急的天气预报，临时在最近的节目（包括非新闻类节目）中广播。1954年3月6日，政务院专门发出了《关于加强灾害性天气预报、警报和预防工作的指示》，要求各级广播电台对于各级气象台、站的大范围灾害性天气的预报、警报，应该定时予以广播，必要的时候，临时增加广播次数。1956年6月11日，中央广播事业局和中央气象局发出《关于在各地人民广播电台、有线广播站建立〈天气报告〉广播节目的联合通知》。根据要求，从当年6月份起，逐步在全国各地广播电台和有线广播站建立《天气报告》广播节目，每天定时播出，对国民经济和人民生活起到了有益的作用。

《广播体操》是通过在广播中播放专门创作的乐曲、口令来指挥、带领群众进行体育锻炼的徒手操。为了增进人民的身体健康，党和政府于1951年11月24日公布推行第一套广播体操。当时，中华全国体育总会筹备委员会和中央广播事业局联合决定，从同年12月1日起，在中央电台和地方电台都举办《广播体操》节目。此后，《广播体操》作为一个固定节目，每天播放两次。全国各地的许多机关、厂矿、企业、学校、军队和农村，通过扩音器转播电台的《广播体操》，组织本单位的群众做操，锻炼身体。1954 年 3 月 1 日，根据周恩来总理指示，政务院发出了《关于在政府机关开展工间操和其他体育运动的通知》，规定每天上午和下午工作时间内，各用 10 分钟做工间操。这就为各机关的干部、职工在工间做广播体操给予了时间保证，使广播体操在全国各地得到更为广泛的推行[①]，并逐渐成为国人锻炼身体的一种重要方式。

（5）开办对少数民族广播节目。

我国的对国内广播，除普遍使用汉语普通话、部分节目使用汉语方言外，从中央到民族区域自治地方的各级广播电台，还举办了少数民族语言广播，这是对国内广播的重要组成部分。开办以来，少数民族语言广播以其鲜明的特色和独特的作用，为我国民族大家庭的团结和进步，为少数民族地区的发展和繁荣做出了重要贡献。

中央电台民族语言广播的主要任务是用少数民族语言向对象地区发布国内外重大新闻，宣传和讲解党和国家的各项方针、政策、法令，介绍我国社会主义事业的发展和成就，介绍各民族的政治、经济、文化生活，传播各种经济信息，增强民族团结，促进边疆地区的建设。1950 年 5 月 22 日，中央电台的第一个少数民族语言广播——藏语广播节目开始播音，从这一天起，党和国家的声音越过千山万水，传到青藏高原。同年 8 月 15 日，蒙古语节目开始播音。随着广播事业的发展，在 1956 年、1957 年又陆续开播了朝鲜语、维吾尔语和壮语广播节目。五种少数民族广播节目的相继开办，是中国共产党和人民政府的民族政策的体现，对繁荣少数民族经济文化，加强民族大团结发挥了重要作用。

（6）开办对台湾广播节目。

热诚地为台湾同胞服务，为早日实现祖国统一大业贡献力量，是对台湾广播节目的宗旨。新中国成立初期，台湾同祖国大陆之间处于隔绝状态，对台湾广播在向台湾同胞传达中共中央、中央人民政府关于解决台湾问题

① 杨波主编：《中央人民广播电台简史》，北京广播学院出版社，2000 年 11 月版，第 133 页。

的方针、政策，介绍祖国大陆各方面的情况，沟通两岸的信息，解答台湾同胞关心的问题等方面，发挥着其他宣传工具不可替代的重要作用。

早在1949年8月，华东人民广播电台就开办了对台湾广播节目。1954年华东台撤销后，改由中央电台举办，并于1954年8月15日正式开播。对台广播为综合性节目，使用汉语普通话、闽南话播出，后又增设客家话，每天播出4小时，后又陆续延长。对台广播传达了中国共产党和中央人民政府对台工作的方针、政策，为台湾人民了解祖国大陆的情况提供了重要信息。

（7）正式开办对国外广播。

新中国成立初期，我国对外广播的发展与当时的国际对外宣传形式紧密相关。朝鲜战争期间，为了配合侵朝行动对中朝军民开展心理战，美国之音再度扩大对华广播规模，除汉语普通话外，不仅恢复了第二次世界大战后停办的广州话、闽南话、上海话广播，还增加了潮州话、客家话和藏语节目，每天播音长达10多个小时，规模超过第二次世界大战期间。1953年朝鲜停战后，美国之音继续加强其对华广播的发射功率。同年，美国总统艾森豪威尔，指示美国之音“利用广大的无线电广播网与共产主义作斗争”，其重点是“铁幕和竹幕背后的国家”。

在这样的国际形势和激烈的国际对外宣传竞争中，新中国对外广播宣传建设变得刻不容缓。我国的对国外传播，是党和国家对外舆论宣传工作的一部分。1950年2月，对外广播编辑部提出四项主要方针：第一，宣传中国人民解放战争的胜利，人民民主专政的增强和巩固以及经济和文化建设方面恢复和发展的成绩，使亚洲各国人民（当时的对外广播主要集中在对亚洲地区）了解新中国的现况，使海外侨胞更加热爱新生的祖国；第二，介绍中国革命工作的经验，以帮助亚洲各国人民的解放事业；第三，宣传社会主义苏联为首的世界和平民主阵营力量的强大和发展以及中苏友好的增进，报道亚洲各殖民地国家的民族解放、人民民主运动和人民武装斗争，以鼓舞各国人民的斗争意志和胜利信心；第四，揭露以美帝国主义为首的反民主阵营，号召为反对帝国主义——首先是反对美帝国主义而共同斗争[①]。

新中国成立初期，对国外广播的任务主要由中央电台承担。人民广播的外语广播[②]始于1941年12月3日延安开办的日语广播（后中断）。1947年9月11日，陕北台开办了英语节目。进入北平后，1949年6月20日，北平新华台重办日语节目。

1950年4月10日起，中央电台开办越南、缅甸、泰国、印度尼西亚和朝鲜五种外语广播（其中朝鲜语为试播，同年7月2日正式广播）。同时开办对东南亚地区华侨的广播，使用广州话、厦门话、潮州话和客家话播音。同一天，对外广播启用“北京广播电台”呼号，但对华侨广播仍用“中央人民广播电台”呼号。此后，对内、对外广播节目的编辑、翻译和播音工作分开。中央电台对内、对外呼号、频率的分开和专门编辑部的组建，意味着对外广播的正式开办。上述对国外广播7种外语和4种汉语方言节目的开播，为我国对外广播的发展奠定了初步基础。

到1956年，中央电台已拥有两套面向全国的综合节目，全天播音时间从1949年的5小时增加到23小时55分，另有一套民族语言节目和一套对台湾广播节目。中央电台注意从广播的特点出发，努力办好新闻性、文艺性和社会教育性以及服务性的节目，同时加强了《新闻报摘》《全国联播》等新闻节目。

中国对外广播的影响也越来越大。到1956年，中央电台已有英语、日语、朝鲜语、印度尼西亚语、越南语、泰语、缅甸语、西班牙语、老挝语、柬埔寨语等10种对外广播。还以汉语普通话和厦门话、广州话、潮州话、

---

① 张振华主编：《中国广播电视概要》，北京广播学院出版社，2003年1月版，第69页。

② 1941年12月3日起至1950年4月10日止，同对内广播一起先后更名为“延安新华广播电台”“陕北新华广播电台”“北平新华广播电台”“北京新华广播电台”“中央人民广播电台”。1950年4月10日，对外广播开始启用“北京新华广播电台”呼号。1978年4月18日，“北京广播电台”改名为“中华人民共和国国际广播电台”，简称“中国国际广播电台”。但在对外播音时，仍然沿用“北京广播电台”呼号。1993年1月1日起，对内对外将台名和呼号统一为“中国国际广播电台”。

客家话对华侨广播（见下表）。当年收到来自世界 62 个国家和地区听众来信 15284 封，比 1951 年收到的 18 个国家和地区的 1000 封听众来信，增加了 15 倍。

1949 年—1966 年中国对外广播的发展进程

时间	播出语种 / 种	播音时间 / 小时	发射功率 / 千瓦	来信数量 / 封
1950 年	11	11（日）	80	——
1952 年	11	15 小时 40 分（日）	138.5	——
1954 年	14	25（日）	1175	——
1955 年	13	160（周）	——	7365
1956 年	16	17（日）	2640	15284

20 世纪 50 年代初，我国广播对外合作与交流活动初步开展。1952 年，我国应邀参加了总部设在捷克斯洛伐克首都布拉格的“国际广播组织”（OIR）。1953 年 9 月，“国际广播组织”理事会第 24 次会议和技术委员会第 9 次会议在北京举行。这是我国广播机构首次主办的国际会议。参加该组织推动了我国与苏联、东欧社会主义国家的广播电台开始互相交换节目。在 1952 年到 1956 年间，我国还与有关国家多次互派广播代表团访问。这些国际交流活动促进了中外交流和了解，有利于让中国的声音更好地传向世界。

2. 各地人民广播电台试办专业台

各地人民广播电台遵照中央和大区广播工作会议精神，联系所在地区实际，围绕恢复国民经济等中心工作，积极地、创造性地开展了大量工作。在按规定转播中央人民广播电台重要节目的同时，办好自己的新闻、文艺、社会教育等方面的节目。在努力办好综合性的人民广播电台的前提下，还试办专业性的职工台、经济台、工商台、广告台、有线广播台等。

1949 年 1 月开办的天津人民广播电台，先后开设了综合台（第一台）、职工台（第二台）和经济台（第三台）3 个频率。天津职工台是全国最早设立的对职工广播的专业台，为适应天津大工业城市的特点，突出工商业宣传，加强对全市职工的思想政治教育，办有职工新闻（后改为工矿职工广播站联播节目）、职工生活、广播文化宫、工人政治讲座、故事会、职工文艺等节目。这些节目形式活泼，内容针对性强，有比较健全的收听组织，因而听众多，收听效果好。1952 年，职工台平均每天播音九个多小时，举办的节目有十几个，经常听众达 25 万多人，并有 500 多名通讯员经常写稿，有 1100 多个工厂广播站转播，897 个私营中、小工厂建有收音站、1951 个收听小组。中央广播事业局对天津职工台的经验给予肯定。在天津职工台经验的影响带动下，各地许多工厂、矿山、企业单位，纷纷建立各自的职工台站。

天津经济台于 1949 年 6 月 20 日设立，主要播出广告，适当播送经济新闻及行情。这是全国最早命名的经济台。天津经济台播出几个月后，与同年 5 月 1 日开办的广告台合并。

太原人民广播电台于 1950 年 1 月 1 日增为两套节目，第一套对山西全省广播，第二套主要对太原市广播。同年 4 月 6 日又开办一套广告节目，称太原人民广播电台经济台。

济南人民广播电台于 1950 年 10 月 27 日改为“山东省台兼济南市台”，济南市台的名称为“济南人民广播电台经济台”，后又改称“山东人民广播电台经济台”，但仍担负对济南地区的广播宣传任务，直到 1954 年 12 月 31 日停止播音。

广州人民广播电台于 1951 年 3 月建立工商台，拟定方针为宣传财经政策，解释工商法令并将有关财经节目全部移交到工商台播出，作为华南区和广州市财经部门与工商界的桥梁。这个工商台是广州人民广播电台第二台，集中播送工商广告、行情牌价和水位消息等，一年多后停办。

沈阳广告台 1951 年 8 月 1 日开办，以所得收入支援抗美援朝，捐献“人民广播号”飞机。

北京人民广播电台设广告台，即第四台。1951 年 12 月，对广告台的工作进行改进，所有广告业务统由电台管理。通过整顿、改进，广告台提高了节目质量，增加了收入。

在政务院新闻总署、中华全国总工会倡导下，许多工厂、矿山、企业建立起数以百计的有线广播台，为广大工人服务。鞍钢、武钢、重庆钢铁公司等的有线广播台、站以企业经济实力作保障，适应广大职工的需要，办得很有生气，发挥很大作用。

20 世纪 50 年代中期以后，由于党和政府广播方针的调整，这些一度兴旺的职工台、经济台、工商台及广告台均相继停办。

三、1956 年广播宣传业务改革

人民广播电台的广播业务工作从新中国成立以来不断改进。1954 年在总结宣传业务经验的基础上，学习苏联广播工作经验，尽管某些方面出现生搬硬套的倾向，但仍借鉴了一些有利于提高节目质量的工作方法和制度。

1. 广播宣传业务改革的背景

1956 年，党在过渡时期的总路线所给定的任务中对农业、手工业和资本主义工商业的社会主义改造已基本完成，同年 4 月召开的中共中央政治局扩大会议，提出了百花齐放、百家争鸣的科学文化方针，这就对广播事业提出了新的要求。根据毛泽东《论十大关系》的报告和刘少奇关于广播宣传工作的指示精神，中央决定进一步改进广播宣传，更好地为人民服务、为社会主义建设服务，使节目进一步联系实际，内容和形式力求满足广大听众的需要。1956 年 7 月 25 日至 8 月 16 日在北京召开的第四次全国广播工作会议，重点对下一步如何贯彻“双百”方针，改进广播宣传进行了讨论。会议提出：

第一，改进新闻报道，做到又多又快又短又好。好就是真实、生动、有兴趣和有立场。只有把事情的真相告诉听众，才能有效地教育听众。新闻报道要全面，不要报喜不报忧，当然也要有立场，要有利于人民和无产阶级。还应有自己的评论，最好采取述评的形式。广播记者不但要带着笔，还要带着话筒进行工作，最好用录音机代替笔记本。

第二，扩大节目取材范围，加强同群众的联系，更多地关心和指导人民的生活。要从政治上关心人民，同时也要从生活上关心人民。要使节目办得更多样些，更丰富些，更生动些。还要改进文风，少唱八股，让广播语言更接近生活。

第三，要在广播中开展批评。在广播中进行批评与自我批评，目的是纠正缺点和错误，以教育人民和做好工作。原则是要严肃对待，看是否对当前的斗争有利，是否对革命事业有利；要注意效果，最好能分析和说明产生错误和不良现象的原因；中央电台、省电台和市电台进行批评的方法有所不同；批评时要有分寸。中共中央关于在报纸上展开批评的指示，在广播中应该严格遵守。

第四，根据广播特点对待“百家争鸣”，在广播中展开自由讨论。科学研究工作的“百家争鸣”，对广播电台来说，不宜播送很深和长篇的论文，但是在可能的条件下，应该向听众介绍正在进行的学术性争论情况，以启发、培养听众对学术问题的兴趣。广播中展开讨论是有领导的，要慎重地对待这项工作。

第五，贯彻“百花齐放”的方针，办好文艺广播。在文艺广播中贯彻“百花齐放”精神，必须加强对文艺工作的领导。应该更多地播送艺术质量较高的作品，更多地播送为当地人民所喜爱的文艺形式，必须扩大宣传，不应一花独放。为了办好文艺广播，应该加强文艺采访工作，做好中央电台和地方电台之间的节目交换工作。定期召开文艺工作专业会议，以交流经验和提高文艺干部的业务水平。在播音风格上，也要“百花齐放”，要有不同的风格，不要只有一派。

第六，要让听众听到更多的节目，就是要有更多的丰富的内容、多样的形式、高度的思想艺术水平，并用新技术制作的节目，来满足广大听众对广播日益增长的需要。精办节目和多办节目并不矛盾。多办节目有两种做法，一是适当增加每天的播音时间，同时紧缩每一分钟节目时间，以腾出时间增办新节目，这是中央电台和省台唯一可行的方法；另一种是增加电台，增加频率。这两种办法，在条件具备时，都是可行的。为实现多办节目，需要增加发射设备，增加电力，增加编制和经费等，这些都应在年度计划中加以解决。后来的实践说明，第四次全国广播工作会议在中国广播发展的历程中具有重大意义和深远影响。[①]

2. 广播宣传业务改革的实践

中央和地方广播电台，根据第四次全国广播工作会议精神，结合各台具体情况，认真展开学习讨论，纷纷订出各自改进广播宣传工作的方案，迈出改革的新步伐。

中央电台注意从广播的特点出发，努力办好新闻性、文艺和社会教育性以及服务性的节目。为了紧密配合党的中心工作，宣传中国独立自主的和平外交政策，中央电台加强了《新闻和报纸摘要》《全国联播》等新闻节目。1956年，每天的新闻节目从1949年的4次增加到15次。《国际生活》节目改为《国际时事》《国际生活》两个节目，加强了对国际问题的评述和世界知识的介绍。随着文艺事业的日益繁荣，中央电台的文艺广播进入发展阶段。由于对民族、民间音乐和戏曲进行了广泛的采录工作，并建立了广播民族乐团、广播说唱团等表演团体，节目来源逐步扩大，文艺广播的内容日益丰富，音乐文学戏曲的欣赏性、知识性、娱乐性节目不断增加。为了普及马克思主义理论的基本知识，加强对干部的理论教育，中央电台又举办了《哲学》《唯物主义》等讲座和学习中国共产党第八次全国代表大会文件节目等，博得广大听众的欢迎。

辽宁电台办台口号是“质量第一，效果第一”；充分发挥广播的特点，使节目通俗、活泼，软一些，宽一些。江苏电台提出广播宣传要扩大报道面，广泛、深入、丰富多彩地反映社会生活。专题节目开始运用对话形式。长期不被重视的《新闻》节目摆上了重要位置，并且作了较大改进，力求摆

① 赵玉明主编：《中国广播电视通史》，中国传媒大学出版社，2006年2月版，第231页。

脱广播新闻是报纸新闻翻版的传统，多用自己采写的新闻，减少新闻重播次数。云南电台集中力量办好新闻性和文艺性节目，增加了新闻节目次数，丰富了文艺节目内容，加强了以农民为对象的《对农村广播》，新办了《对家长广播》《科学卫生》《农村俱乐部》《民族语言广播》《对云南境外国民党军残部广播》等。同时加强了具有民族特点和地方特点的节目的采录工作。

许多地方电台都增加了新闻次数，添设了新闻品种，从多、快、短、好上下功夫，并加强了新闻和评论，广泛开展广播批评，有的电台还试着采编批评性报道，对人民群众关心的问题进行干预。

各电台还注意到了广播播放文艺节目的优势，纷纷加大文艺节目改革的力度，文艺节目的取材范围不断扩大，题材丰富多样，在电台广播中的比重也日益增加。1955 年至 1956 年期间，北京市电台在听完苏联专家巴宾科讲录音报道的采制经验，分析莫斯科电台播出的录音报道后，开始采制录音报道，摸索配乐广播、广播杂志的运用。在节目播出方式上采取了实况广播、实况录音、讲话录音、录音报道、录音访问等多种形式。广东电台的记者和录音员带着录音机下乡，在 1956 年采访了原南海县平洲红旗农业社，这是广东电台第一个反映农村生活的录音报道。

为了更好地服务和联系听众，全国很多电台都开办了直接为听众日常生活服务的节目，并且在其他节目中注意密切同听众的联系。既有听众关心的衣食住行方面的消息，又可听到悦耳的歌曲或音乐，适应群众多方面的需要。

这期间，中央广播事业局加强了对广播业务研究工作的组织领导。中央广播事业局成立不久的 1949 年 11 月 3 日就组建了地方电台编辑研究部，这是新中国广播系统第一个研究机构。后改为地方广播部，以管理和指导地方电台广播业务为主要任务，逐步开展多方面的广播业务研究活动。1955 年 10 月，中央广播事业局创办了第一个业务性刊物《广播业务》。1957 年 6 月 25 日，中央广播事业局成立了研究室。第四次全国广播工作会议之后的一年内，中央广播事业局组织了农村广播业务学习会、广播网技术研究会、录音报道业务学习会、地方电台领导工作经验座谈会、唱片专业会议等进行广播业务研讨，涉及面广，针对性和指导性都很强，对后来工作影响很大。

许多电台还研究了广播的指导性和潜移默化的关系，特定对象节目和共同兴趣的关系，广播宣传和报纸宣传的异同，广播特点和地方特点等问题。

3. 广播宣传业务改革的意义

1956 年的改革是新中国成立以来一次较为系统和全面的广播方针调整和广播业务改进活动。因为方向正确，改革在很短的时间内就取得了较大的成绩，各地广播电台的宣传工作开始呈现崭新的面貌。

在广播新闻理论方面，提出“自己走路”。为迈开自己走路的坚实步伐，我国广播事业始终坚持系统的理论研讨，做好前瞻性工作。1956 年 7 月 25 日召开的第四次全国广播工作会议，提出了要改进新闻报道，做到又多又快又短又好；要求广播记者不仅要带着笔，还要带着话筒工作，最好用录音机代替笔记本。会议还要求广播应有自己的评论，最好采取述评的形式。

在广播业务实践方面，各电台注意发挥广播的特点和优势，广播新闻的数量显著增加，质量显著提高，时效性显著增强；广播新闻对社会现实干预的程度明显加深。广播节目关心人民群众生活，联系社会实际，更好地为社会主义建设服务。广播的收听率也明显提高，听众反馈也很热烈。

虽然，“反右”斗争 1957 年 6 月忽然兴起，这次社会主义新闻改革由此戛然中止。但是，此次改革冲破了教条主义思想的束缚，破除了对苏联新闻工作经验的盲从迷信，使广大新闻工作者的新闻观念得到了更新与解放，认识到必须从中国实际出发，使广播宣传内容与中国民族形式和受众特点相结合，具有极大的历史意义。

第四节　新中国成立初期广播技术的发展

新中国成立之初的三年国民经济恢复时期（1949—1952）和执行第一个五年计划时期（1952—1957），是开创我国广播事业并奠定基础的时期。新中国成立之初，中央和地方广播基础十分薄弱，很难承担全国广播宣传任务。这段时间，广播科技事业的主要任务是集中力量建设中央电台（包括对外广播），加速建设全国有线广播网，重点普及农村广播站，广播的工程设计、民族工业和科学研究快速起步，在实践中培养了一大批广播干部，特别是高级工程技术干部。

广播技术建设包括广播电台的发射系统、播控系统、传达系统和接收系统。广播人口覆盖率的高低，播出质量的好坏，节目套数和播出时间的多少，取决于事业规模和技术水平以及技术设备的先进程度。技术是为宣传服务的，同时又是广播宣传的物质基础和保证。

一、无线广播技术的进步

声音广播包括无线广播和有线广播两大部分。无线广播技术系统由广播中心、广播发射网（简称广播网）和节目传送网三大部分组成。广播中心的任务是制作和播出广播节目。广播网是由一系列的发射台和转播台组成的，它把广播中心播出的广播节目变成无线电波，向空中发射，供听众收听。节目传送网是把广播中心播出的节目信号传送到发射网的每个发射台和转播台[①]。

我国对国内广播主要使用中波。新中国成立时，全国电台共有49座（不

① 左漠野主编：《当代中国的广播电视》（上），中国社会科学出版社，1987年版，第173页。

含台湾），中央 1 座，地方 48 座，发射总功率 138 千瓦，基本上是国民党遗留下来的，发射功率小，设备落后。中央电台从国民党手里接管的双桥发射台，仅仅只有一部 10 千瓦短波发射机和一部 100 千瓦中波发射机（因缺乏大型电子管，实际发射功率只有 10 千瓦），播控中心设备也十分简陋。当时，全国仅各省省会有一些设备简陋、发射功率很小的中波广播电台，发射总功率只有 107 千瓦。中央和地方电台的广播覆盖面都很小，不能满足群众收听要求。

针对这种情况，中央和地方电台的首要任务是尽快增建电台和扩大发射机功率。在当时缺乏经验、缺少技术力量、经费严重不足的情况下，中央广播事业局因此确定了先中央后地方、先对国外后对国内、集中力量建设中央电台（包括对外广播）的方针，从地方电台抽调了一批技术、宣传和管理干部参加中央电台的建设。

中央电台在第一个五年计划期间采取了全国布点，先建骨干台的技术策略。首先引进苏联的技术和设备，在北京地区新建一座大功率中波发射台，增加了中央电台对北京和华北地区的广播，并开办了中央电台第二套节目。以后又引进匈牙利制造的发射设备，相继在河南和江西两省境内新建两座大功率中波转播台，转播中央电台的节目，把中国东南部地区初步覆盖起来。此外，改造了吉林、云南两省原有的大功率中波发射机各 1 部，作为中央直属转播台，使中国东北和西南地区初步得到覆盖。其间，对台湾广播的发射台于 1954 年建成开播。

在此期间，北京地区还建成了 1 座对国外广播发射中心，共专设 6 部大功率发射机、30 副天线，能向各方向发射。1956 年建成的对外发射中心开始播音，使中国对国外广播的实力得到一定的增强，增加了一些广播对象地区，初步改变了中国对国外广播的落后面貌。

第一个五年计划期间，地方电台主要是扩大了各省省会和自治区首府广播电台的发射机功率，采用国产 7.5—20 千瓦的中功率发射台，初步改善了收听效果。1956 年年底，中央电台的发射总功率增加到 1935 千瓦。与此同时，技术监测和维护保障系统也同步建设，1955 年，周恩来总理批准的上海第一座大型广播监测中心建成并投入运行。技术维护、安全运行管理逐步走向规范化，中央电台广播的技术基础已初具规模。

二、有线广播技术的发展

我国有线广播技术系统的发展，主要表现在传输分配系统的不断改进和完善。收音站和有线广播网是中国人民广播事业的基础。它们以教育人民、恢复和发展生产为中心，在地域辽阔、交通不发达、文盲较多的地区尤其能够发挥作用，紧密联系千千万万的群众。新中国成立初期，无线广播节目覆盖率很低，国产收音机产量很少，价格也较昂贵，一般百姓也买不起，有线广播网（站）的迅速发展，成为必然趋势。有线广播网（站）既是县、乡镇、工矿、企业、学校的广播网（站），又是中央和省（区、市）广播的转播网（站）。

有线广播技术起源于 19 世纪中期，20 世纪 40 年代在我国东北、华北解放区大中城市等地发展较快。新中国成立之后，我国有线广播网是从发展收音站开始的。1950 年，经政务院批准，新闻总署发布《关于建立广播收音网的决定》，要求各地普遍建立广播收音站。收音站的主要任务有三条：抄收记录新闻、介绍和预告广播节目、组织群众收听重要广播节目。收音站深受我国广大农民的欢迎，经过一年多的发展收音站就达两万多个，收音从业人员 4 万多人。1952 年，全国第一座以县为区域的广播站——吉林九台县广播站正式开播，标志我国农村有线广播站的兴起。该站主要采用与电话线共缆传输定时广播的方式并被迅速推广。

国务院在 1955 年 3 月公布以农业、畜牧业、渔业生产合作社为重点建立收音站的指示，规定要在全国建立一百万个收音站，收音机由广播局供给，收音员由广播电台培训。1955 年 10 月，毛泽东主席在党的七届六中全会上提出要“发展农村广播网”。1956 年 1 月，中共中央颁发的《全国农业发展纲要》第32条规定："从1956年开始，按照各地情况，分别在七年或者十二年内基本上普及农村广播网。"

根据这个要求，中央广播事业局确定了农村广播网的建设方针："在党的领导下，依靠群众的积极性，充分利用现有设备，因陋就简，分期发展，逐步正规，先到村社，后到院户。"到1956年年底，全国有线广播站发展到1458个。广播成了农村和边远地区人们获得信息和文化知识的重要来源，成为党和政府团结和教育群众的重要工具。

三、广播节目制作的变化

新中国成立初期，各广播电台大都是在播音室内或转播现场直接向传声器发音播出广播节目，还有一部分节目是播放唱片，少数电台有几部钢丝录音机或蜡盘录音机。

1949年1月31日，北平和平解放。当晚，中国人民解放军军事管制委员会就接管了位于西长安街3号的国民党"北平广播电台"。接收的主要设备及设施有：一套100多平方米的音乐录音室和4个十多平方米的直播室，8部美国制造的Webster版钢丝录音机，2部日本制造的蜡盘刻纹录音机，若干个美国制造的铝带式话筒和碳粒式话筒，1台美制式唱片原版刻录机，还有几只音质不错的扬声器以及放唱机和电子管增音机等。北平新华广播电台时期，负责节目录音和播出的技术部门叫增音室，后又称传音科。约有40余名技术人员，下设录音室、传音室和收发室，实行值班检修合一的工作体制。中央电台在1949年10月1日转播开国大典实况时，使用的还是老式的碳粒式话筒，然后直接接入电子管增音机，经由电话线传回电台直接播出。

为适应广播事业的蓬勃发展，1954年开始建设新的广播录制机房，内有一套400平方米的大型音乐录音室，八套语音录音室。并首次建立了两套节目复制间。1956年年初，室内录音设备使用的是苏式最新设备。这个时期磁带录音机已大量使用，并由直播向录播过渡[①]。

中央控制室是1955年成立的，下设录音科、传音科、维修科和机要组，还有新闻记录台。除承担广播节目的录制和播出外，还担负了党中央和国家重要活动的扩声工作。

随着录音机技术的发展，广播节目的制作过程发生了很大的变化，磁带录音不仅质量高、成本低，能随时消抹改录的优点，更主要的是利用它可以对广播节目进行剪辑加工，还可以复制保留、随时重播。磁带录音技术的采用，为广播节目的制作、储存和交换提供了极大的方便。

1950年2月，中央电台录制新中国第一个广播剧《一万块夹板》时，只是把语音、音乐和效果简单合成。中央电台1951年开始部分使用磁带录音机，当时的磁带是纸做的，极易断裂。1953年，从苏联进口了德聂布尔3型磁带录音机，磁带也换成了醋酸纤维带，称之为C型带。这才真正具备了录音节目制作的基本条件，从此开始加工合成广播节目。1954年，中央电台派人去苏联学习文艺节目录音技术。同年12月，苏联莫斯科大剧院芭蕾舞团首次来我国演出《天鹅湖》。中央电台请该团乐队到大播音室录音。[②]

1956年，中央电台从西长安街迁至复兴门外真武庙，并首次建立了广播主控系统，这时的文艺节目除少量现场直播外，已全部采用录音播出，有价值的唱片节目也全部转录在磁带上，电唱机已被播音室淘汰，其他广播节目也多数采用了磁带录音播出。

四、高级工程技术人员队伍的培养

新中国成立初期，广播系统在原有技术力量的基础上培养了一定数量

---

① 杨波主编：《中央人民广播电台简史》，北京广播学院出版社，2000年11月版，第329页。

② 左漠野主编：《当代中国的广播电视》（上），中国社会科学出版社，1987年版，第189页。

的有较高水平的技术干部，但是远远跟不上事业发展的要求。广播电台技术人员的极度匮乏严重制约着新中国广播事业的发展，技术人员严重不足已成为当时发展广播事业必须解决的关键性问题。

为了改变这个状况，1952 年 9 月党中央明确把“培养和训练广播事业干部”当作中央广播事业局的四大任务之一。为落实中央精神，第一次全国广播工作会议之后，中央广播事业局在集中力量建设中央电台的实践中，培养技术人员，提高他们的水平。通过技术引进和第一批工程的建设，中国广播系统的技术干部基本掌握了广播设备制造技术，而且具有了工程设计、工程建设的能力。从 1955 年开始，从设计施工到安装调试，都是中国工程技术人员自己完成的。所需要的广播设备，也是国内广播工业各厂家生产的。这种先引进国外的技术和设备而后转入以自行建设为主的方法，较快地锻炼了自己的建设队伍。

1954 年 3 月，中央广播事业局决定开办“广播技术人员训练班”（见下表），培训初步掌握广播专业理论和专业知识的技术人员，标志着我国广播系统自己创办教育培训机构的开始。广播技术人员训练班共办了六期，主要开办发送和传音两个专业，还办过收音、播音员等业务短期训练班。每期时间不等，长的两年，短的几个月。训练班的教师主要来源于三个方面：一是从中央广播事业局一线工作岗位上抽调而来，不少人是发射台骨干、值班班长，这些老师经验丰富，技术基础扎实，成为教师队伍中的核心力量；二是从各高校选拔的应届毕业生，迅速成为训练班教学的骨干；三是从训练班毕业以后直接留校的优秀学生。训练班的学生都能够掌握工作急需的广播技术基础知识，毕业后分配到中央电台和各地方电台，并迅速成为各台的骨干，成为新中国新兴的广播力量群体。他们是新中国第一批经过正式培训的广播技术人员，为我国广播事业的发展奠定了人才基础。[①]

① 《北京广播学院五十年》（征求意见稿），中国传媒大学出版社，2005 年版，第 6—7 页。

广播技术人员训练班时期情况一览表

期别	班次	专业	学习时间	学生来源	入学人数	毕业人数（包括中途分配工作人数）
一期			1954年3月至1954年12月	长春机要学校	137	136
二期			1954年9月至1955年12月	北京市初中生	69	55
三期	甲班		1955年6月至1956年6月	长春机要学校	134	166（其中有二、四期调入的学员）
	乙班		1955年6月至1956年9月			
	丙班	收音	1955年6月至1956年9月			
四期	401	发送	1956年1月至1957年4月	长春机要学校	133	122
	402	传音	1956年1月至1957年1月	上海机要学校		
	丙班	收音	1956年2月至1956年5月	上海		
五期	501	发送（一年制）	1956年10月至1957年8月	北京市初中毕业生	399	357
	502	发送（二年制）	1956年10月至1958年7月			
	503					
	504	发送（一年制）	1956年10月至1957年8月	调干生		
	505	传音	1956年10月至1957年8月	北京市初中毕业生		
	506	发送（二年制）	1956年10月至1958年3月，以后并入502、503班			
	507	维护（短期）	1956年10月至1957年1月	中央广播事业局维护处选派		
六期	601		1957年9月至1959年9月	本局及各电台招选派	98	96
	602					
		播音员短训班	1957年11月14日至1957年11月27日	中央电台招考	83	83
		电视短训班	1958年6月至1958年9月	广州、上海、天津、黑龙江各电台选派	16	16
以上共计					1069	1031

同时，中央广播事业局在广播系统抽调一部分干部出国学习广播和电视技术。这批干部尤其是科技工作者、工程技术人员，为迅速改变新中国成立之初广播电视落后面貌、促进广播电视迅速崛起做出了重大贡献。

五、广播工业的建设

广播工厂是发展广播事业和普及群众收听工具的生产制造基地。1949年至1952年，中央广播事业局先后在北京、天津、重庆、长春和上海创办了5家广播器材厂，我国广播电子工业开始起步。随着广播事业建设的发展，我国广播电子工业很快发展成为广播基础设施建设，特别是广播系统重装备的工业基础。

1952年，中央广播事业局成立基本建设处，后更名为设计处、设计室，是中国广播电影电视设计研究院的前身。从早期发射台和相关工程的设计开始起步，是我国广播基本建设工程的技术基础。

1951年，中央广播事业局成立天线工程队，1956年成立广播设备安装工程队，为我国广播事业基础设施建设做出了重要贡献。

全国广播机构及所有的广播工作者努力建设广播事业。据国家统计局公布的1956年度国民经济计划执行结果的公报表明："1956年我国2/3的县（市）建立了有线广播站，共装设喇叭51万多只，其中80%装在农村。"公报还报道1956年我国试制成功重要新产品，包括120千瓦短波广播发射机。截至1956年收音机的社会拥有量增至180万台。

周恩来总理曾说："第一个五年计划，电台的基本建设是快的。"广播事业建设在自力更生的基础上，依靠我国民族工业逐步建立发展起来。

◆ 本章小结

中华人民共和国成立后，同其他领域一样，社会主义广播事业也经历了一个建立健全并逐步发展的过程。这个时期，确立了中国共产党领导的广播行政管理体制，完成了对私营广播事业的社会主义改造，创办各级人民广播电台，并大力发展广播收音网，形成了中国共产党领导的人民广播事业新格局。

新中国成立初期的人民广播注意发挥广播的特点和优势，宣传业务有了很大改进，配合国民经济恢复、党在过渡时期的总路线的实施以及第一个五年计划的任务，在经济生产宣传、政治外交宣传、抗美援朝宣传和思想理论宣传方面都取得了显著的成绩，并迈出了广播“自己走路”的第一步，显示了人民广播的威力和影响。

新中国成立初期，对于如何建设社会主义广播事业，中国共产党没有现成的经验可循，于是出现了 20 世纪 50 年代初期学习苏联经验及 20 世纪 50 年代后期新闻事业的改革。截至 1956 年年底，中央广播事业局还在北京召开了四次全国广播会议，紧密结合当时的形势，提出了广播工作的指导思想、基本任务和奋斗目标，对指导各地的广播工作和事业建设发挥了积极作用。特别是在社会主义改造基本完成后召开的第四次全国广播工作会议，提出改进广播宣传工作的要求，明确广播要更好地为社会主义建设服务的方针，推动广播宣传迈开了改革的步伐，并取得了初步成果。

这些广播业务的探索都是积极的，有经验也有教训。由于“学习苏联”过程中的“一边倒”以及教条主义和党八股的严重影响，新闻机构日趋单一化、新闻宣传日益公式化是当时新闻界存在的一个最根本问题。为及时总结教训，在“双百方针”的推动下，广播宣传改革在 1956 年顺利开展，并在很短的时间内就取得了较大的成绩。但遗憾的是，由于党的政治路线出现了问题，1956 年以后政治运动不断，社会主义新闻事业的探索没能在良好的环境中一直进行下去。

第二章　初步探索建设社会主义道路时期的广播电视事业

1956年，中国共产党领导全国人民提前完成了第一个五年计划所规定的主要指标，工农业生产取得了可喜成绩，人民生活有了较大改善，文化教育科学技术等都有了较大发展。在社会主义改造基本完成以后，党和政府领导全国人民开始了全面的大规模的社会主义建设。从这时至1966年春“文化大革命”发生之前，近十年的社会主义经济建设取得了很大成就，积累了丰富的建设经验。但是也应该看到，由于国际国内斗争的尖锐复杂，加之建设社会主义的道路还在探索之中，20世纪50年代中后期“左”的倾向比较严重，党的指导思想上有过严重错误，致使社会主义经济建设遭受挫折。在这十年中，我国的广播电视事业受“左”的影响，走过一段弯路，但总的来看成绩是主要的，特别是1961年根据党的“调整、巩固、充实、提高”八字方针，对广播电视宣传和事业建设重新进行了检查和调整，在以后的几年里各项工作都有新的发展和改进。

第一节　广播系统的整风运动和反“右派”斗争

在社会主义改造基本完成之际，1956年9月，中国共产党在北京召开了第八次全国代表大会。这次会议的任务是总结七大以来的历史经验，团结全党，团结国内外一切可以团结的力量，为建设一个伟大的社会主义的中国而奋斗。八大的路线是正确的，它为即将开始的全面社会主义经济建设指明了方向。

为了顺利实现八大的宏伟目标，创造一个民主的政治环境，1957年2月，毛泽东在最高国务会议上发表了《关于正确处理人民内部矛盾的问题》的重要讲话。同年3月，毛泽东在全国宣传工作会议上也发表了讲话，继续强调“百花齐放，百家争鸣”的方针。同年4月，中国共产党为了纠正当时党内存在的脱离群众、脱离实际和官僚主义等问题，更有效地解决人民内部矛盾，以便更好地建设社会主义，决定在全党进行一场整风运动。

1957年4月27日，中共中央发出《关于整风运动的指示》，要求在全党进行一次以正确处理人民内部矛盾为主题，以反对官僚主义、宗派主义、主观主义为内容的开门整风运动，以适应社会主义经济建设的需要。5月2日《人民日报》发表了题为《为什么要整风》的社论，要求“让人民有不同的意见敢于自由发表，能够自由讨论”。

整风运动开始后，中央广播事业局多次召开会议，发布指示，布置广播系统职工积极参加整风运动，同时要求各广播电台要搞好整风宣传报道。6月2日，中央广播事业局在“广播怎样进行关于正确地处理人民内部矛盾的宣传”的初步意见中强调“广播在报道人民内部矛盾的时候，应当尽可能交代背景，分析原因，使各种不同的听众对矛盾和它的正确处理能有比较全面的了解，关于人民内部矛盾的报道一般地不要零敲碎打，不要追求数量，也不要作纯客观的报道，而应该更多采用综合和分析的方法。”“广播电台应该组织一些通俗地向听众讲解为什么人民内部有矛盾，和怎样处理这些矛盾的节目。”[①] 根据上述精神，全国各地的广播电台对于整风运动的宣传报道比较慎重，把握得比较好。同年6月4日，中央电台开始举

① 《当代中国的广播电视》编辑部选编：《中国广播电视大事记》，北京广播学院出版社，1987年版，第92—93页。

办《正确处理农村内部矛盾》专题节目。

整风运动的开展得到了全国人民群众、知识分子和爱国民主人士热烈响应，为帮助中国共产党整风提出了许多建设性意见。但整风运动的开展也为极少数敌视社会主义制度，对中国共产党心怀不满的人提供了一次公开发难的机会。这年五六月间，极少数人在公开场合或报纸、期刊上以所谓的“大鸣”“大放”“大民主”的方式，大肆攻击人民民主专政和共产党的领导，公开反对共产党的领导地位，甚至要求共产党下台。

面对这股春天的寒流，中共中央于6月8日发出《关于组织力量准备反击右派分子进攻的指示》，同一天，《人民日报》发表《这是为什么？》的社论。此后，全国由整风转入大规模的反“右派”斗争。9月，反“右派”斗争已经发展成为全民性的斗争。反“右派”斗争一直持续到1958年夏季基本结束。

为了巩固社会主义新生政权，维护共产党的领导地位，开展反“右派”斗争，对极少数资产阶级“右派分子”的攻击进行反击是必要的也是正确的，但是由于错误地估计了斗争形势和知识分子队伍的状况，把一大批知识分子、爱国人士和党内干部错划为“右派分子”，宽松、民主的政治局面被破坏，广大人民群众和知识分子建设社会主义的积极性遭受严重打击，造成了严重的后果。

反“右派”斗争开始后，中共吉林省委根据邓小平关于“地方广播宣传的方针和报纸宣传的方针的根本不同，一不鸣，二不放”的指示，于1957年6月12日就省广播电台在反“右派”斗争中的报道问题向中央请示。7月5日，中共中央在复电中指示：“反右派斗争目前已经成为工农参加的群众性的政治斗争，地方广播电台可以在省委的领导下对当地主要的右派典型人物的反动言行进行揭露和驳斥。”[①] 此后各地的广播电台都转入了声势浩大的反“右派”斗争宣传。这类宣传实际上助长了反“右派”斗争

① 《当代中国的广播电视》编辑部选编：《中国广播电视大事记》，北京广播学院出版社，1987年版，第93页。

的扩大化。同年8月，中央广播事业局分别在成都和长沙组织召开了广播宣传座谈会，交流各台前一时期鸣放和反“右派”斗争宣传的情况和经验。

与此同时，广播系统内部的反“右派”斗争也开展起来。1957年7月17日至24日，中央广播事业局召集12个省、市的广播电台负责人会议，一方面检查整风反“右派”宣传，一方面了解各台内部反“右派”斗争的情况。9月，中央广播事业局和辽宁省广播电台，在沈阳联合召开了辽宁省内各市广播电台座谈会，中心议题是鸣放宣传和各台反“右派”的情况。由于反“右派”斗争扩大化，全国各广播电台（不包括广播站）内部划了一批“右派分子”，据1958年4月的材料，全系统的“右派分子”为364人，其中编辑干部占76%，组长到总编辑等人约占30%。[①] 至1957年11月中央广播事业局被定为“右派分子”的有65人，到反“右派”运动后期增加到85人。1978年9月，中共中央决定对被错划为“右派分子”的人进行复查，把划错了的改正过来。中共十一届三中全会之后，1979年经过有关部门审改，证明广播系统的绝大多数“右派分子”属于错划，给予纠正。

反“右派”斗争中，广播系统影响较大的事件是对以温济泽为首的“反党小集团”的批判。

新中国成立以后，我国的对外广播（即国际广播）得到很大的发展，在向世界介绍传播中国革命和建设成就、加强和促进与各国人民的交流和友谊方面做了许多努力。在节目中，注意研究国际广播特点，以适应外国听众的需要。为了加强国际广播宣传的针对性，在1956年制定的《对国际广播改进方案和1957年工作要点》中，明确指出了“对某一国家或者某一地区广播的节目中，应当考虑到听众的特殊需要。在采用统一供给

① 据梅益《政治是广播工作大跃进的统帅》一文，载《全国广播工作会议文件选编》，第102页。这个统计数字实际上是截至1957年年底的数字，在1958年还划了一些“右派”，全国广播系统被定为“右派分子”的总数目前尚无确切数字。

的广播稿件的时候，应当根据具体情况酌量加以增删和修改。”“各部组应当根据特殊需要组织一些专门对某一国家或者某一地区广播的稿件和节目。”不久又规定了“在各种语言节目中，为特定对象组织的节目应少于10%”，根据对象国听众要求组织的节目“应不少于该节目的全部稿件的20%—30%”。

中央广播事业局副局长温济泽在分管领导对外广播宣传中，总结出了对外广播和对内广播的“四不同”，即对象不同、任务不同、内容不同和报道方式方法不同。“四不同”抓住了对外广播的根本特点，对探索搞好对外广播有重要的意义。

受1957年反“右派”斗争影响，对外广播所进行的探索尝试遭受破坏，对外广播总结出来的“四不同”被斥为“对外广播特殊论”，在广播系统工作多年，负责对外广播宣传工作的温济泽被打成“反党小集团”的头子，受到严厉的批判。1958年10月在中央广播事业局的有关文件中，称“小集团所进行的反党活动是早就开始了的，是有纲领、有组织、有计划的，而且是长期坚持的。他们在政治思想上坚持修正主义、右倾机会主义的路线，篡改了对外广播的政治方向；在组织上进行反党活动，搞独立王国，破坏党的团结；在外事工作、反‘右派’斗争和干部工作上敌我不分，严重丧失立场”。

温济泽从青年时代就参加革命学生运动，1930年加入中国共产主义青年团，1936年成为共产党员，抗日战争、解放战争时期投身党的新闻工作，1946年在延安时，开始从事广播工作，担任新华总社语言广播部主任。1949年后担任中央广播事业局副局长，中央人民广播电台副总编辑。1958年10月被定为“右派分子”，受到开除党籍、撤销行政职务的处分，并调离广播宣传岗位。“反党小集团”的其他成员也受到党纪处分。直到1978年5月，经中共中央组织部复查后，给予纠正，恢复了他的党籍和原来的级别。他是中央机关第一个平反的“右派”，随后，中央广播事业局对“反党小集团”其他成员的处分也予以撤销。至此广播系统最大的一起冤假错案彻底平反。[①]

在温济泽等领导下得到改进的对外广播节目也受到批判和排斥，一些深受国外听众喜爱的节目被扣上了“资产阶级新闻观点”“修正主义倾向”“右倾机会主义”等帽子而被迫取消。在以后的几年里，对外广播生硬、呆板、政治调门高、内外不分的倾向越来越严重，引起国外听众的反感，这种局面一直到20世纪60年代才有所改变。

反“右派”斗争扩大化，在广播系统影响大，教训是极其深刻的。其中一个主要教训是：错误地估计了我国这支从革命战争年代走过来的广播队伍。1958年第五次全国广播工作会议的有关文件中曾说，反“右派”斗争“同时还暴露了大批站在资产阶级立场的、对党和社会主义半信半疑的以及更大一批政治不坚定、感情不健康的人。有不少右派分子和中右分子，曾经占据了编辑部门或者技术部门的领导地位。这些事实都说明了我们的队伍严重不纯的程度。就是到现在，经过了反右派斗争，保留资产阶级新闻观点的，不安心于广播工作，个人主义未经改造的，甚至不肯服服帖帖接受党的领导的也还不在少数”。[②]而事实上，我国广播队伍中的绝大多数的干部和知识分子对党是有感情的，是热爱社会主义的，是愿意把自己的聪明才智献给社会主义广播事业的。新中国成立短短的几年里，广播事业取得的成就就可以说明这个问题。另一个主要教训是，在反“右派”斗争中混淆了政治和业务的界限，把在广播宣传改革和鸣放中提出的某些意见和观点如广播节目的趣味性、对外广播的特殊性和以“中间听众”为主等不加分析地说成是资产阶级观点，甚至上纲为反党反社会主义的政治问题加以批判，致使1956年春天开始的广播宣传改革夭折，广播业务研究难以继续下去。

---

① 有关温济泽被定为“右派分子”和平反始末，可参阅《第一个平反的“右派”——温济泽自述》，中国青年出版社，1999年版。

② 《全国广播工作会议文件选编》，第102页。

第二节　“大跃进”时期的广播电视

一、广播工作“大跃进”方针的提出

1957年年底，我国胜利超额完成了第一个五年计划，同20世纪50年代初相比，工农业总产值和国民收入有了较大幅度的增长。面对着良好的经济发展形势，本应该冷静地总结经验，再接再厉，但由于党缺少领导社会主义建设的经验，面对眼前的成绩，党内滋长了骄傲自满、急于求成的思想。1958年1月至3月，毛泽东在有关会议上多次对1956年的反冒进问题提出批评，认为反冒进使6亿人民泄了气，是政治问题。由于批评了反冒进，结果使党内急于求成的“左”倾思想迅速抬头。1958年5月在中共八大二次会议上，正式通过了“鼓足干劲，力争上游，多快好省地建设社会主义”的总路线。这条总路线一方面反映了广大人民群众要求改变我国经济文化状况落后的普遍愿望，另一方面忽视了我国的国情和经济发展的客观规律。这次会议号召全党和全国人民，认真贯彻执行总路线的精神，尽快地把我国建成一个具有现代工业、现代农业和现代科学文化的伟大的社会主义国家。这次会议结束后，全国掀起了宣传和贯彻执行社会主义建设总路线的热潮，“大跃进”运动和农村人民公社化运动在全国普遍开展起来。

1958年4月7日至18日，中央广播事业局在北京召开了第五次全国广播工作会议。出席会议的有各省、市、自治区广播电台台长、副台长，编辑部主任、组长等共154人及中央广播事业局的有关负责人。会议主要内容是讨论广播工作“大跃进”的方针、目的以及在办节目和事业建设中怎样贯彻多、快、好、省的方针等问题。中共中央宣传部副部长周扬、国

务院第二办公室副主任钱俊瑞到会讲话，局长梅益作了题为《政治是广播工作大跃进的统帅》的总结发言。

这次会议认为，“广播是阶级斗争的工具”①。在广播宣传工作中存在着两条道路、两种方法的斗争，强调“政治是广播工作大跃进的统帅”。会议提出，广播工作“大跃进”的方针是多、快、好、省办节目，办事业，为教育和团结广大人民，为保卫祖国、灭资兴无②、促进社会生产力的发展服务，并认为这个方针是社会主义建设总方针在广播工作中的体现。

这次会议提出广播有三个任务：宣传政治、普及知识、文化娱乐。这些构成了广播节目的三个组成部分，缺少哪一项都将削减广播的作用。会议强调广播要加强普及知识的宣传。会议认为广播文艺节目有配合政治、生产直接进行鼓动的，也要有潜移默化间接进行教育的。会议提出文艺节目要重中轻外，厚今薄古，实行“三三制”，即传统的作品、现代的优秀作品以及配合当前中心工作和运动的作品各三分之一，选材原则是今二古一、中七外三。但在运用这个原则的时候可以灵活一些，可以因时因地制宜。

会议强调要改进文风。广播稿件第一要准确，就是观点正确，事实正确，语言的表达正确；第二要鲜明，就是要观点突出，要观点和材料统一，要有比较，有背景，有正反面的辩论，要人一听就知道赞成什么，反对什么；第三要生动，就是要形象，要有趣味，要口语化。准确性、鲜

① 关于广播的性质，建国初期一般认为是群众性的宣传教育工具。1957年6月14日人民日报发表的编辑部文章《文汇报在一个时间内的资产阶级方向》中提出：“在世界上存在着阶级区分的时期，报纸又总是阶级斗争的工具。”此后，在“左”的思潮影响下，这一论断流行开来并影响到对其他宣传工具性质的判断。这次会议提出“广播是阶级斗争工具”的观点即是一例。

② 关于“灭资兴无”或“兴无灭资”的提法，长期以来一直有不同的看法。1980年6月，邓小平指出：“兴无灭资”的口号是不完全的，《人民日报》《光明日报》等不（要）再提；要对这个口号做出准确解释，即把反对封建主义思想、极端个人主义、无政府主义、资产阶级自由主义及其他非无产阶级思想包括进去。参见贾巨川《习仲勋质疑“兴无灭资”》，载《百年潮》2001年第11期。

明性、生动性不仅是思想立场的问题，而且是思想方法的问题，同时又是表现方法的问题。

关于多、快、好、省办事业，会议认为主要是规模和速度的问题。它主要包括两个部分，首先要普及农村广播网，其次是按照需要和可能发展发射电力和其他设备。

这次会议提出“广播工作大跃进的关键在于干部”，强调必须从政治上、思想上、组织上建立一支又红又专的广播工作队伍。

第五次全国广播工作会议虽然是在中共八大二次会议之前召开的，但会议确定的广播工作大跃进的方针与八大二次会议制定的社会主义建设总路线的精神却是一致的。会后，全国各地广播局（台）在贯彻会议精神的基础上，纷纷制定各自的“大跃进”规划，准备苦战三五年（有的甚至提出一年、半年）改变面貌。

二、我国电视事业的创办和广播电视事业的发展

在 1958 年至 1960 年的三年“大跃进”中，全国的广播电视工作者，响应党和政府的号召，积极贯彻总路线的精神，投身“大跃进”，为改变我国广播电视事业的落后状况进行了不懈的努力，使广播电视事业建设取得了较大的成绩。

首先是电视事业的创办。20 世纪 50 年代初，随着世界电视事业的蓬勃发展，我国也把发展这项事业提上了日程。1955 年 2 月中央广播事业局就提出在北京建立电视台。周恩来批示：列入文教五年计划中讨论。1956 年中央广播事业局在向中央汇报工作时，提出了第二个五年计划期间试办电视问题，刘少奇代表中共中央听取工作汇报时对这个问题非常重视，并提出了很好的建议。

在中央的支持下，1957 年 8 月 17 日，中央广播事业局决定成立北京电视台（今中央电视台的前身）实验台筹备机构。同年 8 月，北京广播器材厂受命试制电视发射和播出系统设备。经过技术人员和有关单位大力协

作，共同努力，1958年春，中国第一套黑白电视广播设备试制成功。从摄像机到发射机，除某些关键器件外，都是技术人员和工人群众坚持自力更生的精神，克服技术上的种种难关生产的。特别是1千瓦黑白电视图像发射机的研制成功，在我国广播电视技术史上具有重要价值。几乎与此同时，1957年12月，中央广播事业局派出了以罗东、孟启予等人组成的中国电视工作者代表团，对苏联和民主德国进行了为期3个月的访问，主要是考察上述两国电视节目的设置安排情况。

1958年5月1日，中国的第一座电视台——北京电视台（今中央电视台）开始试播，同年9月2日正式播出。

北京电视台开播后，国家为了解决电视收看问题，最先从苏联进口了200部黑白电视机应急。不久，天津广播器材厂很快生产出了第一批“北京牌”电视机投放市场。

继北京电视台之后，许多省、市也纷纷建立电视台。1958年10月上海电视台成立，同年12月哈尔滨电视台开始播出。1959年至1961年前后，天津、广东、吉林、山西、辽宁、山西、江苏、浙江、安徽、山东、湖北、四川、云南等地也相继建立电视台。1961年年底，全国已建立电视台、实验电视台和转播台26座，并且预计到1962年发展到50座。20世纪50年代末全国有电视机17000部，大多数安装在公共场所供集体收看。我国的电视事业和世界发达国家相比，虽然起步较晚，基础薄弱，但是毕竟为以后电视业的发展奠定了人员、技术和物质基础。

其次是地方广播电台和农村有线广播的迅速发展。“大跃进”期间，全国各地的广播电台和农村有线广播网在原有的基础上空前发展。1957年全国有广播电台61座，1958年91座，这一年新建广播电台30座，1959年全国有广播电台121座，1960年有137座，三年“大跃进”期间每年平均以30%左右的速度递增。1959年1月1日，西藏人民广播电台开始播音，至此，各省、自治区、直辖市都有了广播电台。

作为社会主义国家广播特色之一的有线广播，1959年至1960年是发展的高潮时期。早在1956年毛泽东就把发展农村有线广播网列入《全国农业发展纲要（草案）》。1957年公布的《全国农业发展纲要》（修正草案）第32条规定："从1956年起，按照各地情况，分别在七年或者十二年内，基本上普及农村广播网。要求大部分农业、林业、渔业、牧业、盐业和手工业的生产合作社都能收听广播。"1958年4月第五次全国广播工作会议提出要让人人都能听到广播，让每个农业社都能听到广播，提前完成《全国农业发展纲要》规定的指标。1960年4月10日，二届全国人大二次会议正式通过上述《纲要》，并颁布实施。

为了早日完成农业发展纲要规定的指标，各地掀起了发展农村有线广播的热潮。1960年前后，西藏自治区已建成拉萨、昌都、日喀则、那曲、山南、林芝、江孜、亚东等有线广播站。这年年底，内蒙古自治区全区85个旗县都建立了广播站，有公社放大站218个，入户喇叭由1958年的4.5万只增至26.9万只，初步形成了遍及农村、牧区的有线广播网。就全国有线广播发展来看，当时全国有1747个县（包括自治县和旗），1960年建立广播站的有1600多个，1961年有广播站两万多个（包括人民公社级）。广播喇叭1957年全国是94万多只，1958年304万只，1959年469万只，1960年604万只。全国农村有线广播网发展速度较快的原因，客观上看，轰轰烈烈的"大跃进"运动需要有线广播进行宣传鼓动，主观上为了实现中共中央制定的奋斗目标，也是广播系统干部职工的普遍愿望和要求，正是在主客观影响下，全国各地积极发展有线广播。发展农村有线最快的省是吉林省、江苏省，它们于1958年八九月间就实现了农业发展纲要中关于普及广播网的任务，比原计划提前了9年。在发展农村有线广播网的过程中党和政府给予了大力支持。"大跃进"期间，建设有线广播所需的铁丝非常短缺，当时商业部门每年匀出一定数量的镀锌铁丝给各省市，供农村有线广播使用。

在党和政府的关怀支持下，20世纪50年代末中央和地方广播技术方面还有很多改进和提高，如：

1959年中央广播事业局广播科学研究所（1958年10月成立）与北京广播器材厂合作，试制出中国第一部调频广播发射机，20世纪60年代曾在河北、山东等地进行过调频广播实验，效果很不错。

1959年广播科学研究所与北京广播器材厂及有关院校合作，开始进行彩色电视广播研究，一年多以后，研制出了全套国产的彩色电视演播设备和发射机，1960年5月1日在北京建成了第一座彩色电视实验台。北京电视台彩色电视试验成功，使我国成为世界上第六个进行彩色电视试播的国家，但后因国民经济暂时困难终止了试验。

1959年12月，第一机械工业部在北京主持召开了全国广播接收机观摩评比会议。会议对1959年全国生产的各种广播接收机（主要是收音机和电视机）进行了观摩评比，交流了生产经验，同时商讨了广播接收机的生产和出口问题。

1960年3月，上海广播电台发射台实验了以一部8千瓦发射机作为5个频率自备份机，这部备用机可以自动代转5个频率的任意一部机器工作，为上海电台降低停播率起了重要作用。

1960年11月，西藏电台第一部15千瓦短波发射机正式启用，发射功率比原来增加了5倍。全天播音时间为10.35小时。

在广播电视工业的建设和发展中，中央和地方都取得了很大成绩。但由于受"左"的指导思想的影响，各地也出现了不顾条件、不讲究质量、急于扩大规模和数量，突击建设和盲目发展问题。有些电视台、广播电台建成后，由于资金、人员、电力等条件不具备，开播后不久便停播，有些电视台不能维持正常运转只好改为他用。在农村有线广播网线路建设上，为了让群众迅速听到广播，采取的主要办法是依靠群众筹集电线杆，当时在发展有线广播时提出的方针是"因陋就简，土法上马"，由于过分强调了"土""简"，结果竹竿、木杆一起上，线路也不符合标准，输出质量差，维护工作很困难。一遇刮风下雨，电线杆东倒西歪或断裂，经常中断广播，有些地方的广播网络不注意质量，几乎随建随垮。一些地方的群众批评说：

“广播线，不停地建，今天有，明天断，声音小，听不见。”发展过程中出现的只求数量不求质量造成的后果，削弱了广播应有的作用，也挫伤了人民群众办广播的积极性。20世纪60年代中后期，经过整顿，用水泥杆代替木杆作电线杆，有线广播的情况得到了改善。

广播电视事业建设在其他方面也有新的进展，其中主要有中央广播大楼的建成、广播电视教育的创办、广播电视教学的兴起以及广播报纸和期刊的出版等。

第一，中央广播大楼在北京建成。

随着新中国广播事业的发展和广播宣传工作规模的扩大，迫切需要改善广播工作的环境和设施。1953年秋天，中央广播事业局把建设广播大楼这项工程列入了第一个五年计划，当时正值我国百业待兴，各方面资金都很紧缺，尽管如此，为了发展人民的广播事业，中央还是批准了这项工程。1955年12月广播大楼破土动工，经过建设者们几年的紧张施工，全部工程于1958年年底竣工。广播大楼的建筑面积为68562平方米，中央部分共11层，大楼由东翼技术区、西翼办公区和中央部分的音乐厅、电视台几部分组成。中央广播大楼作为全国广播的中心矗立在北京复兴门外西长安街的延长线上。20世纪50年代末期，中央广播事业局机关、中央人民广播电台、对国外广播的北京广播电台和北京电视台均在大楼内工作。

广播大楼建成后，党和国家领导人刘少奇、周恩来、陈毅、薄一波、习仲勋、陈云、彭德怀、李富春、彭真等分别前来视察。周恩来在视察广播大楼时，不断勉励广播工作者。当见到解放战争年代的播音员齐越时，语重心长地说：“广播大楼建成了，比起延安的窑洞来条件好多了，你们一定要用延安精神做好工作。”周恩来的谈话鼓舞激励了一代又一代的广播工作者以延安精神为榜样，在工作中不断拼搏奋斗。

第二，创办广播电视高等教育和中等专业教育。

新中国成立以后，随着广播电视事业的发展，广播系统迫切需要广播电视技术人才和编播干部。为了提高他们的业务水准，开展专业教育显得尤为重要。最初的广播电视专业教育是从训练班开始的。1954 年 3 月中央广播事业局开办广播技术人员训练班，开始培养中级广播技术人才。

1956 年 5 月 28 日，刘少奇代表中共中央听取中央广播事业局工作汇报时，建议创办培养广播干部的高等学校，同年 8 月召开的第四次全国广播工作会议进一步明确了这个问题。两年后，1958 年 9 月 2 日，中央广播事业局在原有的广播技术人员训练班的基础上，创办了北京广播专科学校。这是中央广播事业局直属的第一所高等专科学校。该校学制两年，设立发送、传音、电视 3 个工科专业。同年 11 月根据对广播工作的需要，又设立了波斯语专业本科班，开始培养广播高级人才的尝试。

为了尽快发展广播电视高等教育，1956 年 9 月，经国务院批准，中央广播事业局把北京广播专科学校扩建成为北京广播学院。建院初设立新闻系、无线电系和外语系，共 11 个专业。学生近千人。1964 年，北京广播学院扩大办学规模，外语系根据对外广播的需求设立非通用外语专业 20 个。1966 年年初该院总计有 30 个专业（其中外语为 23 个专业）。

北京广播学院是我国第一所培养广播电视专门人才的高等学府。它以培养本科生为主，同时培养专科生。北京广播学院的建立和发展，标志着中国的广播电视高等教育进入了一个新的阶段。

与此同时，各地的广播电视机构根据工作的需要，也积极开办广播电视中等专业教育，培养技术维修和值机人员以及录音、录像、灯光、音响、美工、化妆、服装、制片等方面的中级人才。1958 年 9 月 15 日，湖南省广播事业局创办的湖南广播技术学校正式成立，这是我国第一所广播电视中等专业学校。至 1960 年，山西、山东、安徽、上海、吉林、辽宁、黑龙江、内蒙古、陕西、广东等省、自治区、直辖市广播事业局也都办起广播学校。这些学校培养的中等专业人员在广播电视事业的发展中都发挥了重要的作用。

第三，兴办广播电视大学。

利用广播电视这种现代化的传播媒介举办教育节目和教学节目，以提高全民族的科学文化素质，是中国特色的社会主义广播电视的一个重要标志。新中国成立不久，新闻总署在有关工作会议上就强调广播在传播学科文化知识、提高人民政治素质和文化素质方面的重要作用。20世纪50年代初，中央人民广播电台举办过多种理论讲座节目，受到广大干部的欢迎。各地人民广播电台根据本地情况，和教育部门联合举办的广播师范学校或广播师范大学对提高中小学教师和幼儿教师的水平起了很大作用。

1958年，我国出现电视以后，电视教育性节目和教学节目也随之开展起来。1959年5月，北京电视台和中国文字改革委员会联合举办《汉语拼音字母电视教学讲座》节目，这是我国最早的电视教学节目。

为了更有效地开展广播电视远距离教学，经过一年多的筹办，1960年3月8日，北京电视大学正式开学，这是北京电视台和北京市教育局联合举办的进行系统教育的业余大学，也是我国第一座电视大学。北京电视大学最初设有预科和数学、物理、化学3个专业课程，1961年9月增设中文专业，以后又增设了英语专业。北京电视大学第一年招收学员8600人，第二年招收8870人。在授课方面，北京电视大学除早上、中午使用综合节目二频道授课外，为方便学员的业余学习，又增设了第三频道晚上授课时间。

继北京电视大学之后，上海电视大学、长春地区的广播电视大学也于这年相继开学。上海电视大学设立数学、物理、化学三个系，首届招收学员16000多人。1961年3月江苏无锡电视大学正式成立，主要是转播上海电视大学的课程，由本地教育部门组织教学人员辅导。

1962年9月，广东省、广州市电台、广州电视台和广州市业余教育委员会联合举办的广州广播电视大学正式成立。学制3年，设有中文、物理、数学、化学、英语等课程。到“文化大革命”前，已培养了3届毕业生。

各省市陆续开办的广播电视大学为广大青年提供了良好的学习深造机会和条件，满足了社会的需求，受到普遍欢迎。

我国是个幅员辽阔、人口众多的发展中国家，兴办广播电视大学是一种经济、省力、见效快的远距离教学方法。20 世纪 50 年代末在我国积极发展广播电视大学，满足了人民群众和广大青年的求知欲望，其意义和影响是很大的。

第四，广播报纸和期刊的出版。

20 世纪 50 年代随着广播事业的发展，广播节目的增多和内容的丰富，以介绍广播节目和广播业务为主的广播报纸和期刊的出版已经成为广播系统的一项重要工作。

广播节目报是人民群众听广播看电视必不可少的向导和指南。从 1953 年到 1959 年，上自中央电台，下至省、市电台，大都出版过广播节目报。我国第一家公开发行的广播节目报是上海人民广播电台 1955 年元旦创刊的《每周广播》，同年 4 月 25 日中央电台的《广播节目报》（与北京市合办）也正式创刊，公开向各地发行，这是我国第一份中央级的广播节目报。1958 年全国有 47 家广播电台出版广播节目报。广播节目报的任务是预告和介绍广播节目，反映听众的意见和要求，介绍广播方面的知识。1959 年广播节目报总发行量 26 万份。1960 年以后国民经济困难，广播节目报大部分停刊。

20 世纪 50 年代至“文化大革命”前在国内出版时间较长、影响较大的广播刊物是《广播业务》。它于 1955 年 10 月创刊，1959 年 1 月改为月刊，至 1966 年 3 月，共出版 100 期。1959 年 2 月中央广播事业局研究室编印了三期刊载外国广播资料的不定期刊物《广播业务译丛》。

广播报纸和期刊的出版加强了广播同人民群众的联系，促进了电台节目的改进和提高，也促进了广播单位内部工作经验的交流活动的展开，提高了广播工作者的业务水平，并对一些重要的广播、新闻理论问题进行了研究探讨。

三、“大跃进”期间广播电视宣传的严重错误及教训

1958 年春贯彻总路线、“大跃进”运动兴起之后，同年 8 月在北戴河

召开的中共中央政治局扩大会议上通过了《关于在农村建立人民公社问题的决议》，决定在农村普遍建立人民公社。决议认为：“共产主义在我国的实现，已经不是什么遥远将来的事情了。”这样公社化运动又形成了高潮。在总路线、“大跃进”和人民公社化运动“三面红旗”的指引下，全国人民以最快的速度，力争在尽可能短的时间内在经济上赶上发达的资本主义国家，迅速改变“一穷二白”的落后面貌。但由于党的指导工作方针上的严重失误，在实际工作中，使以高指标、瞎指挥、浮夸风、“共产风”为主要标志的“左”倾错误严重泛滥。根据第五次全国广播工作会议指定的广播工作“大跃进”的方针，全国各地的广播电台在“大跃进”期间，都积极热烈宣传总路线、“大跃进”和人民公社化运动，报道各条战线的建设成就。如中央电台举办《大跃进凯歌》《先进集体、先进人物》《三面红旗万万岁》等专题节目，河北电台、辽宁电台开办了《社会主义建设总路线专题节目》，甘肃电台举办了《怎样建立人民公社》，山东电台举办了《社会主义大跃进节目》专题广播。这些节目宣传了党的建设社会主义总路线的方针政策，反映了人民群众要求摆脱贫困落后面貌的强烈愿望，热情歌颂了人民群众在生产建设中的积极性和创造精神。但是，由于“左”的思想影响，广播电视在宣传报道上也犯有严重的“左”倾错误。其主要表现在以下几个方面：

第一，宣传生产建设成绩上严重浮夸。在报道我国粮食和钢铁产量时，不顾事实，乱放“卫星”（1957 年苏联成功发射了第一颗人造卫星，在与美国争夺空间技术方面领先了一步，这颗“卫星”也就成了社会主义的骄傲和成就的代名词）。1958 年夏天，安徽电台组织了 5 次《庆丰收特别节目》，只要放出亩产早稻万斤的“卫星”，省电台就为其敲锣打鼓庆贺，结果当地早稻亩产从 1 万斤拔高到 3 万斤。四川省台播出了新都县崇义公社（后改名为大丰公社）亩产稻谷 2.4 万斤的报道后顿使崇义公社在省内名声大振。[①] 中央电台的《广播谈话》节目中报道某青年积极分子的试验

① 实际上，经毛泽东的秘书田家英 1959 年春天核实，亩产稻谷只有 650 斤，见刘冠群《大丰人民怀念田家英》，《光明日报》1986 年 6 月 8 日。

田亩产 1.6 万斤。中央电台先后报道了 1958 年我国小麦总产量超过美国跃居世界第二、棉花总产量将超过美国跃居世界第一。还先后播出了湖北、福建等地早稻、花生、小麦等的高产纪录。

第二，推广先进生产经验方面的瞎指挥。广播电台在宣传农业增产措施时大力推广“土地翻深和高度密植”经验。1959 年 4 月早稻插秧季节，经广播等新闻媒介宣传的“高度密植”经验，各地都在雷厉风行地硬性推广，“越密越先进，越密越革命”，农民对此实在想不通。这种不顾土质、种子、水、肥等各方面条件，硬性规定强求一致的“瞎指挥”给生产造成很大损失。广播电台在推广先进生产经验时只注意报道数字、产量和成绩，字里行间都是高产丰收的景象。另外，片面追求广播宣传的直接效果，有的地方甚至把广播电台变成了生产指挥部门。如吉林省台举办《钢铁高产日特别节目》，昼夜 24 小时连续广播。1959 年 4 月 16 日，北京人民广播电台举办《防霜冻特别广播》，历时 4 小时，各区县干部群众深夜守候田边，只等广播一声令下，到处点火熏烟，结果大部分地区并没有出现霜冻，让人们苦守了很长时间，群众对此很有意见。①

第三，在理论、政策宣传上的片面性。在人民公社化的报道中，广播在政策宣传上片面盲目提倡社有经济的发展，如中央电台 1959 年下半年举办的《人民公社万岁》节目，播出的都是条件好、收入多、公积金多的公社典型，而对条件差的、问题多的公社很少提及。另外，在宣传人民公社“一大二公”时，就否定多种经济成分，甚至把社会主义阶段某些现行的合理政策都当作“本位主义”“个人主义”加以批判。如把工资制说成是资产阶级式的权利，臭得很。宣传政治挂帅时，就否定人民群众的物质利益；宣传人民群众的创造力时，就否定专家、教授和工程技术人员的作用，在文艺广播中上述人员多是反面人物。中央电台文艺节目中一个时期播出的节目中出现的 14 个工程师，都是反派人物。如讽刺喜剧《不是梦》，

① 《当代中国的广播电视》编辑部选编：《中国广播电视大事记》，北京广播学院出版社，1987 年版，第 118 页。

讽刺一个工程师只钻书本幻想个人发明创造，看不起工人，后受到教育而感到羞愧。广播电视还片面宣传“以粮为纲”“以钢为纲”，忽视了其他方面的发展，使国民经济的生产的平衡发展受到破坏。一些否认客观条件的唯心主义的口号如“人有多大胆，地有多大产”“不怕做不到，就怕想不到；只要想得到，就能做得到”“乘卫星、驾火箭，围着地球转几转”等，都当作正确的观点和口号加以提倡，鼓励人们苦干蛮干，不顾本地实际情况，追求高指标、高速度。广播电视宣传还表现在强调“多、快”，忽略“好、省”。报道群众的干劲时常用“日夜苦战”“七天七夜不合眼”等违背人的生理常识的提法，甚至在卫生工作中提出了开展“除四害和消灭疾病运动”的口号。

在宣传“大跃进”运动过程中，从中央电台到地方电台普遍地运用了广播大会这种宣传方式。中央电台 1959 年 4 月至 1960 年 4 月，与国务院各部门及群众团体举办广播大会 19 次。平均每两个月 3 次，每次都有几百万人收听。1958 年 6 月 30 日，广东电台同广东省联合举办的“报丰收、庆丰收广播大会”，全省约有一千万农民和城市居民、机关干部收听了这次广播。同年 7 月 30 日江西电台在星子县召开现场广播大会，庆祝早稻“空前”丰收，夺取晚稻更大丰收。江西省委领导在广播中号召全省人民，鼓足更大干劲争取一年完成五年粮食生产计划，同年年底，江西省举行庆祝 1958 年农业大丰收广播大会，全省收听人数达 400 万。这一年，江西电台共举办广播大会 11 次，收听总人数达 250 多万人次。据 18 个省（市）、自治区统计，1958 年地方电台一共召开广播大会 303 次。广播大会在宣传动员组织人民群众投身社会主义经济建设上具有一定的鼓动性和号召力，但也同时助长了浮夸风、瞎指挥和高标准倾向，违背新闻真实和实事求是的原则，由于当时滥用成风，副作用很大。经常召开广播大会，也会使人民群众感到疲劳。新中国成立初期，在抗美援朝和镇压反革命运动中曾运用广播大会，对人民群众进行突击性的大规模动员。但 1951 年 6 月 16 日中央指示，今后在大城市除广大群众所普遍关心的事情外不必过多地采用这种方式。

“大跃进”中，广播电视的文艺节目也充满浮夸、过分渲染夸张的内容。如中央电台播出的小说《在公社的锅台旁》中说：“公共食堂每月90样菜，每餐不重样。”山东琴书《优秀社员刘老金》，赞扬刘老金大种“十边”（即林边、树边、田边等），说他所种的地加起来竟有一顷之多。在强调苦干的歌曲中，不讲劳逸结合，如歌曲《老王养猪》，称赞老王“三更起来打猪食，半夜起来积肥，五更起来放猪”；描写生产场面常用“千军万马”“战鼓轰鸣”“大会战”“摆战场”等词句，强调丰收就是“葡萄像鸡蛋，棉桃像西瓜，一棵白菜用车拉……”等。

“大跃进”期间，全国各地的广播宣传无论在新闻报道，还是文艺广播中所表现出来的浮夸、狂热等问题，都是广播中“左”的指导思想所致。1958年第五次全国广播工作会议上，在提出广播工作“大跃进”的同时，还曾提出“政治就位，灵魂附体”等口号，实际上就是强调广播要为政治服务，要配合中心工作宣传。强调政治工作的重要性，本无可非议，然而这次会议认为：在阶级社会里，广播电台是阶级斗争的工具，广播不同于工农业产品，它是有灵魂的，它的灵魂就是节目的思想内容（即政治）。没有政治就谈不上业务，没有政治更谈不上工作的大跃进。因此“政治是我们广播工作大跃进的统帅。对我们的有些电台来说，统帅就位，灵魂附体，是当前一切问题的关键”。会议认为“不能离开政治来宣传生产，忘了兴无灭资”，“有什么样的政治任务就提出什么宣传任务”。因此当时“政治广播主要是宣传大跃进，不光是工业、农业，工农商学兵都在大跃进，就都要表现出来”。为了突出“政治”，广播中无论怎样浮夸，怎样吹嘘似乎都不过分。1958年，第五次全国广播工作会议结束后，中央广播事业局立即组织展开农业广播座谈会，研究在农业广播中如何使“政治就位，灵魂附体”，会后全国各地的广播电台就是根据“政治就位，灵魂附体”的精神组织“大跃进”的广播宣传。新闻节目为政治服务主要是“以粮为纲”“以钢为纲”，组织广播宣传“大跃进”，不断发射“卫星”。

许多地方电台办起了“火线广播”“现场广播”“流动广播”“广播擂台”等，至于广播大会、专题广播已成为家常便饭。文艺广播基本上也配合当时政治中心和思想建设来编排组织节目。1958 年 3 月地方电台的政治性文艺节目占 15%，现代文艺节目占 21%，传统节目占 64%，而到 9 月份其百分比分别是 49%、23% 和 28%。政治性文艺节目几乎占 1/2。与之相适应的《说钢铁文艺广播比赛》《钢铁赞歌》《文艺卫星比武台》等纷纷登场。

“大跃进”期间，我国的对外广播受“左”的思想影响，特别是反“右派”斗争以后否定了对外广播特殊性以后，对外广播中“左”的错误倾向有所发展。表现是：

（1）只讲究数量，忽视节目质量。当时只注意强调对外广播的发展规模，开播了多少种语言广播，增加了多少广播时间等。1958 年英语节目组节目由每天 4 小时增为 7 小时，印尼语广播播音时间居世界第一，而质量（受欢迎程度）却是第六。总的看“大跃进”中对外广播节目时间不断膨胀，而质量却明显下降。

（2）片面强调所谓的政治宣传，不重视对其他方面的报道。认为只有报道政治和外事活动以及宣传“大跃进”才是政治，把公报和社论全文播出去才算政治挂帅，由于错误的认识，对外广播的取材狭窄。有的外国听众来信说：“北京广播像一棵没有叶子的树。”也有的听众反映，收听北京的广播“就像在受训”，也有的批评对外广播没有亲切感，不平易近人，“宣传有一种喊叫的味道”。

（3）广播内容上片面要求“以我为主”，不看对象，不考虑国外听众的多种需要，使对外广播失去了各自的特点，甚至把对国内广播宣传中的脱离实际浮夸风的做法搬到对外广播中，引起外国听众的反感。一位荷兰听众听了农业高产的报道后来信讽刺说：“你们说在一亩土地上可以收 14 吨大米，你是否把稻草也收进去了。”对于浮夸的报道，连华侨也来信批评。上述这些宣传使对外广播的信誉受到很大的影响。

（4）对外广播宣传一般化。由于片面强调政治性，忽视了对外广播的编写技巧，用语和音响技巧，节目内容单调枯燥，形式呆板，似乎认为宣传是我的事，听不听是你们（外国受众）的事，宣传效果甚微。

由于受“左”的影响，对外广播不注意发挥外国专家的作用，长时间不让他们写稿子，影响了节目的质量。

从新中国成立到“文化大革命”前的十七年中，20世纪50年代后期是对外广播宣传最差的一个时期。

“大跃进”期间，对内和对外的广播宣传受“左”的影响出现的浮夸风、瞎指挥和片面性的严重错误，一度为高指标、“共产风”等推波助澜，给实际工作造成很大危害，广播在国内外的信誉大大降低，我国在国际上的形象也受到损害。

广播电视（主要是广播）在“大跃进”宣传中所犯的严重错误，与当时在“左”的指导方针指引下全国工农业生产和其他方面工作中出现的问题，就其本质来讲是一致的，都表现为一种“左”倾的错误。所谓“左”倾错误，就是客观条件原本不具备，即使经过主观努力也办不成的事情，硬要去办，结果犯了错误，跌了跤。1958年的广播宣传反映了当时全国工农业生产上的“大跃进”，反过来又为“大跃进”推波助澜，危害性很大，值得总结的教训很多。就广播工作者本身来说，一是马克思列宁主义水平普遍不高，对社会发展和经济发展的客观规律缺乏真正的认识，盲目追风跑，头脑发热；二是许多记者编辑缺乏应有的工农业生产知识，例如一亩地究竟能产多少粮食，钢铁生产是怎么回事，心中没底，人云亦云，闹出许多大笑话；三是没有遵守新闻报道的真实性原则，把道听途说当作新闻加以报道，甚至弄虚作假，以求耸人听闻；四是确有少数记者，虽然看出了问题的所在，但不敢实话实说、如实报道，害怕被扣上“右倾”帽子，而说了违心的话，做了违心的宣传。

四、总结“大跃进”宣传经验和制定广播事业三年规划

1959 年 2 月 23 日至 3 月 3 日，第六次全国广播工作会议在北京举行。中央广播事业局有关负责人和省、市、自治区广播电台台长、副台长或总编辑及部分地方广播局（处）负责人等共 52 人出席会议。会议主要内容是总结 1958 年宣传工作的主要经验；讨论广播事业第二个五年计划草案以及各台在广播宣传和事业建设方面的协作问题。中央有关部委负责人到会做了报告。会议期间，周恩来、陈毅、李富春、薄一波、杨尚昆等接见了会议代表。梅益局长在会上做了题为《广播要更大更好更全面地配合大跃进》的讲话。

1958 年秋冬，中共中央对“大跃进”和人民公社化运动中出现的以高指标、瞎指挥、浮夸风和“共产风”为主要标志的“左”倾错误已逐渐有所察觉，并通过公开的有关会议注意开始纠正。但由于这次纠正“左”是在完全肯定三面红旗的前提下进行的，“左”倾指导思想没有根本改变，因此是很不彻底的。

在这样的历史背景下举行了第六次全国广播工作会议，对 1958 年“大跃进”的广播宣传和广播事业建设从总体上仍然给予全面的肯定，并认为广播工作出现了“大跃进”，反过来又促进了全国社会主义建设的“大跃进”。至于存在的缺点和错误，如较多地注意了突击性的宣传、放松了配合中心工作的经常性宣传，片面性和浮夸，宣传缺乏辩证的观点以及事业建设上注意数量、忽视质量、有浪费现象等，会议认为都不是根本性的、涉及方针政策路线的缺点和错误，因此只是一个指头或者不到一个指头的问题。[①] 针对 1958 年广播宣传中出现的浮夸和片面性，会议一方面讲今后广播宣传要“冷热结合”，但同时又说，表现在宣传上，仍然要“热”，还是要大讲成绩，大谈先进，大鼓干劲，做到轰轰烈烈。会议最后强调广播仍然要更大、更好、更全面地配合全国的“大跃进”。这次会议以后，

---

① 当时习惯用九个指头和一个指头的关系比喻“大跃进”中成绩与缺点的关系。

广播宣传在克服片面性和浮夸等方面虽然取得了一些成绩，中央电台和地方电台都对1958年的宣传中的错误做了检查。1956年9月，中央人民广播电台在宣传中注意按中央精神对各地夏收产量数字的报道严加掌控，力戒浮夸。为此设了三道关口：（1）产量是否核实，要省委第一书记或第一书记指定的负责人签字；（2）是否符合中央精神；（3）对有问题的稿件，询问中央农业部粮食局。凡不合规定的一律不报道。同年6月，华北、东北和内蒙古8省（区）协作会议在太原举行，与会代表认为改变宣传报道的思想作风是提高广播宣传质量的关键，宣传上既要轰轰烈烈，又要踏踏实实，编辑记者的思想作风必须深入、细致和实事求是。但是随着当年8月庐山会议错误批判彭德怀之后，"反右倾"运动的开展，全国纠"左"工作中断，又掀起了"跃进"高潮，导致广播宣传中"左"倾错误和广播事业建设上求多求快的错误又有了新的发展。

1960年3月1日至15日，第七次全国广播工作会议在北京举行。中央广播负责人以及各省、市、自治区广播局、台和部分电视台负责人82人出席会议。会议主要内容是讨论1960年—1962年的发展规划。局长梅益在会上作了关于1960年—1962年三年规划要点和1960年—1967年八年规划初步设想的报告和总结报告。

如前所述，1958年以来，我国在社会主义建设问题上主要危险是"左"而不是右，但庐山会议却大反"右倾"，这就使早已存在并已有觉察的"左"倾错误不但没有得到纠正，反而在工农业生产上继续掀起"跃进"高潮，使"左"倾错误又有了进一步的发展。在这样的背景下召开的第七次全国广播工作会议要求今后三年要力争高速度，实现广播事业的连续"跃进"。会议讨论的三年规划草案主要内容有：三年内基本建成一个完整的国内广播系统，包括全国都能听到中央电台的广播，各省、市、自治区都能听到本地的广播，全国所有生产大队除个别外都能听到广播；三年内广播发射功率要比过去十年增长两倍，广播喇叭要从440万只增加到1450万只；三年内超额完成《全国农业发展纲要》第32条规定的从1956年起原定

7年或12年内基本普及农村广播网的任务；三年内电视台在现有9座的基础上增加到50座左右；三年内广播系统由现有职工37000人增加到42000人。

第七次全国广播工作会议后不久，我国即进入三年经济严重困难时期，中共中央决定对国民经济进行调整，上述三年规划也在调整之列，从而也就不可能实现了。

第三节　广播电视事业的调整和广播电视宣传的改进

一、压缩规模，调整广播电视事业布局

1958年以来，主要由于“大跃进”、人民公社化和“反右倾”斗争，加上自然灾害和苏联单方面撕毁援助我国建设协议的影响，到1960年，我国国民经济面临着严重的困难。主要表现为国民经济比例严重失调、工农业总产值和主要农产品产量连续下降以及人民生活水平大幅度降低。

为了扭转国民经济严重困难的形势，中共中央和国务院连续召开有关会议，制定了有关方针政策和措施，首先对工农业生产进行了初步调整。1961年1月，中共八届九中全会确定了“调整、巩固、充实、提高”的八字方针，改变了“大跃进”以来追求高速度、高指标等错误做法，但仍然认为“三面红旗”是适合中国国情的。会后，全党全国大兴调查研究之风，提倡恢复实事求是的优良作风，先后制定了《农业六十条》和《工业七十条》等，对推进贯彻执行“八字”方针，促进国民经济的恢复起了积极的作用。

1962年1月，中国共产党在北京召开扩大的中央工作会议（又称“七千人大会”），会上总结了“大跃进”以来的教训，对党的工作指导上的失

误和当时的经济困难作了比较符合实际的分析。这次会议使全党同志和全国人民对经济困难的严重性和调整工作的紧迫性有了更加深刻的认识。会后经过全党和全国人民的努力很快克服了困难，扭转了局面，到 1963 年，国民经济开始好转。1966 年“文化大革命”前夕，国民经济的发展水平已经达到并超过了 1957 年的水平。

在此期间，广播系统根据中共中央和国务院的有关决定和部署，主要做了两个方面的工作，一是贯彻“八字方针”，精简机构，压缩编制，二是大力改进宣传工作，提高广播电视节目的质量。

1962 年 5 月，中央广播事业局召开部分地方电台台长座谈会，讨论广播系统贯彻“八字”方针的调整意见。同年 7 月，国务院批准了中央广播事业局关于全国广播事业调整方针和精简工作的报告。广播系统提出的调整方针是“紧缩规模、合理布局、精简人员、提高质量”。在这个方针指导下，以提高广播节目质量为主，对广播节目、播音时间以及中小城市广播电台、电视台和有线广播等作了调整。调整的主要原则是：

（1）撤销各省、自治区、直辖市广播电台所属的广播文工团、中等技术学校。

（2）省会所在地的市台和省台合并。

（3）1958 年后开办的广播电台除林木渔区、少数民族地区等特殊情况外，其他停办。

（4）撤销各省、自治区、直辖市广播管理机构，但可以保留名义，并入省、自治区、市广播电台。

（5）保留部分电视台，其他停办。

（6）农村有线广播站整顿后停办一部分，保留一部分。

根据上述方针和原则，广播系统调整的具体情况大致如下：

1. 无线广播

1962 年年初，全国有地方广播电台 135 座，经过调整，相继停办了一些中小城市广播电台，同年 10 月统计，保留省、自治区、直辖市台 28 座，省直辖台 53 座，总计 81 座。停办的中小城市广播电台中有江苏的扬州、淮阴、常州、连云港台、河北的邯郸、邢台、保定、张家口、承德、沧州等台。

1962 年全国广播电台共办 134 套节目，比原来减少 53 套。原办两套节目的中小城市台，为了提高节目质量，大都停办了第二套节目，集中力量办好第一套节目。如丹东、本溪、抚顺、齐齐哈尔、佳木斯等台。

1960 年年底中央电台停办了 5 种少数民族语言广播节目，1961 年中央电台的对台湾广播节目压缩时间，从全天播音 16 小时减为 13 小时 3 分钟。1962 年中央电台 3 套节目全天总播音时间由 1961 年夏秋季节的 50 小时 50 分钟压缩为 34 小时 15 分钟。

1962 年全国广播电台全年平均每天播音时间由原来 1614 小时 12 分钟减为 1306 小时 25 分钟。

2. 电视广播

压缩规模后，全国电视台和电视试验台最初保留了北京、上海、广东、沈阳、天津等 5 座。1963 年年初，哈尔滨、长春电视台和西安电视试验台经批准后也保留下来。安徽、太原电视实验台批准只办教育节目，不作电视实验台。1962 年停办了齐齐哈尔、鞍山、抚顺、吉林、南京、浙江、济南、长沙、武汉、佳木斯、重庆、昆明电视实验台和苏州电视转播台。另外武汉、南京为妥善维护设备，每周放映一次电影。

3. 有线广播和广播工业

这个时期有线广播进行了较大调整。1960 年全国市县广播站有 2404 座，1962 年调整为 2029 座，同时广播喇叭由 604 万只减为 548 万只。

此外，地方广播工业大部分撤销，只保留北京广播器材制造厂和上海唱片厂。

4. 广播系统职工

本着精简的原则，全国各地停办了一些广播电台、电视台和有线广播站，撤销或合并了一些行政管理机构后，广播系统压缩了职工编制，由1961年的3.3万人，减为2.8万人。此外，1961年至1962年，北京广播学院暂停招生。1963年恢复少量招生。各地广播电视中专学校一律停办。到1962年10月底，全国各省辖市广播电台等的调整工作已经基本完成。

二、精办节目，改进广播电视宣传

与广播事业调整方针实施的同时，从中央到地方各级广播电台、电视台进一步总结"大跃进"期间广播电视宣传的经验教训，分析研究改进和提高节目质量的办法和措施。1962年1月，毛泽东在中共中央召开的七千人大会上的讲话中，要求"人民日报、新华社、广播事业局要检查一下，看前几年说了哪些不妥当的、违反政策、对人民不利的话，说了哪些助长'五风'的话"。[①]不久，中央电台对"大跃进"期间宣传上所犯的严重错误进行深刻检查，并写出了书面检讨，其中主要错误是：严重浮夸、宣传刮"共产风"、瞎指挥；多次组织广播大会，提倡高指标，形式主义地搞群众运动，劳民伤财；文艺广播中作了很多机械配合政治任务和中心工作的宣传，质量不高，枯燥无味；在广播中乱提口号等。

中央电台所属的各部门也对1958年至1960年广播宣传中的问题进行了全面检查。为了提高思想认识，1962年2、3月间，中央电台组织编辑、记者学习党的新闻工作的优良传统，树立实事求是的作风和新闻必须完全真实的观点。

地方广播电台也根据当地省委的指示，发动编辑部的同志对1958年至1960年宣传上的问题进行全面检查。如甘肃台、上海台、云南台等。

在改进节目、提高节目质量的过程中，各级领导纷纷深入群众，大兴调查研究之风，深入基层倾听各方面的意见和反映，探索改进广播宣传的措施和办法。1961年，中央广播事业局局长梅益在党组编委会上就广播电

① 《当代中国的广播电视》编辑部选编：《中国广播电视大事记》，北京广播学院出版社，1987年版，第154页。

视宣传的改进和提高节目质量等问题多次发表意见和谈话，他还与有关部门的同志座谈，探讨有关的具体问题。梅益在谈话中希望中央电台从1961年起，要努力创造更多的名牌节目，广播节目要增加花色品种，增强知识性。关于电视宣传，梅益要求电视要扩大取材范围，增加娱乐节目，掌握严格的艺术标准。为了帮助中央电台改造简明新闻，梅益亲自写了几篇简明新闻供新闻部参考。这年1月，梅益与中央电台播音组的同志座谈播音风格时说，播音员不能老是一个腔调，必须根据不同的题材采取不同的播法，播音应该亲切，播音风格应多样化。梅益还就文艺广播改进文风、提高节目质量发表了意见。他说，文艺节目既要有坚定的正确方向，又要有丰富的花色品种、生动的表现形式，古典、现代、配合任务三者关系要摆好；鼓动性、欣赏性、知识性要有机结合，主题思想的严肃性要和艺术的欣赏性、娱乐性相结合。

1961年8月至9月，梅益视察了上海台、浙江台、江苏台和无锡台，在看了上述电台的稿件后就新闻节目和文艺节目的改进发表谈话，着重强调地方电台要加强地方特色的问题。他说，地方电台没有地方特色办不好，其中也包括文艺广播，越剧是浙江的剧种，锡剧是无锡的剧种，在当地普遍受欢迎，当然也要百花齐放，播送其他剧种。

地方电台在总结“大跃进”的教训、改进节目方面也有一些好的措施和办法。1961年10月，上海电台组织9人调查组，深入上海电机厂等四家工厂和彭浦新村等八处工人住宅新村，收集人民群众对广播宣传的反映和意见。调查共76天，总结了“四厂八村”经验。云南电台这年制定了《关于改进当前宣传工作的意见》三十条。其要点是：正确执行广播宣传的方针任务；充分发挥广播特点，扬长避短；大兴调查研究，坚持实事求是的精神，加强群众工作，密切电台同各方面的联系和协作；建立又红又专的队伍；改进领导方法和领导作风等。云南电台还制定了《对当前文艺广播的意见》。意见中提出正确认识政治和文艺的关系、提高文艺广播的质量等问题。

各台在统一思想、统一认识的基础上，对广播节目做了较大调整和改动。中央电台为了精办节目，压缩播音时间，集中力量办好主要节目，合并、撤销了部分节目，同时根据实际需要，增设了一些新节目。1961 年中央电台撤销文艺专题节目《三面红旗万万岁》，并把原来的《省、市、自治区各地人民广播电台编排的节目》并入《在祖国各地》节目。1961 年 5 月，中央电台增设《历史故事》《阅读与欣赏》《讲卫生》等知识性节目。另外还调整了 18 点到 22 点听众最集中的黄金时间的节目，使三套节目的内容尽量做到多样化，并增加欣赏性文艺节目。中央电台文艺部为在文艺广播中增加南方曲艺的花色品种，派人到成都、重庆、武汉采录曲艺节目。文艺部还请湖南、江西、浙江等省地方电台帮助录制扬州评话、湖南弹词、贵州文琴、江西清音等南方曲艺节目。1961 年春中央电台改进节目后的十几天中收到听众来信上万封。

全国地方电台在改进节目中注意加强地方特色，不断扩大报道面，增强知识性。江苏电台、上海电台等在“自己走路”方面进行了新的尝试。1961 年 3 月江苏台在全国地方电台中较早对《农村节目》进行改革，其方针是：内容上加强思想性，形式上生动活泼，为农民喜闻乐见；紧密结合农村实际，为农村和农民的需要服务；摆脱惯用的新闻、通讯等固定格调，力求口语、通俗、亲切、形式多样。江苏台的做法，在全国广播界产生了广泛的影响，同年 7 月，上海电台在《对农村广播》节目中开办《阿富根谈生产》专栏。“阿富根”是编辑虚拟的一个适合农民心理的评论员，用对话方式，针对群众思想上的倾向性问题，摆事实讲道理，对上海市郊影响较大，直到“文化大革命”前夕，“阿富根”还在上海市郊广为流传。1962 年 9 月武汉电台开办《家庭妇女》节目，设有《武汉妇女》《方大姐说时事》等栏目。湖南电台这个时期开办的既有本地特色又具有知识性的节目是《祖国的湖南》，主要是歌颂该省各族人民在社会主义现代化建设中的新人新事、新成就，介绍湖南的山水风光、名胜古迹和土特产。北京人民广播电台举办的《对中学生时事广播》节目，全市有二三十万中学生收听。准时收听这个节目成为各中学的固定活动。

同时，在对外广播方面，也注意调整宣传方针，在改进节目、改进文风上取得了新成绩。

20世纪60年代初我国的对外广播随着国家调整方针的实施，比50年代后期有了一些重要的变化，不仅在对外广播语言、广播时间和广播规模上有所扩大，而且在广播节目内容和形式上都有较大的改进和提高。我国的对外广播，是世界人民了解中国的主要窗口，也是架设中国人民和世界人民友谊的纽带和桥梁，如何把中国的形象展现给世界，让更多的人了解中国，是对外广播的一个重要任务。50年代后期对外广播受"左"的影响，宣传不看对象，内外不分、政治调门高、内容枯燥、形式呆板、千篇一律，遭到外国听众的冷落。

要改变对外广播宣传的被动局面，重新赢得外国听众的喜欢，就必须调整广播宣传方针，提高节目质量。在周恩来等中央领导同志的关怀和帮助下，60年代初对外广播宣传方针进行了调整，节目的内容和形式也有了较大改进。

对外广播的调整是从日语广播开始的。1960年8月，廖承志批评了日语广播节目中存在的"左"的问题，指示要使广播适合广大听众的口味。1961年12月，周恩来针对对日宣传存在的生硬问题又进一步指示，对日广播"要使中间分子能够接受"，并要求改进对日广播。周恩来指示对日宣传要适合日本情况，为此他还强调要做好调查研究工作。

周恩来、廖承志批评的问题，不仅是对日广播，在其他语言广播中也存在着着眼点仅局限在国外政治上比较激进的那一部分听众的问题。周恩来指示中提出要照顾"中间听众"的说法，对于改变对外广播长期以来的偏"左"宣传，重新认识研究外国听众具有普遍的针对性和积极意义。这种提法一方面扩大了外国听众的范围，一方面扩大了对外广播宣传报道的题材范围，注意外国听众的多种要求和多种口味。

这次宣传方针的调整，在对外广播中产生了一定影响。对日广播工作者认真调查日本听众的情况，了解他们的爱好、生活规律和收听习惯。经过调整有了很大改进，扩大了广播节目题材，增加了花色品种，更多地采用录音报道、配乐广播、故事、小说等生动活泼的形式。1962年5月对日广播还向日本听众开展征文活动，题目是《友好邻邦——中国》，到这年7月共收到听众征文300多篇。以后征文活动成为对外广播经常开展的一项活动。

在改进对外的新闻报道方面也做了许多工作。1961年3月，梅益看了北京电台（国际电台）新闻组编发的国际新闻稿和新闻节目，并与莫斯科电台、美国广播公司、美国之音、日本电台等国外同行新闻节目作了比较后，指出北京电台对外新闻报道存在的问题是：一少，报道面窄，新闻信息量少；二迟，时效性差；三长，新闻稿件长。以上问题使对外广播宣传缺少声势、缺少分量、缺少力度，削弱了对外宣传的效果。为了改进新闻报道，梅益强调，对外广播要重视新闻报道，要把它办成全世界最好的节目，另外在文风和编写方针以及掌握政策等方面也要积极改进。以后的几年里，对外广播对一些重大的国内国外问题的报道，都做得比较好，报道得比较充分，如党和国家领导人的出国访问活动等。对外广播在调整宣传方针中还明确了几个问题，如内外有别、加强针对性等。梅益在《关于对外广播节目方针问题》《关于对外广播的业务思想问题》等谈话、报告中进行了论述。关于内外处理的角度和方法应有所不同，有些题材对国内有指导意义，但不适于对国外广播。同样，对外宣传中国的国内问题不能像国外广播那样强调为中心服务。

关于加强针对性问题，实际是反对宣传工作一般化、无的放矢。为此，梅益强调办广播要看对象，要了解听众。不了解听众，大谈革命，会把国外听众吓跑。宣传国内问题不要干巴巴地讲道理，而要多讲事实，多讲具体事情。介绍我国的情况应该扩大选题范围，从各个角度来介绍。外国听众正是从中国人民的新生活、新的精神面貌、新的人际关系中看到新中国的变化。梅益形象地比喻对外广播像一棵树，有树干也要有树叶。

经过调整，对外广播加强了针对性，节目从内容题材到形式基本适应外国听众的需要。1962年，英语节目根据听众需要开办了《教中国话》节目等，受到听众的欢迎。听众来信不断增多。

在三年经济困难期间，广播电视宣传工作的重点放在深入实际、深入群众、改进作风、提高质量上。在20世纪60年代初期，广播电台、电视台制作和播出了一批优秀的节目，宣传了社会主义建设中涌现出来的大批先进个人和先进集体，给广大听众、观众留下了深刻的印象，对于鼓舞当时广大人民群众同心同德、艰苦奋斗、战胜困难，推进社会主义事业的发展起了积极的作用。

应当指出的是，上述对1958年至1960年广播电视宣传经验教训的总结，都是在宣传肯定总路线、"大跃进"、人民公社三面红旗的基础上进行的，虽然对改进广播电视宣传质量起了一定作用，但不可避免地存在着明显的缺点和局限性。1962年9月召开的中共八届十中全会重申了对国民经济进一步切实贯彻"八字"方针，对经济社会的恢复和发展有着一定的积极意义，但在经济工作指导思想上"左"的倾向并未得到彻底纠正，同时，由于全会错误估计了阶级斗争的严重性，提出了"千万不要忘记阶级斗争"的口号，导致在政治思想文化领域中"左"倾错误的再度发展。这种倾向在后来的广播电视宣传中逐步明显起来。

第四节　广播电视重视提高宣传质量

一、宣传业务整改提纲（草案）的提出

在经过两年的调整之后，1963年我国国民经济出现了全面好转的趋势。此后，仍继续贯彻执行"八字"方针，直到1966年国民经济的调整工作

基本完成。在此期间，根据中共八届十中全会的精神，在“以阶级斗争为纲”的方针指导下，从毛泽东提出关于“反修防修”考虑，在全国范围内又逐步开展了社会主义教育运动，同时，在思想文化方面的“左”倾错误进一步发展，并引发了一系列错误的政治批判。所有这些反映在广播电视领域，主要是强调广播是阶级斗争的工具，必须加强政治工作以及广播电视中对一系列错误政治批判的宣传。

1962 年 10 月中共八届十中全会之后，为加强对广播事业的领导，中共中央决定调丁莱夫[①]任中央广播事业局党组书记，梅益任副书记、局长。1963 年 12 月，中央广播事业局改党组制为党委制，建立政治部，加强政治思想工作和安全保卫工作。此后，丁莱夫任党委第一书记，梅益任党委第二书记、局长。

1964 年 4 月 3 日至 21 日，第八次全国广播工作会议在北京举行。中央广播事业局负责人以及各省、市、自治区广播局正、副局长及省级广播电视台、福建前线广播电台负责人等 60 人出席。会议主要内容是讨论全国广播事业两年的调整和第三个五年计划的方针和安排，研究当前广播宣传工作和加强广播电台政治工作的有关问题。会议期间，听取了国务院副总理陆定一和中央有关部、委负责人的报告。丁莱夫在会议开始时讲了话，梅益做了总结讲话。

这次会议是学习毛泽东提出的阶级斗争、生产斗争、科学实验三大革命密切结合的指导思想的基础上召开的。关于广播事业两年调整和第三个

---

① 丁莱夫（1912—1983），原名丁之夏，山东广饶人。20 世纪 30 年代初，在济南读书时参加爱国反日活动，1936 年加入中国共产党。1937 年 4 月到延安抗大学习，同年参加八路军。革命战争年代，长期在地方、军队从事党政工作，历任县委书记、地委书记、旅政委、师政委、兵团政治部组织部部长等职。新中国成立后，历任华北军区政治部组织部副部长、第二十兵团政治部组织部部长、中国人民志愿军政治部副主任、中国人民解放军某军政委。1955 年被授予少将军衔。1962 年 10 月调中央广播事业局任党组书记，1963 年 4 月任局党组第一书记。1964 年当选为第三届全国人大代表。1975 年 10 月起先后任中国人民解放军总参谋部政治部主任、总参通信部顾问。1982 年离休。

五年计划的方针、任务，会议提出主要是继续加强对国外的广播宣传，巩固和适当发展农村广播网，新建、改建一批广播发射、录音、播音设备和职工宿舍，加强科学研究和工业生产建设工作以及培养一支又红又专的广播工作队伍等。

关于加强政治工作，会议认为广播电台是很重要的部门，必须把政治工作搞起来，提高整顿，加强电台的安全保卫工作和内部的思想政治工作。会议在强调政治是灵魂，是统帅，政治工作第一，要真正把政治工作放在首要地位的同时，也注意到既要反对脱离政治的单纯业务观点，也要反对不问业务，使政治工作一般化的不良倾向。

这次会议之前，梅益为中央广播事业局党委起草了《为进一步提高广播、电视宣传的质量而奋斗——宣传业务整改提纲（草案）》（以下简称《整改提纲》）①。局党委曾多次进行讨论并于 1964 年 3 月 10 日定稿。会议期间，这份材料印发大会征求意见。《整改提纲》全文三万多字，分为 15 个部分，即：（1）业务工作的基本估计；（2）整改是为了提高广播、电视宣传的质量；（3）明确工作方针，争取尽可能多的听众和观众；（4）怎样改进新闻性节目；（5）怎样改进知识性节目；（6）怎样改进文艺性节目；（7）要更好地为群众的生活服务；（8）四类节目的比例关系；（9）关于表演团体的方针；（10）关于唱片出版工作的方针；（11）要进一步提高播音和翻译的水平；（12）做好听众的联系工作；（13）既要发挥自己的作用，又要充分利用社会力量；（14）重视调查研究，认真改进文风；（15）加强业务领导，大抓三项建设。

20 世纪 60 年代中期提出的这份《整改提纲》，着眼于提高广播电视宣传质量，尽可能地争取更多的听众和观众，在对中央三台和部分地方电台进行调查研究的基础上，提出了改进各类广播电视节目的方针和措施，强调编辑部门要从思想上、业务上和组织上抓好三项建设，加强业务领导，实现《整改提纲》制定的奋斗目标。这份《整改提纲》的制定和在一定范

① 全文已收入《梅益谈广播电视》一书。

围内实施，对于纠正1958年以来广播电视宣传中的严重偏差和削弱“左”倾指导思想对广播电视的影响起了积极指导作用。尽管由于历史的原因，《整改提纲》中的有些提法还带有历史的局限和时代的烙印，但它在当时对提高广播电视宣传质量所起的积极指导作用，应当给予充分肯定。遗憾的是后来由于“文化大革命”的发生，《整改提纲》的主要精神不但未能进一步贯彻执行，在极左思潮的泛滥下，《整改提纲》竟被作为“毒草”受到错误批判。“文化大革命”结束后，在1980年召开的第十次全国广播会议工作上，对《整改提纲》所起的积极作用予以肯定。

第八次全国广播工作会议之后，全国的广播电视在宣传中注意发挥各自的特点和优势，在报道我国科学技术成就和国内外重大新闻事件时加强时效性和评论工作，在动员社会力量办广播等方面不断探索经验，1965年9月，中央电台开办特别节目《朋友的话》，同年12月开办的《外国朋友谈中国》专题节目等，都在这方面做了一些尝试。

60年代中期，为了扩大新闻来源，加强采访力量，1965年12月中央电台在全国各地建立了18个地方记者站，到1965年中央电台对国内广播已经有4套节目，全国大部分地区都能听到中央电台的广播，中央电台在全国人民中的影响日益扩大。中央电台的《广播节目报》的发行数由1960年的26万份增加到1965年的40万份。国内听众来信由1960年的6万5千多封发展到1965年的近12万封。同时对外广播的听众来信由105个国家和地区的近4万9千封猛增至133个国家和地区的28万6千多封。

二、广播电视宣传的改进和广播电视事业的新发展

1963年以后，我国的广播电视宣传工作在执行国家的调整方针的同时，在提高广播电视节目质量，增加花色品种等方面取得显著成就，播出了一批深受国内外听众喜欢的节目。

中央电台注重对节目精选精编，在精办节目方面提出办好十大品牌节目，这些节目是《新闻和首都报纸摘要》《全国各地人民广播电台联播

节目》《国际时事》《科学常识》《在祖国各地》《广播剧院》《文艺信箱》《星期演讲会》《少年儿童节目》《小喇叭》。这些节目注意根据各自的特点，分别加强了新闻性、知识性和娱乐性，成为中央电台办得比较好，影响比较大的名牌节目。

地方电台在办好一般节目的同时注意办好重点节目。1963 年年初，甘肃电台把《甘肃新闻》《农村广播站联播节目》作为重点，集中主要精力来办。河南电台重点办的节目是《全省联播》《对农村联播》《公社戏院》《一周节目巡礼》等。该台还注意发挥广播的特点，在《对农村联播》节目中设立了“王秀英读报”“老赵谈时事”等固定栏目，充分显示了广播“说”“谈”的优势。北京人民广播电台的《在北京》节目里播出的通讯《哑巴媳妇回娘家》也注意在语言和结构上发挥广播特点，播出效果也很好。1963 年 4 月，陕西电台在报道全国劳动模范赵梦桃的先进事迹时，在病榻前录下了赵梦桃的讲话。赵梦桃的讲话真实、亲切、感人，经陕西台广播后宣传效果非常好。这期间的广播宣传注意纠正浮夸等错误，比较实事求是，注意对人们进行革命传统教育。1963 年中央电台的《读〈红岩〉，忆亲人》，请《红岩》中的“小萝卜头”——宋振平的姐姐宋振苏发表广播讲话。她的谈话十分亲切自然，感动了很多听众。

在对一些重大新闻事件的报道上，注重加强时效性。1963 年 5 月初，中央电台报道刘少奇访问柬埔寨和越南时，提高了发稿时效，刘少奇的各项访问活动，基本上都是在当天的新闻节目中播出。1965 年 4 月第 28 届世界乒乓球锦标赛在南斯拉夫举行，中央电台以最快速度在新闻节目中播出我国男女乒乓球队双获世界冠军的消息。最快的报道离比赛结束只有 5 分钟。

广播注意根据听众的需要来安排设置节目。中央电台根据听众渴求学习科学知识的要求，1963 年 5 月为农村听众举办了《农业科学技术讲座》《世界地理知识》等节目。文艺广播设置了听众喜欢的《小说连续广播》《诗文朗诵》等节目以及话剧、故事等，广东音乐、小提琴协奏曲《梁山伯与祝英台》因听众喜欢，多次组织演出。

1963年8月，在北京召开全国优秀广播节目欣赏会。这是新中国成立以来首次举办全国性的广播节目交流活动。会上交流的节目内容广泛、形式多样，较好地反映了各地人民的精神风貌。会上中央电台和省市32个电台还讨论了广播节目的内容和形式的关系，新闻性节目的真实性、音响和音乐的使用等问题，会议起草了《优秀广播节目标准（草案）》，从各台提供的163个节目中评选出35个优秀广播节目。

1964年的六七月间，第一次全国各省、自治区、直辖市广播电台文艺节目交换工作在北京举行。参加这次交换工作的有33个电台，共播放文艺节目213小时。交换的节目以反映现实生活的为主。以上会议对改进全国各地广播电台的新闻节目和文艺节目的内容，提高节目的质量有一定的促进作用。

60年代中期，由于对外广播调整了宣传方针，加强了宣传的针对性，节目质量有了较大提高。对外广播在报道我国生产建设情况和支持世界各国人民反对帝国主义、殖民主义，争取独立的民族解放运动中做出重要贡献，受到国外听众的欢迎，中国国际广播电台在国外的声誉和影响越来越大。1964年11月，以日本记者会议副议长浅海一男为团长的日本“听众之会”代表团来我国访问。从1963年起，我国的对外广播收到听众来信增多，1964年收到听众来信28.6万封，与北京电台保持通信联系的有140多个国家和地区的20多万听众。1957年以来，我国陆续开办了波斯语、土耳其语、阿拉伯语、法语、马来语、印地语、德语、葡萄牙语、意大利语、塞尔维亚—克罗地亚语、斯瓦希里语、俄语、泰米尔语、蒙古语、世界语和菲律宾语等16种外语的对外广播，到1965年对外广播已经使用27种外语和汉语普通话及4种方言对外播音，每天播音时间由80多个小时增加到100个小时左右。我国对外广播的规模不断扩大，继苏联、美国之后，居世界第三位，已经成为世界上很有影响的一座国际广播电台。

在这期间，电视作为我国的一个新兴事业，在“立足北京、面向世界”

方针的指引下，也逐渐在国内外新闻报道中显示了它的作用。1964 年 12 月，毛泽东为北京电视台题写了台名。

1963 年，第一届新兴力量运动会在印度尼西亚雅加达举行，北京电视台第一次派记者出国报道体育活动。北京电视台记者拍摄的电视片《新兴力量运动会》，汇编成 85 分钟的大型纪录片播出。1963 年年底至 1964 年 3 月，周恩来总理和陈毅副总理访问非洲、亚洲 14 个国家，北京电视台派出记者随行报道，共拍摄 24 万尺电视片，先后编辑出 10 至 20 分钟电视新闻片 20 条，北京电视台还汇编了《周总理非洲之行》上、下集，向全国播出。这期间，我国第一颗原子弹爆炸成功、第 28 届乒乓球锦标赛等重大事件，北京电视台都积极进行报道，不仅在国内电视台播放，还把有关电视片寄往国外，在英、美、日等国新闻机构发行。到 1965 年 8 月，北京电视台已经和世界上 27 个国家的电视机构建立了交流电视片的关系。我国电视台拍摄的科教片《金小蜂与红铃虫》《对虾》《水地棉花蹲苗》分别在 1963 年至 1965 年国际电视节上获奖。

60 年代中期，我国的广播电视对社会主义建设事业中涌现出来的先进集体和先进个人给予充分的报道。雷锋、王杰、欧阳海、王进喜、焦裕禄等人的名字，大庆、大寨战天斗地的英雄事迹通过广播传到千家万户。他们的先进事迹和崇高的思想境界对于教育鼓舞全国人民克服困难、战胜自然灾害和建设社会主义道德风尚起了重要的作用。

这期间，在国际斗争中，对内和对外广播根据上级的有关部署，也播出过一批在国内外有重大影响的文章。60 年代初中苏关系恶化，国际共产主义运动中的争论加剧。苏共领导及受苏共影响的几个共产党国家发表决议、声明、文章攻击中国共产党。1963 年 7 月苏共中央发表《公开信》后，苏联的宣传工具都投入反华大合唱，仅三个月内，报纸、期刊和广播就发表反华内容的文章、资料近 2000 篇，甚至公然煽动反对中共中央的领导。从此，中苏争论进一步公开化。这年 9 月至 1964 年 7 月，为了反击苏共的全面攻击，中共中央以《人民日报》编辑部和《红旗》杂志编辑部名义相继发表了九篇评论文章（简称“九评”），开展了一场大规模的关于国际共运的公开论战，对苏共及其主要领导人赫鲁晓夫做了深入全面的批判。九篇评论文章和其他文章都在对内对外广播特别是俄语广播中反复、连续播出过，突破了苏联的“新闻封锁”和电波干扰，把中国的声音传向世界。1964年10月，赫鲁晓夫下台。1966年3月，中苏两党关系全面破裂。

50年代末60年代初，我国广播电视对外交流和合作方面有了新的进展，曾先后援助柬埔寨、阿尔巴尼亚、朝鲜、越南和坦桑尼亚等国发展广播事业。中央广播事业局还多次接待来华采访的日本、法国的电视摄影队，并三次派出代表团参加了阿联（即埃及）举办的电视节。在与“国际广播组织”（1959年改称为“国际广播和电视组织”）的交往中，60年代初，由于中苏两党、两国关系的恶化，该组织从1966年9月起停止向我方寄送有关资料。至此，我国与该组织联系中断。

随着国家调整方针的实施，我国的经济困难局面开始缓解，从1963年到1965年国民经济得到比较顺利的恢复和发展，我国的广播电视事业也得到新的发展。

1963年以后，随着我国经济形势的好转和地方宣传工作的需要，又恢复了一批广播电台和电视台。1963年年底全国共有广播电台89座。中央电台对内广播共有4套节目（包括对台湾广播1套）。每天播音增至59小时。1963年，哈尔滨电视台、长春电视台和西安试验电视台经国务院文教办批准，作为实验台使用。这样，电视台恢复到8座（另有4个办电视教育节目，即太原、南京、武汉、合肥电视试验台撤销后可以协同有关部门举办电教节目），1964年1月武汉电视台恢复，1965年6月哈尔滨、长春、西安三地的电视台和太原教育电视台均转为正式电视台，至“文化大革命”前，我国的电视台发展到12座。

1963年以后，全国的有线电视广播网得到修复和整顿。1963年年初青海省委发出通知，对已撤销的县级广播站立即恢复，对垮掉的广播网路要整顿，对原有的广播设备要及时恢复。青海省广播局根据省委通知，积极帮助省内各县恢复县级有线广播站的工作，取得很大成绩。

为了帮助各省、自治区迅速整修广播线路，中央广播事业局从事业经费中拨出15万元作为补助费。在有线广播的恢复和重建中，浙江余杭县广播站用土模翻转法制造水泥电杆的经验在全国得到推广，使有线广播在铁路建设上的质量有了提高。为了搞好有线广播网的建设，1964年—1965年，中央广播事业局多次召开有关会议，交流广播网建设和管理经验。1966年春，全国广播网的全面调整工作已经基本结束，恢复到1962年调整前的规模，并有发展，全国有县级广播站2000多座、放大站和公社广播站8435座、广播喇叭872万只，都超过了农村有线广播网历史上的最高水平。农村广播网的传输质量和收听效果比过去有了显著的提高。有线广播喇叭普及到77%的人民公社、54%的生产大队和26%的生产队。

同时，调频广播试验已经开始。调频广播具有电声指标高，抗干扰性能强的优点。中央广播事业局广播科研所早在1958年前后提出对国内广播要开展调频广播的建议。1963年11月在天津举行调频广播网试验会议。1964年，广播科学研究所开始在河北省进行调频广播中间试验。不久，国家科委为支持山东广播局在泰山顶进行调频广播试验，专门拨给经费15万元，使调频广播在为有线广播站和中波转播台传送节目方面的试验取得成功。60年代末，各省都开始在省内进行调频广播网的建设。

1964年6月，中央广播事业局参加全国工业新产品展览会展出的产品有5项获奖。其中光电导析像管电视电影设备和635型磁带录音机分别获得一等奖，北京4型磁带和塑料密纹唱片分别获得二等奖，4.5厘米波段波导仪获得三等奖。

随着国民经济形势的好转和文化教育事业的恢复，北京广播学院于1964年恢复正式招生，至“文化大革命”前，该院已先后培养了新闻、无线电和外语各专业大专和本科毕业生2400多人，为我国的广播电视事业增添了一批新生力量。

为了提高全国人民的文化素质，60年代初起步的电视大学在以后的几年中成绩突出，到1965年年底，已经为国家培养了8千多名毕业生和5万多人次的单科结业生，这些人在社会主义建设和社会科学研究中发挥了重要的作用。

三、党和国家领导人为广播电视事业题词

1965年9月5日，按当时人民广播事业历史的计算方法，是中国人民广播事业创建20周年纪念日[①]。为了纪念人民广播史上的这个有历史意义的节日，毛泽东、刘少奇、周恩来、朱德、林彪、邓小平、彭真、陈毅和陆定一等党和国家领导人应中央广播事业局的请求分别题词祝贺。

毛泽东的题词是："努力办好广播，为全中国人民和全世界人民服务。"

刘少奇的题词是："高举毛泽东思想红旗，把广播工作做好，使全国人民和全世界人民都得到鼓舞。"

周恩来的题词是："高举毛泽东思想伟大红旗，发扬艰苦奋斗、自力更生的革命精神，为发展人民广播事业而努力。"

朱德的题词是："联系群众、联系实际，进一步把广播宣传工作做好，为社会主义革命和建设服务，为世界革命服务。"

邓小平的题词是："高举毛泽东思想红旗，更好地为社会主义建设和社会主义革命服务，为马克思列宁主义和无产阶级国际主义服务。"

9月6日，中央广播事业局举行人民广播事业创建20周年纪念会。中共中央政治局委员、国务院副总理陆定一到会讲话。会后，彭真、陆定一参观了纪念展览。在此之前，周恩来于8月27日召见丁莱夫等中央广播事业局领导，就广播系统加强政治工作、中央广播事业局的基建工作，广播要面向农村和北京广播学院的培训方针等提出了意见。

---

① "文化大革命"以前，中国人民广播事业创建纪念日是以1945年9月5日延安新华广播电台开始播音的日期确定的。1980年12月，中央广播事业局发出通知，将人民广播事业创建纪念日改为1940年12月30日。

1966年3月20日至4月9日，第九次全国广播工作会议在北京举行。中央广播事业局负责人以及各省、市、自治区广播局（台）主管政治工作、宣传工作、农村广播网工作的部、处级以上的负责干部，各省、自治区、直辖市（盟）台正副台长共138人出席。会议主要内容是贯彻毛泽东等党和国家领导人为人民广播事业创建20周年题词的精神、关于文教战线一切工作都要面向农村和加强广播电台政治工作的精神，研究今后进一步加强面向农村的广播宣传和发展农村广播网等问题。周恩来、彭真、陆定一到会讲话。丁莱夫在会议开始和结束时都作了讲话。

周恩来在讲话中提出，要在毛泽东关于“备战、备荒、为人民”的战略思想指导下，面向全国，面向全世界，努力办好广播，确保电台安全，为全中国人民和全世界人民服务。在此之前，他多次听取工作汇报并到广播大楼和北京郊区发射台视察，了解广播电台的工作和安全保卫的情况。

会议认为，所有广播电台都是阶级斗争的重要工具，要保证党对电台的绝对领导；再次强调广播电台要实行党委领导制，建立政治工作机构。会议要求必须加强对各级广播电台的安全保卫工作，确保电台的绝对安全。

这次会议明确提出，要在今后的广播宣传工作和一切工作中突出政治。会议认为广播电台内部的阶级斗争、两条道路的斗争相当严重，必须要大抓广播战线的阶级斗争。要认识到政治是统帅、是灵魂，政治工作是广播电视事业和一切工作的生命线，要把政治工作放在一切工作的首位，不要放在从属地位。

办好广播面向农村，为六亿农民服务和积极发展农村广播网是这次会议讨论的重要内容。会议认为，突出政治就是用毛泽东思想武装农民。会议提出要办好各类对农村广播、为农民服务的节目。各种节目都要注意突出政治。会议认为，第三次全国广播工作会议提出的发展农村广播网的方针是正确的，还应当继续贯彻执行，并根据工作进展情况加以补充。关于有线广播的发展规划和广播事业的第三个五年计划，会议要求仍按原定计划执行。会议还分析了农村广播网在宣传和事业建设中存在的问题，并提出了解决的意见。

这次会议是在“文化大革命”前夕，“山雨欲来风满楼”的形势下举行的。中共八届十中全会以后，在全党推行的是“以阶级斗争为纲”的“左”倾错误指导方针，不可避免地对这次会议有着重大的影响。会议提出的一些“左”的观点和要求，在“文化大革命”中被变本加厉地执行了，而一些正确和比较正确的意见和措施却没有得到积极的贯彻执行。

◆ 本章小结

在我国初步探索建设社会主义道路的最初近十年间，在党和政府的领导下，广播电视事业的发展虽然受到“左”的指导思想的影响，经历了曲折的道路，但总的来说，取得的成绩是主要的，但同时也有严重的失误和偏差，积累了正反两个方面的经验。具体分析有如下几个特点：第一，在社会主义计划经济的体制下，经过近十年的不懈努力，我国已建成初具规模的广播电视事业。对内广播有了较大的发展。对外广播的实力和影响已跃居世界广播大国的前列。电视事业迈开了创业的步伐。广播电视工业和广播电视教育事业也取得了初步的成果。第二，近十年间的广播电视宣传从其主导方面看，作为团结教育和鼓舞全国人民艰苦奋斗、奋发图强投身社会主义建设的重要舆论工具，作为党和国家进行国际宣传和国际斗争的强有力的武器，工作成绩是重大的，宣传效果是良好的，影响是很大的，受到国内外听众和观众的欢迎和信任。但由于“左”的指导方针的影响，在诸如“大跃进”、“反右倾”、思想文化领域错误批判等的宣传方面，也出现了严重的失误和偏差。作为历史经验教训，值得认真加以总结。1964年中央广播事业局党委提出的《宣传业务整改提纲（草案）》主要总结了新中国成立以来广播电视宣传的工作经验，对提高广播电视宣传质量有着重要的指导意义。第三，十年间初步建成了一支以编、播技术为主体的几万人的广播电视队伍，广播电视从业人员的文化结构有了明显的改善。

第四，在此期间，先后召开的第五至第九次全国广播工作会议，无论是总结前一阶段的工作经验和成绩，还是制定下一阶段的工作方针，总的来说，是比较正确的，但都不同程度地受到“左”的指导思想特别是“以阶级斗争为纲”方针的严重影响，使广播电视事业的发展和广播电视队伍建设受到不少挫折，广播电视宣传也未能正确地发挥应有的作用和影响。

第三章 “文化大革命”时期的广播电视事业

正当国民经济的调整基本完成，国家开始执行第三个五年计划的时候，1966年5月16日，中共中央政治局会议通过《中国共产党中央委员会通知》（通称《五一六通知》），无产阶级文化大革命（简称“文革”）开始。毛泽东历来重视舆论宣传工作，充分运用报纸、广播电视、通讯社等媒体发动和推进“文化大革命”运动。林彪、江青反革命集团则趁机利用各种手段，控制了报纸、期刊、通讯社、广播电视媒体的领导权，利用媒体，尤其是广播电视的宣传为“文化大革命”鸣锣开道，为他们篡党夺权制造舆论。从“文化大革命”开始一直到1976年10月6日粉碎“四人帮”为止，中国新闻界在“十年动乱”中经受了一场浩劫，广播电视事业受到了严重挫折，广播电视工作者受到了摧残迫害。

第一节 广播电视系统的“夺权运动”

1966年5月至1976年10月的“文化大革命”，使党和国家、人民遭到新中国成立以来最严重的挫折和损失。《建国以来若干历史问题的决议》认为，“文化大革命”是由领导者错误发动，被反革命集团利用，给党、国家和各族人民带来严重灾难的内乱。[①]

一、“文化大革命”的全面发动

“文化大革命”的直接导火索是对吴晗《海瑞罢官》的批判。1959年6月，吴晗根据毛泽东关于学习海瑞敢讲真话的精神，发表了《海瑞骂皇帝》一文，之后又相继创作了《论海瑞》《海瑞罢官》等文章和剧本，并于1961年在北京上演。《海瑞罢官》刚上演不久，江青就提出要批判。1965年11月10日，江青、张春桥等秘密策划，上海《文汇报》刊登了姚文元执笔的批判文章《评新编历史剧〈海瑞罢官〉》，说吴晗在文章中塑造了一个“假海瑞”的形象，其真正目的是为地主资产阶级分子“平冤狱”，将矛头直接指向中共北京市委和中共中央一些领导。虽然当时也有学者、专家发表文章批驳姚文元的观点，但对《海瑞罢官》的批判很快便发展为一场严重的政治斗争，并在全国报纸、期刊、广播中迅速形成了批判的高潮。广播中及时播出了批判《海瑞罢官》的有关报道。

1966年5月4日至26日，中共中央召开政治局扩大会议，通过《中国共产党中央委员会通知》。宣布撤销彭真为首的中央文化革命小组[②]，重新成立由中共中央政治局常委领导的中央文化革命小组[③]。通知要求“各级党委立即停止执行《二月提纲》”[④]，并“遵照毛泽东同志的指示，高

① 中共中央文献研究室：《〈关于建国以来党的若干历史问题的决议〉注释本》（修订），人民出版社，1985年9月版，第30页。

② 即“文化革命五人小组”，组长彭真，组员包括陆定一、康生、周扬和吴冷西。

③ 1966年5月28日，中央文化革命小组（简称中央文革）正式成立，组长为陈伯达，顾问为康生，副组长有江青、张春桥等，成员有王力、关锋、戚本禹、姚文元等。后来，由于陈伯达生病等原因，组长职务由江青代理。

④ 《二月提纲》是1966年2月中央文化革命五人小组给中共中央的关于当前学术讨论的汇报文件，全称为《文化革命五人小组关于当前学术讨论的汇报提纲》，由于其成文时间而得名。这一提纲试图保护因撰写《海瑞罢官》受到批评的北京市副市长吴晗，努力将对吴晗的批判圈定在纯学术讨论内。但因这一提纲受到毛泽东的批判而在当时引发了严重的政治影响和严重的政治后果。昭示“文化大革命”正式开始的《五一六通知》首先就推翻了《二月提纲》。

举无产阶级文化革命的大旗，彻底揭露那些反党反社会主义的所谓‘学术权威’的资产阶级反动立场，彻底批判学术界、教育界、新闻界、文艺界、出版界的资产阶级反动思潮，夺取在这些文化领域中的领导权。而要做到这一点，必须同时批判混进党、政府、军队里和文化领域的各界里的资产阶级代表人物，清洗这些人，有些则要调动他们的职务”。

《通知》完全抹杀了新中国成立以来思想文化战线上的成就，歪曲国内阶级形势和党、国家的状况，提出文化革命的目的是对一大批反党反社会主义的资产阶级代表人物进行批评。《通知》反映了毛泽东关于“文化大革命”的主要论点，为“文化大革命”确定了理论、路线、方针和政策，是“左”倾错误的纲领。它的通过和贯彻标志着“文化大革命”的全面发动，并随着报纸、期刊和广播的迅速传播，很快在全国展开。

1966年四五月间，中央电台播送“有关社会主义文化大革命材料”。新闻节目播送了《解放军报》社论：《高举毛泽东思想伟大红旗，积极参加社会主义文化大革命》《千万不要忘记阶级斗争》；《红旗》杂志评论员文章：《工农兵群众参加学术批判是划时代的大事》和史绍宾文章《评吴晗的〈投枪集〉》，还播送了有关学术批判的消息约40条。《理论学习》《解放军生活》节目播出了批判影片《兵临城下》和《抓壮丁》的稿件。《理论学习》还选播批判邓拓的文章。文艺节目播送了批判《兵临城下》《抓壮丁》《海瑞罢官》等文章。《星星火炬》节目介绍了《少年报》的文章：《海瑞骂皇帝和海瑞罢官是两株大毒草》[①]。这些错误批判的宣传在当时造成了极为恶劣的影响。

5月10日、11日，中央电台3次全文播送姚文元的文章：《评“三家村”——〈燕山夜话〉、〈三家村札记〉的反动本质》。这以后，一场政治大迫害迅速遍及全国。

① 《当代中国的广播电视》编辑部选编：《中国广播电视大事记》，北京广播学院出版社，1987年版，第198页。

二、广播电视系统的“夺权运动”

《五一六通知》明确指出新闻界是批判、夺权的对象之一。“文化大革命”一开始，林彪、江青等即通过中央文化革命小组，控制了中央的广播电视大权。

中央广播事业局自“文化大革命”开始后，群众的思想异常混乱，大大小小的造反派组织山头林立，揪斗领导干部成风。1966年11月到1967年1月，陈伯达、江青、张春桥、姚文元、王力、关锋、戚本禹等中央文化革命小组的主要成员，多次到中央广播事业局，接见造反派组织代表，煽风点火，鼓动他们夺中央广播事业局和地方广播电台的权，并且明里暗里挑动派性斗争。在他们的支持下，1966年12月20日，中央广播事业局的造反派组织夺了局政治部和局“文化大革命”领导小组的权；12月31日，又进驻局总编室，接管了全局各项宣传业务的领导权。其实，指挥广播电视宣传的权力，从总体上说，这时已经掌握在江青一伙人手中；不过，江青一伙还想利用群众组织的夺权，进一步加强控制，使广播电视宣传更彻底地为其篡党夺权服务。

在中央广播事业局的夺权斗争中，中央文化革命小组陈伯达、康生、江青一伙，还利用了北京广播学院一些政治上缺乏辨别能力的年轻学生。1966年7月14日晚上，陈伯达、康生召见中央广播事业局丁莱夫和根据中央政治局常委决定派到北京广播学院的工作组组长、副局长李哲夫等，宣称自己支持北京广播学院学生“造反”。7月23日、24日、27日，陈伯达、康生、江青、张春桥、王力、姚文元等人，先后到北京广播学院接见学生中的一部分造反派，并召开大会，宣布撤销工作组，成立学校“临时文化革命委员会”。11月2日，北京广播学院少数造反派学生冲进中央广播事业局大楼，砸坏政治部干部处的文件柜，殴打保护档案的干部，硬要拿走所谓的“黑材料”，称“11·2事件”。此事引起了周恩来总理的关注。

广播电视部门的安全保卫工作，一直是周恩来总理十分重视的问题。他把广播大楼和中南海、人民大会堂等11个单位列为警卫重点，并在1966年5月调中国人民解放军63军参谋长王寿仁任中央广播事业局副局长，专管电台的保卫工作。这一年的3月到5月，周恩来总理多次到中央广播事业局视察工作。他指示：广播一分一秒都不能停，不能因“文化大革命”运动影响广播。他反复告诫红卫兵，广播电台、电视台是要害、机密单位，“绝对不能冲击”[①]。中央军委也在1966年7月19日发出《关于加强广播电台警卫工作的指示》，要求“各军区必须十分重视、切实加强对所在地区的广播、发射、转播、实验、战备等电台的警卫工作”。北京广播学院学生冲击广播大楼这种严重越轨的行动，当然是周恩来总理不能容忍的，他当即打电话制止。但是，张春桥、姚文元却赶到现场，肆无忌惮地支持学生造中央广播事业局的反。

在此期间，地方广播电视部门也纷纷展开了夺权斗争。1967年1月14日早晨，北京人民广播电台和北京广播学院群众组织的代表，强行进入北京人民广播电台技术区，在早晨开始播音时，擅自播出《告首都人民书》，声明北京人民广播电台（简称“北京市台”）已经被造反派夺权。虽然周恩来指示，不许再播“夺权宣言”（即《告首都人民书》）。可是，中央文化革命小组的成员再一次对着干。上午10点多，王力打电话支持这次夺权，并让把《告首都人民书》印成传单到街头散发。北京市台的“夺权宣言”播出后，在国际上引起普遍关注，不少外国通讯社和报纸、期刊都报道了这件事，并加以评论。有些报纸、期刊把北京市台的这次夺权，误认为中央广播事业局、中央电台和北京电台（中国国际广播电台前身）同时被红卫兵接管，造成了很坏的影响。北京市台从广播“夺权宣言”的那一天起，播音秩序完全被打乱，所有固定节目都被撤销，改为转播中央电台的节目或临时安排节目。过了两天，1月17日，上海人民广播电台被群

① 徐光春主编：《中华人民共和国广播电视简史》，中国广播电视出版社，2003年6月版，第136页。

众组织夺权，在21点的新闻节目中，连续播出《告全市革命造反派和革命群众书》（简称“接管声明”）和《向毛主席致敬电》。这个“接管声明”竟然在对台湾广播的节目里也播出了。在这之前，1月12日陕西电台、电视台被造反派夺权。从16日起，陕西电台办了一个《造反新闻》节目，每天20分钟。1月13日，四川人民广播电台的造反派组织，联合外面冲进来的一部分红卫兵，一起夺了省电台的权，并且把台名改成“四川人民革命造反广播电台”。这种夺权行为，有的地方受到了一些正直群众的抵制。例如宁夏广播事业局、宁夏电台造反派的“夺权声明”，就由于发射台的一些工作人员坚持原则，没有播出去。“文化大革命”初期，全国除武汉市的电台外，全都被群众组织和“造反派”夺权接管，整个广播电视系统局面失控。

广播电视系统的“夺权”，严重扰乱了广播电视宣传格局，搞垮了广播电视工作者队伍，广播电视事业由此遭受了不可估量的损失。同时，它为林彪、江青一伙进一步控制广播电视替他们篡党夺权的根本目的服务，创造了有利条件。

三、广播电视系统全面实行军管

1967年1月11日，中共中央发出《关于广播电台问题的通知》，决定对全国地方电台实行军事管制，要求进入广播电台的群众组织立即退出。按照这个通知的规定，地方电台在实行军管后，一律停止播出自办节目，全天转播中央电台的节目。但是没过多久，1月23日，中共中央又发出《关于广播电台问题的补充指示》，修改了原来的意见。这个补充指示说，地方电台在实行军事管制时期，除了转播中央人民广播电台的节目外，可以自办一部分节目。不过，“这些节目必须是反映无产阶级造反派的声音，而不得反映走资本主义道路当权派的声音，不得反映资产阶级反动路线的声音”。后来，地方电台陆续恢复了少量自办节目，但是从领导到编播人员，人人如履薄冰、胆战心惊，唯恐节目中出现政治性差错而惹祸招灾。

中央广播事业局实行军管比地方电台晚一些。1967年12月7日，中央决定对中央广播事业局实行军事管制。12日，以刘路明为组长的军管小组进驻中央广播事业局，在全局工作人员大会上宣读了《中共中央、国务院、中央军委、中央文革关于对广播事业局实行军事管制的决定》。这个决定规定，"军管小组在中央文革小组的领导下，对广播事业局的各项工作实行统一领导"（军管后，广播事业局改成中央广播事业局）。1968年12月，解放军毛泽东思想宣传队135人、北京工人宣传队200人进驻中央广播事业局，协助军管小组维护中央广播事业局的秩序和加强对广播局知识分子进行再教育。这两支宣传队在1971年分别撤离。

1972年8月，中共中央决定，在已经建立党委的地方和单位，撤销"三支两军"①。1973年1月，中央广播事业局的军管也宣告结束。中央广播事业局实行军管的五年里，军管小组做了大量工作，对克服广播电视系统的无政府状态，稳定局势，不出大乱子，确保安全播出，起了积极作用。但由于"文化大革命"总的指导思想是错误的，而且军管小组都是"在中央文革小组的领导下"工作，因此根本不可能改变广播电视被"四人帮"控制的局面。统计数字表明，从军管到"四人帮"倒台，中央广播事业局送的516件请示报告，林彪、江青反革命集团主批316件，占61%。1974年以后，"四人帮"更加紧了对中央广播事业局的控制，中央广播事业局上送的201件请示报告，毛泽东圈阅7件，周恩来只圈阅过1件，而姚文元主批的达148件，占73.6%。这期间，凡是中央广播事业局上送中央的《工作报告》《学习简报》等，都要先经姚文元修改后，再报送中央。②

1972年8月，中共中央决定，撤销地方电台的军管，1973年1月，

① "三支两军"即支左、支工、支农、军管、军训。"文化大革命"中，为了保证运动和生产，毛主席号召人民解放军走出军营，到群众中去支持"左派"，支援工业、支援农业、军管一些国家重要单位，军训大中专学生。

② 赵玉明主编：《中国广播电视通史》，中国传媒大学出版社，2006年2月版，第303页。

中央广播事业局的军管也宣告结束，原军管小组组长刘建功改任局长。1974 年 9 月，邓岗接替刘建功任中央广播事业局代局长（后任局长）。

第二节　混乱的广播电视宣传格局

“文化大革命”一开始，在林彪、江青反革命集团的把持下，广播电视原有的宣传格局被迅速打破。主要表现为，为了控制舆论，“统一口径”，在“文化大革命”初期一度停止地方电台自办节目，责令他们全部转播中央电台节目；中央电台节目内容则照搬《人民日报》和新华社的文章，进行广播。地方电视台由于不能转播中央电视台的节目，大部分被停办。

一、一批优秀广播节目被批判并停播

“文化大革命”前，广播电台的节目主要为新闻性节目、知识性节目和文艺性节目三大类，此外还有少量的服务性节目，如天气预报、节目预告等。其中文艺性节目大约占总播出时间的2/3左右。“文化大革命”开始后，一批优秀的广播节目，尤其是文艺节目遭到批判并停止播出。

电台、电视台许多过去深受听众、观众喜爱的节目和栏目，如中央电台的《理论学习》《在祖国各地》《小喇叭》《阅读和欣赏》，中央电视台的《科学知识》《卫生常识》《文化生活》《国际知识》等，统统被斥之为“封、资、修的大毒草”，停止播出。中央电台开办了《每周一首革命歌曲》《讲革命故事》《革命歌曲》《全世界人民热爱毛主席，热爱新中国》等专题节目以及《毛主席语录歌曲》和《毛主席著作选读》专栏，少儿节目中还办了《少年儿童活学活用毛主席著作》节目。

有一部分节目虽然没有撤销，但是要重新改造，首先是节目名称要有“文化大革命”特色。例如多数电台的少儿节目改名为《红卫兵》《红

小兵》。中央电台的《对农村广播》改为《工农兵活学活用毛泽东思想节目对农村人民公社社员广播》。据说，原来的名称缺乏阶级性，中央电台广播的对象只能是人民公社社员，而不是农村中的“地富反坏右”；而且广播是为了推动社员活学活用毛泽东思想，也应该在名称上表述出来，于是产生了这个长达25字的奇怪的节目名称。

“文化大革命”期间，在极左政治的严厉钳制之下，音乐节目出现了“大批判”的狂潮——批判中外优秀的音乐作品和优秀的音乐家，而首当其冲的是对各类中国音乐作品的批判。其批判的方法完全是政治性的，采用的是阶级斗争的观念，对人、对作品都采取彻底否定、绝对批判的“无限上纲”的方式。几乎所有的“文化大革命”以前的优秀中国音乐作品都被扣上了“封、资、修”等政治帽子，受到批判，并禁止播出。典型的是对歌剧《长征》《洪湖赤卫队》以及对小提琴协奏曲《梁山伯与祝英台》等音乐作品的“批判”。

“文化大革命”中对于音乐节目的批判是彻底而全面的。1966年7月到10月，中央电台“清理”外国音乐库存，消磁将近90%的库存外国音乐胶带，仅留下10%的节目录音。消磁处理的原则是，主要留各国革命内容的作品和主要作曲家的主要作品，如贝多芬的9部交响曲中只留第三、五、六、九交响曲，并且基本不留不同演奏版本。消磁后剩余的节目中，相当部分是“革命歌曲”。包括不少短期流行的越南抗美歌曲，而大量的世界经典作品被当作“大、洋、古”处理掉了。侥幸留下的一部分节目也非原版。这是对我国外国音乐录制资料的一次空前洗劫。

二、政治性节目急剧增加

“文化大革命”开始后，中央和地方电台、电视台，对节目的设置、内容、名称和各类节目的比例作了很大的调整，尽量使整个宣传的面貌与“文化大革命”的政治气候相吻合，各广播电台、电视台的政治性节目急剧增加。

作为中央重要新闻领导机关的中央广播事业局当时担负着双重任务：一是要部署安排中央电台、北京电台（中国国际广播电台前身）对国内外广播和北京电视台（即现中央电视台）对“文化大革命”的广播电视宣传。“文化大革命”一开始，中央电台和北京电视台就分别做出了“文化大革命”期间宣传工作的安排和措施。

1966年5月上旬，中央电台就提出要积极投入兴无灭资斗争，使广播在突出政治、促进人的思想革命化方面发挥应有的作用和威力。7月，中央广播事业局提出：凡阐述“文化大革命”伟大意义的社论、文章，新华社和北京电台对外广播编发的，对台广播都照用。对台文艺节目要充分反映“文化大革命”成果，增播歌颂党和毛主席的作品及歌颂工农兵英雄人物的作品。戏曲节目，全部播送革命题材的现代戏，传统戏一律停播。[①]

二是对外广播也照搬照播，反复重播国内的“文化大革命”宣传报道。到1966年年底，政治性宣传一般已经占到一半左右的播出时间。1967年2月，中央电台实行新的节目时间表，政治性节目的时间比例由48.02%增加到72.1%，文艺性节目由48.33%降低为24.2%，增加了《老三篇天天读》[②]《红卫兵》《无产阶级文化大革命文章和文件》节目，撤销了《科学和生产》《讲卫生》《体育运动》等知识性和专题性的节目。

文艺节目则只有“样板戏”[③]和语录歌。1966年5月上旬，中央电台制订《在社会主义文化大革命中关于文艺节目的几项措施》，提出要执行重播重审制度，把好“政治关”，保证不播出“与文化革命唱对台戏”的作品。10月上旬至11月中旬，中央电台集中宣传《上海革命京剧文工团》

① 赵玉明主编：《中国广播电视通史》，中国传媒大学出版社，2006年2月版，第293页。

② “老三篇”，在“文化大革命”中，指要求人们经常诵读的三篇毛泽东著作《为人民服务》《愚公移山》《纪念白求恩》的合称。

③ “革命样板戏”是“文化大革命”开始后，江青扶植的京剧《红灯记》《智取威虎山》《沙家浜》《海港》《奇袭白虎团》《杜鹃山》《龙江颂》及芭蕾舞剧《红色娘子军》等少量实验性革命现代戏剧，是“文化大革命”中仅有的和反复播出的广播文艺节目。

来北京演出的“样板戏”《智取威虎山》和《海港》。这期间，《智取威虎山》共播出25次，1380分钟；《海港》播出13次，540分钟。播出形式有全剧剪辑、选场、选段、介绍等。京剧《红灯记》《智取威虎山》《沙家浜》和芭蕾舞剧《红色娘子军》等少量实验性革命现代戏剧，是“文化大革命”中仅有的和反复播出的广播文艺节目。

全国地方电台的广播也差不多变成了一个腔调。1966年8月11日，新疆电台调整了节目，撤销了广播师范大学讲座、维吾尔语、汉语教学讲座、科学知识节目等，将理论学习节目改为《工农兵活学活用毛主席著作》节目，增办了《无产阶级文化大革命专题》节目。这一时期，各地方电台都反复地宣传了“在无产阶级专政下继续革命”的理论，宣传了党的九大和十大的路线，宣传了“两个阶级、两条路线、两条道路的斗争”等，为向所谓“党内走资派”夺权制造了舆论。

电视与广播宣传一样受到冲击。1966年5月中旬，北京电视台安排，在《简明新闻》中播出“文化大革命”消息和重要文章的摘要；拍摄有关“文化大革命”的电视新闻；社教节目举办专栏《高举毛泽东思想伟大红旗，搞掉反党反社会主义的黑线》；在少儿节目中组织少年学生批判邓拓、吴晗。电视节目的内容，除了“文化大革命”宣传，就只剩下革命“样板戏”了。

这一时期，全国各地的广播电视节目如出一辙，大同小异。

三、地方广播电视的转播与停播

“文化大革命”爆发后，社会上的造反派冲进广播电台，与台内造反派一起夺权，致使广播中播出了类似“夺权宣言”等极左内容，更加剧了社会的混乱。在实行军管初期，中共中央曾经发出指示，各地方电台一律停止自办节目的播出，全天转播中央电台的节目，后来，虽然允许地方电台可以自编一部分节目，但地方电台依然变成了以转播中央电台为主、自办节目为辅的广播电台了。地方广播电台宣传工作欣欣向荣的局面由此被彻底破坏。

“文化大革命”期间，如前所述，中央电台的节目又几乎都是照搬“两报一刊”（即《人民日报》《解放军报》和《红旗》杂志）上的报道和文章，广播实际也就成了报纸的“有声版”。听众讽刺“文化大革命”期间中央电台的新闻节目是“早上报摘，晚上摘报”。

这一时期，地方电台的专题节目只有两种，一种是有关“活学活用毛主席著作”的，一种是有关“革命大批判”的。文艺节目只有样板戏、语录歌和少数革命歌曲。在新闻报道中，假话、空话、套话连篇，严重损害了广播在群众中的声誉。由于林彪、“四人帮”的倒行逆施，无产阶级新闻理论被扭曲，真实性原则被抛弃，适合听众多种需要的广播节目被砍光，“以宣传为中心，为编播服务”的口号被批判，“开门办广播”的好传统被践踏，一大批老广播工作者被下放……总之，广播电视宣传思想搞乱了，广播电视节目难办了，规章制度废弃了，编播队伍打散了①。

1966年12月31日，中央广播事业局向中宣部提交《关于停止电视播出的请示报告》，主要原因是群众投入“文化大革命”，电视观众人数大减，节目来源缺乏，电视台的群众要求“集中精力搞文化大革命”。1967年1月5日，中央文化革命小组批准北京电视台暂停播出，2月4日又恢复播出，暂定每星期六播出一次。在北京电视台停播前后，为数不多的地方电视台也先后停播；北京电视台恢复播出后，一些电视台后来也陆续恢复了播出。

四、广播电视节目中的极左宣传

“文化大革命”期间，提出了“无产阶级专政下的继续革命”，宣传“以阶级斗争为纲”，认为“新闻媒体是阶级斗争的工具”“新闻媒体是无产阶级专政的工具”，把新闻媒体视为同军队、警察、监狱和法庭一样

---

① 左漠野主编：《当代中国的广播电视》（上），中国社会科学出版社，1987年版，第97页。

的强制性专政工具，这使得广播电视宣传从根本上背离了新闻传播的规律，成为“文化大革命”舆论宣传工具。

1. 广播电视对内极左宣传

（1）对毛泽东个人崇拜的狂热宣传。

广播电视中对毛泽东个人崇拜的宣传始于20世纪60年代初期，“文化大革命”爆发后达到新的高潮。“文化大革命”初期，林彪、江青等人为了实现个人野心，借毛泽东之名，行造反夺取之实，极力掀起对毛泽东个人崇拜的狂潮。他们制造了大量风行一时的“文化大革命语言”，对毛泽东的吹捧达到了无以复加的地步。他们强调“宣传毛泽东思想不要怕重复”“不要受时间框框限制”“不要只算次数账，不算政治账”“要从边远地区没有报纸的工农群众的角度去考虑问题”。按照中央广播事业局军管小组的意见，中央电台播出的毛泽东语录、文章和中央文件等，常常一播就是十几次、几十次，甚至更多。

1966年7月1日起，中央电台各套节目全天播音开始和各个时段播音开始时的开始曲，由代国歌《义勇军进行曲》改为歌颂毛泽东的合唱曲《东方红》。对国外广播的北京电台各语言节目的开始曲，也由原来的代国歌改用管弦乐曲《东方红》。同日，经中共中央宣传部批准，中央电台举办《毛主席语录》节目，每天广播3次（后两次为重播），每次10分钟，播送毛主席语录1条，共播送6遍（前2遍和后2遍为正常速度，中间2遍为放慢的速度，并标出标点，便于听众抄记。前后各说明毛主席语录出处1次），以《大海航行靠舵手》为开始曲。8月1日，《各地人民广播电台联播节目》开始播送毛主席语录。连对台湾广播也开办了《毛主席语录》节目。

北京电视台则在节目开始时首先播出毛泽东头像和语录，屏幕上开始出现当时最流行的祝福语：“让我们敬祝我们心中最红最红的红太阳、我们最敬爱的伟大领袖毛主席万寿无疆！”1967年5月1日，北京电视台播放林彪为庆祝“五一”国际劳动节题词：“伟大的导师　伟大的领袖　伟

大的统帅 伟大的舵手 毛主席万岁！万岁！万万岁！”担负国际广播的北京电台也增办了《毛主席语录》节目。在此前后，中央电台和北京电视台又相继开办了《毛主席著作选读》《老三篇天天读》《毛主席语录歌曲》并反复播出，此外还有各种名称大同小异的《活学活用毛主席著作》节目。

凡是有毛泽东活动的广播和电视片均反复多次播出。1966年8月10日，毛主席会见欢迎和祝贺党中央发布《关于无产阶级文化大革命的决定》的首都革命群众。中央电台和北京电视台记者都没在场，没有采访。11日凌晨两点，中央办公厅送来大字报提出批评，广播局立即派出广播和电视记者前往中央接待站等候采访。11日上午，中央广播事业局作了检查，决定以后在群众祝贺活动期间每天派出广播和电视记者日夜在中央接待站和其他重点地方等候采访党和国家领导人会见群众的活动。11日上午10点，中央电台收到毛主席会见欢庆中共中央发布《关于无产阶级文化大革命的决定》的首都革命群众的消息的定稿，在10点25分连续播出2遍。北京电视台在上午的暑期少儿节目里全文广播。中央电台于12日、13日全文播出毛主席会见首都革命群众消息17遍。北京电视台在12日晚全文播出。

1970年12月31日，“两报一刊”联合发表元旦社论《沿着毛主席革命路线胜利前进》。中央电台当晚播出14遍，1971年1月1日播出29遍，整个1月份天天重播。到1月31日共计播出175遍，在广播史上创下了同一篇稿件重播次数的最高纪录。

毛泽东本人有时也对报纸、期刊、广播、电视中泛滥的个人崇拜宣传表示过不满，也曾有过制止这类宣传的批示和谈话，广播电视中有时也有一些收敛，但在极左思潮横行的年代，出于某种政治斗争的需要，对于毛泽东的个人崇拜宣传几乎贯穿“文化大革命”的始终。

（2）“大批判”和“假典型”盛行。

任意栽赃、罗织罪名的“大批判”文章泛滥，是“文化大革命”时期新闻媒介宣传的又一大特色。对《海瑞罢官》的批判成为“文化大革命”发动的导火索；对邓拓、吴晗、廖沫沙所谓“三家村”的批判导致了“文化大革命”中新闻界的第一个大冤案，这两次大规模的批判为日后盛行于新闻媒介的“大批判”起了“示范”作用。

在所谓反击“二月逆流”的宣传中，谭震林、陈毅、叶剑英等一批政治局和军委的领导同志受到严厉批判，而没有申辩的机会。

1967年3月31日晚，中央电台反复播送了戚本禹的“大批判”文章《爱国主义还是卖国主义？——评反动影片〈清宫秘史〉》。次日，《红旗》杂志全文发表。文章称“党内最大的走资本主义道路的当权派”是“假革命”“反革命”“就是睡在我们身边的赫鲁晓夫”，矛头直指刘少奇。5月8日，《人民日报》和《红旗》杂志发表了中央政治局常委讨论通过的编辑部文章《〈修养〉的要害是背叛无产阶级专政》。从此，在广播电视、报纸、期刊上掀起了批判所谓“中国的赫鲁晓夫”的浪潮，肆意攻击刘少奇及其著作《论共产党员的修养》。直至中共八届十二中全会把刘少奇“永远开除出党”，铸成我党历史上最大的冤案。[①]

九大以后，按照九大规定的“斗、批、改”任务，广播电视以“无产阶级专政下继续革命的理论”为指导思想，大力批判“刘少奇修正主义路线”，许多干部、学者被点名批斗，“大批判”文章继续盛行。

宣传和表扬先进人物和典型，是社会主义新闻事业的重要职能和任务之一，是新闻宣传的常用手段之一，也是党和政府推进各项工作的有效的工作方法，无产阶级新闻事业在这方面积累了丰富经验，形成了光荣传统。

但是，“文化大革命”中的所谓“典型”，大都是林彪、江青一伙为了篡党夺权制造舆论的需要而精心炮制出来的。“文化大革命”以来，林彪、江青一伙炮制的“典型报道”先后有：学习毛泽东著作的“先进集体”和“先进个人”，六厂二校的“斗批改经验”，“有路线斗争觉悟”的党员、干部、战士，名为“反潮流”“反回潮”，实为鼓吹极左行为的“英雄”，等等。

① 中共八届十二中全会期间，中央电台反复播送《吸收无产阶级的新鲜血液——整党工作中的一个重要问题》，首次提出要批判“中国赫鲁晓夫”的“黑六论”，即“阶级斗争熄灭论”“驯服工具论”“群众落后论”“入党做官论”“党内和平论”“公私溶化论”。

都是为林彪、“四人帮”的政治需要而恣意拔高和编造出来的。这种典型是“左”倾错误的产物，或夸大渲染，或以偏概全，或纯属捏造，败坏了社会主义新闻事业的声誉，践踏了党的新闻工作传统，也搞乱了人们的思想，尤其是他们在典型宣传方面的形而上学思想，对不少人有极其深刻的影响。

“文化大革命”期间的人物宣传中，为了突出某个人，不是全面了解和考察他的全部历史及其成长的环境和条件，而是一味地颂扬。有时甚至用群众的愚昧落后来衬托和烘托典型人物的先进和高明，这是违反唯物史观和事物的本质真实的。

另外，宣传的先进典型是平面的，而不是立体的。只要典型出了名，就成了“万能”的典型。为此不惜拔高甚至编造事实。对于典型，也不是经常帮助它总结经验，肯定成绩，找出差距，不断前进，而是千方百计地“保”它，乃至弄虚作假，欺骗舆论。比如关于大寨的典型宣传就是个典型事例。大寨是山西省昔阳县大寨公社的一个大队，原本是一个贫穷的小山村。1953 年，大寨实行农业合作化后，社员们凭着扁担、箩筐、锄头、铁镐，在土石山上开沟造地，平整田地，蓄水保粮，抗旱防涝，用秸秆还田，增施农家肥，改良了土壤，使粮食产量逐年上升。1952 年亩产 237 斤，1962 年增至亩产 774 斤。1964 年 2 月 8 日至 23 日，中央电台集中宣传了大寨的先进事迹。春节前夕宣传 3 天，播送长篇通讯《大寨之路》，大寨党支部书记陈永贵在人民大会堂报告的录音（共 2 小时）和讲话稿。19 日到 26 日举办了《学大寨、赶大寨》专题广播节目，播出中央电台和山西电台记者联合采写的稿件。此后，全国农村兴起了“农业学大寨”运动，大寨精神也开始根据各种需要不断地被加工改造、被大树特树，它原有的不少好东西被逐渐改造掉了，而一些“左”的东西却被发挥到极致并强令全国效法。

（3）假大空的“帮八股”文风泛滥。

文风问题，从来就不是单纯的语言文字或写作技巧问题，而是一个学风问题、党风问题，是同一定的思想和政治路线密切联系着的。林彪、江青反革命集团在政治上阴谋篡党夺权，组织上结帮营私，思想上大搞唯心论、形而上学，在文风上就表现为“帮八股”。

林彪、江青反革命集团出于篡党夺权制造舆论的需要，不断变换花样，拼凑写作班子，不断地掀起一阵阵大批判的浪潮。为了当时的政治需要，梁效（“文化大革命”时期批林批孔运动中，北京大学、清华大学大批判组的笔名）共撰写了219篇文章，发表的有181篇，其中30多篇成为当时圈定的学习文件。文章一经发表，全国各地大小报纸、期刊必先后转载。而且，这些文章在《红旗》杂志、《人民日报》《北京日报》《光明日报》《北京大学学报》《历史研究》等重要机关报纸、期刊中都居于显赫位置。1974年2月1日，《红旗》该年第二期转载北京大学、清华大学“大批判组”的《读柳宗元〈封建论〉》一文。该文先发表在1973年11月9日《北京日报》上。江青看后，深为欣赏，下令《红旗》转载。

他们炮制的连篇累牍、又臭又长的“大批判文章”，形成了贻害无穷的“帮八股”的文风。邓小平对“文化大革命”期间的文风做了如下的判断，“由于林彪、‘四人帮’的十年捣乱，思想战线上长期间充满了胡言乱语”。叶圣陶先生将“四人帮”的文风称为“五话”，即“假话、大话、空话、废话、绝对话”。语言学家王伯熙指出，“帮八股”有两个特征，一是使用貌似革命的词句、口号、语言作为伪装，混淆和割裂词语的概念，为“四人帮”的路线服务。如给反革命的事件冠以美名，将本质上不对立的对立起来，如将“专业”和“专政”等对立起来。二是“文章写得若明若暗，话讲得不阴不阳”。这种“帮八股”对文风产生了恶劣的影响，一是“吹牛皮、说假话”；二是“照搬照抄，落入俗套”，指的是“文化大革命”期间，小报抄大报，大报抄梁效的风气，地方报纸、期刊成了中央报纸的地方版；三是“滥用语录，转载成风”；四是“穿靴戴帽”。指当时文章，无论怎样的内容，总从革命形势谈起，以表达决心展望未来结束。

2. 强加于人的对外广播宣传

“文化大革命”期间，北京电台（中国国际广播电台前身，下同）

的对外广播语种由于此前的多年筹备，又有 12 种语言节目陆续开办（包括乌尔都语、捷克语、波兰语、罗马尼亚语、孟加拉语、阿尔巴尼亚语、普什图语、保加利亚语、克丘亚语、僧伽罗语、尼泊尔语和匈牙利语广播）。自此，我国对外广播使用的外语达到 39 种。同时，还使用汉语普通话和广州话、厦门话、潮州话和客家话对全球华侨、华人广播。每天累计播音时间达到 138.5 小时，基本上覆盖了世界五大洲的广大地区。

但广播语种的增加并不意味着节目质量的提高。“文化大革命”的十年是对外广播事业遭受严重干扰和破坏的十年。“文化大革命”期间，在极左路线的主导下，对外广播也被当作“无产阶级专政的工具”，广播中同样充斥着阶级斗争和个人崇拜的宣传。广播内容不看对象、形式千篇一律。新闻和专稿充满了政治说教，大话、空话、假话连篇。这一时期，北京电台施行多年的宣传方针、宣传方法统统被斥之为“反动的”“投降主义”的东西。对外广播的特点被抹杀，对外广播质量低效果差，严重损害了中国对外广播的声誉，造成了极坏的影响。

当时对外广播不分对内对外，照搬国内宣传的做法。1966 年 6 月 1 日，对外广播投入“文化大革命”宣传，北京电台各语言组开始全文播发《人民日报》、《红旗》杂志、《解放军报》关于“文化大革命”的长篇大论，并反复播出。对外广播还编发《横扫一切牛鬼蛇神》《春耕期间各地不要夺权》之类纯属对内报道的社论和文章。在新闻和专稿中，往往加入大段大段的毛主席语录。

对外广播不看听众，不分对象。倾盆大雨式的灌输，吓退、赶走了大多数想要了解中国的普通外国听众，听众来信数量急剧下降。1968 年 4 月 17 日至 24 日，北京电台用英语播出《毛主席支持美国黑人抗暴斗争的声明》，多达 211 次（中央电台对国内广播 70 次），这在北京电台史无前例。20 世纪 60 年代初期逐步恢复的相对和谐的传受关系受到很大破坏。据统计，北京电台 1970 年全年仅收到听众来信 2 万封，只相当于以前来信最多的 1965 年 28 万封的十分之一。

对外广播政治说教，生硬枯燥。1967 年 3 月 14 日，新西兰共产党领导人威尔科克斯反映，许多新西兰听众，甚至是老观众，已经不听北京广播了，因为很多东西他们听不懂，乏味，很烦人。在中国工作的新西兰专家也提出意见说，北京电台逐条播出毛主席语录和全文播发长社论，新西兰听众无法理解，是浪费时间。

这种情况直到“文化大革命”后期才有所好转，但却连“文化大革命”前的水平都未达到。20 世纪 70 年代中期，美国有一份调查报告指出：北京广播听众在墨西哥名列第八，只有 0.4% 的听众说他们每周收听一次或几次北京电台的广播。北京电台在泰国有 1.4% 的固定听众，而英国广播公司则有 4.1% 的听众，“美国之音”有 3.4% 的听众。

五、广播电视队伍遭遇劫难

在中央文化革命小组的控制和煽动之下，中央广播事业局的一批领导遭到无情的批判和残酷的打击，就连一大批中层干部甚至众多的普通编播技术人员也遭到迫害。

1. 对中央广播事业局领导的批判

1966 年 5 月 24 日，中央广播事业局召开全局职工大会，动员开展“文化大革命”。5 月 27 日，中央广播事业局贴出第一张大字报。随后，整个机关大院、办公楼的走廊里到处贴满了大字报，揭发批判广播电视系统“反革命修正主义”的种种现象。在被揭露和批判的“走资本主义道路的当权派”中，首当其冲的是中央广播事业局局长梅益和党委书记丁莱夫。

中央广播事业局群众的“造反”行动，得到了“上面”的支持。6 月 9 日，陈伯达派中央驻人民日报、新华社、广播局工作组负责人到中央广播事业局，在群众大会上宣布，中央广播事业局存在“反党反社会主义反毛泽东思想的黑线”，存在“资产阶级保皇派”，诬陷梅益同志，引起全局混乱。7 月 13 日，中央广播事业局局长梅益受到错误批判，在批斗梅益的全局大会上，宣布了中宣部责令梅益停职反省的决定，随后便开始了大规模无休止的批斗大会，并愈演愈烈。

1968年，梅益被下放到广播局在河南淮阳开办的“五·七”干校进行劳动改造。1972年，根据周恩来总理的指示，梅益从河南回京治病。1976年“四人帮”垮台后，广播局召开大会并公开宣布，过去加在梅益头上的“三反分子”“走资派”“叛徒”“特务”等罪名都是莫须有的，应该全部推翻，彻底平反。

1967年1月17日，江青在中央广播事业局群众大会上公开诬陷丁莱夫是“敌人”。江青是文化革命小组第一副组长（中共中央在1966年8月30日发出通知，中央文化革命小组组长陈伯达病假或外出时，由江青代理组长职务），凭借显赫地位和特殊身份，她的表态就标志着丁莱夫自然被打倒。与此同时，中央广播事业局一大批中层干部相继被宣布“靠边站”。

2. 对广播电视队伍的迫害

1968年9月1日，《人民日报》、《红旗》杂志、《解放军报》以“两报一刊编辑部”的名义发表《把新闻战线的大革命进行到底》一文，这篇文章是陈伯达、姚文元一手策划出笼的。文章把新中国成立以来的新闻界污蔑为“反革命独立王国”；点名批判了思想文化界和新闻界的主要负责人彭真、陆定一、周扬、邓拓、吴冷西、梅益等，说他们是“狐朋狗党”“反革命修正主义分子”，影射攻击刘少奇为“中国的赫鲁晓夫”，特别强调他“代表帝国主义、国民党反动派和地富反坏右的利益，疯狂推行了反革命的资产阶级新闻路线，把叛徒、特务、走资派安插到各个新闻单位中，妄图使新闻事业变成颠覆无产阶级专政、复辟资本主义的工具”。文章的结尾提出：“新闻界必须来一个大革命”。这篇文章从根本上否定了新中国建立17年来新闻战线的成绩，进一步为林彪、江青一伙打击迫害新闻队伍、夺取新闻界的领导权提供了“理论依据”。

在此前后，随着“文化大革命”的深入开展，在中央广播事业局和全国广播电视系统，受到错误批判和打击的对象越来越多，而且批判的手法层出不穷。在所谓“清理阶级队伍”中，许多党政干部和编播技术人员被错误地立案审查，不少人被扣上“走资派”“反革命修正主义分子”“历史反革命”“叛徒”“特务”等政治帽子，受到残酷迫害，轻则剃阴阳头、跪沙盘；重则拳打脚踢，有的被致死致残，在肉体上和精神上受到了严重的摧残。随后又在所谓“精简下放”中把大批干部、编播人员、技术人员、教师等送到“五七干校”去“劳动锻炼”，接受贫下中农再教育。以中央广播事业局为例，最多时在干校的人员有千人左右，占当时中央广播事业局职工人数的1/8左右。1969年10月，上海电台以“四个面向”（即面向边疆、农村、工矿、基层）的名义，将63名编播、技术业务骨干调出电台；后又有208人先后调走。江苏电台有77位领导干部和业务熟练的专业人员，连带他们的家属，在1969年冬天被送到农村生产队安家落户，其中大部分人在1978年后回到原单位，但有的已葬身异乡。[①]

广播电视是现代化的宣传舆论工具，没有一批思想政策水平较高的宣传业务骨干和技术专家支撑，是无法正常运作的。可是在“文化大革命”中，这些人被贬称为“反动权威”“资产阶级知识分子”“臭老九”，受到歧视和批判，被剥夺了发挥各自专长的权利。不少从事对国外广播工作的新中国成立初期回国的中青年华侨，也受到了不公正的对待，严重地伤害了他们的感情。此后，100多名归侨（其中大部分是外文编译和外语播音业务的骨干），先后离开北京电台到境外定居。

“文化大革命”使广播电视队伍遭到重创，从深层来看，不仅搞乱了干部、群众的思想，造成一部分人的政治信仰、价值观念和处世态度的错位，还突出表现在打乱了广播电视队伍的知识结构和年龄结构。“文化大革命”期间，一大批年富力强的业务骨干离开广播电视部门的同时，基于建设战备工程的需要，也为了给原来的知识分子队伍“掺沙子”，调进了一些新的成员，职工素质明显下降。

① 徐光春主编：《中华人民共和国广播电视简史》，中国广播电视出版社，2003年6月版，第164页。

另外，“文化大革命”开始后，全国的高等院校“停课闹革命”，我国唯一的广播电视高等学校——北京广播学院被迫停办，直到1974年恢复招生，中断人才培养长达八年。这使得广播电视部门不能有计划地从大专院校应届毕业生中补充各种专门人才。同时，“文化大革命”期间，对在职干部的集中培训工作也不能正常进行。由此所造成的种种影响，在若干年后就突出地显现出来：广播电视部门各个部门新老更替时，往往是青黄不接；各个业务单位骨干力量匮乏，阻碍了广播电视工作以更快的速度、更高的质量向前发展。

第三节　广播电视事业在困境中发展

“文化大革命”时期，广播电视系统广大技术人员不懈奋斗，使得广播电视事业在曲折中取得一定发展。这其中最突出的是有线广播突飞猛进的发展，同时还包括彩色电视的开播、有线电视的诞生和广播电视传送系统取得进步。

一、有线广播急剧发展

“文化大革命”时期，有线广播不仅以其传播迅速的特点，适应了当时政治宣传的需要，更以其技术简单、成本低廉、架设容易和使用方便等特点，为在经济落后的中国农村大面积普及提供了可能。为了“使党中央和毛主席的声音更好更快地传播到农村每一个角落，使广播更有效地为农民服务，为无产阶级政治、为社会主义革命和社会主义建设服务”，在“有条件要搞，没有条件创造条件也要搞”的时代精神鼓动下，全国有线广播在规模上出现了前所未有的扩张。

“文化大革命”爆发前后，农村有线广播正处于大发展的时期。1966

年年初，全国有县级广播站 2001 座，放大站和公社广播站 8435 座，广播喇叭约有 848 万只，收音站（包括电子管的和半导体的）1.02 万个，都超过了农村广播网历史上的最高水平。77% 的人民公社、54% 的生产大队和 26% 的生产队均普及了有线广播。另外，有 26 个省、区还在 97 个城市办了向市民群众进行宣传的城市有线广播。[①]

在“文化大革命”中期，建立了革命委员会的很多省、自治区开始把建设广播事业列入工作日程。1969 年，财政部和中央广播事业局决定，县级广播站的经费列入国家财政预算，公社级放大站的事业经费由地方财政拨款。1970 年，国家在下达国民经济计划时，又把出版毛主席著作、办好报纸、广播列为第一条，从而进一步掀起了办广播的热潮。这一措施的出台，更进一步刺激了农村有线广播网的发展。

如从 1967 年开始，青海省每年拨款建设广播专干专线，发展广播喇叭。国家拨款最多的 1968 年，一次拨专款 350 万元，重点发展农业区有线广播；1969 年和 1970 年每年用于有线广播的达七八十万元。在边远的云南省，省革委会 1969 年 2 月确定县（市）广播站的日常事业经费列入国家预算，决定每年财政拨给补助经费 100 万元，用于农村广播网的事业建设。就连比较穷困的陕西省也在 1972 年投资 270 万元，用于发展农村有线广播网事业。至 1973 年，全国有线广播网已基本普及。全国 95% 的生产大队和 91.4% 的生产队通了广播，61.5% 的农户有了广播喇叭，在边远地区和少数民族牧区还建立了 15.4 万多个小片广播网。全国农村有线广播喇叭已达 9300 万只，比“文化大革命”前的 850 万只增加了 10 倍以上。[②]

1973 年 9 月，在全国广播事业规划座谈会上，有关部门制定了巩固提高和积极发展农村广播网的方针：继续建设好以县广播站为中心、以公社广播放大站为基础、以专线传输为主的质量高、效能好、适应战备需要

① 《周新武同志在第九次全国广播工作会议上的发言（1966 年 3 月 26 日）》（摘录），载《中国的有线广播》，北京广播学院出版社，1988 年 4 月第 1 版，第 188 页。

② 《董林同志在全国广播事业发展规划座谈会上的讲话（1973 年 9 月）》（摘录），载《中国的有线广播》，北京广播学院出版社，1988 年 4 月第 1 版，第 201 页。

的农村广播网。经费要贯彻国家、集体、个人三级负担的原则。在网路建设中，则要贯彻“三为主”的精神，即办有线广播以专线为主，广播专线以钢筋混凝土电杆为主，钢筋混凝土电杆以自己制作为主。1974 年 8 月，《农村有线广播技术标准和技术管理规程（试行）》颁发。从此，农村有线广播走向逐步正规和提高质量的阶段。到 1976 年，全国就已建成县级有线广播站 2503 座，安装有线广播喇叭 11325 万只。97% 的人民公社、93% 的生产大队和 86% 的生产队都通了有线广播，农户安装广播喇叭的也达 60%。有线广播一跃而成为当时中国普及最广、受众数目遥遥领先的大众传媒。十年“文化大革命”，“经济没有发展，政治没有发展，文化、教育、科学均没有发展，但广播喇叭却得到了世界历史上不曾有过的飞速发展”。这一奇特的历史现象，被有的学者称作“文化大革命”十年中唯一值得称道的奇迹。

二、彩色电视开播

我国彩色电视的起步较早。1956 年 5 月 28 日，中共中央副主席刘少奇听取中央广播事业局工作汇报，讨论发展电视广播时，他就主张先搞黑白电视，但重点是搞彩色的，因为彩色比黑白的更接近自然。黑白电视开播后的第二年，即 1959 年，我国就开始研究、试验彩色电视。当时，除美国已经开播彩色电视外，英、法、日、德、苏等国也还处在研究和实验阶段。

1959 年，以广播科学研究所为主，与北京广播器材厂和有关院校合作，开始彩色电视研究，许多地方广播事业局也派技术干部参加了这项工作。一年多以后，研制出了全套国产彩色电视演播设备和发射机，并于 1960 年 5 月 1 日在北京建成了第一个彩色电视试验台，采用 NTSC 制进行了试播。可惜因为国民经济出现暂时困难，彩色电视的研究和实验工作当年就被迫中止。“文化大革命”开始后，彩色电视被批判为“修正主义”路线的产物，是为“城市老爷服务”的东西，直到 1969 年，彩色电视的研究和试验才重新开始。

这时，北京电视台（现中央电视台）已经办了十几年，在经验、技术、物质等方面都有些基础，为创办彩色电视创造了一定的条件。1970年，中央广播事业局与国家计委、解放军通信兵部、四机部和邮电部联合发起，在北京召开了全国电视专业会议，会议决定，在北京、上海、天津、成都4个城市，建立4个彩色电视会战点，深入研究、试验彩色电视问题。之后，恢复和建立电视台以及对彩色电视技术进行联合攻关，成为中央及各省（区）、直辖市电视机构的工作重点。

此后不久，北京、天津、上海等地关于彩色电视制式的“攻关会战”陆续开始。参加彩电会战的地方电视台、科研单位和工厂企业很多。但是，在“十年动乱”时期，由于缺乏必要的条件，技术过不了关，有些元器件质量明显不行，而且指导思想上又急于求成，虽然花费了大量的人力、物力开展攻关会战，但没有研制出我国自己的彩电制式。为了尽快开办彩色电视，经国务院批准，1972年10月，我国先后派出技术人员赴法国、瑞士、联邦德国、荷兰和英国，考察他们的彩色电视制式，并对选购彩色电视设备问题进行了详细的调查和探讨。考察团回国后，经过深入讨论、反复论证，最后决定中国的彩色电视暂用PAL制式。因为要与D制的黑白电视兼容，故中国的彩电制式全称为PAL—D制。1972年年底到1973年年初，北京电视设备厂、上海广播器材厂等单位的工程技术人员克服种种困难，研制出彩色电视转播车和彩色电视中心设备。

毛泽东等党和国家领导人十分关心中国彩色电视的发展。1973年2月23日，毛泽东亲自审阅了中央广播事业局关于北京电视台“五·一”彩电试播准备工作的简报。

经过一番艰苦细致的筹备，1973年5月1日，北京电视台用八频道在北京地区面向首都观众试播彩色电视，发射功率为1千瓦。同年5月26日，邮电部和中央广播事业局联合进行了北京——上海微波干线传送彩色电视节目的试验。8月1日，上海电视台开始试播彩色电视。10月1日，天津电视台、成都电视台也开始了彩电试播。8月7日，北京电视台的彩色电视节目开始通过京津、京沪微波线路向外地传送，每周一次，以后逐步增加。1974年10月1日，北京电视台对外正式宣布彩色电视播出。至1975年，北京电视台通过微波向外地传送的节目已由黑白、彩色交替播出改为全部彩色播出。

中国电视由黑白向彩色过渡，标志着电视事业和电视工业发展到了一个新的阶段。到1976年年底，北京电视台的彩色电视节目可以传送到全国25个省、自治区和直辖市。1978年以后，国家的经济情况好转，地方电视台购进了必要的彩色电视录像设备，全国的电视广播都由黑白过渡到彩色播出，中国的电视广播提高到一个新的水平。

三、有线电视诞生

有线电视也叫电缆电视（Cable Television，缩写CATV），它是相对无线电视（开路电视）而言的一种新型电视传播方式，是一种区域性电视，靠导线或光导纤维组成的传输分配系统把电视节目直接传送给用户的电视接收机，所以也叫闭路电视。由于有线电视通过线缆传输，不受高楼山岭等的阻挡，所以收视质量好。同时，有线电视台不需要昂贵的发射机和巨大的铁塔，所以建台费用低，有利于快速发展。20世纪60年代，我国已经开始研究有线电视技术系统，并很快取得了成果。

1964年，中央广播事业局立项对共用天线系统进行研究，拉开了中国发展有线电视的序幕。经过几年的研究和实践，不断改进，不断完善，共用天线电视系统的技术已基本成熟。1973年，新北京饭店落成时，要在这全国第一流的建筑物中建立有线电视。工程设计由中央广播事业局设计室和北京服务部负责，武汉天线厂承担器件生产和安装任务。北京饭店共用天线电视系统建设的成功，为中国建立大型有线电视系统打下了技术基础，同时还为有线电视设备建立了生产基地。

中国第一个共用天线电视系统在北京饭店的安装成功，标志着中国有线电视的诞生。1976年4月，北京东方红炼油厂建立了我国第一个有线电视中心，设立 4 个分中心，2700 个终端接收机，当时最长的传输干线有 3 公里，可以同时转播北京地区三套电视节目，自办两套节目。这次建立大型有线电视广播系统的尝试提供了建设有线电视广播系统的实例，对有线电视的发展起了示范作用。

四、广播电视传送系统的进步

广播电视节目传送的任务是把广播、电视中心播出的节目信号通过某种技术手段（有线或无线）送到发射台或有线广播站，供广大群众收听、收看。通过这种手段，还可以传送广播、电视的各种录音、录像素材和进行节目交换。它是广播电视系统中一个十分重要的组成部分。

20 世纪 50 年代，中央电台的广播节目完全依靠短波传送。短波传播的覆盖面积较大，一些收不好中波广播而当地又无力建立转播台的地区，听众可以直接接收中央电台的短波节目。短波传送节目简单易行，但短波电波传播不够稳定，频带较窄，再加上短波频段拥挤，干扰严重，因此节目传送质量较差。

随着国家邮电通信用微波中继干线的逐步建成，广播电视开始利用微波传送节目。各大城市间的微波中继干线相继开通。从 20 世纪 60 年代起，陆续有一些省份开始利用微波传输线路接收北京电视台的节目。1974 年 10 月 1 日，中央广播事业局首次租用邮电部微波干线，由北京向部分对外广播发射中心传送节目。此后，微波线路也纳入中央广播传送网，各地记者站还能通过微波与北京电视台通话或传递稿件。

20 世纪 50 年代末至 60 年代初是中国电视发展的初期，一般每个电视台只有一个发射台，只有电视中心所在城市的群众才能看到电视，电视节目的传送还没提上日程。从 1971 年起，北京电视台的节目通过微波干线送到一些省会和自治区首府。1973 年，彩色电视开始试播，仍通过这个微波干线网传送，并逐步扩大了范围。1976 年年底统计，电视广播的全国人口覆盖率已达 36%。北京电视台的彩色节目通过微波线路，已到达全国除内蒙古、新疆、西藏和台湾地区以外的25个省、自治区和直辖市。

五、对外合作交流的恢复与曲折发展

“文化大革命”期间，广播电视系统对外合作交流一度中断。1967年2月14日，北京电视台与英国“维斯新闻社”互供电视片的合同期满。由于该公司拒绝停发台湾影片，北京电视台与之断绝了业务来往。此后，《国际新闻》及其他国际信息和知识性节目来源匮乏，一停多年；而中国向许多亚、非、拉国家输出的宣传性电视片，则躺在机场仓库里，长期无人认领。

20世纪70年代初，我国的对外关系取得了重大突破。1970年—1971年，继朝鲜之后，越南、罗马尼亚、哥伦比亚和加拿大等国的乒乓球队相继来华访问，周总理多次出席观看比赛，指示实况转播要正确处理友谊与比赛、主队与客队、政治与业务的关系。

1971年4月10日至17日，参加在日本名古屋举行的第三十一届世界乒乓球锦标赛的美国乒乓球代表团，应中国乒乓球代表团的邀请访问我国，成为自1949年以来第一批获准进入中国境内的美国人。在这期间，周恩来审阅修改了中美乒乓球赛实况转播的部分广播草稿，对当时其他场次的转播提出了一系列重要的意见，甚至连出什么镜头都考虑到了。中央电台和北京电视台根据周恩来的意见，迅速改进了转播工作。中美两国乒乓球队的友好往来，打开了隔绝22年的中美交往的大门，推动了中美两国关系正常化的进程，被国际舆论誉为“乒乓外交”。1971年10月，我国恢复在联合国的合法席位；1972年2月，美国总统尼克松访华，标志着中美关系趋向正常；9月，日本首相田中角荣访华，中国和日本建立正常外交关系。

国际关系的改善为恢复“文化大革命”以来中断的广播电视对外合作和交流创造了条件。美国总统尼克松和日本首相田中角荣访问我国期间，按照周恩来总理的指示，分别在首都机场临时建设租用的移动式卫星地球站开通至美国和日本的通信电路，同时开通一路彩色电视通道，进行了电视新闻的实时对外播放。1972 年 10 月 14 日，在伊朗召开的“亚洲—太平洋广播联盟”（亚广联）第 9 届全体会议通过决议：中华人民共和国国家广播组织应享有亚广联正式会员的资格。1975 年，在亚广联第 12 次全体会议上，中国广播电视组织首次当选为亚广联理事，此后多次连选连任。1974 年 10 月和 1975 年 10 月，中央广播事业局两次派代表，出席了国际电信联盟在日内瓦召开的有关会议，维护了我国和第三世界国家在频率资源方面的正当权益。

在此期间，中央广播事业局仅 1972 年就接待了来自 7 个国家的 9 个电视摄影队。这个数字相当于过去 22 年接待外国摄影队数量的总和。1973 年又接待了 10 个国家的 15 个电视摄影队。他们摄制的电视片绝大多数比较客观地介绍了我国的情况，有助于外国观众了解中国，其中美国全国广播公司摄制的《故宫》最有代表性。

然而广播电视系统对外交流合作的恢复和发展再度被“四人帮”破坏，他们制造了一系列“事件”。其中破坏最大、影响最坏的是“安东尼奥尼事件”和“蜗牛事件”。

1. 安东尼奥尼事件

在中国和意大利重新建立外交关系后的 1971 年 7 月 20 日，意大利国家电视台向中国外交部新闻司发出公函，希望在中国拍摄一部纪录片，并委托享誉世界的意大利电影大师米开朗基罗 · 安东尼奥尼（Michelanglo Antonioni）担任导演。1972 年，这个自称是“一个带着摄影机的旅行者”应邀来到中国，想要拍一部不带任何教育意义的纪录片。这部长达 3 小时 40 分钟的大型纪录片《中国》，记录下许多当时中国的真实影像，却由此引发了持久的、大规模的、全国性的批判运动。

1974 年 1 月 25 日，在北京首都体育馆召开的万人“批林批孔大会”上，江青声嘶力竭地说，意大利导演安东尼奥尼 1972 年访华拍摄的纪录片《中国》是“间谍加汉奸”搞的。一时间在全国范围内掀起了批判安东尼奥尼的声势浩大的运动。

1974年1月30日，《人民日报》发表了题为《恶毒的用心，卑劣的手法》的评论员文章。至此，对于安东尼奥尼的批判就如暴风骤雨般而来，批判活动持续了将近一年时间，仅2月和3月间发表的部分文章就结集了一本200页的书，名为《中国人民不可侮——批判安东尼奥尼的反华影片〈中国〉文集》（人民文学出版社1974年6月版），作者来自“全国各条战线”。对于中国取得的成就不屑一顾，而是偏重于捕捉日常生活场景，是当时中国人批判安东尼奥尼影片的一个重要原因。在一系列批判文章中就提到“安东尼奥尼要拍什么‘偏远的农村’、‘荒凉的沙漠’、‘孩子的出生’、‘人的死亡’等等的计划”，“在镜头的取舍和处理方面，凡是好的、新的、进步的场面，他一律不拍或少拍，或者当时做样子拍了一些，最后又把它剪掉；而差的、落后的场面，他就抓住不放，大拍特拍”等诸如此类。这部纪录片拍摄前后的风波，是真正意义上文化的碰撞，是当时极左思潮和西方现代思想观念的冲突。1979年2月19日，中共中央和国务院发文指出：“安东尼奥尼摄制的影片《中国》是有点毛病，它伤害了中国人民的感情，但‘四人帮’利用它反对周总理。”①

2. 蜗牛事件

1973年，四机部向中央建议从国外引进彩色显像管生产线，以“更逼真地反映领导同志的光辉形象”，国务院批准了这个建议。同年年底四机部派人赴美国考察，美国康宁公司赠送给代表团成员每人一件礼品“玻璃蜗牛”。1974年“批林批孔”一开始，江青就制造了所谓的“蜗牛事件”，她利用蜗牛礼品，一口咬定“美国人送蜗牛是侮辱我们的文化大革命”，并说引进彩色显像管生产线是“爬行主义”，是“屈辱于帝国主义的压力”，“是崇洋媚外”，并且要求四机部人员把玻璃蜗牛退到美国驻华联络处去提出抗议。

① 刘芳：《1974：一部纪录片的“恶毒用心”》，载《瞭望东方周刊》2009年第37期。

周恩来知道这件事后，当即指示外事部门查清楚事情的真相。经调查，蜗牛在美国当地是一种人际关系交往中相互赠送的工艺品，是常用的居家装饰品，康宁公司赠送玻璃蜗牛并无恶意，只是按照当地习俗的一种礼貌待客之道。

“蜗牛事件”至使我国彩色电视机生产线延迟了四年。“蜗牛事件”过去4年后的1978年，国家批准引进第一条彩电生产线。

由于江青一伙别有用心地掀起的这一系列事件，致使这一时期意义重大的对外交流工作几乎陷入停顿状态。1974年中央广播事业局只接待了当时与我国友好的阿尔巴尼亚电视摄影队，1975年只接待了来自罗马尼亚广播电视台的一名记者。直到1979年2月，中央和国务院颁布了新的“关于外国人在中国摄影问题的规定”，并为因“批判”安东尼奥尼而造成的冤假错案彻底平反之后，我国广播电视系统的对外合作交流工作才逐步走上正轨。①

第四节　广播电视界的抗争

历时十年的“文化大革命”，使中国广播电视队伍遭到前所未有的冲击和破坏。从中央到地方的广播电视部门，以梅益、丁莱夫为首的一大批主要领导干部，统统被作为“反革命修正分子”“黑帮分子”“走资派”揪出来批斗。其他各级干部被以各种名义批斗的不计其数。大批的业务和技术骨干也因种种原因被迫离开了广播电视岗位。不少从事对外广播工作的新中国成立初期回国的中青年华侨，也受到了不公正的对待，严重地伤害了他们的感情。另外，全国的高等院校“停课闹革命”，不再招收、培养新学生，北京广播学院作为我国唯一的广播电视高等院校也被迫撤销，致使人才培养中断八年之久。林彪、江青反革命集团利用“文化大革命”

① 《当代中国广播电视回忆录》，中国广播电视出版社，1995年1月版，第88页。

对广播电视队伍进行的摧残和破坏，严重影响了我国广播电视事业的发展。

在一片肃杀中，许多人开始对“文化大革命”由不理解而怀疑，进而发展为不满、批评和抵制。

一、周恩来领导广播电视系统与林彪、“四人帮”的斗争

1. 确保广播电视节目安全播出

周恩来是中国共产党广播事业的创建者，一直重视广播电视事业建设与宣传工作。“文化大革命”时期，林彪、江青一伙到处煽动不明真相的群众造反夺权，搞乱广播电台、电视台的正常工作秩序，进而利用广播电视制造舆论，以达到篡党夺权的目的。为了稳定全国局势，确保广播电视的安全播出，周恩来针锋相对地进行了坚决的斗争。

据《周恩来年谱》的记载，从1966年6月起到年底的半年多时间里，周恩来10多次强调了这个问题的重要性，并指示采取有力措施，确保广播电台、电视台的安全。他把广播大楼与中南海、人民大会堂等11个单位列为警卫重点，指示加强警卫，在任何情况下都不能让外面的人冲进去。他反复告诫红卫兵，广播电台、电视台是要害机密单位，“绝对不能冲击”。有的省台一度被红卫兵接管，周恩来立即指出，广播是专政的宣传工具，不容许任何一个团体去占领，只能掌握在党的手里。对于有的地方出现的私设无线电广播的事件，他明确指出是犯法行为，如警告后仍不取消，要受到法律制裁。与此同时，他还要求广播部门的工作人员必须坚守岗位，认真执行任务。[①]

2. 坚持党的文艺路线，丰富广播电视荧屏

“文化大革命”中，林彪、江青一伙在广播电视文艺中推行封建法西斯文化专制主义，把一大批优秀的文艺节目污蔑为“封、资、修”和“大、

---

① 赵玉明著：《赵玉明文集（第二卷）》，中国广播影视出版社，2014年9月版，第74页。

洋、古”，打入冷宫。针对当时文艺节目百花凋残的局面，周恩来在1970年“五一”节晚上，就北京电视台必须加强群众文艺宣传的问题作了批示，并且严正指出：广播电视的文艺节目不能太贫乏了。1970年8月，他在一份关于播送某友好国家音乐作品的请示报告上批示：电告（国务院）文化组审听，如健康又有民族特点，可编入广播节目。同年11月，在关于播送另一个友好国家音乐节目的请示报告中批示：歌词已阅，可用。请文化组将歌曲十二首录音带一套（如未收到，可向广播事业局要）即予审查。如好，即退广播局照报告计划执行。

3. 促进宣传报道文风改进

“文化大革命”初期，假话、大话、空话、废话、套话、绝话等一度大肆泛滥，使广播电视宣传工作遭到极大破坏。针对这种情况，周恩来在各种场合，再三强调改进文风的问题。1969年4月，周恩来在审看中共“九大”电视新闻片时说：“你们的电视节目粗糙，（电视节目）要严肃、要活泼、要扎实”，“编辑要动脑筋编好，质量要高一些”。1971年2月底，他指出了广播宣传中存在的某些问题，说：不要吹嘘，不要搞形式主义。1971年4月13日凌晨，周恩来审阅了中央电台一份体育实况转播的备用稿件后，要求把那些空话、大话和不着边际的废话统统删去。他说：解说词太长了，我已经都给他们改了，不要那么多形容词，不要讲那么多，怎么打就怎么说。

北京电台的对外宣传报道，在“文化大革命”中同样受到极左思潮的影响。毛泽东多次批示对外宣传“不要强加于人”。周恩来根据毛泽东批示的精神，多次指出必须改变对外宣传中的极左做法。1971年1月，他在会见一个日本代表团时，听团长说到日本听众不理解“文化大革命”的意义时，周恩来说：“不是你们的认识跟不上，是我们的认识跟不上”，中国、日本“两方面的情况不同，把我们国内的‘文化大革命’原封不动地播出去，而不是一段一段地解释清楚，人家就不懂”。

1973年6月，周恩来在关于开办普什图语广播的请示报告上批示，在“宣传我国人民”前面加上“实事求是”几个字，在另一处加批：“此项要考虑到阿（富汗）方、巴（基斯坦）方风俗习惯等因素，注意效果。”在周恩来的具体指导和关怀下，对外广播的文风有了一定程度的改进。

4. 关怀广播电视工作人员

中央领导同志中，周恩来和广播电视系统的职工接触最多，至少有上千人有幸和他握手，亲聆他的教诲。

“文化大革命”期间，齐越等著名播音员都被下放到农场劳动改造。1969 年 10 月，周恩来在一次战备工作会议上问道：“延安时期那几位播音员的声音现在想起来还很亲切，不知道他们现在都到哪里去了？孟启予、齐越现在在哪里？”周恩来还深情地说：“我们不能忘记他们。”正是由于周总理的关心，齐越才于 1971 年回京恢复了播音工作。

周总理对广播电视工作人员的关怀还表现为他对培养广播电视接班人事业的关注。他多次对如何办好北京广播学院提出意见。1966 年 4 月，周恩来在第九次全国广播工作会议上，再一次谈到了北京广播学院的建设问题。他说：广播事业是要发展的，现在力量不够，要培养新的。他听说北京广播学院的一部分从城里搬到了东郊，条件比较差，就号召师生员工向大庆学习，用大庆精神办好学校。“文化大革命”中，林彪、“四人帮”一伙炮制“两个估计”，全盘否定十七年教育工作的成绩，诬蔑北京广播学院是修正主义的“基地之一”，迫使北京广播学院停办。1973 年，在党中央、国务院关怀下，这所学校得以恢复。

5. 广播电视宣传中初步清理了极左思潮的泛滥

随着揭批林彪反革命集团的深入和对“文化大革命”以来广播电视宣传中泛滥的极左思潮的初步清理，广播电视节目在一段时间内有所改进。1971 年 11 月 22 日起，北京电视台取消了每日节目开始前播放的毛主席语录，一些陆续恢复播出或自办节目的地方电视台也跟随北京电视台做了一些改进。上海人民广播电台恢复了业余外语广播讲座，进行英语初级班教学，其后又开办了日语班、法语班。北京人民广播电台也开办了《英语广播讲座》节目，安徽、广州等地都恢复了外语广播讲座。随后，各地电视台、电台的知识性节目、体育性节目相继恢复播出。一些面向特定对象的节目也有所改观。少数民族地区节目的民族语言广播也陆续恢复。

1971 年 5 月 1 日，中央电台恢复了 1960 年年底停播的对少数民族地区的民族语言广播，首先播出了维吾尔语、哈萨克语两种语言节目。后又分别开办了蒙古语、朝鲜语和藏语节目，原有的五种少数民族语言节目均得到恢复。

1975 年 5 月 12 日，在各行各业的整顿工作中，中央电台调整节目，把《马列著作、毛主席著作选播》《学习与实践》《批林批孔专题节目》合并为《学习节目》；把《红小兵》改为《少年儿童节目》；把《红卫兵》和《对上山下乡知识青年广播》合并为《青年节目》。7 月 1 日，上海电视台经过试办两期《回沪探亲知青电视教育讲座》之后，正式开办设有政治理论、工业知识、农业知识、农村机电、医疗卫生和数学等课程的电视教育讲座。全国的广播电视也都经历了这种调整和转变。

二、人民群众对广播电视极左宣传的抵制

“文化大革命”期间，广播电视中充斥着不切实际、上纲上线的宣传鼓噪。不少听众忍不住写信给广播电台、电视台，对此提出了严厉的批评和指责。广大群众对于“四人帮”控制下的广播电视宣传的不满情绪，在 1976 年周恩来逝世以后表现得尤为明显。周恩来逝世以后的一个星期，中央广播事业局接到各地电话 2000 次，来信 200 多封，充分表达了听众和观众对“四人帮”控制下的广播电视压制、贬低周恩来治丧报道活动的强烈不满。[①]

周恩来逝世后，“四人帮”特别是姚文元利用手中的权力，连续下达

① 赵玉明主编：《中国广播电视通史》，中国传媒大学出版社，2006 年 2 月版，第 324 页。

了种种命令，多方刁难，百般破坏广播电视对周恩来治丧活动的宣传报道。在讣告播出后的几天里，对人民群众自发的悼念活动，中央电台、北京电视台根据“上级的精神”都没有反映。

中央电台的记者记下了人民群众送别周恩来灵车的情景。“送灵车队在广播电台门口过了十几分钟。整个街道两旁全是送灵的群众，他们从中午就等候在这里，忘记了饥饿，忘记了寒冷，来看总理最后一眼，来给总理送行。当灵车到来时，人们泣不成声，有的号啕大哭。泪眼迎总理而至，挥泪送总理而去。路旁的车辆停止行驶，司机和乘客都站在车外，肃立向总理告别。”“夜深了，人们依然在寒风中伫立着，等候着运送总理骨灰的灵车归来，等候着敬爱的总理归来……”对此，中央电台提出录音报道，被否定了。

而此时，中央电台照旧播放着音乐和“样板戏”。1月12日凌晨1点钟，中央电台播出了新华社记者写的向总理遗体告别的消息，消息中只字未提十里长街送总理的感人情景。这不能不激起听众的极大愤慨。实际上，姚文元把稿子中相关群众悼念总理活动的文字统统删掉了。

北京电视台记者也拍摄了很多人民群众送总理的动人场面，姚文元却不准在电视中播放。1月11日，上海电视台记者也冲破“四人帮”禁令，分七路拍摄了上海人民沉痛悼念周恩来的活动，制成18分钟的纪录片，被删为6分钟，并且只准播出一次。对于北京电视台拍摄的哭泣场景镜头，尤其是几个哭得厉害的镜头被删掉。1月14日，正当全国人民沉浸在悼念周恩来的悲痛中，关注着第二天的追悼会时，中央电台清晨的“报摘”节目却根据《人民日报》的版面，头条播出了清华大学的经验介绍《大辩论带来大变化》，无中生有地断言“近来，全国人民都在关心清华大学关于教育革命的大辩论”。节目播出后，听众纷纷打来电话质问：“我们不关心什么大辩论！我们只关心周总理，你们为什么不报道！”

三、广播电视工作者的抗争

对广播电视工作者来说，许多人其实与人民群众一样，不愿制作假大空的宣传报道，但因受到种种“宣传纪律”的约束，无法通过广播电视表达出来。但是，也有少数干部职工在反思十年“文化大革命”的过程中，较早地认清了“四人帮”的真实面目，直接地、勇敢地投入反对“四人帮”的斗争中。

周恩来总理去世以后，许多新闻工作者不顾“四人帮”的禁令，千方百计以各种手段记录和报道了人民悼念周恩来的活动。上海电视台记者分七路拍摄了广大军民沉痛悼念周恩来逝世的活动，制作成18分钟的纪录片。北京电视台应香港地区和美国、日本等国家电视机构的要求，冲破重重阻力，于1976年1月12日、15日和16日晚，通过印度洋、太平洋和大西洋上空的通讯卫星，向世界播发了3条彩色电视纪录片《向周总理遗体告别》、《首都人民吊唁周恩来总理》以及《追悼周恩来总理大会》。这是我国第一次通过卫星传送电视新闻，10多个国家和地区以及国外电视机构接收了这些节目。

“四人帮”收缴了北京电视台记者们的摄影机，不许拍摄他们指令任务以外的任何东西。电视台的编辑和记者不顾“四人帮”的禁令，依旧深入天安门广场“四五运动”现场和群众感同身受，但是屡遭特务跟踪。姚文元还指示北京电视台和北京广播学院，让师生主动交代是否去过天安门，并当众销毁所拍摄的群众悼念周总理、声讨“四人帮”的照片。但北京广播学院师生只拿出一小部分照片“当众销毁”，却保存了大批照片，成为日后编辑出版《天安门诗抄》的宝贵资料。

中央广播事业局大修队普通政治干事窦守芳在1975年—1976年间，先后给邓小平和其他中央领导写了9封信，历数“四人帮”篡党夺权和祸国殃民的罪行，希望他们能对“四人帮”罪恶行径进行扼制。周恩来总理逝世后，他看到“四人帮”疯狂反对周恩来，并加紧了篡党夺权的步伐，愤然而起，写了100多张小字报，在清华大学、王府井、西单、西四等地散发，号召人们起来和阴谋家、野心家作最后的斗争。他在小字报中写道：“起来！起来！战斗！战斗！全国人民紧急行动起来，以实际行动向叛徒、野心家、阴谋家张春桥、江青、姚文元之流进行坚决的斗争！”“张姚之流是林彪式的大小舰队”，“陈伯达一类的假马克思主义者”，“他们搞修正主义、搞分裂、搞阴谋诡计，妄图打倒周总理，把老同志一扫而光而篡党夺权。绝不能让他们的罪恶阴谋得逞。”[①]结果，窦守芳被“四人帮”控制的北京市公安局逮捕。1976年4月，“天安门事件”[②]爆发，关窦守芳的牢里又投进许多与他一样高唱《国际歌》的热血青年，直到粉碎了“四人帮”，“天安门事件”平反，窦守芳才走出监狱。

周恩来总理逝世期间，几百万群众自发地来到首都天安门广场，敬献花圈、花篮，张贴传单，朗诵诗词，发表演说，表达对总理的深切怀念之情，痛斥“四人帮”的倒行逆施。中央广播事业局的青年录音员刘万勇从3月下旬起，每天都把一台盒式录音机放在随身背着的书包里，穿插在人群中秘密录音。眼望纪念碑上越来越高的花圈，耳听群众越来越激愤的朗诵，他感到这是战斗的呼唤，是人民的呐喊，是时代的强音——人民热情歌颂周总理，无情鞭挞“四人帮”。他是搞录音工作的，在这历史性大战的前沿阵地上，他觉得责任重大、义不容辞。期间刘万勇和他的爱人在花丛人海中游走，录下一首首火热的诗章，录下一处处沸腾的场面，录下一阵阵战斗的呼喊……4月4日清明节那天深夜，正在录音的刘万勇被逮捕。审讯室里，刘万勇大声质问：“我们悼念周总理，有什么罪?!”

---

① 《为捍卫毛主席革命路线而战斗——记共产党员窦守芳同“四人帮”斗争的事迹》，载《北京日报》1977年8月16日第1版。

② “天安门事件”，又称“四五运动”或“四五事件”，是指1976年4月4日至5日清明节期间北京民众自发在天安门悼念已故国务院总理周恩来，同时表达对“四人帮”的抗议活动。活动当时被定性为反革命事件，并随即开始清理天安门广场的花圈和标语，逮捕在广场进行悼念活动的群众。因群众抗议规模增大并开始发生冲突，遂遭暴力镇压。1978年，“四五运动”获得平反。

在此前后，中央广播事业局干部林玉兰[①]在1974年批林、批孔中公开提出，中央广播事业局有的问题“需要张春桥、姚文元来澄清”。她坚强不屈地说：“我的矛头指的是张春桥、姚文元，我讲的话是对的。就是宣布开除我的党籍，我还是要讲。”

据统计，1966年春天以来，在“四人帮”的淫威下，中央广播事业局有100多人上了黑名单，他们当中许多人遭到了残酷迫害，有的被关押、批斗，有的被开除党籍、公职，直到1978年5月才被平反昭雪。

1976年10月6日，以华国锋、叶剑英、李先念等为代表的中央政治局，采取断然措施，将王洪文、张春桥、江青、姚文元实行隔离审查。18日，中共中央发出《关于王洪文、张春桥、江青、姚文元反党集团事件的通知》。21日起，中央电台和中国国际广播电台、北京电视台相继播出了首都和全国各地军民热烈庆祝粉碎“四人帮”重大胜利的消息。

粉碎“四人帮”反党集团的胜利，标志着历时十年的“文化大革命”从此结束。广播电视事业重又回到正常轨道，并逐步走上健康发展之路。

◆ 本章小结

1966年“文化大革命”开始后，在一场政治经济思想文化领域的大劫难下，广播电视队伍遭遇新中国成立以来最大的打击，广播电视事业的发展严重受挫，广播电视宣传成为错误路线的舆论工具，给全国人民的思想带来了严重混乱。回顾和反思“文化大革命”十年广播电视蹒跚走过的路程，认真研究并记取其中的教训无疑是很必要的，也是很有意义的。

---

① 林玉兰（1932—1990），女，山东威海崖西镇前高家庄村人。1947年6月入伍，1949年加入中国共产党。1962年10月到中央广播事业局对外部工作，历任拉美部编辑、党支部书记和政治处副主任。1980年任中央广播事业局纪律检查办公室主任、广播电视部机关纪委副书记。1985年10月任广播电影电视部政策研究室副主任、法规领导小组副组长，中国广播电视学会法学研究委员会副主任委员和直属一分会副会长，《中国广播电视学刊》编委、主任编辑等职。

第一，广播电视事业的领导权必须紧紧掌握在党和人民的手中。广播电视作为现代化的传播工具，属于意识形态的范畴，而且影响力大，影响范围深远，掌握在什么人手里至关重要。“文化大革命”中，党对广播电视事业的领导被否定，林彪、“四人帮”反革命集团趁机控制了广播电视媒体的领导权，利用广播电视宣传为他们篡党夺权制造舆论，对党和人民犯下了不可饶恕的罪行。

第二，正确认识广播电视的性质和功能。长期以来，广播电视作为大众传播媒介，突出着信息传播、社会服务、大众娱乐的功能。这些功能的发挥，丰富着人们的精神生活，推动着社会进步。“文化大革命”中，林彪、“四人帮”反革命集团把广播电视当作对人民群众实行“全面专政的工具”，煽动阶级斗争，造成无穷的祸害。[①]

第三，坚持和发扬人民广播的优良传统。在革命战争年代和新中国成立初期形成的人民广播的优良传统，对建立和发展广播电视事业、改进广播电视宣传发挥了积极作用。“文化大革命”中，新闻工作的真实性原则被大肆践踏，新闻机构与新闻工作者都被剥夺了独立思考的权力，成为“四人帮”控制下的驯服的工具，并直接导致了对内外宣传个人崇拜的狂热，“大批判”和“假典型”的盛行和假大空“帮八股”文风的泛滥。上纲上线的政治说教、不切实际的宣传鼓噪，损害了社会主义广播电视的声誉，丧失了国内外听众和观众的信任，造成了极坏的影响。

① 赵玉明主编：《中国广播电视通史》，中国传媒大学出版社，2006年2月版，第330—331页。

第四章　历史转折时期的广播电视事业

粉碎“四人帮”后，我国的广播电视事业逐步从“左”的思想中摆脱出来，但是由于当时党中央还没有完全修正在指导思想上“左”的错误，时任国家主席的华国锋又提出了“两个凡是”的错误思想，全国各项事业进展缓慢，广播事业的恢复发展也出现了两年徘徊的局面。1978 年 12 月中共中央召开的十一届三中全会，做出了把全党工作的重心和全国人民的注意力转移到社会主义现代化建设上来的战略决定。十一届三中全会结束了粉碎“四人帮”之后党的工作在徘徊中前进的局面，各个领域开始进行全面的拨乱反正，在这个阶段，广播电视也迎来了发展的新时期，“文化大革命”时期一大批被禁播的节目重新恢复，新的节目内容和节目形式相继出现。1978 年 5 月 1 日，北京电视台改名为中央电视台，英文缩写为“CCTV”。1980 年前后召开了全国广播事业规划会议和第十次全国广播工作会议，两次会议分别总结了新中国成立 30 年来广播电视事业建设的成就和存在的问题，并且提出了新时期广播电视事业建设的方针和任务。第十次全国广播工作会议重新提出“自己走路”的方针，为广播电视的改革发展确定了明确的目标，从此广播电视事业的发展进入了一个新的历史时期。

第一节　广播电视工作在拨乱反正中初步发展

“十年动乱”结束后，广播电视宣传一个重要的任务，就是消除“四人帮”那套极左的东西带给广播电视的恶劣影响，恢复和改进了一些节目内容和节目形式，澄清人们观念上的是非曲直，使全党的工作转到真正马克思列宁主义、毛泽东思想上来。在关于真理标准大讨论中，广播电视在解放思想方面也发挥了积极的作用。但是，在1977年和1978年里，广播电视部门和全国总的形势一样，是在徘徊中前进的两年。在这期间，广播电视宣传工作虽有变化，然而步子迈得不大，进展迟缓。[①]

一、“真理标准大讨论”的开展

1976年10月，中共中央公布了粉碎“四人帮”的消息，禁锢中国发展的十年“文化大革命”结束，举国上下一片欢腾。我国的新闻事业也从长期的束缚中解放出来，积极配合党中央和国家宣传有关粉碎“四人帮”的报道。1976年10月22日—23日，北京电视台[②]播放了首都150万军民举行声势浩大的庆祝游行，庆祝粉碎“四人帮”反党集团篡党夺权阴谋的伟大胜利。10月21日—27日，中央人民广播电台报道首都和全国各地热烈庆祝粉碎“四人帮”篡党夺权的伟大胜利的集会游行盛况。[③]

但是，在全国范围内开展拨乱反正时，当时中共中央主要领导人华国

① 徐光春著：《中华人民共和国广播电视简史（1949—2000）》，中国广播电视出版社，2003年版，第8页。

② 中央电视台的前身。1978年5月1日，北京电视台改名为中央电视台，英文缩写为“CCTV”，对外称中华人民共和国中央电视台。现今的北京电视台成立于1979年5月16日。

③ 《当代中国的广播电视》编辑部选编：《中国广播电视大事记》，北京广播学院出版社，1987年版，第277页。

锋在指导思想上仍坚持“左”的错误，并且错误地提出了“两个凡是”的方针，使得否定“文化大革命”、清除“左”倾错误的努力受到了严重阻力。

1977年2月7日，根据当时主持中央工作的领导人的指示，《人民日报》《解放军报》和《红旗》杂志（时称“两报一刊”）发表了《学好文件抓住纲》的社论，公开发表了“两个凡是”的方针，即：“凡是毛主席作出的决策，我们都坚决维护；凡是毛主席的指示，我们都始终不渝地遵循。”这个社论的实质，就是要继续维护毛泽东晚年的错误，使拨乱反正的斗争更加艰巨。

1977年7月，邓小平在中共十届三中全会上提出：“两个凡是”不符合马克思主义，应当准确完整地理解毛泽东思想的整个体系。“不能够只从个别词句来理解毛泽东思想，而必须从毛泽东思想的整个体系去获得正确的理解”。[①] 党内最高领导层在思想理论观点上的重大分歧，引发了全国范围的关于真理标准问题的大讨论。

1978年5月11日，《光明日报》以特约评论员的名义发表了题为《实践是检验真理的唯一标准》的文章，文章论述了马克思列宁主义的实践第一的观点，正确地指出任何理论都要接受实践的考验，马克思主义的理论并不是一成不变的教条，它要在实践中不断增加新的内容，从理论上根本否定了“两个凡是”的错误方针，这篇评论员文章在全国引起了极大的反响。同天，新华社向全国播发这篇文章。第二天，《人民日报》《解放军报》等30多家报纸转载了此文。此后，各地报纸先后转载，广播电视系统也积极参加到关于真理标准问题的讨论中。

1978年11月，中央人民广播电台开始举办《真理与实践问题广播讲座》（共13讲），这是全国第一个系统阐述“实践是检验真理的唯一标准”的广播讲座。一些省市级的广播电台、电视台也举办了类似的讲座。安徽广播电台的《理论和实践》节目，先后推出《学习〈实践论〉》和《学习

① 丁淦林主编：《中国新闻事业史》，高等教育出版社，2007年版，第353页。

马克思主义认识论》两个讲座，上海广播电台举办了《关于真理标准问题》的专题讲座，上海电视台也开设《实践是检验真理的唯一标准》的电视讲座，深入阐明了实践是检验真理的唯一标准的道理。[①]云南广播电台从1978年起举办《学理论节目》，由原来以选播中央的报纸和期刊上的文章为主改变为播出自己组织编写的文章为主，并在同年11月15日至12月5日播出了自己组写的第一个通俗理论讲座——《实践是检验真理的唯一标准》广播讲座（共8讲），收到了良好的效果。[②]

广播电台举办实践是检验真理的唯一标准的系统讲座，方便了广大听众对实践论和马克思主义认识论全面深刻的理解，利用其传播范围广的优势扩大了《实践是检验真理的唯一标准》的影响范围，而且对理论性问题的通俗讲解，更易被听众接受，尤其是一些文化程度不高的听众收听。

广播电视工作者还重新学习、宣传刘少奇的新闻思想。刘少奇在战争年代和新中国成立以后，曾经对新闻工作有过许多重要讲话。“文化大革命”中，林彪、“四人帮”对刘少奇关于新闻工作的论述断章取义，横加指责和污蔑。在拨乱反正中，新闻界重新整理了刘少奇有关新闻工作的讲话和论述，进行学习和宣传。这项工作对发展和繁荣新时期的新闻事业具有重要意义。[③]

真理标准问题的讨论，从理论上把多年来被“四人帮”颠倒的理论是非问题重新加以纠正，批判和否定了“四人帮”在“文化大革命”期间强加给教育界、文艺界及其他各界的不实之词和错误估计，十七年“黑线专政论”受到彻底批判，对于人们的思想解放起了极大作用。

1978年11月15日，新华社向全国播发中共北京市委的决定，为1976年4月5日“天安门事件”平反。中央与地方报纸、广播、电视都报道了

① 赵玉明主编：《中国广播电视通史》，中国传媒大学出版社，2006年版，第337页。

② 云南省广播电视厅编：《当代中国的广播电视　云南省资料性文稿》，1985年版，第220页。

③ 袁军、哈艳秋：《中国新闻事业史教程》，中国广播电视出版社，1996年版，第312页。

这一消息，还报道了平反冤假错案的情况。

1978 年 5 月，时任中央组织部部长的胡耀邦开始纠正冤假错案，并对“右派”开始甄别平反。中国 55 万“右派”的平反工作，就是从这时悄然拉开了序幕。在胡耀邦直接批示下第一个被平反的“右派”温济泽，也是广播电视系统第一个被平反的“右派”，被人们称为“春风第一燕”。

真理标准问题大讨论的开展和深入，遏制了“文化大革命”中“左”倾思想的进一步发展，完成了思想上的拨乱反正，使全党和全国人民从教条主义和个人崇拜中解放出来，逐渐端正了马克思主义实事求是的思想路线，有力地推动了社会各领域的拨乱反正。

二、广播电视宣传初步改观

从粉碎“四人帮”到中共十一届三中全会召开之前的两年多的时间里，广播电视系统一方面深入揭露林彪、江青反革命集团利用广播电视制造篡党夺权舆论的罪行，欢庆打倒“四人帮”的胜利；另一方面取消了“四人帮”强加的节目内容和形式，批判了“文化大革命”时盛行的“假、大、空”文风，提出恢复发扬党的新闻工作的优良传统。同时，恢复了一些“文化大革命”中被取消的节目，新创办了一些广播电视节目，广播电视宣传的面貌有了初步的改观。

1976 年 12 月 21 日，北京电视台转播了《诗刊》编辑部主办的诗歌朗诵音乐会的实况。“文化大革命”中遭受迫害的文艺工作者王昆、郭兰英、王玉珍、常香玉等登台演唱，缅怀老一辈无产阶级革命家，纵情歌唱粉碎“四人帮”的伟大胜利，会上演唱了许多被禁锢长达十年之久的优秀革命历史歌曲，如《绣金匾》《兄妹开荒》《夫妻识字》《洪湖赤卫队》等。演唱者一面流着热泪，一面表演节目，场面十分动人。12 月 29 日、31 日，北京电视台在粉碎“四人帮”之后，首次播发被长期禁锢的故事片《洪湖赤卫队》和舞台艺术片《东方红》。[①]

1977年1月6日—14日，为纪念周恩来总理逝世一周年，北京电视台组织了《纪念伟大的无产阶级革命家、杰出的共产主义战士周恩来总理逝世一周年文艺演唱会》和《诗歌朗诵音乐会》，播放了彩色纪录片《敬爱的周恩来总理永垂不朽》等节目。同年1月8日，中央电台《各地人民广播电台联播》[②]（以下简称为《联播》）播出“首都人民纪念敬爱的周总理逝世一周年文艺晚会”录音报道。这是有史以来《联播》第一次播出长达1小时文艺晚会的录音报道。

1977年1月6日，《光明日报》刊登批判、揭发林彪、“四人帮”罪行的代表性文章《周总理永远活在中国人民和世界人民的心中——愤怒声讨“四人帮”破坏周总理治丧活动电视报道的罪行》和《人民日报》1月14日刊登的《人民广播的政治方向不容篡改——揭发、批判姚文元妄图把广播、电视变成篡党夺权舆论工具的罪行》。此外，还发表了《选择时机贩卖私货——揭露“四人帮”在全国电视会议上的阴谋活动》《“四人帮”残酷围剿文艺广播罪责难逃》《姚文元妄图扼杀体育转播居心何在》《“四人帮”怎样在电视中突出他们自己》等文章。以上文章，均在中央电台多种节目中全文播出或摘要播出。[③]

1978年10月，话剧《于无声处》在上海公演，讲述的是1976年发生的“天安门事件”的故事，轰动了上海文艺界。11月7日，中央电视台破天荒地要求上海电视台向全国现场直播《于无声处》，这是上海电视台第一次向全国现场直播节目。“人们不会永远沉默”，这不但是《于无声处》所阐发的主题，也是颠扑不破的真理。就在这部戏进京公演之后不久，拨乱反正的中共十一届三中全会召开了。

广播电视宣传除揭露林彪、“四人帮”的种种罪行外，相继停办或撤

---

① 《当代中国的广播电视》编辑部选编：《中国广播电视大事记》，北京广播学院出版社，1987年版，第278页。

② 《各地人民广播电台联播》始创于1951年5月1日，1993年更名为《全国新闻联播》。

③ 赵玉明主编：《中国广播电视通史》，中国传媒大学出版社，2006年版，第337页。

销了“文化大革命”中设立的节目，打破了“文化大革命”时期的文化禁锢，恢复了听众喜欢的文艺类节目，开办了一批新的科技体育类节目。

1977年10月24日，中央电台调整部分节目。《学科学》改为《科学知识》，由每周广播4次增为每周7次，新增加《科技战线》。对农村广播中的《农业科技实验》节目，恢复为《农业科学技术》。取消了（每周两次）《对上山下乡知识青年广播》和《教唱革命现代京剧》节目。

1978年2月，北京电视台在全国新闻单位中最先停办了《毛主席语录》节目。1979年2月，北京电视台对电视节目中突出个人、神化领袖以及标语口号式的内容进行清理。与此同时，中央人民广播电台、上海人民广播电台等恢复重办了一些“文化大革命”前的优秀栏目与节目。

1978年11月6日，中央电台恢复了受林彪、“四人帮”干扰破坏而停办的几个专题、对象节目，其中有《小喇叭》《祖国各地》《农业科学技术》《阅读与欣赏》等。恢复和增加的文艺专题节目，主要有《外国作品音乐会》《星期天音乐会》《听众点播的音乐节目》《专题戏曲节目》《小说连续广播》《文学》《曲艺》等。地方电台、电视台也恢复了一批被禁锢的节目。安徽电台第一次集中播出被禁锢达12年之久的著名黄梅戏表演艺术家严凤英演唱的录音，《江姐》选段“春蚕到死丝不断”和“党的女儿”“红色宣传员”等的选段。

1977年8月4日—8日，邓小平在北京主持召开了科学与教育工作座谈会，否定了对“文化大革命”中两个错误“估计”，决定恢复高考。1977年9月，教育部召开全国高等学校招生工作会议，决定恢复已经停止了十年的全国高等院校招生考试。1977年10月，中国各大媒体公布了恢复高考的消息，并透露该年度的高考将于一个月后在全国范围内进行。高考制度的恢复，不仅改变了几代人的命运，更为我国在新时期及其后的发展和腾飞奠定了良好的基础。

“文化大革命”时期，知识分子曾被视作被改造、教育的对象，钻研科技被认为是走“白专”道路。《人民文学》1978年1月发表徐迟的报告文学《哥德巴赫猜想》，第一次对一个有争议的科学工作者——数学家陈景润作了深情的讴歌，轰动全国，不仅成为新时期文学的发轫之作，更为整个思想解放运动和科学春天的到来产生无形的巨大推动。

1978 年 3 月 18 日，中共中央、国务院在北京召开全国科学大会，在大会的开幕式上，邓小平重申了“科学技术是生产力”这一马克思主义观点，全国迎来了科学的春天。为了迎接这次大会的召开，中央广播事业局派出 98 人进行采访报道。中央电台于 15 日开始举办每次半小时的《全国科技大会特别节目》，中央电台《学习》节目举办《科技实验是一项伟大的革命运动》广播讲座（共 17 讲）。北京电视台将《科学知识》栏目改为《科学与技术》。3 月 18 日，中央电台在《联播》节目播出全国科技大会在北京隆重举行的实况录音剪辑。北京电视台播出了电视新闻，并通过卫星向国外传送。[①]各地方电台也恢复和新办了科学知识节目。如浙江电台的《科学技术》、陕西电台的《科学知识》等。

为了满足广大体育爱好者的要求，北京电视台于1978年4月开办了《体育之窗》栏目。这个栏目主要向电视观众介绍著名的体育运动员、教练员的训练生活，群众性的体育活动，体育科研以及体育知识，普及体育知识，同时介绍一些国内外体育比赛和体育友好往来的情况。

这一时期《体育之窗》推出了一些重要体育赛事。1978 年 6 月 25 日、26 日和 7 月 2 日，中央电视台通过卫星传送连续 4 次播转在阿根廷举行的第十一届世界杯足球赛的比赛实况。这是我国电视台第一次通过卫星从国外传回体育比赛实况。11 月 24 日—12 月 25 日，由中央电台、中国国际广播电台、中央电视台和中控室组成的广播电视记者组，在泰国首都曼谷采访第八届亚运会。中央电视台通过卫星转播了开幕式、闭幕式（包括足球决赛）和男篮、女排两场决赛的实况。同时拍摄了新闻片。[②]文体类节

① 《当代中国的广播电视》编辑部选编：《中国广播电视大事记》，北京广播学院出版社，1987 年版，第 289 页。

② 《当代中国的广播电视》编辑部选编：《中国广播电视大事记》，北京广播学院出版社，1987 年版，第 293、296 页。

目和科学知识节目的恢复和发展，初步满足了国内人民群众精神文化的需要。

对外宣传方面，广播电视也逐步改善宣传报道，重新确认了对外的服务对象是国外的广大受众。对国外广播严格遵循“内外有别”和“外外有别”的原则，内容和形式都考虑到对外国受众的针对性，使对外广播更好地为介绍中国服务，为社会主义现代化建设事业和独立自主的和平外交政策服务，逐渐使中国的对外广播重新赢得世界各国听众的欢迎和信赖。为了适应我国对外广播的发展需要，我国对外广播的北京电台改名为：中华人民共和国国际广播电台，在对外节目中仍用“北京电台”作呼号。①

1977 年、1978 年两年，广播电视宣传工作配合党和国家的拨乱反正工作取得了很大的进步，也逐渐改变了“文化大革命”对广播电视宣传工作的影响。但是，由于当时党中央在指导思想上没有彻底清除“左”的错误，又提出了“两个凡是”的错误指导方针，使得全国各项工作进展缓慢，出现了两年徘徊的局面。广播电视受大环境的影响，宣传面貌发生了很大的改观，前进的步伐却较缓慢，许多关于理论性的根本问题仍受“文化大革命”的影响。1977 年 4 月 30 日，中央电台广播华国锋的文章：《把无产阶级专政下的继续革命进行到底——学习〈毛泽东选集〉第五卷》，就说明广播电视还没有完全摆脱“左”的影响，随着中共十一届三中全会的召开，广播电视宣传中的“左”倾错误才逐渐纠正。

第二节　改革开放初期的广播电视发展方针和任务

1978 年 12 月，中共中央召开了具有伟大历史意义的十一届三中全会，

① 《当代中国的广播电视》编辑部选编：《中国广播电视大事记》，北京广播学院出版社，1987 年版，第 291 页。

全会坚决批判了“两个凡是”的错误方针，高度评价了关于真理标准问题的讨论，确定了解放思想、开动脑筋、实事求是、团结一致向前看的指导方针，将党和国家的工作重心转移到经济建设上来，并做出实行改革开放的历史性决策。十一届三中全会的胜利召开结束了粉碎“四人帮”以来党的工作在徘徊中前进的局面，将党领导的社会主义事业引向了健康发展的道路，揭开了党和国家历史的新篇章，也使广播电视工作的开展进入一个新的历史时期。

一、努力办好广播，加速发展电视事业——全国广播事业规划会议

中共十一届三中全会提出的一系列方针和政策，极大地解放了人民的思想，调动了广播电视新闻工作者的积极性，面对十一届三中全会以后思想上、政治上发生的新变化，广播电视宣传工作需要根据广播电视的发展趋势制定明确的发展目标，总结宣传工作中的经验教训，确定今后的宣传方向，进一步改进宣传报道工作，以便更好地宣传十一届全会以后社会各方面发生的巨大变化，配合中央指示精神做好这一时期的宣传工作。在这一时代背景下，中央广播事业局在1980年前后召开了全国广播事业规划会议和第十次全国广播工作会议，两次会议分别总结了新中国成立30年来广播电视事业建设的成就和存在的问题，并且提出了新时期广播电视事业建设的方针和任务。

到1979年年底，我国的广播电视的基础建设已有一定的基础，广播电视技术不断发展，收听、收看工具不断普及，使我国广播电视宣传在国内外的影响日益扩大。但是，由于我国地方大、人口多，广播事业起点低、底子薄，加上林彪、“四人帮”一伙的干扰破坏，广播电视在事业规模、技术设施和人口覆盖率等方面都不能满足广大群众的需求。这种情况已经不能适应形势的发展，必须加快广播电视事业建设的发展。

1980年2月25日至3月9日，全国广播事业规划会议在北京召开。

会议结合当时广播电视事业建设发展情况，确定了广播电视事业的发展目标：努力办好广播，加速发展电视事业，在20世纪末，要使我国的广播电视在事业规模、技术设施、覆盖指标等方面都具有相当水平，进入世界的先进行列。具体来说，包括以下几个方面：一是以建设卫星广播系统为重点，把加强电视发展放在优先地位，通过卫星广播系统的建设实现电视在全国的覆盖；二是积极发展中波、调频广播网，充分利用卫星广播提供高质量节目源，实现广播在全国覆盖；三是加速发展对外广播，实行中、长、短波相结合，以短波为主，对全世界进行覆盖；四是中央广播事业局和地方广播事业局利用邮电部微波干线，建设一个广播电视节目传输网；五是普及收听、收看工具。①

会议提出要把电视放在优先发展的位置，要积极建设电视网、广播网、争取20世纪末基本实现电视广播在全国的覆盖，各族人民能看到、看好中央电视台和省、自治区、直辖市电视台的电视节目，听到、听好中央电台和省、自治区、直辖市电台的广播节目。另外，在大中城市开办调频广播或立体声调频广播，把调频广播作为国内广播的发展方向。对国外的广播则要发展中、长、短波相结合，以短波为主，大功率、强定向，加强对全世界广播的实力。

会后不久，1980年5月4日，国务院转批中央广播事业局《关于加强地方广播事业管理工作的请示报告》。报告提出，各省、市、自治区广播事业局受该省、市、自治区人民政府和中央广播事业局双重领导，以同级政府领导为主。省、市、自治区广播局的广播宣传工作，受省、市、自治区党委领导和中央广播事业局指导；广播事业建设受省、市、自治区人民政府和中央广播事业局双重领导，以同级政府领导为主。②

① 本节关于全国广播事业规划会议的内容，选自赵玉明主编：《中国广播电视通史》，中国传媒大学出版社，2006年版，第345—346页。

② 赵玉明主编：《中国广播电视通史》，中国传媒大学出版社，2006年版，第346页。

二、发挥广播电视长处，为实现“四化”服务——第十次全国广播工作会议

全国广播事业规划会议重点讨论了建设广播电视基础设施，发展广播电视网和广播电视覆盖率等问题，基本上确定了广播电视工作在事业规模、技术设施、覆盖指标等方面的未来发展。但还需进一步总结广播电视宣传工作的经验教训和新时期广播电视的工作任务，使广播电视宣传工作有更好的发展前景。为了解决这些问题，中央广播事业局于 1980 年 10 月 7 日至 18 日在北京召开第十次全国广播工作会议。这次会议的主要内容是遵照党的十一届三中全会以来的路线、方针、政策和五届全国人大三次会议决议，中央转批中宣部《关于三中全会以来的宣传工作向中央的汇报提纲》的精神，总结新中国成立 30 年来广播电视事业宣传工作正反两方面的经验，明确新时期的基本任务和奋斗目标，加强对广播电视工作的领导，动员广大广播电视工作者坚持走自己的路，发挥广播电视长处，充分利用广播、电视这一现代化的宣传工具，为提高全民族的科技文化水平、实现四个现代化做出更大的贡献。①

出席会议的人员有各省、市、自治区的广播事业局局长，主管广播电台、电视台和文艺广播宣传的负责同志；部分省辖市、州、盟和县、旗广播事业局的局（站）长，福建前线广播电台负责人及中央广播事业局有关负责同志共 214 人。②

会议期间，张香山局长作了题为《坚持自己走路，发挥广播电视长处，更好地为实现四个现代化服务》的报告，并在会议结束时讲话。会议还听了中共中央总书记胡耀邦关于加强政治思想工作的讲话录音，中共中央宣传部部长王任重到会讲话。这次会议的中心议题是广播电视的宣传业务工作，关于广播、电视事业建设的问题，由于前述的全国广播事业规划会议

① 中央广播事业局办公室编：《全国广播工作会议文件选编》，1982 年 3 月版，第 290 页。
② 中央广播事业局办公室编：《全国广播工作会议文件选编》，1982 年 3 月版，第 290 页。

上充分讨论并作了决定所以没有再列入这次会议的议程。[①]

会议总结新中国成立30年来广播电视宣传工作的经验教训有：

第一，正确认识广播电视的性质，正确地宣传党的方针政策，密切联系群众，才能发挥广播电视巨大的宣传作用。在目前党的工作重点已经转移到社会主义现代化建设上来，广播电视中心任务必须为经济建设服务，为实现四个现代化服务。作为党和人民的耳目喉舌，广播电视要正确宣传党的路线、方针、政策，要密切联系群众，反映人民的愿望和呼声。在党的领导下，把无条件地为党和人民利益服务作为我们广播电视宣传的唯一宗旨。

第二，坚持正确的思想路线是搞好广播电视宣传的关键。

从实际出发，调查研究，实事求是，理论联系实际，这是我们党的思想路线，也是我们一切宣传工作，包括广播、电视工作的根本指导方针。30年的实践证明，如果我们坚持了这条思想路线，我们的广播、电视工作就会取得成绩，受到群众的拥护。相反，如果违背了这个根本方针，我们的广播电视工作就会发生错误，就会遭到群众的反对。

为了坚持正确的思想路线，办好广播电视，必须严格遵守宣传工作中的三个基本要求，即：讲事实、讲真话、讲道理。

第三，充分掌握广播电视的特点，扬长避短，才能提高各种节目的质量，满足人民群众的需要。

广播、电视和其他宣传工具一样，都是在党的领导下，按照无产阶级的新闻路线、方针、原则办事，这是他们的共性。同时，广播、电视又有自身的特点，有鲜明的个性。广播、电视工作者应充分掌握和利用广播、电视的特点，扬其所长，避其所短，发挥广播、电视快的特点，努力办好新闻性节目，提高报道时效，让观众和听众能在较短时间内了解到更多的国内、国际上最新发生的重大事件和人民群众普遍关心的重大问题。同时，为了发挥广播、电视群众性强的特点，广播电视新闻工作者既要举办普遍

① 赵玉明主编：《中国广播电视通史》，中国传媒大学出版社，2006年版，第348页。

适合于全体听众、观众的节目，也要举办照顾各方面人们不同需要的有特点的节目。还应该利用广播、电视的特点，制作出更多更好的内容丰富、思想性强、形式生动活泼的节目，以丰富广大人民群众的精神生活。

第四，中央广播与地方广播，无线广播与有线广播，有分有合，互为补充，构成宣传整体，以充分发挥广播电视这个现代化宣传工具的作用。

中央与地方的广播电台和电视台在宣传上有分有合，结成整体，弥补了当时覆盖条件的不足，使党和国家的重大方针、政策和战略部署，重大的国内外时事和理论性、政治性的宣传，通过各级广播电台和电视台转播，迅速地、直接地同广大人民群众见面。

由于我国幅员辽阔，各省、区情况殊异，政治、经济、文化的发展很不平衡，中央和地方广播电台、电视台的宣传，应有明确分工，各地应从各自的实际出发，因地制宜，各有重点，各有特色，不能一个模式。中央电台和地方电台要发挥各自优势，互相协调，互为补充，使整个广播宣传网的节目品种，更加丰富多彩。

此次会议除了总结新中国成立 30 年来广播电视发展的经验教训，也根据党在新时期的总路线、总任务和国内外形势发展的需要，提出了当时广播电视宣传的基本任务，即："把马列主义、毛泽东思想的普遍真理同实现四个现代化的伟大实践密切结合起来，正确地宣传党的路线、方针、政策，进行政治思想教育，普及科学技术知识，丰富文化生活，提高人们的社会主义觉悟，提高全民族的科学文化水平；在国际问题方面，对国内人民主要是进行爱国主义和国际主义教育，使人民关心国际形势的发展，了解和支持我国的外交政策。对国外的广播，主要是宣传我国政治、经济、科学、文化、特别是在建设四个现代化方面所取得的新成就，宣传我国反对霸权主义，维护世界和平，争取人类进步的外交政策。"在党的工作重点已经转移到社会主义现代化建设上来的新时期，广播电视宣传的中心任务，就是"为经济建设服务，为实现四个现代化服务"。这是会议对广播电视宣传任务更为简洁的表述。

对于广播电视业的发展趋势，第十次全国广播工作会议提出：第二次世界大战以后，特别是有了广播卫星以后，在一些发达的资本主义国家，电视和广播逐渐成为群众获得新闻的主要来源。这种变化，充分说明了广播电视拥有自己广阔的发展前途。

会议根据广播电视的这种发展趋势，规划了广播电视宣传业务的发展远景，制定了明确的奋斗目标："到本世纪末建成完整的、自成体系的广播和电视宣传网，中央电台、中央电视台和省、市、自治区广播电台、电视台，分别成为全国和本省、市、自治区的新闻舆论中心之一，成为电化教育、科学普及、文艺欣赏和娱乐的重要阵地；中国国际广播电台要经过努力提高节目质量，使它成为世界各国人民心目中一支可以信任的舆论力量。"

第十次全国广播工作会议研究决定的问题至关重要，总结了以往广播电视宣传工作的经验教训，明确了广播电视在新时期宣传的基本任务，提出了到20世纪末广播电视宣传业务的奋斗目标，制定了各项工作相应的方针、任务。这表明进入新的历史时期的广播电视宣传工作在思想上、政治上进一步完成了拨乱反正，逐步恢复了党的实事求是的思想路线，使得广播电视工作者进一步解放了思想，勇于开拓，有信心克服各种困难，配合党和政府当前的工作重心开展好宣传工作。

三、重提"自己走路"的方针

"自己走路"并不是新提出的口号，新中国成立之初，当时的新闻总署署长胡乔木就对广播电台提出要求："广播要学会自己走路。"1979年5月，在中央电台记者站负责人会议上，中央电台台长左漠野重新提出"自己走路"的口号，要求全台编辑记者"一定要学会自己走路"。这个宣传业务方针，在第十次全国广播工作会议上得到确认。①这次会议提倡的"自己走路"的方针与中央电台记者会议有所不同的是：不仅包括广播，也包

① 赵玉明主编：《中国广播电视通史》，中国传媒大学出版社，2006年版，第351页。

括电视。张香山在会议上的报告，题目就叫作《坚持自己走路 发挥广播电视长处 更好地为实现四个现代化服务》。

张香山在会议上的主报告和会议结束时的讲话对“自己走路”的必要性作了详尽的阐述，并把其内涵概括为7个方面：①

（1）根据党的路线、方针、政策和党的指示，根据形势发展的需要，独立自主地确定广播电视每个时期的报道思想，制定报道计划，编采或拍摄广播电视新闻，撰写广播电视评论，对一些重大问题敢于和善于发表意见。

（2）要深入实际，联系群众，扩大新闻的来源，不断研究和反映新情况，包括群众提出的各种实际问题，并在广播电视中开展适当的批评和自我批评。

（3）要加强国际问题的研究，收录外国新闻稿和广播，经过比较、分析、判断，编发消息，以丰富国际新闻的来源，增加国际新闻实效，还要增加国际评论的比重。

（4）精心选择通讯社和报纸、期刊的消息、文章加以改编，使之适合于广播电视而有别于文字宣传。

（5）要建设一支能独立工作的编采队伍。中央电台、中央电视台、中国国际广播电台不但要在各省、自治区、直辖市驻有广播电视记者，而且在世界重要国家的首都，也逐步派驻广播电视记者。各省、自治区、直辖市广播电台、电视台，也要建设自己的记者站和通讯网。

（6）要充分发挥广播文艺、电视文艺的巨大作用，积极发展广播剧、广播小说和电视剧、电视小品。要加强中央电台、省台以及各省台之间的协作。要重视依靠社会上的文艺力量，吸引他们参加广播文艺、电视文艺的创作活动。

① 转引自：张香山在第十次全国广播工作会议上的报告《坚持自己走路 发挥广播电视的长处 更好地为实现四个现代化服务》，载《全国广播工作会议文件选编》，中央广播事业局办公室编，1982年3月。

（7）要逐步地用新的现代化通讯、采访、制作手段装备起来，改变广播电台、电视台编播设备陈旧、技术落后、质量差、效率低、故障多的状况。

从以上内涵可以看出，所谓“自己走路”主要包括两层含义：一是广播电视要根据党的路线、方针、政策和人民群众反映的实际情况，独立自主地开展新闻报道和宣传工作；二是采编的稿件和录制的节目都要注重体现广播电视自己独特的风格和特色。[①]“自己走路”主要是要求广播电视自己动手，自力更生，摆脱对报纸和通讯社的依赖，根据党的路线、方针、政策，确定自己的报道思想，展开报道工作。同时要注重自己的特点，稿件的编写和节目制作，都应体现广播电视的特点和风格。

“自己走路”的方针，发挥了广播电视的个性和特色，解放了广播电视工作者的思想，激发了他们开展广播电视宣传工作的创造力，使各级电台、电视台增强了独立自主性，逐渐成为党领导下的一个独具特点的、发挥着不同舆论作用的、独立的新闻机关，在新的历史条件下做出新的贡献。

在实践过程中，这一宣传业务方针的提法不断完善。1982年提出，在坚持“自己走路”的同时，要依靠社会力量，“开门办广播电视”，后来在第十一次全国广播工作会议上，又补充了两句话：“扬独家之优势，汇天下之精华。”

第三节　改革开放初期的广播电视宣传工作

党的十一届三中全会的召开，吹响了中国社会步入改革开放的号角，从此中国跨入社会主义建设的新时期。广播电视工作者在党的十一届三中

① 赵玉明主编：《中国广播电视通史》，中国传媒大学出版社，2006年版，第352页。

全会精神的影响下，思想得到了进一步解放，积极投身到广播电视的宣传工作中去。在“解放思想”“自己走路”方针的指导下，中国广播电视的宣传工作进入了独立发展的时期。广播电视宣传工作从林彪、“四人帮”错误的宣传方针中摆脱出来，正确地宣传党实行改革开放的路线、方针、政策，进一步从思想上和政治上完成拨乱反正的工作；逐渐恢复了宣传报道的真实性原则，改进了新闻节目，“短”“快”为特点的新闻明显增多。增加了评论节目，恢复了观众喜欢的服务类节目；广播电视注重配合以经济建设为中心进行宣传报道，在节目设置上增加经济类节目；文艺类节目日益丰富多彩，恢复了以前遭禁锢的古今中外的优秀文艺作品，另外新的文艺作品不断涌现。这一时期，广播电视宣传的面貌发生了根本变化，取得了很大的进步。

一、新闻节目改革耳目一新

1978 年 1 月 1 日，北京电视台（现中央电视台）《新闻联播》正式创办，恢复了被中断多年播音员出图像向观众报告节目的方式，并采用直播的形式，每条新闻保持在 3 分钟内，去掉了原来的小标题，采用现场音响，带来现场感和真实感。《新闻联播》在这一阶段主要是三段式，即：“国内新闻”“口播新闻”“国际新闻”。1981 年 4 月 13 日至 21 日，中央电视台在青岛召开了全国电视新闻工作座谈会。会议明确提出了一个奋斗目标：“力争在一个不太长的时间内，把《新闻联播》办成一个比较完整、比较系统的对国内、国际重要事件及时进行形象化报道的节目，使它成为电视观众获得新闻的重要途径之一。”会议做出两项规定：各省、自治区、直辖市电视台都是中央电视台的集体记者，有责任、有义务向中央电视台提供新闻；各省、自治区、直辖市电视台（包括各地市电视台）必须转播《新闻联播》节目。1981 年 7 月 1 日起，《新闻联播》改进编排形式，将原来按形式分段的国内新闻片、口播新闻和卫星接收的录像国际新闻，改为按内容和新闻价值统一编排，缩短长度，增加条数，取消背景音乐，同时对节目标志、播音员背景、新闻提要、气象预报等均作了改进。改进后的《新闻联播》在形式上显得更加客观，层次分明，内容上信息量增加，节奏加快。[①]

在《新闻联播》节目的带动下，电视新闻的面貌开始改变。国内新闻多注意简短，报道面逐渐拓宽，新闻的时效性增强。从1980年4月2日起，天津电视台在《天津新闻》节目中，除了图像新闻外，增加了口播新闻。[②]广东电视台1981年1月开始的新闻改革力求做到新、短、快、多，并把连续报道等形式引入新闻节目。一批综述性、分析性的国际、国内新闻专栏设立起来。1981年1月，上海电视台打破电视一天一次新闻的格局，率先在每天21点开办《晚间新闻》。1981年1月4日，中央电视台以最快速度报道长江葛洲坝水利枢纽工程截流胜利合拢的过程。同年7月，广东电视台增加白天综合节目，增设了午间新闻。[③]1981年11月21日，上海人民广播电台开办当天消息当天报的《最新消息》，并且打破多年来新闻节目全部录音播出的状况，部分新闻节目直接播出。

另外，1980年11月21日中央电视台实况报道对林彪、江青反革命集团的公开审判，也是电视新闻报道的一大突破。这次报道充分发挥了电视的特色，利用声音和图像等多种电视传播的符号，真实、及时地记录、传播了这一历史性的场面。使举国上下亿万观众目睹了特别法庭的庄严肃穆气氛和审判过程，而且每天《新闻联播》后还有“两案”专题报道，这都使观众大有身临其境之感，增加了新闻的可信性。同时，“两案”的报道也增加了政治事件的透明度，使人民有了可以关心政治的新渠道。

1982年9月1日，从中国共产党第十二次全国代表大会开始，有关部门将重要新闻的发布时间从通常的20时（中央人民广播电台《各地人民

---

① 刘习良主编：《中国电视史》，中国广播电视出版社，2007年版，第178页。

② 顾明主编：《中国改革开放辉煌成就十四年》（广播电影电视卷），中国经济出版社，1992年版，第274页。

③ 吴廷俊主编：《中国新闻传播史（1978—2008）》，复旦大学出版社，2011年版，第333页。

广播电台联播》的首播时间）提前到19时（中央电视台《新闻联播》的首播时间）。《新闻联播》中的重大新闻具有了时效性和权威性，电视发布新闻的地位空前提高，成为发布重大国事新闻的重要媒介。

实行对外开放后，根据形势的发展和广大听众的愿望，国际新闻也有较大的改进。1979年9月，新华社开始向中央电视台每天提供5分钟的国际要闻简讯和新闻图片。1980年4月1日，中央电视台开始通过卫星接收英国“维斯新闻社”和“合众独立新闻社”供给的国际新闻片，提高了报道国际新闻的时效性。1980年5月1日，《国际新闻》保留栏目名称，并入《新闻联播》。① 中央人民广播电台在1978年12月也开办了《世界各地》节目，加强了国际报道。1981年春节起，广东电视台开办了省级电视台第一个国际节目——新闻杂志《国际纵横》，向观众进行通俗的国际形势的讲解。

二、评论性节目的新发展

1979年4月26日，中央人民广播电台的《各地人民广播电台联播》（以下简称《联播》）节目播出了本台评论员郭平的文章《改善中越关系的根本办法》。这是历史新时期中央人民广播电台的第一篇广播评论，也是广播史上第一篇署名“本台评论员”的文章。5月8日，《联播》节目播出了本台评论员文章《学习马恒昌小组的经验，加强班组建设》，这是历史新时期关于国内问题的第一篇广播评论。1979年，《联播》节目一共播出了本台评论员文章15篇。其中，评论员文章《严格党的组织生活》，外电曾摘发并加以评论。这一年的广播评论，虽然数量不多，影响不大，但却是一个良好的开端。②

① 吴廷俊主编：《中国新闻传播史（1978—2008）》，复旦大学出版社，2011年版，第333页。

② 杨波主编：《中央人民广播电台简史》，北京广播学院出版社，2000年11月版，第55页。

1980年8月18日，中央人民广播电台成立评论组，这是中央人民广播电台历史上专职从事广播评论写作工作的第一个机构，中央广播电台在历史新时期的广播评论工作从此走上了正轨，这一年共播出各类评论132篇。1980年9月28日播出的本台评论《大快人心的审判》，是各新闻单位第一篇有关审判“四人帮”的评论，两家外国通讯社转发，广州《羊城晚报》全文转载。10月14日播出的本台评论《绝不允许有“特殊公民”》，受到许多听众的赞赏。

国际评论在国际广播中占有重要位置，然而，过去国际评论工作却一直是我国对外广播的薄弱环节。1980年，中国国际广播电台建立起来自己的评论队伍。

地方电台的评论工作同样取得发展，上海电台于1979年4月确定了评论工作“小型、分散、多样、广开言路”的原则，在新闻节目中加强了《本台评论》《广播杂谈》《短评》等言论性内容，并且设置了《广播漫谈》《大家谈》等固定栏目。该台的评论，形式生动活泼、不拘一格，形成自己的风格，在听众中有较大的影响。河南电台从1980年到1982年在全省《联播》节目里播出本台评论370多篇，辽宁电台在1980年到1982年播出本台评论438篇。①

这一时期，电视台也出现了一些有影响的新闻评论栏目，具有代表性的是1980年7月12日中央电视台开办的《观察与思考》，它是中央电视台第一个具有评论性的深度报道栏目，首播节目是《北京居民为什么吃菜难》。庞啸作为第一批被批准出镜采访的记者首开先河。1982年，上海电视台播出的节目《大学生堕落成杀人犯》，报道一名大学生杀人犯被判死刑，记者在宣判后当场采访旁听席上的共青团干部和青年，录下他们的谈话编成小评论，当晚和新闻片同时播出，效果很好，这是群众参与电视评论的新尝试。②

---

① 《当代中国》丛书编辑委员会:《当代中国的广播电视》(上)，中国社会科学出版社，1987年版，第145页。

② 《上海广播电视志》编辑委员会编:《上海广播电视志》，上海社会科学院出版社，1998年版，第399页。

三、服务类节目的兴起

1979年8月12日，中央电视台设立《为您服务》栏目。开办之初，主要是介绍电视节目、回答观众来信，每周播出一次；1983年元旦，栏目在原有的来信服务之外，增加了精神生活、社会生活等内容，提高了节目的知识性和趣味性。1980年7月，中央电视台与中央气象台合作，在《新闻联播》之后开设《天气预报》节目，播发全国天气及形势预报。

各地的电视台也出现了一批服务性专栏，如广东电视台的《家庭百事通》，向观众介绍衣食住行、卫生保健等方面的科学实用知识，并且潜移默化地灌输教育子女、尊老爱幼等文明思想。[①]1980年6月27日，云南电视台首次播出《电视与观众》节目。这个节目平均每月播出一次，到1983年年底，共播出46次。主要内容：反映观众对电视节目和社会问题等方面的意见；解答观众有关生活、学习和工作中的疑难问题；介绍一些科学知识、生活常识以及播出观众点播的文艺节目。观众对这一节目反映很好，称它是“生活、学习的好顾问”“群众的良师益友”“一部有声有色的教科书”。[②]

广播电台在这一时期也设立了一些服务类专栏节目。1979年元旦，南京人民广播电台开办《生活顾问》节目，受到全市听众的欢迎。从1980年元旦开始，中央人民广播电台《各地联播》节目正式设立了《听众信箱》专栏，内容从要求落实政策逐步延伸到对社会各方面的看法、批评和建议。[③]1981年6月1日，中央人民广播电台在晚上开办了《晚间节目介绍》，每天播出5分钟，介绍当天晚上中央电台播出的部分文艺节目的内容。后来，又在早上增加了5分钟以专题节目为主的早间的《节目介绍》。

---

① 《当代中国的广播电视》编辑部选编：《中国广播电视大事记》，北京广播学院出版社，1987年版，第329页。

② 云南省广播电视厅编：《当代中国的广播电视　云南省资料性文稿》，1985年版，第227页。

③ 张振华主编：《中国广播电视概要》，北京广播学院出版社，2003年版，第26页。

四、批评性节目崭露头角

1979年8月29日，中央电视台播出了新闻《北京有些单位在马路旁边乱堆物品，破坏首都市容和公共卫生》。此后，连续出现批评性新闻，其抨击对象都是公害行为。1979年9月12日，中央电视台《新闻联播》播出了《北京王府井百货大楼停车场见闻》，报道了享有特权的上层人士子女乘公家轿车到王府井购物、游玩的情景。这条解说词不多，但纪实性颇强的批评性报道一经播出，顿时舆论哗然。各界、各地信件、电话纷至沓来。此事一时成了人们茶余饭后的热门话题，几天之内就收到观众来信近3000封。应观众要求，这条消息在9月16日的《为您服务》节目中再次播出。应观众要求而重播一条新闻，在中国电视史上实不多见。

《王府井百货大楼停车场见闻》是中央电视台《新闻联播》第一次触及特权思想和不正之风，所以才引起观众强烈共鸣和经久不息的反响。这条批评性报道起到了先导作用，在后来的一段时间里，《新闻联播》中的批评性报道开始增多，舆论监督的作用得以发挥。到1980年年初，批评性报道每月已常有20条左右。电视新闻对观众的吸引力增强了。[①]

地方电台、电视台也加强了批评性报道。1980年1月4日，上海电台、电视台分别播出批评上海石化总厂因老鼠作祟发生重大生产事故，损失产值一千多万元的新闻、评论和电视新闻，在社会上引起较大反响。

五、文体节目“大放光彩”

1980年，中央人民广播电台的文艺广播比过去更为丰富多彩。这一年恢复和增办的专栏节目有：《文学之窗》（向听众报道文学动态，推荐优秀作品，介绍文学作品）、《广播剧院》《戏曲选段欣赏》《星期音乐会》等。同年五月，增加了一套以音乐节目为主的第三套节目（调频广播），10月

① 杨伟光主编：《中央电视台发展史》，北京出版社，1998年版，第164页。

又在这套节目中增加了立体声广播。1981年又开办了《演员与听众》专栏。

广播剧也有了较大的发展。为了促进广播剧的发展和繁荣，1980年12月，中央人民广播电台发起成立了中国广播剧研究会。此后举办了三次“全国优秀广播剧展播月”，中央人民广播电台的《求索》《真与假》《晶莹的心》等被评为优秀剧目。地方电台也为广播剧的发展起了很大的作用，1979年5月4日，云南人民广播电台播出了粉碎“四人帮”后自己制作的第一部广播剧《阿诗玛》。[①]广播剧一度是天津电台文艺节目的强项，1979年以后，天津电台的广播剧有了更大的发展。1982年元旦，广东电台播出了中国第一部立体声广播剧《渔夫和金鱼的故事》以后，上海电台、黑龙江电台、四川电台、湖北电台等相继探索制作立体声广播剧，广播剧的发展进入一个新的历史阶段。随着广播剧创作的繁荣，广播剧的研讨评奖工作也开始活跃起来。1980年12月，中国广播剧研究会在北京诞生，积极开展研讨交流和评奖活动。1982年4月在北京举行的“全国优秀广播剧评奖会议”，是新中国成立后第一次全国性的广播剧评奖活动。

电影和话剧录音剪辑也取得了较大的成绩。“十年动乱”中，只能播出《地雷战》《地道战》《南征北战》等几部电影的录音剪辑。党的十一届三中全会以后，电影兴旺起来，中央人民广播电台的《电影录音剪辑》节目播出的数量和质量也达到了它的高峰期。仅1980年，中央人民广播电台就编播了41部电影录音剪辑，其中包括《海外赤子》《从奴隶到将军》《庐山恋》等。1982年在中央人民广播电台进行的全国听众调查中，喜欢《电影录音剪辑》节目的人数，在中央人民广播电台所有节目中居第二位，是中央人民广播电台当时的十大名牌节目之一。粉碎“四人帮”后，中断10年的话剧广播节目也逐渐恢复。[②]

广播电视春节文艺晚会给受众送去新的文化大餐。早在1983年中央

---

① 云南省广播电视厅编：《当代中国的广播电视　云南省资料性文稿》，1985年版，第222页。

② 张振华主编：《中国广播电视概要》，北京广播学院出版社，2003年版，第24页。

电视台举办的春节文艺晚会之前，中央人民广播电台在1981年春节播出了《春节串门联欢会》，特邀电影导演谢添、话剧演员杜彭和评剧演员马泰主持，编辑以中央人民广播电台记者的身份陪同他们依次到事先约定的演员家中串门，当场即兴表演各类文艺节目，使这个家庭式春节气氛更加亲切热烈，是当年最受听众欢迎的节目之一。各地的广播台、电视台也举办过不少的春节文艺晚会。1982年，北京、天津、上海、浙江、广东电视台在春节期间联合举办了《京、津、沪、浙、粤文艺节目选播》，观众可以从中观赏到祖国大江南北的节目样式，了解当地的社会风貌。黑龙江、吉林、辽宁电视台也在春节期间举办过《东北三省电视节目联播》，集中播出了当地人民群众喜闻乐见的各种节目。

从20世纪80年代初开始，全国各地广播电视文艺节目的改革，主要是从推行栏目化开始。1981年元旦，广东电视台开办了一个杂志型的文艺节目——《万紫千红》，因其内容丰富多彩，形式生动活泼，主持人串联精彩，使得其一经播出就受到广泛欢迎。随后广东电视台又开办了一个杂志型文艺节目——《百花园》，重新编辑加工优秀的保留节目，给听众耳目一新的感觉。广东电视台的做法，给全国各地的电视台很大的启发。

1979年9月召开的第三届全国运动会，标志着我国体育事业进入健康发展的历史时期，中央人民广播电台的体育宣传进入了兴盛时期。《体育》节目（中央人民广播电台于1972年5月开始恢复体育专题节目，定名为《体育》）从每周广播3次，增加到每周广播12次。[①]1980年，中央电视台开办每周固定播出普及运动知识的专栏《体育之窗》。改革开放以后，各地的广播、电视都开办了体育节目。电台方面比较有名的体育节目有：上海人民广播电台《空中体坛》。电视方面的有：1979年广东电视台创办的《体坛内外》、1981年北京电视台创办的《体坛巡礼》、1982年云南电视台专题节目中新辟的“体育专栏”、四川电视台创办的《体育集锦》、1982年4月17日上海电视台创办的《体育大看台》。

① 张振华主编：《中国广播电视概要》，北京广播学院出版社，2003年版，第10页。

大型体育赛事转播在这一时期也开始成为广播电视体育节目的重要内容。1978 年 12 月，中央电视台首次派出记者到现场转播第八届曼谷亚运会。1981 年 9 月，中央电视台转播了北京国际马拉松赛实况，参加转播的工作人员近 200 人，动用摄像机 16 台，各种车辆 30 多部。1981 年 11 月，中央电视台先后通过卫星现场转播了中国女排首次荣获世界冠军的一系列比赛实况，在全国掀起了“女排热”。[①]

六、电视剧“复苏发展”

1978 年是电视剧复苏的一年。1979 年，中央电视台播放了 19 部各地制作的电视剧（全部是单本剧）。广东电视台与中央广播电视剧团合拍的《神圣的使命》引起文艺界对电视剧的注意，中央电视台的《有一个青年》获得首届全国优秀电视剧评选一等奖，上海电视台的三集侦破电视剧《玫瑰香奇案》被认为是中国电视剧的先驱。[②]1981 年 10 月，浙江电视台拍摄我国第一部传记性电视连续剧《鲁迅》前 4 集，1982 年 4 月播出，荣获第三届全国优秀电视剧特别奖、导演特别奖和《大众生活》特别奖，并先后送到法国、日本、美国展播。

1979 年 8 月，在北京召开了第一次全国电视节目会议。会上，中央广播事业局副局长李连庆提出要大办电视剧，他建议各电视台凡是有条件的，都要录制电视剧。1980 年国庆节，中央电视台组织了全国电视节目大联播，一个月时间内播出了各地方台制作的电视剧 40 余部。此后，每逢国庆、春节等重大节日，中央电视台都集中播放一批较好的电视剧，成为定规。

1982 年后，一长一短两极发展的系列短剧、小品和电视连续剧打破了单本剧一枝独秀的局面。1981 年出现了中国第一部连续剧《敌营十八年》，1982 年全国制作的连续剧 11 部以及短剧和小品 40 集，之后还出现了戏剧式电视剧、报道式电视剧等多个品种。电视剧制作单位也由电视台扩展到

① 陆晔、赵民著：《当代广播电视概论》，复旦大学出版社，2010 年版，第 281 页。
② 刘习良主编：《中国电视史》，中国广播电视出版社，2007 年版，第 169 页。

社会力量。1980年上海电影制片厂率先投入电视剧制作，1982年成立了电视剧部，同年9月，北京市建立了第一个电视制片厂，专门制作电视剧和译制外国优秀影视片。1983年，广播电视部成立了中国电视剧制作中心。之后，投入电视剧制作的省辖市电视台日渐增多，力量进一步增强。1979年，全国只有七八个单位能够独立制造电视剧，1982年就已经达到38个，一支创作队伍形成了。

除了电视剧发展进步较快外，电视剧的评奖活动也在这一时期出现，1980年开始，每年举办一次全国优秀电视剧评选（1983年后改名“飞天奖”），评选采取领导、专家、群众三结合的办法。另外，浙江电视台办的《大众电视》杂志根据读者要求，从1982年起，由读者直接投票，评选“金鹰奖”。

这一时期的电视剧制作的数量突飞猛进，极大地丰富了人民群众的精神文化生活。但是电视剧也存在情节雷同、质量粗糙等问题，如中央电视台制作的第一部国产电视连续剧《敌营十八年》就因情节设置不符合实际而备受指责。1982年3月，全国电视剧座谈会在北京召开，会上认真讨论了提高电视剧质量的问题。中央广播事业局副局长李连庆在会上强调，决不能片面追求数量，忽视质量，必须用更大的力量提高电视剧的水平。

为了充实和丰富电视剧资源，我国除了自制电视剧外，还从国外购进一些影视剧。1979年上半年，中央电视台播出了首部译制电视剧——南斯拉夫电视剧《巧入敌后》，接着又播出了菲律宾故事片《我们的过去》。1980年新年伊始，中央电视台又播发了自己译制的法国故事片《红与黑》，赵忠祥为故事片配音。1980年，中央电视台成立译制组，开始组织译制工作。同年，中央电视台专门开办了《电视译制片》栏目。1981年，译制片的制作能力已达到每周一部。1980年、1981年两年共译制外国电视剧103部。此外，地方电视台为了开辟节目来源，也陆续开始购买和译制外国电视剧，如上海电视台播出的日本电视剧《姿三四郎》、广东电视台译制的《海蒂》《血疑》等。但是有些译制剧在社会上产生了不良的效果，如中央电视台译制的《加里森敢死队》就因为在青少年中起了不好的作用，被中途停播。[①]

这一时期，纪录片的制作和播出也有拓展。1978 年 9 月 30 日开办的《祖国各地》是中央电视台与各地电视台共同开办的专门反映祖国各地山水名胜、风土人情、建设新貌等题材的栏目，以播放纪录片为主。1978 年 12 月 31 日，中央电视台在《祖国各地》栏目里播出了《台湾风光》，这是中央电视台第一次播出在台湾实地拍摄、反映台湾风情的电视纪录片。1980 年，《祖国各地》进入全盛时期。

在改革开放背景下，中日合拍的电视片《丝绸之路》对于中国纪录片观念更新有着更深远的影响。这是党的十一届三中全会以后，我国电视台首次和境外电视机构合作拍摄长篇系列纪录片。[②]1979 年 8 月 8 日—10 月 21 日，《丝绸之路》中日联合摄制组 21 人（中方 11 人，日方 10 人）分 3 路在西安、兰州、武威、张掖、酒泉、敦煌、新疆开始拍片，拍摄工作于 1980 年 9 月全部结束。中央电视台编成 15 集先后播出。1980 年 5 月 1 日，中央电视台播出了《丝绸之路》第一集《古都长安》，日本于 5 月 7 日首播。1980 年 4 月，中央电视台和日本佐田企画签订合拍《长江》电视纪录片协议，计划从长江上游岷江开始，拍至长江入海口崇明岛。[③]这些中外合拍的实践活动为中国纪录片发展积累了宝贵的经验。

七、节目主持人如雨后春笋

1980 年 7 月 12 日，《观察和思考》首期节目《北京居民为什么吃菜难》，庞啸作为电视节目主持人首次出现在中国电视屏幕上。节目中，他以记者身份采访了一些居民，并作了述评。结尾字幕中，他的身份是“主持人”，

---

① 吴廷俊主编：《中国新闻传播史（1978—2008）》，复旦大学出版社，2010 年版，第 339 页。

② 刘习良主编：《中国电视史》，中国广播电视出版社，2007 年版，第 183 页。

③《当代中国的广播电视》编辑部选编：《中国广播电视大事记》，北京广播学院出版社，1987 年版，第 305、314 页。

这是中国电视史上第一个正式使用“主持人”称谓的节目，庞啸也因此被视为中国电视业第一位新闻性节目主持人。当时节目播出时间不固定，主持人是一个记者群体，但对主持人节目这种新的形式做了有益的探索。此后，从中央到地方电台、电视台纷纷开办了主持人节目。

1981年元旦，中央人民广播电台对台湾广播开办了由徐曼主持的《空中之友》节目。同年4月，广东电台推出了由李一萍、李东主持的《大众信箱》。电台主持人节目形成“北徐南李”的格局。1982年，中央电台开始试行“节目主持人”形式，不少记者、编辑拿起话筒，进行现场口头报道。

1981年7月28日—11月17日，中央电视台举办了13场《北京中学生智力竞赛》，由播音员赵忠祥客串这个节目的主持人，由此全国电视界掀起了长达几年的知识竞赛热。知识竞赛热潮的兴起固然与节目本身的知识性、趣味性甚至游戏性息息相关，但是，主持人形态所带来的一些新鲜元素，如机智的现场发挥，生动的即兴表演，贴近的参与感受，对节目的推动也功不可没。[①]

中央电视台《为您服务》1979年8月12日首播，1982年设为固定栏目，由沈力出任固定主持人；1983年1月1日，《为您服务》以崭新的面貌同观众见面，在很短的时间里便成为中央电视台的王牌节目。

八、经济类节目和广告方兴未艾

党的工作重点转移到经济建设以后，经济新闻也随之摆到了重要的位置。1981年中央电视台《新闻联播》节目中经济新闻占国内新闻的一半左右。1981年4月召开的全国电视新闻工作座谈会，提出了搞好经济新闻的提纲式意见，即体现政策、树立典型、交流经验、鼓舞精神。1982年2月，中央电视台邀请地方电视台负责人召开“全国电视政治、经济专题节目会议”，研究改进电视新闻、克服经济报道一般化的问题。

① 刘习良主编：《中国电视史》，中国广播电视出版社，2007年版，第181页。

上海和广东作为经济发展的先行地区，经济类节目较先发展，1981年10月3日，上海电视台设立《市场掠影》栏目。安排在每周六晚的新闻节目中播出，每次三四分钟，传递五六条吃穿用的商品信息。《市场掠影》把经济报道从过去单纯报道生产拓展到消费，这是个突破。该栏目的宗旨是：传播信息、沟通产销、引导消费、促进生产。栏目播出后即受到欢迎，以往新闻报道中少见的内容给观众留下深刻印象，如《南京路上新开一家特色商店》《夏令期间冷饮食品的生产和供应》等。节目对商品的产销供应趋势及时进行分析和解答，苏浙沪观众纷纷来信，称它为“沟通产销的桥梁，指导消费的参谋”。[①]广东电视台则于1982年4月开办了《市场漫步》，记者用广东话进行现场报道，增强了经济新闻的贴近性和可视性。该栏目及时播出市场动态、市场预测、市场分析及消费者需求等方面的信息发挥了不小的作用。

广告是广播电视节目的一个重要组成部分，对于我国的人民广播电视事业来说，经营广告业务、创办广告节目，是改革开放后出现的新生事物。1979年春节，上海电视台率先推出了中国电视史上的第一条电视广告。1月28日17时5分，上海电视台在屏幕上映出了“上海电视台即日起受理广告业务”的幻灯片，随后播出了一条1分30秒的商业广告——参桂补酒。同年3月15日，上海电视台又播出了我国电视史上的第一条外商广告——瑞士雷达表。电视广告在我国商品经济最为发达的上海出现后，1979年3月5日，上海人民广播电台在全国广播电台中第一个恢复广告业务。4月，广东电视台开始推出商业广告。1979年天津电台和电视台也开始播出广告节目。在地方媒体试验成功后，中宣部于1979年11月正式批准新闻单位承办广告业务，开办广告节目，此后，广告经营和广告节目在中央电台、在全国各地的广播电台、电视台纷纷出现。[②]1979年12月，中央

① 岳淼著：《中国电视新闻节目发展史研究（1958—2008）》，厦门大学出版社，2009年版，第68页。

② 张振华主编：《中国广播电视概要》，北京广播学院出版社，2003年版，第183页。

电视台开办广告业务，在面向全国和面向北京地区的两套综合节目中，分别播出。

1980年1月，中央人民广播电台开办《广告》节目，随后各地方电台、电视台纷纷效仿。广告业务的开办，使长期以来全部依赖国家拨款的广播电视事业有了新的经费来源，而广播电视广告在宣传商品、引导和扩大消费、促进生产等方面所发挥的多种作用，也越来越引起企业界的重视。为保护消费者权益、维护社会经济秩序，国务院从1980年开始，把建设规范、有序的广告市场作为政府的重要议题，明确把广告管理工作划归工商行政管理总局负责。1982年2月，国务院颁布《广告管理暂行条例》，从而为广播电视机构开展广告业务提供了法制保障。

第四节　对象性节目的恢复发展

广播电视在中共十一届三中全会以后恢复和发展的一些对象性节目，针对性强，适合受众多元化和复杂化的需求，提高了受众对此类节目的关注度，密切了广播电视和受众的关系，进一步丰富了人民群众的精神文化生活。也增加了广播电视节目种类的多样性，促进了广播电视节目的长远发展。

一、对少数民族广播节目

在长期的历史发展中，中国各民族在居住地域上形成了大杂居、小聚居的局面。面向少数民族播出的广播节目，可以向少数民族地区发布国内外重大新闻，宣传和讲解党和国家的各项方针、政策、法令，介绍各民族的政治、经济、文化生活，增强民族团结，促进少数民族地区的繁荣和发展。

1980年6月1日，中央人民广播电台在《新闻和综合节目》中设立了《民族专题节目》栏目（1983年1月1日改名为《民族大家庭》）。这个节目是中央人民广播电台历史上第一次开办的用汉语广播的民族专题节目。它的正式播出，连同已经举办的蒙古语、藏语、维吾尔语、哈萨克语、朝鲜语五种民族语言广播，标志着中央人民广播电台形成了较为完善的民族宣传格局，也使中央人民广播电台成为中央级新闻单位中唯一一家有着完备的民族宣传建制的新闻单位。一些少数民族聚居地区也开办了对少数民族广播。1979年6月20日，云南文山人民广播电台开始播音，开播时用苗语、汉语文山方言播音，1980年6月1日，增用壮语、瑶语播音，自办有“壮语广播”“苗语广播”“瑶语广播”“汉语广播”四个综合节目。①

二、对台广播节目

党的十一届三中全会以后，特别是1979年元旦，全国人大常委会发表了具有历史意义的《告台湾同胞书》，开创了和平统一祖国的新时期。

1979年2月12日，福建前线广播电台调整节目，设置《伟大的祖国》《可爱的家乡》《爱国一家》《台湾军政人员亲人信箱》《对台湾籍乡亲广播》《时事》等6个专栏节目以及《台湾海峡地区天气预报》节目。1981年元旦，《空中之友》节目开播，节目以主持人形式出现，主持人和听众促膝交谈交朋友，收到了良好的效果。开播不到20天，就收到台湾听众经美国寄来的信件，向节目主持人徐曼表示敬意。《空中之友》节目开办成功，标志着中央人民广播电台对台湾广播的探索改革，无论从内容和形式上都发生了质的飞跃，由此，中央人民广播电台对台湾广播翻开了新的一页。②

1981年11月2日至14日，中央电台对台湾广播部和中国新闻社联合召开全国对台宣传座谈会。会议研究了如何从台湾的实际出发，从台湾同胞的需要出发，改进对台湾宣传，更好地为广大台湾同胞服务，为实现祖

① 云南省广播电视厅编：《当代中国的广播电视　云南省资料性文稿》，1985年版，第223页。

② 张振华主编：《中国广播电视概要》，北京广播学院出版社，2003年版，第35页。

国的统一大业服务的问题。[1]

1982 年 10 月 1 日，中央人民广播电台对台湾广播增加为两套、近 20 个节目。1982 年 7 月 1 日，江苏人民广播电台举办《对台湾广播》节目。同日，福建电台根据台湾同胞和爱国人士的建议，将《金门、马祖广播》节目改为《对台湾广播》节目。10 月 1 日，《对台湾广播》节目增加播音时间 1 个小时，即夜间 0 点至 1 点。定期举办《祖国建设》《故乡与亲人》《唐山风情》《空中邮路》4 个专题节目。节目采用主持人形式，播音语调力求亲切、自然、客观。[2]

三、农业广播电视节目

中共十一届三中全会以后，对农村广播的面貌发生了很大变化，节目方针由过去的教育为主逐渐变为教育与服务并重。在认真宣传党的十一届三中全会的路线、方针、政策，报道农村先进典型的同时，不断增加致富信息和农业科技知识的广播。

从 1979 年上半年开始，中央人民广播电台的《对农村广播》节目陆续播出《农村经济政策通俗讲话》《学习中央加快发展农业决定的通俗讲话》《实践是检验真理的唯一标准讲话》《农村生产责任制讲话》等广播讲座，在广大农村听众，特别是在一些县、乡干部中产生了一定的影响，起到了肃清农业方面“左”的错误影响的作用。

1980 年北京人民广播电台的《对郊区农村广播》节目举办了“怎样使农村富裕起来”系列专题节目，每周安排 3 天，每天播出 3 次，每次 20 分钟，历时 8 个月，在郊区农村引起强烈反响。[3]

① 《当代中国的广播电视》编辑部选编：《中国广播电视大事记》，北京广播学院出版社，1987 年版，第 342 页。

② 《当代中国的广播电视》编辑部选编：《中国广播电视大事记》，北京广播学院出版社，1987 年版，第 352、358 页。

③ 顾明主编：《中国改革开放辉煌成就十四年广播电影电视卷》，中国经济法研究会，中国经济出版社，1992 年版，第 267 页。

最先开始农村改革的安徽省也加强了对农村方面的报道。1979年1月，安徽电台集中宣传农村中刚开始出现的生产承包责任制，连续广播了定远县基层干部要求包产的来信、部分社队包产到组的见闻以及来自安徽凤阳县马湖公社包产到组的调查等。听众来信来电，要求重播，接着又编发了6组关于生产责任制的广播讲话。

此后，安徽电台又在《全省联播节目》《新闻》《对农村广播节目》中，有针对地组织文章和报道，从各方面回答对责任制的疑惑和责难。这些报道特点是：注重调查，从实际出发，能说出农民的心里话。

1981年3月31日，中央电视台记者拍摄在党的十一届三中全会之后农村实行生产责任制的凤阳大变样的电视片《说凤阳》。1981年5月23日—30日，播出《观察与思考节目〈包干到户以后〉》（4集）。这个节目是反映安徽滁县地区推行农村联产承包责任制之后的真实情况，对农村改革的必要性和包干到户的经验与尚存在的问题进行了实事求是的报道和评论。第一集播出后，按中宣部的指示从第二集改名为《联产计酬之后》，播出后反映强烈。[①]

四、少儿广播电视节目

1978年11月6日，中央人民广播电台的《小喇叭》恢复了广播。星期日的“小丁当”又重新回到小听众中。

党的十一届三中全会召开后，上海电台的《少年儿童节目》恢复了优秀的传统栏目，一批为少年儿童喜闻乐见的少儿广播节目也脱颖而出。比如：“文学书架”专栏，介绍中外儿童文学名著和适合儿童课外阅读的优秀文学作品；“当他们是少先队员的时候”专栏，1979年开办，介绍少年时佩戴过红领巾，如今已成为劳动模范、演员、科普作家和运动员的著名人物的故事。每逢寒暑假，《少年儿童节目》都播送中、长篇故事。1979年7月开始播讲中篇故事《小金马》，以后还播讲过外国故事《格列佛游小人国》共8集。1980年6月3日播出了儿童广播剧《“小马虎”历

① 于广华主编：《中央电视台大事记》，人民出版社，1993年版，第113、116页。

险记》，通过剧中的“小马虎”粗心大意、马马虎虎的作风而吃足苦头的有趣情节，吸引并教育了小听众。同年8月27日开始播出上海电台录制的第一部广播连续剧《木偶奇遇记》，共5集，此剧是根据同名外国童话改编制作的。1980年开办《暑假俱乐部》专栏，内容有报道夏令营活动、猜谜语、讲笑话等，收到听众来信9000多封。[①]1982年，上海电台创办的学龄前儿童节目《百灵鸟》开始播音。

1981年，党中央号召全社会要把少年儿童工作摆在重要位置，这为电视台办好少儿节目创造了有利条件。到1981年，全国34个电视台有26家设有少儿节目。如：1981年年初，云南电视台专题节目中“少儿节目”初步固定，并有专人负责。当年在中央电视台播出的各类少儿节目有200多个，其中70多个是由地方电台提供的，这一年，在中央电视台播出的各类儿童电视剧达20多部，有了明显的增长。[②]

但同时，全国电视台少儿节目编导仅有五六十人，除中央电视台及少数地方电视台编导较多外，不少台只有一个人，且不稳定。一些电视台没有固定的编导和固定的节目时间。1981年10月，中央电视台召开了我国第一次全国少儿电视节目座谈会，讨论如何提高少儿节目的质量。

第五节　广播电视事业的渐进探索

我国的广播电视事业在“文化大革命”时期遭到了严重的干扰和破坏，“文化大革命”结束后，广播电视事业逐渐恢复正常发展，特别是在党的十一届三中全会以后，在改革开放方针的指导下，我国的广播电视事业也走上了改革发展的道路。到1982年年底，除在广播电视节目设置、内容

① 《上海广播电视志》编辑委员会编：《上海广播电视志》，上海社会科学院出版社，1998年版，第286—287页。

② 吴廷俊主编：《中国新闻传播史》，复旦大学出版社，2010年版，第337页。

编排等方面进行了改革外，我国的广播电视事业在基础设施、涉外交往、受众需求、远程教育等多方面都展开了渐进探索，并取得了显著的成绩。

一、基础设施建设和广播电视技术较快发展

基础设施建设是广播电视传播活动中最基础的环节，它不仅包括传输线路、收看设备等方面硬件建设，也包含广播电视技术这一软件的发展。前者是广播电视传播活动中的必要手段和物质基础，后者是加快传输速度、提高节目质量的必然要求。“文化大革命”期间，我国的广播电视事业遭受了重大挫折，基础设施出现了严重的破坏和损毁。广播线路和架杆由于武斗影响破损严重，电视事业则因起步较晚造成电视机普及和传输设备的发展滞后。“文化大革命”结束后，我国的广播电视事业基础设施建设获得了恢复发展，特别是1980年的全国广播事业规划会议，提出了广播电视基础设施建设的具体要求，包括：建设卫星广播系统；积极发展中、长、短波相结合国内外广播网；覆盖调频广播网；普及收听、收看工具等。根据以上要求，我国广播电视系统从基础着手，铺设广播电视微波干线、发展调频立体声广播、积极筹划通信卫星发射计划、自主研发彩色电视，到1982年年底，广播电视基础设施建设得到了较大发展，广播电视信号覆盖范围更广，传输更快、质量更高，农村广播网也得到进一步发展。在改革开放初期，我国的广播电视基础设施建设走上了稳定快速的发展道路，并有力地促进了国民经济发展。

基础设施建设关系到广播电视节目的制作、传送和播出，这是广播电视完成播出任务和宣传工作最重要环节。这一时期，我国的广播电视基础设施建设主要是由无线局[①]负责的，全局拥有短波、中波、调频和电视等

① 无线局成立于1982年9月28日，为部属事业单位，负责中央人民广播电台、中国国际广播电台和中央电视台的广播电视节目的发射和向国内外的传送。对中央直属发射台、监测台、基建工地和大修队等45个基层单位及包括局机关共61个初级单位进行管理。

各种发射机及其天线、供电配套装置，还拥有多条微波电路和监测等设备构成的各种等级的发射台、传送台和监测台。在无线局的管理下，我国广播电视基础设施建设在硬件和软件上都取得了很大发展。

1. 调频立体声广播快速发展

1980年召开的全国广播事业规划会议认为，要积极建设覆盖全国的广播网，使各族人民能听到、听好中央电台和省、自治区、直辖市电台的广播节目。另外，在大中城市开办调频广播或立体声调频广播。调频广播是国外20世纪50年代兴起的广播方式，是一种以无线发射的方式来传输广播的设备，具有无需立杆架线，覆盖范围广，无限扩容等特点，可以解决传统有线广播布线困难、安装复杂等问题。调频广播与超短波、中波广播相比，覆盖面积大，建设投资少。因此，调频广播对于发展中国广播事业是非常重要的。到1979年，我国的调频广播网建设有了较大发展，全国先后有24个省、自治区广播局以省会和首府为中心，建设调频线路，向各地的转播台和有线广播站传送本省、自治区电台的广播节目。

随着我国调频广播网的发展完善和国际上立体声广播的不断成熟，为了给听众带来更好的广播质量，我国开始学习、建设立体声广播。听众在使用立体声收音机收听广播时，可以享受更好的收听效果，音质更为清晰并具有现场感。1980年7月，中央人民广播电台中控室从瑞士引进16轨录音机和多路输入输出调音台，这是其引进的第一套多轨录制设备。[①]此后，各地方电台陆续引进多轨调音台，比如，天津台于1980年建起了调频立体声试验广播系统，为立体声广播的发展普及做了准备。同年，中央人民广播电台第三套立体声广播节目开播，技术部门用4台瑞士立体声录音机和国产的立体声调音台，建成了中央第一套立体声播出机房。[②]1982年，

① 杨波主编：《中央人民广播电台简史》，北京广播学院出版社，2000年11月版，第333页。

② 杨波主编：《中央人民广播电台简史》，北京广播学院出版社，2000年11月版，第336页。

中央电台首次举办立体声录音技术短训班，来自中央电台及地方电台的录音师共30多人学习了由德国专家巴钦讲授的立体声录音和数字录音技术，同时进行实际录音示范操作。在学习与实践的基础上，我国开始自己研制调频立体声广播所需的设备，1981年，上海成为国内首先使用自己研制的晶体管激励器播送立体声节目的电台。这些实践使我国立体声调频广播有了长足的发展，播音质量的提高也促进了我国社会收音机拥有量的增加。

立体声广播技术对于提高广播质量，为受众提供良好的收听效果有着非常重要的作用，我国的广播从此改变了以往质量差、收听不清晰、不动听的状况，在这一时期成为听众了解政治、经济、文化、社会信息最重要的手段和工具，为我国广播事业的发展提供了良好的发展机遇。

2. 完善建立微波传送干线

微波传送是通过电磁波传输信号进行的通信，可广泛运用于广播电视、网络信号传输，是一种灵活、适应性强的通信手段，具有建设快、投资小、应用灵活的特点。我国广播电视传输设备起点低，底子薄，多是20世纪50年代或60年代的老旧产品，加上由于受到“文化大革命”的干扰和破坏，1976年年底时，我国的广播电视事业在事业规模、技术设施和覆盖指标等多方面都无法满足广大群众的需求，且广播节目主要依靠短波传送，质量很差。针对这种情况，1978年，邮电部和中央广播事业局发出了关于用微波电路担负广播节目传送的通知，并在次年1月开通了北京到上海、福州、杭州等16个城市广播用的微波话路各1条。[①]1979年年底，中央人民广播电台开始采用建设快、适应性强的微波干线向全国四个方向传输广播节目，改变了新中国成立以后一直靠短波向全国传输广播节目、质量差、易受干扰的落后局面。伴随着立体声广播和微波传送技术的逐渐成熟，1982年，无线局与广州通信设备厂共同试制了微波传送立体声的终端设备，首先试用于东北三省传送中央电台第三套立体声节目后，扩展到其他省份。各地

① 赵凯主编：《上海广播电视志》，上海社会科学院出版社，1999年版，第543页。

方电台之间加强合作，建立全区规模的广播电视传输体系，以内蒙古台为例，在1982年，建成了太原至呼和浩特的微波线路，并与北京至太原的微波线路接通。随后，又相继建成了呼和浩特至包头、呼和浩特至赛汉塔拉、银川至巴彦浩特等几条微波线路，增加了独家新闻比例，扩大了新闻报道面。同时，利用微波传送电视信号的地方电视台也不断增加，据统计，通过微波传送新闻的省电视台逐年增加，从1979年只有上海、广州等地可以回传到1980年有21个省、市电视台可以通过微波向北京传送新闻[①]。

3. 通过卫星向海内外传送节目

广播节目的信号质量差导致了许多听众没有稳定的收听环境，在通过微波技术对广播信号进行改进建设的同时，在党的改革开放方针指引下，我国积极学习国际上发展起来的新技术——同步卫星传送广播电视节目。卫星广播电视是20世纪70年代发展起来的现代化技术，它可以同步报道世界范围发生的重大新闻，更好地保证广播电视的报道时效，是一种投资少、见效快、收益高的传播手段。与微波传送相比，节目信号更稳定、受干扰较少、节目质量也更高。卫星广播电视为我国传送节目开辟了新渠道，提供了新手段，使我国广播节目传送质量有了新突破，上了一个新的台阶。

改革开放以来，电视在我国居民家中逐渐普及，收看电视的人越来越多，自1978年中央电视台第一次通过卫星从国外传回体育比赛实况后，利用卫星传送电视信号就其显示出的优点，得以不断发展。1980年1月，中央电视台开始收录太平洋和印度洋通信卫星传送的世界新闻电视节目，供当日的“国际新闻”选用；在11月时，通过卫星转播在日本举行的“世界排球赛”中国队对苏联队和中国队对日本队的两场比赛实况，在中国女排荣获冠军后，全国成千上万的观众纷纷走上街头，热烈庆祝。在第十次广播工作会议的号召下，全国广播电视系统科技工作人员自主研发、积极配合、克服困难，我国于1984年发射了第一颗实验通信卫星。

① 《当代中国的广播电视》编辑部选编:《中国广播电视大事记》，北京广播学院出版社，1987年版，第39页。

4. 电子新闻采集设备得到使用

随着电子工业的发展，摄像机和录像机体积变小，重量减轻，为电视台更加方便快速地采访提供了必要的保证。1978 年 12 月，为提高电视新闻时效性，简化和加快电视新闻的采集制作过程，中央电视台《新闻联播》节目开始使用引进的 ENG 电子采访设备，采制声像合一的新闻，从此改写了以往单靠摄影机拍摄电视新闻的历史。ENG（Electronic News Gathering 的缩写），是当时国外的最新科技，它便于记者使用，而且改变了依靠拍摄电影片的新闻采访办法，省去影片洗印的过程，录制的新闻节目，在 2—3 小时后即可供播出，大大提高了电视新闻节目的时效性。

电子新闻采集设备的使用是新闻报道历史上的一个重要里程碑。它对于及时报道突发性新闻事件起到了很大的推动作用，使人民群众可以更快地通过电视了解最新发生的重大事件，发挥了电视传播的优势，同时，也为记者快速、准确地报道新闻提供了便利，促进了我国电子新闻采集设备生产的发展。

5. 黑白电视向彩色电视过渡

20 世纪 50 年代美国最早研制出彩色电视，随后日本、英、法等国家也相继推出彩电，并转换电视信号，制作彩色电视节目。到 70 年代末，已经有了很大的进步，在节目制作和图像传送等方面都取得了相应的经验。与我国相比，国外的彩色电视发展领先我国 20 多年。我国从 1973 年就开始进行彩色电视信号的传输和试播，但由于彩色电视普及率低、传输干线缺乏，加上“四人帮”的干扰破坏，整体发展速度较慢，质量较差。“文化大革命”结束后，国家各项工作的建设逐渐回到正轨，彩色电视的研发和制造也重新被提上日程，且时间较为紧迫，中央和地方电视台投入大量的人力、物力积极发展建设，1977 年 7 月 22 日，北京电视台（现中央电视台）2 频道第一次试播彩色节目，并从 25 日起，正式向全国传送彩色节目。各省电视台纷纷加快步伐，实现彩色电视转播的目标，如，1981 年 10 月，山西电视台实现了电视节目由黑白向彩色转变的目标；吉林省于1979年开始建设吉林省彩色电视中心大楼，次年，从外国购进一批价值120万元的彩色电视中心和新闻采访所需的摄录设备，省电视台由黑白向彩色过渡。[①]1980年前后，山西、内蒙古、辽宁、吉林、上海、浙江、四川等省都开始试播彩色电视节目，彩色电视转播实现了质的飞跃。

彩色电视信号在中央、各省电视台的逐渐转换，对彩色电视机的普及提出了新的要求，我国的彩色电视机制造工业面临着严峻的挑战。1978年年初，北京等几大城市开始凭票限量供应少量从匈牙利和日本进口的彩色电视机。同年，国家批准原上海电视机厂即现在的上海广电集团从国外引进第一条彩色电视机生产线，为了更好地发挥电视的宣传作用，全国广播事业规划会议提出了优先发展电视的方针，1982年我国第一条彩色电视机生产线竣工投产。这标志着我国彩色电视机工业已经跨越自行摸索的漫长时期，开始直接和国外先进技术对接。不久，国内第一个彩色显像管生产厂——咸阳彩虹显像管厂成立。彩电得以在国内大规模生产，经过消化、吸收国外先进技术，生产出一批批高质量的国产电视机。截止到1982年，我国已拥有彩色电视53万部，相比于1978年的3000多部，翻了170多倍（见下表）。从此，彩色电视在中国进入了普及阶段。

1978年—1983年我国彩色电视机生产量[②]

年份	彩色电视机（万台）
1978	0.3768
1979	0.9497
1980	3.2127
1981	15.20
1982	28.81
1983	53.10

① 顾明主编：《中国改革开放辉煌成就四十年　广播电影电视卷》，中国经济法研究会，中国经济出版社，1993年，第315页。

② 左漠野主编：《当代中国的广播电视》（下），中国社会科学出版社，1987年版，第256页。

彩色电视信号的传送和国产彩电的大发展是我国电视工业发展的巨大跨越，我国掌握了彩色电视制造的新技术，研发出越来越先进的设备，随着传输线路发展逐渐完善、覆盖面增大，使电视传输画面更加稳定、清晰。同时，我国拥有了自主研发国产彩电的能力，突破了进口彩色电视的限制，提高了在彩电行业自主创新的能力，伴随着科研人员、技术工人的不断努力，我国电视工业进入了一个较为快速的发展时期，在国际上渐渐拥有了竞争力。

6. 加强农村有线广播事业网建设

农村有线广播事业网的建设是基础设施建设的一个重要方面，它的恢复发展取得了可喜的成绩。我国是一个农业大国，农村基数大，农业人口多，农业是我国国民经济的基础。在改革开放初期，我国仍是一个以农业人口为主要人口构成的国家。农村和农民需要大量的农业信息和农业科技知识来促进农业生产的发展。

我国一直把农业宣传和对农村宣传摆在重要的地位，其传输网络——农村有线广播网的建设非常重要，1976 年，中央广播事业局在北京召开自动化经验交流会，确定农村有线广播的技术改造应以提高质量、确保安全播音为目标，逐步实现以电子计算机为中心的自动化，逐步普及多功能、多通道的有线广播系统。[①] 这一时期，地方各县、乡投入了大量的人力、物力、财力建设农村广播事业网，面向本省农业人口开展更有针对性的广播服务。由于受到各种复杂因素的影响，各省的农村广播事业网基本上采取了多种传输手段相结合的，连接村村户户的质量高、效能好的农村有线广播网。以云南省为例，由于地形沟壑纵横、山高谷深，从 1979 年开始，分别在东川、龙陵、牟定、双柏和丽江五个县[②] 开办县调频广播的试点，

---

① 左漠野主编：《当代中国的广播电视》（下），中国社会科学出版社，1987 年版，第 207 页。

② 云南省广播电视厅编：《当代中国的广播电视　云南省资料性文稿》，1985 年版，第 122 页。

采取因地制宜的方法，发展调频广播，有线与无线相结合，取得了良好的效果。天津从1978年至1983年，全市区、县广播台（站）至乡镇建成广播传输专杆专线7558杆公里。区、县广播台（站）的设备逐步得到了更新和补充。[①] 这一时期，各省对于本地区农村无线广播事业网的建设都非常重视，在党的十一届三中全会以后，各区县广播站的自办节目逐渐增多，一些带有乡土气息的栏目相继产生。

农村有线广播事业网的建设对于我国广播电视事业的发展起到了很多有益的作用。

（1）扩大广播收听范围。这一时期，对于农村人口庞大的中国来说，发展农村有线广播事业网既是扩大收听范围的重要途径，也可以在一定程度上提高受众的文化水平，减少文盲数量。

（2）农民可以了解国家大事，避免信息闭塞。一直以来，由于地形、交通等因素的影响，最新发生的新闻到达农村是需要很长时间的，信息到达农村时，新闻已是旧闻。建立农村广播事业网后，农民可以较快地了解国家新近发生的事情。另外，县、乡农村广播台（站）还自办节目，以本地新闻为主体，辅以专题节目、文艺节目、教育性节目等。

（3）对农民生产劳作产生积极的影响。促进农业增产是县、乡农村广播的重要任务，农村广播事业网建立后，积极宣传农业生产实际情况，普及农业科学知识，回答农民提出的具体问题，对于农业生产增收起到了良好的效果。

在党的十一届三中全会召开、改革开放旗帜的引领下，我国的农村有线广播网在这一时期发展迅速，各县、乡大力发展广播杆、喇叭、传输线路等基础设施，取得了较好的成绩，为我国形成多层次、多渠道、多功能的农村广播电视网，不断向深度和广度发展，奠定了强有力的基础。

广播电视基础设施建设到1982年年底有了长足的发展，广播电视人

---

① 顾明主编：《中国改革开放辉煌成就四十年　广播电影电视卷》，中国经济法研究会，中国经济出版社，1993年版，第280页。

口覆盖率有了较大幅度的提高。据统计，1982 年年底，全国广播电台达到 118 座，广播电视专用微波线路已达 10330 公里。特别是电视台，增加到 47 座，电视转播台更是猛增到 5635 座，其中 1000 瓦以上的有 328 座，我国电视机的社会拥有量达到 2761 万台[①]。广播人口覆盖率达到了 64.1%，电视人口覆盖率则提高到了 57.3%。事业建设规模的不断扩大，广播电视技术的不断发展，收听、收看工具的不断普及，为电台、电视台提供了必要的物质技术基础，使我国广播电视宣传在国内外的影响日益扩大。

二、对外宣传和涉外交往走向复苏

1. 广播电视对外宣传恢复发展

“文化大革命”时期，我国广播电视事业的对外宣传受到政治因素的影响，遭到破坏，对我国政治、经济、文化发展等情况都没有进行客观准确的报道，使国外受众对中国了解不全面，国家形象受到了损害。针对这一情况，从 1976 年 10 月打倒“四人帮”开始，我国广播电视着力恢复对外宣传工作，但限于基础设施和节目制作水平，我国这一时期的对外宣传主要是通过广播进行的。

1980 年，中共中央《关于建立对外宣传小组加强对外宣传工作的通知》中指出：“对外宣传的根本任务是为党的总路线服务，为党的对外路线服务。对外宣传应当真实地、丰富多彩地、生动活泼地、尽可能及时地宣传中国，介绍中国政治、经济、文化、社会生活等方面的情况。宣传中国对外政策，增进各国人民对中国的了解和友谊，提高海外同胞爱国思想，团结一切可以团结的力量，以利于中国的社会主义现代化建设、台湾回归祖国和国际反霸、维护世界和平的斗争。”

1978 年，北京广播电台改名为中华人民共和国国际广播电台（简称中国国际广播电台），在拨乱反正思想的指导下，从节目设置、宣传内容、

① 赵玉明主编：《中国广播电视通史》，中国传媒大学出版社，2006 年版，第 346 页。

语种安排和宣传风格上都出现了很大的变化。在宣传内容上，着力向国外听众介绍我国的基本国情，使其正确地认识和了解社会主义中国的真实情况，从政治建设、经济发展、社会风貌和风土人情等方面入手，做了详细的报道。在节目设置上，有关国际事务的新闻和评论占了很大的比重，对中国共产党的对外政策、重大国际事件、第三世界的国家事务、世界经济发展状况等做了大量的新闻报道和评论，扩大了中国国际广播电台的影响力，并且提升了中国的国际地位和形象。除此之外，中国国际广播电台还开办了对外文艺节目，宣传中国的历史地理，广受好评。在宣传风格上，逐渐由保守趋于开放，不再局限于意识形态领域的宣传，转而以客观报道呈现，广受外国听众好评。这些变化使中国这一时期的对外广播在质量上有了很大的提高。

（1）新闻报道内容丰富，报道方式由繁到简。中国国际广播电台作为这一时期中国对外宣传的喉舌，报道国内新闻是其一项重要内容。为了更加准确、快速报道国内外新闻事件，中国国际广播电台开始在世界各地建立自己的记者站和采编队伍。1980 年，中国国际广播电台在日本东京建立了第一个为中央三台（中央人民广播电台、中国国际广播电台、中央电视台）服务的记者站。以后又在巴黎、伊斯兰堡等地陆续建立了驻外记者站，丰富了中国国际广播电台的信息来源，提高了对外广播中国际新闻的时效性。我国实行对外开放后，外交活动日益活跃，国外听众十分关注中国对外政策的走向。鉴于此，中国国际广播电台于 1981 年组建起一支精干的外事采访队伍，及时采访报道我国和世界各国领导人之间的互访等重大外事活动。随着拨乱反正的进行，对外广播逐渐改变“文化大革命”时期的混乱宣传状况，将我国的政治、体育和外交等消息对外报道，让外国听众了解改革开放以来中国的整体风貌。

中国国际广播电台及时报道发生在国内的政治消息，如在 1976 年通过 30 多种语言向国外报道了毛泽东、周恩来和朱德同志逝世的消息，很多外国听众都来信表示吊唁。1980 年 9 月 27 日、29 日，11 月 23 日和 12

月 17 日先后在各语言节目中播发了公开审判“四人帮”的消息；西藏和平解放 30 周年时，对外广播电台邀请了班禅额尔德尼在广播中介绍西藏的发展变化；报道为刘少奇同志平反等，这都表现了我国对外广播在政治事件的报道中所持的开放态度。

这一时期中国国际广播电台对中国外交和国际关系的报道较为客观全面，不仅对我国领导人出访各国的消息和涉及我国的重大外交事件作了及时准确的报道，如：1979 年 1 月 1 日，中美两国建交，中国国际广播电台从凌晨 0 点播出《华国锋主席、邓小平副主席和美国总统互致电报，祝贺中美两国建立外交关系》等消息。1981 年 5 月 21 日，中国和巴基斯坦建交 30 周年，中国国际广播电台用乌尔都语广播举办《中国—巴基斯坦建交 30 周年》专题节目；同时，也对世界局势发展变化做出了详细的报道，如：1979 年的苏联入侵阿富汗、越南战争事件等，中国国际广播电台都进行了关注和跟进，为我国国际广播电台成为世界性广播电台奠定了基础。

在体育事件的报道中，中国国际广播电台对发生在世界各国的体育比赛作了客观公正的报道，并且及时迅速，有许多报道都被中央人民广播电台和中央电视台（原北京电视台）所采用。

（2）文化宣传涉及面广，报道量由少到多。除新闻报道外，这一时期我国对外广播中注重对中国及世界多国的文化宣传。1976 年，中国国际广播电台用 20 种语言播出毛泽东诗词《水调歌头 · 重上井冈山》《念奴娇 · 鸟儿问答》，并向听众解释其内涵意义，受到了世界众多听众的欢迎。中国国际广播电台还恢复和增加了向外国公众介绍中国的专题节目，如：《中国文化》《在中国旅行》《中国建设》节目，增办《科技之窗》《历史与文物》等，向世界听众介绍我国的传统文化和人文地貌。

中国国际广播电台在改革开放之后，注重在节目设置上恢复和发展文艺类节目，音乐节目中加强了民族音乐的报道，文学节目内容更加丰富多彩。其中播送日本民歌的音乐节目引起了听众很大的反响。许多外国听众给中国国际广播电台来信表示，能在广播中听到自己国家的歌曲非常高兴，表达了他们对我国对外广播的认可。1981年，孟加拉语广播开办了《故事会》专题节目，每周六播出。播送中国的童话和民间故事，还播出反映社会主义中国新人、新事、新风尚的现代故事。这些都从一定程度上反映了我国在新时期的文化发展政策。

（3）听众来信反映问题，数量多。听众来信是反映传播效果的重要指标，广播节目质量高低及听众是否喜爱广播节目内容，都可以通过听众来信反映出来。中国国际广播电台对外广播覆盖范围广，涵盖亚洲、欧洲、非洲、拉丁美洲等地区，从1976年—1982年，平均每年收到世界各地听众来信近十万封，来自世界上的100多个国家（见下表）。这些来信很多反映了中国对外广播存在的问题，并提出建议，对于改善中国国际广播电台的节目质量发挥了重要作用。中国国际广播电台根据听众提出的建议对广播节目加以改进，新闻节目和文艺节目等均更加去意识形态化，实事求是，内容上也更加注重文化建设和人民的生活方式，但仍存在些问题，如文风枯燥冗长。在不断努力和改进下，听众的态度明显发生了转变，从早期的并不看好、意见较多，逐渐转变为表扬较多。听众来信为中国国际广播电台的发展做出了很大的贡献。

中国国际广播电台1976年—1982年听众来信地区和数量统计

年份	1976	1977	1978	1979	1980	1981	1982
国家及地区	130	136	127	126	136	145	140
来信数量	118709	117453	105632	91728	90387	76853	80020

另外，中国国际广播电台面向外国听众开办的《学中国话》《中国常识问答比赛》等节目，在帮助听众学习汉语的同时，也很好地加强了与广播听众之间的沟通。每逢一些特殊的日子，中国国际广播电台还举办各种形式的特别节目。1980年1月1日，新年前后，日本部为期一周的《新年特别节目》受到听众的欢迎。春节前夕，越南组播出自己创作的大型广播剧《除夕夜》，引起听众强烈反响，结合国外的纪念活动，中国国际广播电台也推出一些纪念性的节目。1980年4月22日，列宁诞辰110周年。

俄语节目除播发中央的报纸、期刊上的纪念文章外，还自采3篇报道、1条录音新闻和几首歌颂列宁的歌曲。

（4）国际评论工作得到加强。1980年，中国国际广播电台组建起自己的评论队伍，撰写国际评论、时事分析等。1980年1月17日，国际新闻部自苏联入侵阿富汗以来，编发了自撰评论6篇，表明中国国际广播电台国际评论工作迈出了新的一步。在新闻类节目中，中国国际广播电台注重向国外受众播出中国发生的重要事件，也注重报道国外的新闻事件。1978年3月18日—31日，全国科技大会在北京举行，各语言节目播出开幕消息、邓小平副总理的讲话和方毅的报告。1979年10月1日，国庆30周年，发专稿8篇。1980年8月28日—9月10日，报道五届人大三次会议和政协三次会议。1981年7月19日—30日，第11届世界大学生运动会在罗马尼亚首都布加勒斯特举行，中国国际广播电台派出专人采访报道，并在节目中播出关于此次运动会的消息和专稿。在国内新闻稿件的采写上也摆脱了完全依赖新华社的做法，1979年6月18日—7月1日，五届人大二次会议在北京举行，会议开幕、闭幕、主要议程的消息均由中国国际广播电台写稿定稿。

这一时期，我国的对外广播在不断探索中，取得了良好的成绩，并且掌握了一些学习经验。要想办好对外广播，一定要注意对外宣传的针对性，在内容、形式、风格上都要适合收听对象的特点，并且不同国家、民族、年龄、职位、性别、阶层等因素都会影响宣传的效果。改革开放以后，我国的对外宣传改变“文化大革命”时期内外不分的弊病，坚持“内外有别”的原则，扭转了宣传味浓、说教腔重等倾向，根据对象国家特殊的历史文化、风俗习惯、宗教信仰等，在题材选择、表达方式上做出恰如其分的处理，同时保持了中国风格与气派。一些国外听众把我国对外广播在改革开放后出现的新面貌，形容为“来自遥远的中国的清新之风”，中国国际广播电台相继被一些国家的收听组织评为“改进最大的电台”“最受欢迎的电台”。

2. 涉外交往日益频繁

随着对外宣传的恢复发展，我国广播电视系统与国际上的对外交往也日益频繁，这对于我国广播电视事业建设和节目制作水准的提高都创造了有利的条件。这一时期的广播电视对外交往也日益频繁，主要包含以下几个方面的内容：

（1）涉外采访报道。

派记者出国采访是广播电视行业涉外工作的重要内容，自 20 世纪 50 年代以来，中央人民广播电台和中央电视台开始派记者出国采访。主要有三种情况：随国家领导人出访，采访重大国际活动；外出采访报道大型体育赛事；采访报道各个国家的经济、文化和风土人情。

改革开放以后，国家领导人出访频繁，派记者出国采访的次数随之增多。1978 年，中央人民广播电台派记者刘振英随国家领导人出访南斯拉夫、罗马尼亚、伊朗；1980 年，中央人民广播电台派记者韩铎随访日本；同年，金日成主席接见了以张香山局长为团长的中国广播电视代表团。

外出采访报道体育赛事的活动主要包括奥运会、亚运会等综合体育性比赛及受到国人喜爱的足球、乒乓球、羽毛球、跳水、体操等项目的比赛。1978 年 6 月，中央电视台通过卫星连续 4 次转播在阿根廷举行的第十一届世界杯足球赛的比赛实况，这是我国电视台第一次通过卫星从国外传回体育比赛实况。1978 年年底，第八届亚运会在泰国曼谷举行，中央人民广播电台和中央电视台都派出记者采访。中央电视台记者拍摄了“亚运会前的曼谷”“中国队参加比赛项目的片段”“各国运动员联欢”等 11 条电视纪录片；中央人民广播电台的 4 人体育采访小组第一次利用卫星线路从国外向国内广播体育比赛实况。

由于“文化大革命”十年的混乱政治局面，我国的国际地位有所下降。这一时期，国家领导人除在政治上与国际社会增进沟通交流，体育比赛是使世界各国对我国增进了解、提高国际地位的一个特殊手段。因此，在这一时期，我国努力争取各类比赛的举办权，电台和电视台对各种类型的体育比赛进行了多方面的报道。例如，在 1981 年，北京举办了首届国际马拉松比赛，中央电视台派将近 200 人进行转播，摄像机 16 台，各种车辆

30 多辆。这是中央电视台投入力量最多的一次体育实况直播，并通过卫星向日本实况转播。[①]

对国家文化传统、风土人情的采访因为对外开放政策逐渐增多。1978 年，中央电视台派出电视摄影小组赴埃及、苏丹、索马里拍摄电视片。

（2）中外合作节目。

我国与外国广播电视系统的合作始于 1950 年，中央电台就与苏联、波兰、罗马尼亚、匈牙利、捷克斯洛伐克、朝鲜等国的国家电台开始交换广播节目，由于语言限制，以音乐节目为主。改革开放以后，广播电台、电视台逐渐恢复与外国的合作交流，接收国外寄送节目。至 1983 年，中央人民广播电台就收到了 52 个国家和地区电台寄送的音乐及其他节目。1979 年的《丝绸之路》是我国电视台第一次和国外合拍的大型纪录片，这在国内外都形成了“丝绸之路热”。在这之后，中日又合作拍摄大型纪录片《长江》等，产生了良好的宣传效果。1982 年，美国夏威夷第九电视台与中央电视台合作拍摄了《新疆少数民族风土》电视片，并且双方同时播映。

改革开放所带来的观念改变，使中国在吸纳世界优秀文明成果的同时，努力将其博大精深的文化传达给世界，同样，世界想要更多地了解这个历史悠久的文明古国。在这一过程中，各国的广播电视系统举办各种活动，对加强中外之间的交流，起到了必不可少的作用。1978 年 2 月，英国广播公司电视二台举办“中国电视周”，放映了柏林拍摄的《西藏——世界的屋脊》、伊文思拍摄的《愚公移山》、我国故事片《连心坝》和这个公司摄影队拍摄的《北京动物园》《中国的农业》《内蒙》等共计 14 个介绍中国的节目。这是外国电视台第一次举办“中国电视周”节目。[②] 同年，联邦德国“西南电台”开始举办“中国周”广播节目。该电台用三套节目

① 于广华主编，马超曾、穆晓方副主编：《中央电视台大事记》，人民出版社，1993 年版，第 118 页。

② 于广华主编，马超曾、穆晓方副主编：《中央电视台大事记》，人民出版社，1993 年版，第 77 页。

播出了他们派出的记者两次采访中国的见闻，并且播出中国提供的900分钟节目，使联邦德国的民众通过广播更加了解中国，提升了中国的知名度。

（3）对外特别节目和国际广播活动。

我国广播电台、电视台在外国领导人来访或友好国家的国庆日时，配合对新闻事件的报道，举办特别节目。如1980年10月，在法国总统德斯坦访华前夕，中央人民广播电台举办了“法国音乐周”，增进听众对法国文化的了解。这类特别节目旨在向受众介绍世界各国的风土人情、历史发展、民俗传统等，拓宽受众视野，增长知识。

这一时期中央人民广播电台参加了多次“亚广联”组织的活动，特别是20世纪80年代以来，许多编辑、记者参加了国际广播组织举办的各类培训班。我国的电视新闻工作者从1977年开始参加由亚洲广播发展学院开办的“亚洲电视新闻交换学习班”，中央电视台每年派记者参加；联邦德国艾伯特基金会连续几年出资邀请中央人民广播电台派人前去进修采访、编辑业务、广播剧制作、录音技术等课程，增进了相互间的交流，广播系统人员开阔了眼界和提高了技术。

（4）派团出国学习。

派代表团赴国外进行学习和技术考察，是紧紧围绕广播电视事业发展的需要进行的。我国在开始搞立体声录音、卫星广播并决定修建彩电中心时，都派代表团赴加拿大、英国、德国、澳大利亚等国进行考察，及时了解学习国外先进的广播电视技术。同时，还邀请外国著名专家来华讲学，讲授广播电视先进技术、节目制作技巧等。考察学习一方面加快了我国广播电视发展的步伐，另一方面也使我国和世界各国的联系更为密切。

对外宣传与涉外交往是广播电视行业发展的重要内容，是衡量一个国家广播电视发展和建设情况的重要指标。这一时期我国广播电视业的对外宣传与涉外交往活动，不仅使广播电视节目获得了外国听众的信任和喜爱，而且对国家形象的提升也产生了重要意义。

三、受众需求重新得到重视

受众对节目的满意度关乎整个广播电视事业的发展，受众的满意度高，反馈多且评价高；相反，满意度低，反馈中就多为指责之声。在“文化大革命”时期，广播电视系统的宣传受到了干扰破坏，听众和观众对其不满意，撕毁节目单，砸掉收音机，经常有唾弃之声。粉碎“四人帮”后，广播电视工作逐渐走上正轨，受众重新对广播电视宣传建立了信心。

1. 做好受众来信反馈工作

受众来信的数量和内容都可以反映听众满意度。对节目的满意度可以反映一个节目的开办是否成功，宣传内容是否反应党的工作，与党的路线、方针、政策相统一，是否符合受众的需要。

中央人民广播电台一直有一个优良的传统，即听众的来信反馈。1952年8月，听众服务组成立后，就开始有听众来信的记录。“文化大革命”时期的听众来信虽绝大部分并未保存下来，通过为数不多的摘抄还是可以反映听众对当时不实宣传的批评和指责。1980年元旦开始，中央人民广播电台在《各地人民广播电台试播》节目中开办“听众信箱”专栏，每星期天播出。1982年，成立听众工作部，下设听众联系组和《听众信箱》节目编辑组，并制订了《中央台听众工作试行条例》。《条例》规定：听众工作部是本台与听众联系的机构，负责统一管理并组织全台的听众工作。对外通过处理听众来信、接待听众来访、到听众中调查访问、了解听众收听广播的情况、研究听众的思想动态、听取听众意见，密切与听众的联系；对内和各编辑部、组建立业务联系，促进全台听众工作的开展。

听众来信中，不仅有写给栏目组、发表对节目意见的，而且有很大部分是写给播音员的，表达对他们的喜爱，提出意见。中央人民广播电台的播音员对这些信件大多都做了回复，其中，最有代表性的是新中国广播事业的奠基人之一——齐越。齐越（1922—1993）是我国人民广播事业的第一位男播音员，他曾担任延安（陕北）新华广播电台的播音员，对解放战争的胜利做出了重要贡献。1949 年 10 月 1 日与丁一岚向全世界直播开国大典的盛况，以特有的庄重、深沉的声音感染了千百万听众。许多人从他的播音中更深切地感受到《谁是最可爱的人》《县委书记的好榜样——焦裕禄》等名篇的魅力。齐越一生心系祖国和人民，品德高尚，在事业上兢兢业业、勤勤恳恳，为培养新一代播音员付出了辛勤的汗水，留下了大量优秀的播音作品。齐越对受众非常重视，刘淮在《齐越和他的播音生涯》中提道："齐越说不清这大半辈子究竟收到了多少封听众来信，但是他基本上做到了每信必复。"[①] 在齐越 40 年的播音生涯中，他对收到的信件坚持回复，即使是在生病住院期间，对一些重要的信件他仍然亲自回复。听众的很多来信他都珍藏着，特别是一些批评性的信件，他都亲自抄录在小本上，用红笔勾出，认真吸收群众的意见。齐越还经常参加与听众们一起的联欢会，受到了听众的喜爱和欢迎。他经常说："听众是我的良师益友。"他在与听众的交往中，受到鼓舞，获得力量，更坚定了他为广播事业献身的信念，在播音艺术上精益求精，在道德品质方面不断自我完善。[②] 齐越的这些活动都体现了他作为一位优秀的播音员对于听众的重视程度，也体现出这一时期我国的广播事业受众工作新的发展。

同时，随着对外开放，中国广播电视系统在国际上的影响力日益扩大，对外广播语种数量增加，宣传内容也遵循"内外有别"的方针，更加有针对性，收到了五大洲几十个国家和地区的听众寄来的信件。

随着地方广播电视台的群众来信不断增加，对受众的重视程度上了一个新的台阶。云南电台具有典型的代表性，云南电台、云南电视台每天都要收到听众、观众大量来信，1982 年一共收到了 1.9 万多封，平均每天都有 50 多封[③]。在这些来信中，广大听众和观众提出了对广播电视节目的反馈和建议以及许多自己在生活中无法解决的问题。比如，如何识别马的年

① 刘淮：《齐越和他的播音生涯》，中国国际广播出版社，1993 年版，第 106 页。
② 刘淮：《齐越和他的播音生涯》，中国国际广播出版社，1993 年版，第 128 页。
③ 云南省广播电视厅编：《当代中国的广播电视　云南省资料性文稿》，1985 年版，第 158 页。

龄？用什么办法防治苞谷蛀虫？使用的药品在什么地方购买？等等。对于这些问题，电台、电视台在专门创办的《农科技信箱》里，一一给予解答。

2. 开展受众调查

受众调查对广播电视的发展有着重要的作用。听（观）众来信是最早的调研方式。受众通过来信表达对收听、收看节目的喜好、意见，说明自己的观点，促使广播电视节目做出更好的改进。但是，这种方式对于广播电视系统是比较被动和主观的。例如，“文化大革命”时期由于受众对宣传内容的反感，导致整体受众来信数量的下降；即使来信也不一定会收到良好的反馈效果。因此，20 世纪 80 年代以来，受众调查研究改变了以往来信来访整理、听众座谈、典型调查的方式，采取了科学化、现代化的调查研究方法。

1982 年 6 月，由北京新闻学会组织，运用科学的抽样方法，采取现代化的统计手段，对北京市居民读报、听广播、看电视情况进行了一次综合考察和研究。这在我国新闻史上是第一次，从此受众调查走上了新的里程。[①]

3. 建立听评广播队伍

中央人民广播电台在 1982 年成立听众工作部，负责选择、组织、联系积极听众，这些积极听众来自在中央人民广播电台刊物《编播日报》《编播业务》《听众来信汇编》《中国广播报》和节目中来稿的作者，由他们构成听评员队伍。他们热爱广播、关心广播，不仅听广播，而且参与进来，对广播评议，表达自己的意见和反馈。

听评广播队伍的建立，使中央人民广播电台有了自己的信息反馈系统，可以更加全面地了解广播节目在听众中的反映。这种方式有利于广播电台更好地了解、满足受众的需求，听评员对广播节目的设置、布局、时间安排、节目编排、播出效果等方面提出了很多建议，促使广播节目在得到反馈后更好地改进。听评广播这种良好的互动方式在我国广播发展中一直延续下

① 张振华主编，周铜山、刘洪才、尹廉钊副主编：《中国广播电视概要》，北京广播学院出版社，2003 年版，第 49 页。

来，并且逐渐得到完善。广大听众也为广播事业的发展做出了很大的贡献。

总体来讲，这一时期，我国广播电视系统开展的受众工作形式多样、内容丰富，增加了受众参与度，提高了节目水平，促进了广播电视业务的改进，使我国的广播电视受众工作出现转机，逐渐做到“从群众中来、到群众中去”，纠正了“文化大革命”时期的错误方针，得到了各方的认可。

四、广播电视大学的开办与发展

在新的历史环境下，改革开放确立了以经济建设为中心的发展任务，需要有大批有科学文化知识的人才为祖国的建设做出贡献。然而，由于“文化大革命”十年的动乱，很多青年人都没有机会进入高等学府学习深造，虽然1977年高考制度恢复，促使一部分人进入大学学习，但是仍有大部分的青年人由于种种原因没能获得机会。为了使更多的人学习到科学文化知识、提升技能水平，中央决定于1979年开办广播电视大学。1979年2月6日，中央广播电视大学和28个省市的广播电视大学同时举办了开学典礼，开设理工通用性十门基础课程和专业基础课程。2月8日起正式上课，播送了由中国科学院副院长华罗庚讲授的高等数学绪论和北京大学西语系主任李赋宁讲授的英语绪论。1982年，中央广播电视大学增设文科，设中文专业。中央广播电视大学每两年招收一届学生，学员主要是各单位的在职人员，凡具有高中或同等学力的，经本人申请、单位批准，就可报考，招生考试在全国统一进行。1983年年底，中央广播电视大学已经有学员总数约45万人。中央广播电视大学在发展过程中，为满足不同人群的学习需要，开设的课程也越来越多，包括经济类、电子类等。这种远距离教育的开展显示了广播电视部门的优势，在这种特殊学校的“课堂”里，一个老师讲课，可以同时教授几万、几十万、几百万的学生。人们把这种远程教育模式称为“空中大课堂”“没有围墙的学校”。

广播电视大学在办学中，受到了热烈欢迎，为社会各界人士、各专业的人才都提供了丰富的知识，其中，发展特别好的，广受好评的是农业广播学校。在中央农业广播学校第一期学员中，经过严格的全国统一考试，4门主要理论基础课都及格的有8万多人，学员们将教育和生产相结合，学科学、用科学，仅三四年工夫，就有一大批学员成为当地的农业技术员，或成为科学种田示范户。[①]

中央和地方都积极开办广播电视大学，取得了很好的效果，为普通群众提供学习机会，为社会各行各业培养了众多人才。

广播电视大学是充分利用广播电视资源，为人民群众提供学习深造机会的平台，它的开办，有着得天独厚的优势：上课不受时间、地点的限制，相比于高等院校，灵活性更强；吸纳学生数量非常之多，只要有广播电视的地方就可以学习，随着广播电视设备的普及，广播电视大学的发展越来越好；投资金额少，与传统的高等院校相比，广播电视大学培养花费大约只有其十分之一；传达专业知识，使有专业需求的人可以在业余时间学习。在我国，广播电视大学与普通高校同样承担着培养人才、提高劳动者素质的任务。在不断完善专业设置、管理机构的发展中，广播电视大学已经成为我国教育体制的重要组成部分。

除此之外，电视台开设各类教育讲座，内容涉及英语、科技、农业等多个方面，普及大众的知识水平。1977年12月，中央电视台开办了向全国播出的3个电视教学讲座节目——《中学数学基础》《电工管理》《英语讲座》。[②]1982年开始播出英语教学系列片——《跟我学》，在社会上引发了学习英语的热潮。这些讲座符合广大青年求知的愿望，在当时受到了热烈的欢迎，有些讲座出版的相关书籍也成了畅销书。据不完全统计，1979年到1983年，中央电视台共播出了65套电视教学节目，制作节目3151个，总共播出3500小时。出版相有关书籍4686万册。[③]地方电视台也开办了电视讲座节目，如北京电视台的《工业企业管理》，山东电视台

① 赵玉明主编：《中国广播电视通史》，中国传媒大学出版社，2006年版，第357页。

② 左漠野主编：《当代中国的广播电视》（下），中国社会科学出版社，1987年版，第127页。

③ 左漠野主编：《当代中国的广播电视》（下），中国社会科学出版社，1987年版，第127页。

的《基础医学讲座》，湖南电视台的《高中课程复习指导》《计算导语》《中学英语》等。

电视讲座运用电视声画结合的表现手法，融知识性、趣味性、科学性于一体，制作出的节目形式活泼，内容丰富，受到了社会大众的喜爱，提升了广大人民群众的知识水平，对于增加节目趣味和普及基础科学文化知识起到了良好的作用。

第六节　广播电视教育重整旗鼓

粉碎“四人帮”后，我国的高等教育事业正本清源，拨乱反正，努力破除“文化大革命”时期的负面影响。为了给广播电视界输送更多的人才，广播电视教育工作也逐渐在恢复中获得发展。1977 年全国恢复高考制度，570 万人报名应考，各省市在 11、12 月份陆续举行考试，并最终选拔出 27.3 万人进入大学学习。特别是在党的十一届三中全会之后，我国的广播电视教育在改革的大旗下有了新的突破和发展。1977 年 10 月，国务院批转教育部《关于 1977 年高等学校招生工作意见》，重新规定：报考高等学校的考生应具有高中毕业或相当高中毕业的文化水平。招生办法是自愿报名，统一考试，地市初选，学校录取。[①]

一、广播电视教育在高等院校恢复重建

全国的广播电视教育工作在受到“文化大革命”的重创后，逐步开始恢复发展，各大高校恢复招收新闻学专业的学生，而北京广播学院是最早开办广播电视相关专业教育的高等院校，是广播电视教育事业的主干高校，

① 《北京广播学院五十年》，中国传媒大学出版社，2005 年版，第 63 页。

可以说它的发展代表了这一时期中国广播电视教育发展的方向。作为广播电视教育发展最具代表性的高校，1980 年第十次全国广播工作会议提出要进一步办好广播学院。下面以北京广播学院为例，对这一时期广播电视教育的特点进行总结：

1. 高校恢复广播电视高等教育，重新开展招生工作

“文化大革命”时期，我国的大部分高等院校被迫停办，无法招生，教育事业停滞不前，甚至有所倒退。改革开放以后，我国教育发展的首要任务是恢复办校，重新招生，为社会各行各业填补大量的人才缺口。

北京广播学院作为开展广播电视教育的代表，是最早开始招收广播电视专门人才的高校。“文化大革命”前，北京广播学院设置的专业是工科和文科两大类。工科设有传音、发送、电视、无线电广播与电视等专业；文科设有采编、文编、摄影、播音、英语和非通用语等专业。[①]“文化大革命”时期，学校的教学工作受到了严重的干扰和破坏。虽然 1974 年开始招收“工农兵学员”，这些学员主要由工人、贫下中农、知识青年和解放军战士组成，学院老师认真编写适合的教材授课，但由于“四人帮”的干扰和破坏，教学工作一直处于不正常的秩序之中。

1978 年 3 月，北京广播学院招收通过高考录取的新闻系、无线电系、外语系七七级本科生 103 人，包括在“文化大革命”中暂停招生的编采专业 39 人、播音专业 33 人、电视新闻摄影专业 31 人。[②]1978 年，招收学生 206 人，恢复招收了“文化大革命”前的文艺编辑、电视发送和电视中心（后改为“电视播控”）专业。1979 年开始，新增电视影片编辑、电视导演、微波技术专业。从 1977 年到 1982 年，学校共招收本科生 1313 人，毕业 305 人，大多分配至广播电视系统，从事编辑、记者、摄影、摄像、导演、音响等工作，为恢复重建的国家广播电视系统输送了新鲜的血液和力量，对于繁荣我国的广播电视行业产生了很大的影响

① 《北京广播学院五十年》，中国传媒大学出版社，2005 年版，第 66 页。
② 《北京广播学院五十年》，中国传媒大学出版社，2005 年版，第 64 页。

（见下表）。

这一时期北京广播学院的本科招生工作在经历了艰难的曲折之路后又重新走上了正轨，是北京广播学院建立后经历的最重要时期。

北京广播学院招生人数（1977—1982）

年度 项目	招生数 （人）	在校生数 （人）	毕业生数 （人）	备注
1977	103	439 （工农兵学员 336 人）		1978 年 3 月的数字
1978	206	411 （工农兵学员 102 人）	234（均为工农兵学员）	
1979	278	587	102（均为工农兵学员）	
1980	271	858	0	
1981	202	1060	0	
1982	253	1004	305	淘汰 4 人
小计	1313	4359	641（工农兵学员 336 人）	淘汰 4 人

这一时期，中国人民大学、郑州大学、山西大学等高校陆续开始设立或恢复新闻学教育，并在随后的几年逐渐开办专门的广播电视专业。

2. 广播电视研究生教育起步

改革开放以后，国家的政治、经济、文化不断向前发展，对广播电视人才的要求也在逐渐提高。开设相关专业的高校为了使培养出的人才学术性与实践性相结合，更具竞争力，纷纷开办研究生教育。

同时，经济条件的改善，教学规模的扩大，师资力量逐渐雄厚，我国高校的广播电视教育在发展过程中，不断地自我完善，自我改进，整个体系初具规模，为培养更优秀的广播电视专业人才提供了必要条件和可能。

1977 年 10 月 12 日，教育部《关于高等学校招收研究生的意见》指出，高等学校，特别是重点高等学校，凡是教师条件和科学研究基础比较好的，应该从 1977 年起，在办好本科生的同时，积极招收研究生。[①]

1979 年，北京广播学院开始设研究生科，招收硕士研究生，招收播音基础理论、播音发声学、中国广播史、电视新闻等广播电视专业的研究生。1980 年后，又增加外国新闻广播电视事业、广播与电视、广播与电视技术、电磁场与微波技术、通信与电子系统等专业的研究生，进一步扩大了研究生教育。1981 年开始受教育部委托，代招出国预备研究生。同年，成为首批硕士学位授予单位。1982 年，北京广播学院实行硕士、学士学位制度，北京广播学院成为最早开始广播电视研究生教育的高校，从此，北京广播学院的高等教育水平提升到一个新的层次。

3. 教育管理体制与机构设置的调整

党的十一届三中全会以后，全国的新闻教育工作唱响了改革的乐章。1980 年，北京广播学院在教学管理体制、机构设置方面进行了调整，对原来的院系设置进行了细分。由原来的 3 个系扩展为包括新闻系、电视系、播音系、无线电工程系、外语系等在内的 25 个教学科研单位，进一步完善了广播电视教育的设立体系。机构设置调整后，学校可以对各专业和学生进行更为有力的组织管理，提高行政、教学效率。

4. 成立广播电视干训部

北京广播学院是我国最早进行广播电视函授教育的高等院校，在 1965 年 7 月在无线电系下设函授部，当年共有 211 人报名学习。但 1966 年“文化大革命”开始后，函授教育停办，直到 1983 年才恢复。粉碎“四人帮”之后，全国广播电视的整体发展缺少人才，特别是在经济发展较为落后地区的广播电视系统的工作人员不能熟练掌握新设备、新技术，迫切地需要学习。1979 年 9 月，北京广播学院同意为西藏广播事业局代培 13 名专业技术人员，时间为三年到三年半。[②] 这对于西藏地区的广播电视事业新时

① 《北京广播学院五十年》，中国传媒大学出版社，2005 年版，第 73 页。

② 《北京广播学院五十年》，中国传媒大学出版社，2005 年版，第 93 页。

期的发展起到了很大作用。1981 年 9 月，北京广播学院正式成立干训部，为全国广播电视系统培训编辑、记者、主持人、工程技术、节目制作等在职干部，在很大程度上促进了我国在改革开放初期广播电视事业的发展进步。

5. 恢复创办广播电视刊物

这一时期，北京广播学院的科研工作也取得了突破性的发展。1979 年北京广播学院创办《北京广播学院学报——现代传播》，成为中国内地最早公开发行的广播电视专业学术期刊。另外，北京广播学院在 1981 年的机构调整中设置了新闻研究所和广播技术研究所进行科研工作。

北京广播学院在这一时期获得了巨大的发展，为以后的繁荣奠定了基础。趋于完善的专业设置、逐步建立的学科体系、雄厚的师资力量都为北京广播学院培养出更多优秀的人才提供了保证。这一时期，我国广播电视系统的工作人员很多来自北京广播学院，毕业生们将理论与实践相结合，为广播电视事业的发展开创了新局面。北京广播学院作为培养广播电视人才的摇篮做出了巨大的贡献。

随后几年，各大高校逐渐开设广播电视相关专业，我国的广播电视教育进入了一个崭新的阶段。

二、广播电视中专教育得到恢复发展

我国广播电视中专教育最早开办于 20 世纪 50 年代，到 1960 年全国多个省份建立了广播电视中专院校，但是由于“文化大革命”的破坏，这些开办的中专院校全部停办。粉碎“四人帮”后，广播电视事业获得新的发展，整体规模不断扩大，需要大批编辑、记者、主持人和技术人员。因此，各省的中专院校逐渐恢复办学，为培养上手快、技术强、专业精的广播电视工作人员做出努力。这一时期恢复办学的包括两所专科学校——湖南广播电视技术学校和内蒙古广播电视学校。湖南省广播电视学校开办于 1958 年，但在 1961 年由于各种原因停办。1979 年 1 月，湖南广播电视技术学

校恢复，并在次年改名为湖南省广播电视学校。学校面向社会招收广播电视相关专业的学生学习，学制为两年。1980 年 9 月招收学生 102 人，有电视技术专业两个，学制两年半。[①] 湖南省广播局对该校的办学给予了大力支持，不仅拨给教育经费，投资建校舍等硬件设施，还从系统内抽调有实际工作经验的业务、技术骨干到学校任教，给学校培养广播电视人才提供了有利条件。

内蒙古广播电视学校成立于 1960 年，在“文化大革命”时期遭到停办。1981 年恢复后，内蒙古自治区广播电视厅投资 185 万元重建校舍，调拨事业费 100 多万元购置教学设备和办公用品，增添各种先进教学设备，使学校重新获得发展 [②]。

随后几年，各省建立和恢复广播电视中专学校，到 1984 年年底，全国广播电视系统共有 20 所广播电视中专学校。中专院校的开办对于填补广播电视部门的人才空缺起到了必不可少的作用，特别是对技术人员的培养，相比于高等院校，时间较短、人数较多。有许多人进入广播电视部门工作后，成为业务骨干，为各省的广播电视事业发展奉献力量。

三、省市广播电视部门开展专业培训

除各地方的高校外，我国各地的广播电视系统开展内部广播电视技术培训、短期训练班、进修班等，培训广播电视系统的在职工作人员，取得了良好的效果。

自我国的广播事业诞生之日起，工作人员培训就一直是整个广播电视系统的重要工作，这关系到广播电视事业的发展方向。这项工作在“文化大革命”时期遭到了严重破坏。粉碎“四人帮”后，中断了多年的培训工

① 湖南省广播事业局《省志》编写组：《湖南省广播电视历史资料 1930—1980》，1981 年版，第 77 页。

② 左漠野主编：《当代中国的广播电视》（下），中国社会科学出版社，1987 年版，第 317 页。

作逐步恢复，特别是在党的十一届三中全会后，各级广播电视机构逐步加强了在职工作人员的培训工作，恢复到“文化大革命”前的水平，并且有了新的发展。

这一时期，在职工作人员的培训有多种形式和途径，但主要是通过短期培训班的方式进行的。这种短期培训，对于快速提升广播电视部门工作人员技术操作、新闻采编、播音主持等各方面的能力起到很大作用，有利于在职干部更好地管理广播电视系统工作、带领广播电视职工辛勤劳动、艰苦奋斗。这种短期培训在一段时间内效果很好，但只是为解决一个时期的工作需要而举办的，对培养、提高在职干部的能力方面仍有一定的局限性。

各省广播电视部门都为工作人员培训做出了努力。1979 年至 1983 年，云南省广播厅（局）先后举办的短期培训班，共培训了在职干部 1135 人[①]。培训时间最长 6 个月，最短 1 个月，培训规模从最少的五六十人到最多时的 400 余人不等。四川省广播电视厅设置了教育机构，配备了专职工作人员和教师，每年举办训练班 80 期以上，受训人员在 6000 人次以上。吉林省广播电视厅采取自上而下“滚雪球”的方法，逐步夸大培训面。1981 年以后，省厅举办了 3 期地、市、县局长、事业科长、编辑部主任参加的新闻和技术训练班。[②]湖南省广播电视学校除面向社会招生外，也举办了在职干部培训班。1979 年 7 月到 1980 年 7 月，举办了两期电视接收机维修技术训练班，学员 140 人，时间为 5 个半月；1980 年 5 月至 7 月，举办了地、县广播局长训练班，学员 30 人，时间两个月。[③]

广播电视工作经过了前十年的曲折发展，大部分技术人员只能从普通

① 云南省广播电视厅编：《当代中国的广播电视　云南省资料性文稿》，1985 年版，第 178 页。

② 左漠野主编：《当代中国的广播电视》（下），中国社会科学出版社，1987 年版，第 289 页。

③ 湖南省广播事业局《省志》编写组：《湖南省广播电视历史资料 1930—1980》，1981 年版，第 77 页。

中学毕业生、部队复员人员中来补充，针对他们缺乏专业知识，业务能力不强的特点，这一时期各省市广播电视系统内部的工作人员培训起到了很大的作用，学习先进的知识技术，提高了广播电视工作人员的技术水平和业务能力。

各省市的广播电视干部培训工作在这一时期取得了很大的发展，但是广播电视系统队伍庞大、专业门类繁多，教育基础层次不一、师资力量、专业设备、经费等能力有限，干部培训的总规模还不大，发展也存在不平衡，教学质量也有待提高。

广播电视教育逐渐恢复发展的同时，广播电视社团也在积蓄力量。1982年3月中国电影电视技术协会成立，是中国影视技术工作者自愿组成的非营利性社会团体。[①] 协会在推动和组织国内外影视技术的交流与合作方面做出了很多贡献。在之后的几年，我国的广播电视协会如雨后春笋，纷纷建立，如：中国广播电视学会、中国电视艺术家协会、中国广播影视报刊协会等。

总体来看，这一时期的广播电视教育整体发展较快，基本破除了“文化大革命”造成的恶劣影响，高校教学规模逐渐扩大，招生人数稳步增加，师资力量不断增强；广播电视部门在职干部培训，形式多种多样。经过几年的恢复发展，至1982年，全国高等学校新闻专业点已有16个，在校生（包括专科生）1685人，专业教师364人，基本恢复和略超过了“文化大革命”前的水平。从此，广播电视高等教育逐渐走上正轨。并且，这一时期，广播电视部门也从自身需要出发，展开多种方式对广播电视系统职员进行培训，取得了良好的效果。

这一时期的广播电视教育是对我国优秀教育传统的继承和发展，广播电视教育从单一的高校教学模式向双向互动的方式转变，高校与广播电视部门开展合作，培养大批的广播电视教育人才，为受到挫折之后的广播电视系统输送了大批技术员、记者和播音员，为广播电视事业的发展积累了

① 赵玉明主编：《中国广播电视通史》，中国传媒大学出版社，2006年版，第476页。

人才。这是我国广播电视教育在“文化大革命”之后的恢复和重启，是在广播电视教育停摆、变味、出轨较长时间之后的大幕重启。这一时期的调整，为新时期我国广播电视教育的发展奠定了基石。

◆ 本章小结

“十年动乱”结束后的两年，由于尚未彻底肃清“左”倾思想的流毒以及“两个凡是”方针的影响，致使各项建设事业一度徘徊不前，我国的广播电视的恢复发展也因此经历了两年的徘徊时期。

1978年12月召开的中共十一届三中全会，重新恢复了“解放思想、实事求是”的思想路线，提出把全党工作重心转移到社会主义现代化建设上来，为广播电视事业的改革和发展指明了方向。我国广播电视系统经过拨乱反正，恢复了正确的指导思想，广播电视事业的发展进入了一个新的历史时期。在此期间，先后召开了全国广播事业规划会议和第十次全国广播工作会议，总结了新中国成立30年来广播电视事业建设的成就和存在的问题，确立了新时期广播电视的基本任务和奋斗目标，重新提出“自己走路”等一系列正确的方针和措施，推动了广播电视事业的持续稳定发展，开创了广播电视工作的新局面。

思想观念的解放带来了实践领域的变化。广播电视宣传的指导思想和根本任务由“以阶级斗争为纲”转向“以经济建设为中心”之后，对广播电视实践产生重大影响，广播电视逐步成为我国现代化建设强有力的新闻舆论工具和宣传教育工具。思想观念的更新还带动了广播电视管理体制、功能和内容的巨大变化，广播电视改革已初露端倪。

广播电视观念的更新使得媒介自身特色逐渐彰显，这一时期，电台、电视台自己的以“短”“快”为特点的新闻明显增多；广播评论重新上马，电视评论初现荧屏；文艺节目日渐繁荣；广告节目重现声屏；对象性节目恢复发展；广播电视远距离教育也有了较快发展，受众需求在这一时期重新受到了重视。而基础设施建设和广播电视技术的较快发展，广播电视对外宣传和涉外交往的复苏发展，也生动注解了这一时期广播电视的发展和成绩。

第五章　全面改革开放时期的广播电视事业

1982年9月1日到11日，中国共产党第十二次全国代表大会召开。邓小平在开幕词中首次明确提出“建设有中国特色的社会主义”的思想。十二大号召全党为全面开创社会主义现代化建设的新局面而奋斗，确定从1981年到20世纪末，力争全国工农业总产值翻两番，使人民生活达到小康水平。

十二大以后，我国改革开放全面展开，农村改革进一步深化，改革的重点由农村逐步转向城市，经济改革和其他方面的改革迈出了重大步伐。1987年10月25日至11月1日，中国共产党第十三次全国代表大会比较系统地论述了我国社会主义初级阶段的理论，明确概括和全面阐发了党的“一个中心，两个基本点”的基本路线。“一个中心”就是以经济建设为中心；“两个基本点”就是坚持四项基本原则，坚持改革开放。

在邓小平建设有中国特色社会主义理论的指引下，全党和全国各族人民全面推进改革开放和现代化建设事业。20世纪80年代，如春潮涌动的全国各行各业的改革，把广播电视事业的改革也推上了时代潮头。我国广播电视事业从徘徊前进到快速发展，与改革开放同行。这一时期，党中央，国务院和广播电视行政管理部门就广播电视业的管理体制、新闻传播、文艺创作、事业建设、科技进步、产业经营以及运行机制等方面做出了一系列重大决策，有力地推动了广播电视业的发展。[①]

① 刘习良主编：《中国电视史》，中国广播电视出版社，2007年版，第135页。

1983年，第十一次全国广播电视工作会议召开，会上提出要以新闻改革为突破口，带动整个广播电视宣传改革，并提出实行中央、省、有条件的地（市）和县“四级办广播、四级办电视、四级混合覆盖”。这是中国广播电视第一次突破的主要标志。在这一时期，我国广播电台、电视台以年均122%、134.7%的增长速度发展，广播电视宣传工作和事业建设取得了可喜的成果，广播电视新闻节目的时效性增强，广播电视社会教育性节目、文艺性节目、服务性节目都不断创新，广播电视在传播信息、进行社会教育，提供文化娱乐和社会服务等方面的独特优势得到了充分发挥，广播电视事业出现了复苏与初步繁荣的局面。

第一节　广播电视传播观念的更新

20世纪80年代我国广播电视事业的发展壮大，是以政策突破、观念突破、技术突破为基本特征的，其中，思想观念的更新是进行改革实践的前提。长期以来，在新闻传播业界，人们对新闻基本属性的理解停留在单一的宣传属性上，对新闻的信息属性及功能认识不够，致使新闻报道空洞、陈旧、拖沓，信息含量匮乏。为了进一步推进广播电视工作改革，推动广播电视事业的发展，有效满足人们对新闻信息的社会需求，政府为新闻观念的改革提供了积极的政策支持，以此推动了体制的调整和业务的改进，促进了广播电视事业的发展进步。

一、以新闻改革为突破口

1983年3月，第十一次全国广播电视工作会议在北京召开，这是中央广播事业局改为广播电视部后召开的本系统第一次全国性的工作会议。与机构名称的变更相对应，会议名称也加上了电视二字。会议总结了第十次全国广播会议以来的经验，确定了改革和发展广播电视事业的一系列重大方针政策，对以后的广播电视发展产生了深远的影响。以此为标志，广播电视业步入全面改革时期。

在这次会议上，吴冷西部长作了题为《立志改革，发挥优势，努力开创广播电视新局面》的报告。这次会议强调“宣传工作的改革要以新闻改革为突破口”“坚持自己走路，扬独家之优势，汇天下之精华”的业务方针。围绕“立志改革，在改革中调整，在改革中提高，在改革中整顿，在改革中发展，全面开创广播电视工作新局面”的政策指引，在广播电视业改革势在必行的新形势下，广播电视事业思想观念的解放迅速展开，广播电视界走上了探寻各自传播特点和规律的发展之路，明确新闻主体地位的理念得到广泛认同。

关于电视新闻改革的目标，广播电视部部长吴冷西在1985年中央电视台《关于电视新闻改革的几个问题》的请示报告上曾明确提出：“电视新闻要以多快短，形声并茂为目标，应有囊括所有要闻信息的雄心壮志，立志超过其他新闻工具，包括广播。”在这一理念的指引下，中央电视台一批有影响的新闻节目相继出台，与此同时，也培养出了一批业务骨干，带动了全台其他类型节目水平的提高。

在电视界，电视台通过扩大消息报道面，增加新闻信息量，来提高新闻的权威性，强化新闻的主体地位。20世纪80年代，随着地、市、县级电视台的建立，一个从中央到地方遍布全国的电视宣传网络已基本形成，这丰富了新闻节目内容，并为电视新闻的进一步发展在基层领域奠定了信息收集和信息传播的基础。

在广播界，各广播电台进一步加强了对重点新闻节目的制作，并开拓新的领地，深度电视节目、具有组合优势的新闻板块节目在各台纷纷涌现。这些措施，使新闻性节目在播出总量中的比重成倍上升，新闻的主体地位更加突出。

二、新闻宣传观念的调整

20世纪80年代，随着我国进入改革开放的新时期，在政治上，由于中国共产党作为执政党的角色归位，需要了解民间对政治信息的态度；在社会生活中，人民群众在个人生活得到稳定发展的同时，开始需要拥有一个表达政治意见的公共渠道。在这样一个新的历史时期，社会环境和政策支持为中国广播电视媒体政治宣传观念的改进提供了重要推动力，促使新闻宣传观念向着一切为了人民的服务观念、宣传与反馈并举的沟通观念转变。

转变思想之后的广播电视界，在报道形式上深入开拓，并在广泛吸收国外广播电视报道经验的基础上，结合我国工作实际，探索出一些适合中国国情的报道方式和节目形态，如深度报道、连续报道、系列报道等。1987 年 7 月 5 日，上海电视台创办了全国第一个杂志型电视新闻专栏——《新闻透视》。这个专栏按照新闻性、社会性、知识性、服务性和思想性相结合的要求，对新闻事实进行报道、追踪、解释和述评。其内容大多是群众关心的新闻事件和社会性题材。采用杂志方式编排，此节目既生动宣传党的路线方针政策，又及时地反映群众的意见、要求和呼声，在党、政府和人民群众之间进行了沟通，从而成为深受国内同行和观众喜爱的名牌栏目之一。

除此之外，新闻传媒开展舆论监督的主观能动性被激发起来，新闻媒体在关于 1987 年大兴安岭火灾重大事故的报道中，突破了以往重大决策和失误不公开报道的做法。同时，在保证大众的知情权，反映党和国家政治决策过程以及人民的愿望方面，新闻媒体也有了根本的变化，从 1980 年起对全国人大、政协两会期间委员们议政的内容报道等，媒体在努力反映社会各界对改革中一些重大问题的意见，提供给政府进行决策；与此同时，党和政府也在民主化的进程中，加大了公开透明的力度，有力地保障了政治沟通的顺利进行和人民权利的实施。

第二节　广播电视节目的改革

20世纪80年代初，伴随着广播电视改革的探索进程，广播电视节目的改革也开始试水，在这个阶段，我国的广播电视节目实现了从量的发展向质的飞跃，广播电视“自己走路”初见成效，其自身的快、新、活等优势开始显露，各种新型的节目形式开始出现。虽然这些变革多从形式入手，尚未形成一定规模，但是，这段时期的改革和探索，为以后广播电视的发展奠定了基础。

一、新闻类节目实现突破

第十一次全国广播工作会议中提出宣传工作的改革要以新闻改革为突破口、坚持“自己走路”“扬独家之优势，汇天下之精华”的业务方针。会后，这一方针在中央和地方各级广播电台和电视台中得到了普遍且有效的贯彻执行。

1. 提高报道时效，增加整点新闻

时效是衡量新闻价值的标准之一，提高新闻报道的时效性是新闻的基本特点“新”“快”的必然要求，更是广播电视新闻改革的发展方向。

从20世纪80年代初到中后期，中国电视界已经普遍使用现代化的电子新闻采访设备ENG，并通过微波线路和通讯卫星传送电视新闻。同时，还实行采编播“一条龙”管理体制，把新闻节目的采访、编辑、制作和播出划归新闻中心统一领导，并为一些记者配备先进的通讯设备。技术的进步推动了新闻报道时效性的提升，在报道一些重大政治事件和活动时，电台、电视台开始采用现场直播的报道方式。

1984年10月1日，为庆祝新中国成立35周年，天安门广场举行了盛

大的阅兵式、群众游行和焰火联欢晚会。中央电视台全力以赴，动用5辆转播车、23台摄像机、14套微波设备，采用二级导播方式，利用微波干线和卫星向全国直播庆典实况，并通过印度洋、太平洋和大西洋上空的国际通信卫星向世界传送阅兵式和群众游行的实况。此后，在1985年3月第六届全国人民代表大会第三次会议和1987年10月中共第十三次全国代表大会召开时，中央电视台均现场直播了开幕式，这在全国人代会和党代会的报道史上尚属首次，其速度之快，时效之强，在过去类似的宣传战役中还没有过。

由于各级党政领导的重视，全国电视台都把办好新闻性节目作为电视台的首要任务，新闻节目不断改进，新闻节目播出次数显著增加。在节目设置方面，为增加信息量，不少广播电台设置了整点新闻。1982年1月，上海电视台打破了中国电视新闻一天一次的格局，率先在每天21点开办《晚间新闻》，同年7月，广东电视台在全国率先开办《午间新闻》。1987年元旦，广东电视台开办了早间新闻和早间节目，当年年底，每天自办新闻的次数由每日3次增加到12次，做到从早晨7点到晚间11点30分都有发布新闻的时间。其他各台纷纷效仿，开办新的新闻栏目，增加新闻播出次数，电视新闻播出量成倍增长。1988年1月1日，中央人民广播电台的整点新闻节目开播。此后，北京、浙江、天津、辽宁等许多省级电台也先后推出了整点新闻。布局密集的整点新闻不仅满足了不同听众群体对新闻传播的需求，而且为时效性强的报道随时进入最近一次新闻节目和实现重要报道的滚动播出创造了条件。

2. 开展新闻评论，改进报道形态

随着改革开放的深入和广大人民群众思想文化素质的提高，人们越来越希望通过广播电视来更多地了解外部世界。同时，由于许多社会现象扑朔迷离，各种思想观念发生碰撞，人们对社会现象不满足于浅层次的了解，而希望全面、深入地洞察并获得有说服力的舆论引导。那么，如何在宣传的题材和形式上进行突破，增强新闻报道的吸引力和感染力，广播电视工作者在新闻改革中做了积极的探索。

这一阶段，电台、电视台新闻节目中的评论和评论性栏目，受到各个台的高度重视。吴冷西部长在第十一次全国广播电视工作会议上指出：对广播电视评论工作要“不断进行探索和改革，要逐步创造有广播电视特点的评论形式，以扩大宣传效果”。中央电视台的《观察与思考》栏目，1988年与《社会瞭望》栏目合并，改名为《观察思考》，每周日黄金时间播出，反映和评述社会上的热点问题。如批评用公款大吃大喝的《公款消费剖析》，呼吁重视土地问题、提高人民国土意识的《土地的疾呼》，揭露“官倒”现象的一些节目，都产生了很好的社会效果。

1987年，大兴安岭发生严重火灾，自5月8日6点30分，中央电台的《新闻和报纸摘要》节目发布《黑龙江漠河县古莲林场发生严重山火》的简短消息之后，截至6月2日大火扑灭，《新闻和报纸摘要》等重点新闻节目共发稿71篇，其中包括消息性报道、详细报道、深度分析等各个层面的报道形式，充分体现了连续报道的特点，具有较大的社会影响。

随着广播电视新闻报道形式的改进，电台和电视台的新闻节目受到各级领导部门的重视和广大受众的喜爱。多次受众调查的数据显示，中央和各省级电台、电视台早上和晚上的重点新闻节目，收听收视率一直稳定在较高的水平上。中央电台的《新闻和报纸摘要》节目和《各地人民广播电台联播》节目，中央电视台的《新闻联播》节目，更是拥有庞大的受众群。广播新闻和电视新闻成为人们获取信息的重要渠道。

3. 加强批评报道，做好舆论监督

党的十一届三中全会后，解放思想、实事求是的思想路线在广播电视宣传上得到体现。在新闻改革中，广播电视在坚持以正面宣传为主原则的前提下，播出了适当数量的批评性报道，舆论监督的功能日渐加强。

1983年，人民日报开辟了揭露批评社会不良风气的栏目《立此存照》。此后，在广播电视的改革中，各电台、电视台纷纷在节目中加强了批评性报道的比例。中央电台重点节目《新闻和报纸摘要》《各地人民广播电台联播》节目在这方面率先突破，对批评性报道在坚持准确性原则的前提下，加强总体策划，搞好后续报道。

1983年，中央人民广播电台对黑龙江省双城堡车站野蛮装卸洗衣机事件进行了连续报道。双城堡车站野蛮装卸事件发生于1982年11月18日。1983年2月初，黑龙江双城县（当地人称为双城堡）青年商店的同志向中央人民广播电台新闻部反映，双城堡火车站的野蛮装卸使他们从北京购买的一批洗衣机都被摔坏了，遭受了很大的损失。青年商店的经理佟凤贵在与车站交涉无果后，写信给地方和中央的14个新闻单位。中央人民广播电台得知情况后，经过3次核实，于1983年2月9日播出了这封来信，同时还播发了编后话《对野蛮装卸的肇事者必须追究》，揭开了这一连续报道的序幕。整个报道持续达半年之久，前后播出各类稿件40多篇。迅速产生了以小见大的效应，前期报道是批评性的，在双城堡车站转变路风后，及时转为表扬性的报道，直至该车站被命名为文明车站。这一报道带动了全国铁路路风改进，取得了良好的社会效益[①]，是解放思想、实事求是的思想路线在广播宣传中的成功体现。

在这一时期，各电台、电视台的批评报道从内容、表现方式到报道时机，都逐渐呈现出相对稳定的趋势，体现出既坚持正面报道为主，又适量做好批评报道的引导作用。

二、经济类节目迅速崛起

党的十一届三中全会后，全党和全国工作的重点转移到了以经济建设为中心的轨道上来。社会经济活动逐渐繁荣，对经济信息的要求增多，在这一历史背景下，我国的广播电视把办好经济节目、做好经济报道放在了重要位置，广播电视经济节目在改革开放大潮的推动下崛起。

1.《经济半小时》创办

中央电视台经济栏目开办之时，正是党和国家经济改革新举措频繁出

① 邵立肃：《对改进广播连续报道的几点认识》，《新闻界》2001年第4期。

台的时期，媒体对国家经济政策宣传的任务逐渐加大。为了更好地实现对国家方针政策的解读，服务社会，1984 年年底，中央电视台第一个明确以经济宣传为己任的专业部门——经济部成立。紧接着，1985 年 1 月 1 日，中央电视台第一个（也是全国第一个）以经济宣传为唯一职责的电视专栏《经济生活》开播。《经济生活》每周在第一套节目中播出三次，每次 20 分钟，节目的主要内容是介绍国内外经济、科技发展动态、经验、行情以及提供各类社会服务。

党的十三大后，党和国家进一步强调以经济建设为中心，加快改革开放的步伐。根据各方面的意见和要求，中央电视台对中央电视台第二套节目的《综合经济信息》栏目进行了调整，改为《经济半小时》。1989 年 12 月 18 日，《经济半小时》通过太平洋上空的卫星，传送到全国 1430 个县市。《经济半小时》给普通百姓的生活注入一股清新的气息，它的各个小栏目分别从不同侧面、不同领域为电视观众提供服务。在节目选题上抓住与人民群众切身利益和日常生活密切相关的问题，切实实现了其为繁荣我国社会主义商品经济服务，为广大消费者服务的节目宗旨。

以《经济半小时》为代表的经济信息节目，在报道内容方面，体现出明显的时代特征，它随着农村改革和城市改革以及宏观综合配套改革不断深入和发展来设立栏目和确立选题。在 20 世纪 80 年代，农村改革以及乡镇企业经济、特区经济成为电视报道的主题。在 20 世纪 90 年代，国企改革、下岗再就业、环境保护、金融风险、资本重组、民营经济成为其更为关注的话题。在报道风格方面，中央电视台和地方电视台各有配合，互相协作。经济信息节目紧紧围绕国家经济建设这个中心，宣传党和国家的经济方针、政策，表彰国内经济领域各行各业的先进人物，介绍先进的经营管理和致富经验，传播海内外各类经济信息，为繁荣我国社会主义市场经济做出了积极的贡献。

2. 珠江经济台开播

广播比电视更具有简单、便携、获取信息方便等特点，随着改革开放的深入发展，广播要更加具体、更加有力、更加直接地为经济建设服务，为发展市场经济服务。经广播电影电视部批准，1986 年 12 月 15 日，珠江经济广播电台开播，它是广东人民广播电台的一个分台，是我国改革开放以后建立的第一家经济广播电台。从珠江经济台开播第一天的节目时间表上就可以看到《市场信息》《科技信息》《金融信息》《海外信息》《供求信息》《供销信息》《综合信息》等信息栏目。珠江经济台的开播使广东台的收听率激增，开播第一年收到听众来信 100 多万封，接到电话近 100 万个，听众参与电台活动的热情空前高涨，仅 1987 年 9 月 20 日广州人民路高架桥通车前夕举办的大型群众活动《笑迎六运万人行》，就吸引了 10 多万人参加。

珠江经济台提出了“大众型、信息型、服务型、娱乐型”的办台方针。所谓“大众型”就是以最大多数的基层听众为自己的服务对象，在节目设置、内容安排、播出形式上，都要与对象的文化水平、思想感情相适应；“信息型”是指每逢整点或半点播出经济、科技信息，这是经济台为社会主义商品经济服务的重要手段之一；“服务型”就是以服务听众为已任，最大限度地为老百姓的生活、社交等活动服务，反映听众呼声，为群众排忧解难；“娱乐型”就是满足听众文化娱乐的需要，力求最广泛地吸引听众。珠江台还实行以新闻、信息为骨架，以大时段（即大板块）节目为肌体，主持人直播，并采取多种形式争取听众参与、进行双向交流的传播模式，人们称这种节目形式为“珠江模式”。珠江台的这种做法，使广播更加贴近群众、贴近实际、贴近生活，实现了广播对听众最大限度的覆盖。

珠江经济广播电台的成功在全国产生了广泛影响，1987 年至 1990 年期间，就有上海、天津、北京、辽宁、河南、四川、浙江等 10 多个经济广播电台开播或试播，为促进社会主义市场经济发展、服务群众发挥了重要作用。

这些专业台对社会经济领域的服务，与以往的广播宣传功能有很大的不同。他们通过具体、周到、热情的服务，为社会主义市场经济的发展和方便人民生活做出了重要的贡献，使广播的多种社会功能得到充分的发挥。

三、主持人节目形态拓展

20世纪80年代，广播电视业的发展需要激发着广播电视工作者的创新精神，各地广播电台、电视台为调动观众的热情，突破传统生硬的节目模式，在媒体与观众的交流互动上进行探索，推动了主持人形态的出现。采用主持人形式不仅使节目有了比较确定的代言人，观众看到主持人便能联想到他所主持的节目，而且也拉近了节目与观众的距离。

1985年2月，中共中央书记处会议纪要指出："要改变广播电视节目在内容和形式上单调、死板和生硬的状况，做到战斗力、说服力和感染力的统一。做到丰富多彩、生动活泼，满足广大人民群众在精神生活上的需求。"20世纪80年代初期，广播电视新闻节目的功能由"喉舌"向"纽带""桥梁"扩展，节目的服务性、参与性也初见端倪，电台、电视台与观众的交流逐步增强。在电视实践中，"记者出图像"迈出了重要的一步，主持人开始出现在镜头中。

20世纪80年代推出的主持人节目，基本上分为两种类型：一种是采编合一，主持人能采访、编稿，也具备播音的条件。在整个节目生产、播出的过程中，主持人处于主导地位，是节目的总体设计人。像广东电台的《大众信箱》节目可以归入这一类。另一种是编辑、记者和播音员合作。编辑、记者按谈话体的要求提供稿件，更好一点是按主持人的口吻和语言习惯写稿，由相对固定的播音员播出。播音员有时也参加少量采编工作，但基本上只是对稿件进行语言加工。1981年，中央电台对台湾广播的《空中之友》节目和电台的其他大部分主持人节目，都属于这一类型。

1987年1月1日，中央人民广播电台推出了一个采用板块结构，融新闻性、知识性、服务性为一体的综合主持人节目——《午间半小时》。《午间半小时》在内容上注意把握时代脉搏，话题立意新颖，实话实说，不空泛议论，加上主持人以真情实感与听众平等交流，节目一出台就受到社会的广泛关注。[①]《午间半小时》提倡听众参与，经常提出一些听众关心的问题，组织听众来信来稿，在节目中展开讨论。由于《午间半小时》富有时代气息，注重思想性和艺术性的完美结合，制作精细，加之主持人在话筒前出色的把握，在全国好新闻、中国新闻奖、中国广播奖的评选中屡屡获奖。

在主持人节目中，主持人成为谈话的“引导者”，他了解对话双方的实际情况，积极调动现场情绪，巧妙引导话题的方向，为群众排忧解难、代言心声，受到了受众的欢迎。20世纪80年代后期，像《午间半小时》这样的主持人节目，在广播界风靡一时，类似的如山西电台的《空中交流》、湖南电台的《今天好时光》、吉林电台的《多彩的60分钟》等。这些综合性的主持人板块节目的出现，使电台专题节目面貌焕然一新，为后来者提供了诸多可借鉴之资，为新闻性节目主持人的成长提供了经验。

迅速崛起的主持人节目，突破了广播电视节目的固有模式，使受众耳目一新。主持人节目一时间成为广播电视界的热门话题。

主持人节目问世后，在社会上引起轰动效应，于是各地电台、电视台大有一哄而起的势头。一些专题节目，从稿件到播音明明同以前没有什么变化，也轻率地冠以主持人节目的名称。有些新闻节目播报完毕后，也来一句“是由谁谁谁主持的”，甚至连一般性的广告节目，两位播音员也要申明由他们主持。这种现象波及文艺演出和各种联欢会、颁奖会，报幕员和司仪也统统改称主持人。虽然存在着不少滥竽充数、名不副实的主持人和主持人节目，但仍没有淹没那些真正的节目主持人和主持人节目的光彩。主持人节目的出现，表现出在开放发展的环境中，在节目创新的推动下，在迅速增长的需求面前，广播电视的传播特性逐渐得到正视，观众的愿望日益受到尊重，节目的形态走向多样化。[②]

① 《中华人民共和国广播电视简史（1984—1991）》，中国广播电视出版社，第249—250页。

② 刘习良主编：《中国电视史》，中国广播电视出版社，2007年版，第178—180页。

四、文艺类节目走向繁荣

第十一次全国广播电视工作会议以后，在新闻改革热潮的推动下，广播电视文艺节目开始进入改革创新阶段。

1982年7月15日，广播电视部部长吴冷西在编辑会议上指出："我们的文艺节目要有一个大的发展，已有的要巩固和提高，也要创新，这包括创造新的形式，办新的栏目，用新的方法进行宣传。总的要求是要办得更加生动活泼，更加丰富多彩。"在党和政府的政策支持下，广播电视文艺工作者在节目手段、节目功能、节目品种方面大力发展创新，推出了一些高水平、高质量的艺术作品，推动了广播电视文艺节目走向繁荣。

1. 文艺类节目推行栏目化，优化节目手段

进入20世纪80年代，广播电视文艺节目进入了栏目化发展的新阶段。在广播节目中，《今晚八点半》是中央人民广播电台1987年1月1日开办的第一个广播板块专栏节目。它集音乐、戏曲、文学于一体，面向广大听众，注重节目知识性、趣味性、欣赏性的有机结合，并且在广播节目中首次较正规地运用了主持人的形式，受到听众的热烈欢迎，每年收到听众来信10多万封。

随着广播电视改革的发展，广播电视文艺已经从过去那种单一的封闭式的办节目方式，向着开放式发展。在广播电视栏目化的过程中，栏目采用了一些开放式手段来提高节目的效果。如通过直播方式为广播文艺节目增添新的活力。中央人民广播电台文艺广播的直播形式，是从第三套调频立体声节目中开始的，首播的专栏是《音乐杂志》和《乐坛人物》。随后又开辟了《都市闲情》《乐坛巡礼》《激光音乐唱片欣赏》《歌迷俱乐部》《歌声传情》等直播专栏，受到广泛欢迎。四川电台的《听众文艺之家》在满足听众参与要求、增加节目的开放性方面比较突出。这个节目中有听众写作的各类文学稿件和听众推荐的文学作品的演播，有问题回答以及为遭遇不幸的听众安排的文艺节目等。节目主持人和编辑经常到听众中座谈，联

欢，增加了解。在《听众文艺之家》开播100期时，四川电台邀请50多位热心听众到电台参加空中大联欢活动，听众自编自演的节目通过现场直播后，反响强烈。

直播、热线、广大听众直接参与等新的开放形式，给文艺广播带来了新的生机和活力，也对文艺编播人员特别是主持人自身素质和业务能力提出了新要求，加速管理机制和运作方式的配套改革，已成为办好文艺广播的关键。

2. 中央电视台春节联欢晚会创办，彰显文艺类节目娱乐功能

电视综艺节目是借助于先进的电子技术和屏幕的视听兼容功能而产生的新型的综合艺术，综艺节目的兴起为文艺类节目发展开拓了新途径。如果说栏目化建设从形式上为电视文艺的存在和发展找到了支撑点，那么综艺——综合性艺术手段的运用在内容上赋予了电视文艺新的生命与活力。

20世纪80年代以来，电视文艺工作者不断从实践中探索各种综合性文艺节目自身的规律，从简单的单一内容的实况转播到各种综合性文艺节目的转变过程，正是对电视文艺基本规律逐步认识和把握的过程。作为综艺节目的代表，首推集各种表现方法和艺术品种于一体的每年一届的中央电视台春节联欢晚会。

1983年由黄一鹤、邓在军导演的《春节联欢晚会》，在名称、内容、形式、气氛等各个方面都为以后的历届春晚起到了奠基作用，标志着我国电视文艺晚会进入成熟时期。1983年除夕，中央电视台的《春节联欢晚会》面向全国做现场直播。这台晚会的主题是“团结、欢乐、希望”，晚会以其丰富的节目内容，新颖的演出形式，在电视观众中迅速获得热烈反响，终于促使《春节联欢晚会》这样一个大型综艺节目一届届举办下去，发展成为中国老百姓除夕夜必不可少的文化大餐。

在中央电视台的带动和影响下，各个地方电视台也纷纷举办春节联欢晚会。1987年中央电视台举办“迎春文艺节目展播”，有27个地方电视台的春节晚会节目参展。其中，辽宁、武汉、长春、广东、内蒙古、青海、新疆、江苏、黑龙江电视台单独或合作举办的春节晚会获得一等奖。1988 年，全国各地方电视台举办的春节晚会仍有出新，不乏精品，如辽宁、天津、云南、上海电视台的节目，在内容和形式上都达到了较高的水平。

以春节联欢晚会为代表的综艺节目融合了音乐舞蹈、曲艺杂技、戏剧小品、诗词书画、电影等多种艺术形式，调动舞美、灯光、音像、服装、化妆等各种艺术表现手段，运用镜头切换、特殊技巧、图文字幕、三维动画等电子技术手段，变单一艺术形式为综合艺术，符合时代特点和观众心理，反映现实生活，弘扬民族文化，运用电视艺术手段，发挥综合性的优势，形式活泼多样，营造出崭新的视听效果，为观众带来了欢乐，给人们以丰富多彩的艺术感染和享受。

3. 电视剧制作走向繁荣，实现文艺类节目特色化

电视剧的繁荣为电视文艺发展提供了新渠道。1983 年 10 月，中国电视剧制作中心成立，随后，全国各省市电视台也相继建立了电视剧部，积极投入电视剧的制作。一些文艺团体，如话剧团、电影厂随之也设立了电视剧部，成为电视剧生产的一支重要力量。

1985 年，根据老舍同名小说改编的连续剧《四世同堂》与观众见面，立即轰动全国。《四世同堂》的播出，象征着中国电视连续剧创作走上了大发展阶段，同时，也为把文学名著搬上屏幕树立了标杆。与此同时，中央电视台开始了将我国古典文学四大名著搬上屏幕的浩大工程。其中《红楼梦》（导演：王扶林）荣获 1986 年“飞天奖”长篇电视剧特别奖；《西游记》（导演：杨洁）荣获 1987 年“飞天奖”长篇电视剧特别奖。20 世纪 90 年代，又继续制作成功了《三国演义》（总导演：王扶林）和《水浒传》（总导演：张绍林）。这四部电视连续剧的播出在全国乃至东南亚地区掀起了“红楼热”“西游热”“三国热”“水浒热”，推动了全国上下阅读四大名著的热潮，普及了优秀的传统文化。

1990 年年初，50 集大型室内剧《渴望》播出，引起了空前的收视热潮。“《渴望》现象”被认为是中国电视连续剧向大众化、通俗化方向发展的一个重要标志。《渴望》的一个重要意义在于，引发了我国以基地化生产方式制作大型室内剧的潮流。这类电视剧采用的生产方式极大限度地发挥了电视录制技术的长处，多机拍摄，同时切换，同期录音，能够大大缩短拍摄周期，被认为是既适合我国国情又与世界同步的电视剧发展道路。

电视连续剧的崛起自有其内在的深刻原因。连续剧分集连续播出，容量大，长于反映波澜壮阔的时代生活和表现重大历史事件和人物。电视剧的发展历程表明，电视连续剧这种艺术形式，最能发挥电视的特长，是最具电视特征的艺术形式，也是电视屏幕上的主要艺术形式。

五、社教类节目调整充实

1983 年 10 月，中共中央在批转《关于广播电视工作的汇报提纲》的通知中强调指出："广播电视是教育、鼓舞全党、全军和全国各族人民建设社会主义物质文明、精神文明的最强大的现代化工具，也是党和政府联系群众的最有效的工具之一。"这一表述，高度概括了广播电视宣传工作的根本任务：一是为两个文明建设服务，一是要成为党和政府联系人民群众的桥梁。

社会教育节目是广播电视节目中一个比较大的节目种群。它设置的栏目多，涉及的内容广，每天播出的时间也比较长。因此，通常被看作是广播电视版面的三大支柱之一，与新闻节目和文艺节目一起，在促进两个文明建设中，占有极其重要的地位。

1. 教育性节目积极创新，体现了社教类节目的新思路

第十一次全国广播电视工作会议以后，从中央到地方各级电台、电视台都对社教节目进行了较大改革。对象性节目、服务性节目、电教节目以及大型系列专题片、纪录片都有较大发展。社教节目异彩纷呈，出现了多样化的兴旺局面。

英语教学节目是教育性节目中的重要组成部分。电视英语教育节目，起初的节目形式都是比较单调的"课堂加黑板"。为了改变课堂搬家的教

学模式，办好教育节目，1980 年 5 月，中央电视台派出考察团赴英国考察。在考察中，看到了英国广播公司（BBC）正在制作中的英语教学节目《跟我学》样片，从中受到启示。1982 年 1 月 2 日，《跟我学》中文版播出后，使国人对学习外语的观念为之一新，他们从生动、活泼的场景会话中学到了英语的发音、语调和使用方法。收视效果极好，6000 万份教材很快销售一空。《跟我学》的播出，为电视教学节目提供了一个形象化的实例，为电视教学节目的制作提供了一种新的思路和方法。

1978 年，国务院创办面向全国的中央广播电视大学。中央广播电视大学的诞生，极大缓解了我国有限的教学资源与大面积教学需求的矛盾，标志着一种新型的现代化教育模式的出现。在这一阶段，中央广播电视大学的规模，随着需要不断扩大。1984 年，在全国教育委员会的一次会议上，李鹏副总理宣布中央广播电视大学为全国教委直辖的 37 所重点大学之一。全国除台湾地区、西藏自治区外，28 个省、自治区和直辖市，都开办了省级广播电视大学。它们除转播中央广播电视大学课程、转发中央广播电视大学教材之外，还开展辅导和组织工作。有些地方还因地制宜开办自己特有的专业，如上海开办了医学专业、新疆维吾尔自治区开办了维吾尔语的广播电视大学。

在新闻改革的带动下，广播电视教育类节目不断调整和完善、创新和发展，质量有了明显提高。特别是 20 世纪 80 年代中期开始，普遍采用节目主持人替代播音员、受众直接参与等新的传播模式，各种门类的社会教育节目更加贴近群众、贴近实际、贴近生活，为提高全民族的思想道德素质和科学文化素质发挥了积极的作用。

2. 对象性栏目全面发展，展示了社教类节目的丰富性

20 世纪 80 年代以来，对象性节目在拓展自我发展空间的基础上，进一步注重节目内容，创新节目形式，受到了大家的欢迎。

随着中国体育事业和电视事业的蓬勃发展，体育报道在我国电视节目中的比重明显增加，国内国际的重大体育赛事都能通过电视及时播出，使人们观看到中国体育健儿“冲出亚洲，走向世界”为国争光的风采。

1984年，中国体育代表团重返奥运会赛场。洛杉矶奥运会成为中国体育真正大规模进入国际走向世界的标杆。中央电视台派出了5人前往洛杉矶进行报道，在香港制作节目，通过卫星传回北京，并从原定的每天转播40分钟，逐渐增加到每天播出4小时。到1988年汉城奥运会召开时，中国电视已经在激烈的新闻大战中崭露头角，播出总量、报道方式都大大超过了洛杉矶奥运会的电视报道，除现场直播多场重要的赛事外，中央电视台还首次利用交叉转播法，充分利用与“亚广联”共用的一条卫星线路，图像、口头、文字报道相结合，既扩大了报道面，又充分保证了新闻时效。

面向青少年观众的竞赛节目出现在电视屏幕上，是80年代社教节目的一件大事，从1986年起，竞赛节目呈全方位发展之势，尤其是1987年以后，发展更加迅速。在内容上，除了知识竞赛之外，又有了演讲比赛、辩论比赛、技能比赛、推销术比赛、电脑操作比赛、主持人比赛等，参赛者也从青少年扩展到社会各阶层人士。知识竞赛节目在发展的过程中，在内容和形式上不断地进行着新的尝试。1986年，为联合国国际和平年而制作的7场《国际和平年国际知识竞赛》，引进了民间的打擂形式，插入了观众的即兴谈话和即兴表演，使赛场幽默风趣，笑声不断。节目播出时，联合国秘书长德奎利亚尔发来贺电说：“在中国举行的《国际和平年国际知识竞赛》如同在贵国组织的其他活动一样，是对国际和平年活动的宝贵贡献。”1987年4月播出的《“北京—杭州”运河知识对抗赛》，则是中国电视史上首次实现的异地双向传送现场直播的电视节目。无论是画面还是声音，都完美地实现了事先的设计，充分体现了对抗赛的节奏和气氛。这是中央电视台、浙江电视台和有关部门通力协作的成果。

对象性节目的繁荣体现了我国广播电视节目进一步走向成熟，这些节目集新闻性、娱乐性和知识性于一体，大大提高了观众的欣赏水平，有利于扩大观众面，吸引更多观众收看。

3. 法制类节目初办，拓展了社教类节目的教育意义

我国法制节目的创办，是伴随着中国的法治建设开始的。1978年以来，中国开始了一系列紧锣密鼓的立法活动。1985年9月，当时担任全国人大常务委员会委员长的彭真同志，在北京人民大会堂举行的一个记者招待会上宣布：决定从现在起，到本世纪末，我们要从运用党的方针政策管理国家事务和社会事务的做法，逐步过渡到依靠宪法和法律来管理国家事务和社会事务。为了有一个良好的法制环境，中央决定通过各种宣传方式，广泛、全面、深入地向广大干部群众宣传法律常识，大力加强民主法制教育。自1986年开始，中国开始了在具有接受能力的全体公民中普及法律常识的宏大工程。全国各新闻媒体积极响应政府的号召，开始了法制新闻的报道宣传。

在广播界，1983年七八月间，广播电视部根据公安部提出的加强法制宣传的要求，责成中央电台积极筹办一个法制节目。9月15日，广播电视部、公安部、司法部向全国发出联合通知，要求各地广播电台和公安、司法部门大力协助、配合和支持中央电台办好《法制园地》节目。11月5日，《法制园地》开始播出。

《法制园地》是一个新闻性、知识性的专题节目，它通过广播谈话、典型报道、评论、法律常识讲解等形式，帮助听众了解，学习我们的法律，增强法制观念，养成遵纪守法的习惯；学会以法律为武器，保护自己的合法权益。同时，鼓励听众积极贯彻中央提出的综合治理的方针，同各种犯罪活动作斗争，促进社会治安和社会风气的根本好转。

中央和地方电台的法制节目，听众人数众多。中央电台1988年进行的一次听众调查显示，在全台60多个节目中，《法制园地》节目的收听率居全台第二[①]。

20世纪80年代，电视法制栏目作为一种新的节目类型出现在我国的

---

① 杨波主编：《中华人民共和国广播电视简史》，北京广播学院出版社，2000年版，第257页。

荧屏上。1985年5月22日，上海电视台正式开播《法律与道德》，开创了电视法制节目的先河，从《法律与道德》节目本身来看，在当时，该节目在形式上不拘一格，有案例报道、人物专访等，主要用生活中生动的实例进行法律教育，对难以用实例反映的法律知识，则采用小品的形式，收到了很好的宣传教育效果。随后，南京电视台于1985年9月15日开办了《法制园地》：分《公民与法》《举案说法》《石城金盾》等板块，有法制小品、案例分析、公检法等部门的法制信息报道，在早期法制节目中相对比较成熟。

1985年12月，中央电视台最早的法制栏目《规矩与方圆》正式开播，由于没有充分的准备，缺乏长期的规划，时隔一年该栏目停播。1988年年初，中央电视台恢复了法制栏目，更名为《社会瞭望》，7月又与《观察与思考》栏目合并。

随着中国法制建设健康、稳健地向前发展，法制新闻节目的广泛宣传，普通民众法律意识和观念有了很大的改观，这种变化，反过来也带动了中国法制建设不断的进步和改进。法制节目的社会角色和使命在此得到彰显，同时也显示出中国传媒人推动普法、推动法治进程的职业理想。

六、少数民族语言广播体系形成

改革开放以来，我国少数民族广播电视事业与我国广播电视事业在技术、制度等多方面经历了历史性的飞跃。随着国家政策的不断调整和社会形势的不断变化，我国少数民族广播电视事业与时俱进，继往开来，为社会主义的有序建设贡献出了自己特有的力量。尤其在党的十一届三中全会以后，党和国家高度重视少数民族各项工作的发展，对少数民族广播电视事业给予了大力的扶持和帮助，使少数民族地区的广播电视覆盖率有了很大的提高，各少数民族地区的电台、电视台都有使用少数民族语言播送的节目。

20世纪80年代实施的“四级办广播，四级办电视，四级混合覆盖”

的措施，使我国少数民族语言广播电视事业得到了飞速的发展，也是在这一时期，少数民族语言广播体系基本形成。我国少数民族语言广播在坚持新时期党的基本路线、基本方针的基础上，从思想上、理论上拨乱反正，一方面恢复少数民族广播的优良传统，一方面进行改革的探索，进一步发挥广播自身的特点，坚持自己走路，兴办了一批充分显示广播优势的节目。

1981年6月1日，中央人民广播电台开办了汉语“民族专题”节目（即后来的“民族大家庭”节目），还播有蒙古语、藏语、维吾尔语、哈萨克语、朝鲜语、汉语共6种民族语言的广播，全天共播出13个小时。当时，在中央人民广播电台民族部的工作人员当中，除汉族之外，还吸收了来自蒙古族、藏族、维吾尔族、哈萨克族、朝鲜族、满族、回族、壮族、瑶族等十余个少数民族的同志。

在广播网络系统建设方面，以1988年与1952年相比，1952年全国民族自治地方的广播电台只有5座，到1988年已经发展到133座，增长了26.6倍。[①]到1991年，我国民族自治地区已有广播电台133座，电视中心台96座，电视发射台和转播台5435座，卫星电视地面接收站7975个，市县广播站1335个，广播喇叭566.43万只。[②]在使用通信卫星成功后，国家考虑到民族地区地理环境复杂、经济比较落后的实际情况，优先安排了新疆、西藏、云南、贵州等10多个民族省区使用电视通讯卫星，为广大民族地区的人民群众收看电视节目创造了条件。

此外，随着西部大开发战略的实施，原国家广播电影电视总局（简称广电总局）和新疆、西藏、内蒙古、青海等七个省（自治区）广电局进行了西部地区广播覆盖工程建设，这是新中国成立以来国家投入资金最多、建设规模最大的广播工程。[③]随着改革开放的逐步深入和边疆开放点的日

① 张小平：《民族宣传散论》，中国藏学出版社，2005年版，第71页。

② 有关数据引自国家民族事务委员会经济司编：《中国民族统计·1992年》，中国统计出版社，1993年版。

③ 白润生主编：《中国少数民族新闻传播通史（下）》，中央民族大学出版社，2008年版，第870页。

渐增加，各少数民族人民群众的思想观念、价值取向、伦理道德、风俗习惯、经济生活与文化生活方式都发生了明显的变化。已建成完整体系的少数民族语言广播在反映、引导与促进这种变化中发挥了重要作用。

七、纪录片制作走向成熟

大型电视纪录片，是指题材广阔、包容量大、系统完整，具有较高的历史和审美价值的纪录片。由于这种纪录片的篇幅一般在 10 集（大约 3 小时）以上，所以叫作大型电视纪录片，也称为系列片。

1. 大型电视纪录片兴起

这一时期广播电视业界涌现出一批优秀的系列片和纪录片。1983 年 8 月，中央电视台推出的 25 集电视系列片《话说长江》，是继《丝绸之路》之后，第二次与日本同行携手合作的大型电视系列片。

《话说长江》致力于纪录片向电视节目的转变，艺术上有了新的探索与突破，它摆脱了纪录片历来画面加解说及播出方面的局限，首次在大型系列节目中树立了固定的主持人——陈铎和虹云，并采用章回小说体的结构方式，固定栏目，连续播出。《话说长江》播出后的轰动效应是空前的，许多观众接受了这种对面交流、新鲜亲切的话说体，人们盛赞《话说长江》是激动人心的爱国画卷，是知识的百科全书，一时在中国形成“长江热”。

在与境外合作拍摄大型电视纪录片的同时，中央电视台依靠自己的力量，独立拍摄制作的大型电视纪录片《话说运河》（28 集）于 1986 年 7 月问世。这部片子沿京杭大运河的自然走向，充分展示了中华民族的人工奇迹以及大运河面临的问题和南水北调的发展前景。中央电视台还和省级电视台联手，发挥系统优势，拍摄了一些颇有影响力的大型电视纪录片。中央电视台和青海电视台联合摄制的电视纪录片《唐蕃古道》（20 集）历时三年，于 1987 年 4 月同观众见面。1988 年 11 月，中央电视台同云南、贵州、四川、陕西、湖北、重庆等地方电视台合拍的电视纪录片《蜀道》开始播出。上述三部大型电视纪录片播出后各地评价较高，在全国优秀电视系列片评选中都获得了一等奖。

地方电视台实行横向联合，也取得了明显成效。1987 年，由河北电视台牵头，长城沿线 10 个省、自治区、直辖市电视台联合摄制的系列电视片《万里长城》（37 集），把万里长城的原始体态和巍巍雄姿形象地展现出来。此片从 1988 年元旦起，在全国各地陆续播出，并在日本、新加坡、泰国、澳大利亚等国家和香港、台湾地区播放。

中央电视台 1988 年播出的纪录片《河殇》，全称为《河殇——中华文化反思录》，在当时引起较大的社会影响。一方面，它在艺术性上无可挑剔，开创了电视政论片和解说词这一新型的艺术形式；另一方面，它在思想观念方面存在很大的误区，全面否定了中华五千年文明史，甚至于把整个中华民族都说成是一个悲哀的民族。《河殇》偏激的思想观念导致了其最终被禁播。

2.《望长城》——纪实性纪录片走向成熟

20 世纪 80 年代，由于电视技术的发展，电视节目样式的多样性有了可能。当 ENG 设备功能进一步完善，录像成为纪录片创作的主要手段以后，电视纪录片创作涉猎的题材无所不至，成为观众了解社会、认识人生、注视世界的窗口。1989 年开始创作，1991 年播出的《望长城》（12 集），是创作观念更新后的结晶。它着重拍摄了居住在长城两边的老百姓，借城说人，成功地采用了抓拍、抢拍的手法，突破了原有的纪录片拍摄模式，探索出一条中国电视纪实性纪录片拍摄的新路，在中国电视纪录片制作中，具有里程碑的作用。

这部片子的成功之处在于，纪录片的纪实本性受到尊重，纪实主义的创作方法得到普遍认同。它遵循事件发展的过程，运用主持人等采访拍摄的手段，记录真实时空里发生的真人真事。同期声在这里得到了最充分的运用，大大提高了纪录片的叙事技巧。此外，在《望长城》中，对叙事结构进行了突破性的改革，强调结构的开放化、个性化，力图最真实地还原生活的原始面貌。这给观众留下了丰富的想象空间。从《望长城》开始，电视的纪实语言开始在纪录片中大量运用，并成为纪录片创作主流[①]。20世纪90年代，纪录片的创作进入了成熟阶段，并获得了大面积的丰收，提高了社教类节目的影响力。

第三节　广播电视对外传播积极拓展

1983年3月，吴冷西部长在第十一次全国广播电视工作会议上指出："对国外广播要努力为全世界人民服务，做到有的放矢，在宣传中准确而鲜明地树立社会主义中国的形象，实事求是地向各国听众介绍中国的情况，宣传我国的政策和主张，增进各国对中国的了解，发展我国和各国人民的友谊，支持各国人民，特别是第三世界人民的正义斗争，反对霸权主义，维护世界和平。"[②]这个表述成为这一时期对外广播宣传业务指导思想的重要依据。

改革开放以来，我国对外广播电视加强了调查研究，注重分析国外受众的收听心理和习惯，按国际广播电视传播规律办事，锐意改革，积极进取，坚持以新闻改革带动对外广播电视事业的全面发展，各项事业取得了突破性进展。

一、对外广播电视广开渠道，扩大传播影响力

为将对外宣传工作深入各国主体社会，我国对外广播电视积极扩大外交渠道和交流面，力图扩展传播的影响力。

① 刘习良主编：《中国电视史》，中国广播电视出版社，2007年版，第263页。

② 广播电视部政策研究室，《当代中国的广播电视》编辑部：《方向与实践——第十一次全国广播电视工作会议文件和典型材料选编》，中国广播电视出版社，1984年版，第49页。

中国国际广播电台（CRI）创办于1941年12月3日，是中国向全世界广播的国家广播电台。其宗旨是“向世界介绍中国，向中国介绍世界，向世界报道世界，增进中国人民与世界人民之间的了解和友谊”。在广播领域，为了加强对外宣传，扩大我国对外广播的影响，中国国际广播电台积极主动地开展工作，同国外一些电台签订了向其传送或寄送节目的协议。从1981年起，不定期向毛里求斯电台提供磁带和文字稿件，通过中国驻毛里求斯大使馆转发。从1987年11月起，改为每周向该台提供客家话和广州话播讲的《茶余饭后》《大榕树下》《中国成语故事》《客家山歌》等专题节目，很受听众欢迎。

传送、寄送节目是对外广播不可忽视的一种方式，它可以直接在对象国家和地区落地，播出效果好，弥补了中国国际广播电台发射功率小，收听效果不佳的不足，有利于扩大我国的影响。在对外开放的背景下，中国的电视界也开始改变过去闭门造车的做法，依据国家政策，本着“请进来，走出去”的思路，积极发展与国外电视界的交流与合作，在吸引国外经验的同时不断发展自己。

在电视领域，党的十一届三中全会以后，中央电视台的国际节目交流工作有了较快发展。1983年3月1日，中央电视台参加了亚洲太平洋广播联盟成员国电视台之间通过国际通信卫星进行的新闻交换试验活动。中国与日本、澳大利亚、新西兰、韩国、香港六个国家和地区为A区，1984年4月1日，中央电视台正式参加了亚广联A区每周的定期新闻交换，还通过亚广联与欧洲广播联盟等国际新闻机构的交换关系，将节目传播到欧美拉非的许多国家。

外宣工作的开展，也促使我国电视界同国外电视界的交流与合作日益增多。1983年召开了首次“全国电视对外宣传工作会议”，提出“内外并举”的方针，中央和地方各电视台纷纷成立对外部。次年，在银川召开的第二次全国电视对外宣传工作会议，又决定进行对外节目评奖，并于1985年4月创办国际交流节目专栏《华夏掠影》。我国电视界同国外的交流不再是被动、单向的，一直以来我们积极地了解世界，此时我们已经开始向世界展示中国，让世界了解中国。

二、对外广播电视节目改革，提高对外传播力

1983年8月，广播电视部在北京召开了第一次全国电视对海外宣传工作会议，专门就电视的对海外宣传进行了研讨。会议强调电视宣传要对内对外并举，要加强电视节目的思想性和针对性，不断提高质量，全面、生动地向世界宣传中国。1984年10月，广播电视部又在宁夏召开了第二次全国电视对海外宣传工作会议，部署下一阶段全国电视对海外的宣传工作，并对各台对外节目进行评比。这两次会议有力地推动了全国电视对海外宣传的快速发展[①]。

随着改革开放的深入发展，对外广播的节目形式日趋丰富，有关重大事件、会议活动的现场实况直播是这一时期的重要成果。

1984年10月1日，中华人民共和国成立35周年，中国国际广播电台英语广播首次对北美及北京、广州、上海、武汉、昆明、南京、福州等国内城市现场直播首都军民在天安门广场举行盛大阅兵式和群众游行、庆祝中华人民共和国成立35周年的实况。当时中国国际广播电台没有正规的转播车，是利用大卡车改造的，参加播出的是三名青年人，他们虽然缺乏直播经验，但经过努力，圆满完成了任务。

1988年，中国国际广播电台现场实况直播进一步开展。春节期间，中国国际广播电台和英国BBC系统的曼彻斯特电台华语《东方地平线》节目共同邀请纽约美加华语电台、多伦多华声电台、荷兰中文电台联合举办龙年大联播《向全球华人贺岁》特别节目。该节目分别用广州话和英语广播。美国公共广播电台（NPR）线路网负责把这档节目送到本系统的美国2500家电台。在西欧、北美等地，华侨、华人可从本地电台或用短波收听到这个节目。同年3月24日至4月13日，全国人大和全国政协七届一次会议

① 刘习良主编：《中国电视史》，中国广播电视出版社，2007年版，第135页。

在北京举行。中国国际广播电台英语广播直播了全国人大开幕和两会闭幕实况，这是中国国际广播电台两会报道的新突破。

进入20世纪90年代，对海外广播电视宣传在选题、传播途径、节目质量乃至传输等方面，都有了明显的变化，覆盖面也更加广泛，在世界上的影响一天天扩大。

三、对外广播电视全面调整，提高传播针对性

1983年第十一次全国广播电视工作会议后，广播电视部党组在给中央的《关于广播电视工作的汇报提纲》里指出："对国外电视要努力为全世界人民服务，做到有的放矢，在宣传中准确而又鲜明地树立社会主义中国的形象，实事求是地向各国听众介绍中国的风光，宣传我国的政策和主张，增进各国人民对中国的了解。"

在广播领域，各对象语言广播的专题节目进行了全面调整与改革，自办新的、适合听众口味的节目大量涌现。中国的社会和人民生活状况是各国听众普遍感兴趣的内容，许多听众来信建议电台多介绍这方面的情况，有的听众说，只有了解一般人民的生活和思想感情，才能真正了解新中国。[①]中国国际广播电台根据听众要求，举办了《中国少数民族》专题节目，全面系统地介绍全国55个少数民族的基本情况和党的民族政策、宗教政策，报道我国少数民族地区生产发展、民族和睦的兴旺景象。1988年，对外广播中开办的《北京人的生活》系列专题，从多方位、多侧面、多角度介绍了北京人的社会生活状况，包括衣食住行、吃喝玩乐、生老病死、家庭生活、人际关系、伦理道德等方方面面，既有新闻性、知识性，又有趣味性，短小精悍，通俗明快，很受听众欢迎。

地方各级政府非常关心和重视对海外的电视传播工作，在人员编制、经费和设备等方面都给予大力支持，对外宣传机构日臻健全。1984年，中

① 《中华人民共和国广播电视简史》编辑部编：《改革开放中的广播电视（1984—1999）》，中国国际广播出版社，2001年版，第91页。

央电视台率先将国际部改为对外部。各地方电视台也相继建立起对外宣传机构，投入一定的人力物力，专门负责制作适合对外又各具地方特色的电视节目，直接或通过电视台向海外交换、播发[①]。

中央电视台对外部成立后的第一项工作，就是抓节目质量的提高，先后开办了《焦点》《中国，中国》《中心舞台》《电视剧场》等栏目。1986年12月30日，中央电视台第一个面向外国观众的外语栏目——《英语新闻》开播，这些栏目的开办，很快引起中外观众的关注。

通过对专题节目进行全面调整，对外广播电视的针对性进一步加强，信息传播的有效性得到提升。

第四节　广播电视技术的发展

新中国的广播电视事业是在技术落后、工业不发达的基础上起步的，很多设备和器材最初都只能依靠进口，但随着国家经济的好转，尤其是20世纪80年代以来各项改革措施的顺利进行，在广播电视科技工作领域，一方面，我国开始广泛学习和引进国外先进技术成果，重视和加强对本民族科技人才的培养，另一方面也积极鼓励和扶植国内创新性的科技开发与工业建设，使得广播电视科技和工业获得了长足发展。

一、广播电视节目拍摄制作技术的改进

科学技术既是广播电视的传播手段，也是其赖以存在的物质基础，改革开放以来，我国广播电视科技手段不断进步，成为推动事业发展的一支重要力量。

① 《中华人民共和国广播电视简史》编辑部编：《改革开放中的广播电视（1984—1999）》，中国国际广播出版社，2001年版，第216页。

1. 电视新闻中采访设备的使用

为了提高电视新闻时效，随着社会政治和经济环境的改善，各广播电视机构开始有计划地引进一些国内急需的先进设备，在广播电视节目及其他音像制品的制作技术方面，迅速改变了以往设备陈旧、技术落后的状况，拉近了与世界发达国家的距离。

在电视领域，中央电视台《新闻联播》节目使用引进的 ENG（Electric News Gathering）电子采访设备，采制声像合一的新闻，从而结束了以往单靠摄影机拍摄电视新闻的历史。电子新闻采访设备是当时国外的最新科技。这是一种小型化的设备，它把电视节目制作所需的一切技术设备，包括摄像机、同步系统、编码器等都装在一个轻量的、便携的摄像机中，直接输出按一定制式编码的彩色电视信号，并可录在一个便携式的录像机中。有的还把录像机也合装在一起，成为一体化的设备，这一整套设备，就称为“ENG”。[①] ENG 的出现，对电视节目的前期制作具有非常重要的意义，有了它，电视记者才可以丢弃电影摄影机，电视才进入了全电子化时代。20 世纪 80 年代，ENG 在全国的电视台内逐渐得到普及，有些较晚成立的电视台甚至没有经过摄影机拍片的时代，就直接进入了电子新闻采集时代。

除了 ENG 技术之外，电子现场节目制作技术（EFP）也得到了运用，EFP 实际上是一个小型化的、可移动的电视技术系统。除了摄像机、录像机之外，还备有电子编辑系统，可以在现场利用多个摄像机的信号制作节目：可以录在磁带上，也可以直接播出。全套设备可以装箱运输，到拍摄地点再组装起来。这是一种对于节目制作很有效的技术手段。

同时，广播电视领域的数字化建设开始起步。广播电视信号数字化有利于避免传输的失真，还可以提高节目制作的质量，利于长期保存，便于对信号进行加工处理。数字视频特技（DVE）应用于电视节目制作中，使加工后的节目内容更加生动活泼，大大提高了节目的技术质量和艺术感染力。但是，由于价格昂贵，此时广播电视数字化仅仅只是应用在演播室内，

---

① 阎玉主编：《中国广播电视学》，中国广播电视出版社，1990 年版，第 591 页。

而且除中央电视台外，并未得到全面的推广使用。

2. 广播领域中录音技术的提高

在广播领域，广播的录制技术得到了很大改善，尤其体现在对外广播方面。为了适应对外广播事业的发展需要，对外广播原来相对独立的技术系统从管理体制上划归中国国际广播电台直接领导，形成编播、技术一体化，这是一次历史性的改革。与此相适应，技术管理上实行总工程师负责制，加强了节目录制和播出部门的管理工作，并对原有播控设备进行了改造和更新。

对外广播原有的录制、播出机房，一直是使用635型电子管电路录音机和412型调音台等较陈旧、落后的播控设备。其中文艺录音机房职能进行单声道录音，远远不能适应对外广播飞速发展的需要。通过工程技术人员的努力，录制系统先后更新改造了15个语言录音机房、3个复制机房、3个文艺录音机房。经过改造的录音机房设备，更新为世界上较为先进的MTR-12型专业录音机。文艺录音机房具有分轨、分期、同期录制立体声广播节目的功能；大型录音车具备了进行多轨同期立体声文艺节目录制的功能，实况转播车配备了先进的调频发送设备（STL），信号传输质量成倍提高。

经过几年的努力，对外广播的技术系统播控设备整体状况已经接近世界先进国家电台的水平。1990年亚运会期间，中国国际广播电台日常广播节目每天增加了14.5小时，先后进行了包括开幕式、闭幕式在内的现场直播19场（次）。其中，开幕式用英语、朝鲜语、广州话三种语言同时进行直播；闭幕式用英语、日语、朝鲜语、广州话四种语言同时进行直播和录音。台内主控机房配合现场实况直播，跳接临时节目519次，传送各类节目257次。亚运艺术节上，录制专场演出达40余场（次）。这么大的场面，这么多的工作环节，使用这么多的技术设备、这么多的语种同时通过一个中心控制室进行现场实况直播和录音，这在我国对外广播的历史上是空前的。

二、广播电视传输技术的进步

长期以来，我国广播电视的传送手段一直比较落后。1980 年举行的第十次全国广播工作会议时，就曾经研究过采用卫星广播技术的问题。经过几年的酝酿和准备，第十一次全国广播电视工作会议正式做出决策，决定采用卫星转播广播电视节目的先进技术，加快对全国的覆盖。此后，我国广播电视界在卫星广播、有线电视、数字传播等传播手段方面有了较大的进步。

1. 卫星传送技术的运用

20 世纪 80 年代以前，我国的广播电视节目传送主要是通过微波线路进行的，在传送质量和建设成本方面，微波线路都明显落后于卫星传播，自身存在很多不尽如人意的问题。1983 年，第十一次全国广播电视工作会议确定，今后将主要“采用广播卫星覆盖”。1984 年 4 月，我国发射的第一颗试验通信卫星上天，成功地进行了多路广播电视节目的传输试验，开创了我国广播电视节目传送的新纪元。1985 年 1 月，我国为传送电视节目租用的国际卫星转发器开始启用；10 月，中央电视台开始利用国际通信卫星 5 号 C 波段向全国传送电视节目。1986 年，中央人民广播电台和中央电视台每天分别通过卫星向全国传送多套广播节目和两套电视节目。1988 年，我国自行研制的两颗东二甲实用通讯广播卫星先后发射成功，大大拓展了广播电视传送的范围，改善了节目的传送质量。1990 年，通过卫星向世界各地传送的北京第 11 届亚运会实况，反响良好。也正是借助于卫星传播，1991 年 9 月 1 日，《新闻联播》走向世界。

作为 20 世纪 70 年代发展起来的现代化技术，卫星传送无疑是科学技术对广播电视传播的又一个巨大贡献。它不仅从传播手段上更好地保证了广播电视的报道时效，使重大新闻事件可以做到世界范围的同步报道，而且节目信号稳定，传输质量好，是一种投资少、见效快、收益高的现代传播手段。卫星广播电视的应用，使我国的广播电视事业进入一个高速发展的时期，它不仅大大提高了广播电视节目的覆盖，给观众以更多的选择，也迅速改变了国内广播电视业传统的按照地域划分的竞争格局，对于促进中央和地方广播电视事业的改革和发展发挥了巨大的作用。

2. 调频广播的发展

在广播领域，第十一次全国广播电视工作会议制定的另一项重要的技术政策是大力发展调频广播。调频广播也是一种先进的技术手段，有很多优点，不仅音质好，抗干扰性能强，而且在同等功率的情况下，覆盖面积广，节省电台的建设投资。会议要求：中央、省、市、县都要积极开办调频广播；有条件的大城市可以开办立体声调频广播；在农村有线广播架设专线有困难的地区，县调频广播台可以同有线广播结合起来，既满足群众直接收听，又可为乡广播站传送节目。这些政策规定有力地促进了全国调频广播的发展。1983年以来，全国增加了96座调频广播电台。不少省、自治区，采用调频双节目广播技术，利用原有的一部调频发射机同时播出两套节目。之后，新研制的调频立体声广播附加讯道投入使用。短波广播的增多，微波线路的传送，大大提高了广播频道的使用效率，收听率也有了提高。

由于大规模建设省以下广播电视专用微波线路和采用卫星传送广播电视节目，使广播电视信号传输发生了质的变化。在这几年里，调频广播电台从1982年的124座，发展到1988年的465座，基本上形成了全国的调频广播网。农村有线广播经过整顿，到1988年，全国农村有线广播的通播率保持在71%以上，广播喇叭8000多万只，入户率稳定在41%左右，同时，小功率调频台作为县与乡之间、乡与村之间的有线广播节目的传送手段，也得到了更加广泛的运用。

3. 有线广播电视的发展

改革开放之后，我国的有线电视从1988年开始向农村发展，速度之快是人们始料未及的。据广东省的调查，到1988年8月底已经有48个县办起了有线电视台。这一年，其他省份如四川、辽宁、吉林、山东、福建、湖北、贵州、青海的农村，也开始建设有线电视，农村有线电视的建设，采用音频广播和电视共缆传输的技术。也就是用一根电缆，把原来的有线广播和电视信号同时送到农民家中。

同时，行政区域性的有线电视系统也发展很快，广东佛山和韶关、湖北沙市和黄石、贵州都匀、湖南衡阳、浙江金华、山东济宁市中区、上海闵行开发区、北京丰台区等地，相继建立了有线电视台。其中湖北沙市有线广播电视台是广播电影电视部确定的全国城市发展电缆广播电视的试点工程，也是第一个获得部批准成立的有线广播电视台[①]。

有线电视的建设，不仅扩大了中央和省级两级电视节目的覆盖面，使观众可以接收到更多的电视频道，并改善了收视效果；同时，在宣传党的方针政策、稳定局势、发展经济、普及教育和丰富群众文化生活等方面，发挥了积极的作用，因此受到各级党委、政府的重视和广大群众的欢迎。

第五节　广播电视教育和理论研究

20世纪80年代，我国广播电视教育蓬勃发展，形成了多学科、多层次、多规格的广播电视教育网络，培养了大批广播电视专业人才，为我国广播电视事业的发展做出了贡献。同时，广播电视的理论研究工作也非常活跃，出现了前所未有的良好局面，为建立具有中国特色的社会主义广播电视理论体系奠定了基础。

一、广播电视教育蓬勃发展

在1983年召开的第十一次全国广播电视工作会议上，广播电视部部

① 邹大政：《沙市建成有线广播电视台》，《视听界》1990年第3期。

长吴冷西在谈到广播电视人才的教育和培训时，明确地提出了三个方面的意见和措施：首先要重点办好北京广播学院，并筹办第二所高等广播电视院校；其次，要普遍开办广播电视中等专业学校；第三，要争取有更多的大专院校增设与广播电视业务对口的专业。在国家教育和广播电视主管领导部门的重视下，我国的广播电视教育取得了较快发展。

1. 广播电视教育层次扩展

1983 年，全国广播电视系统职工总数已经超过 25 万人，平均每年递增 1.2 万多人，随着广播电视事业的迅速发展，广播电视职工队伍不断扩充壮大。因此，努力开辟、扩大人才来源，持续补充具有良好政治和业务素质的新生力量，是搞好广播电视队伍建设的一个重要方面。

广播电视事业不仅需要各门类的高级业务骨干，还要在各种岗位上配备更多的中等专业人才。因此，除了发展高等教育之外，广播电视部门对中等教育也极为重视。1986 年 9 月，广电部（即原国家广播电影电视部，下同）在浙江杭州开办浙江广播电视专科学院，即计划中的第二所广播电视高等院校，主要担负为地市级广播电视部门培养新闻、艺术人才。① 到 1991 年，全国广播电视系统的中等专业学校已有 19 所，在校生 4860 人，教职工 1275 人，校舍总面积 19.5 万平方米，在一定程度上解决了边远地区和高山艰苦台站人才匮乏的问题。

为了拓宽人才来源的渠道，广播电视部门除了大力发展本系统的高等和中专教育事业外，还广泛借用社会力量，与武汉大学、中国人民大学、复旦大学、北京外国语学院等院校合作，委托它们为广播电视各单位代培新闻、外语等方面的人才。1985 年起，中国人民大学、复旦大学、武汉大学、厦门大学等著名综合大学的新闻学院（系）先后开设广播电视新闻专业。90 年代初期，南京大学、四川大学、杭州大学等新闻系的新闻学专业又先后开设广播电视专业方向。一些综合大学的中文系和电影戏剧专门

① 赵玉明主编：《中国广播电视通史》，中国传媒大学出版社，2006 年版，第 469 页。

院校依靠自身师资力量的优势，开设了播音主持艺术、影视文化、广播电视编导等专业（专业方向）。此外，一些著名工科院校的传统的无线电专业也都面向广播电视人才市场，培养相关的专业人才。上述现象的出现，使得广播电视部门的专业人才来源日益趋向多渠道，从而促进了广播电视从业人员素质的提高。到90年代初，一个多学科、多层次、多规格的广播电视教育网络已经基本形成。[①]

2. 广播电视职业教育规模扩大

在这一时期，广播电视科学技术的发展速度非常快，为了追踪和移植世界高新科技成果，并结合我国的国情，大力开展广播电视新技术的应用研究和开发，必须加强对现有广播电视从业人员的继续教育。这是提高我国广播电视事业现代化水平的关键环节之一，具有深远的战略意义。

为此，1983年12月，广播电视部在山东省泰安市召开全国广播电视干部工作座谈会。会议重点研究了培训在职干部和发展广播电视教育事业的问题，并且讨论通过了广播电视部拟定的《广播电视系统1984年至1990年在职人员培训规划》。按照中央的要求，职工教育要实行全员培训，所以广播电视部门培训的对象，包括所有的在职干部。不过重点是各级领导干部和各类业务、技术骨干。培训在职人员的工作，由各级广播电视机构分级负责。

北京广播学院和各省、自治区广播电视厅所属的广播电视中专学校，是培训广播电视在职干部的重要阵地。为了加速培养人才，从1984年起，北京广播学院开展了函授大专教育（设新闻和广播电视工程两个专业），并陆续在全国广播电视建立了28个函授工作站，形成了一个几乎遍布全国各大城市的函授教育网。函授教育不仅覆盖面广、培训规模大，而且费用低，学员又基本不脱离岗位，对工作影响不大，就可以拿到大专学历文凭，因而受到广播电视部门各级领导和职工的欢迎。从1984年到1991

① 赵玉明主编：《中国广播电视通史》，中国传媒大学出版社，2006年版，第470页。

年，北京广播学院函授教育连续招收了8届学生，共7780人（其中70%是广播电视系统的在岗人员），已有4491人学成毕业。函授教育为各级广播电视机构培养了大批广播电视事业急需的专门人才，提高了大批中青年在岗人员的政治素质、专业素质，改善了专业干部队伍的知识结构和学历结构。

广播电视部门坚持做好在职干部的培训工作，加上不断补充新生力量等因素，使广播电视干部队伍的结构得到了优化，大大提高了知识化和专业化程度。

二、广播电视理论研究

第十一次全国广播电视工作会议提出了立志改革、开创广播电视工作新局面的历史任务。为总结广播电视工作的基本经验，开创工作新局面，广播电视的研究工作也逐步发展起来。广播电视研究工作包括基础理论研究、决策研究、应用理论研究、史学研究等，各级广播电视部门和有关院校的专业、业余研究人员，在这些方面取得了不少成果，对推动广播电视事业的改革和发展起了积极的作用，为建设具有中国特色的社会主义广播电视理论体系奠定了基础。

1. 中国广播电视学会成立

1982年，广播电视部总编室根据广播电视宣传工作改革的需要和广播电视工作者的呼声，向部领导提出成立广播电视学会的建议。经过三四年的酝酿和筹备，中国广播电视学会于1986年10月15日在北京宣告成立。原广播电视部部长吴冷西当选为中国广播电视学会会长。他在会上讲话说："如果说我们中国的新闻学要有自己的理论体系的话，那么，我们广播电视作为一个新兴的部门，新的宣传手段、宣传工具，更需要有我们自己的理论体系。所以，我认为我们学会的成立是中国广播电视事业历史上的一件大事。"广播电视战线有名望的老领导梅益、温济泽、董林、周新武，被聘为中国广播电视学会顾问。

中国广播电视学会成立后，全国各省、自治区、直辖市广播电视厅（局）和中央三台、北京广播学院陆续成立了分会，部直属技术部门和其他部门分别联合成立了分会。到1991年，全国已有广播电视学会分会36个，支会84个（即地市一级学会），按学会章程规定的条件吸收的会员达1.3万多人。各级学会都有自己各种类型的专业研究委员会或研究小组，中国广播电视学会直属的研究委员会就有38个。

中国广播电视学会的成立，大大充实了广播电视系统的研究力量，并且标志着我国广播电视研究工作，已经进入了一个新的阶段。这就是说，广播电视研究不再仅仅着眼于工作的改进，停留在微观业务研究的层面上，而是围绕建立有中国特色的社会主义广播电视理论体系这一总目标，加强了基础理论研究和宏观研究。

2. 广播电视研究初获成果

1986年10月，中国广播电视学会（以下简称“中广学会”）的成立使广播电视系统内长期分散进行的研究工作，开始步入了组织有序的发展阶段。在中广学会的带动和组织下，广播电视工作者开始着手编写《中国广播电视学》等一些有代表性的广播电视著作，对推动广播电视学的建立和发展起了积极的作用。

首先，一批广播电视史学著作率先问世。其中最具代表性的为左漠野主编的《当代中国的广播电视》（上下册），该书叙述了1949年至1984年中国广播电视事业成长的概貌和取得的成就，总结了社会主义初级阶段广播电视事业发展的基本经验。此后，该书编辑部还从全国各省、自治区、直辖市广播电视厅（局）提供的几百万字的资料性文稿中筛选汇编了一套8本《中国广播电视史料选编》。《当代中国的广播电视》的编纂和出版推动了各地广播电视史志调查研究编写工作的开展，同时，又与各地根据上级政府部门部署的编写本地广播电视志的工作交互进行，呈现了一派盛世修史的盛况。赵玉明的《中国现代广播简史》首次比较全面、系统地概述了1923年至1949年中国广播事业发展的历程。汪学起等《第四战线——

国民党中央广播电台掇实》，以史话形式勾画了国民党中央广播电台的兴衰变迁。

其次，广播电视基础及应用理论类著作和教材相继出版，北京广播学院新闻系、电视系和播音系组织编写的第一代原创性广播电视教材的问世，既是北京广播学院历年来主要业务课教学成果的总结，也为广播电视研究的深入开展奠定了基础。此外，陆续出版的还有刘志筠《电子媒介——广播与电视》，林兴仁《实用广播语体学》等。

受广电部委托，由北京广播学院主持编纂的《中国广播电视年鉴》（1986 年版为首卷，此后每年一卷）和《广播电视简明辞典》（1989 年出版）相继出版，及时汇编了我国广播电视改革的新情况、新进展，概括介绍了广播电视的基本知识，为以后广播电视研究的开展提供了丰富的信息资料。

从 1983 年起，我国建立了国家社会科学基金制度。但由于多种原因，在国家社会科学基金项目中广播电视方面的研究项目，多年来一直未能列入。“七五”初期，开始有新闻学方面的课题列入基金项目。“七五”末期，第一个广播电视方面的研究项目《中国广播电视通史》列入基金项目①。

20 世纪 80 年代末到 90 年代，广播电视的研究已逐步走向成熟，一批以中老年为主的具有高中级职称的专兼职的研究队伍已基本形成；广播电视的研究已由分散、个体为主逐渐走向有组织、有计划的课题性研究为主；广播电视学术论著的评奖活动已走向制度化、规范化，广播电视研究的丰硕成果已初步构建起有中国特色的广播电视学的框架。广播电视学作为一门新兴学科的地位已逐步得到社会上的认同。

① 徐光春主编：《中华人民共和国广播电视简史（1949—2000）》，中国广播电视出版社，2003 年版，第 344—346 页。

第六节　广播电视管理体制的改革与调整

党的十一届三中全会以后，我国各方面实行了一系列的改革，社会形势发生了很大的变化，对广播电视的事业建设提出了新的要求。为了适应新的形势，促使广播电视事业有更大的发展，第十一次全国广播电视工作会议决定对广播电视的事业方针和技术政策作较大的调整和改革。

一、广播电视方针政策体系的调整

伴随着经济体制改革的不断推进，20 世纪 80 年代开始，我国广播电视发展政策进入调整阶段。1983 年以前，我国的广播电视事业建设，虽然没有明确提过只能由中央和省两级办电视，但实际做法是，四级办广播（中央、省、市三级办无线广播，县办有线广播），两级办电视，分级覆盖。这个方针，存在不少弊端，限制了广播电视事业发展的规模和速度。第十一次全国广播电视工作会议确定了实行“四级办广播，四级办电视，四级混合覆盖”的方针，这是对广播电视体制的一次重要改革和调整，使广播电视体制与广播电视事业的性质和任务相适应，极大激发了中等城市办广播电视的积极性。

1. 四级办广播电视，广播电视管理政策初步调整

中国地域辽阔，地形复杂，由中央和省两级来实现广播电视覆盖十分困难，特别是资金投入过大，单靠国家财力是远远无法满足需要的。而市县两级自办电视的愿望很强烈，却又得不到决策部门的支持，控制很严。到 1983 年，全国仅有 24 个市开办了电视台，并自办电视节目。

党的十一届三中全会后，我国各方面实行了一系列的改革，在此形势下，第十一次全国广播电视工作会议决定，在事业建设上实行“四级办

广播，四级办电视，四级混合覆盖”的方针，即除了中央和省、自治区、直辖市两级办广播电台和电视台以外，凡是条件具备的省辖市、县，也可以根据当地的需要和可能开办广播台和电视台，除了转播中央和省的广播、电视节目外，可以播出自办的节目，覆盖该市县。

四级办的方针极大地调动了地方市县两级发展广播电视事业的积极性，由于市县两级党委政府可以使用广播电视这个强有力的宣传工具，因而增加了对广播电视事业的投入和支持力度，从而大大加速了广播电视事业的发展，扩大了广播电视的覆盖。从1983年到1988年，我国广播事业建设迎来了有史以来发展最快的时期。全国普遍兴起办广播、办电视的热潮，广播电台、电视台的数量逐年递增，递增幅度平均每年30%以上。到1988年年底，全国广播电台的数量达到461座，比1982年增长2.9倍。电视台的数量达到442座，增长近8倍。广播电台、电视台以及广播电视发射台、转播台的大量建设，使全国广播电视人口覆盖率有了较大的提高。1988年与1982年相比，广播人口覆盖率从64.1%提高到70.6%，电视人口覆盖率从57.3%提高到75.4%，到1988年，我国广播电视专用微波线路已经达到40955公里，微波站889座，各地用于接收电视节目的卫星地面站已经达到8233座。

2. 产业属性明确，广播电视经营管理体制新探索

随着广播电视事业规模的迅速扩大，经费开支也大幅度攀升，单纯地依靠国家财政拨款已远远不能满足事业发展的需要。为解决这一矛盾，1983年，第十一次全国广播电视工作会议在提出“四级办”方针的同时，确定对广播电视经费管理体制进行改革，要求在经费来源上放开搞活，由过去单纯依靠国家财政拨款，改为经费来源渠道多元化，广泛开辟财源，以弥补国家拨款的不足。会议提出了如下几条措施：（1）各级广播电视机构可以成立服务公司或服务部，经销广播电视整机和器材，开展维修服务和技术咨询服务；（2）除经济特别困难的地区外，对农村有线广播实行收取维护费的办法，用群众的钱，为群众服务；（3）扩大社会集资办广播电视。同年10月，中共中央转批的广播电视部党组《关于广播电视工作的汇报提纲》中再次强调，要“节约开支，提高经济效益，并开辟财源，以补充国家财政拨款的不足”。

第十一次全国广播电视工作会议后，中央和地方财政对广播电视事业建设的拨款数额不断增加。1984年，全国广播电视财政拨款（包括事业费和基本建设费）为13.2亿元，到1987年时就已达到22亿元。不仅如此，各级财税部门还对广播电视系统进行了减免税收和免征“两金”（“能源交通重点建设资金”和“预算调节基金”）的优惠政策；海关总署也对省以上的广播电台、电视台进口广播电视专用设备免征进口关税。

自20世纪80年代末起，广播电视界在从事行业内相关业务的经营活动的同时，还积极拓展渠道，纷纷把经营触角伸向跨行业领域。由于放开搞活，广为开辟财源，使得各级广播电视部门的自筹资金逐年增多，“1982年，全国广播电视部门的收入只有0.72亿元，1992年达到20.39亿元，增长了28倍还多，相当于当年国家拨款的85.7%。虽然从总体上看，财政拨款仍然是我国广播电视事业经费的主要来源，但是一些经济发达和经济比较活跃的地区，自筹资金在广播电视经费支出中的比重，已经超过国家的拨款，如北京、上海、广东、湖南、山东、辽宁、江苏、浙江、四川、湖北、福建等省的收入就已经超过亿元，还出现了一批收入过千万元、百万元的市县，收入过十万元的乡镇”[①]。

广播电视资金来源的日益多元和经营规模的不断扩大，也对计划经济体制下所建立和完善起来的一整套经营管理体制提出了加快改革的客观要求。

1987年，上海市广播电视局率先提出了“只有发展产业，才能建设事业”的口号；5月，经中共上海市委批准，上海人民广播电台和上海电视台实行重大体制改革，引入社会化专业生产模式：广播电台分为“上海人

① 中国广播电视年鉴编辑委员会编：《中国广播电视年鉴》，中国广播电视出版社，1994年版，第66页。

民广播电台新闻教育台”，“上海人民广播电台经济台”和“上海人民广播电台文艺台”；电视台则分为负责新闻、文艺类节目的“上海电视台一台”和负责经济、体育、社教节目的“上海电视台二台”；此外，上海市广播电视局还成立了一个上海电视剧制作中心，一个技术服务中心，一个生活服务中心，这就是著名的“五台三中心体制”。这一举措出台后，各机构之间责、权、利的关系更为明晰，大大加快了上海市广播电视产业化运营的步伐①。

二、广播电视法律体系的建设

改革开放前，与其他领域与一样，法制建设一直是广播电视事业建设的一个薄弱环节，对广播电视各项工作的管理，主要是依据各个时期的行政管理方针、政策，通过党政机构发布指示、命令等各种行政手段来进行，无法可依、无章可循的现象较为突出。20 世纪 80 年代以来，在“四级办”政策的推动下，全国广播电视事业发展迅猛，但在发展的过程中，许多新矛盾、新问题也层出不穷，广播电视系统日益认识到法制建设的重要性和紧迫性，80 年代中期，广播电视系统开始建章立制，由广播电影电视部具体承担并启动，广播电视工作逐步走上了规范化和制度化轨道。

1. 广播电视立法工作顺利开展

作为国务院下属的广播影视主管部门，1986 年 1 月成立的广播电影电视部不仅担负着制定本部门规章的任务，还担负着《广播电视法》和广播电视行政法规的草拟任务。根据国务院部署，1986 年 1 月，广播电影电视部对“七五”期间本部门立法工作的指导思想、目标和具体项目进行了规划；同月成立了法规领导小组和法规、规章起草小组，各省、自治区、直辖市广播电视厅（局）有一位负责同志抓法制建设，另有专职或兼职的法制工作人员，从而为广播电视系统法制工作的开展提供了组织保障。

① 《中华人民共和国广播电视简史》编辑部编：《改革开放中的广播电视》（1984—1999），中国国际广播出版社，2001 年版，第 302 页。

广播电影电视部法规领导小组在立法工作计划中把广播影视系统的法规分为三个层次：全国人大颁布的法律，国务院颁布的行政法规和广播电影电视部颁布的规章。《广播电视法》是同宪法相衔接，代表国家意志，实现党和政府对广播电视全面领导和管理的大法，是广播电视法规体系的核心。但由于广播电影电视部认为制定《广播电视法》的条件还不成熟，如与邮电等部门的工作关系还没有理顺、《新闻法》还没有出台等，我国在广播电视立法上实行了急用先立的原则，把立法的顺序颠倒过来，先易后难，先出台具体的行政法规，把综合性的大法放在后面，把主要精力投向新技术带来的问题上，先制定了相应的法规、规章和规范性文件，对广播影视某一方面的工作进行了规范。

1987年4月24日，我国第一部关于广播电视的行政法规：《广播电视设施保护条例》颁布，此后，《卫星地面接收设施接收外国卫星传送电视节目管理办法》（1990年）、《有线电视管理暂行办法》（1990年）、《卫星电视广播地面接收设施管理规定》（1993年）等接连颁布。这段时期的立法包括广播电视、电影、技术、保密等内容的部门规章66个和规范性文件13个。另外，各省、自治区、直辖市根据本地广播影视事业的需求，由地方人大、政府或广播影视部门制定了100多个地方性的广播影视法规和规章，对电台电视台的设立和节目内容做出了明确规定。

在设台方面，《有线电视管理暂行办法》规定开办有线电视实行许可制，个人不得办有线电视，《卫星电视广播地面接收设施管理规定》规定卫星电视地面接收设施的生产、进口、销售、安装和使用实行许可制度，单位设置卫星地面接收设施须取得许可证，个人不得安装和使用卫星地面接收设施，《广播电台电视台设立审批管理办法》规定县级以上各级政府设立无线广播电台、电视台实行许可制，境外组织、个人不能设台，地方广播电台、电视台不能联合开办跨行政区的和全国性的电台电视台。也就是说无线、有线、卫星三种形式的传输网络资源均为国有，由国家统一分配和管理，实行许可制。

在节目内容方面，《卫星地面接收设施接收外国卫星传送电视节目管理办法》，规定接外国卫星传送的电视节目须有许可证，许可证规定了接收目的、接收内容、接收方位、接收方式和收视对象的范围，且只能用于本单位业务工作，禁止在国内电视台、有线电视台、录像放映点播放或以其他方式进行传播，《有线电视管理暂行办法》规定有线电视台播放节目必须符合国家有关规定，必须完整转播中央电视台和地方电视台的新闻和其他节目，有线电视站和共用天线系统不能播放自制节目，共用天线系统不能播放录像片，《有线电视视频点播管理暂行办法》规定用于视频点播的境外电视节目须取得播放许可证，这也就是为所有的电台电视台划定了播出底线。

这些规定体现了当时法规设立的出发点是加强国家对广播电视事业的管理，其对当时广播电视实践中出现的问题一一做出规定，目的是为了限制和管住广播电视媒体的市场行为，这一立法确立的秩序重在维护整体的利益，规范地方经济主体的行为。

2. 广播电视执法和普法工作成效显著

社会主义法制建设的基本原则是有法可依、有法必依、执法必严、违法必究。这四个方面，有法可依当然是第一位的，但是当法规逐步健全，有法可依具备一定条件时，执法必严就成了法制工作的中心环节。

广播电影电视部的前身中央广播事业局及广播电视部，最初并不具备对社会行使行政管理的职能，而基本上是一个系统内部的管理机构。在1986年1月改为广播电影电视部后，广播电影电视行政机关变为广播电影电视法规的执行机关，因此在一定程度上具有了执法职能。广播电影电视部政策法规司设立司法处后，许多省、自治区、直辖市广播电视厅（局）也建立了专门的执法机构和执法队伍，但对于长期习惯于遵照政策和文件办事的广播电视部门来说，熟悉和掌握基本的法律常识、强化执法意识却需要一个过程。经过几年的努力，各级广播电视行政管理机关及其工作人员依法行政的意识初步确立，依法办事的自觉性有了明显提高，广播电视行政执法工作取得了一定成果。如前文提到的广播电视设施屡遭破坏问题，自 1987 年 4 月《广播电视设施保护条例》颁布后，广播电视行政管理部门有了执法依据，可以放手大胆地强化对各种广播电视设施的管理工作；司法机关也可以依法对破坏、盗窃等违法犯罪活动进行惩治，使发案率明显减少。在广播电影电视部制定的关于电视剧制作许可制度、音像制品管理、有线电视管理等方面的法规和规章实施以后，也都发挥了积极作用，制止和约束了某些违法行为。

在不断加大执法力度的同时，广播电视系统还积极采取各种方式，开展面向系统内外的普法教育和普法宣传。1985 年，全国人大常委会审议通过了《关于在公民中基本普及法律常识的决议》，中共中央、国务院也发出了《关于向全体公民基本普及法律常识的五年规划》（即“一五”普法规划）。根据中央的指示和精神，广播电影电视部党组做出了《关于在职工中基本普及法律常识的决定》，并成立普法领导小组，对全系统的普法工作进行指导和管理。同时，制定普法计划，培训普法干部，并配备了相关的文字和音像教材。

在“一五”普法阶段，广播电影电视部要求全体干部职工，尤其是领导干部，要通过学习，基本上掌握宪法、刑法、民法通则以及经济合同法和治安管理处罚条例等法律知识，增强法制观念，提高守法和用法意识，以推动本部门的法制工作，特别是立法工作的顺利开展。在两年多的时间里，广播电影电视部有 84% 的人员通过了普法学习的考核，达到了规定的要求，基本完成了普法任务。各地广播电视部门的“一五”普法教育活动也进展顺利，职工考核的合格率达 95% 以上。[①]

① 赵玉明主编：《中国广播电视通史》，中国传媒大学出版社，2006 年版，第 456—457 页。

第七节　广播电视受众工作的新探索

自党的十三大以来，政治体制改革被提上重要日程。新闻改革作为政治体制改革的重要组成部分，也日益为社会各界所瞩目。如果说新闻改革是政治改革的突破口，那么受众工作成为这阶段新闻改革的主旋律，只有做好受众工作，摸清受众的心理，新闻改革才能有的放矢。我国的广播电视事业一直以来都有尊重受众的优良传统，改革开放以来，受众调研的规模大大扩大，受众工作的指导思想、工作内容和工作方法有很大改进、提高和创新。

一、广播电视受众研究工作的开展

随着改革开放的进程，受众的主体地位日益受到重视。显示受众需要，提出受众的意见和看法，反映受众的呼声和要求，回答受众需要回答的问题，成为广播电视业发展的重要基础，受众工作已成为党和政府把握群众脉搏，了解民心、民情、民意的主要渠道，也成了广大群众民主参与、舆论监督的重要手段。

改革开放后，源自西方的传播学开始登陆我国，20世纪80年代中期以后逐渐形成规模。与传播学理论相伴而来的运用社会科学方法研究受众与传播效果的方式，对我国新闻传播界的影响很大。这种研究着眼于从总体上科学、客观地把握受众，分析传播效果，突破了以往传统的受众意见收集方式。

20世纪80年代中期，收视率调查进入操作阶段。1986年，中央电视台开始运用计算机进行日常节目的收视率统计；与此同时，上海、广东等电视台也相继采用抽样方法进行收视率调查。也是在1986年，中央电视台主持进行了一次全国城市观众抽样调查，样本遍布全国25个省会城市和3个直辖市。这是我国电视史上首次大范围、专门性的观众调查。次年，中央电视台牵头会同各省市电视台进行了第一次全国城乡观众调查，对观众的基本情况、媒介行为、心理感受三个层次进行了全面研究。有全国性汇总资料，也有分省的统计资料，这次调查成果是多重的，为以后每隔五年开展一次的纵贯式全国观众调查奠定了基础，也为电视界培养自己专业性观众调查队伍，发展自己的调查网络提供了思路和契机。

在这一时期，作为受众反馈标准的收视率调查也进入受众研究的范围。1991年，中国广播电视学会成立了受众研究会。此时，人们已经意识到收视率是“观众意见的一种表征”“是传播效果的一种反映”。

二、广播电视受众调研技术的提高

先进的研究方法的引入，直接作用于受众观念系统中的客体——受众，切实地改变了中国受众的面貌，使受众主体观念得到贯彻。我国严格意义上的现代新闻受众调查是改革开放以后才出现的新事物。传统的受众调查，一般都由传播媒介采取个别访问、打电话、开座谈会等方法分散进行，收集到的意见零碎而不全面。新时期新闻受众调查经过探索和发展，已成为受众研究领域一个全新的、较为活跃而又相对独立的研究内容和实证手段。

1981年5月12日，北京新闻学会举行了首届受众学术研究会议，受众调研这种全新的实证研究方法开始在受众工作实践中得到运用，会议中还提出了“研究读者，就是要解决我们怎样直接为广大群众服务得更好的问题，这无论是在新闻理论上还是在实践中，都是一件大事情”的重要观点，从而在理论上初步确立了受众在新闻传播活动中的主体地位。1982年，我国首次大规模受众抽样调查在北京轰轰烈烈地展开。

1982年4月，北京广播学院参加北京新闻学会受众调查组（组长陈崇山），首次用电子计算机抽选样本，对报纸、广播、电视的传播效果作综合考察，了解受众接触媒介的行为、兴趣偏好、对新闻报道的信任度及产生不信任因素的原因等，并首次用电子计算机统计分析受众调查数据。调查结果于 1983 年 1 月 30 日在《中国日报》上发布[①]。这是在中国新闻从业人员的头脑里首次出现量化的传播效果数据，产生震动，推动了当时正在进行的关于新闻真实性的讨论。此次北京调查是中国运用现代科学方法调查受众的起点，具有里程碑意义。

这个时期的受众调查在调研技术、手段方面也日臻完善。1990 年亚运会宣传效果调查，除内容多、程度深外，它在研究方法、问卷设计、资料分析、数据处理等方面都作了突破和创新，进一步完善了受众调查的自身体系。在研究方法上，首次对受众和传者（参加亚运会的记者）同时进行调查，做到受传结合；在资料分析上，首次对问卷信度和效度进行分析。提高结果的准确性，并在方法上首次采用社会统计中高层次的多元回归分析方法以及传播研究中最理想的因素分析方法、路径分析方法，体现了本阶段受众调查技术的规范和提高，受众调查通过科学统计，对我国受众进行多角度、多侧面的透视，为受众研究和新闻事业发展提供了充足的论据和资料。

◆ 本章小结

1983 年至 1991 年，我国处在改革开放的初期，广播电视改革刚刚起步，我们看到了广播电视业所具有的蓬勃生机，我国的广播电视事业正在逐步走上发展的轨道。在改革开放方针的指导下，广播电视传播理念得到更新，广播电视节目设置有所突破，广播电视技术得到发展，广播电视体制初步调整，广播电视受众工作逐渐起步。但是，与此同时，在这个阶段的发展过程中，在管理制度和业务实践方面同样也存在一些问题。

首先，广播电视管理制度处在简单调整阶段。

---

① 北京新闻学会调查组编：《北京市读者情况调查》，载《北京读者听众观众调查》，中国工人出版社，1985 年 1 月版，第 44 页。

一直以来我国实行的是四级办广播，中央、省、市三级办无线广播，县办有线广播、两级办电视、分级覆盖的模式，资金上全依靠国家财政拨款，第十一次全国广播电视工作会议决定进行广播电视体制改革，实行“四级办广播、四级办电视、四级混合覆盖”方针。这样一来，地方电台、电视台受到重视，积极性被充分调动，在20世纪80年代后半期广播领域曾出现过一股“经济台热”，但由于没有统一标准，其管理体制存在多种形式：有的直属地方广播电视局领导，在宣传、人事和财务管理上同综合台没有直接关系，享有自主权；有的虽然在人、财、物方面拥有相对独立的管理权力，但大政方针则由综合台决定，这叫作“台管台”；还有一种是“台中台”，只是在播出时用“经济台”的呼号，没有独立的人、财、物权，实际上是综合台的一套节目。1986年广播电视部改名为广播电影电视部，计划全国电影系统全部划归广播电影电视部和各省广播电视部门实行统一领导，但由于出现不同意见，原拟定的计划迟迟未能实现，影视协调、共同发展的优势没有得到充分的发挥。因此，这一时期的广播电视管理制度尚处于简单调整的阶段，各种构想得到了初步的展示，但是制度改革的进一步落实尚需时日。

第二，广播电视行业产权关系尚未厘清。

1983年建立的广播电视管理体制明确了广播电视行业行政机构设置、中央与地方广播电视机构的性质和任务等问题。初步改变了国家垄断的局面，但完全行政性而非法制化的管理体制并没有使广播电视行业出现有序竞争，这一点在电视制度建设中可以看出。我国电视的管理来自同级政府、同级党委和上一级行政管理部门，三者首要关心的管理问题分别是创收、宣传和电视覆盖率，尽管并无本质冲突，但三头管理难以形成管理合力、保持平衡。同级管理形成的以“块”为主的管理方式造成行政区划建台设网重复浪费资源，不同电视台之间无序竞争，难以管理，而上一级的“条”控又相对薄弱，广播电视行业的系统优势和整体功能无法发挥。随着我国社会主义市场经济体制的建立，这种管理体制的弊端日益突显。广播电视业的产权关系不清，对国家的财政拨款过度依赖，既增加了国家负担，又不利于形成独立的主体地位。在经营上，只管投入，不计成本，不讲产出，缺乏经营意识；在管理上，政企不分，缺乏科学的管理方法，有待今后的整体改革。

第三，广播电视技术发展缺少管理规制。

科技是促进发展的重要因素之一，卫星电视、调频广播的研发成功使得广播电视人口覆盖率大大提高。但是，在高速发展的过程中也出现了不少问题。

广播电视新技术飞速发展，有线电视、音像制品、卫星电视接收业务进一步发展，电视剧摄制部分社会化，这使得地方自办电视有了更多渠道，但在经济利益的驱动下，出现了乱开频道，争抢建立有线电视网、乱开播出前端，甚至发生了随意开办广播电台、电视台的问题。在节目播放上，有些有线电视台内容混乱，乱播滥放格调不高的影视录像片，有的卫星地面站擅自接收播放境外卫星电视节目，进口影视节目也存在审查不严的现象。还有一些广播电视基础设施被人为破坏，严重时甚至影响正常节目的播出。

出现这种情况的根本原因在于，虽然频率资源、传输网络资源国有，但由于出现地方出资建设的情况，其使用权、经营权就出现分离，而经济收入的分配也有了不同利益主体，这实际就产生了一种经济关系。广播电视的强大传播功能随着技术的发展日益显露，国家想掌握它更好地实现宣传功能，而由于其经济价值的显露，新的利益主体想借以牟利，两者之间可能产生冲突，而这一冲突的调整就需要对双方的权利义务做出界定和区分，虽然在这段时间内，我国广播电视行业立法有了一定的规模，但是由于层级较低，内容较分散，无法满足飞速发展的行业技术的需要。

第四，广播电视节目制作未臻成熟。

在这个时期，广播电视节目制作得到发展，电视荧屏越来越多彩，电台节目也越来越丰富。但是在文艺类广播电视节目中，出现了一些浅、滥、散的问题，节目的艺术性和欣赏性明显下降，点播节目、娱乐节目、访谈节目，几乎成了广播文艺的三大支柱。另外，主持人不能很好地把握节目的宗旨、基调，驾驭节目的能力较差，形式大于内容。

新闻节目和专题、社教节目通过改革呈现生机，但也出现某些偏颇。如新闻节目中仍然存在会议报道多、领导人活动多等问题，个别电台疏于管理，时有违反宣传纪律的现象发生，播出了一些不该播出的内容。某些台的对农村广播节目和理论节目不但没有得到应有的重视，反而被削弱。

出现这些问题的原因，有直播、热线这种开放方式自身的局限和制约以及管理机制和运行方式改革滞后的影响，还有队伍建设，特别是主持人队伍建设未能跟上广播电视改革的发展。开放式的运作方式，要求节目主持人具备较高的政治业务素质和心理承受能力，具备多方面的才能。然而，各台大部分节目主持人主要来自学校播音系分配，大都仓促上阵，没有经过专门的培训。经过一段工作之后，比较明显地表现出政治上不成熟、社会实践经验缺乏、新闻业务技能差和知识面窄、文化底蕴浅等问题。

总之，在这段改革开放初期，我国的广播电视事业建设进入了一个发展调整期，在各方面都起到了承上启下的作用，为接下来的工作奠定了基础。

第六章　市场经济下的广播电视事业

1992年10月，构建社会主义市场经济体制目标在中国共产党第十四次全国代表大会上正式确立。在社会主义市场经济条件下，广播电视事业的改革发展进入纵深发展的阶段。在广播电视节目改革方面，以广播电视新闻节目和经济节目为首的各类节目不断创新内容、形式，涌现出新闻评论节目《焦点访谈》《新闻纵横》，深度报道节目《新闻调查》，谈话节目《实话实说》等一批深受受众喜爱的崭新节目。在广播电视节目改革发展过程中，新闻节目开启了制片人制的创新探索。文艺节目开启了广播电视文化产业化发展路径，《快乐大本营》掀起了娱乐节目的高潮，民营电视剧制作公司也开始崭露头角。广播电视的海外传播力不断提升，国际传播走向全球化。中央电视台第四套节目、英语频道先后开播，并首次实现了对外电视频道信号的全球覆盖。中央人民广播电台开办第七套节目“华夏之声”。广播电视产业繁荣发展，广告经营和节目经营收益不断增长，中央电视台开启了广告年度招标。广播电视技术发展迅猛，广播电视节目的卫星传输经历了从电视到广播、从中央到地方、从模拟到数字的发展过程。全国卫星收转站达338163套，有线电视用户发展到8000多万户，全国有线广播电视网络基本形成，形成了“天上卫星转发，地上有线网络传输”的广播电视节目覆盖新格局。

第一节　广播电视节目的改革与创新

在社会主义市场经济条件下，广播电视节目改革进一步深入。在广播电视新闻节目领域，具有一定深度的新闻评论节目纷纷开播，如中央电视台的《焦点访谈》《新闻纵横》等节目。它们针对我国新旧体制交替变革过程中出现的热点、焦点问题及时发声，积极发挥了媒体的舆论监督作用，引起强烈的社会反响。在广播电视文艺节目领域，一种新的节目形式——电视娱乐节目开始出现。其中 1997 年 7 月 11 日湖南卫视开播的《快乐大本营》是这类节目的典型代表。电视剧探索市场化路径，贴近普通观众生活的题材大量涌现。如 1995 年的《咱爸咱妈》、1998 年的《牵手》、1999 年的《贫嘴张大民的幸福生活》等。这些展现普通人生活的电视剧，引起了电视观众的强烈共鸣，赢得了市场。在其他节目形式中，广播电视经济节目、体育节目探索频率频道专业化新发展；广播电视科教节目创办新节目受到人们欢迎，如 1994 年 5 月 11 日中央电视台推出的《人与自然》节目、1998 年 6 月 1 日中央电视台开播的《走近科学》节目等。

一、市场经济下广播电视新闻节目改革

在社会主义市场经济条件下，我国广播电视新闻节目的改革创新步伐更加迅猛。在 20 世纪 90 年代，广播电视新节目的创办层出不穷，极大地激发了受众对广播电视的高度关注。《东方时空》等新闻杂志类节目尝试推出，令观众耳目一新；强化舆论监督功能的广播电视新闻评论节目创办，《焦点访谈》《新闻纵横》等节目一开播便受到人们的热烈追捧；更具报道深度的《新闻调查》等调查类新闻节目开播，满足了受众对深度报道的需求；《经济信息联播》《财经报道》等经济新闻节目创办，受到人们关注；

《实话实说》等普通百姓参与的谈话类节目出现，引发了受众的极大兴趣。

1. 重视经济信息传播，提升节目服务性

市场的发展需要信息的自由和大量流通。广播电视是信息产业，应及时、大量地提供经济信息，服务市场。在我国社会主义市场经济条件下，属于第三产业的广播电视媒体是信息产业。经济学者周鸿铎认为，从理论分析的角度我们可以看出广播电视具有信息产业的特点。从信息产业的角度分析，广播电视信息产业的功能主要有三个：生产和传递信息的功能，导向社会资源的优化配置，经营信息的功能。[①]

广播电视经济新闻节目创办激增，传播经济信息提升服务性。1992年，中央电台一次性推出的6个大型综合性板块节目中，就有经济板块节目《经济生活》。1994年，中央电台对广播节目进行调整，以经济、信息和科技为主体的第二套节目进一步强化了服务的功能。

1992年8月31日，中央电视台开播《经济信息联播》节目，邓小平同志称赞《经济信息联播》节目"专门谈经济，开办得及时""《经济信息联播》时间虽不长，仅有30分钟，但每期的内容丰富，节奏明快，信息量大，对我国经济发展、社会主义市场经济的发育，将会起到积极作用"[②]。

为了进一步提升经济新闻节目的影响和作用，1996年7月1日，中央电视台第二套节目集中推出了《财经报道》《供求热线》《企业家》《环球经济》等8个经济栏目，还筹办了《商务电视》栏目。可以说，中央电视台第二套的经济节目的创新探索和发展，开启了电视台频道专业化的初步尝试。

与此同时，地方电视台也开启了经济类节目的创新尝试。以上海电视台为例，经济新闻类专栏既有《今日报道》《财经报道》《世界经济纵横》这样的经济类节目，也有经济类英语节目《Business Report》。各省、市经济电视台也纷纷成立，截至1995年，全国省、市级经济电视台已近30个。

---

① 周鸿铎：《创意传媒经济》，世界图书出版公司，2008年9月版，第96—98页。

② 杨伟光主编：《中央电视台发展史》，北京出版社，1998年8月版，第452页。

2. 强化精品意识，提高节目质量

开放的市场带来公平竞争，广播电视媒体只有打造精品，才能赢得受众。1993 年 5 月，“精品意识”在中央电视台的电视工作座谈会上被正式提出。1995 年 2 月，全国广播电影电视工作会议召开，广播电影电视部部长孙家正提出“强化精品意识，全面提高节目质量”。1995 年 6 月 3 日，中共中央办公厅、国务院办公厅转发广播电影电视部党组《关于进一步加强和改进广播电影电视工作的报告》联合发出通知，强调在新形势下，广播影视工作要着重在坚持正确舆论导向、提高节目质量、多出精品上下工夫。[①]1996 年 1 月 26 日至 29 日，广播电影电视部在北京召开了全国广播电视（影视）厅（局）长会议，会议提出的 1996 年五项主要任务中，第二项就是提高质量，多出精品，满足人民群众不断增长的精神文化需求。[②]

对于广播电视新闻节目来说，实施精品战略、打造精品节目首先要考虑的就是社会效益，这是广播电视新闻节目生存和发展的根本，也是广播电视新闻节目应追求的核心价值所在。

为提供新闻精品，广播电视不断拓展节目内容，创新节目形式。

首先，新闻节目在强化时效性上狠下功夫。1993 年 3 月 1 日，中央电视台一套节目除《新闻联播》节目外，全部实现了直播。1995 年 4 月 3 日，中央电视台将原来的《午间新闻》改版为时效性更强、时长达到 30 分钟的午间新闻节目《新闻 30 分》。《新闻 30 分》节目以极强的时效性，吸引了更多的观众在午间关注新闻。1996 年 1 月 1 日，《新闻联播》节目也实现了直播。在地方电视台中，1995 年，北京电视台为强化新闻时效性，推出了受到观众高度认可的新闻节目《北京特快》。

在电台媒体中，中央人民广播电台不断增加新闻节目的播出频次。

① 《中共中央办公厅、国务院办公厅联合发出通知，要求进一步加强和改进广播电影电视工作》，转引自赵玉明主编：《中国广播电视通史》，中国传媒大学出版社，2008 年 7 月版，第 422 页。

② 刘习良主编：《中国电视史》，中国广播电视出版社，2007 年版，第 305 页。

1994年，中央人民广播电台一、二套新闻节目每天的播出频次增加到21次。到1998年，新闻节目增加到24次。

第二，在做深新闻上下功夫，制作具有时代特征的新闻精品。如1996年11月20日甘肃人民广播电台《新闻节目》播出的广播消息《镇原县农民举办“学术研讨会”》。消息报道的是终日面朝黄土背朝天的镇原县农民，能够在实践基础上撰写论文，开展学术研讨，交流经验。这绝对称得上是当时农村经济发展中的一件新鲜事。在今天，这样的农村新鲜事依然以不同的新形式出现在新闻报道中，给人们的思想观念带来清新的春风。

在电视媒体中，中央和地方电视台更加注重对新闻深度的开掘，在追逐新闻深度的过程中打造精品。其中的佼佼者，当属1996年5月17日中央电视台开播的《新闻调查》节目。《新闻调查》时长45分钟（1999年7月改为30分钟），是国内最长的深度报道栏目，也是追求“电视新闻文体”的创新探索。它以记者调查为主要叙述形式，追求信息含量、逻辑力量和故事性，依调查样式的不同，把节目区分为主题性调查、事件性调查、舆情调查和内幕调查四类。《新闻调查》开播后，迅速形成了固定的收视人群，一些节目同时受到国家领导人的关注。如1996年7月26日的《一言难尽择校生》节目，节目通过调查在九年制义务教育阶段升学中的“择校生”和学校高收费现象，探讨了义务教育从应试教育向素质教育转变的重要性。这样的深度报道，深得观众的好评和共鸣。由于择校，许多家长费尽脑筋动用各种关系为孩子寻找一个好学校，每每令孩子即将小学毕业的家庭头痛不已，却又欲罢不能。这个深度报道节目也同样受到了国家领导人的关注。节目播出后的第三天，国务院副总理李岚清召开教育工作会，着手解决“择校生”问题，并充分肯定了《新闻调查》节目反映问题的及时和深入。

第三，节目形式不断创新，令人耳目一新。在20世纪90年代，电视节目不断探索新的表现形式，除了上述提到的评论性节目和深度报道节目，杂志型节目和谈话类节目也是实践证明很成功的节目形式。新闻杂志型节目中的典型代表是在1993年5月1日推出的《东方时空》。《东方时空》

时长60分钟，包括《东方之子》《东方时空金曲榜》《焦点时刻》《生活空间》四个部分，崭新的节目形式和全新的节目内容获得了巨大成功，它一举改变了中国观众早晨不看电视的习惯，很多观众开始习惯早晨如约收看。

同样于20世纪90年代出现收视高潮的谈话类节目，其典型代表是《东方时空》的周日子栏目《实话实说》节目。1996年3月16日开播的《实话实说》节目，以主持人和嘉宾、普通百姓的平等交流，主持人诙谐又不失力度的精彩点评等特点，吸引了大量观众。主持人崔永元也因对《实话实说》节目的精彩主持，而在2004年至2007年连续获得中央电视台十佳主持人殊荣。

3. 创办新闻评论节目，加强舆论监督

在我国打造开放、公平的社会主义市场体系，既需要法律制度的保障，也需要社会的舆论监督。在这样的社会背景下，重磅舆论监督节目——广播电视新闻评论横空出世。1994年4月1日19点38分，中央电视台创办全新电视新闻评论节目《焦点访谈》；1994年10月1日，中央电台推出广播新闻评论节目《新闻纵横》。

电视新闻评论节目《焦点访谈》的第一大特点，是以现场调查的形式吸引受众眼球。在《焦点访谈》制作的新闻节目当中，舆论监督是其中重要的一类节目。这类节目大多采用的偷拍方式获得的事实，带给观众极大的震撼。

第二大特点是，考虑受众感受，避免主持人空发议论。电视作为一种声画结合的新闻媒体，新闻评论不宜过长和空洞，否则由于画面和声音信息量的衰减，受众很容易对电视丧失持续关注的兴趣。《焦点访谈》遵循这一规律，采取记者现场调查加主持人评论的模式，使得主持人客观而精准的点评更深化了新闻调查的主题。

第三大特点是，创新人员使用与管理。首先，开中央电视台聘任制先河，多种方式吸引人才，以制度促人才流动。其次，讲求平等待遇，注重心理疏导，培养团队精神。第三，严格队伍管理，自觉抵制有偿新闻。

《新闻纵横》的第一大特点，是讲求质量，以理性观点使听众产生共鸣。《新闻纵横》最突出的特点就是它的观点鲜明。对于在社会主义计划经济向市场经济转型期间暴露出来的热点、难点问题，节目不仅通过扎实的实地调查向听众深入阐释事实，而且通过记者在事实基础上亮出的鲜明、理性的观点。

第二大特点是，以对话形式吸引受众。《新闻纵横》节目采用信息量大的对话形式，还原和展现事实真相，让听众能够有身临其境的真实感，愿意持续收听下去。

第三大特点是，以连续报道的方式培育听众市场。在市场经济条件下，获得稳定的市场份额意味着长久的利润来源。对于复杂或头绪众多的事件或问题，《新闻纵横》采用了连续报道的方式进行拆分。这样做的好处是，可以吸引着听众每天坚持收听，为广播培育稳定的听众市场。

中央电视台《焦点访谈》节目的收视率一直保持在20%左右的高度。舆论监督节目能够长盛不衰，究其根源，是因为节目从开办伊始就对社会主义市场经济条件下的舆论监督有正确的认识，真正发挥了上情下达、下情上传的舆论监督效用。据不完全统计，全国31个省、自治区和直辖市电视台除西藏、青海外共开设关注热点和舆论监督节目60个[①]。

4. 强化新闻节目时效性，重大事件开启直播

在理念上，广播电视有了市场竞争中必须发挥独家优势的意识。强化新闻节目时效性，在新闻节目中突出展现广播电视媒体自身的独特优势，广播电视媒体开启了直播新闻的创新探索。

在实践中，可预见的重大事件开启全程直播。1997年，中央电视台现场直播了漠河日全食奇观，中国、俄罗斯、哈萨克斯坦、吉尔吉斯斯坦、塔吉克斯坦五国签订边境裁军协定，香港回归祖国，黄河小浪底大坝成功

① 梁建增：《焦点访谈红皮书》，文化艺术出版社，2002年10月版，第55页。

合龙，长江三峡水利枢纽工程实现大江截流等许多重大事件，电视直播报道日渐成熟，这一年也因此被人们称为中国电视直播年。

1997 年 7 月 1 日，香港重回祖国怀抱。在这次举世瞩目的重大事件直播中，广播电视媒体各自发挥了自己的独特优势，并且在与西方媒体的较量中抱团实现优势互补，取得了收听收视率高、国外媒体转播多的佳绩。具体来看，我国广播电视媒体在 1997 年香港回归的直播报道有如下四个特点：

一是在报道形式上，广播电视采用多点直播报道的方式，各自发挥自身的独特优势，扩大国际影响力。

中央电视台的直播报道采用多点现场记者与设在北京、香港两地的主持人互动的方式，设置 30 多个报道点进行直播报道，中间穿插背景介绍、专题片、庆回归音乐电视等进行巧妙连接。中央电视台一、四套节目连续直播，并加开了 41 小时临时英语频道。中央电视台在全球的覆盖面达到历史之最。在举世瞩目的重大事件报道中，中央电视台首次成为向世界提供主信号的电视媒体。据统计，在香港回归期间，共有 27 个国家和地区的 67 个电视台转播了我国电视节目。

在我国国内，香港回归直播报道中天安门广场的庆典活动、香港政权交接仪式、香港特别行政区政府成立庆祝大会等重要活动的收看人数达到 9 亿以上，创下有史以来的最高收视率。

中央电台在香港回归直播报道中也充分发挥了抢新闻的高效率运作，在政权交接仪式后的江泽民、李鹏等党和国家领导人在港会见外国政要的消息等，都抢在第一时间进行了新闻的插播。

中国国际广播电台运用英语、普通话、广州话三种语言，对香港和北京的重大庆典活动进行了 5 场现场直播。CNN 也临时使用了中国国际广播电台的英语直播信号，转播李鹏总理和董建华先生在香港特区政府宣誓就职仪式上的讲话和江泽民主席在首都人民庆祝香港回归大会上的讲话。据统计，共有 26 个国家、44 个电视台采用了中国国际广播电台的英语转播信号。中国国际广播电台的现场直播基本覆盖了全球。

二是在技术上，我国的广播电视媒体大量购置先进设备，数量和质量足可以装备一个省级台。中央电视台为了全程直播启用了直升机航拍，还专门从加拿大订购了专业航拍的设备陀螺仪。这是中央电视台有史以来第一次拥有专业的航拍设备。陆地上还有两辆转播车。中央电台则购置了大批先进设备，能够提供有线、无线、天上、地下相结合的全方位直播技术保障，这在中央电台历史上也是首次。

三是在报道时长上，纷纷刷新广播电视直播的纪录。中央电视台的香港回归直播报道从1997年6月30日上午6时开始，至7月3日上午6时结束，连续72小时播出，创下了中央电视台直播报道的纪录。中央电台在回归之夜进行了7个小时的《百年长梦今宵圆》大型直播。中国国际广播电台用英语、普通话和广州话三种语言进行了3.5小时的直播。

四是在报道策略上，优势互补，实现共赢。香港回归祖国，是举世瞩目的重大政治事件，吸引了全球700多家新闻媒介的8400多名记者云集香港，仅电视台记者团就有200多个。据称，中央电视台的电视转播从一开始就代表国家和政府，是中英双方谈判的一个组成部分。在国际传媒舞台上与西方国家媒体同台竞技，中国的广播电视媒体以互助合力取得了良好的成绩。中国国际广播电台将英语解说信号给中央电视台，与电视现场直播图像信号和国际声信号合成后，在中央电视台第四、七套节目中播出。中央电视台送一路现场直播国际声信号给中央电台和中国国际广播电台，供中央电台和中国国际广播电台采制新闻使用。中央电台的直播节目还获得了中国国际广播电台驻外记者站提供的15站次的世界各地对香港回归的反应。

香港回归直播报道创下了我国广播电视媒体直播的多项之最，也为我国广播电视媒体熟练掌握重大事件直播技巧提供了实战经验。

1999年12月20日，澳门重回祖国怀抱。已经经历了香港回归直播的我国电视媒体，这次在新闻策划和实践中更为成熟，形成了重大政治事件的直播报道模式。

5. 改革节目制作和经营管理，实行“节目制片人制”

广播电视是第三产业，制片人制可为新闻改革提供物质保障已经成为广播电视媒体的共识。1992 年 6 月 16 日发布的《国务院关于加快发展第三产业的决定》，明确了加快发展第三产业的主要政策和措施，包括以产业化为方向，建立充满活力的第三产业自我发展机制。大多数第三产业机构应办成经济实体或实行企业化经营，做到自主经营、自负盈亏。

对于广播电视新闻节目来说，要在把社会效益放在首位的前提下，考虑提升经济效益的方法。西方电视商业化的道路显然不适合我国社会主义市场经济体制下的广播电视。但是，在西方传媒行业普遍采用的制片人制作为一种管理形式，却可以为我国的广播电视所借鉴。

广播电视媒体开启新闻节目制片人制探索最典型的例子，是《东方时空》节目。1993 年，中央电视台将即将推出的《东方时空》栏目当作“特区”，开启了电视节目及管理运作体制改革。在 1993 年 5 月 1 日新开办的电视新闻杂志栏目《东方时空》中，中央电视台开启了全国第一个电视新闻节目制片人制的创新探索。从上述定位我们可以看出，《东方时空》的制片人制代表了一种在社会主义市场经济体制下理想的节目制作和经营管理的先进模式。首先，制片人必须拥有节目经营管理的基本能力，以保证节目的持续运营。其次，制片人必须拥有节目策划把关的基本能力。这样的复合型人才，可以做到以较低成本代价采制质量过硬的电视新闻节目。

《东方时空》为后来者提供了很多在经营管理方面的经验和积极探索。一是新开办新闻节目的广告价格可灵活确定，循序渐进摸索节目价值规律，实现广告与栏目的互动。二是从电视发展规律和市场经济规律出发，千方百计降低节目制作成本，从而提高节目的市场竞争力。三是合理确定节目与电视台的收入分成，为办好节目放开手脚使用广告收益，改善节目制作技术和设备条件，调动员工积极性。

《东方时空》制片人制的创新探索具有开创性意义。此后，全国范围内开启了广播电视节目制片人制改革创新的浪潮。在20世纪90年代中后期特别是进入21世纪以来，制片人制在发展中呈现出的主持人与制片人合一的趋势越发明显。中央电视台的《实话实说》《人与自然》等都是其中的代表。截至2010年年底，全国广播电视系统的播音员、主持人达到2.6万人。[①]虽然目前，我国的广播电视行业统计中还没有专门针对制片人数量的统计，但是按照2010年我国关于广播电视主持人数量的统计，我们还是可以从一定程度上了解制片人制的发展状况。

6. 市场观念下强化受众意识，高度关注受众需求

在市场经济条件下，拥有受众才能赢得市场效益。从了解供求关系变化、促进生产和需求及时协调、获得良好传播效果出发，广播电视要想谋求在社会主义市场经济条件下的大发展，必须获得广播电视节目的终极买方——受众的支持，拥有了受众，就意味着拥有了市场。因此，广播电视需要在受众调查等与受众的互动中，获得受众需求的信息，在新闻节目的形式上，考虑受众的需求而设立和调整；在新闻节目的内容上，以高度的社会责任感采制社会公众关注度高、贴近受众的新闻。

为此，广播电视积极开展受众调查了解需求，珍惜与受众的互动。一是关注受众需求，开展大规模观众调查。1993年，中央电台和部分地方电台通过对听众来信的分析，较好地了解了听众对广播节目的需求，也对已播出的广播节目效果有了较为清晰的了解。中央电台1993年共收到全国各地（包括港澳台地区）来信664528件。从这些听众来信中，中央电台了解到当年新开办节目《环球信息》（前身是《国际新闻与时事》）的播出效果。听众反映，节目内容丰富新颖，都是人们渴望了解的热点问题，既有事实，又有分析，给人以启迪教育。中央电台也了解到，听众建议延

① 中国广播电视年鉴编辑委员会编：《中国广播电视年鉴（2011）》，中国广播电视年鉴社，2011年11月版，前言第2页。

长《对农村广播》的节目时间，目前节目时间较短，与我国有 8 亿农民的现状不协调。[①]上述这些听众来信提出的建议和看法，对中央电台进一步摸索新闻节目的改革创新提供了来自受众的真实意见表达。1994 年，为了更好地服务听众，中央电台对第一、二、三套节目进行了全面改造。其中，第一套节目在调整之后播报新闻节目的次数比过去增加了近一倍，听众可以随时从新闻节目中了解最新的新闻内容；第二套节目以经济新闻、信息为主体，进一步强化了服务功能。

二是重视观众来信互动，深入挖掘重大新闻线索。值得一提的是，在电视台追求高质量新闻的过程中，受众以集体智慧的力量发挥了功不可没的巨大作用。以长盛不衰的热门电视新闻评论节目《焦点访谈》为例，它的很多获得中国新闻奖的优秀节目，都是观众来信提供的新闻线索。群众来信被《焦点访谈》节目组视为宝贵的信息资源。据统计，《焦点访谈》每天收到的各类信息情况为：观众来信每天平均 300 封左右；观众来电每天平均约 130 个；群众来访每天平均约 20 起；电子邮件每天平均收到约 300 件（次）；热线寻呼每天平均 400 个（次）。每天 1000 多件的观众来信、来电、来访和电子邮件，为《焦点访谈》提供了稳定的信息来源，同时也为《焦点访谈》分析民情、捕捉热点提供了可靠的资源。

二、市场经济下广播电视文艺节目改革

在社会主义市场经济条件下，广播电视文化产业化改革前沿的典型代表，当属广播电视文艺节目。回顾 20 世纪 90 年代，我国的广播电视文艺既走过“唯收视率”的弯路，也走过抄袭成风、过度娱乐的岔路。但是，从总体上来看，我国广播电视文艺节目的改革还是很成功的。1993 年，北京人民广播电台创办的《中国歌曲排行榜》节目一经推出，便受到听众的

① 中国广播电视年鉴编辑委员会编：《中国广播电视年鉴（1994）》，北京广播学院出版社，1994 年 9 月版，第 452 页。

喜爱。1995年，中央电视台举办的春节联欢晚会创下96.67%的收视率新高。1997年，湖南卫视开播的《快乐大本营》节目，掀起了电视娱乐节目的高潮。在电视剧领域，贴近普通观众生活的题材大量涌现，《外来妹》《我爱我家》《牵手》等电视剧热播，赢得了观众的喜爱。民营电视剧制作公司也开始崭露头角。

1. 市场经济条件下广播电视文艺创新实践

我国的广播电视文艺在社会主义市场经济体制确立后，在创新发展中形成了专业化的发展道路，广播更加注重发挥声音优势，广播音乐节目受到听众的广泛好评。电视更加注重发挥声画结合的独特魅力，带有电视文艺特色的创新性节目——综艺节目开始成为深受观众喜爱的电视文艺节目。在大众化的摸索中，综艺节目衍生出崭新的电视文艺节目形式——娱乐节目，并且一经推出便获得受众的认可和喜爱。人们喜闻乐见的电视剧，也在市场化的氛围中更加重视受众需要，积极探索艺术性与市场化的最佳结合。

一是20世纪90年代音乐节目、综艺节目兴起。1993年，北京人民广播电台音乐广播创办了《中国歌曲排行榜》节目，积极推广华语乐坛原创流行音乐。电视文艺发挥自身独特优势，将具有电视文艺独特风格的电视综艺节目进一步完善和提高，使这一完美展现电视文艺新面貌的节目形式在改革创新中异军突起。1990年3月4日开播的电视综艺节目《综艺大观》，是当时中央电视台唯一一个现场直播的综艺节目，它的节目囊括歌舞、小品、曲艺、戏曲、绝活等各艺术门类，节目精彩而不失优雅，在海内外都具有一定的影响力。《综艺大观》节目在1994年5月、1995年4月、1996年10月和1997年4月11日分别进行了四次改版和调整，始终坚持艺术性、思想性、娱乐性并重，节目的收视率一直稳居全国各电视综艺类节目前列。

20 世纪 90 年代，1983 年举办第一届春节联欢晚会[①]的中央电视台延续了春节联欢晚会不断创新的传统，在 1993 年春节联欢晚会中第一次由卫星同步向海外直播，而且内地、台湾及香港地区、新加坡的节目实现了四地互传。在 1995 年春节联欢晚会上，收视率创下 96.67% 的有记录以来的最高点。一年一度的春节联欢晚会，继 20 世纪 80 年代举办以来，继续成为中国家庭春节必备的节庆文化大餐。

二是 20 世纪 90 年代后期，娱乐节目开启大众化探索。20 世纪 90 年代后期，竞争激烈的综艺节目出现了新的变化，一种新的电视文艺节目形式——电视娱乐节目开始出现。娱乐节目的涌现，满足了观众长久以来期待的娱乐需求。如 1997 年 7 月 11 日湖南卫视开播的《快乐大本营》、1988 年中央电视台开播的《幸运 52》等。其中，《快乐大本营》是这类节目的典型代表。《快乐大本营》以游戏为主题，节目的参与性也很强，而且对参与者的要求很宽泛，甚至小学生也可以参加，体现了娱乐大众的特点。2000 年年底，中央电视台开办《艺术人生》节目，以真诚的情感交流和挖掘与嘉宾共鸣的人生故事为特色，是一档带有较高文化内涵和层次的综艺节目，颇受观众喜爱。

三是电视剧探索市场化路径，民营制作公司开始出现。在经历了 20 世纪 80 年代以来的复苏和发展的基础上，随着我国市场经济的建设和发展，20 世纪 90 年代，我国的电视剧逐渐走向繁荣和成熟的新阶段。首先，在电视剧的内容方面，贴近普通观众生活的题材大量涌现，这些反映普通百姓生活故事的电视剧，通过内容的贴近性赢得了受众的青睐。1990 年播出的电视剧《渴望》，当时引发的收看热潮可以万人空巷来形容。20 世纪 90 年代，像《渴望》这样的电视剧不断涌现，如 1991 年的《皇城根儿》《外来妹》，1995 年的《咱爸咱妈》，1998 年的《牵手》，1999 年的《贫

① 据《中国电视史》记载，1979 年和 1982 年中央电视台曾播过春节文艺晚会，但是人们习惯于将 1983 年称为第一届春节联欢晚会，因此本文也采用了这种约定俗成的界定方式。

嘴张大民的幸福生活》等。这些展现普通人生活的电视剧，引起了电视观众的强烈共鸣，也赢得了市场。

其次，电视剧的拍摄出现室内剧摄制新方式，适应市场经济，降低制作成本。1990 年热播的电视剧《渴望》是第一个采取室内剧方式拍摄的，这是在市场经济条件下电视剧降低制作成本的一次成功尝试。此后，很多电视剧的拍摄特别是情景喜剧的拍摄都采取了室内剧的形式，如《我爱我家》《闲人马大姐》《家有儿女》等。

第三，电视剧的流通出现市场化渠道，以剧易剧的传统模式开始被购买电视剧的新尝试所取代。1992 年年底，中央电视台斥资 350 万元，高价收购了电视剧《爱你没商量》。这样的收购行为在中国电视剧史上是第一次。电视剧的市场化流通尝试，在 20 世纪 90 年代得到了政策的鼓励。1995 年，广播电影电视部颁布《电视剧制作许可证管理规定》，删除了 1989 年《广播电影电视部关于实行电视剧制作许可证制度的规定》中“禁止私人制作电视剧”条款。[①] 在政策因市场变化而做出调整的鼓励下，民营电视剧制作公司开始出现，如 1998 年成立的光线传媒等。

2. 社会主义市场经济确立引发广播电视文艺理论新探索

首先，明确集团化发展目标。1992 年 6 月 16 日，《国务院关于加快发展第三产业的决定》发布。决定提出，要积极推进集团化经营，打破部门、地区、行业和所有制界限，组建全国性和区域性第三产业企业集团，加快发展第三产业。以产业化为方向，建立充满活力的第三产业自我发展机制。现有的大部分福利型、公益型和事业型第三产业单位要逐步向经营型转变，实现企业化管理。这一决定的颁布实施，为第三产业广播电视媒体文艺产业化、集团化发展提出了方向目标，也提供了思想保障。1997 年 9 月 12 日，党的十五大报告指出，建设有中国特色社会主义的文化，要坚持“为人民服务、为社会主义服务”的方向和“百花齐放、百家争鸣”的方针，重在

① 吴秋雅：《纪录与建构——中国电视剧 1978—2008 年发展综述》，《当代电影》2008 年第 10 期。

建设，繁荣学术和文艺。有中国特色社会主义的文化，是凝聚和激励全国各族人民的重要力量，是综合国力的重要标志。发展文学艺术、新闻出版、广播影视等事业，是文化建设的重要内容。

其次，广播电视二重性理论逐渐成熟。20世纪90年代中期，广播电视二重性理论逐渐成熟，并可以对实践起到指导作用。二重性理论的核心是把广播电视经济活动从广播电视活动中分离出来，并作为一个独立的范畴进行研究；把广播电视产业功能从广播电视功能群中分离出来，并作为一个同喉舌功能相并行的功能进行研究。[①] 广播电视二重性理论的成熟，标志着广播电视业界对广播电视性质解放思想、实事求是创新理论的新高度，为广播电视文艺开启产业化、集团化改革探索奠定了坚实的理论基础，提供了有力的理论保证。

再次，广播电视也是生产力的理论为经营管理开路。在1987年12月于广州召开的珠江经济广播电台广播理论研讨会上，周鸿铎第一次明确提出了“广播电视也是生产力”的观点。在20世纪90年代，这一理论经过进一步提炼和完善，成为能够指导广播电视改革发展的前瞻性理论。广播电视的生产职能，主要是指生产、传递、销售信息的职能，进行管理的职能，从事教育的职能，生产传递信息的物质资料和信息产品载体的职能，为生产和生活服务的职能。广播电视的生产职能与宣传职能不矛盾，生产职能是宣传职能的实现和目的，二者相辅相成、完全一致。[②] 从广播电视文艺节目的发展来看，广播电视也是生产力的理论实现了对广播电视文艺发展大方向的掌握有了理论层次的提升，有助于在实践中摆脱思想束缚，创新节目的经营管理。

第四，在市场经济条件下探索发展节目市场。现实情况要求广播电视媒体必须在社会主义市场经济条件下积极探索广播电视节目市场的建立。在1998年1月16日召开的全国广播影视厅局长会议上，广播电影电视部

① 周鸿铎：《传媒经济学教程》，中国书籍出版社，2011年1月版，总序第9、12页。
② 周鸿铎：《传媒经济学教程》，中国书籍出版社，2011年1月版，第143—149页。

部长孙家正指出，要积极探索建立适应社会主义市场经济的影片和广播电视节目流通体制。要加强广播电视节目流通领域的改革，要加快筹建全国广播电视节目交易中心，进一步探索在宏观调控前提下对节目流通进行市场调节的有效途径，争取在20世纪末基本形成统一有序的全国广播电视节目市场。

第五，“两为”和双百方针指明改革方向。党的十四大要求，要坚持“为人民服务、为社会主义服务”的方向和“百花齐放、百家争鸣”的方针。积极推进文化体制改革，完善文化事业的有关经济政策，繁荣社会主义文化。从党的十四大要求中，广播电视看到了改革探索求发展的努力方向。

第六，市场竞争中，文艺节目要学会寓教于乐。在1993年7月16日第七届“星光奖”颁奖暨全国电视文艺座谈会上，广播电影电视部部长艾知生指出，文艺的功能中的教育功能、娱乐功能、认识功能、审美功能等多种功能要统一起来认识，就是要寓教于乐。在普及和提高的关系问题上，电视台应该以高层次的文化提高人民的艺术欣赏水平，有责任在普及的基础上去提高。[①] 艾知生的讲话是针对电视文艺提出的，但是在理论实践中同样可以运用于广播文艺。

三、市场经济下广播电视经济节目改革

20世纪90年代中期，广播电视经济节目在20世纪80年代繁荣发展的基础上，已经在全国广播电视媒体中普遍开办。为了延续20世纪80年代末的繁荣，各地纷纷积极开办专业化的经济台。如1992年开办的广东电台股市广播，1993年开办的福建经济广播等。专业化的频率为广播经济节目提供了开拓发展的独立舞台。在这一时期，广播经济节目继承了珠江台的大板块、主持人直播、受众现场互动的模式，在内容上逐渐锁定我国市场经济发展的成就、问题，1990年沪深股市诞生后的股市信息等市场经

① 中国广播电视年鉴编辑委员会编：《中国广播电视年鉴（1994）》，北京广播学院出版社，1994年9月版，第28—29页。

济信息，很快在全国成为热门节目。

但是，随着经济节目的大量开办，由于内容的同质化以及一些企业信息类节目距离普通受众较远等因素，造成了经济节目逐渐被受众冷落的局面。20世纪90年代中后期，广播经济节目开始在实践中努力探索前行的道路，希望通过实践的检验，来回答在广播经济节目改革中是否应该继续坚持专业化、如何坚持专业化的问题。在此期间，经济电台也在全国兴建广播电视网的大潮中尝试开辟网络传播的新渠道，如改革开放后建立的第一座经济台——珠江经济广播电台，就于1996年12月15日开通了网上实时广播。

与广播相似，我国的电视媒体在20世纪90年代也出现了经济节目频道专业化的改革创新。在1988年湖北建立全国第一个经济电视台后，截至1995年年底，新疆、内蒙古、湖南、广东、吉林、河南等全国省、市级经济电视台已经近30个。

中央电视台的频道专业化改革在20世纪90年代中后期开启。1996年7月1日，中央电视台对第二套节目进行改版，集中推出了《经济半小时》《财经报道》《生活》《金土地》《环球经济》《企业家》《供求热线》《欢乐家庭》等8个经济栏目；1997年5月5日，中央电视台再次全面调整第二套节目，《经济半小时》《生活》《财经报道》等受到观众喜爱的优秀经济节目被安排到黄金时间播出，经济节目的频道专业化改革初具雏形。

但是，与广播经济节目相类似，电视经济节目同样存在同质化竞争和部分内容过于窄众的问题，这直接导致了节目收视率的大幅下滑。以中央电视台二套节目为例，1999年的收视率与1997年相比平均下降30%，其中《经济半小时》下降率高达59%，经过调查，制作者们发现，二套节目近70%的节目仅仅服务于14%的观众群，节目投入量的比例与观众比例出现明显反差。[①] 电视媒体在频道专业化方面，也面临着需要破解的困境。

① 汪文斌、李幸：《“大众化”与“新形态”——关于电视经济节目变革的对话（上）》，《现代传播》2002年第1期，第16页，转引自苗棣：《中国广播电视节目概论》，2010年8月版，第128页。

四、市场经济下广播电视体育节目改革

在社会主义市场经济条件下，广播电视体育节目有了产业化发展的广阔空间。广播电视通过体育节目深度参与到体育赛事中去，在策划、转播、衍生品等多个环节介入，获得丰厚的经济回报，既打响了广播电视体育节目的品牌，同时也为广播电视体育节目的更好发展奠定了物质基础。

20 世纪 80 年代，在改革开放的春风下，广播电视体育新闻的报道已经有了较为明显的受众意识。以 1981 年的第 36 届世乒赛为例：第 36 届世乒赛在南斯拉夫的诺维萨德市举行，由于当地与北京时差有 7 个小时，每晚的比赛都是在北京时间凌晨两三点开始，五六点钟才结束。当时的中央人民广播电台为了让心急的听众及时知道比赛结果，在不能到达现场的限制下仍然昼夜关注比赛进程，并争分夺秒报道比赛进行情况。当时还是录播的中央电台《新闻和报纸摘要》节目，在男女团体决赛那天，在时近六点半的播出之际，将刚刚收到的男队获冠军的消息通过及时录播抢发了出去，使听众通过广播几乎与比赛结果同步得到了最新消息。

1992 年社会主义市场经济体制确立后，广播电视体育节目同新闻节目、文艺节目一样，开启了频道专业化的改革，并通过多种方式努力将国内外体育赛事的直播形成常态化，极大地满足了体育广播电视受众的收听收看需求。

在电视台方面，1995 年 1 月 1 日，中央电视台率先成立了 CCTV-5 体育频道。同年 11 月 1 日，中央电视台体育频道通过卫星向全国播出，直播节目总时长达 10 小时。在中央电视台体育频道播出的节目中，《体育新闻》常常播出独家报道，《足球之夜》成了“球迷每周的节日”，《世界体育报道》被观众称为“最有文化的体育报道”。1996 年，中央电视台自主投资运作的《“CCTV 杯”中国乒乓球擂台赛》开启，有世界冠军参与的精彩赛事为中央电视台赢得了观众，也赢得了赞助商。这项体育赛事成了中央电视台组织的一项国内知名体育比赛。

国际体育组织也对中央电视台体育频道很重视，1997 年，世界上最大

的几家体育节目代理公司告知中央电视台体育部，他们在新的协议中将不再考虑将体育比赛在亚洲的有线报道权独家卖给某个电视网。这标志着中央电视台打破了国外体育电视网在亚洲的垄断。[①] 在1994年的广岛亚运会、1996年的亚特兰大奥运会和1997年的第八届全运会等国内外重要体育赛事中，中央电视台均依靠体育频道的大容量进行了直播报道，屡创报道数量和质量新高，使国内外体育赛事的电视直播成为常态。

在电台方面，在1999年1月1日，湖北广播电视总台楚天交通体育广播频率开播《奥林匹克风》节目，在60分钟的节目时间里，主持人在动感音乐的背景下，借相声的表现手法，力求轻松趣味，向听众传递体坛信息。由于节目的内容和形式深受听众喜爱，《奥林匹克风》的收听率位居湖北省全省同类节目之首。

五、市场经济下广播电视科教节目改革

20世纪90年代，随着改革开放的深入和社会主义市场经济的发展，重视科学技术、崇尚学习成为社会主流，人们对广播电视科教节目的热情再度被激发出来。针对受众的新需求，广播电视科教节目不断改革创新，走出了一条符合大众收听收看习惯的大众科教之路，成为人们喜闻乐见的广播电视节目。

20世纪90年代，着眼于大众科技普及的广播电视科教节目开始崭露头角。1992年，中央电台通过调整布局，推出了知识和服务性板块节目《科技·知识·生活》，节目内容和编排十分精心，获得了听众的喜爱。1994年，中央电台在对以经济、信息和科技为主体的第二套节目进行调整时，进一步增强了节目的服务性，受到了听众的好评。

1994年5月11日，中央电视台推出《人与自然》节目，节目时长30分钟，由《奥妙百科》《生物圈》等子栏目组合而成，既有趣味性、知识性，又具有开阔的科普视野。《人与自然》一经推出，就成为老少咸宜的热播节

① 杨伟光主编：《中央电视台发展史》，北京出版社，1998年8月版，第442—443页。

目，不仅获得了观众的喜爱，也获得了科技业界的肯定。1994年10月1日，中央电台开办《科技大世界》节目，以直播形式报道科技新闻，宣传优秀科技人物，介绍人们身边的科技知识。

1998年6月1日，中央电视台开播《走近科学》节目，节目以高度的悬念吸引观众，以讲故事的叙述方式展开科技知识的普及和教育，受到观众喜爱。作为中央电视台第一个大型科普栏目，《走近科学》开播以来生产了大量优质的电视科技节目，这些节目有的贴近时下热点科技人物和事件，有的用科学彻底解析人们心中一直存在的疑惑，在观众中拥有很好的口碑。

地方电视台的科教节目也有新的变化。1995年5月18日，武汉电视台与中央电视台合办的《科技之光》节目，在武汉电视台开播。节目中自制的故事类科普片和海外引进的科普片，都很受观众欢迎。

六、市场经济下广播电视法制节目改革

进入20世纪90年代以后，电视法制节目开始重视节目中的纪实成分，重视与相关的职能部门合作，如1991年杭州电视台开办的《社会与法律》栏目就是具有纪实成分的优秀电视节目。1994年南京电视台开播的《法庭传真》和1996年中央电视台播出的《社会经纬》为我国电视法制栏目的发展树立了标杆。《法庭传真》的问世，标志着中国法制电视栏目新形式——“庭审节目”的出现。这档节目对大案要案的庭审现场进行直播，让观众更加直观的参与法庭审判，让法律与观众的距离更近，更贴近老百姓的生活。而《社会经纬》的开播，则表明中央电视台这一电视龙头开始举旗发展法制电视节目，为业界树立了风向标。[①]

1999年1月2日中央电视台正式开播的《今日说法》栏目，是电视法

① 陈克、李晓君：《我国法制电视节目的发展历程与趋势》，《新西部》2013年第12期，第112页。

制节目的一大突破。《今日说法》面向普通百姓，采用“案例＋主持人＋嘉宾”的方式，形式活泼，通俗易懂，贴近生活，实用性强，一开播便很受观众青睐，短短几个月就成为中央电视台名牌栏目之一。《今日说法》的成功也带动了全国电视法制节目的蓬勃发展，各地电视台纷纷推出了日播型的法制节目，其中北京电视台的《法治进行时》，福建电视台的《与法同行》，江苏电视台的《法眼观察》及大连电视台的《法治天地》等栏目不仅收视率名列前茅，而且在当地乃至全国都产生了一定的影响。1994 年到 1998 年期间，全国开办电视法制节目的电视台从 50 多家发展到 150 多家。可以说，法制成了 20 世纪 90 年代中后期电视荧屏的一大主题，法制节目的形态丰富，质量明显提升，单纯的宣教功能被服务功能和纪实成分所代替，电视本体意识彰显，节目的法理性、故事性、新闻性显著增强。法制节目开始成为主流电视节目类型之一。很多电视台在黄金时段安排了两个甚至更多的法制节目。从 20 世纪 80 年代中期到 2000 年间，各地开办的部分较有影响的广播电视法制栏目汇总如下表所示：

20 世纪 80 年代中期到 2000 年间，各地开办的部分较有影响的广播电视法制栏目表

<table>
<tr><th colspan="3">电视法制栏目</th><th colspan="3">广播法制栏目</th></tr>
<tr><th>年份</th><th>主办单位</th><th>栏目名称</th><th>年份</th><th>主办单位</th><th>栏目名称</th></tr>
<tr><td>1985 年</td><td>南京电视台</td><td>《法制园地》</td><td>1980 年</td><td>新疆人民广播电台</td><td>《法制与道德》</td></tr>
<tr><td rowspan="3">1986 年</td><td>山东电视台</td><td>《道德与法制》</td><td>1985 年</td><td>新疆人民广播电台</td><td>《法律与咨询》</td></tr>
<tr><td>广东电视台</td><td>《公民与法制》</td><td rowspan="4">1987 年</td><td>北京人民广播电台</td><td>《法制天地》</td></tr>
<tr><td>鞍山电视台</td><td>《律师谈法》</td><td>河北人民广播电台</td><td>《胡律师信箱》</td></tr>
<tr><td>1987 年</td><td>太原电视台</td><td>《法律在我们身边》</td><td>河南人民广播电台</td><td>《大家都来当法官》</td></tr>
<tr><td>1991 年</td><td>杭州电视台</td><td>《社会与法律》</td><td>1989 年</td><td>遵义人民广播电台</td><td>《法制与廉政》</td></tr>
</table>

续表

1992 年	菏泽电视台	《法制园地》	1991 年	黑龙江人民广播电台	《法制生活》
1994 年	南京电视台	《法庭传真》		珠海经济广播电台	《律师热线》
1995 年	日照电视台	《法制天地》		朔州人民广播电台	《民主与法制》
	滨州电视台	《政法经纬》	1992 年	本溪人民广播电台	《法制天地》
	沈阳有线电视台	《法庭传真》	1995 年	山东人民广播电台	《公民与法制》
	瓦房店电视台	《人与法》		岳阳人民广播电台	《法制与社会》
	丹东电视台	《人与法》	1996 年	天津人民广播电台	《法制纵横》
	陕西省电视台	《社会档案》		山西人民广播电台	《法律伴您行》
	东莞电视台	《法制纵横》		浙江人民广播电台	《社会与法制》
1996 年	济南电视台	《庭审纪实》		山东人民广播电台	《法律与社会》
	烟台有线电视台	《荧屏法庭》		甘肃人民广播电台	《法治视线》
	上海电视台	《庭审纪实》		陕西人民广播电台	《时代法制》
	河北电视台	《现在开庭》	1997 年	葫芦岛人民广播电台	《以案说法》
	大连电视台	《法制天地》		通化人民广播电台	《与法同行》
1997 年	北京电视台	《庭审纪实》	1998 年	内蒙古人民广播电台	《法制直播间》
	保定电视台	《法制大视野》		齐齐哈尔人民广播电台	《法制天地》
	长沙电视台	《法庭直播》	1999 年	湖北人民广播电台	《法律在线》
	内蒙古电视台	《人与法》	2000 年	安徽人民广播电台	《法制与社会》
	义乌电视台	《法庭内外》		内蒙古人民广播电台	《法制专线》
	福建电视台	《法制经纬》		新疆人民广播电台	《人与法》

续表

1998年	宁波电视台	《法在你身边》	电视法制栏目		
1999年	北京电视台	《法制进行时》	年份	主办单位	栏目名称
	广东电视台	《与法同行》	2000年	辽宁有线广播电视台	《法制时空》
	吉林电视台	《法律在行动》		重庆电视台	《拍案说法》
	中央电视台	《今日说法》		扬州电视台	《人与法》
	哈尔滨电视台	《方圆之间》		河南电视台	《法制时段》
	长沙电视台	《政法报道》		宁波电视台	《说法》
2000年	福建电视台	《与法同行》		福州电视台	《法眼》
	天津电视台	《案与法》		和田地区电视台	《法律经纬》
	云南红河州电视台	《法律与生活》		潮州有线广播电视台	《法制天地》

1999年12月27日，北京电视台科教频道推出法制栏目《法治进行时》，每周一至周六12点首播，时长20分钟。《法治进行时》较为重视节目的可视性，注重案件的追踪与展现，节目具有节奏紧张、内容真实、表现深刻的特点。《法治进行时》栏目荣获全国第七届法制题材电视节（剧）目“金剑奖”专栏节目一等奖。[①] 2003年中央电视台的调查显示，《法治进行时》成为首次进入全国新闻专题栏目收视排名前10名的地方电视台栏目。《法治进行时》及其主持人和制片人徐滔，不仅在电视观众中，而且在广大的网民中都有很高的知名度和影响力。

这一阶段的法制电视栏目，形成了高密度、高收视率、栏目品牌化、频道专业化的趋势，使得电视法制节目真正成为富有活力的电视节目类型，在促进司法公开、公正和推动立法方面都发挥了重要作用。另外，电视法制节目的产业化经营开始起步，并取得了极大的成果。广播电视法制节目除了继续贯彻普法的节目宗旨，还逐步强化其舆论监督功能，影响逐渐扩大。[②]

① 赵玉明主编：《中国广播电视年鉴（2005）》，中国广播电视年鉴社，第162页。
② 刘勇峰：《中国电视法制节目30年》，《西部广播电视》2008年8月15日刊。

法制节目的创办是国家法制宣传教育在广播电视媒体上的体现，它的每一步成长都和国内的法制建设过程密切相关，在日益兴盛的同时也记录了我国法制进程中的点点滴滴，并以不可低估的影响力进一步推动着我国的民主与法制建设向前发展。广播电视法制节目的产生、发展与成熟，是时代的要求，也是媒体功能发展的必然。法制节目的社会角色和使命在此得到彰显，同时也显示出中国传媒人推动普法、推动法治进程的职业理想。随着中国法制建设健康、稳健地向前发展，法制新闻媒介的广泛宣传，普通民众法律意识和观念有了很大的改观，这种变化，反过来也带动了中国法制建设不断的进步。

七、市场经济下少数民族广播电视节目改革

少数民族广播电视事业是我国广播电视事业不可分割的组成部分，也是我国广播电视事业民族特色的重要体现形式。相对于以汉语言为载体的新闻事业来说，少数民族广播电视事业虽然起步较晚，但通过党和国家的大力支持与市场经济体制的强力带动，少数民族广播电视事业发展非常迅速。

以江泽民为核心的党的第三代领导集体，根据国际国内形势的特点，顺应市场经济的大发展，对民族发展问题提出了许多论述。江泽民1992年在中央民族工作会议上要求：进一步做好民族语言文字的广播、电视和新闻出版工作。[①] 广播电影电视部在1995年认真贯彻执行“中发［1992］9号文件”精神，各级计划、财政部门大力支持老、少、边、穷地区广播电视建设及更新改造。其政策主要包括：第一，“九五”期间国家计委继续保留中央对边境地区广播电视建设专项补助投资；第二，继续保留并增加对老、少、边、穷地区广播电视建设补助资金；第三，继续按制定的五年计划（1993—1997）中央补助资金加强新疆、西藏、内蒙古3个自治区的广播电视事业建设；第四，国家计委和财政部继续安排专款用于部直属

① 国家民委政策研究室编：《中国共产党主要领导人论民族问题》，民族出版社，1994年版。

发射台改造；第五，各级地方政府也要对老、少、边、穷地区实行倾斜政策，确保广播电视建设的配套资金和维护经费；第六，各级地方政府应根据广播电视部门上报的更新改造计划帮助落实改造资金。① 至1995年年底，从中央到地方（包括省、自治区、地州盟、县旗）共办有蒙古族、藏族、维吾尔族、哈萨克族、朝鲜族、壮族、彝族、傣族等20多种少数民族语言的广播节目，办有少数民族语言广播电视的广播电台（站）已达到107个，电视台141家，少数民族电视人口覆盖率达到74%。全国有少数民族同胞聚居的地区广播电视媒体，除了使用汉语外，还都普遍使用当地少数民族语言，充分发挥了广播电视的良好社会效益。一些少数民族电视台的民族语言节目还通过通讯卫星传输，辐射到周边国家。

随着少数民族广播电视事业的不断发展，与此相关的学术研究机构也相继诞生，优秀节目和业务论文的评奖活动以及各种类型的专业会议也开始广泛举办开来，以研究少数民族广播电视为主要任务的中国广播电视学会少数民族广播电视研究会，于1994年9月20日在新疆乌鲁木齐宣告成立。与此同时，以交流经验、规范文字、交换节目为宗旨的“八省区蒙古语文工作指导委员会”“中国西部广播电视技术协作会”“藏语文艺广播工作会议”等学术性组织和专业性会议也在这一时期相继出现，各语种的广播电视节目交流活动也在许多民族聚居的省份开展起来。②

第二节　广播电视海外传播力稳步提升

随着社会主义市场经济体制的逐步确立和与之相适应的新闻宣传改

① 白润生主编：《中国少数民族新闻传播通史（下）》，中央民族大学出版社，2008年版，第871页。

② 张小平：《关于中国少数民族广播电视的几个问题》，《中国广播电视学刊》1997年6月25日。

革的逐步深入，广播电视海外传播在内容、形式、渠道等方面稳步提升。广播电视对港澳台的宣传日益重视，宣传内容不断扩大、宣传形式日益丰富、宣传渠道逐渐多元化。广播的国际传播力不断增强，步入世界大国行列；电视的国际传播在这一时期有了较大得发展，新闻节目的时效性显著提高，文化类节目的制作更为精良，与国外媒体的合作领域逐步扩大。

一、广播电视对港澳台传播迈上新台阶

1992年10月1日，由广播电影电视部实施的珠江口广播电视覆盖工程正式启用，使港澳地区也能收听收看到内地的广播、电视。中央三台是日起分别开办了对珠江三角洲和港澳地区宣传的广播电视节目。这标志着广播电视对港澳台的传播进入了一个新的阶段。

1. 对港澳台节目的时长和内容不断扩展

1992年5月29日，中央电视台正式推出了第一个以台湾观众为主要对象的综合性板块节目《天涯共此时》，该栏目集新闻性、知识性、趣味性、欣赏性于一体，成为台湾观众了解祖国大陆信息的一个重要窗口。开办之初，《天涯共此时》在第一套节目中播出，每周暂定一期，每期30分钟。当时《天涯共此时》主要由《新闻话题》《神州掠影》《寻亲》《寻医问药》等板块组成。

以此为起点，中央电视台对港澳台的节目内容不断丰富，传播效果日益增强。为了给面向港澳台侨的传播提供更大的平台，1992年，中央电视台第四套频道正式开播。中央电台也在1994年6月18日开办了面向珠江三角洲和港澳地区的第七套节目，呼号为“华夏之声”。广播电视专业频道的开办，拓展了对港澳台传播的节目内容，提升了信号传播质量，扩大了节目覆盖范围，为港澳台受众收听收看内地节目提供更好的服务。

为进一步加强对港澳台传播的力量，1998年6月，中央电台将“华夏之声”节目部与对台湾广播部正式合并，组成中央电台台港澳广播中心。

中心成立后，对港澳广播节目增加了粤语专题《华粤星空》，军事节目《现代国防》，体育节目《体育天地》，对台湾广播节目有《空中之友》，方言节目《闽南话广播》《客家频道》等。

2. 做好重大事件和活动的报道和传播工作

对港澳台广播电视不断优化节目内容，注重对重大事件和活动的策划和报道，努力提升传播效果。

香港和澳门回归是海内外儿女共同企盼的盛事，中央电台"华夏之声"配合香港、澳门回归制作了一批精良的广播节目。比如，1997 年 6 月，"华夏之声"联合中央电台其他几套节目共同举办了"迎香港回归优秀歌曲展播月活动"。该节目还联合中央电视台、中国国际广播电台举办了迎香港回归优秀歌曲电视晚会。

香港回归期间，中央电视台制作播出动用了 11 辆转播车、21 个卫星转发器和三架直升机，连续 72 小时向全世界报道了香港回归盛况。制作播出的节目主要有：《香港回归访谈》《香港大事记》《香港展望》《回归历程》《香港的故事》《今日香港》《跨越九七——香港走向新纪元》《梦圆九七——迎回归优秀歌曲演唱会》《祝福你，香港——全球华人庆回归》等。中央电视台第一套和第四套节目还现场直播了 25 次重大活动，共计达 18 个小时，包括动用 11 台摄像机直播了中英香港政权交接仪式。为方便海外观众收看，中央电视台第四套节目和英语频道实现了在欧洲和非洲的落地，收看国际频道的我国驻外使领馆从 69 个增加到 92 个，增加了三分之一；转播国际频道的海外电视台从 14 个增加到 64 个；转播临时英语频道的海外电视台达 58 家。[①]

在澳门回归中，CCTV-4（中文国际频道）和 CCTV-9（英语国际频道）从 12 月 19 日 12:00 至 20 日 24:00 进行了 36 个小时的特别报道。

---

① 杨明，忠明：《展现民族历史盛事　谱写中国电视新篇——中央电视台香港回归特别报道回顾》，《中国广播电视学刊》1997 年第 8 期，第 8 页。

3. 加强与港澳台媒体和受众的互动，提高节目影响力

各级广播电视媒体加强与港澳台广播电视媒体的合作和交流，大大提高了节目传播效果。广东电台充分发挥与港澳地理位置近的地缘优势，与香港、澳门电台合办节目，提升了节目的影响力。仅1992年，广东电台就与香港电台合办20辑《粤港投资热线》，与澳门电台合办20辑《澳门，走向1999》基本法咨询节目。

1997年中秋之夜，上海东方电视台与台湾电视公司等联合举办“千里共婵娟——两岸情中秋夜”文艺晚会，并通过卫星进行了双向直播传送。1999年9月24日，上海东方电视台与台湾电视公司再度合作，举办《明月有情同胞心——99上海·台北中秋特别节目》，节目通过卫星连线的方式在上海和台北同时举行，共收到捐款160多万元人民币，是台湾“9·21”大地震后中国内地举办的第一场赈灾演出。

1996年，全国8家电台的对台湾广播举办“一国两制知识有奖征答”活动，收到台湾、海外及祖国内地各地听众寄来的答卷2万多份，在与台湾听众的互动方面积累了可贵的经验。为更好地了解台湾受众的收听需求，1998年5月和1999年8月，中央电台对台湾广播分别在云南和内蒙古举行台湾听众座谈会，邀请台湾岛内的30多位听众与会，听取他们对节目的反馈意见，为节目的调整和改进提供依据。

二、广播的国际传播步入世界先进行列

节目的语种、播出时间、覆盖范围是衡量一个国家对外广播实力的重要指标。随着我国对外广播宣传工作的日益重视，广播对外传播的节目数量和语种、播出时间、覆盖范围都跻身国际先进行列。

1. 节目数量和质量同步提高

20世纪90年代以来，以中国国际广播电台为主要力量的对外广播实施精品战略，注重节目的多元化和影响力，节目的编排和传播与国际接轨，国际传播的实力显著提升。

（1）对外广播节目日益多元化。

为提高对外传播的针对性和影响力，中国国际广播电台根据对外传播的形势和规律，大力调整和优化节目机构，增加节目数量，提高节目信息含量。1992 年全台开办的专题节目增加到 400 多个。华语部 1994 年 3 月开办的《匆匆十分钟》节目，融知识性、趣味性、哲理性于一炉，向听众提供新鲜生动的文化快讯。在不到一年的时间里，就收到国内外听众来信 2000 多封，成为华语部的品牌节目。其他有特色的栏目还有《文化大观》《北京特快》《财富杂志》《文化周刊》等。从 1996 年 6 月份起开办了专题节目《今日西藏》，首先对印度广播，随后推广到尼泊尔语、乌尔都语、匈牙利语等语言节目中，产生了积极影响。

新闻类节目是对外广播重点打造的节目形态。20 世纪 90 年代以来，中国国际广播电台优化新闻栏目，提高新闻报道的时效性。1995 年 5 月 1 日起，中国国际广播电台国际新闻中心实现了 24 小时不间断发稿，并滚动播出新闻节目。中国国际广播电台还从内容和形式上改进了新闻时事节目的报道，比如《中国话题》向海外听众报道中国，《时事纵横》节目由驻外记者向国内受众报道世界，虽然报道的内容定位迥然不同，但是报道的形式都很活泼。尤其是《国际纵横》还常采用现场报道的方式，使得报道更加真实和生动。

（2）新闻直播常态化。

新闻直播既是新闻报道时效性的要求，也是衡量一个媒体新闻传播综合实力的核心指标。为提高在国际上的影响力，达到理想的传播效果，中国国际广播电台采取切实措施，逐渐实现新闻直播的常态化。

中国国际广播电台在国内外建设了比较完整的记者站网。到 2000 年，中国国际广播电台驻国内记者站达到 42 个（含驻香港、澳门特区记者站各一个），驻国外记者站达到 27 个，中国国际广播电台新闻自采率达到总用量的 70% 以上。这些记者站点的设立，使中国国际广播电台的记者可以在第一时间进行国内外新闻的采访和报道，为新闻直播常态化的建立奠定了基础。

与此同时，中国国际广播电台更新了广播采编、传输的设备和技术，为新闻直播创造了物质条件。1997 年，总建筑面积达 5 万多平方米的中国国际广播电台业务大楼正式启用。这座大楼集编播、语言录制、节目传送、通信、楼宇自控、全台管理于一体，由计算机控制的全数字音频广播系统，实现了节目制作、播出和传输系统的数字化、现代化和自动化，改变了我国对外广播技术长期落后的局面。1995 年 1 月，英语部、华语部都实现了新闻直播。

（3）联合开办《中国之窗》节目。

1994 年 10 月召开“首届全国广播对外宣传协作会议”，会议提出了“广播电视并重、内宣外宣并举、中央台地方台联合”的指导思想，拉开了广播大外宣格局建立的序幕。为落实这一精神，中国国际广播电台与全国 31 个省区市决定共同开办《中国之窗》节目。

《中国之窗》节目于 1995 年 5 月 1 日开始播出。节目由各省区直辖市提供，内容涉及政治、经济、科学文化等方面，这个节目打开了世界了解各省区市的窗口，对于地方改革开放和经济建设风貌、人文景观及普通百姓生活的对外展示做出了积极贡献。

2. 节目覆盖范围跻身国际前列

20 世纪 90 年代以来，我国对外广播采取多种途径不断拓展节目覆盖范围，使我国广播的节目覆盖跻身国际前列。

（1）发射功率明显加大，卫星传输开始启动。

为了解决我国广播对外发射功率较小的问题，20 世纪 90 年代中后期，中国国际广播电台先后建成一批大功率短波发射机和中波发射机。

1997 年 8 月，用于中国国际广播电台对外广播的 6 部 500 千瓦短波发射机和 2 部 600 千瓦中波大功率发射机在新疆投入使用。这些发射机主要用于中国国际广播电台 22 种语言的广播节目，其中包括俄语、蒙古语、土耳其语、波斯语及对巴基斯坦广播的乌尔都语和英语节目。同年 11 月，用于中国国际广播电台对外广播的 4 部 500 千瓦短波发射机和 2 部 600 千瓦短波发射机在云南投入使用。至此，共有 10 部 500 千瓦短波发射机和 4 部 600 千瓦中波发射机投入使用，从而使我国对外广播发射功率进入世界先进行列。①

为了提高广播讯号传输和播出质量，1997 年 2 月，在中央电视台等单位支持下，中国国际广播电台开通两个讯道试播，通过国际卫星把节目送向全世界。中国国际广播电台利用泛美卫星向美国、法国、马里、古巴、德国的合作伙伴传送 8 套对外广播节目，改善了我国对外广播的传送质量，扩大了有效覆盖和“落地”。

（2）通过互转或租机等业务推动节目在境外有效落地。

与其他国家或地区的电台建立互转或租机业务，是中国国际广播电台推动节目在境外有效落地的重要手段。到 2000 年年底，中国国际广播电台同英国、法国、瑞士、俄罗斯、西班牙、加拿大、马里、巴西、古巴、美国等 10 多个国家和地区的电台建立了互转或租机业务，分别转播我国对北美、拉美、欧洲、非洲、西亚广播的 20 种语言节目。为提高节目传输效率和质量，中国国际广播电台还使用卫星传送通过互转或租机形式在国外直接播出的节目。互转和租机工作进一步开展，加强了我国对北美、欧洲地区的广播宣传。

向国外电台传送或寄送节目是中国国际广播电台传播中国节目的另一个重要渠道。截至 1999 年，日本 NHK 电台、巴西首都巴西利亚超级调频电台、乌拉圭国家电视台、法国国际广播电台、罗马尼亚国家电台、土耳其福雷克斯电台、加拿大温哥华华侨之声电台、澳大利亚 SBS 广播电台、美国纽约中文广播网、美国旧金山中文广播公司以及香港新城广播电台等，都定期或不定期地播送中国国际广播电台传送的英语、西班牙语、葡萄牙语、罗马尼亚语、老挝语、土耳其语和汉语普通话、广州话节目。

---

① 徐光春主编：《中华人民共和国广播电视简史》，中国广播电视出版社，2003 年 6 月版，第 447 页。

三、电视的国际传播逐步走向全球化

从1991年7月中央电视台成立对外中心，到1993年11月中央电视台海外节目中心的建立，再到2000年9月中央电视台英语国际频道的开播，我国电视的国际传播逐步走向全球化。

1. 传播内容不断丰富

1992年10月1日，中央电视台第四套节目正式开播，这是中央电视台的第一个国际卫星频道，标志着中国电视外宣工作开始了一个新的起点。《中国中央电视台新闻》节目于同日播出第一期，使中央电视台的对外新闻报道有了自己的平台。

1993年11月，第四套节目部与对外中心合并，成立了中央电视台海外节目中心。海外中心的成立，使得中央电视台对外传播的整体优势得到进一步发挥，为中国电视覆盖全球、走向世界迈出了坚实的一步。

1995年起，根据不同国家和地区的时差进行编排，第四套节目开始实行全天24小时播出。5月，《中国新闻》开始采用现场直播方式，每天滚动播出8次新闻，与国际电视新闻接轨。7月1日，第四套节目对外播出呼号改为“中国中央电视台国际频道”，并启用了全新的台标片头。

为了进一步丰富节目内容，提高节目数量，中央电视台的海外报道逐步走上栏目化播出轨道。《中国报道》《旅行家》《中国投资指南》等是中央电视台在20世纪90年代初创办的首批栏目。很多栏目由于具有中国文化特色，很受国外受众的欢迎。

中央电视台于2000年9月25日开播了英语国际频道，这是我国第一个以非母语播出的电视频道。节目全部使用英语播音，为广大海内外英语观众提供服务。“让世界了解中国，让中国走向世界”一直是英语国际频道的立身之本。频道以新闻和新闻性节目为主，以专题、文化和文艺类节目为补充，实行全天24小时不间断播出，及时、准确、客观、充分、平衡地报道发生在中国和世界各地的新闻时事和重大事件，介绍中国的历史、地理、文化和自然风光等。

2. 节目落地区域不断拓宽

为迅速推动中国电视节目在海外的落地，这一时期，中央电视台采取了多种海外落地方式：一是整频道进入当地有线网播出；二是整频道进入当地直播卫星平台播出；三是整频道通过不加密的直播卫星信号覆盖；四是整频道进入当地地面无线频道播出；五是整频道进入当地 IP 电视平台播出；六是部分节目进入当地无线或有线电视频道的固定时段播出；七是日常新闻及重大活动直播报道被外国主流电视台转播或选用。

1993 年元旦起，中央电视台通过太平洋国际通讯卫星，每天向北美传送 1 小时新闻性节目，节目主要有《中国纪实》《中国报道》《旅行家》等，美国 18 家华人电视台部分转播了这套节目。这是中国电视节目在国外落地的一个突破，此举结束了中国电视新闻单纯依靠航空邮寄在国外播出的历史。

1995 年，中央电视台通过租用泛美卫星公司和亚洲卫星公司的卫星转发器，首次实现了中央电视台对外电视频道信号的全球覆盖，成为亚洲地区最先完成电视信号全球覆盖的电视机构。在电视信号全球覆盖的基础上，中央电视台海外中心加大了对外节目的海外落地力度。1998 年，中央电视台海外中心为此成立联络部，加强与海外电视机构的合作，多渠道实现对外节目的海外落地。

1998 年 8 月，中央电视台与富士电视台等媒体合作，建立了 CCTV 大富频道，在日本通过 SKY Perfect TV 直播卫星平台落地播出。

1999 年，CCTV-4 在巴黎进入 Noos 有线电视网落地入户。2000 年，中央电视台与挪威电信公司合作，将 CCTV-9 纳入 Canal Digital 直播平台，该平台覆盖北欧四个国家，当时就已拥有 70 多万用户。同年，CCTV-4 分别进入翡翠互动和中华电视网两个直播平台，在澳大利亚和新西兰的华人社区实现了落地入户。

3. 传播理念不断更新

为提高中国电视的对外传播效果，中央电视台 CCTV–4 和 CCTV–9 不断更新传播理念，尊重国外受众的接受习惯，从节目内容到节目包装、从节目编排到播报方式进行了一系列革新，使得对外节目传播的新闻特色日益明显、说话方式日益亲近、节目包装日益国际化，节目品牌化建设取得显著成果。

中央电视台着力打造具有国际竞争力的新闻节目。CCTV–4 开播前，由于受采编力量和传播方式的限制，中央电视台对外传播的节目以专题类节目为主。CCTV–4 开播后，新闻和新闻类节目的播出时间不断增加，1998 年占到全体播出总量的 38%，从而体现了 CCTV–4 以新闻为龙头的特点。2000 年开播的 CCTV–9 自开播伊始就以新闻和新闻性节目为主，不断强化报道的时效性、真实性、客观性、公正性，遇有重大活动和事件，都在第一时间采用直播方式进行报道，在海内外引起了强烈反响。

为打造专业化频道，1998 年 6 月 1 日，CCTV–4 进行了开办以来第一次以凸显频道整体形象为目标的专业改版。改版后的 CCTV–4 由原来 68 个栏目减少到 47 个，同时新开办了介绍中国优秀传统文化、地理、历史、医药的四个新栏目：《千秋史话》《东方家园》《中华医药》《纪录中国》。为解决时差问题，节目的编排也做了调整，由原来按三个时区八小时为一个单元，改为按四个时区六小时为一个单元。

2000 年 9 月 25 日，总监制在 CCTV–9 试点，探索实行新的运行机制，为国际频道传播理念的变革提供制度保障。在组织机构上，CCTV–9 总监、副总监与制片人两个管理层次。新聘任的制片人无行政级别，竞争上岗。频道的节目构成、人员安排、经费使用等由编委会集体决定，制片人的责权利相对等，既提高了运行效率，又提高了大家的工作积极性。

4. 注重活动推广和合作

我国电视机构注重通过活动推广加强与国外媒体的合作与交流，集中展示我国的文化和风貌，与国外媒体联手营造和推广中国良好的国际形象。

为庆祝中华人民共和国成立 45 周年，“中国电视周”在世界各国同时举办，此举更好地向世界传播中国形象，营造良好的国际舆论环境，加深世界人民对中国的了解。电视周吸引了 127 个国家和地区的 150 家电视台参加，播出了大量专题、综艺、动画和电视剧节目。电视周提供的各类节目长达 22 小时，有汉语、英语、法语、德语、西班牙语、葡萄牙语、阿拉伯语、塞尔维亚语、波斯语等多种语言版本。

“手拉手”是中央电视台打造的一档对外传播的大型品牌综艺节目，节目通过与各国电视媒体的合作，将中国有代表性的舞蹈、器乐、武术、杂技等文化艺术传播到海外。节目一般由一流的中国艺术家领衔，还会邀请当地的外国艺术家一同演出，加深了中外文化的交融。中央电视台通常与当地主流电视台合作，共同完成节目的录制，并在两国的电视台播出。节目自 1996 年创办以来，先后到访美国、加拿大、南非、澳大利亚、西班牙、法国、印度、阿根廷、埃及等国。

第三节　广播电视产业的兴起和发展

1992 年 6 月，中共中央、国务院下发《关于加快发展第三产业的决定》，明确指出广播电视属于第三产业。就在当月，上海东方明珠股份有限公司在上海证券交易所上市，成为我国第一家文化企业股份有限公司。同年 11 月，广东省电台在有 11 个省市电台负责人及多名专家参加的理论研讨会上指出，广东电台已开始按产业化的需要调整频率资源的配置，以促使广播的主功能、多功能全面发挥，广播的社会效益和经济效益全面提高。这些有益的实践表明广播电视产业经营开始兴起和发展。

20 世纪 90 年代广播电视产业的发展大致分为两个阶段。前半期基本上局限于以广告业为主的多种经营领域，后半期步入以开发自身资源为基础的新阶段，涉及的主要领域包括有线电视网络经营和广播电视资本运营。

一、广播电视的广告经营得到长足发展

随着广播电视产业属性的明确，广播电视媒体挖掘广告经营的潜力，创新广告经营模式，广告经营的收入持续增长。

1. 广告招标提升广告经营收益

自1992年起，中央电视台先后在开播的八个频道中都安排了广告播出，并于1994年为孔府宴酒开发了天气预报前的5秒钟标版广告，打破了一直以来的15秒、30秒两种模式。为满足广告客户纷纷要求做5秒标版的需求，中央电视台又将天气预报前的标版广告时间从5秒延至1分钟。标版广告的开发和广告客户数量的激增，说明了市场对电视广告的需求以及中央电视台对广告经营的日益重视。

《新闻联播》与《天气预报》之间的一分钟标版广告推出后，广告客户纷纷要求预定。为了解决这个矛盾，同时把广告经营进一步推向市场，1994年11月2日，中央电视台举行1995年度广告招标会。招标会“聚集了中外86个企业和广告公司的426名代表前来投标。一分钟的标版广告及《天气预报》片头、片尾，共15块，全部投‘暗标’。第一届‘标王’由山东孔府宴酒厂以3009万元夺得，全部中标金额为3.6亿元”。[①] 此后的各届广告招标会均取得很好的效益，在这个过程中，中央电视台的广告招标在内容和形式上也在不断创新。其他广播电视媒体也纷纷效仿，广告招标成为提升广告经营的重要手段。

① 赵化勇主编：《中央电视台发展史（1958—1997）》，中国广播电视出版社，2008年12月版，第531页。

中央电视台历年广告招标标王一览表（1995 年至 2000 年）

年份	中标额（万元）	标王企业	行业
1995	3079	孔府宴酒	白酒
1996	6666	秦池酒	白酒
1997	32000	秦池酒	白酒
1998	21000	爱多 VCD	家电
1999	15900	步步高	家电
2000	12600	步步高	家电

2. 广告代理和栏目广告挖掘广告经营潜力

1995 年 2 月 1 日实行的《中华人民共和国广告法》，明确了广告代理制、广告审查等一系列法律规范，使广播电视广告经营走向法制轨道。

成立广告代理公司，对本台部分频道和栏目广告进行经营，是中央电视台把广告经营进一步推向市场，不断挖掘广告资源潜力的又一重要举措。成立于 1984 年的中国国际电视总公司，是中央电视台全额投资的大型国有企业。1998 年，中国国际电视总公司下属全资企业——北京未来广告公司代理中央电视台体育频道广告业务。1999 年，该公司开始代理中央电视台电视剧频道广告业务。

广东人民广播电台在系列台承包的基础上，实行以广告部、信息部为主体的广告代理制，通过良性竞争，提高广告收入。改革不仅使广东电台的节目赢得了听众，其经营创收总额也从 1986 年整体改革前的 100 多万元，增加到 1998 年的 1.2 亿元。[①]

广告销售和节目质量密不可分，为鼓励栏目做好节目，1996 年 6 月，中央电视台决定实行“栏目带广告，广告养栏目”的运作机制。实行这个办法的栏目拿出 10% 的时间用于播放广告，广告收入的 50% 用作栏目经费，

① 徐光春主编：《中华人民共和国广播电视简史》，中国广播电视出版社，2003 年 6 月版，第 518 页。

促进了广告经营和栏目质量的双重提高。

二、广播电视的节目经营日益繁荣

长期以来，广播电视媒体节目的生产方式一直是制播合一。在1992年以前，广播电视媒体之间虽有少量台际间的节目交换，但是主要采用互开稿费的方式进行经济补偿，还谈不上形成节目市场。

1992年以后，一些独立制片机构和独立制片人应运而生，促进了节目市场的形成。随着广播电视媒体频道和播出时间的不断丰富，它们对节目的需求量日益增长。尤其是2000多个中小电视台，由于制作能力有限，其外购节目的市场非常大。一些眼光敏锐的电视台成立了市场节目部，让自己生产或合法引进的节目进入市场流通，提高了节目的附加值。有的台还成立了相对独立的广播电视节目制作单位，如广东巨星影视有限公司、深圳万科文化传播有限公司等。20世纪90年代末期，一些民营的独立制片机构也开始出现，如光线传媒、欢乐传媒等。这些独立制片机构生产的节目通过现金交易或带贴片广告的方式在全国发行，取得了很好的经济效益。

首先进入市场的是电视剧的制作和销售，如《京都纪事》《北京人在纽约》都是面向市场以带贴片广告的方式发行的。随后，电视台的文艺、体育、文化科技专题和少儿节目（特别是动画片）也开始走向市场。

在国内节目市场形成的同时，一些电视媒体开始积极开拓海外市场，以谋求更大的经济和社会效益。1993年1月，中央电视台联合47个省市电视台组建了“中国电视节目外销联合体”。同年11月，成立“中视电视节目代理公司”（后更名为中国电视节目代理公司），将《三国演义》《西游记》《红楼梦》《唐明皇》等一批优秀电视节目销往海外市场。“到2000年，累计外销节目约15000小时，外销收入近3000万美元。”①

① 徐光春主编：《中华人民共和国广播电视简史》，中国广播电视出版社，2003年6月版，第521页。

与较为繁荣的电视节目交易相比，广播节目的交易在20世纪90年代却一直难以形成市场。

三、有线电视传输网络经营延伸到增值业务领域

与无线电视台的运营模式不同，有线电视自从开办伊始就采用有偿服务的方式进行经营。但是自从20世纪70年代末有线电视发展以来，有线电视的经营主要局限在向用户收取200至300元的初装费和每月10元至15元不等的收视维护费。

为拓展有线电视的网络经营空间，1996年开始，国家和省级有线广播电视干线传输网的建设开始启动。随着有线电视区域网从分散走向联网，有线电视网络的经营项目得到大力开发，有线电视网络的整体实力不断增强。20世纪90年代后期，我国许多地方，特别是东部发达地区，积极开发有线电视网络的新功能。如深圳开通了综合信息网，提供信息传输、因特网接入、桌面和场地会议电视系统、证券期货交易体统、视频点播系统、智能物业管理系统等服务功能。

按照1999年国办82号文件《关于加强广播电视有线网络建设管理的意见》的要求，广播电视传输网络从原来网台一体的体制中分离出来，成立传输网络公司，这就是所谓的“网台分离”。有线电视网络专门从事传输经营，并进行产业化改造，促进了有线电视传输网络经营的大力发展。2000年，我国有线电视已从原来台网混合的建制中剥离出来，成为一个相对独立的经济实体。各地成立的传输网络公司积极开展网络增值业务，在数据广播、视频点播、股市信息、市场行情、远程教育、远程医疗等项目经营上取得很好的成果。

北京歌华有线是这一发展过程中诞生的最具代表性的有线电视网络公司。1992年，北京有线电视台网络业务部成立；1996年2月有线广播电视网络业务与北京有线电视台分离，正式成立了北京有线广播电视网络中心，成为一个自收自支的事业单位；1997年12月，北京市政府将北京有线广

播电视网络中心的网络部分（包括微波总前端、卫星接收转播系统；光缆网一二级分中心；光缆超干线、干线、支干线、同轴电缆分配网及网络管理测试系统）、播出部分（指网络基本业务、扩展业务、增值业务的播控系统）、网络广告制作经营部分的资产划转至北京广告艺术集团，同时将北京广告艺术集团更名为北京歌华文化发展集团。北京有线成了歌华集团旗下的全资子公司，更名为歌华有线，负责对北京地区有线广播电视网络进行建设、开发、经营、管理和维护。为了达到原国家广播电影电视总局的技术标准，并实现“一市一网”的目标，1998 年歌华集团出资 6230.10 万元收购北京市朝阳区、海淀区、丰台区、石景山区自建的有线广播电视网络资产，涉及用户 34.9 万户。

四、广播电视的资本运营开始起步

随着广播电视产业和事业的发展，广播电视媒体需要雄厚的资金支持。为募集资金，促进广播电视产业的扩张式发展，一些广播电视媒体开始尝试进行资本经营。

1992 年 8 月，上海广播电视局抓住上海证券市场迅速崛起的机遇，成立了全国第一家文化企业股份有限公司——上海东方明珠股份有限公司。“公司向社会发行东方明珠股份 400 万股，集资 2.04 亿元，公司发起单位认购 3.7 亿元，使公司自有资金达 5.74 亿元。”① 公司利用获得的大量资金进行多元化经营，为广播电视的资本运营积累了初步经验。

1997 年 6 月 16 日，中视传媒股份有限公司（简称中视股份）正式挂牌上市。它是国内第一家兼营影视制作和文化旅游业的上市公司。公司用募集来的资金先后投资拍摄了电视剧《太平天国》、投资南海影视城的“少儿节目制作景区”建设、参股北京中科红叶电子有限公司进入影视节目交易市场等。

① 徐光春主编：《中华人民共和国广播电视简史》，中国广播电视出版社，2003 年 6 月版，第 529 页。

从事广告代理、影视节目制作及信息传输服务业的湖南电广实业股份有限公司（后改名为电广传媒公司），于1999年3月25日在深圳招股上市，成为20世纪90年代第三个从事传媒产业经营的上市公司。该公司向社会公开发行4500万股，总计募集资金4.43亿元。电广传媒公司将上市募集的资金先后投资影视节目制作设备的技术改造，广告制作中心机房全数码化改造，湖南广播电视中心演播厅数字设备建设和湖南国际影视会展中心建设等项目。围绕广播电视主业形成了一条具有广播影视特色的“产业链”。

截至2000年，我国广播电视行业虽然只有中视股份、东方明珠、电广传媒三家公司上市，但是广播电视资本运营却带来了广播电视产业经营理念的根本变革。

五、广播电视其他经营稳步发展

1984年10月，中央电视台拍摄古装电视剧《红楼梦》，首次采用了建设拍摄基地的办法。作为外景地的大观园和荣宁二府一街被完整保留下来，成为热门的旅游景点。这种既节约拍摄资金，又能进行旅游经营的拍摄基地在20世纪90年代得到长足发展。特别是从1992年开始，中央电视台加快外景基地的建设步伐，无锡三国城、无锡太湖影视城欧洲城、威海影视城、南海影视城、太平天国城等先后建成投入使用，带来很好的经济效益。其中，“欧洲城开业近半年，就接待游客150万人次。到1997年年底，共创收1.5亿多元，利润4378万元，为投资的164%”。[①]上海、四川、湖南等广播电视机构也建设了一些影视拍摄基地，比如1999年建成的长沙世界之窗、国际影视会展中心等。

广播电视媒体成立的公司还围绕广播电视开展酒店业、电视购物等经营活动，不断拓展产业范围。1990年9月13日正式开业的梅地亚电视中

① 赵化勇主编：《中央电视台发展史（1958—1997）》，中国广播电视出版社，2008年12月版，第529页。

心有限公司在广播电视业界有较高的知名度，是当时全国唯一集星级酒店、新闻中心、电视节目制作以及卫星传送业务、物业管理为一体的综合性企业。

1992 年，广东珠江电视台率先在国内推出电视购物节目“美的精品 TV 特惠店”，开启了电视媒体发展电视购物产业的时代。随后几年，北京电视台 BTV 电视购物、帝威斯（TVS）、百思得等电视购物机构纷纷创建，越来越多的省市电视台也都开通了电视购物节目，电视购物产业进入了一个快速发展的时期。

第四节　广播电视技术的迅猛发展

1992 年以来，我国广播电视积极引进和采用世界高新技术，带来广播电视制作和播出领域的深刻变化和长足发展。卫星传输技术的应用，大大提高了广播电视的有效覆盖；数字技术的应用有效提升了广播电视节目的音视频质量；有线电视网络与卫星传输技术的结合，大大丰富了受众的收听收视内容；互联网技术在广播电视领域的应用极大拓展了广播电视的传播力。

一、卫星传输技术的应用提高了广播电视的有效覆盖

1993 年 11 月，广播电影电视部召开的全国广播电影电视科技工作会议确定：“把扩大广播电视有效覆盖、提高节目制作能力和播出质量，加强对外广播，使更多的群众听到听好广播，看到看好电视。”1995 年 4 月，广电部又召开了一次科学技术工作座谈会。会议提出的“九五”广播电视科技事业的发展目标是：力争到 20 世纪末，使广播电视节目的技术质量有更大提高，全国广播电视节目制作总量在现有基础上翻一番，使广播的

人口覆盖率达到 85% 左右，电视的人口覆盖率达到 90%，使我国广播电视事业进入世界先进行列。[①]

围绕广播电视有效覆盖的阶段性目标，我国卫星广播电视技术得到迅猛发展，广播电视节目的卫星传输经历了从电视到广播、从中央到地方、从模拟到数字的发展过程。加上有线电视的迅速发展，到 20 世纪 90 年代中后期逐渐形成了“天上卫星转发，地上有线网络传输”的广播电视节目覆盖新格局。

1. 卫星电视传输技术的应用实现了中央和省级电视的国内全覆盖

早在 1991 年，中央电视台就开始使用俄罗斯 ST–14（东经 96.5°）和亚洲一号卫星（北波束）向海外转发中央电视台第一套节目。1992 年国际频道（第四套节目）开播后，这两颗卫星改转第四套节目。

1993 年 7 月，中星 5 号卫星启用。由于可供较多转发器给广播电视节目，中央电视台一、二、三套节目和新疆、西藏、四川、山东及浙江等省、区的电视节目先后使用中星 5 号卫星传送，云南、贵州两省电视节目租用亚洲 1 号卫星用时分方式合用一个转发器。1995 年年底，亚洲 2 号卫星发射成功。1996 年，我国广播电视节目传输技术不仅由模拟向数字化过渡，而且通过亚洲 2 号卫星 Ku 转发器压缩传送。[②]

到 1999 年 7 月，所有省、自治区和直辖市电视台的第 1 套节目都已通过卫星转发全国各地。到 2000 年年底，约有 50 套中央和省级电视台的节目上了卫星，使省台节目由区域性覆盖升级为全国性覆盖。

2. 卫星广播技术的开发和应用取得可喜进展

在电视利用卫星传送技术扩大覆盖区域的同时，卫星广播技术的开发和应用在 20 世纪 90 年代也取得了可喜进展。

---

① 徐光春主编：《中华人民共和国广播电视简史》，中国广播电视出版社，2003 年 6 月版，第 489 页。

② 徐光春主编：《中华人民共和国广播电视简史》，中国广播电视出版社，2003 年 6 月版，第 495 页。

1992年年初，广播科学研究所（1994年改为广播科学研究院）就开始研究如何利用现有的卫星电视广播频率资源传输广播节目。经过3年多的研究和试验，1995年3月，正式利用CCTV-1、CCTV-2卫星电视信道，采用副载波方式（NICAM-728）传送中央电台的数字声音广播节目。浙江、山东、四川等省广播节目也采用该技术通过卫星向全省传送。这项我国自行开发的技术，省去了租用转发器的费用，卫星接收站只需加1000多元，就可以在接收电视的同时接受广播，解决了长期以来缺乏广播传输手段、影响广播覆盖的问题。[①]

1996年，卫星广播和卫星电视实现同步发展，中国国际广播电台和中央人民广播电台对外、对内共32套（40多种语言）节目采用数字压缩编码技术，通过亚洲2号Ku转发器传送。

到20世纪末，卫星传输已成为我国广播电视节目传输的主要技术手段。为保证卫星电视广播的有效落地，与卫星传输相配套的卫星电视广播地面接收站得到迅速发展。到2000年年底，全国共计拥有卫星收转站达338163套。

二、数字技术的应用提高了广播电视节目的数量和质量

随着20世纪90年代数字化浪潮的兴起，我国广播电视从90年代中期开始从模拟向数字过渡，到20世纪末，我国已在节目制作、播出、传输环节采用了数字技术。

1. 节目制作和播出环节的数字化

我国广播电视的数字化首先在节目和播出环节起步。率先推广使用数字化的电台是中央人民广播电台、中国国际广播电台和经济较发达地区的部分电台。广东的数字音频广播（DAB）先导网是我国成功试播的第一个数字广播系统。1997年建成的中国国际广播电台新业务楼实现了全数字化

① 徐光春主编：《中华人民共和国广播电视简史》，中国广播电视出版社，2003年6月版，第496页。

的节目制作和播出。

1995 年，中央电视台把 800 平方米演播室改造成为一个开放式全功能数字化演播室，拉开了节目制作系统数字化建设的序幕。1996 年，中央电视台开始运用数字卫星新闻采集（DSNG）。之后，电视 ENG 设备逐步实现数字化。1996 年 4 月，中央电视台建成了四套数字播出系统。1999 年再建四套，取代了原半自动播出系统，播出系统全面实现了自动化播出。到 2000 年，中央电视台逐步淘汰了原有的模拟摄录编设备，完成了设备数字化改造的第一个步骤——摄录编设备的数字化。

2. 传输领域的数字化改造

数字技术进入节目制作和播出环节不久，传输领域也开始采用数字化技术。

为充分利用卫星频道资源和提高电视信号传输质量，1996 年，广电部鉴于当时国际上数字压缩技术已经成熟，决定以后上星的节目一律采用数字压缩方式，已采用模拟方式的，逐步过渡到数字压缩方式。

1996 年 8 月 1 日，中央电视台开始以数字压缩技术同时转发第三套、第四套节目，这样，全世界 98% 以上的地区可以采用不同尺寸的卫星天线同时接收中国中央电视台的两套节目。①

与此同时，数字压缩技术在卫星传送中的应用，也加快了中央和省级电视台在国内的覆盖步伐。到 1999 年 7 月，全国各省（区、市）通过卫星传送的电视节目，除浙江、山东、贵州、云南、四川外，都已采用数字压缩方式。中央电视台除二、三、五、六套节目外也通过亚洲 2 号卫星 Ku 转发器压缩传送。在这方面我国已处于亚洲领先，并进入世界先进行列。②

在电视节目数字传输的过程中，广播节目的传送也在逐步采用数字化。

---

① 赵化勇主编：《中央电视台发展史（1958—1997）》，中国广播电视出版社，2008 年 12 月版，第 501 页。

② 徐光春主编：《中华人民共和国广播电视简史》，中国广播电视出版社，2003 年 6 月版，第 494 页。

到20世纪90年代后期，广播节目已实现通过数字光缆、数字微波和数字卫星传送。

三、有线广播电视网络技术规范的施行推动全国联网工程

1995年，广电部制定出《全国有线广播电视网总体规划》和《全国有线广播电视覆盖网总体方案》。从1996年起，有线电视的全国联网工作开始启动。为了有序推进此项工作，1998年年初，广电部正式颁布了有线广播电视网的技术规范。

1999年8月，国家有线广播电视干线传输网一期工程完成了光缆干线的铺设。国庆50周年前夕，开通了连接北京、天津、河北、山东、河南5省市的有线电视国家干线网。到2000年年初，开通了连接北京、天津、河北、山东、河南、湖北、湖南、江西、安徽、江苏、上海、浙江、福建、广东14个省市国家干线网。到2000年年底，连接山西、陕西、四川、重庆、云南、贵州、广西7个省区市的国家干线网也开通。至此，全国有线广播电视网络基本形成，总长271.7万公里。有线电视用户达到8476万户。就用户数而言，居世界首位。[①]

四、互联网络技术的应用催生了广播电视网络传播

随着互联网技术的兴起和广泛应用，我国广播电视媒体纷纷建立自己的网站。1996年12月，广东人民广播电台在国际互联网上建立网站，成为我国第一家上网的广播电台。同年12月底，中央电视台成为我国第一家上网的电视台。1997年，中国国际广播电台实现了网上播出，1998年夏正式建立了网站。中央人民广播电台网站于1998年8月开通。

随着中央和地方广播电视媒体网站的逐步建立，广播电视网络传播得到迅速发展。

① 徐光春主编：《中华人民共和国广播电视简史》，中国广播电视出版社，2003年6月版，第498页。

广东珠江经济广播电台于1996年12月15日开通了网上实时广播。上海人民广播电台在1997年年底开始尝试网上直播。中国国际广播电台网站在开通伊始，就实现了汉语普通话、广州话、英语、德语和西班牙语5种广播节目文字和声音的在线阅读和收听。

1998年1月，以《新闻联播》为代表的电视节目首次上网；1998年，中央电视台网站首次对中央电视台春节联欢晚会进行网上报道，使网络成为电视春晚的补充和延伸，受到国内媒体的广泛关注。2000年，中央电视台网站加大了探索的力度：与北京阜外医院合作，首次独立制作网络视频直播节目《心脏开胸手术》；以《东方时空》七周年特别节目为契机，首次直接参与电视与网络互动节目的制作；首次开通在线主持，播出《六一特别节目》；首次派出网络记者，对游泳运动员张健横渡渤海进行跟踪采访报道；首次举行网上记者招待会；首次举办异地（北京—悉尼）《在线主持》节目。①

据2001年的统计，全国已有120多家各级广播电台上网，其中近1/3的电台开通了网上音频乃至视频直播或点播节目。②

◆ 本章小结

社会主义市场经济体制目标的确立，给我国的广播电视事业的发展注入了勃勃生机，我国的广播电视媒体进行了很多新的探索，涌现出了一批深受受众喜爱的新节目。

20世纪90年代，广播电视新节目的创办层出不穷。节目形式不断创新，特别是创办了很多新闻评论节目，使得广播电视媒体的舆论监督功能得到了很好的体现。《焦点访谈》《新闻纵横》等新闻节目开播，满足了受众

---

① 赵化勇主编：《中央电视台发展史（1998—2008）》，中国广播电视出版社，2008年12月版，第322页。

② 赵玉明主编：《中国广播电视图史》，南方日报出版社，2008年9月版，第228页。

对深度报道的需求；《经济信息联播》《财经报道》等经济新闻节目创办，受到人们关注；《实话实说》等普通百姓参与的谈话类节目出现，引发了受众的极大兴趣。

这一时期，广播电视媒体开始强化新闻节目时效性，在新闻节目中突出展现广播电视媒体自身的独特优势，广播电视媒体开启了直播新闻的创新探索。广播电视媒体对重大事件开始进行直播，不仅扩大了我国广播电视媒体的影响力，而且广播电视媒体在直播实践中积累了丰富直播经验。

广播电视的海外传播力不断提升，国际传播走向全球化。随着社会主义市场经济体制的逐步确立和与之相适应的新闻宣传改革的逐步深入，广播电视海外传播在内容、形式、渠道等方面稳步提升。广播电视媒体的国际传播在这一时期有了较大的发展。

广播电视产业经营开始兴起和发展。广播电视媒体创新广告经营模式，广告经营的收入持续增长。有线电视传输网络经营延伸到增值业务领域，数据广播、视频点播、股市信息、市场行情、远程教育、远程医疗等项目经营上取得很好的成果。此外一些广播电视媒体开始尝试进行资本经营，涌现出了一些传媒公司，还围绕广播电视开展酒店业、电视购物等开展经营活动，广播电视产业的范围不断拓展。

引进和采用世界高新技术对广播电视制作和播出产生了深远的影响。卫星传输技术、数字技术的应用，不仅提高了广播电视的有效覆盖，而且还有效提升了广播电视节目的音视频质量。这一时期，互联网技术也开始在广播电视领域的应用，广播电视的传播力进一步提升。

这一时期，社会主义市场经济体制逐步确立，中国的广播电视媒体进行了深入的改革，在产业经营上也进行了一些尝试，取得了一定的经济效益，为新世纪我国广播电视发展与繁荣奠定了基础。

第七章　新世纪广播电视事业的发展(上)

新世纪以来，面对受众对传播渠道的主动选择性加强、媒介融合趋势愈演愈烈等新形势，我国的广播电视加快了改革创新的步伐。在广播电视节目方面，新闻节目针对国内外重大突发事件开启直播报道，市场竞争力进一步增强；综艺节目探索大众化创新，《非常 6+1》《超级女声》等节目红极一时；体育节目的产业化发展，逐步将国内外体育赛事的直播形成常态化，争夺转播权深度参与赛事，分享体育产业链收入；科教节目进行了大众化改革，节目的通俗性和贴近性得到了很大的提高；《今日说法》等法制类节目见证了我国的民主与法制建设的进程。

这一时期，注重贴近群众生活、服务于群众的《感动中国》《每周质量报告》以及行风热线类节目的创办与发展，使得广播电视节目更加深入人心。我国的广播电视积极做好 2008 年北京奥运会报道，全方位、立体式地向人们展示了一次体育盛事，满足了受众不同层次的需求。新世纪以来，为了适应全国各地新形势的发展，大陆与台港澳媒体的合作与交流日益频繁，对台港澳的广播电视宣传在形式和内容上都有了很大的改进。新世纪以来，我国少数民族广播电视也得到了很大的发展，少数民族地区广播电视的普及率不断提高，传播手段更加先进，节目的质量和数量上都有了很大的改观。

第一节　广播电视节目改革的深化与创新

迈进新世纪以来，我国的广播电视节目改革进一步深化，频率频道专业化改革加速推进，广播电视媒体的国际影响力进一步增强。在新闻节目改革中，新闻频道纷纷设立，对国内外重大事件及重大突发事件直播成为常态。在第29届北京奥运会报道中，电台、电视台直播创下多项历史纪录。在汶川地震等重大突发事件中，中央电台凸显优势，“应急广播体系”纳入国家应急体系建设总规划；中央电视台直播报道与事件同步，成为西方媒体的主要信息来源。在综艺节目改革中，电视选秀等娱乐节目兴起，《超级女声》《非常6+1》等节目红极一时。在其他节目改革中，体育节目产业化发展势头明显，科教节目更加注重大众化发展。

一、新闻节目的创新

进入21世纪，时效性已经成为国内外新闻媒体竞逐高下的关键。新闻，在技术条件和思想意识达到新的高度时，它的定义已经从原来的“新近发生的事实的报道”，演进为“新近或正在发生的事实的报道”①。在国内传媒市场上，广播电视直播可以说是其他媒体无法匹敌的独特优势。为了提升新闻的时效性，广播电视新闻节目开启了专设新闻频道、重大突发事件直播等一系列改革。

1. 新闻节目和新闻频道的大量发展

在市场经济条件下，广播电视媒体要赢得受众，要在新闻报道的亲和力、吸引力、感染力上多下功夫，通过内容和形式的创新，让拥有主动选

① 雷跃捷：《新闻理论》，中国传媒大学出版社，1997年4月版，第73页。

择权的受众锁定广播电视新闻节目。为了加大新闻的容量，我国电视台开启了专设新闻频道的探索。

1999 年 5 月，内地第一个全新闻频道——福建电视台新闻频道开播。迈进新世纪以来，中央及地方电视台加快了设立新闻频道的步伐。2003 年 5 月 1 日，中央电视台 24 小时新闻频道试播。同年 7 月 1 日，中央电视台新闻频道正式开播。2004 年 7 月 1 日，沈阳电视台时政频道改为新闻频道。2005 年 12 月 8 日，广东电视台新闻频道正式开播。新闻频道的设立，为电视媒体强化时效性、做大做强新闻提供了空间和载体。

中央电视台新闻频道是我国国家级的电视新闻专业频道，全天 24 小时不间断提供国内外重要新闻。从开播至 2009 年，中央电视台新闻频道共进行了 6 次改版，新闻立台、与新闻同步始终是改革的目标。2003 年，中央电视台新闻频道第一次改版，《面对面》《法治在线》等新节目受到观众的喜爱和好评。2004 年，中央电视台新闻频道进行了第二次和第三次改版，频道节目的设置进行了进一步调整。2006 年，中央电视台新闻频道进行第四次改版，频道节目再次调整，早间新闻新增《朝闻天下》节目。2008 年，中央电视台进行第五次改版，晚间黄金时段新增新闻评论性节目《新闻 1+1》，强化对重要新闻的分析点评和解读。2009 年 7 月至 8 月间，中央电视台新闻频道第六次改版，推出《新闻直播间》《环球视线》《24 小时》等新节目，开辟了新闻频道夜间新闻报道的黄金时段。至此，中央电视台新闻频道已形成了早、中、晚、夜四个时段的新闻全方位放送的格局。

2009 年 5 月 27 日，中央电视台新闻频道的传输模式由原来的加密播出转变为不加密的开路传输。使用卫星接收机接收电视节目的观众只要重新搜索一下节目，就可以收看中央电视台新闻频道。这一改变，使广大农村地区观众改变了不能收看新闻频道的情况。

经过六次改版，中央电视台新闻频道目前的主要节目有《新闻联播》《焦点访谈》《新闻 1+1》《环球视线》《东方时空》《法治在线》《朝闻天下》《新闻 30 分》《新闻直播间》《新闻调查》等。中央电视台新闻频道已成为全方位、立体化、多层次、强时效、重评论的24小时新闻资讯平台。

在电台方面，设立以新闻为最主要节目的新闻综合频率也成为中央和地方电台的共识。2004年元旦，中央电台《中国之声》节目正式开播，成为国家电台第一个专业的新闻综合频率。大型新闻板块直播节目《新闻直播间》创办，早、午、晚三个板块直播，带有现场直播色彩的“记者连线”成为广播的主角。2008年，《中国之声》开启新一轮改版，全天候追踪国内国际热点新闻。老牌明星节目《新闻和报纸摘要》由录播改为直播，增设突发新闻采编，实现了对重大新闻的现场直播。在2009年元旦，《中国之声》新版节目正式播出，创新性节目《央广新闻》每半小时滚动刷新一次，改版后的《新闻纵横》节目由录播改为直播，聚焦热点突出“追问”特色。从早上六点半到晚间11点，《中国之声》的新闻直播连缀不断。全天节目以“板块＋轮盘”的全新模式为架构，各个时段全部打通，周一到周日全部打通，新闻传播随时间和事件呈线型流程推进，新闻比率由原来的不足全天节目的40%，迅速上升到85%以上。[①] 目前，《中国之声》的主要节目包括《新闻和报纸摘要》《新闻纵横》《央广新闻》《央广新闻晚高峰》《全国新闻联播》《央广夜新闻》等。《中国之声》新闻的触角已经延伸到全球，新闻节目已经形成现场同期声、电话连线、专家现场点评等多种与新闻发生同步的成熟报道形式，及时、鲜活、深入、全面的新闻探索大获成功。截至2009年年底，《中国之声》月听众规模达到1.25亿，成为全国首个拥有上亿听众的广播频率。[②]

在地方电台中，2004年，东方广播电台新闻综合频率也进行了全新整合，东广新闻资讯频率由此诞生。东广新闻资讯频率的节目主要由早间大板块《东广早新闻》，日间至晚间整、半点滚动新闻和10多个新闻小专

① 阮虹、陈怡：《从中国之声改革成果探析广播节目的研发和创新》，中国广播2011年第5期，第9页。

② 王求主编：《中央人民广播电台简史（续编）2006—2010》，中国广播电视出版社，2010年12月版，第10页。

题等三部分构成，每天15小时大容量滚动新闻节目，随时报告最新的新闻资讯。

2. 新闻节目重视重大突发事件现场报道、直播报道

对于突发事件的定义，我国《中华人民共和国突发事件应对法》给予了权威和准确的界定。2007年8月30日，第十届全国人民代表大会常务委员会第二十九次会议通过、中华人民共和国主席令第69号公布《中华人民共和国突发事件应对法》，并自2007年11月1日起施行。《中华人民共和国突发事件应对法》是我国应急法律体系中起着总体指导作用的一般法。《中华人民共和国突发事件应对法》在第一章总则的第三条中，明确了突发事件的含义："本法所称突发事件，是指突然发生，造成或者可能造成严重社会危害，需要采取应急处置措施予以应对的自然灾害、事故灾难、公共卫生事件和社会安全事件。"①《中华人民共和国突发事件应对法》的第一章总则第三条同时明确："按照社会危害程度、影响范围等因素，自然灾害、事故灾难、公共卫生事件分为特别重大、重大、较大和一般四级。"②

根据《中华人民共和国突发事件应对法》的上述界定，重大突发事件的含义应界定为：突然发生，造成或者可能造成严重社会危害，需要采取应急处置措施予以应对的重大自然灾害、事故灾难、公共卫生事件和社会安全事件。

回顾我国重大突发事件报道的历史，主要有三个阶段。第一个阶段是从新中国成立到改革开放前。这个阶段的重大突发事件报道的特征是，受政治因素影响大，时效未受到足够重视。我国媒体受到国际政治大环境、人们思想观念等因素的影响，对于重大突发事件的报道一直处于压制状态，

① 《中华人民共和国突发事件应对法（实用版）》，中国法制出版社，2010年8月版，第2页。

② 《中华人民共和国突发事件应对法（实用版）》，中国法制出版社，2010年8月版，第2页。

报喜不报忧成为当时新闻宣传的主要倾向和要求，时效性等新闻要素被忽视。这一阶段最典型的事例就是1976年的唐山大地震。在这场重大突发事件中，广大军民奋不顾身抗震救灾的感人事迹报道得十分充分，但是，地震造成的伤亡和破坏情况却没有及时披露，地震死亡人数一直拖到1979年才发布。虽然我国媒体的报道符合当时的宣传需要，也很好地遵守了报道纪律，但报道时机被极大地延误了。

第二个阶段是从改革开放开启到2000年。这个阶段重大突发事件报道的特征是，媒体开始尝试第一时间发布报道和直播的阶段。在1978年我国进入改革开放新的历史阶段后，我国的媒体在追求新闻时效性方面开始大有建树，第一时间发布报道的新闻理念渐趋成熟。1987年5月6日发生的新中国成立以来最大的一起森林火灾——东北大兴安岭火灾的电视报道，是反映电视媒体开始比较成熟地掌握第一时间发布报道、最大限度地追求新闻时效的典型案例。1987年5月6日发生在我国东北的大兴安岭火灾，震惊了全国，引起了国内外的广泛关注。对于这场新中国成立以来最大的森林火灾，电视媒体以连续报道的方式予以播发，向电视观众告知火情动态、灭火新进展，而且在整个报道过程中摸索出一些电视媒体提高报道时效的创新经验。5月9日，也就是大兴安岭火灾发生后的第四天，中央电视台驻沈阳军区记者赶到黑龙江省塔河县，了解军民救灾的动态，在马岭林场看到了大火过后的废墟。在5月9日当晚，中央电视台驻沈阳军区记者向北京发送关于这场火灾的第一个电视报道《大兴安岭发生火灾》，介绍火灾现场和火灾损失，军民灭火情况进展。但是由于当时回传条件有限，北京真正收到这个电视报道是在两天以后，即5月11日下午4点。在5月11日当日，中央电视台播发了大兴安岭火灾的第一条带图像的消息。两天的时差对于电视观众来说实在是太长了，电视记者和编辑也感到只靠录像报道来满足观众的要求是不够的。于是，从5月13日开始，前方的电视记者开始尝试通过电话将当天的火势动态及时传回北京，提供口播新闻消息。这对长期以来习惯以声画结合方式播发的电视新闻报道来说，是一个突破。在这场火灾电视新闻报道中的另一个突破是，以飞字幕的方式第一时间播发最新消息。6月3日晚间，扑火前线指挥部打电话给中央电视台，宣布大兴安岭北部地区所有的明火、暗火、余火全部熄灭，扑火工作取得彻底胜利。当时，中央电视台正在播出文艺节目，电视编辑便以插入字幕的方式向全国人民第一时间传递了这个振奋人心的好消息。

在20世纪90年代末期，电视媒体开启了第一时间报道重大突发事件的进一步尝试。以1998年抗洪中江西电视台的新闻报道为例。1998年8月7日，九江长江城防大堤发生决口。一时间，决口处成为全国人民关注的焦点。为了消除疑虑，安定人心，江西电视台记者日夜驻守在抢险现场，真实地录下了九江长江城防堤决口和堵口的全过程。8月12日下午6时，九江长江堤决口封堵成功。江西电视台记者和九江电视台的记者以最快的速度将录像素材带从堵口现场送到九江市广播电视大楼，通过微波传到江西电视台新闻部，赶在晚6时40分的《江西卫视新闻》播出，成为全国最早报道九江决口被堵住的新闻媒体。

1999年中央电视台连续直播48小时的澳门回归报道，则是我国电视媒体开始成熟驾驭重大事件直播的标志。虽然此时的重大事件直播与重大突发事件直播还有一定距离，不可同日而语，但是对于重大事件直播的一次次成功尝试，为以后的重大突发事件直播奠定了基础。

在48小时澳门回归大型直播报道中，中央电视台实现了电视直播的跨越和突破。演播室初步拥有了对整个直播报道的控制力，并开启了在直播报道中后方演播室使用嘉宾的先河。以应急处理为例，在香港回归直播时，江泽民主席的专机在雨中降落于香港启德机场后，不知什么原因，机舱门持续20多分钟未打开，在此期间，中央电视台的直播没有一句解说，似乎显得很不知所措。但是，当类似的情况出现在澳门回归直播时，中央电视台的直播技巧显然纯熟了许多。当江泽民主席的车队前往友谊大桥途中，有一段原定直播的内容却没有了直播信号。演播室发挥了应急处理的作用，由主持人对沿途风光进行介绍，非常恰如其分，再未像香港回归直播时那样对突发情况不知所措，令观众感到失望。

第三个阶段是进入新世纪以来，重大突发事件进入全程全面报道的阶段。2003年，中央电视台开启了属于“天灾”类的重大突发事件直播的探索。2003年7月10日，中央电视台新闻频道在16时的整点新闻中，围绕淮河抗洪推出了《安徽蚌埠堤防加固工作紧张进行》直播报道，尽管只有5分钟，但这是真正依托前方图像信号进行的抗洪直播报道。这的确是中央电视台第一次直播“抗洪”，是中央电视台由“可预知事件”直播报道向“真正突发事件”直播报道不断探索所迈出的坚实一步。

对重大事件和重大突发事件进行全程全面直播报道的标志性年份，是2008年。2008年对中国来说是喜庆的一年。2008年8月8日，万众瞩目的第29届奥林匹克运动会在中国北京举办，全国人民为之振奋。在2008年9月25日晚，我国自行研制的神舟七号载人飞船在酒泉卫星发射中心成功发射。我国的航天员还在这次飞行中首次进行空间出舱活动。2008年同时又是自然灾害不断的一年，中国承受了很多灾难。在2008年年初，南方冰雪天气造成一些地方停水停电，交通运输受阻，春运告急。在2008年5月12日，又发生了汶川大地震。广播电视对上述这些重大事件和重大突发事件给予的直播报道，展现了广播电视成熟驾驭直播的素质和能力。

（1）直播争分夺秒，成为国际传媒市场信息源。

在重大突发事件中，广播的直播先声夺人，凸显了广播作为应急渠道不可替代的作用。2008年年初，我国部分地区发生低温雨雪冰冻灾害，1月21日中央电台《中国之声》打破常规，及时推出特别直播节目《爱心守望　风雪同行》，将国家抗灾救灾的政策措施第一时间传达到灾区，中国公安部、铁道部等有关部委还将《爱心守望　风雪同行》直播节目作为第一信息发布平台，《中国之声》成了灾情严重地区群众及时了解中央应急措施的唯一渠道。2月1日21时40分，《中国之声》播出了滞留在京珠高速公路司机的求助短信，中央电台及时与公安部门联系，使问题得到有效解决。广播的应急作用初露端倪。

真正意义上的重大突发事件全程全面报道，是汶川地震中开启的广播电视媒体直播报道。时任中央电视台台长赵化勇认为，汶川抗震救灾报道，是中国电视业诞生50年来，对重大突发事件报道最为及时、最为公开、最为充分的一次。

2008年5月12日14时28分，四川汶川发生8.0级特大地震。中央电视台于地震发生后22分钟，即以滚动字幕的方式进行了报道。在地震发生后52分钟，中央电视台新闻频道推出了直播特别节目《关注汶川地震》。地震发生三个多小时后，中央电视台第一批记者就已赶到地震灾区现场，开始启动现场连线报道。中央电视台还首次采用直升机、滑翔伞等进行危险的航拍，对地面无法到达的灾区中心进行了最早的直播报道。持续近20天的直播特别节目，创下电视直播史纪录。

身处震区的四川电视台，在地震发生后不仅及时发布震灾报道，而且迅速开启了24小时直播报道《众志成城抗震救灾》，随时发布记者在震灾现场的报道。震后不到1小时，四川电视台已经派出5路记者前往汶川采访。为报道汶川地震，四川卫视还新开设《救灾物资保障》《医疗救助卫生防疫》《志愿者行动》《真情人生》《英雄谱》等节目，及时、全面地报道抗震救灾。青海电视台推出抗震救灾挂牌栏目发稿总计103条①。

从上述汶川地震事例中我们可以看出，电视直播报道在地震发生后迅速实现与事件进展同步，报道的时效性从常规的迅速、及时，直接升级为实时播报。我国中央电视台的抗震救灾报道在被CNN、BBC、NHK等引用相关报道时评论，“这也是首次在相当长一段时间内，中央电视台始终成为欧美等西方媒体的主要信息源”。

广播电台也在汶川地震中发挥了自己的独特优势。汶川地震发生后，中央电台立即播发抗震救灾消息。由于地震造成交通、电力、通讯一时中断，广播成为灾区群众获取外界信息的唯一渠道，中央电台充分发挥自身优势，

① 中国传媒大学主编：《中国广播电视年鉴（2009）》，中国广播电视年鉴社，2009年10月版，第107页。

在地震发生当日晚7时起，运用“中国之声”“中华之声”“华夏之声”等9套节目并机播出24小时不间断特别节目《汶川紧急救援》，第一时间搭起了灾区与外界的信息桥梁。成都电台交通频率在震后不到半小时即发出了抗震救灾的报道。四川电台推出《众志成城，抗震救灾特别广播》节目，以新闻频率为主，与民族、经济、音乐一起，4个频率并机播出。在灾后出现流言之时，四川电台及时发布权威信息，起到了释疑解惑、稳定人心的积极作用。

由于广播在抗震救灾过程中的特殊作用和突出表现，原国家广播电影电视总局向四川捐赠5万台便携式收音机，让灾区人民能够及时了解灾情和救灾的情况。胡锦涛总书记专门批示，为抗震救灾前线17万部队官兵每人配发一台收音机。抗震救灾报道结束后，在中共中央办公厅、国务院办公厅《关于突发公共事件新闻报道应急办法》中首次提出“应急广播体系”，将应急广播体系建设纳入国家应急体系建设的总规划当中。这是对新时期广播的充分肯定，也充分表明了广播在重大突发事件中传播广、易收听、与新闻发生同步的独特优势。

2010年4月14日7时49分，青海玉树发生地震。中央电台以成熟的直播技巧，再次发挥了广播在重大灾害时的独特作用。灾区现场同步采访同步播出，国家政策发布的同时通过广播直播告知全国听众。

除了与新闻同步，广播还展现了更人性化的人文关怀。2008年汶川地震发生后，中央电台在直播现场救援的同时，常常在晚间尤其是夜深人静之时，播出专门针对受灾群众的广播节目，主持人以关切舒缓的声音与灾区群众述说着家常，配着轻柔的乐曲，慰藉饱受震灾痛苦而深夜无眠的灾区群众，和他们一同度过一个个难眠的夜晚。在2010年青海玉树地震发生后，中央电台除了与新闻同步，广播还展现了对灾区群众的人文关怀。开通温暖的寻亲热线为灾区群众寻找亲人，心理专家的专业辅导抚慰受伤的心灵，深夜的诗歌朗诵、励志歌曲陪伴灾区无法入睡的群众度过。广播以生动的事实和表现再次证明了自身在重大突发事件报道中独特的作用和优势。

（2）广播电视对重大突发事件直播报道的创新。

①新闻报道观念创新。

过去，我国媒体总习惯于“等”新闻，等上级精神，等到事情明朗化才做报道，避免报道出现“错误”和“失误”。随着我国政府对信息公开观念的变革和相关法规的出台，我国媒体创新传播观念，也开始接受“不完美”的报道，对不断发展的事件做阶段性报道，在每一次新的报道中揭示事件的最新进展，同时及时修正过去报道中的错误。

以汶川地震中地震震级的报道为例，中央电视台播出的第一条地震消息称四川汶川县发生 7.6 级地震。之后中央电视台地方部继续向各地方电视台收集信息，在确定浙江 7.0 级地震及北京通州区发生 3.9 级地震的消息均为误传之后，中央电视台马上更正。没过多久，国家地震局刷新汶川地震的震级为 7.8 级，中央电视台再次更正。直到 5 月 18 日，国家地震局将震级修订为 8.0 级，中央电视台又一次更正。

在汶川地震报道中，按照中央统一部署，电视媒体能反应多快就有多快，灾情有多严重就说多严重，伤亡多少人就报多少人，工作进展到什么程度就说是什么程度，遇到困难是什么就说什么，不迟报、不瞒报、不掩饰、不夸大，使全国观众第一次通过电视真切地看到人类与时间赛跑抢救生命，与灾害作斗争的惊心动魄过程。[①] 应该说，电视对重大突发事件报道的观念创新，从本质上来说是政府对信息公开观念革新的结果。如果没有政府观念的革新，电视作为新闻传播渠道，在“抢”时效过程中就会缩手缩脚，畏缩难行。有了政府观念的革新和《突发公共卫生事件应急条例》《国家突发公共事件总体应急预案》《国家自然灾害救助应急预案》《中华人民共和国政府信息公开条例》《中华人民共和国突发事件应对法》《中华人民共和国防震减灾法》等一系列法制保障，电视传媒可以放开手脚，切实

① 赵化勇：《尊重新闻规律 完善应急机制 牢牢把握重大突发事件舆论引导的主动权》，《当代电视》2008 年第 8 期。

发挥第一媒体的权威发布作用。

全国上下齐心协力抗震救灾，灾区群众积极自救，海内外驰援，都在第一时间向全球播报。中国媒体快速准确地发布权威信息，确保了主流媒体的时效性和权威性，使中国在国内事务上获得了国际舆论的主导权，外电纷纷转载我国媒体播出的消息，堵塞了谣言的滋生和蔓延。

②广播电视报道方法、形式创新。

广播电视媒体，特别是电视媒体应对重大突发事件报道创新层出不穷，从滚动字幕（屏幕下方飞字幕）、口播新闻，到传统的前方连线报道，为了展现“第一时间”报道，无所不用其极。这些报道方式新近又有了创新。以中央电视台 2011 年日本大地震突发事件报道为例，2011 年 3 月 11 日，日本大地震发生后，中央电视台驻东京记者站第一时间与后方电话连线，在余震不断的情况下，迅速发回出镜报道。

面对国际重大突发事件，抢占第一落点是提升电视媒体国际传播能力的关键。中央电视台在此次国际重大突发事件报道中，突破性地大量、多次引入日本 NHK、美国 CNN 等电视机构的直播画面，配以同声传译直接播出，零时差发布地震灾情和伤亡人数、核电站爆炸、核电站有倒塌危险等最新情况，并多次使用双视窗甚至三视窗的形式，以求信息的最大化。与此同时，中央电视台全面创新了传播理念，及时关注人的生存状况，重点是华人的安危，并提供咨询服务，搭建公共信息发布平台。中央电视台频道积极与特派记者、中国外交部、中国驻日大使馆、中国旅游局、中国红十字会、中资企业以及在日华人社团、华人媒体和留学生组织保持密切联系，联合中国网络电视台、新浪网等网站发起“地震寻人”行动；连线中央电视台特派记者、中国驻日本大使、中国留学生和华文媒体的主编，及时充分报道在日华人的安全情况、中国驻日使馆的应急措施，并反复发布大使馆 24 小时值班电话；通过拥有的台湾站记者和台湾媒体的资源，特别关注台湾同胞和港澳同胞在日本的安全状况。[①] 电视媒体作为声画结

① 李春霞、陈双双：《抢占第一落点——日本大地震报道彰显央视国际传播能力》，《电视研究》2011 年第 6 期。

合的强势媒体，在报道创新方面的不断突破，给电视观众带来耳目一新的感受。画面信息的多样化、丰富感的提升，与引入外媒现场直播的全球同步感，令观众拥有了“秀才不出门，便知天下事”的信息满足感。

③技术创新。

在抗震救灾报道中，中央电视台启用的海事卫星设备为全程全面直播报道提供了保障。在汶川地震发生后，中央电视台迅速调集 8 套海事卫星设备随报道小组深入灾区，并调动 3 颗卫星 7 个转发器、10 余辆卫星车及便携卫星地面站，确保了在通讯中断、道路受阻等特殊情况下，全天 24 小时向后方演播室回传前方信号，并同时向国务院应急办传送，供国务院抗震救灾指挥部领导决策。

在省级或市级电视台，DSNG（Digital Satellite News Gathering，数字卫星新闻采集）卫星车是很多电视台应对重大突发事件的首选通信方式。福建省厦门广电集团对 DSNG 卫星车进行技术创新，将移动卫星通信技术与广播电视技术相结合，建立了一套移动卫星新闻直播系统——新一代 DSNG 系统“动中通”移动卫星直播系统，用技术创新解决 DSNG 卫星存在的不足。相对于其他通信方式而言，DSNG 卫星车可以迅速到达新闻现场，耗时短暂即可开始新闻直播。但是 DSNG 卫星车也有一些条件限制，当条件不满足时很难派上用场。比如，DSNG 卫星车要求周边没有高大建筑物遮挡，而且多数情况下只能在固定地点使用，即便是每个现场都配备一个 DSNG 卫星车，依然存在无法“断点续接”的可能性，造成直播中断。“动中通”采用激光捷连惯导系统作为天线控制系统，直接安装在卫星车上，在卫星车不断运动的过程中自动解算载体所处的地理坐标，实时测量载体运动状态，自动完成天线与卫星的对准与跟踪，通过卫星信标信号完成天线漂移修正，能够在移动状态下通过卫星不间断地进行广播级视音频信号的传输。“动中通”采用以无线传输为主要传输方式，到达现场后将技术部门进行准备工作所需要的时间压缩到最短，在紧急状态下甚至可以无需任何准备时间，记者在行进途中即可发回现场报道，从技术上真正实现随时随地“现在发生、现在播报”，做到零时差、零距离、动态直播，让观众看到新闻发生的过程而不仅仅是结果。福建省厦门广电集团林毅认为，突发新闻事件直播的魅力，正是在于使观众足不出户却有身临其境的感受。[①]在2008年7月发生的“凤凰”台风系列报道中，“动中通”移动卫星新闻直播系统作为此次直播报道的核心，在直播中创下一天十个小时内连续十二次转场并完成直播的纪录，其中多次到达现场后不到5分钟就开始直播。无线摄像机大大解放了摄像记者，他们不用考虑线路的问题，可以在微波信号覆盖的范围内任意选择合适的地点开始新闻的直播。台风直播从技术上来说已经实现了零准备时间的直播方式，比较典型的例子是，台风报道中有一次直播是在车辆行进途中利用“动中通”和数字移动微波技术完成的，实时报道了道路沿线的台风情况。

④机制创新。

在国内外重大突发事件频发的21世纪，媒体仅在重大突发事件发生时临时成立报道组显然不是长久之计。形成一整套应急突发事件报道机制，将重大突发事件的全程直播报道作为一种报道常态，是媒体面对重大突发事件时能够得心应手进行报道的关键。

对于重大突发事件的报道，广播电台具有传播及时、覆盖面广的独特优势。2008年，中央电台建立和完善全台统一指挥、人员统一调度、设备统一保障、24小时播出的新闻应急机制，在南方冰雪灾害、汶川抗震救灾重大突发事件报道中发挥了其他媒体无法比拟的重要传播作用。

以中央电视台应对重大突发事件的报道机制建立健全过程为例。中央电视台2006年制定了《关于突发事件和重大活动报道管理规定》，对突发事件性质分析、启动几级响应机制、确定宣传报道架构、迅速投送报道力量、多方调动技术设备等均做出明确规定。在2008年抗震救灾报道中，中央电视台建立公共和导演两大系统和17个作业组，完善了统筹协调机制、

① 林毅：《重大突发事件中的移动卫星新闻直播技术》，《现代电视技术》2009年第5期。

信息获取机制、新闻策划机制、新闻制作机制和播出协调机制，为抗震救灾报道提供了有效的机制保障，使我国的抗震救灾报道第一次在全球各大媒体第一时间被转播，成为西方媒体报道的主要信息源。2009 年，中央电视台进一步完善重大突发公共事件应急报道体系，建立突发重大公共事件新闻报道响应机制，明确规定了应急新闻报道响应的分级、领导组织体系及职责、保障内容和要求、基本运行机制和流程的具体内容，对于重大突发公共事件的报道更加规范化、制度化。

二、广播电视文艺节目的繁荣

迈进 21 世纪以来，我国社会主义市场经济的建设和发展更加完善和深入，广播电视也迈进了新的发展时期。在国内和国际新形势下，社会主义文化建设在社会主义各项事业中的分量越来越重，已经成为综合国力的重要组成部分，社会主义文化事业的大发展大繁荣成为新期待。作为社会主义文化建设重要组成部分的广播电视，文艺创新发展的理论探索和实践也同步走向深入。

1. 电视选秀等娱乐节目兴起

进入 21 世纪后，由电视综艺节目衍生出来的电视娱乐节目出现大面积兴起。在电视娱乐节目出现前，电视文艺节目给观众的感受大多是阳春白雪，富于知识性、艺术性。即使是后来出现的电视综艺节目，虽然富于趣味性，但也大多给人“端着”的感觉，观众与节目之间缺乏亲近的感受。电视娱乐节目的出现，其游戏、竞赛的宗旨是让参与者和观众都在节目中寻找乐趣，加之主持风格大多生动活泼、幽默风趣，主持人的语言不是半书面语，而是交流对话性质的家常聊天语言，使观众感受到放松和投入，可以随意参与互动，因而能够轻松享受电视娱乐节目带来的更多的娱乐因素。尤其是在工作之余、周末休息的家庭氛围中，电视娱乐节目可以给收看电视的整个家庭成员都带来欢乐和笑声。由于电视娱乐节目充分发挥了电视作为大众传媒应有的娱乐功能，开辟了平民狂欢的电视娱乐新途径，因而它越来越受到观众的喜爱和追捧，收视率一路走高。在主要以收视率这个经济杠杆来衡量节目存亡标准的情况下，电视娱乐节目点亮了中央到地方各地电视台的荧屏，开办电视娱乐节目的电视台激增。如中央电视台2000年7月7日开办《开心辞典》、2003年10月28日开办《非常6+1》、2004年10月开办《星光大道》等节目，湖南卫视2004年4月开办《超级女声》节目，甘肃卫视2005年10月1日创办《梦工场》节目，黑龙江卫视2006年8月创办《咱村也有文艺人》节目，安徽卫视2007年5月6日开办《周日我最大》节目等。在众多电视娱乐节目当中，带有选秀性质的娱乐节目受到了观众的热情追捧。

2003年10月28日，中央电视台推出电视娱乐节目《非常6+1》，以普通百姓为节目的主角，为百姓打造一个展示才艺、实现艺术梦想的平台，有艺术梦想、有符合舞台表演的才艺基础、有勇气接受挑战且符合我国法律要求和公共道德标准的普通百姓，不分年龄、性别、职业，均可以参加海选一试身手。《非常6+1》给了普通百姓一个圆艺术梦成明星的机会，激发了人们的参与和收看热情。在2003年，《非常6+1》平均收视率达到1.2%，在中央电视台第二套节目中位居第一，在中央电视台近300个栏目中排名第17位。[①]2005年10月1日，甘肃卫视创办电视娱乐节目《梦工场》，搭建老百姓展示自己才艺的舞台，以节目活动化为制作理念，举办了“梦想之旅陇原行大型才艺选拔活动”等。2006年8月，黑龙江卫视创办电视娱乐节目《咱村也有文艺人》，展现农民的文艺才能，是全国首创的具有浓郁地方特色的以农民为主角的栏目。2007年5月6日，安徽卫视创办电视娱乐节目《周日我最大》，娱乐、游戏设计新颖，受到观众喜爱，获得较高的收视率，收视率排在全国同时段节目的第二至第三名。

在电视文艺节目大量转向全民娱乐之时，其中具有轰动效应的电视娱乐节目当属湖南卫视的《超级女声》。2004年4月，湖南卫视创办了电视

---

① 中国广播电视年鉴编辑委员会编：《中国广播电视年鉴（2004）》，中国广播电视年鉴社，2004年9月版，第251页。

娱乐节目《超级女声》，只要是喜欢唱歌的女性，都可以免费报名参加，比赛主要有分唱区选拔和年度总决选。最后能够登上“超级女声”宝座的都是要经过一轮轮淘汰赛 PK 出来的。《超级女声》是模仿美国电视娱乐节目《美国偶像》、加上本土化创新出炉的一档电视娱乐节目，因为参加门槛低，从淘汰赛开始就有直播，吸引了大量女性参加，同时这种全景式展现民间歌声选秀比赛过程、观众参与度高到可以决定选手的去留的新型娱乐节目也吸引了越来越多的观众收看。从“超女”走出一批音乐新人，李宇春、周笔畅、张靓颖等一夜成名，红遍全国，也激起了广大青年的青春梦。2005 年，《超级女声》节目达到高潮，蒙牛和《超级女声》合作，合作费用高达 1500 万元。蒙牛与《超级女声》合作冠名，2005 年蒙牛酸酸乳因此销量由 7 亿元提高到 25 亿元。

由于《超级女声》节目较大的社会影响力，也引发了学者专家和社会舆论的争论甚至批评，有的专家直接批评这一节目“低俗”。《超级女声》节目采取的网上投票，确实出现很多问题。而《超级女声》的高收视率引发的很多电视台跟风模仿制作潮，试图从高收视率的经济效益中分一杯羹，选秀节目变得多而滥，充斥荧屏。2006 年，国家广电总局下发《关于进一步加强广播电视播出机构参与、主办或播出全国性或跨省（区、市）赛事等活动管理的通知》，整顿选秀节目。《通知》要求防止泛娱乐化倾向，力戒庸俗、低俗的现象，不能迎合少数观众的猎奇心理、审丑心态。2007 年，《超级女声》节目停办。

而在经历了娱乐过度和娱乐泛化的弯路之后，电视文艺节目渐渐重回正轨。大众娱乐的方向是正确的，电视的职责之一就是娱乐，但是娱乐要给人愉悦身心、健康向上的积极感受。近几年来，很多电视台都对现有的娱乐节目进行了调整，力求在轻松快乐之余给人振奋向上的精神力量。2007 年 10 月，浙江卫视《我爱记歌词》节目开播。“不比歌喉唱功，只比歌词记忆”的比赛要求，得到了全国爱唱 KTV 的电视观众的喜爱。据统计，截至2008年，《我爱记歌词》节目在全国网收视持续高居第二。[①]2008年8月，湖南卫视开播电视娱乐节目《天天向上》，它不仅有湖南卫视经典娱乐节目《越策越开心》的快乐感受，而且变得更加有意义，让人在笑过之后还能有些回味思考。《天天向上》是一档娱乐、礼仪知识兼备的电视娱乐节目，力求实现寓教于乐的节目主旨。《天天向上》曾做过两期介绍医院和医生护士的节目，在节目中介绍医生们每天要做多少台手术、每台手术需要多长时间；在演播室场景展示各种医疗器械，用场景还原的方法演示手术的进行流程；给医生和护士脱口秀的时间，展现医护人员的魅力；请来医院的情侣们，和观众分享他们的甜蜜爱情。通过这样的节目设置，把医护人员的真实生活还原给观众看，让观众对医生不再有非常极端的感受和评价。北京大学艺术学院副院长俞虹点评《天天向上》一期节目《巴黎男孩童声合唱团》时谈到，尽管节目是唯美的、阳春白雪的合唱，但是节目仍然能够通过嘉宾表演、观众互动、专业知识讲解、娱乐逗笑等多种形式，使节目生动有趣，令观众喜闻乐见。[②]

在中央电视台的电视娱乐节目中，健康有趣的大众娱乐范儿非常明显。既愉悦了观众，又提升了大众的文化品位，令观看节目的观众的快乐、感动、自信、共鸣等多种由电视娱乐节目激发的美好情感交织在一起。如中央电视台的《星光大道》节目。2004年10月9日开播的《星光大道》是中央电视台的经典电视娱乐节目，节目宗旨是百姓自娱自乐，突出大众参与性、娱乐性，力求为全国各地、各行各业的普通劳动者提供一个放声歌唱、展现自我的舞台。《星光大道》每周六晚间播出，以唱歌为主，广泛吸纳多种表演形式，由观众和评委共同决出周冠军、月冠军和年度总冠军。主持人毕福剑诙谐幽默的调侃为节目增色不少。《星光大道》节目将许多优秀的喜爱唱歌的普通人发掘出来，让他们在歌唱事业上有了更加宽广的

---

① 《杭州日报》，2008年9月12日。

② 中央电视台《电视研究》编辑部编辑：《由〈天天向上〉看电视节目娱乐精神与文化品质的融合》，《电视研究》2010年5月，第19—20页。

发展舞台。如《星光大道》2005年度总冠军阿宝，就由一个普通农民成为一名家喻户晓的原生态歌手。凤凰传奇、李玉刚等选手也在《星光大道》的舞台上脱颖而出，拥有了实现歌唱梦想的机会。而通过观看一个个普通爱唱歌人的执着追求和为了放声歌唱而不懈努力，观众受到了鼓舞和感染，感受到艺术的魅力和上进的气息。2009年，《星光大道》获《哥伦比亚新闻评论》中文版评出的中国标杆品牌荣誉称号。①

2004年，中央电视台还开播了大型户外综艺节目《欢乐中国行》。节目把当地风土人情通过电视屏幕传播给全国的电视观众。节目具有极强的互动性，观众可以与喜爱的明星同台互动、对抗。

上述这些电视娱乐节目都与庸俗、低俗、媚俗这“三俗”都不沾边，但是同样获得高收视率和观众的追捧和喜爱，以《星光大道》为例，节目一开播即成为中央电视台综艺频道的收视冠军。优秀的电视娱乐节目以实践证明，大众文艺完全可以甩掉“三俗”，以受众喜闻乐见的娱乐形式，在欢声笑语中赋予受众积极向上的精神。而这种健康的快乐感受，更能赢得观众持久的关注和喜爱。

2. 电视剧探索品位与通俗化的最佳契合

进入新世纪，在政府的引导下，在主流观众的高品位需求下，一部部展现民族精神、催人上进、人物和情节刻画更加真实生动的优秀电视剧不断涌现在电视荧屏中。2001年《激情燃烧的岁月》让人们对革命题材的电视剧有了新的认识，细腻的人物性格刻画、富于冲突的故事情节、真实的生活映射、感人至深的英雄画面，得到了观众的极高评价和赞赏。2005年《亮剑》让观众从更加真实的历史角度和人物刻画中感受到了抗日英雄人物的可敬可爱，受到了爱国主义教育。2009年《潜伏》同样热播，地下共产党员余则成的机敏忠诚和翠平的坚强勇敢，通过玄妙的情节设计和真实的人物刻画，将新中国成立以前中共地下工作者的执着信念和高尚精神展

① 中国传媒大学主编：《中国广播电视年鉴（2010）》，中国广播电视年鉴社，2010年10月版，第179页。

现在观众面前。

2001年至2009年长篇电视连续剧获飞天奖一览

年份	剧目名称
2001年 （第二十二届）	《长征》《空镜子》《大法官》《忠诚》《日出东方》《刘老根》《永不放弃》
2002年 （第二十三届）	《省委书记》《誓言无声》《希望的田野》《刘老根》《DA师》《世纪之约》《云淡天高》《神医喜来乐》
2003年 （第二十四届）	《延安颂》《亲情树》《归途如虹》《结婚十年》《浪漫的事》《好爹好娘》《当家的女人》《大染坊》《荣誉》《忠诚卫士》《新四军》《江山》《郭秀明》《走进八里堡》《我们的连队》《三连襟》
2004年 （第二十五届）	《无愧苍生》《记忆的证明》《历史的天空》《守望幸福》《五月槐花香》《汉武大帝》《种啥得啥》《红领章》《大姐》《台湾首位巡抚刘铭传》《成吉思汗》《中国式离婚》《有泪尽情流》《女子监狱》《天地粮人》《香樟树》
2005年至2006年 （第二十六届）	《亮剑》《恰同学少年》《乔家大院》《八路军》《任长霞》《插树岭》《西圣地》《诺尔曼·白求恩》《雄关漫道》《玉碎》《荀慧生》《老娘泪》《都市外乡人》《陈赓大将》《大明王朝·1566》《江塘集中营》《吕梁英雄传》《亲兄热弟》《幸福像花儿一样》《镇长》《上将许世友》
2007年至2009年 （第二十七届）	《闯关东》《士兵突击》《戈壁母亲》《金婚》《潜伏》《静静的白桦林》《周恩来在重庆》《十万人家》《喜耕田的故事》《北风那个吹》《李小龙传奇》《井冈山》《奋斗》《战争目光》《漂亮的事》《彭雪枫》《台湾·1895》《国家行动》《走西口》《井冈山》《中国往事》《我是太阳》《特殊使命》《大工匠》《春草》《绝密押运》《郭海的家事》《东归英雄》《美丽人生》

迈入新世纪，电视剧也因为过分追求经济效益而出现过跟风、“三俗”的问题。一部宫廷剧的热播，能引来无数部宫廷剧的跟风拍摄。一部好的涉案剧热播，同样能引发同类电视剧的蜂拥拍摄，其中不乏渲染血腥暴力的粗制滥造。谍战剧也引发电视剧大战。据原国家广播电影电视总局统计

数据，每年都有20%的电视剧在拍摄完成后就因质量、题材等原因无电视台采购而被淘汰。①

在政策方面，国家对电视剧的健康发展提出了规范和要求。2004年5月25日，国家广电总局发出《关于“红色经典”改编电视剧审查管理的通知》。《通知》要求，各省级广播影视管理部门要增强政治意识、大局意识和责任意识，切实负起责任，认真检查所辖制作机构创作生产“红色经典”电视剧的情况，发现不妥，提早处理解决。

2005年10月8日，国家广电总局发出《关于进一步重申电视剧使用规范语言的通知》。针对电视剧语言使用上存在的一些问题，要求电视剧的语言（地方戏曲片除外）应以普通话为主，一般情况下不得使用方言和不标准的普通话。重大革命和历史题材电视剧、少儿题材电视剧以及宣传教育专题电视片等一律要使用普通话。电视剧中出现的领袖人物的语言要使用普通话。

2006年5月30日，国家广电总局印发《电视剧内容审查暂行规定》的通知。通知明确，电视剧中如有下列情形，应删减修改，问题严重的不得发行、播出：（1）剧情不符合国情和社会制度，有损于社会主义中国的总体形象，不利于国家的统一和社会的稳定；（2）有损民族团结的；（3）宣扬封建迷信，违背科学精神；（4）渲染恐怖暴力，展示丑恶行为，不能引人向善甚至可能诱发犯罪的；（5）渲染淫秽色情和庸俗低级内容的；（6）侮辱或者诽谤他人，侵害他人合法权益，有损社会和谐的；（7）危害社会公德或者民族优秀文化传统的；（8）法律、法规和国家规定禁止的其他内容。

2009年3月13日，由国家广电总局电视剧管理司主办，北京电视台、上海文广集团协办的全国省级卫视电视剧合作与战略研讨会在北京召开。安徽电视台、北京电视台、重庆广播电视集团等23家参会电视台自发签

① 彭健：《电视剧制片企业的“共主体营销”模式——对“中国电视剧第一股”华策影视的应用分析》，《现代传播》2011年第3期，第97页。

署了电视台电视剧播出自律公约书。公约书主要内容：一、以传播先进文化为己任、弘扬社会正气；二、尊重法律、尊重合约，以诚信为本；三、恪守媒体社会责任，充分体现电视媒体的公益性质；四、尊重知识产权，切实维护电视剧创作团队和投资方的利益。

2010 年 5 月 17 日，国家广播电影电视总局发布第 63 号令，发布《电视剧内容管理规定》。《电视剧内容管理规定》中明确，电视剧内容的制作、播出应当坚持为人民服务、为社会主义服务的方向和百花齐放、百家争鸣的方针，坚持贴近实际、贴近生活、贴近群众，坚持社会效益第一、社会效益与经济效益相结合的原则，确保正确的文艺导向。[①]《电视剧内容管理规定》的发布和施行，为电视剧产业积极向上的发展方向提供了保证。

数据显示，2010 年，我国的电视剧创作生产实现了持续发展繁荣。2010 年全年电视剧总产量再度刷新历史纪录，达到 436 部 14685 集，平均每天生产 40 集，创历史新高。电视剧的产业化改革也取得突破性进展。全国需要转企改制的 75 家电视剧制作机构中，已有 70 家完成转制或剥离转制，占总数的 93.33%，剩余 5 家单位的转企改制工作也在积极推进中。继华谊兄弟上市后，2010 年 10 月，第一家以制作电视剧为主体的影视制作机构浙江华策影视股份有限公司成功上市。[②]

3. 电视娱乐节目典型案例分析——《超级女声》

从 2004 年 4 月创办即引发全国轰动效应开始，到 2009 年更名为《快乐女声》，再到 2011 年最后一次节目谢幕，《超级女声》的兴起和落幕在很大程度上可以代表同时期电视娱乐节目在中国的产业化发展探索和大胆尝试。

（1）海选展现原生态，低门槛，有励志意味。

2004 年 4 月湖南卫视开播的电视娱乐节目《超级女声》，是国外当红

① 中国广播电视年鉴编辑委员会编：《中国广播电视年鉴（2011）》，中国广播电视年鉴社，2011 年 11 月版，第 522 页。

② 中国广播电视年鉴编辑委员会编：《中国广播电视年鉴（2011）》，中国广播电视年鉴社，2011 年 11 月版，第 41、42、360 页。

娱乐节目的成功本土化。它的模板是美国当红电视娱乐节目《美国偶像》真人秀海选歌唱比赛。

《超级女声》复制了《美国偶像》的比赛模式，但是其对参赛选手几乎没有门槛，不分唱法，不计年龄，不论外形，不问地域，只要是爱唱歌的女性，都可以免费报名参加。这种“零门槛”使很多喜爱唱歌的女性鼓起勇气报名。在“超女”的“零门槛”海选和层层淘汰的晋级赛中，胜出者是如何一路艰辛而坚强地走过来，这对于近距离观赛的电视观众来说也有励志的意味。

（2）重视提高收视率。

《超级女声》的评委常常会冒出“十年后再来唱这首歌吧”“你唱歌和你说话一样做作”“你的牙齿有问题吗？干吗字都咬不清楚？”“嗨，你跳的是第几套广播体操？”“把民歌都给糟蹋了”这样尖刻、讽刺的评价，令参赛者无地自容，但是节目却与《美国偶像》如出一辙地获得了超高的收视率。中央电视台索福瑞公布的《超级女声》节目收视数据表明，在北京、上海、长沙等 12 个城市“收视率”调查中，“超女”平均收视率为 8.54%，平均收视份额达到 26.22%，决赛期间平均都有 11%的收视率，不仅居于同时段收视首位，其平均收视率还一度超过中央电视台。[①]

（3）选手去留交由观众投票决定。

在与观众的互动方面，《超级女声》借鉴了《美国偶像》的做法，在各分赛区晋级赛和决赛中，由观众投票最终决定选手的去留。在分赛区晋级比赛中，以选手的场外观众支持率为主，评委和大众评委为辅的方式淘汰选手。年度总决选的前三名，由观众的短信投票数多少决定排名。

（4）注意增强大众娱乐意识。

传媒学者波尔斯和考特赖特曾经列出了一个大众传播、人际传播或以电脑为中介的传播可以满足的各种需求，其中在 11 种需求中，放松和娱乐是排在第一和第二位的需求。传播学的使用与满足理论研究者还发现，

① 《南方都市报》，2005 年 8 月 30 日。

感到压力的受试者选看轻松电视节目的数量6倍于感到无聊的受试者；而跟无压力的女性相比，那些感到压力的女性会观看更多的游戏节目和综艺节目；有线电视为受众提供了新的、多样化的机会，使之成为主动的受众。[①]电视娱乐节目《超级女声》之所以在受众中引发收视高潮，其原因之一是《超级女声》将娱乐的权力交还给了观众。当观众需要放松和娱乐时，就会主动选择收看。

（5）积极打造品牌价值。

《超级女声》这个品牌创办之初值多少钱？虽然《超级女声》品牌的真正持有者湖南广电集团和天娱传媒并没有对外公布《超级女声》的品牌价值，但是我们通过合作者的收益也能管窥一二。2005年，蒙牛和《超级女声》合作，被称为2005中国营销第一案，合作费用是1500万元。当年有位在内地拥有集团公司、在香港控股两家公司的内地商人想尽办法与天娱公司签下合约，投资合作多个项目。签约之后，这位内地商人在香港控股的股票当即暴涨104%。

电视娱乐节目《超级女声》的成功，带动了《超级女声》相关产业链的全面繁荣和赢利。2005年，蒙牛与《超级女声》合作冠名，蒙牛的产品酸酸乳因此销量由7亿元提高到25亿元，早餐奶销量由1.5亿提高到10亿。2006年，蒙牛再度与《超级女声》合作，支付了高达6000万元的冠名费。[②]

《超级女声》节目的衍生产品全国巡回演唱会，赚了5000万元。这使得湖南广电集团从《超级女声》节目获得的直接经济效益达到了1亿元。

虽然2011年《快乐女声》已是最后一届，但是这一电视娱乐节目制造的平民歌星的事业前途已经在迅速向前发展。李宇春、曾轶可等通过《超级女声》而成名的平民歌星一直活跃在中国的歌坛上，有的胜出者还参与了电视剧的拍摄，星途正在展开。《超级女声》节目创造的利润不会因节

① （美）Werner J. Severin/James W. Tankard，Jr:《传播理论——起源、方法与应用》，郭镇之主译，中国传媒大学出版社，2006年1月版，第256—258页。

② 郑云凤:《基于“蒙牛＋超女”与“江中＋红楼”对比分析的“海选营销”方法研究》，《中国商界》2009年第1期，第143—144页。

目的停办而停止，它所产生的“超级女声”将继续活跃在中国的演艺界，而《超级女声》的品牌所有者天娱传媒也将继续发掘《超级女声》资源，充分利用品牌资源谋求更大的经济效益。

三、体育节目的产业化发展

21世纪以来，广播电视体育节目有了进一步的提升和发展。广播电视体育节目有了产业化发展的广阔空间。广播电视通过体育节目深度参与到体育赛事中去，在策划、转播、衍生品等多个环节介入，获得丰厚的经济回报，既打造了广播电视体育节目的品牌，同时也为广播电视体育节目的更好发展奠定了物质基础。

1. 频道专业化促进国内外赛事直播常态化

通过20世纪90年代以来开展的频道专业化改革，广播电视体育节目逐步将国内外体育赛事的直播形成常态化，极大地满足了广播电视受众对体育节目的收听收看需求。

在2008年8月8日开幕的第29届北京奥运会上，中央电视台做到了1948年电视转播现代奥运会60年以来首次以高清晰度电视信号和网络新媒体形式全程直播开幕式的壮举。32家省级卫视、385家地面频道与中央电视台并机同步转播。央视网经转授权，与新浪、搜狐等9家商业网站及174家公益性网站进行了联合传播，覆盖全国90%以上的网民。[①]

在地方电视台方面，2001年10月8日，上海文广新闻传媒集团整合上海电视台体育部、上海东方电视台体育部、原上海有线电视台体育频道，成立SMG体育频道。2002年7月，上海文广新闻传媒集团旗下的上海人民广播电台、上海东方广播电台的体育节目并入SMG体育频道，成立体育频道广播部，实现了广播电视体育资源共享、优势互补的新格局。2001年下半年，北京电视台在与北京有线电视台合并后，也重新整合成立了

① 苗棣主编：《中国广播电视节目概论》，南京师范大学出版社，2010年8月版，第138—139页。

BTV–6 体育频道。北京电视台体育频道中，《BTV 体育新闻》《中国足球报道》等体育节目深受观众喜爱，都获得了较好的收视率。

2. 争夺转播权深度参与赛事，分享体育产业链收入

体育是一个比较成熟的产业。在社会主义市场经济条件下，从赛事策划、赛事举行、赛事衍生品设计销售、赛事广告、赛事品牌效应等产业链条的各个环节来看，广播电视体育节目通过体育赛事转播权的获得来展开合作，可以实现分享产业链收入的市场拓展。在这方面，我国的广播电台、电视台都有一些各具特色的实践。

在广播电台方面，湖北广播电视总台楚天交通体育广播频率于 1999 年 1 月 1 日开播的《奥林匹克风》节目，注重通过组织节目外的体育活动联系与听众的感情，提升节目品牌的亲和力。例如，《奥林匹克风》节目曾组织过武汉交警、的哥的足球友谊赛等活动，获得了强化与听众的感情联系的良好效果。

1994 年，中国足球甲级联赛创办，中央电视台与中国足协签订了 5 年的协议，以广告时间来交换比赛的电视报道权。通过中国足球甲级联赛的热播，中央电视台获得了很高的收视率，而高收视率带来的则是成倍增加的广告收入。以 2004 年雅典奥运会和 2006 年足球世界杯为例，中央电视台运营仅一个月就分别获得 7 亿元以上的收入。[①] 但中央电视台并不满足于此，开始尝试自行参与和组织体育赛事，以期获得体育产业发展中更多的主导权和收益。通过深度参与体育赛事，中央电视台的体育频道品牌含金量不断提升，广告收入也随之增长，实现了体育节目创新发展的良性循环。

在地方电视台中，上海文广新闻传媒集团通过深度参与体育赛事，获取多种运营收入。2003 年，上海文广新闻传媒集团买下了中超联赛的电视转播权。与过去获得中超联赛转播权的中央电视台不同，上海文广传媒集

---

① 李辉：《中国体育的电视化生存》，学林出版社，2007 年 3 月版，第 9 页。

团要做的是中超整体电视合作伙伴，要对中超进行整体宣传规划、参与电视转播、制作标准的制定、电视节目的设计。例如，在国内足球转播中，上海文广新闻传媒集团首次做到了“统一标志、统一字幕、统一色块、统一风格”，使国内联赛的转播水准在硬件上率先与国际接轨。通过获得转播权深度参与体育赛事，上海文广新闻传媒集团获得了多种运营收入。以2006年为例，SMG体育频道的经营收入达到2.7亿元，其中广告收入2.4亿元，而版权推广、软广告收入、赛事制作、社会制作节目的频占费、短信收入以及活动的经营等占据了总收入中超过10%的份额，呈现出多元化运营的特点。[①] 在社会主义市场经济条件下，我国的体育产业获得了蓬勃发展。广播电视通过节目转播的方式与体育产业深度合作，实现了自身的创新发展。

3. 广播电视积极做好奥运报道

2008年8月8日，第29届奥林匹克运动会在中国北京举行。举办一届成功的奥运会，是中华民族期盼已久的梦想。在报道奥运过程中，中国的广播电视媒体发挥优势，做出了多项创新，创下了多个历史之最。

中央三台直播、录播1983场，总时长4500多小时；播出奥运新闻10.6万篇、时长6425小时；播出奥运专题节目和特别节目4407个、2.4万期，总时长1.3万小时。中央电视台总体收视份额达54.42%，比雅典奥运会期间提高了16.41%，比上半年提高18.73%。中央电台收听率及市场份额分别比7月份上涨11.47%和19.84%。在2008年奥运会期间，11.2亿电视观众收看了中央电视台的奥运赛事直播节目，观众人数占全国电视总人口的91.6%，收视率达48.07%，创历史新高。中央电视台赛事报道点和航拍规模创历届奥运会报道之最。[②]

在2008年奥运会期间，中央电视台共有10套节目进行了奥运赛事报

① 李辉：《中国体育的电视化生存》，学林出版社，2007年3月版，第12页。

② 中国传媒大学主编：《中国广播电视年鉴（2009）》，中国广播电视年鉴社，2009年10月版，第17页。

道。这10套节目分别为中央电视台一套、二套、三套、七套、十二套、新闻频道、奥运频道、高清频道以及奥运足球、奥运网球等。与此同时，央视网也在奥运报道中获得了高关注度。在开幕式当天，央视网页面访问量达到5.06亿，创下新的历史新高。广播电台方面，中央电台联合地方电台成立了直播联盟。2008年1月22日，由中央人民广播电台发起，全国140家广播电台共同组成的全国奥运广播报道联盟在北京成立。全国奥运广播联盟是中国广播有史以来最大规模的联合行动，经常采用中央电台、省电台和城市电台的三台并机直播方式，在奥运火炬传递大型直播等报道中发挥出强大的合力作用。

我国广播电视媒体对2008年在北京举行的第29届奥运会进行了全程全面的报道，直播的场次、时长和收视收听率均创下历史新高。这场中国人民期盼百年才得以举行的体育盛会，在我国广播电视媒体的创新报道中书写了无与伦比的辉煌。

四、科教节目大众化改革

随着改革开放的深入和社会主义市场经济的发展，重视科学技术、崇尚学习成为社会主流，人们对广播电视科教节目的热情再度被激发出来。针对受众的新需求，广播电视科教节目不断改革创新，走出了一条符合大众收听收看习惯的大众科教之路，成为人们喜闻乐见的广播电视节目。

1. 频道专业化拓展发展空间

在进入21世纪后，广播电视科教节目为拓展发展空间，开启了频道专业化改革。2001年7月9日，中央电视台CCTV-10科教频道开播。科教频道以“教育品格、科学品质、文化品位”为追求目标，节目形态以纪录片为主，以演播室为辅，既有《探索·发现》《百家讲坛》《人物》等文化教育类节目，也有《走近科学》《科技之光》等科学科普类节目。

据统计，到2007年，北京、天津、重庆、山西等电视台的科教频道都基本实现了全天24小时播出。[1]其中，科技、科普类节目比重最大的安徽电视台科教频道，拥有《探索健康》《科技探索》《传奇》《动物星球》《探索》等众多科教节目。

2. 注重大众化、通俗化和贴近性

为了吸引更多的受众，广播电视科教节目努力增强与普通观众的贴近性，力求大众化通俗化，不断创新节目内容和表现形式。

2001年7月9日，中央电视台推出《百家讲坛》节目，一改学术讲坛高高在上、曲高和寡的面貌，在实践中确立大众化的节目定位，节目编排注重细节、故事性和悬念，在2006年第一季度成为中央电视台科教频道收视率第一的一档科教节目。[2]在《百家讲坛》节目中，北京市社科院阎崇年讲解的“清十二帝疑案”、刘心武讲解的“揭秘《红楼梦》”、易中天讲解的“品三国”成为全国观众热情收看的标志性节目。为了更好地方便观众收看，2005年12月26日，中央电视台科教频道进行改版，进一步在节目安排上突出了《百家讲坛》《走近科学》等优秀科教节目。

在地方电视台中，科教节目同样十分注重大众化和通俗化，吸引了众多普通观众的关注。2002年，北京电视台开办科教节目《科技全方位》。2007年1月1日，《科技全方位》更名为《魅力科学》，同时在受众研究的基础上，将播出时间调整为每日中午12点35分和每晚8点35分，以期获得更好的收视效果。节目充分运用故事化、悬念化的创作手段和擅长讲故事的主持人，为观众展现科学知识、科学方法在帮助我们认识世界时体现出的神奇力量和科学技术改变百姓生活、推动时代发展的神奇魅力。2005年，上海教育电视台投资创办科教节目《身边的奥秘》。为了培养青少年对科学的兴趣和热爱，上海教育电视台联合全国各地教育电视台、高校影视学院、电视制作公司等40余家电视机构成立“全国教育电视节目

① 颜燕、陈玲：《我国科教节目发展现状及对策研究》，《电视研究》2009年第9期。

② 赵允芳：《做电视科教节目的王牌——访中央电视台〈百家讲坛〉制片人万卫》，《传媒观察》2006年第11期，第12页。

制作联合体”，以联合创作的方式制作节目。针对青少年的学习特点，《身边的奥秘》节目力求浅显易懂而又生动引人。以其中的一期节目《水的表面张力》为例，孩子们都知道在盛满水的玻璃杯上放硬币可以让水不溢出来，但是孩子们可能还真没较真过究竟能放多少枚。这期节目就兴趣盎然地告诉青少年观众，经过节目的实验，一共可以放 14 枚。这样一个简单的实验探究，一下子就把青少年观众的兴趣吸引过来了。

3. 电视成为公众获取科技信息最主要来源

2001 年中国公众科学素养调查结果显示，除正规教育外，大众传播媒体是我国公众获得科学技术信息的主要渠道和影响我国公众科学素养变化的重要因素。我国有 82.8% 的公众是通过电视获得科学技术信息的，通过广播获得科学技术信息的比例为 10.9%。

2003 年我国公众科学素养调查结果显示，电视是我国公众获得科技知识和信息的最主要渠道。高达 93.1% 的公众通过电视获得科技知识和信息，公众通过广播获得科技知识和信息的比例为 31.9%。我国公众除了对通过专业技术培训获得的科技知识和信息更加信任外，总体来看，公众对于科技知识和信息来源的信任程度，与其利用程度基本一致。

2005 年中国公众科学素养抽样调查分析表明，在正规的学校教育之外，大众媒体是科技信息的主要传播途径。调查显示，在包括电视、报纸杂志、广播、图书、科学期刊、因特网等各种信息渠道中，电视是我国公众科技信息的最主要来源，高达 91.0% 的公众通过“电视”获得科技发展信息，公众通过“广播”获得科技发展信息的比例为 22.4%。

2007 年中国公众科学素质调查结果显示，90.2% 的公民表示自己获取科技知识和科技发展信息的主要渠道是电视。

由上述历次公众科学素养调查结果可见，电视始终是我国公众获取科技知识和信息的主要渠道。

4. 部分科教节目悬疑过度问题

为了吸引受众，科教节目开始追求故事性和悬念设置的创新探索，是很好的节目策划手法。但是，在追求悬念和故事性的过程中，应该掌握适度原则。如果将悬疑性作为追求的根本，而忽视科教节目自身应有的教育意义，就有舍本逐末之嫌了。

在 2007 年，部分电视台的科教节目为了吸引受众，纷纷讲起了鬼故事，恐怖的画面和声音让很多观众都感觉非常不舒服，还有的将一件小事故弄玄虚生拉硬扯成一次节目。如 2007 年 2 月 3 日晚中央电视台《探索·发现》节目播出了《揭秘灵异事件》中揭秘“葡萄牙少女灵异车祸”，2007 年 5 月北京电视台《科教观察》节目中播出的《人类杀手之谜》等，就让观众感觉非常恐怖，无法正常收看，心理也受到一些不良影响。又如 2007 年 9 月 3 日晚 08:30 中央电视台《走近科学》节目播出的《半夜鬼拉灯》，对乡村一户人家因为开关坏了导致的电灯忽明忽暗故弄玄虚，生生做出一期与鬼有关的鬼故事，让观众看了有一种受愚弄的感觉。

五、法制节目的蓬勃发展

进入新世纪以来，中国的法治建设继续向前推进。我国的立法和司法工作逐步完善，法制观念深入公众意识之中。我国电视法制节目在近几年取得了可喜的成绩，不论是社会效益，还是经济效益，不论是社会影响，还是媒体自身的品牌建设，都有很大的飞跃。

2000 年 7 月 1 日，中央电视台《为您服务》栏目中推出了“法律帮助热线”板块，节目每周五期，每期 15 分钟，以成为“您贴身的法律顾问”为宗旨，为百姓提供法律帮助，教会他们运用法律维护自己的权益，并尽力把各种矛盾解决在诉讼之前，从而充分发挥了中国传统所注重的社会调节功能，还原了法律本身的人文色彩，极具服务性。

中国广电集团大型活动办公室和央视索福瑞媒介研究有限公司推出的《中国电视栏目成长报告》显示，2003 年，观众最喜爱的电视栏目是新闻、综艺和法制。2004 年的报告则专门强调，法制节目是近几年电视节目发展中的一个亮点。[①]

1. 电视法制节目

以2003年凤凰卫视开播的《文涛拍案》为起点，我国电视法制节目走过了青涩和繁荣大发展后进入了转型期。《文涛拍案》以全新的角度和姿态在日趋激烈的电视法制栏目竞争中脱颖而出。节目以主持人窦文涛的名字命名，让主持人在法制节目中成为主角，以发现、评论、讲述的方式，采用第一人称自然亲近的阐述法理，运用影视手段起承转合，丰富情境，强化感染力，被称为“新派电视评书体”。该节目无论在业内还是观众的口碑中，都获得了极高的赞誉。当前，无论是节目形式还是内容，全国各地的法制电视栏目都不断地大胆借鉴和创新，使得法制电视节目的视角更为开阔，报道立场更接近平民化。[②] 电视法制节目日渐朝着专业化和细分化的方向发展，栏目定位更加明确，满足了不同受众的收视需求。主要表现在：

（1）法制频道平稳发展。

1999年5月17日，我国首家政法类专业频道——长沙电视台政法频道正式开播。频道每天播出电视节目17个小时以上，通过无线和有线两种方式传播，信号覆盖全省，城乡收视人口在2500万以上。专业化频道的出现是电视法制节目发展的里程碑。在这之后，多家电视台都相继开播了法制专业频道。

为了法制频道更好地发展，2002年7月12日、13日，河南电视台法制频道、山西电视台法制道德频道、黑龙江电视台法制频道、陕西电视台政法频道、北京电视台科教频道、青岛电视台、长沙电视台政法频道共同发起设立“法制频道总监论坛”，就当时法制电视节目的现状、问题和对策以及今后的发展走向等进行深入研究和讨论，并决定成立“七省市法制

① 游洁、郑蔚：《电视法制节目新论》，中国广播电视出版社，2007年5月版，第17页。
② 陈克、李晓君：《我国法制电视节目的发展历程与趋势》，《新西部》2013年第12期，第112页。

节目协作体”。这一举动体现了各个法制频道对于构建和谐社会的责任感和加强频道建设、推出更好的电视法制节目的决心。该协作体的职能之一就是为非上星台的优秀节目交流、共享信息资源提供一个平台，进行版权交流以及低成本运作，在一定范围内进行强强联合，优势互补。①

目前在播的部分省、市级地面电视台法制频道一览表

级别	所属电视台	频道名称
省级	黑龙江	法制频道
	河南	法制频道
	陕西	公共政法频道
	新疆	法制信息频道
市级	长沙	政法频道
	太原	法制频道
	合肥	法制频道
	洛阳	科教频道
	烟台	政法文体频道

法制频道中最有影响力的当属中央电视台的“社会与法”频道。2004年12月28日，“社会与法”频道取代了原有的“西部频道”正式开播。该频道以宣传报道“依法治国”“以德治国”的治国方略为已任，全方位、专业化地普及法律知识，着力于提高公民法律素质。“社会与法”频道在国家级电视媒体的建立，显示了国家对法制节目的重视以及受众对法制节目的强烈需求。②

（2）节目数量不断增加。

据不完全统计，截至2008年1月，全国除中央电视台外，已有300多家省级、市级电视台开设了法制节目，初步形成了覆盖全国的法制节目播出格局。

① 游洁、郑蔚：《电视法制节目新论》，中国广播电视出版社，2007年5月版，第15页。
② 刘勇峰：《中国电视法制节目30年》，《西部广播电视》2008年8月15日刊。

中央电视台法制节目一览表

频道名称	节目名称
CCTV-12（“社会与法”频道）	《大家看法》《道德观察》（日播版） 《第一线》《法律讲堂》《天网》 《法治视界》《庭审现场》 《中国法制报道》《忏悔录》
CCTV-1（综合频道）	《今日说法》《道德观察》（周末版）
CCTV-2（经济频道）	《经济与法》
CCTV-新闻	《法治在线》
CCTV-7（少儿·军事·农业频道）	《法制编辑部》

在进入新世纪的最初几年里，全国各级电视台几乎都有一档甚至是几档有一定影响的法制节目。例如，2003年2月10日，中央电视台经济频道开播的《经济与法》；5月1日，新闻频道开播的《法治在线》，还有《今日说法》《中国法治报道》等节目；上海电视台的《案件聚焦》《庭审纪实》《社会方圆》《东方110》等；重庆电视台的《拍案说法》，山东电视台的《道德与法制》，江西电视台的《传奇故事》，南京电视台的《法治现场》，宁波电视台的《法治前线》等为代表的这些栏目，以其丰富的选题内容，独到的创作方式，形成了明晰的栏目宗旨、准确的定位与风格，并带动起许多电视法制栏目的成长。①

此外还非常值得一提的法制栏目是中央电视台第七套农业频道的《法制编辑部》。该栏目于2003年11月3日农业频道全面改版后推出，时长45分钟。设置在农业频道的《法制编辑部》的栏目宗旨就是“关注农民与法”，传播法制精神，普及法律知识，塑造法治形象。《法制编辑部》的播出无疑为广大农民观众提供了一个学法、知法、懂法的平台，有利于培养农民观众的法律意识和法制观念，有力地帮助了弱势群体。②

① 刘勇峰：《中国电视法制节目30年》，《西部广播电视》，2008年8月15日刊。
② 游洁、郑蔚：《电视法制节目新论》，中国广播电视出版社，2007年5月版，第19页。

（3）节目形态日益多样化。

这一时期，我国的电视法制节目在不断形成、发展、成熟、丰富。各地电视台都在不断探索关于电视法制节目的个性化发展之路。节目风格不再严肃冷峻，节目形态不再局限于法制报道或以案说法，一些轻松愉快、生动活泼、注重趣味性、互动性的法制娱乐节目开始出现。比如2003年1月浙江电视台教育科技频道开播的《大侦探西门》，2005年6月江苏卫视播出的《迷情追击——探案俱乐部》等，这些节目恰当地结合了娱乐与教育功能。一些原有的优秀节目和频道更加注重服务性、互动性，也更加注重节目的营销推广，既有利于对节目和频道品牌的打造，更增强了节目影响力。随着电视法制栏目的迅速发展，法制类栏目已成为继新闻、娱乐之后的第三大电视节目门类。纵观我国的电视法制节目，大致可分为以下七类：

① 法制专栏类，代表节目：中央电视台《社会经纬》。

这类电视法制节目主要是通过挖掘法律案件或现象背后的社会背景和原因，分析其错综复杂的根源、影响、发展以及解决的途径等，用以揭示更深刻的社会问题。这种深度报道型的节目基调是严肃的，深刻的，并对社会带有很深的启示功能。这类节目在开发社会关注点、舆论监督功能的运用上都有十分全面的展现。

② 个案专题类，代表节目：河南电视台《法在身边》。

这类电视法制节目是由传统专题片的主题表现形式和纪录片的叙事手段嫁接而成的产物。形式新颖，风格独特，多为有情节的案例展示，甚至有完整的故事情节。这类节目最显著的特点就是没有用法眼审视分析案件，不是单纯地以法理为表现主题，而是追踪案件发生的每个环节，并对当事人前后行为过程和心理状态演变进行演绎。

③ 法制讲座类，代表节目：吉林电视台《经济与法》。

这类电视法制节目通过举办法律讲座来解释普及法律知识、培养法律意识，将复杂的社会关系和事实关系简化为明确单纯的法律关系，向观众说明其中的法律规定（根据）、权利义务关系和法律处理结果（如判决及其理由）。这类节目以直观具体地传播法律知识见长，形形色色的案件中又蕴含着大量鲜活的法律和社会生活信息，可以满足群众与法律专家两方面的不同需求。

④庭审纪实类，代表节目：南京电视台《法庭传真》。

这类电视法制节目是指以法庭审判过程为载体的电视现场直播节目。庭审纪实类节目之所以受到社会的好评和肯定，主要是它突出了“纪实”，将“原汁原味”的庭审过程展现给观众，增加了透明度，满足了观众的好奇心，给予了观众“知情权”。

⑤法制谈话类，代表节目：中央电视台《今日说法》。

这类电视法制节目是个案专题节目、庭审纪实节目发展到一定阶段出现的特殊表现形式。谈话节目倡导“面向大众、普法为本”，将人文关怀注入荧屏，把镜头对准自我意识觉醒、追求个体权利、思想日益活跃的当代人群，尊重平民意识，适应了人们在法制建设过程中更高层次的生活模式和价值观念，符合这个多元化时代的特征，它很有可能形成未来电视法制节目的主流走势。

这类电视法制节目具有寓教于乐的特点，适应当代受众休闲的生活方式，也顺应了电视娱乐的潮流，用普通群众喜闻乐见、通俗易懂的方式演绎法制内容，在拍摄和内容上扣住普通老百姓最为关注的法律问题，在轻松的气氛中调动起观众的法律兴趣，通过翔实的采访和透彻的分析，发动观众参与和思考，使法律进入市民生活，潜移默化地影响了人们的行为方式和思维方法，从而传播法律知识。

⑥法律援助类，代表节目：《法律帮助热线》。

这类电视法制节目包括各类由电视台主办的法律咨询、法律服务热线、法律信息网等，通过发挥电视媒体的特有功能，向受众提供法律服务的方式，参与具体纠纷的处理过程，普及法律知识。这种形式适应社会大量的法律援助的实际需求，有很广阔的发展前景。中央电视台《生活》栏目的“法律帮助热线”，以为百姓服务为宗旨，选取观众日常生活中发生的纠纷，通过随行律师的法律援助，生动直观地向受众展示其中的法律规则和程序，达到传播法律知识的效果。

⑦ 法制警事类，代表节目：《法治进行时》。

这类电视法制节目大多与公安机关合作，发挥电视媒体的特长及时发布、传播警事信息，发动群众提供破案线索；同时，也能沟通警民之间的联系，加强社会治安管理，宣传普及法律知识。这类节目的地域性和实用性很强，在地方电视台有较大的生存空间。

2. 广播法制节目

进入新世纪以来的广播法制节目，以庭审纪实题材的《现在开庭》最具有代表性。该栏目开播于 2001 年，由最高人民法院与中央电台共同举办，旨在反映人民法院各项审制工作的大型广播专题节目。《现在开庭》是全国唯一以庭审实况为内容依托的广播节目。由全国各省、自治区、直辖市的各级法院提供开庭线索，由节目现场录播、重大案件进行直播，从而使全国听众足不出户便可以通过广播“旁听”庭审实况。节目每年都有重大案件报道在社会上引起强烈反响，特别是“张君、李泽军系列抢劫杀人案”“兰州证券黑市案”庭审直播，开创了广播直播庭审实况的先河。[①]《现在开庭》还与最高人民法院联合设立“中国广播金天平奖”。

2004 年 1 月 1 日，中央电台的《中国之声》节目开播，《中国之声》为法制节目提供了更大的发展空间，以后，又开办了《重案调查》和《法制中国》等节目。广播法制节目的数量越来越多，节目形态多元化发展，成为听众接受、认可和喜爱的节目类型。各地也开办了不少优秀的广播法制节目，如 2003 年开播的辽宁人民广播电台《律师专线》、乌海人民广播电台《法制时空》、赤峰人民广播电台《法制》；2005 年开播的安徽人民广播电台《法制时空》、河北人民广播电台《法治 80 分》；2009 年开

① 赵玉明主编：《中国广播电视年鉴（2005）》，中国广播电视年鉴社，2005 年版，第 157 页。

播的陕西人民广播电台《说法时间》（由《时代法制》改版而来）。根据央视索福瑞媒介研究有限公司提供的2009年32个城市15岁以上听众最喜欢收听的广播节目类型的选择比例，法治类节目以10.0%排名第6位，高于财经类（8.9%），略低于体育类（10.1%）。①

3. 法制节目的功能与作用

纵观中国法制节目发展历程，各级广播电视播出机构都紧紧围绕“弘扬宪法精神，增强法治观念”的主题，把握正确的舆论导向，配合各级党委、政府工作部门开展多种法制宣传活动，采用不同形式的、群众喜闻乐见的法制新闻、专题、文艺等节目，营造浓厚的社会舆论氛围，充分发挥了主流媒体的作用，推动了社会法制宣传教育活动的开展，使法制节目的影响力得以充分扩张。法制节目从最初的诞生到渐渐成熟，展现出了许多其他类型节目所没有的特点，具有划时代意义。

（1）普及法律知识，增强法律观念，宣传社会主义的法律制度，引导公民学法、用法、守法。

法制节目直接产生于国家的普法计划和普法运动。因此普法也成了广播电视法制节目的首要使命。广播电视媒体传播的广泛性、时效性、互动性为法制节目的传播提供了沃土。随着我国法制建设的不断发展，普法工作的主要内容和追求也从最初的宣传刑法，用刑罚的威慑力来维护社会稳定和公共安全，逐渐转向以提高群众的法律意识为主要目标，教育内容从“守法”转到“用法”，增强人们用法律武器保护自己利益的意识。

（2）及时报道我国法治建设新成就，增强人民建立健全社会主义法治社会信心。

随着社会生活的复杂化，利益主体和利益关系的多元化，新的法律的制定和出台已经是一项需要不断继续的工作，这需要广播电视媒体及时地

① 王兰柱主编：《2010中国广播收听年鉴》，中国传媒大学出版社，2010年版，第25页。

将新的法制信息传递给观众，为新法的实施奠定良好的基础。另一方面，广播电视也是传达社情民意的有效渠道，国家、政府、立法机关也能够更好地了解社会现实生活中的情况和问题，从而在法制建设过程中做出科学的、符合实际的决定，制定行之有效的法律法规。最后法制节目也可以成为生动的法制文献，作为文字和数字形式的法制资料的有益补充。

（3）运用舆论监督来主持正义，揭露违法行为，监督了司法部门的公正执法，以舆论力量维护人民权利和社会稳定。

“舆论监督的要旨在于社会主义国家公民通过运用报纸、广播、电视、杂志等新闻舆论工具发表自己的议论、观点和意见、建议，对国家生活和社会生活中出现的违反公共道德，以及国家机关及其工作人员的缺点、错误和渎职行为乃至以权谋私、违法失职、官僚主义、贪污受贿等各种违法和腐败现象进行评价、揭露、抨击、谴责和批评，并督促有关机关对此予以处理和纠正，从而达到对国家事务和社会事物运行中的偏差行为的矫正和制约。”[①] 法制节目在监督行政机关依法行政、司法机关公正司法方面尤其具有优势，实践中很多司法腐败现象就是在法制节目中被曝光后，从而得到制止和纠正。

（4）提供法律援助，为社会弱势群体开启了一扇正义的大门，最大程度上维护公民的合法权益。

法制节目的法律援助功能主要是通过互动性法律节目来实现。受众不仅可以通过经常观看或收听的法制资讯节目来积累基本的法律知识，而且可以在遇到具体的法律问题时通过直接参与互动性的法制节目来寻求帮助。广播电视传播的大众性、权威性赋予广播电视媒体显著的公信力，所以有很大一部分观众在遭遇法律问题的时候选择参与法制节目来获取建议和指导。毋庸置疑，这种选择与其他方式的求助相比要经济得多，这也是法律援助节目能持续拥有广大受众的重要原因。

① 徐北荣：《媒体社会责任与做好舆论监督——兼及新闻舆论监督要处理好的几个关系问题》，《新闻写作》2005 年第 11 期，第 5 页。

（5）反映当前法制建设中存在的问题，传达公民对当前法制建设的意见和建议，从而推进我国法治建设的进程。

我国社会主义法治社会的建设是一项长期的、艰巨的历史过程，但是它却往往由一些能够深刻反映法律本质和社会现实的，具有特殊影响力的司法实践和社会现象所推动，这些事件和现象也因此成了法制建设的阶段性进步的标志。广播电视法制节目是阐释和记录这些里程碑的最好方式，也是让这些阶段性的标志发挥辐射效应的有效手段，可以说广播电视法制节目正是在最细微处见证了法治建设的进程。我国全面落实依法治国基本方略，加快建设社会主义法治国家的提出，为法制节目的蓬勃发展奠定了坚实的实践基础。

第二节　《感动中国》等有影响的节目

步入新世纪，电视制作进入了一个竞争角逐的时代，节目样式越来越多，创新方式层出不穷，中国广播电视进入了全面发展、深入改革、不断变化的崭新阶段。这一时期，广播电视媒体如雨后春笋般出现了很多具有广泛影响的优秀节目。例如由中央电视台主办的《感动中国》年度人物评选节目和专注于产品质量的《每周质量报告》栏目，以及风行各地广播电视媒体的政风行风热线节目等都成为新世纪以来广播电视栏目创新发展的旗帜和标杆。

一、精神品牌电视栏目——《感动中国》

已经连续举办多年的《感动中国》栏目，是中央电视台的第一精神品牌。自2002年金秋开始，《感动中国》就以评选本年度具有感人事迹、震撼心灵的人物为主打内容，向全国观众推选出了许许多多感动你我的人物。

他们或是心系百姓、恪尽职守的人民公仆，比如任长霞、郑培民等；或是勤于钻研、做出杰出贡献的科技尖兵，比如袁隆平、钱学森等；既有活跃在艺术舞台、奥运体坛的文体明星，比如巴金、刘翔等；也有来自民间的草根百姓、道德模范，比如王顺友、徐本禹等。

1.《感动中国》的创办及其特点

2002年秋，中央电视台顺应电视发展的趋势，在先后推出了“年度经济人物”和“年度体育人物”的评选节目后，又一次决定推出中国的“年度新闻人物”，希望能“以自己独特的视角、新闻人的职业敏感以及符合国家新闻规范的价值理念评选出自己心中的年度新闻人物”。[①] 随之，《感动中国》栏目由此诞生。

2003年1月12日，第一届《感动中国》在位于北京北部的国安剧院录制，由新闻中心社会专题部活动直播组承办，主持人由白岩松和敬一丹担任。2月14日，有5000多万观众收看了在中央电视台一套黄金时间播出的第一届《感动中国》。节目播出后，时任中共中央政治局常委、中央宣传思想工作领导小组组长李长春致电时任中宣部副部长、原国家广播电影电视总局局长的徐光春，对中央电视台制作播出的特别节目《感动中国》给予了充分肯定。李长春说：“‘感动中国’这个节目令人十分感动……看了给人以力量，给人以鼓舞。评委会所写的颁奖词也写得很好，主持人也很动情，弘扬了主旋律，相信广大电视观众看了都会很感动的，我是含着眼泪看完这台晚会的。这台晚会再一次证明，主旋律的节目，只要坚持‘三贴近’，是不会枯燥的，而且是会有强烈的吸引力和感染力的。希望坚持‘三贴近’，认真总结，不断改进，让更多主旋律的节目感动人、教育人。”[②]

（1）紧贴时代背景，典型人物报道的革新。

《感动中国》在紧贴时代背景上做得非常出色，体现出当代社会鲜明

① 梁建增、陈虻：《感动中国：2002年中国权威媒体年度人物》，中国对外翻译出版公司，2003年2月版，第134页。

② 梁建增、陈虻：《感动中国：2003感动中国年度人物》，中国社会科学出版社，2004年7月版，第1页。

的时代特色。每一年总会有一部分获奖人物的感人事迹同国家的发展紧密相连。比如2003年度的获奖者杨利伟，作为“神五”的航天员，他承载了整个中华民族的飞天梦想，他象征着中国走向太空的成功。作为中华飞天第一人和中国航天人的杰出代表，杨利伟的名字注定要被历史所铭记。又如作为奥运年的2008年，当年《感动中国》的获奖者中就有许多人与奥运有关：张艺谋及奥运导演团队、火炬手金晶、藏族火炬手吉吉等。《感动中国》节目的成功，很大程度上，取决于人物选择的成功。这种人物选择的方式尊重新闻人物评选的时效性，体现了《感动中国》栏目在把握时代的脉搏上的精准性，同时又达到了铭刻历史的效果。

在我国不同的社会时期都曾产生过一批典型先进人物，如王进喜、张海迪等。人们对这些先进人物的了解往往是通过媒体的典型人物报道和自上而下的宣传获知的。这些典型人物的先进事迹在很大程度上不能使人们感同身受，甚至会出现脱离人民群众的可能。而《感动中国》在典型报道上的创新，摆脱了“高大全”和“完美神化”的问题，脱离典型人物报道模式化、公式化，增强了人们对典型人物的信任度。

（2）获奖人物平民化，体现主流价值观。

多年来，每一届《感动中国》都以年度人物为中心，围绕他们的感人事迹回顾当年的感人瞬间。每一个人物背后似乎都藏着属于那个年份的缩影，从他们的悲喜与振奋中感受着那一年的纷繁情绪，也正是因为这些来自我们身边的平凡的点点滴滴的感动才让《感动中国》成为家喻户晓、口口相传的精神品牌。自2002年栏目开办以来，《感动中国》年度人物评选在短短几年的时间内就创造了中国电视的一个又一个“神话”，不仅被媒体誉为“中国人的年度精神史诗”，也被认为是“最具网络影响力的电视媒体事件”。它影响了无数中国人的价值判断与道德追求，并成为社会转型期主流媒体价值传播的主导模式。

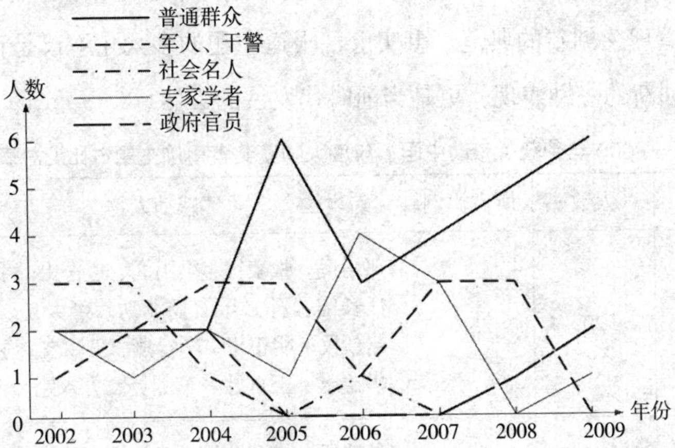

《感动中国》年度人物身份类别数量分布走势图

纵观2002至2009年度《感动中国》已经评选出的79位“感动中国人物”，有一个明显的特征就是获奖人物的平民化。从上图可以看出，《感动中国》获奖者不同于观众以往所熟悉的颁奖盛典中清一色的名人，更多的是来自我们身边的普通百姓。在八年“感动中国”的获奖者中，普通群众有30人，占总人数的38%，高于其他任何一个获奖群体。在“政府官员”和“军人干警”身份类目中基层人员也占有一定的比例，并且普通群众每年所占比例总体呈现上升趋势。让最容易被忽视的平民群体在一个名为感动“中国”的人物评选中唱主角，这是以往任何一个人物评选都不具备的，这也是《感动中国》最大的特点之一。在《感动中国》颁奖典礼上，让观众流下最多热泪，获得观众最多掌声的，往往是那些普普通通的“小人物”。把目光更多地投向普通人，关注现代化进程中人自身的命运和价值，是《感动中国》栏目的最大特点。

细看79位“感动中国人物”的感人事迹，可以发现他们所体现的价值观有：牺牲奉献、见义勇为、自强不息、追求正义良知、追求事业辉煌成就、追求高尚的职业操守。分布情况如下表所示。《感动中国》所传递出来的每一种精神力量都是我们当今社会所需要的主流价值观，是我们社会亟待要发扬的、直抵我们内心深处的榜样力量。在主题表现上，《感动中国》摆脱了旧式枯燥的自上而下的传播方式，呈现多元化的主题，是正面人物报道理念创新的典范。事实上，报道主题的多元化不仅是正面人物报道理念创新的一种表现，更是当前时代发展的必然。①

2002—2009 年荣获《感动中国》年度人物获奖者事迹主题占比汇总表②

主题	人数	所占比例	感动人物
爱民公仆 恪尽职守	20	25%	郑培民、张荣锁、梁雨润、达吾提、牛玉儒、任长霞、孙必干、杨业功、经大忠、沈浩、赵新民、明正彬、李春燕、王顺友、丁晓兵、华益慰、王百姓、李剑英、方永刚、武文斌
科技尖兵 杰出贡献	17	20%	张瑞敏、黄昆、袁隆平、杨利伟、梁万俊、桂希恩、钟南山、黄伯云、孔祥瑞、闵恩泽、宋文骢、叶笃正、钱学森、张艺谋团队、费俊龙和聂海胜、神七航天员团队
自立自强 人民榜样	11	14%	田世国、丛飞、洪战辉、邰丽华、黄舸、李丽、谢延信、罗映珍、卓琳、陈玉蓉、朱邦月
道德模范 奉献社会	12	13%	张前东、陈健、林秀贞、李桂林和陆建芬、韩惠民、钟期荣和胡鸿烈、唐山十三农民兄弟、阿里帕、萨布利亚、李灵
文体明星	7	9%	陈忠和、刘翔、姚明、巴金、季羡林、吉吉、翟墨
慈善公益	6	7%	濮存昕、成龙、徐本禹、霍英东、微尘、高耀洁
追求正义	5	6%	王选、刘姝威、尾山宏、陈晓兰、金晶
见义勇为	4	5%	孟祥斌、张正祥、魏青刚、李隆

只有《感动中国》能提供这样一个舞台，让这些大人物和小人物、知名人士和默默无闻者，一起接受尊重。这些人代表真诚、正义、勇敢、

① 庚月娥、叶芳：《“感动中国”报道的理念创新》，《当代传播》2006 年第 4 期。
② 注：每一届的特别奖未包含在内。

坚强、廉洁、孝悌……它们聚合在一起，就是《感动中国》的核心价值观。[①]

（3）立体新闻表达，四段式颁奖仪式结构。

《感动中国》首创“四段式”颁奖仪式结构，即人物故事短片播放，现场采访，宣读推荐词和颁奖词，为获奖者颁奖。无论从舞美设计、灯光布置、片头及短片制作、背景音乐运用、节奏把握、镜头运用，还是主持人现场把握、颁奖词风格、活动形象标志来看，节目都较好地体现了庄重、大气这一品质。所有表现元素聚集在一起，合奏出的是震撼人心的时代强音。[②]

首先，观众被感动，人物短片是最重要的因素。“感动中国”的新闻表达从类似于人物通讯的短片放映开始，展示了所有获奖者最鲜活的特点和最感人的细节。其次，颁奖词是颁奖仪式的高潮所在，是最能够体现“感动”主题的聚合点。《感动中国》创造的颁奖词，成为一种独特的文体，不但被各行各业的颁奖文字所模仿，更被中学语文教育者发现其价值，成为颁奖体文字的滥觞。[③]最后，现场人物采访还原了人物本真，增加感动成分。在2004年“感动中国”颁奖现场对徐本禹的采访就很感人，徐本禹说：“我原来教学生写作文，写2008年的北京夏天。这是我的一个愿望，我希望我能圆我学生的这个愿望。”[④]

（4）跨媒体多向联动，发挥新媒体的作用。

每一届《感动中国》年度人物评选是由多个栏目组、部门乃至多个媒体共同完成。每年都有数十家地方媒体向栏目组提供候选人物的文字、图片以及资料，并联合央视国际、新浪网等网络媒体共同进行栏目宣传报道。栏目组还引导受众利用网络和手机参与评选和讨论，改变传统正面人物报道单向传播的方式。它所建立的“全国感动联盟”成为跨媒体合作的成功

① 刘凯：《感动的力量》，长江文艺出版社，2012年版，前页配图文字。

② 欧阳国忠：《〈感动中国——年度人物评选〉的成功运作》，转引自《中国广播电视年鉴（2005）》，中国广播电视年鉴社，2005年版，第318页。

③ 刘凯：《感动的力量》，长江文艺出版社，2012年版，第205页。

④ 庾月娥、叶芳：《“感动中国”报道的理念创新》，《当代传播》2006年第4期。

典范。对此，《人民日报》评论指出："中央电视台在《感动中国》评选活动中没有独家运作，关门自办，而是放下身段，主动出击，寻求最广泛的媒体联合，其央视主办、媒体联动、群众参与的运作模式引人注目。"①

2.《感动中国》的启示与价值

《感动中国》的评选，不是一次媒体活动，或者一次简单的媒体事件，它是对过去一年所经历的人文历史的一次梳理。这种梳理，对人们所经历过的和所要经历的岁月，都是非常有意义的。感动中国年度人物的获奖者，他们的力量也许不能够推动历史，或者改变历史，但是每年评选，每年就会积累一点，时间长了，他们的事迹与精神从溪水汇成洪流，那时候就会是一种力量。

（1）弘扬主流文化，传播正能量。

《感动中国》人物评选活动，秉承"弘扬主旋律，打造中国人的精神品牌"的宗旨，在全国范围内寻找能够打动国人心灵的人物，发掘他们的故事，传播他们的事迹。它不单单是一个节目，它已然成为一个时期、一个阶段、一种民族精神的高度凝聚，它还是一段难忘历史的精彩浓缩，是一个民族居安思危的忧患力量。在更高意义上说，《感动中国》还是一个传播社会主义核心价值观的平台，不断丰富和发展了中华民族精神的主旋律，弘扬了我们五千年的主流文化。年度人物们向观众讲授着母爱、仁爱、大爱，讲关心、讲奉献、讲真善美，在这里会读到让我们泪流不止的事迹与精神。

（2）树立高度负责的政治意识，打造精神品牌栏目。

树立对人民、对党和国家高度负责的政治意识，是打造"感动中国"这个精神品牌的根本保障。"感动中国"这四个字既是评选活动的名称，又是评选的标准。当一些媒体热衷于"另类""边缘化"的评选，极尽炒作之能事来争夺受众眼球时，《感动中国》却大胆从主流意识入手，无论

① 晋岭：《感动中国给我们的启迪》，《人民日报》2005年3月17日第九版。

获奖者的身份、背景、经历如何，也无论他们是曾见诸媒体还是尚不为外界所知，在人们关注的视线里，他们或者用自己的力量，推动中国社会的进步与发展，诠释着一个人对国家和社会担当起的责任，以坚强的民族精神挺起国人的脊梁。①

（3）坚持贴近实际、贴近群众、贴近生活的新闻原则。

坚持贴近实际、贴近群众、贴近生活的新闻原则，是优秀的广播电视作品具有鲜明时代性、艺术性的重要标签。《感动中国》之所以能够成为中央电视台第一公益品牌，就在于它强烈的时代特色、浓厚的人文关照和真实的思想意境。这种风格与特色的形成不是创办者凭空猜想出来的，而是创办者们自觉地遵循新闻传播规律，深入生活，深入群众，深入实际，脚踏实地干出来的。②

（4）坚持与时俱进，不断创新，精益求精的创作方式。

多年来，《感动中国》从没有停止探索的脚步，年年有革新，届届有亮点。以“感动”作为切入点弘扬民族精神，本身就是主旋律宣传的一个创新之举。它所独创的节目样态被媒介同行广为借鉴，并形象地称之为“感动体”；它所推出的人物颁奖词和形象歌曲为人我们所诵读传唱，甚至成为社会流行的话题与金曲。《感动中国》的实践再次证明，创新是一个电视品牌节目永葆活力的生命源泉，更是一个主流媒体实现文化自觉、文化自信、文化自强的不竭动力。

二、质量新闻领域的旗帜性栏目——《每周质量报告》

随着社会主义市场经济的蓬勃发展，繁荣经济带给我们的除了不断攀升的国内生产总值外，还裹挟着层出不穷的质量问题。20 世纪 90 年代，假冒伪劣产品频频出现，质量问题开始成为人们街谈巷议的话题。1992 年

① 欧阳国忠：《〈感动中国——年度人物评选〉的成功运作》，转引自《中国广播电视年鉴（2005）》，中国广播电视年鉴社，2005 年版，第 318 页。

② 胡占凡：《给人以力量　给人以鼓舞》，《电视研究》第 268 期，第 6 页。

2月，由首都新闻界的主要新闻单位联合主办的“中国质量万里行”活动正式启动，第一批关于产品质量的报道同时在报纸、电视、广播上刊播，立即获得了强烈的社会反响，有关于“质量”的话题随之急速升温。

在新世纪的最初几年里，全国各地的广播电视媒体就如雨后春笋般出现了诸多以质量为焦点的节目。除了各地开办的民生新闻栏目部分内容关注食品质量之外，山东人民广播电台的《关注质量》是全国广播系统中第一个以“质量”为核心内容的新闻节目。《关注质量》始播于2002年1月1日，连续两年获得“山东新闻名专栏”，连续三年获得“山东广播新闻十佳栏目”，并终身享有这两项荣誉称号。《关注质量》于2009年全新改版，将录播改为直播。节目以客观、公正、坚持为宗旨，现场受理各类消费问题投诉。主持人通过听众所提供的经销商或者厂家电话，现场协调解决问题。第一时间连线当事人，呈现最真实的厂家（或经销商）售后服务状态。[①] 随着质量意识的普遍提升和后来产品质量问题的层出不穷，中央电视台新闻频道的《每周质量报告》把有关质量的热议推向了又一座高峰。

1.《每周质量报告》的创办与发展

2003年5月，为了配合央视新闻频道的开播，中央电视台对各栏目进行了统一的调整，《每周质量报告》进入了人们的视线。时逢全民对抗SARS的关键时期，第一期节目就紧扣当时最大的热点，《“防非典口罩”真防非典吗？》，节目一经播出便轰动全国。

《每周质量报告》的前身是《每周质检报告》，是与国家质量监督检验检疫总局（以下简称“国家质检总局”）合作的一个节目，是中央电视台《新闻30分》中的一个固定板块，首播于2001年7月10日。栏目除了与国家质检总局合作外，还与国家工商总局、国家食品药品监管局、国家中医药管理局等国家部委以及中国消费者协会、中国商业联合会等NGO

① 引自山东网络台网站 http：//v.iqilu.com/radio/play/guanzhuzhiliang.html。

组织建立起了合作关系。[①]

《每周质量报告》是中央电视台新闻频道唯一一档以消费者为核心收视人群的新闻专题栏目，是国务院有关部门通过中央电视台对社会公布产品质量、市场行为调查结果的重要渠道，与《焦点访谈》《新闻调查》《法治在线》一起并列为中央电视台的四大新闻调查性栏目。栏目贯彻“质疑、求证、警示”的主旨，秉承“客观、公正、科学”的理念，追求独家内容、独特视角、独立立场的特色品质，以“共同打造有质量的生活”作为追求的目标。根据央视索福瑞媒介研究有限公司的收视调查数据表明，在中央电视台新闻频道的收视率排名中，《每周质量报告》栏目常常名列前茅。2003年当年在全年度新闻频道各栏目综合评比中荣获第一，2004年名列第二。

《每周质量报告》不仅在公众中获得了声誉，同样也引起了全国各级工商系统、质检系统、食品药品监督系统等执法部门的高度关注，节目组经常收到国家工商总局、食品药品监督局等单位的感谢信。2003年，《每周质量报告》还获得了保护消费者领域最高奖项——“消费者杯”的单位奖。2004年，该栏目获得了全国电视百佳栏目称号。栏目播出的《“香醋”为何这样涩》节目获得2004年度中国广播电视新闻奖一等奖。[②]栏目报道的不少问题受到了中央领导的重视，胡锦涛、温家宝、吴仪等中央领导曾先后7次为栏目做过批示，被广大观众称为“百姓口腔的守护神”和“消费领域的焦点访谈”，不少网民也表示“非常感谢中央电视台‘每周质量报告’为国家和人民做一件大好事”，外电甚至将其称为“中国真正关注民生的节目”，足见其在社会和受众中的影响力。《每周质量报告》无疑是中国传媒界“打假维权”的一面旗帜。

《每周质量报告》还形成了“媒体联动”效应。报纸、杂志、新闻网站和地方电视台、广播电台纷纷转载与转播该栏目内容。据不完全统计，省会城市和大中城市的晚报及都市类报纸几乎都转载过《记者调查》的内

① 刘溜：《〈每周质量报告〉变脸？》，《新闻周刊》2004年7月26日，第31页。
② 刘溜：《〈每周质量报告〉变脸？》，《新闻周刊》2004年7月26日，第31页。

容，转载率高达90%；新华网、中国网、首都在线网、搜狐、新浪等十多家主要新闻网站也定期转载栏目全部内容。[①]

2.《每周质量报告》监督质量安全的特点

从2003年国务院推出了“食品安全放心工程”开始，《每周质量报告》就开始转向集中报道食品领域。十年多里，栏目从定位选题、报道内容，以及反馈方面围绕食品、消费产品质量安全展开，为监督质量安全做出了积极的贡献。

（1）定位选题贴近百姓生活。

节目的每期选题都经过严格把关，参照国家有关部门对产品质量问题的抽查结果，在得到有关部门抽检的数据后，如果某个产品的合格率低于往年水平，或者近年来持续走低，那么这个产品就有可能成为记者们的调查目标。节目的镜头所对准的，都是与人们的生活息息相关的：黑心汤圆、还不起的信用卡、劣质海参等，每一期的选题都贴近百姓的日常生活。

（2）报道内容注重平衡监督。

在很长一段时间里，《每周质量报告》几乎成了中国人的“拒绝饮食指南”，分量过重的批评报道也带来了忧虑。改版后的《每周质量报告》不再一味播出打假曝光过程，而是会不定期地报道一些品牌企业的放心生产过程，或报道那些被揭短后的企业如何重塑品牌形象的情况。栏目的口号也从“共同打造有质量的生活”变为“注重信息平衡，实施精确打击”。[②]《每周质量报告》通过正面报道与揭露批评的相互穿插，最大限度地避免了对整体产业的影响和公众不必要的恐惧，加强了政府、企业、个体户及消费者之间的相互理解与沟通。

（3）隐性采访注重把握分寸。

虽然《每周质量报告》的隐性采访镜头对准的是制假贩假的违法犯罪

① 赵仙泉：《消费者的“第三只眼”——央视新闻频道〈每周质量报告〉评析》，中央电视台新闻中心，《电视研究》2004年第8期，第35页。

② 王磊：《解读〈每周质量报告〉的平衡报道》，《当代传播》2005年5月25日刊，第91页。

和无良商贩，但是这些隐性采访是建立在大量“明访”即采访调查基础上。栏目对每一个隐性采访报道的处理都会尽量规避渲染、夸大、臆断和评论，只关注事实的真相，尽力去规避隐性采访面临的种种风险，维护“公共利益”的媒体责任和动机得到充分彰显，赢得了社会各界的广泛认同和支持。可以说，《每周质量报告》在隐性采访技术的运用方面是我国电视新闻发展道路上的一座里程碑。

（4）回访与后续报道注重建设性。

重在查处、旨在建设的《每周质量报告》密切注意事件的发展动态，注重对以往节目的呼应和回应，表现问题的解决过程，对损害消费者权益的违法现象进行曝光后注意追踪反馈。节目中的“调查追踪”板块就是对上期所揭露问题的追踪回访，展示打假成果和问题解决的情况。例如《目击涪陵榨菜腌制新工艺》就是对《泡菜“惊心”炮制》的回应，是一种连续报道的形式。[①] 这种回应填补了对某一种食品报忧不报喜的缺陷，使得节目结构紧凑，增强了报道内容的连续性，在节目形式上也做到了前后呼应，合理完整。

3.《每周质量报告》的意义与启示

《每周质量报告》的播出使得消费产品的质量安全问题越来越引起人们的关注，食品安全立法也被提上议事日程。《每周质量报告》在媒体监督责任上有着重要的启示与意义。

（1）填补了我国电视媒体在食品安全监督方面的空白，发挥了媒体的舆论监督报道能力，开了质量问题报道领域的先河。

被誉为消费领域“焦点访谈”的《每周质量报告》致力于产品质量和

---

① 《泡菜“惊心”炮制》是《每周质量报告》栏目在2004年5月9日播出的一期节目。节目中揭露了四川省成都市某些泡菜厂家的泡菜制作过程，例如制菜工人将杀蛆农药打进腌制好的泡菜中等腌制场面被悉数曝光，节目播出后引起了社会各界的广泛热议。《目击涪陵榨菜腌制新工艺》是《每周质量报告》在2004年8月1日播出的一期节目，讲述了重庆涪陵榨菜的全封闭式无污染制菜过程，为产品质量提供了保障。

食品安全领域的调查报道，以打假除劣扶优，推动质量进步为第一诉求。栏目关注人与质量的关系，还关注人的生存质量、服务质量、生活质量、消费环境质量和经营环境质量等方面，着力净化消费环境，提高生活质量，填补了我国电视媒体在食品安全监督方面的空白，开了质量问题报道领域的先河。

（2）树立了平衡新闻报道的标杆，稳定了社会情绪，促进了社会主义和谐社会的健康发展。

平衡报道对于着重报道食品安全问题的《每周质量报告》来说是其不断发展的内在需求，同时也是完成社会转型的一个重要战略。栏目在揭露危害社会经济生活的企业和个人时，也通过对合格品牌企业的正面报道疏通了社会不良情绪，起到了及时解疑释惑的目的，满足了受众知情的愿望，形成了积极向上的社会舆论氛围，实现了舆论监督的“减压器”作用。

（3）教会了人民群众鉴别“伪劣产品”的方法，传播理性消费和自我保护意识，成为人民群众的生活指南。

随着观众的反馈渐渐增多，节目通过自身的改版和改进，变得更加科学合理，找到了引导人们健康生活的方式方法。在受众观看电视节目时，就无形中把选择食品的要领和正确的鉴别方式传播给了受众，普及了科学知识、提升了消费理念，成为人民群众的生活指南。如《探查葡萄酒》[①]节目给人们展示了正规葡萄酒的生产工艺和鉴别全汁葡萄酒的方法，教会了人们如何选用放心葡萄酒，增加了人民群众的生活经验。

（4）为全国各行业解决质量问题做出了贡献，尤其纠正了食品行业忽视质量的问题，推动了社会的可持续发展。

《每周质量报告》用新闻武器对不良行为进行监督，对违法的行为进行曝光，尤其是在维护消费者食品安全上发挥了巨大的作用。

---

① 《探查葡萄酒》是《每周质量报告》2004 年 11 月 7 日播出的一期节目。

三、沟通政府与民众的广播节目——行风热线

自20世纪90年代末开始，在一些地方广播媒体中出现了一档以展示行风政风建设，关注群众心声，搭建沟通平台，实现广泛监督的广播栏目。有的叫“行风热线”，有的叫“政风行风热线”，有的叫“阳光热线”，有的叫“行风面对面”等。虽然名称各有不同，但是这类节目都是利用广播参与方便、互动快捷的特性，把与人民群众关系密切的政府部门和公共服务行业的领导们请进直播间，与群众进行“面对面”的交流。节目旨在解答群众关注的热点问题，受理举报和投诉，搭建起政府与民众的沟通桥梁，使政府施政理政更加公开透明，使群众心声表达更加顺畅有效。

1. 行风热线类节目的创办及发展

党的十五大以来，随着民主评议政风行风工作的广泛开展，为确保群众监督经常化，各级纠风办与广播电台等新闻媒体尝试开办了政风行风热线类节目。栏目以“替百姓说话办事，为政府分忧解难”为宗旨，以密切党群干群关系、纠正不正之风、促进社会和谐、实践科学发展为己任，对于推进政府管理创新和自身建设、推动民主政治建设产生了推动作用，对整合社会利益、实现国家与社会的良性互动具有重要意义。

1997年，中央文明办向全国发出“讲文明、树新风”创建文明行业、深化为民服务的号召，河北省邢台市在全市创建文明行业中广泛开展了“讲文明、树新风、塑形象”活动，邢台市各单位纷纷响应，承诺改进作风、扎扎实实为群众办实事。这项工作能否落实到位，需要媒体和社会的共同监督。邢台市文明办和邢台市人民广播电台抓住这一契机，率先开办了《行风热线》节目。[①] 随之，在赢得了广大人民群众叫好称赞之后，“行风热线”广播节目在全国范围内如雨后春笋般开办了起来。从开办的地区看，由最初在市（地）开始，逐步促进省级、带动县级、遍布全国，保持了良好发

① 于振华、赵朝峰、都新华：《从新闻品牌到民心工程——邢台电台〈行风热线〉十年实践的思考》，《中国广播》2007年第10期，第74页。

展势头。来自中央纪委、监察部的统计显示，截至2009年，全国已有31省（区、市）、94%的市（地）和一批有条件的县（市）全部开通了“热线”，其中26个省份市（地）一级的开通率达到100%。下表为全国部分省以及直辖市广播电台开办行风热线类节目的时间汇总表。

全国31省和直辖市广播电台开办部分行风热线类节目时间汇总表

2001	内蒙古《行风热线》
2002	河北《阳光热线》；天津《行风坐标为您解忧》
2003	黑龙江《行风热线》；吉林《政风行风热线》 山西《政风行风热线》；江苏《政风行风热线》
2004	安徽《政风行风热线》；陕西《秦风热线》 新疆《新广行风热线》
2005	山东《阳光政务热线》；北京《政风行风热线》 湖北《政风行风热线》；青海《政风行风热线》 辽宁《政风行风热线》；宁夏《政风行风在线》 江西《文明行风热线》；广西《政风行风热线》 广东《政风行风热线》；河南《政风行风热线》 甘肃《政风行风热线》；四川《阳光政务》
2006	贵州《阳光946》；云南《金色热线》 海南《政风行风热线》；浙江《政风行风热线》
2007	上海《政风行风热线》；重庆《阳光重庆》
2008	湖南《政风行风热线》
2010	福建《政风行风热线》

作为联系政府及人民群众的桥梁之一，行风热线类节目在全国各地众多媒体中都属于相对叫好又叫座的节目，如济南《政务监督热线》、上海《政风行风热线》、乌鲁木齐《首府行风热线》、天津《行风坐标为您解忧》、北京《议政论坛》、成都《面对面政风行风热线》、昆明《零距离行政效能监督热线》、青岛《行风在线》、福州《政风行风热线》等，

在做大做强特色品牌的同时，对频率品牌的提升也起到积极的促进作用。下表为全国部分城市广播电台开播行风热线类节目的时间汇总表。

时间	开播地级市、县、地区
1998	邢台
1999	临沂
2000	滨州、莱芜、枣庄、商丘、九江、菏泽、大庆、萧县等
2001	威海、贵阳、淮南、东营、宿州、十堰、淮北、新乡、淮安等
2002	乌鲁木齐、淄博、兖州、南通、阳泉、营口、柳州、七台河、保定、包头、盐城、邯郸等
2003	哈尔滨、太原、徐州、连云港、齐齐哈尔、丽水、遵义、长治、呼伦贝尔、鸡西、铁岭、阜新、扬州、泰州、许昌、南阳、本溪、牡丹江、河源、中江、淄博等
2004	广州、南京、大连、秦皇岛、莆田、高邮、盘锦、镇江、赤壁、杭州、绵阳、徐州、抚顺、铜陵、深圳等
2005	玉林、六盘水、茂名、漯河、鹤壁、葫芦岛、钦州、沂水、长春、阳江、丹阳、兰州、马鞍山、南阳等
2006	六安、亳州、福州、潮州、漳州、泸州、大理、临沭、靖江等
2007	温州、阜阳、上饶、永康、临淄、阜南、合浦等
2008	甘州、阳泉、莒南、东阳、新余等
2009	合肥、成都、丹东、青岛开发、天水、黄冈、漳浦、清远等

行风热线类节目经过多年的发展得到各个层面重视。辽宁的“民心网”、威海的“行风热线”、洛阳的“市长热线”等多次受到中央领导同志的批示表扬。2004 年 7 月、2006 年 8 月，国务院纠风办先后两次主持召开全国部分省（区）市政风行风热线经验交流会。2008 年 9 月 25 日，山东省深入推进政风行风热线工作会议在济南召开。中央政治局常委、中

央纪委书记贺国强 2008 年到河北调研时，专门到河北“阳光热线”进行视察，并作重要批示，要求把政风行风热线真正办成“热”线，领导干部和领导机关、群众、有关工作机构和工作人员都要“热”起来。

行风热线类节目持续关注着民生、为民解难。各地坚持把解决好群众反映的问题作为行风热线类节目的出发点和落脚点，维护了群众利益，化解了矛盾，促进了社会稳定。据国务院纠风办统计，2008 年，各地“热线”共受理群众反映的问题 65 万余个，纠正 59 万余个，解决率达到 91%。各地通过查处群众反映的突出问题，维护了群众切身利益，许多地方通过解决群众反映问题，完善政策，从源头上解决损害群众利益的不正之风。黑龙江省农委针对群众反映农村土地承包中的问题，出台了《关于妥善解决农村土地承包纠纷问题的若干意见》，使类似问题得到了解决。①

2. 行风热线类节目热播的原因

行风热线类节目热播的原因就在于“行风热线”的贴近性，节目选题注重老百姓最关心的热门话题，着力为老百姓解决实际问题，同时为市民参政议政提供了便利。行风热线类节目成为推动政府改进工作的“监督线”，为群众排忧解难的“民心线”，密切党群干群关系的“连心线”，成为构造和谐社会的有力助推器。

国家监察部副部长、国务院纠风办副主任屈万祥认为，“行风热线”之所以能够迅速“热”遍全国，关键在于其集舆论监督、群众监督与专门机构监督于一体，紧贴各级党委和政府中心工作，紧贴群众关心的热点、难点问题，“上为政府分忧，下为百姓解难”，并充分发挥新闻媒体覆盖面广、传播速度快、互动性强等特点，在人民大众和政府之间架构起了一座理解和沟通的桥梁。②

---

① 屈万祥：《总结经验，开拓创新，推进政风行风热线深入发展》，《中国广播》2009 年第 9 期，第 8 页。

② 屈万祥：《推进政风行风热线深入发展》，《中国监察》2009 年第 14 期，第 8 页。

（1）在上线单位和内容选题上贴近百姓生活。

上线单位和内容选题是各地行风热线类节目的重中之重。每期节目都会选择与百姓生活联系紧密的政府和公共职能部门，注重计划性与时效性的有机统一。例如公安、工商、交通、城建等行政部门，将其全部纳入参与播出单位名册，这些单位的主要领导都会按照每期的选题内容轮流走进直播间，与市民进行热线交流，解答问题、接受投诉。比如“初升高”来临之前，市民关注的自然是招生计划、名额分配等升学政策；供暖期将至时，有关取暖费收取标准、供暖达标等热点问题自然也会纳入节目的选题。[①] 这样，节目取得了了解社情民意、为百姓解决实际问题，并树立政府优良形象的共赢效果。

（2）在实践中着力为百姓解决实际问题。

行风热线类节目之所以长盛不衰，根本原因是为群众解决了一大批热点难点问题，各地都十分重视是否切实向市民兑现“件件有着落，事事有回音”的郑重承诺。市民通过行风热线类节目反映问题的解决落实情况，直接关系到节目的生命力。问题解决不到位必将使行风热线类节目失去公信力，失去人民群众的大力支持。而要保持它持久旺盛的生命力，就必须进一步加大力度去解决群众反映的问题。这就要求各上线职能部门必须从维护广大群众根本利益出发去处理问题，既不能敷衍塞责，更不能为行业保护找托词。

各地行风热线类节目在为市民解决问题的同时，工作重心绝不仅仅停留在事后补漏上，而应将具有前瞻性的解读政策、宣讲法规、解析政府部门办事流程，作为另一项深入研究的重要内容，以适度超前的政策宣传引导受众，促进政府部门与百姓的沟通了解，成为上下通达的来自媒体的给力途径。

3. 行风热线类节目的意义

20 世纪 90 年代末，改革开放进入关键时期，社会进入转型阶段，这

① 杨胜军：《大连电台〈行风热线〉热播原因探析》，《视听》2012 年第 10 期，第 44 页。

期间，新的社会管理体制尚未健全完善，人们的利益诉求渠道还不够畅通，企业、基层和人民群众还存有不少抱怨，行风热线类节目应运而生，它的诞生与发展为矛盾的化解找到了有效路径。各地电台通过开办“行风热线”，搭建起一个群众与政府沟通的有效平台，适应了社会的发展，同时也为提高群众知情权、话语权提供了有效的平台。

行风热线类节目是时代发展的产物，具有鲜明的时代特色。它将热线电话引入直播室，变对立式监督为“面对面”的对话式服务，充分发挥了广播服务社会生活的优势，使广播媒体吸引了越来越多的听众，扩大了广播媒体的社会影响。行风热线类栏目是新时期对广播媒介功能的深层开发，也是政府服务群众功能进一步拓展的产物。它成了政府联系群众、为群众办实事的阳光施政平台，广播的舆论监督作用也得到了最大限度、最有效的发挥。

（1）提高了广播媒体的舆论监督效率。

2008 年中央印发的《建立健全惩治和预防腐败体系 2008—2012 年工作规划》强调[①]，要支持和保证专门机关监督和群众监督，加强和改进舆论监督，并对办好政风行风热线提出明确要求。行风热线类节目对于加强反腐倡廉建设特别是深化纠风工作具有重要作用。节目把群众监督、舆论监督和行政机关的监督有机地结合在一起，创造了一种全新的监督形式。群众直接把电话打给电台，政府职能部门现场解决群众难题，接受社会监督。电台通过电波把直播室中群众和部门负责人的对话传播出去，对部门的处理结果在节目中予以公布，让广大群众去倾听和点评。这种节目的运行机制和问题的反馈处理机制，把电台的舆论监督和纠风办的行政监督以及群众的日常监督有机结合起来，拓宽了民主监督的渠道，加大了监督力度，强化了监督效果，对提高职能部门的工作透明度，改进工作作风、提高工作效率、增强服务意识、规范行政行为发挥了很大的作用。行风热线

① 整理自新华网：http：//news.xinhuanet.com/newscenter/2008-06/22/content_8417851.htm。

类节目以广播电台为媒介，以纠风部门为后盾，相关职能部门和单位积极配合，极大地增强广播媒体的舆论监督效率。[①]

（2）拉近了党和群众之间的距离，提升了党和政府的威信。

各地行风热线类节目的上线职能部门数量很多，少则10余个部门，多则上百个部门参与群众对话，这些群众平时不常见的政府官员，现在只要一个电话就可以得到回复，使群众对党和政府的信任感进一步增强。同时，热线也强化了干部的公仆意识，推进了民主政治建设。行风热线类节目的开办，使原来求告无门的普通百姓通过拨打电话就能与政府部门负责人零距离对话，把领导干部放到了接受群众监督的位置，他们到直播室与群众对话，使“公仆”归了位，他们的言行置于群众监督之下，民主意识和为人民服务的观念大大增强。[②]不仅为公众民主参政议政搭建了互动平台，最大限度地满足了公众的知情权和话语权，而且为普通群众提供了向政府部门反映问题、表达心声的机会。[③]

（3）及时反映民情，有效疏导社会情绪，维护了社会稳定。

各地行风热线类节目对人民群众反映强烈的每一个社会热点问题，都会使上线的有关部门进行及时认真的调查处理，使听众反映的问题在较短的时间内得到妥善解决。在政策咨询、解决问题的过程中，一些不良的社会情绪得到了有效的疏导。不少咨询和投诉的听众在打来电话时牢骚满腹，挂掉电话时心情舒畅，同时也促进了解决损害群众利益问题的效率。政府及各职能部门行业的领导通过热线电话与群众真诚交流，有诉必接、有求必应，使群众感受到了党和政府的温暖，增强了群众对党和政府的信任，疏通了上下通达的途径，表达了群众利益，维护了社会的稳定。

（4）创新了政府管理方式，有效推动了地方治理，推进了依法行政

---

① 李爱彬：《发挥广电媒体优势，实践社会管理创新》，《视听界》2012年6月，第71页。

② 张兵：《电波热线连民生　真情互动促和谐——〈政风行风热线〉栏目浅析》，《新闻世界》2010年5月10日。

③ 陈丽芳：《谈善用媒体——以〈政风行风热线〉节目为例》，《新闻世界》2011年第7期，第78页。

与纠风工作的进行。

行风热线类节目在制作过程中，采用公众关心的问题，邀请政府相关职能部门负责人走进直播室或是电话连线等形式，实现了政府与广大听众直接交流沟通。在交流沟通过程中，听众对政府的不规范行为可以进行民主监督，对政府实施的政策也可以发表建议，提出咨询和疑问，政府部门负责人，现场给予权威解答，全面介绍。一方面，让公众知道政府实施公共政策的背景，了解政策实施的原因、依据，从而获取公众理解和支持；另一方面让政府职能部门的负责同志了解本部门工作中存在哪些突出问题，结合社会公众的需求，确定下一步工作思路，使政府的管理行为更加趋于规范，符合和谐社会建设的需求。

（5）推动了和谐社会的文明进程，有利于社会民主政治建设。

综合各地的行风热线类节目的实践结果表明，行风热线类节目让人民群众都能感受到自己随时随地享有参与民主政治的机会与权利，也让政府感受到被公众监督下不容回避和不能拒绝的行政责任，从而最大可能地体现出上下沟通、平等交流、达成共识的和谐局面。行风热线类节目的热播，是我国政治文明的实证，是和谐社会建设的窗口。节目的参与者应该有意识地引导和切入，使我们的节目在完善人民民主权利保障制度、保障人民依法管理国家事务、管理经济和文化事业、管理社会事务等方面发挥积极的作用，从而促进政府职能转变，推进依法行政的进程，以利于廉政建设的可持续发展。

第三节　广播电视积极做好北京奥运会报道

1984 年 7 月 28 日至 8 月 12 日第 23 届奥运会在美国洛杉矶举办，中国人第一次通过电视观看了这届奥运会的开幕式，这也是中国的广播电视媒体第一次大规模地参与奥运会报道。在这届奥运会中，中国代表团共获得了 15 块金牌，列奖牌榜第四名。在 1984 年的这个夏天中国人的奥运梦想又被重新燃起，此后的每届奥运会中国的广播电视媒体都积极参与报道，广播电视媒体成了中国人了解奥运会的一个重要窗口，越来越多的中国人开始关注这个体育盛会，也热烈期盼着奥运会能在中国举办。2001 年 7 月 13 日，国际奥委会第 112 届全体会议投票选出北京为第 29 届夏季奥运会主办城市，在北京申奥之夜，中央电视台和中央人民广播电台推出大型特别直播《你好，奥运》，当北京成功获得了 2008 年奥运会的举办权时，前方的体育记者第一时间从莫斯科申奥现场发回了激动人心的报道，全国人民为之振奋，也是从那一刻开始中国人民热切期盼着北京奥运会的到来。

北京奥运会从 2001 年 7 月申办成功到 2008 年 8 月举办的这七年时间里，中国广播电视媒体一直在积极为 2008 年北京奥运会报道进行各方面的筹备。中国广播电视媒体对北京奥运会的场馆建设、交通疏导、奥运火炬接力路线、奥运安全保障等情况都进行了报道，节目内容丰富，报道及时而权威，获得了人们的好评。在北京奥运会举办之前，各地方电台、电视台也积极为奥运进行宣传，使得北京奥运会逐渐深入人心。2001 年 7 月 13 日北京申办奥运会成功之后，很多地方广播电视台也加大了对北京奥运会的宣传力度，不少省市电台陆续开办了专业或半专业的体育频率，一些对象性很强的广播频率也纷纷开办体育新闻和赛事实况广播节目。在北京奥运会举办期间，中国的广播电视媒体对奥运会进行了全方位、立体式的报道，向全世界展示了中国改革开放后取得的成就，也充分展示了“绿色奥运、科技奥运、人文奥运”的理念。

一、北京奥运会举办前广播电视媒体积极准备

奥运会不仅是一个体育盛事，它还与政治、经济、文化有着千丝万缕的联系，世界各国媒体对奥运会的争相报道使它成为当今人们最关注的媒介事件之一，每届奥运会的举办总是牵动着亿万人心。中国的广播电视媒

体从1984年洛杉矶奥运会初试啼声，到2004年对雅典奥运会成功报道，在经历了六届奥运会报道的不断尝试之后，已经为2008年北京奥运会报道积累了丰富的报道经验。

1984年洛杉矶奥运会中国代表团取得了出色的成绩，媒体的积极报道让中国人的奥运情结在神州大地扩散开来。此后中国的广播电视媒体对每届奥运会的报道力度也在逐次增加，这也是在为2008年北京奥运报道进行热身。

1. 中国广播电视媒体的奥运会报道经验在不断丰富

奥运会这样盛大的体育赛事总会吸引世界各地人们的关注，各国广播电视媒体积极对奥运会进行报道，加深了人们对奥运赛事的了解，中国广播电视媒体奥运会报道起步较晚，但是报道规模在不断扩大，随着一届届奥运会的赛事举办，中国广播电视媒体的奥运会报道经验在不断丰富。

1984年的洛杉矶奥运会，中央电视台第一次转播奥运会，缺乏报道奥运会的经验，当时派出了只有5人组成的报道团队前往洛杉矶进行报道，对这次奥运报道进行了很多尝试。到了1988年汉城奥运会，中央电视台派出了由解说员和记者组成的18人的报道团队，这一次在汉城和香港无线电视台合租了一间办公室，由于当时的条件限制，这次奥运报道主要是采用香港无线电视台制作的内容，中央电视台的报道团队只是加点解说和制作一些简单的新闻。

1992年巴塞罗那奥运会，中央电视台在当地租了一间25平方米的奥运转播间，并且充分利用在北京的后方演播室，尝试将前方转播间与后方演播室相结合，在这次奥运报道中增加了很多自己采访和制作的内容，奥运报道的规模、形式都到达了一个新的阶段。

1996年的亚特兰大奥运会，中央电视台派出了60多人的报道团队前往亚特兰大，也是在这一届奥运会中，中央电视台在奥运前方的演播室和评论席，转播和制作的节目质量也得到了很大的提高。到了2000年悉尼奥运会，中央电视台则派出了110人组成前方奥运报道阵容，并采用多种手段对奥运会进行实行动态播报。中央电视台一套在《新闻联播》和《新闻30分》中专门开了窗口及时插播奥运会新闻，以便全国的观众及时了解奥运赛事的进展。中央电视台五套从北京时间早上7点开始到第二天凌晨2点一直持续地进行奥运会报道，设置了很多不同类型的节目，不仅有奥运新闻、专题节目，还有比赛实况、精彩回放、赛事评论等节目，满足受众对奥运报道不同层面的需求。

2004年雅典奥运会，中央电视台不仅向前方一共派出了160多人的报道团队，而且在后方还有300多人的团队在为奥运会忙碌，为全国观众全面了解雅典奥运会制作了很多精彩的节目。在雅典奥运会现场，中央电视台还有一支近60人的队伍参加了奥运会电视转播公共信号的制作，承担了乒乓球、羽毛球和现代五项等三个项目的信号制作任务，制作水准赢得了国际奥委会的高度赞赏[①]。这届奥运会，中央电视台一共做了1200多小时的节目，时长创造了当时国内奥运报道的新纪录。

在2001年北京成功申办奥运会后，中央人民广播电台对2002年盐湖城冬奥会进行了大规模的全方位的报道。在这届冬奥会报道中，中央人民广播电台报道非常具有时效性，而且节目的现场感和评论的权威性都大大增强，获得了各界的好评。

到了2004年的雅典奥运会，中央人民广播电台新闻综合频率对奥运会的报道力度更大，实现了各档节目全方位联动，对奥运会进行了快速、全面地报道。其中在中央人民广播电台影响力非常大的《新闻和报纸摘要》和《全国新闻联播》节目中，专门开设了奥运专栏，用于播发最新的奥运新闻。此外，中央人民广播电台新闻综合频率还特别推出了直播节目《直通雅典》，每天4次滚动播出雅典奥运会的相关报道，加大了对奥运会的报道力度。除赛事报道之外，节目还开辟了《梁悦快评》和《建奇视点》这两个以主持人和记者的名字命名的专栏，以体育主持人和记者的独特视角去评述赛事，引导听众欣赏奥运，深得听众好评。节目直播期间共收

① 《CCTV奥运报道历史》，《广告导报》，2012年4月。

到听众发送的参与短信130多万条，平均每秒200条。根据对全国36个城市270多个频率所做的收听调查显示，《直通雅典》节目的占有率高达20%。[①]中央人民广播电台全天实时立体化地报道了2004年雅典奥运会，为中央人民广播电台体育报道史书写了精彩的篇章。到了第29届北京奥运会，中央电视台和中央人民广播电台举全台之力，加大了人力、物力、财力全力以赴做好北京奥运会报道。

2. 加强硬件设施建设，为广播电视媒体奥运报道提供物质保障

在2001年北京奥运会申办成功后，我国的广播电视媒体为实现对北京奥运会全方位、多渠道的报道，就开始积极进行硬件设施建设，为广播电视媒体更好地进行北京奥运会报道提供物质保障。

2004年9月22日，作为北京奥运会的重要配套项目，中央电视台新台址建设工程正式开工，新台址由主楼、电视文化中心和附属配套设施组成，也成了北京的标志性建筑。

2005年9月，北京奥林匹克转播有限公司和中央电视台以及北京、广东、江苏、辽宁、上海、天津、浙江7家地方广播电视机构在北京签署合作备忘录，中国电视机构将参与乒乓球、羽毛球、现代五项、足球、篮球、排球、网球等7个项目的奥运转播。[②]这也是中国地方电视媒体第一次大规模地参与到奥运会电视转播活动当中。

2006年8月8日，中国国际广播电台专门为北京奥运会设立的奥运广播开始播音，中国国际广播电台凭借其丰富的多语种广播经验和外语人才优势，以宣传“绿色奥运、科技奥运、人文奥运”三大理念、服务北京2008奥运会、展示中国新形象为宗旨，让世界各国人民通过北京奥运更加了解中国，增进中国人民和世界各国人民的友谊。中国国际广播电台奥运

① 陈建奇：《与世界同步 与时代同行——中央人民广播电台奥运报道工作概述》，《奥运传播暨体育新闻传播史研讨会论文集》，中国广播电视出版社，2009年版。

② 颜美惠、陈国强：《地方电视台的奥运报道准备——以上海电视台为例》，《中国记者》2007年11期。

广播以联合国6种官方语言，即汉语、英语、俄语、法语、西班牙、阿拉伯语，以及日语、朝鲜语和德语等9种语言全天24小时播出，播出频率是中波900。首播节目从每天早上7点开始，其中汉语普通话节目3个小时，英语节目7个小时，其他外语节目各2小时。节目内容包括体育及奥运资讯、生活服务信息，及中国政治、经济、文化、旅游、奥运英语、学汉语等专题。①

为了更好地进行奥运转播，中央电视台于2007年专门购置了一架意大利阿古斯塔公司的CA109型双发直升机，为它配备了高清吊舱、高清航拍球和微波中继。计划用于开幕式和一些重要比赛的空中拍摄或空中支持，它的续航能力、拍摄能力和机动性能都非常好，而且这架飞机还具备海上航拍的功能，可以完成一些海上大型赛事的转播。②

为方便世界各地媒体报道北京奥运会，在位于奥林匹克公园中心区域还建成了北京2008年奥运会主新闻中心（MPC）和国际广播中心（IBC）以及为非注册记者提供服务的2008北京国际新闻中心（BIMC），距鸟巢、水立方、国家体育馆都很近。此外，为了让各国转播商能够更好地报道北京奥运会盛况，在国际广播中心和鸟巢之间还建设了一个七层的多功能演播塔，在奥运会期间接待了来自世界各地的10000多名记者。

中国广播电视媒体充分发挥奥运的品牌资源和东道国的优势，采取多种多样的节目方式，为全方位多渠道地实现赛事转播进行积极的准备。在借鉴历届奥运会的报道经验的基础上，中央电视台精心策划完成了2008年奥运报道整体方案，明确了报道规模、报道原则和节目制作形式。中央电视台还获得第二十九届奥运会（北京奥运会）中国大陆和澳门地区唯一的电视和新媒体转播权，央视网成为北京奥运会官方互联网及手机转播机构，这也是国际奥委会首次将互联网、手机等新媒体作为独立的转播平台，

① 《中国国际广播电台奥运广播开播　时刻与北京奥运同步》，国际在线，2006年8月8日。

② 李长云：《央视奥运报道方案公布　七频道联合奉献奥运盛宴》，人民网，2008年4月16日。

在奥运会转播史上具有重要意义。

3. 广播电视节目设置上也在为北京奥运会积极筹备

中央电视台为了做好北京奥运会的报道，进行了历时多年的各种节目演练。2001年的夏天，中央电视台推出了专门为北京奥运会量身定做的《北京2008》栏目，这个栏目一推出，很快就成为中央电视台的奥运品牌节目。该节目紧跟重大新闻事件，为人们迅速、及时地介绍了2008年奥运会的筹备状况。《北京2008》独家报道了很多奥运相关事项，涉及场馆建设、北京环境治理、交通疏导、奥运会志愿者招募、奥运火炬接力路线、奥运安全保障等方面的情况，节目内容丰富，报道及时而权威，获得了人们的好评。该栏目还借助节目中的“奥运故事”板块，讲述了一些与奥运会有关的感人故事，为人们普及了奥林匹克知识和奥林匹克的精神，调动人们对奥运会关注的积极性。

随着北京奥运会开幕时间的临近，中央电视台的品牌栏目《体育人间》在内容上也不断地向奥运过渡。2004年《体育人间》栏目推出了百集系列片《中国奥运冠军特辑》，在节目中为电视观众讲述了奥运冠军们成长过程中的酸甜苦辣，这些奥运冠军们不为人知的感人故事引发广大观众精神上的共鸣。2006年中央电视台在《运动空间》栏目里推出了一个“奥运金牌”板块，这档节目为人们普及了奥运项目知识，帮助广大观众在奥运期间更好地收看奥运转播。在“奥运金牌”板块中，节目逐一介绍了奥运会28个竞赛大项、302个小项的比赛规则，以及在现场观看各种比赛时应注意的事项等，特别是对我国的优势项目如体操、跳水、乒羽球和一些热点项目，如田径、游泳、足球、篮球、排球等，邀请奥运专家、裁判和教练做专门讲解。[①]

2007年1月，中央电视台一套开办了《我的奥林匹克》栏目，栏目紧扣2008年北京奥运会，注重新闻性和人文性，在节目中通常是围绕一个

① 侯珂珂：《央视年底将拿出完整的北京奥运会整体报道方案》，《光明日报》2006年10月30日。

核心故事，讲述奥运名将们不为人知的故事，让观众了解奥林匹克精神。2007年8月，中央电视台体育频道推出了一档《奥运ABC》栏目，节目介绍奥林匹克运动比赛项目，通过三维动画展现奥运比赛的玄妙和魅力焦点，具有很强的知识性和观赏性。

2008年1月1日，中央电视台五套正式更名为“奥运频道”，改版后的频道以奥运五环为LOGO，使人一目了然，24小时不间断播放奥运节目。频道重视对节目形态的创新，精心制作了一批奥运节目，如《五环夜话》，恢复播出《奥运故事会》《奥运与科技》《谁与争锋》《奥运档案》等节目。中央电视台一套还从2008年1月1日开始每晚播出一档日播新闻资讯类节目《奥运进行时》，节目及时进行了奥运筹备工作动态报道，还经常进行国内外体育新闻集萃式的报道，为广大的观众及时提供体育资讯。

2008年1月22日，中央人民广播电台发起全国140家广播电台共同组成“全国奥运广播联盟”。作为持证转播商，中央电台以公益形式组织全国广播同业共享奥运赛事转播、报道权，这在奥运会新闻报道史上是第一次。中央人民广播电台以体现特色和融合资源的大策划，推出2008奥运大直播季，与国内外广播媒体合作，对奥运火炬境外传递、境内传递等活动进行联合直播，开创了中国广播电视史上全程直播奥运火炬传递的新纪录。“全国奥运广播联盟”的成立，不仅推动了中央电台和地方电台的合作，实现了广播新闻资源整合共享，也有利于奥运报道传播效益最大化。

北京电视台在北京奥运会之前就推出了《福娃奥运漫游记》《咱们这七年》《北京印象》等一批奥运节目，积极为奥运会进行宣传，不断地为北京奥运会进行预热。在北京奥运圣火传递到天津时，天津人民广播电台、天津电视台、北方网共同完成了48小时的奥运火炬传递特别直播节目《祥云火炬耀津城》，反映了天津人民对奥运圣火的热烈欢迎。内蒙古广播电视台从采集奥运圣火开始相继开设《草原儿女迎奥运》等30多个专栏节目，在专栏节目中通过介绍奥运知识，传播了奥运理念，同时也报道了内蒙古各族人民欢迎奥运的热情。

上海电视台体育频道为了更好地报道奥运会，体育频道按照“多种媒体联手，精彩内容联动，强大资源联合”的宗旨，对原有的部门进行了重新组合，将原有的广播部和电视新闻报道部进行了整合，建立了新的新闻采访部和新闻编辑部。此外，为了更好地利用优质节目资源，扩大节目的影响力，上海电视台体育频道的《体育新闻》《今日体育快评》等节目还在上海体育广播频率中播出，而上海体育广播的非常受人们欢迎的访谈类节目《强强三人组》在周末则推出特别版节目，同时在上海体育广播和上海电视台体育频道中播出。这种将体育频道优质节目进行广播电视联动播出的做法，可以降低节目成本，提高节目传播效果。

北京奥运前，天津电视台开设了电视直播报道《快乐圣火、共享奥运》、天津人民广播电台设置了专题报道《世界聚焦北京》。湖南卫视也推出了一系列跟奥运相关的体育节目，其中《奥运向前冲》重在展现大众趣味体育竞技，《健翔看奥运》则从人文、历史、经济等多种角度对奥运进行解读。

二、北京奥运会期间的广播电视报道

1. 对北京奥运会展开大规模、全方位的报道

在北京奥运期间，中央电视台调动了 1 套、2 套、3 套、5 套、7 套、12 套、新闻频道等 7 个频道资源，对奥运会进行多角度、多层次立体化的报道，为人们全面地展示奥运会的风采。中央电视台是中国境内唯一获得奥运转播权的电视机构，掌握着最多最全的奥运信息资源，在报道北京奥运会时具有得天独厚的优势。在北京奥运会期间，中央电视台 1 套除了保留《朝闻天下》《新闻 30 分》《新闻联播》等节目之外，其他的很多时段都用于奥运报道，这样进一步扩大了奥运报道在全国的影响力。中央电视台 2 套在北京奥运会期间则主要是转播奥运会的比赛直播及录像，奥运频道全天候实时关注奥运赛事进展，还制作播出了很多奥运专题节目，成为很多观众获取奥运赛事信息的重要渠道。在我国农村覆盖率和收视率都较高的中央电视台 7 套在奥运会期间对重要赛事进行了转播和重播，满足

了广大农村观众的需求。中央电视台 3 套、12 套对一些重大赛事也进行及时的转播，新闻频道则一直跟踪评点奥运会。

在北京奥运会期间，中央电视台汇集了众多观众的注意力。中央电视台频道总份额达到 52%，其中，收视份额最高的依然是广泛覆盖全国城乡地区的中央电视台综合频道，全天收视份额为 15.7%。①

中央电视台部分频道奥运收视变化②

频道	收视率 %			市场份额 %		
	奥运期间 8 月 8 日—8 月 24 日	2008 年 1 月—6 月	增减幅度 %	奥运期间 8 月 8 日—8 月 24 日	2008 年 1 月—6 月	增减幅度 %
综合频道	2.06	1.03	101%	15.67	9.76	61%
二套	0.59	0.15	286%	4.46	1.45	208%
奥运频道	1.28	0.23	446%	9.71	2.23	335%
七套	0.58	0.14	324%	4.38	1.29	240%
新闻频道	0.40	0.17	136%	3.07	1.62	90%
六套	0.43	0.43	0%	3.24	4.04	–20%
八套	0.56	0.50	13%	4.26	4.72	–10%

北京电视台为了更好地进行奥运直播，在奥运期间 1 套停播电视剧，以动态化、全景式报道奥运综合情况，每天直播 17.5 小时；BTV–6 全面直播赛事，提供专业赛场新闻，每天直播 16.5 小时，奥运期间北京电视台播出奥运赛事及相关节目总时长 1250 小时。上海东方卫视将晚上 19 时至 21 时的电视剧黄金档变成了“奥运时间”，奥运会期间则换上大型综艺直播节目《喝彩！北京奥运》。在北京奥运会举办期间，湖南卫视中午的“播报多看点”和晚间 18 时播出的“娱乐无极限”也都取消，变成了奥运特别节目《奥运天天奖》，原来零点开播的《零点峰云》停播，变成了黄健

① 蔡倩：《北京奥运收视回顾》，《收视中国》，2008 年 9 月刊。

② 蔡倩：《北京奥运收视回顾》，《收视中国》，2008 年 9 月刊。

翔的特别节目《健翔看奥运》。[①]

2008年北京奥运会期间，中央人民广播电台作为持证转播机构，受到了人们的广泛关注。中央人民广播电台抓住这一历史机遇，以“体现特色的全方位报道和整合资源的立体化报道，实现传播效益的最大化”为总体思路，出色地完成了北京奥运会的报道。

北京奥运会中央人民广播电台前方记者数量为历届奥运会之最，达100多人，其中注册记者36人、非注册记者11人及外围记者几十名。注册记者进场馆采访，非注册记者在场馆外采访，外围记者采访与奥运会相关的内容，形成对赛场内外的全景报道。前后方搭建了前方IBC及体育场馆指挥报道平台、台内多媒体奥运报道中心、全国奥运广播联盟报道中心、台网互动的立体报道平台四大报道平台，实现了多点直播以及广播与网络互动传播。中国广播网获得了北京奥运会官方互联网、移动平台转播机构央视网的授权，利用这一优势打造台网一体联动报道、多点直播、全国奥运广播联盟网络报道、网络媒体互动等平台全程报道北京奥运会，实现了广播“文字化、图片化、视频化”。

2008年8月8日至24日，中央人民广播电台完成了持权转播商公用信号制作，传送奥运赛事及相关节目共计5034小时39分钟；40路国际声音信号和传送奥运赛事及相关信号的立体声音频共计4000小时。全台10个频率累计转播奥运赛事280余场；播出记者现场连线2600多次、奥运新闻约27000条次、专题3106篇，播出总量约2992小时；五套现场直播奥运会开幕式、闭幕式累计2200分钟。[②]

北京奥运期间，上海人民广播电台广播新闻中心派出了由15人组成的报道小组赴京采访，并在北京设立直播室，进行赛事解说、新闻直播，15人团队，分工明确：一线采访、后方编辑、直播主持，同时，报道组

① 刘玮、刘婷婷：《地方电视台奥运时间表　北京1套6套直播奥运会》，《新京报》2008年8月8日。

② 王求：《广播见证盛典的精彩——中央人民广播电台北京奥运会报道的实践与思考》，《中国广播电视学刊》2008年第12期。

所有成员都会根据赛事随时发出口播连线，为上海听众介绍最新的赛事情况。[①] 上海人民广播电台的前方报道组还加入了全国奥运广播联盟的信息平台，与中央电台和其他地方电台相互合作，资源共享。上海人民广播电台的北京奥运报道，报道组把报道的视角不仅放在具体赛事上，还把目光放在其他的与奥运相关的细节上，特别是关注了奥运给北京的文化、民生带来的影响。

北京奥运会期间，广州人民广播电台集中力量宣传奥运赛事，将第一套频率“风云962”改名为“奥运风云962”，派出4名记者前往北京进行奥运报道。为报道奥运赛事，广州电台“奥运风云962”在全天早中晚开设三档奥运节目——《早晨奥运》《奥运快递》《奥运风云榜》，对赛事进行全面介绍。在前期报道中，前方记者就北京的文化、交通、城建、经济、空气质量以及奥运场馆的各种情况进行了介绍；奥运会召开期间，记者又将广东以及广州人较关心的赛事和人员作为报道重点。

2. 合理安排赛事转播，满足受众不同需求

在北京奥运期间，中央电视台多个频道直播了奥运赛事数千场，覆盖了北京奥运会全部28个大项，满足了不同受众对赛事观看的需求。很多频道在北京奥运赛事相关编排时充分考虑到了中国观众的收视需求，对中国观众广泛关注的一些奥运赛事，特别是有中国队参加的项目以及中国队优势夺金项目进行了重点报道。一些上班族因为工作的原因错过了一些精彩的赛事，中央电视台七套特别对一些比赛进行重播，满足了上班族的收看需求。在奥运会开始后，中央电视台多套节目全力出击对奥运赛事积极进行报道，进一步扩大了奥运报道的覆盖面，也为中央电视台赢得了更多的观众。

在奥运期间，中央人民广播电台的北京奥运会报道把握重点，突出新闻，第一时间将重大看点予以精彩呈现。中央人民广播电台使用了第一套

---

① 汤丽薇、任巍：《上海台：年轻化报道队伍与精彩奥运同行》，中国广播网，2008年8月13日。

新闻综合频率——中国之声来突出报道的时效性和权威性。在奥运期间除保留早、中、晚三档综合新闻节目外，大幅度增加奥运报道播出时段，全天开办奥运报道4个板块，通过现场直播、多点连线直播、录音报道、消息、访谈、评论、话题讨论、互动参与等报道方式全天候报道奥运进程。覆盖北京地区的第四套节目——都市之声在奥运期间每天滚动播出25次的《1018资讯网》和早晚各30分钟的《奥运来了》。此外，对台广播和对港澳广播开设了相应的奥运专题节目，为港澳台听众提供了及时、全面的奥运信息。[①]

在北京奥运会期间，中央人民广播电台的中国之声、奥运之声并机播出了《梦圆北京》节目，每天以16.5小时的时长对奥运会进行实时报道，而且在此次奥运会报道中第一次在直播中实现了台内直播间与赛场内外多个报道点，与7个承办城市、全国31个省区市及全球20多个华语电台的连线报道，做到了将北京奥运会的主要赛事进展情况快速及时地报道播发出去。

在北京奥运会期间，北京电视台积极配合奥运宣传，加大了对奥运会的报道力度，共播发赛事报道一万余条，转播奥运赛事300余场，取得了非常好的传播效果。为全面报道北京奥运，北京电视台将北京卫视改版为全奥运频道，以栏目化设置为单元进行组合，并实施以赛事报道为核心的动态编排。北京卫视原有4档新闻节目，分别是《北京您早》90分钟，《特别关注》《北京新闻》《直播北京》各30分钟，奥运期间4档新闻节目全部实现特殊编排：《北京您早》改版为《奥林匹克早晨》，定位在全面回顾昨日赛事，详尽预告今日看点；《特别关注》改版为《奥林匹克新闻》，时长延至90分钟，定位为第一时间速递即时比赛进程；《北京新闻》延至60分钟，增加半小时奥运报道；《直播北京》改版为《奥林匹克全景》，

① 陈建奇：《与世界同步 与时代同行——中央人民广播电台奥运报道工作概述》，《奥运传播暨体育新闻传播史研讨会论文集》，中国广播电视出版社，2009年版。

延至 90 分钟，定位为全面回顾当日赛事，进行焦点访谈和热点评论。[①] 这样的编排扩充了新闻节目时长，有利于电视媒体采用多种手段进行奥运报道，而且这样节目定位更加明确，在奥运期间都是围绕奥运会展开报道。

3. 积极打造新的奥运专题节目

在北京奥运会举办期间，中央电视台将一套的名牌栏目《新闻联播》《朝闻天下》《新闻 30 分》《晚间新闻》并机直播，还在节目中加大了奥运赛事预告、动态新闻以及综合报道数量。中央电视台新闻频道的《朝闻天下》在奥运会期间将节目分为两个段落，早上 6 点到 7 点之间主要回顾前一天刚刚结束的奥运会赛事，全面梳理奖牌榜情况，以及前一天中国代表团和各国代表团的精彩表现，着重强调打破世界纪录、奥运会纪录的运动员。节目以前一天产生的所有冠军为基础，评选出一位赛场明星，并介绍相应背景资料，展现中国奥运冠军风采。在预告环节中，以中国代表团的夺金几率、观赏性等为看点进行重点预告，包括天气、出行、观赛提示等资讯。从 7 点开始，《朝闻天下》与综合频道并机，以新闻为主，综合赛事精编消息，国际新闻和其他国内新闻也在这一时段播出。[②] 此外，中央电视台奥运频道新开设专题性节目《早安，奥林匹克》以两个小时的时长报道前一天奥运会赛事信息，该节目也成了北京奥运会期间时间跨度最长的新闻专题性节目。

除赛事转播外，北京奥运会期间中央电视台还制作了大量有关奥运的新闻报道和特别专题节目，从不同角度对北京奥运会进行了全方位的报道，满足不同观众收视的需求。中央电视台奥运频道在晚间特别推出了大型演播室节目《荣誉殿堂》，每一期节目主要围绕奥运选手的参赛项目、教练或者家人展开话题，深入挖掘这些奥运选手身上的细节和奥运会背后的故事。中央电视台一套晚间还推出一档面向广大体育爱好者的节目《全景奥

---

① 张冬林：《变竞技主场为报道主场——北京电视台的奥运报道方略》，《中国记者》2008 年第 9 期。

② 周宇红：《央视奥运转播全解读》，《重庆商报》2008 年 7 月 29 日。

运》，这个节目主要是对当天发生在赛场内外的状况进行全景式梳理，并对相关报道进行评论，对赛事相关新闻进行个性化解读。中央电视台还推出了一档非常短小精悍的栏目《奥运名人堂》，栏目播出的时间并不固定，可以根据需要随时在赛事直播过程中或其他时间段插播。中央电视台在北京奥运会期间的奥运报道非常全面、立体，各频道的电视节目都以自己独特的视角出发，为电视机前的观众进行了精彩奥运会报道，满足了不同背景受众的需求。

上海东方卫视的众多节目都为奥运打造，新开设的《看东方》《奥运在我家》《为奥运喝彩》《奥运大盘点》等几档新节目也是为奥运专门制作，《真情实录》《杨澜访谈录》等老节目也开设了奥运专栏。

在北京奥运会期间，广东电视台组成了强大的奥运报道团，通过新闻动态报道、专题专栏、人物访谈、赛场直播、现场转播等方式全方位、多角度来报道北京奥运会。

4. 众多电台电视台联动完成奥运报道

在北京奥运会期间，中央电视台承担了足球、篮球、排球、乒乓球、羽毛球、网球和现代五项等 7 个项目的电视国际公用信号制作任务，这在巴塞罗那奥运会之后是所有东道国电视台没有过的。中央电视台、北京电视台、广东电视台、上海电视台、江苏电视台、辽宁电视台、天津电视台和浙江电视台等参与了七个项目比赛信号的制作，分别是乒乓球、羽毛球、现代五项、足球、篮球、排球和网球。① 电视毫无疑问是北京奥运媒介市场的最大赢家，北京奥运会电视转播时间多达 5 千多小时，是雅典奥运会的三倍，是当时奥运历史上转播规模最大的一届奥运会。

北京奥运赛时，中央人民广播电台的中国之声与联盟台（全称为“全国奥运广播联盟”）近 200 名工作人员齐聚联盟报道中心，共同推出《梦圆北京》特别直播节目，每天 10 多个小时全程报道，所有中国运动员夺

① 第二十九届奥林匹克运动会组织委员会：《北京 2008 年奥运会总结报告 · 第三卷：走向成功北京奥组委》，2008 年。

取金牌和主要赛事进展都在第一时间播发。从奥运会开赛到8月11日下午的两天半里，深圳台每天超过8小时直播，中央电台提供的C15解说员信息系统派上大用场，重庆电台新闻广播节目在报道中心第一个向后方直播，并充分利用全国奥运广播联盟的注册记者、非注册记者等资源，全天穿插播出奥运最新战报、金牌情况、人物专访、赛事评说等。中央电台和地方电台之间形成的综合性立体式报道，彰显了国家电台与地方电台联手发挥各自优势的强大力量，其全方位、多角度的奥运报道，使亿万听众身临其境般地感受到了奥运风采和奥运精神。

北京奥运会期间，成都电视台联合了上海电视台、南方电视台、天津电视台、南京电视台、杭州电视台、大连电视台等全国16家地方电视台，共同斥资200万元在毗邻水立方180米、鸟巢500米的一处商务楼内搭建了直播室，调动了16家电视台的近100名工作人员全方位报道此次奥运会。[①] 这是除了中央电视台外，国内阵容最强大的电视媒体报道团队，打造了特别节目《奥运大中国》，给人们带来了精彩的奥运资讯。

南方电视台除了在主要新闻栏目《南方报道》《第一时间》《今日一线》等节目中报道北京奥运会之外，还联合国内36家省市电视台，结成奥运新闻报道联盟，在北京设置奥运特别节目直播室，开设特别节目《奥运一线》《奥运男人帮》《马上看奥运》等，取得了较好的传播效果。

三、广播电视北京奥运会报道的特点

1. 借力于新媒体平台，增强与受众的互动

北京奥运会将网络、手机等新媒体作为独立转播机构，与传统媒体一起列入转播体系，这创造了奥运会史上新的历史。网络、手机等新媒体成为人们获取奥运会信息的主要渠道，由于新媒体的便利性，很多人都是通过这些新媒体观看北京奥运会精彩赛事的。北京奥运会时各大媒体不仅在

① 刘青青：《胡紫薇主持〈奥运大中国〉16家电视台将播》，《成都晚报》2008年7月30日。

报道时效、报道内容和报道形态上进行着比拼，而且在传播新技术、新手段方面也在不断创新。

北京奥运会期间，广播电视媒体都充分利用新媒体平台，为受众提供全方位的奥运信息服务。中央电视台借力于央视网对北京奥运会的开幕式、闭幕式以及全部赛事进行全程直播，成为全球唯一全程直播所有奥运赛事的新媒体。为方便网友在最短时间内对赛事进行点播回看，央视网推出“最新赛事视频滚动播报”，借助先进的制作系统，实时提供最新赛事视频片段，同时按照项目和赛事日程等，将丰富的赛事内容进行整合分类，并精心策划“中国夺金”“巅峰决战”“奥运英雄榜”“冠军访谈”“奥运影像馆”等主题点播频道，央视网还开通28个24小时播出的轮播频道，按最新赛事、最热赛事、热门项目等进行分类。①

中国广播网也加强了台网互动的力度，发挥数字广播优势，在四套数字广播节目中24小时不间断地播出了实时的奥运会各项赛事信息。此外，中国广播网还推出了《中广直播间》《记者在现场》《视听奥运》等七个视频专栏，观众可以随时随地点击播放奥运会赛事的精彩视频，并开通了《奥运一线》《奥运达人》《在家看奥运》《奥运拉拉队》《奥运宅人》等五个栏目与网民互动，网民可以通过这些栏目相互交流奥运赛事信息，也可以相对自由地发表个人见解。

互联网的普及，改变了人们阅读和接受信息的习惯，受众由过去单纯的接受者变成信息的提供者、发布者、传播者。人们不仅可以在网上、手机上观看赛事的直播，而且能够就自己感兴趣的比赛或者运动员发表自己的观点。调查表明，在北京奥运会期间，平均26.20%的网民参与媒体互动，通过参与评论的方式对相关内容提出反馈；17.00%的网民通过邮件、时通讯、转帖等行为转发所看到的奥运信息；22.50%的网民使用社区、BBS、博客群、即时通讯等工具参与到奥运相关内容的多人在线讨论活动，这些数据体现出网民对北京奥运的高度参与。②

① 汪文斌：《联盟互动　借船造势　打造网络新媒体传播平台——央视网奥运报道之回顾与思考》，《电视研究》2008年第12期。

② 王彤：《奥运推动互联网成为主流媒体》，中国新闻网，2008年9月11日。

在北京奥运会报道中，手机作为一个全新的载体，因其使用的便利性和互动性，很多用户选择了使用手机观看比赛。观众可以通过互联网、手机，在比赛进行的同时发表自己对赛事的见解，与他人进行互动，观众通过网络、手机等新媒体参与奥运成为北京奥运会的一个重要特色。在北京奥运会报道中，受众可以通过手机短信、电话连线等方式参与广播电视直播节目和专题类节目，充分实现了广播电视与受众的互动。

2. 坚持受众本位，方便受众收听收看

坚持受众本位报道奥运会，就是在报道时要站在受众的角度，在报道奥运盛况的同时，充分满足受众的不同层次的需求，在报道中增强亲和力，拉近与受众的心理距离，扩大媒体的影响力。在北京奥运会报道时很多广播电台电视台，在关注本国奥运选手的同时，还采访了外国运动员、外国游客，了解他们本届奥运会的亲身经历和内心感受，取得了良好的报道效果。

中央电视台充分考虑观众的收视需求，科学编排各赛事转播频道的节目，投入多个频道进行奥运报道，为受众观看体育赛事提供便利，还为运动员、观赛者、外国游客等提供各种实用信息，受到了国内外观众的认可，增强了报道的亲和力，全面满足观众的奥运收视需求。

中央人民广播电台每天在《新闻和报纸摘要》节目中对本台和中央电视台赛事直播进行预告，在《梦圆北京》特别直播节目中开设“赛事直播指南”，全天滚动播出。此外，还在中国广播网的显要位置刊发广播电视奥运赛事转播表，方便受众收听收看，为受众提供便利。

3. 展现“以人为本”的报道理念

中央电视台北京奥运会的报道坚持了“以人物为报道主体”“人文化制作”的报道理念。在此次奥运会报道中，中央电视台的多个节目始终以人物为主体展开报道，通过赛场画面、赛后采访、人物访谈等方式为观众展示奥运选手的风采。在《全景奥运》《早安，奥林匹克》等栏目中则通过深入采访挖掘奥运人物背后的故事，讲述奥运选手的参赛经历，在报道中始终坚持以人物为主线，在报道人物事迹的同时更关注人的内心感受，引发观众的共鸣。在奥运期间，中央电视台的《人在奥运年》《奥运故事会》等情感类节目也主要是以人物为核心，探索奥运人物的心路历程，充分展现了奥运会的人文精神。

中央电视台还充分报道了取得突出成绩的外国运动员以及来自体育弱国运动员的参赛情况，体现奥运会的世界性和人类共享奥运会的主题。如在2008年8月17日，菲尔普斯取得游泳第八枚金牌，奥运频道第一时间在混合区单边点进行独家连线报道，在多档栏目中展开密集报道。同时，与美国NBC交换珍贵素材，在奥运频道播出。又如对只有一个人参赛的东帝汶代表团的报道，体现了奥林匹克大家庭不分大小、强弱的报道意图。[①]北京奥运会上，33岁的丘索维金娜代表德国队第五次征战奥运会，并获得了北京奥运会跳马银牌。在体操界，如此“高龄”参赛还是比较少见的，而促使丘索维金娜参赛的动力就是为了给她患有白血病的儿子治病。广播电视媒体的报道让丘索维金娜的故事广为人知，人们被这位伟大母亲的行为而感动，善良的中国人民向丘索维金娜伸出了援助之手，为她的儿子展开了一些捐赠活动。

4. 增强本土文化色彩，提高奥运报道的感染力和吸引力

奥运会是全人类的盛会，每一届奥运会举办时，都会引发世界各地人们的广泛关注。在北京奥运会举办时，来自世界各国、各民族的运动员不仅参加了体育比赛，同时也带来了不同民族的文化传统，各民族文化也在奥运会这个舞台上彼此交融着。可以说，奥运会不仅是体育竞赛的舞台，而且更是文化交流的平台。中国广播电视媒体在报道奥运会本身的同时，还注意到了在报道中融入中国本土文化，这不仅提高了奥运报道的感染力和吸引力，而且让世界其他地方的人民更好地了解中国，同时也促进世界上不同文化之间的交流与理解。例如在北京奥运会圣火在国内传递的报道

① 岑传理：《央视独大的背后》，《传媒》2008年第9期。

中，每到一处，在报道各地人们热烈欢迎奥运圣火的同时，还会把该地的历史、文化、风俗等加以报道，让人们加深了对中国的不同城市的印象。

很多奥运新闻中注意在报道中突出中国文化元素，在报道奥运会的同时，适时地介绍中国民俗、文化遗产、城市风情，不仅增强了中国人民的民族情感，而且也向世界展现了一个现代、文明、团结的中国国家形象。此外，中国的广播电视媒体也把报道视角放到了奥运期间国内外举行的一系列奥运文化活动，将奥运赛事与中国文化有机结合，赋予了赛事更多的人文气息，也让世界更加了解中国文化。

四、广播电视做好北京奥运会报道的意义

1. 提高了队伍的素质，促进了广播电视媒体技术手段的更新换代，广播电视媒体整体业务水平得以提高

为更好地进行北京奥运会报道，中国广播电视媒体投入了很多的人力、物力和财力。奥运会是世界性的综合赛事，吸引着全世界人们的目光，各大媒体都使出浑身解数，引进高科技手段进行报道，对于广播电视从业人员来说，参与奥运报道是一次很好的历练机会。以往在国外举办的奥运会，只有少数的中国广播电视从业人员能够到比赛第一线近距离地进行奥运报道，而北京奥运会就在家门口举办，很多广播电视从业人员都有了直接参与奥运报道的机会，使得中国广播电视媒体的整体业务水平有了很大的提高。

2. 广播电视媒体奥运报道更加形象、直观，使得奥运会更加深入人心

广播电视媒体由于自身的特点，在传递图像、声音上更加形象、生动，可以让受众产生一种身临其境的感觉，广播电视的奥运报道更加具有感染力。此外，广播电视媒体的覆盖面广，在我国一些偏远地区，人们可以通过广播电视媒体及时了解奥运会的赛事进展情况，再加之广播电视不受文化水平的制约，广大的人民群众都可以看懂听懂，广播电视媒体积极进行

北京奥运会报道，可以让更多的人了解奥运会，可以把奥运会的精神更广泛地传播。

3. 很好地传播了“绿色奥运、科技奥运、人文奥运”的理念

北京奥运会在申办之初就提出了“绿色奥运、科技奥运、人文奥运”三大理念。在中国广播电视北京奥运会的相关报道中，涉及运动会的场馆建设、市场开发、采购、物流再到环境空气质量等各方面，在报道中很好地为人们宣传了环境保护理念，让经济、社会和环境需要持续协调发展深入人心，很好地体现了“绿色奥运”，促进公众参与环境保护工作，提高全民的环境意识。广播电视在北京奥运报道时，大力宣传“科技奥运”的理念，可以使得我们每一个人感受到享受高科技给我们带来的便捷。将“人文奥运”贯穿始终，很多报道坚持以人物报道为中心，在报道中对一些具有中华民族传统民族特色的文化进行了介绍，向世界人民展示了中国悠久的历史文化。

4. 传播了正能量，让世界人民了解了中国人民的勤劳、善良、友好、文明，对于树立良好的国家形象起到了重要作用

广播电视通过对赛场内奥运参赛选手顽强不息的精神的报道，向社会传播了正能量，也让很多人对“更快、更高、更强”的奥运精神有了更深的体会。此外，很多广播电视媒体将奥运报道的目光对准赛场之外，奥运志愿者的无私奉献、北京普通市民对奥运会的热情等都成了媒体报道的对象，这些报道充分展示了中华民族勤劳、善良、友好的传统美德，也让世界了解了中国现代文明，为国际上树立良好的中国国家形象起到了积极的作用。

中国广播电视媒体的北京奥运会报道通过不断地整合资源，全力出击，很好地完成了奥运报道的任务，给人们留下了深刻的印象。北京奥运会中国广播电视媒体在投入频道、节目和参与报道人数、直播规模、播出新闻、专题数量等方面都为历届奥运会报道之最。从北京奥运会开幕到闭幕期间，17 天内收看中央电视台奥运转播及相关体育报道的累计观众人数达 11.2

亿，占全国电视总人口的92%。[①] 中国广播电视媒体北京奥运会报道，为关注奥运会的人们提供了一次丰盛而精美的大餐，获得了来自社会各界的高度评价，也为日后的广播电视奥运会报道提供了宝贵经验，对于提高中国广播电视媒体的整体影响力有着深远的意义。

第四节　少数民族广播电视事业的发展

经过半个多世纪的发展，我国的少数民族广播电视事业经历了从无到有、从小变大、由弱变强的过程，无论从数量、规模，还是发展质量方面都有了长足的进步，已经形成了一个完整的具有中国特点和民族特色的宣传体系。我国的少数民族广播电视事业是中国共产党领导下的人民广播电视事业的重要组成部分，是中国共产党运用马列主义、毛泽东思想和邓小平理论指导民族工作、解决民族问题的重要舆论阵地，是中国各民族广播电视工作者共同创造的成果。

一、少数民族广播电视事业发展的巨大成就

进入新世纪以来，党和政府高度重视少数民族广播电视事业的发展，从民族地区实际出发，因地制宜，加大了经费投入和创办优秀栏目的力度，在改革之中谋求飞跃式发展。党中央有关部门相继实施了“万里边疆文化长廊”“西新工程”等大型文化工程，为少数民族广播电视的发展提供了新的发展契机。各主要少数民族地区的广播电视事业也不断创新发展，无论是采编业务还是产业经营管理方面都有了突破性的进展，各项工作都取得了巨大的成绩。

① 《2008年第29届北京奥运会中国电视观众收视简报》，GMS，2008年9月。

1. 少数民族的广播事业日益进步

（1）广播网络系统建设方面。

原国家广播电影电视总局根据江泽民同志 2000 年“9·16 指示”制定实施了“西新工程”，即西藏、新疆等边远省区广播电视覆盖工程。2002 年 5 月 1 日，随着“西新工程”设备的正式启用，西藏电台基本实现数字化播出，硬件设备得到了进一步的完善。2000 年 10 月 1 日，“西新工程”之一的拉萨调频发射覆盖工程正式运行。这不仅标志着拉萨调频发射覆盖的长足发展，而且在对外斗争中取得了空中覆盖的绝对优势，彻底改变了空中广播外强我弱的态势。[①] 截至 2009 年年底，新疆全体广播综合人口覆盖率达到 94.4%，比十年前提高了 7.01%。以全民族自治地方而言，截至 2008 年，我国民族自治地方共拥有广播电视台 447 个，广播电台 47 个；民族自治地方广播综合人口覆盖率 90.03%。[②] 我国民族地区已基本建成功能齐全、语种较全、覆盖面较广的广播网络系统。

（2）少数民族语言广播方面。

中央人民广播电台通过藏语、蒙古语、维吾尔语、哈萨克语、朝鲜语对少数民族地区广播，已形成了“民族之声”、藏语频率和维吾尔语频率三套相对完整的广播频率。中央人民广播电台少数民族语言广播已经发展成为集传统广播、互联网、移动多媒体等多种形式于一体的民族语言传媒，成为党和少数民族群众之间重要的沟通桥梁。另外，在有些少数民族聚居的地区、自治州以及自治县，相继建立了使用本民族语言的无线和有线的广播台、站，逐步增加了当地少数民族语言的广播节目。如黑龙江人民广播电台设有全国唯一的省级朝鲜语广播，每天播出 5 小时；西藏人民广播电台共开办了 20 个藏语节目，藏语综合频道每天播音达 21 小时，藏语广播覆盖了全区和国内外部分地区。全国几乎所有的少数民族语言都有了自

① 白润生：《守护好我们的精神家园——白凯文少数民族文化文选》，人民日报出版社，2014 年 5 月版，第 293 页。

② 国家民族事务委员会经济发展司、国家统计局国民经济综合统计司：《中国民族统计年鉴 2009》，中国统计出版社，2010 年版，第 537 页。

己的广播，一个以中央人民广播电台为中心的遍布各地方的少数民族语言广播体系已经形成。

2. 少数民族电视事业迅速发展

（1）少数民族地区电视台的兴办。

截至2008年，全国民族自治地方广播电视台（既可对外广播又可播放电视的机构）和电视中心台分别达到447个和59个。[①] 多数自治州和部分自治县建立了电视台和转播台、差转台。如新疆维吾尔自治区除了自治区电视台以外，全区有15个自治州、地区、市和4个县建立了电视台。西藏自治区共有电视台及电视差转台103个，80%的县城可以收看中央电视台的节目。全国主要民族地区使用少数民族语言电视播出机构，云南有15家，其中藏语1家、彝语1家、傣语8家、景颇语5家；新疆有61家，其中蒙古语5家、维吾尔语37家、哈萨克语16家、柯尔克孜语3家；内蒙古有蒙古语电视播出机构32家，广西有壮语3家。[②]

（2）少数民族电视科技的进步。

进入新世纪以来，少数民族电视的数字化、网络化进程不断加快。如新疆加快了高新技术在电视节目采集、制作、传送、播出及存储等方面的应用，逐步实现了电视节目采集、制作、播出数字化，节目传输、交换网络化，至2010年全新疆县以上城市有线电视基本完成向数字化过渡。[③] 截至2006年11月，广西全区各地级城市及部分县（市）共160万户完成有线电视的数字转换；截至2008年年底，云南已经完成有线电视数字转换用户150万户；截至2009年6月，西藏已完成有线电视数字转换用户

① 国家民族事务委员会经济发展司、国家统计局国民经济综合统计司：《中国民族统计年鉴2009》，中国统计出版社，2010年版，第537页。

② 国家民族事务委员会经济发展司、国家统计局国民经济综合统计司：《中国民族统计年鉴2009》，中国统计出版社，2010年版，第546页。

③ 李倩岚、王瀚东：《改革开放以来中国少数民族广播应是事业的发展与思考》，《湖北社会科学》2013年第3期。

37540户。[1]

（3）少数民族自制节目、上星卫视频道逐渐增多。

内蒙古电视台的蒙古语卫视频道是世界第一家蒙古语卫视频道，通过“亚洲二号”卫星传输覆盖我国全境和亚太53个国家和地区，已在蒙古首都乌兰巴托全程落地。此外还覆盖了俄罗斯部分地区和日本、澳大利亚等国家和地区。新疆电视台哈萨克语卫视频道已经在哈萨克斯坦胡志明市落地。广西卫视在东盟部分国家落地，并开发了多档对外宣传节目。[2]藏语卫视、维吾尔语卫视、哈萨克语卫视、蒙古语卫视等多家少数民族语言卫视接连上星。以2008年的统计数据来看，全国民族自治地方电视台自治电视节目总时间达到339340小时。具体而言，内蒙古为62828小时、广西86113小时、云南为29434小时、西藏为5316小时、宁夏为34506小时、新疆为55789小时。[3]

二、少数民族广播电视事业的地位和作用

“我国55个少数民族中，除回族、满族已通用汉语外，其他53个少数民族都有自己的语言，大体上分属汉藏、阿尔泰、南亚、南岛和印欧5个谱系。因此，少数民族广播电视的发展在我国有着特殊的重要地位和历史作用。”[4]

1. 是沟通党、政府和少数民族人民群众的桥梁

我国少数民族地区地域辽阔，大多数地区交通不发达，信息的缺失严重制约了民族地区在经济、文化等方面的发展。少数民族广播电视事业的发展打破了时空的界限，把党和政府的声音准确及时地传送到少数民族群

① 金星华：《中国少数民族文化发展报告2008》，民族出版社，2009年版。

② 岳广鹏：《对我国少数民族电视发展的思考》，《中央民族大学学报》2010年第3期。

③ 国家民族事务委员会经济发展司、国家统计局国民经济综合统计司：《中国民族统计年鉴2009》，中国统计出版社，2010年版，第547页。

④ 哈艳秋、庞亮：《举集体之力成奠基之功——评〈中国少数民族广播电视发展史〉》，《现代传播》2001年第4期。

众中间。少数民族广播电视事业是党和政府及时传播各项方针、政策、纲领和信息的重要渠道，是党和政府联系少数民族同胞的纽带和桥梁。同时，少数民族广播电视事业也肩负了少数民族群众获取信息和了解外界信息的使命，居于特殊而重要的地位，在引导舆论、弘扬正气、凝聚民心方面也发挥了不可小觑的作用。

2. 为稳定边疆，促进民族团结发挥了不可替代的作用

少数民族广播电视作为在少数民族地区构建社会主义和谐社会的主流媒体，在稳定边疆、保持社会和谐安定、维护各民族友好团结方面发挥了不可替代的作用。少数民族大多聚集在边远的山区、牧区、荒漠草原等人烟稀少的边疆地区，还有不少民族是跨国而居，因此把民族地区建设好，形成良好的团结的爱国主义氛围是党和国家十分重要的一项任务。尤其在当前，国外敌对势力妄图挑拨我国复杂的民族关系，煽动“藏独”“疆独”的外来势力纷争不断之时，少数民族广播电视事业在增强民族团结稳定方面的地位和作用就更为重要。

3. 保留和传承了少数民族语言文字及文化

少数民族广播电视在保留少数民族语言文字、保护民族基本特征以及传承民族历史文化上，有着不可替代的重要作用。到目前为止，全国有27个少数民族使用着39种文字。全国约有近200个广播电台，使用蒙古语、藏语、维吾尔语等25种少数民族语言进行播音，几乎包括了有本民族语言的所有民族。少数民族广播电视事业以少数民族语言为本，每日每时传承着悠久的中华民族文化，为我国少数民族的非物质文化遗产的保护做出了重要贡献。

4. 丰富了各族人民文化生活，促进了少数民族地区发展

随着物质文明的不断进步，人民生活水平的提高带动了广大群众精神文化需求的日益增长，少数民族地区也一样，广播电视这所空中大学、空中剧场越来越受到少数民族群众的喜爱，它为地广人稀、交通不便的少数民族地区人民生活带来了活力，成为活跃少数民族地区人民生活的主要形式。广播电视的普及不仅为少数民族同胞带去了知识、信息，而且还带去了丰富多彩的生活，在很大程度上促进了少数民族地区各方面的繁荣发展。

5. 是对外宣传的良好渠道，促进了与邻近国家的文化交流

我国少数民族地区与多个国家和地区接壤。“村村通”“西新工程”在加强这些地区广播电视基础设施的同时，还提高了广播电视节目质量。少数民族广播电视事业的繁荣发展疏通了我国对外宣传的渠道，成为周边国家了解中国的一个窗口，沟通了与邻国的关系，促进了我国与邻近国家的文化交流。随着少数民族广播电视覆盖面积的扩大，少数民族广播电视在扩大我国的国际影响，宣传我国社会主义现代化建设伟大成就等方面显示出了巨大力量。少数民族广播电视事业已经成为一个向世界展示中国的窗口，一座中国与世界相互沟通交流的桥梁，一个对外宣传的“桥头堡”。

第五节　广播电视对台港澳报道

随着香港、澳门的先后回归，面对全国各地不断变化的新形势新发展，广播电视机构认真贯彻执行中央的外宣工作精神，充分发挥自身优势，有计划、有重点、有目标地加强对台港澳宣传工作。除继续加大对“一国两制”和“基本法”的宣传力度外，重点加强了中央政府对台港澳地区的政策，内地在经济、文化和现代化建设等领域取得的成就，台港澳与内地多方面的联系、交流与融合等方面的宣传力度。在日常报道中，密切关注台港澳社会阶段性热点，加强正面的宣传和有效的引导，积极促进内地与台港澳地区全方位的交流与合作，增强台港澳同胞对内地、对祖国的认同感和归属感。广播电视成为对台港澳文化交流与合作的重要内容，收听收看大陆广播电视节目成为增进台港澳地区同胞对中华文化认同的重要途径，特别是惠港惠台政策的宣布实施鼓舞人心，进一步推动交流合作，在业内形成了心向祖国和赞成统一的主流氛围。

一、对台湾的宣传与报道

新世纪以来，中央人民广播电台、中央电视台等与台湾媒体的合作与交流日益频繁，发展迅猛，增进了台湾民众对祖国的情感融合；同时广播电视对台宣传在形式和内容上都有了极大的改进，促进了大陆与台湾地区广播电视业的繁荣发展。

1. 着力制作有针对性的节目

2000 年，中央人民广播电台根据对台广播特点，密切关注台海形势变化，在《新闻广场》《空中之友》等新闻、专题节目中及时适度地制作了一批有针对性的节目，如《海内外听众评台湾新领导人就职演说》《台湾新领导人为何惧怕民意代表的“北京热”》《台湾听众关注岛内局势及两岸关系走向》《两岸谈判是台湾新领导人的正确选择》《何祚庥院士看台湾问题》《从 5.20 看两岸关系走向》《一个中国原则不能回避》《放弃“台独”立场，发展两岸关系》《面对统一与分裂的交叉口该有何为》等，收到了较好的效果，在听众中引起强烈反响。

2002 年，中央人民广播电台在争取台湾民心方面加强了节目的针对性和可听性。在新闻传播方面，对“两会”报道、三峡截流、中国上海申博、台湾华航空难、台北高雄市长选举等都做了快速准确及时的报道；在重点报道方面，着力制作了《长城万里行》《中华文化系列谈》《郑成功祖地行》《细说两岸庙宇渊源》《春江潮水连海平》《同根同源的祭祖文化》等节目，从不同的角度报道了中华文化的精髓以及两岸文化的渊源。

2006 年，针对台湾民众渴望了解大陆生活方方面面的收听需求，中央人民广播电台推出节目《台湾民众大陆生活百问》，播出了《旅游篇》《求学篇》《交通篇》《医疗篇》《购物篇》五个系列节目，就台湾听众关心的近 200 个典型问题，请有关部门和各界人士作了生动细致的解答，给台湾民众提供全面周到的服务，充分反映大陆方方面面的真实情况，促进两岸民众的交流交往，把寄希望于台湾人民的方针落到了实处。

2008 年，中央人民广播电台对台湾广播紧密配合对台工作形势，精心策划实施了一批针对性强的重点报道项目，主题涵盖全国各地政治、经济、社会、文化等领域热点，主要报道项目有：系列报道《对话》《台湾游客看奥运》《大陆民众看台湾》《台办主任论坛》，广播特写《两会重启会谈纪实》，特别节目《开启两岸和平之门》，大型 FLASH 动漫《奥运北京欢迎你！》等，成为入岛宣传的强有力元素。

2. 相继推出多个大型系列报道

从 1999 年年底至 2000 年年底，正值台湾政局较为复杂、动荡的时期，广播电视适应形势发展需要，推出多个大型系列报道。这些大型系列报道的推出，从政治、经济、历史、文化的角度，阐明了两岸经济互倚互利、文化一脉相承的道理，指出了两岸关系和平发展的方向，展示了大陆建设成就，增进了台胞对大陆的了解，增强了台胞和平统一的信心，对遏制“台独”，争取台湾民众人心起到较大作用。

2001 年，中央人民广播电台相继从不同角度、不同层面推出了一系列大型系列报道：《相约在西部》《大陆人看台湾》《两岸杰出客家人》《说我中华》《台湾人看大陆》《中华文艺百年风》《中华文化系列谈》《中华“世界自然与文化遗产”巡礼》《“开台圣王”祖地行》《我心中的中国》《认识台湾》等。2002 年下半年，大型系列报道《海峡两岸青年谈》《台湾学子在大陆》《两岸民间信仰探源》《海峡两岸少年儿童中华民谣咏诵活动》《神州行》《台湾史话》等这些跨年度的大型系列报道多数相继开播。2005 年，中央人民广播电台紧密配合对台工作形势，对台广播中心重点采制完成了系列报道《九二共识产生前后》、系列评论《剖析“台独”——近看台湾》、大型系列征文《我的彼岸朋友》、系列报道《台商协会会长访谈》、系列报道《两岸农业合作实录》等五个报道项目。这些项目对遏制“台独”，争取台湾民众人心起到较大作用，节目播出后都收到了很好的效果。2006 年，中央人民广播电台全年策划制作了《神州行》《走向明天——两岸关系和平发展大思考》《台湾民众大陆生活百问》《海峡两岸文化名人访谈》《对台湾广播新闻大奖赛》《两岸闽南语歌曲展播》等 6 个系列大型广播节目，共计播出 500 多集，总时长近万分钟。2007 年，中央电台对台湾广播中心在做好日常宣传工作的同时，还精心制作了大型系列广播《两岸交流 20 年》《奥运点将台》《中国传统文化经典讲堂》《台湾名人祖地巡礼》《水流云在——中国经典文学名著遗踪采风》《神州行》等一批重点节目，紧密配合对台工作大局，拉近台湾民众与祖国的距离，播出后收到了很好的效果。

3. 入岛节目进一步增加

（1）大陆节目在台湾媒体播出的规模时间不断扩大。

2005 年 12 月，中央电视台对台节目部与台湾基隆有线台、台北三峡镇家和有线台、桃园市北桃园有线台、高雄市北区有线台、澎湖县马公有线台等 5 家有线台联系，调查对大陆节目的需求情况，这些台均表示喜欢播出大陆风光、旅游、城市建设、百姓生活、历史文化、中国历代名人以及求学、求医、投资等方面的节目，基隆、台北有线台还喜欢播出弘扬中华传统道德的公益类讲座。从 2006 年 7 月起，高点电视台把中央电视台提供的《台商故事》《天涯共此时》《国宝档案》等 5 个栏目的节目重新包装，制作成《中国内地大探索》1 小时节目，在高点综合台播出，播出的时间是上午 07：00 至 08：00，下午 04：00 至 05：00。据岛内调查，上午收视率为 0.15%，下午时段为 0.09%，多数观众喜欢旅游和养生类节目，近 6 成观众对台商在大陆投资的具体事例感兴趣。《天涯共此时》栏目与台湾中天电视台合作制作节目，栏目每周完整地实现在台湾中天资讯台播出。岛内电视台能够每天播出中央电视台 1 小时节目。

（2）台湾方言节目数量和质量大幅度提高。

2007 年，中央电视台对台节目编辑部将 1539 小时专题节目译制成闽南话节目，分别交换给岛内的东森、三立、高点、人间等媒体，译制的专题节目主要是由CCTV–4播出的《香港十年》《国宝档案》《台商故事》《缘分》《天涯共此时》《走遍中国》《中华医药》《走近科学》《名将之约》《奥运岁月》等。2008年，中央人民广播电台分别在福建厦门和广东梅州建立了闽南话编辑部和客家话编辑部，这是对台湾广播发展史上的一件大事。编辑部在当地制作的节目闽南话《祖地乡音》和客家话《客家天地》播出了一系列服务台胞、惠及两岸的节目，多角度、立体化地展现了两岸血脉相连不可分割的关系，受到台湾同胞的热烈欢迎。许多台湾受众反映，听见乡音倍感亲切、自然，新节目既充满独树一帜的现代气息，又为他们与祖地之间架起沟通便捷的桥梁。2009年，中央人民广播电台节目《重走客家迁台路》在台湾各客家话媒体播出后，引起台湾一些客家年轻人对两岸客家血缘关联和文化传承变迁的兴趣，岛内中南部听众特别是南部听众反响热烈。

（3）大陆影视作品在台湾的受欢迎程度与日俱增。

2007年，为台湾地区翻译制作《鉴真东渡》《凤求凰》《连城诀》《长恨歌》《上海王》《女子戏班》《乾隆王朝》《曹雪芹》等电视剧，均采取节目交换的方式在台湾播出。福建海峡广播影视译制中心译制的电视剧《白银谷》（45集）、专题片《宫廷药膳食补大全》（200集）已获准在台湾音像市场正式发行，首批生产3000套。厦门卫视已累计译制播出14000多小时闽南话节目，还拍摄了50多部闽南地方大戏。

4. 品牌节目不断涌现

（1）展现“中华文化在两岸的传承”——《天涯共此时》。

1991年9月，中央电视台成立对台节目编辑部，专门负责针对台湾受众制作的电视节目，《天涯共此时》等一系列后来在台湾广受好评的栏目便出现于此。《天涯共此时》是带观众的大型演播室访谈节目，节目定位为两岸文化交流深度报道。节目邀请大陆和台湾的嘉宾共同到演播室讲述两岸文化交流故事，分享中华文化传承心得，展示技艺性的中华文化。

（2）跟踪海峡热点，反映两岸民意——《海峡两岸》。

中央电视台唯一的涉台时事新闻评论栏目，前身是 1996 年 2 月中央电视台第四套节目（后改称“中文国际频道”）创办的政论性栏目《海峡两岸关系论坛》。2002 年 9 月 2 日起，《海峡两岸》从每期 15 分钟扩版为 25 分钟，栏目内设置了“热点扫描”“热点透视”两个板块，“热点扫描”主要编发两岸热点新闻，从根本上解决了扩版前每期节目只能围绕一个主题报道进行分析、信息量不足的矛盾。“热点透视”对当日或近期台海热点事件作深度报道或邀请两岸专家对时事进行分析和评论，新闻主题得以充分表达，改变了过去“观点多、细节少”的状况，节目的说服力、可视性增强。2003 年 5 月，《海峡两岸》从每周播出五期，改为每天播出，每期 20 分钟。2005 年，《海峡两岸》平均收视率 0.28，2006 年上半年平均 0.40，下半年上升到平均 0.50，成为 CCTV-4 除电视剧之外收视率最高的栏目。

（3）展示台湾同胞创业成就的窗口——《台商故事》。

2006 年 2 月由中央电视台中文国际频道推出的大型故事评述型栏目，以纪实的表现手法，讲述台湾同胞在大陆投资、经商、工作、学习、生活的经历和典型故事，通过台商在祖国大陆经商的方方面面，展示出两岸在经济上的必然联系，进一步说明大陆是台湾经济发展的腹地，同时吸引台商、凝聚台商，促进两岸经济文化交流，向台湾及全球华人介绍祖国大陆日新月异的发展变化，从而使更多的台湾同胞和海外华人投身到祖国的建设中来。

（4）其他品牌节目。

中央电视台对台部的《互动星期天》《台湾万象》《国宝档案》《缘分》等都取得了很高的收视率，名列 CCTV-4 收视率排行榜前十名之内。中央人民广播电台《神州行》是中央人民广播电台对台广播重点推出的大型对台宣传项目。大型系列言论节目《走向明天——两岸关系和平发展大思考》以崭新的立意，突出广播优势，贴近台湾百姓生活实际，对争取岛内民心，遏制“台独”起到了重要的舆论引导作用。这一节目对入岛、入户、入脑的有效方法进行了积极探索。

5. 台网联动拓展传播新模式

（1）你好台湾网。

由中央人民广播电台对台广播中心创办，对台湾广播中心网络节目部负责运营；以中央人民广播电台对台广播中心对台广播节目为核心，并集合图文新闻、视频音频点播、专题报道、电子商务为一体的交互式互联网站点。是中央人民广播电台旗下的一个子单位，与对台广播有同样的地位。自建站以来，一直以宣传中央对台方针政策为己任，受到国台办外宣办的高度重视和好评，被定位为国家级对台宣传三大门户专题网站之一。“你好台湾”网充分发挥中央人民广播电台和对台湾广播中心的独家优势资源，促进两岸和平发展、弘扬中华文化、服务台湾同胞、推动民间互动交流，随着两岸交往的不断加深，已逐渐成为两岸同胞沟通的桥梁及海外华人了解祖国的窗口。

（2）海峡飞虹。

是中国国际广播电台国际在线以对台湾广播为主的网络频道，由华语网络电台和英语频道网站组成。“海峡飞虹”华语网络电台直播节目以文化、生活、娱乐为主打内容，话题涉及两岸文化交流的多方面和不同层次，为台湾民众，特别是台湾青年族群带来丰富的文化生活娱乐信息资讯。英语“海峡飞虹”频道网站包括图文、音频和视频节目。节目按内容形式主要分为新闻和多媒体网络电台，每天采访、制作和原创网络广播节目大约8个小时，形式包括新闻杂志、专题、专访，内容覆盖时政、财经、体育、娱乐、休闲、实用的新闻，热点话题讨论，听众即时互动交流观点。根据美国谷歌公司提供的网站流量分析统计，2009年，英文“海峡飞虹”网站吸引了来自世界153个国家和地区的5242个城市的访问者，总页面流量达到22.3万人次。其中97.52%的访问量来自海外。

（3）台海宽频。

2009年4月16日，中央电视台央视网与厦门广电集团签订合作创办台海宽频协议，并于5月15日挂牌成立台海宽频编辑部，央视网与厦门广电集团网站的二级频道“台海宽频”也同时上线。台海宽频所发布视频的日均页面访问量逐月递增，在访问台海宽频的网友中，来自台湾的网友呈逐月上升的趋势。

6. 其他广播电台对台宣传报道

（1）海峡之声广播电台。

简称海峡之声，前身为1958年8月24日在福州组建的中国人民解放军福建前线广播电台，1984年元旦起改名海峡之声广播电台。该台在福州设有1个分台，是服务海峡两岸民众的公益广播媒体。2001年，是海峡之声广播电台的“改革建设年”，围绕改革主旋律，海峡之声广播电台紧跟广播发展潮流，推出了三套全新的广播节目——新闻时政、闽南话和文艺生活频道，给台湾听众耳目一新的感觉。2002年推出了新改版的文艺生活频道。2008年，海峡之声广播电台新办了电台历史上第一个客家方言节目《客家天地》，使海峡之声形成了汉英两种语言、闽客两类方言的对台广播格局。2009年，海峡之声与台湾宝岛客家广播电台在福州正式签约，利用其现有的台湾正义之声、姐妹、高屏溪、花莲等5家调频联播成员台，加上原有的“台湾非凡音联播网”、台湾凤鸣电台等10家岛内电台，建立了“海峡之声台湾地区调频联播网”。海峡之声与时俱进，在广播变革的大潮流中，以其独特的站位，对历史进行了全方位的反思，吹响了用现代传播理念打造对台广播的进军号角，响亮地提出了大众传媒所倡导的“受众第一，服务至上”的宣传口号，走上了广播分众化、系列化、专业化的道路。经过了六轮编播大改革和技术大改造，海峡之声广播由两套增至五套，节目由22个扩至115个，播出时间由每天24个小时增加到120个小时，宣传工作取得了辉煌的成果。

（2）上海浦江之声电台。

作为上海唯一为台胞服务的专业广播媒体，以全新的视野观察生活，以专业的角度提供台胞最关心的各种信息。2008年是浦江之声历史上收听率最高的一年，加大了对北京奥运会的宣传力度，通过固定栏目《第一博览会》向台湾同胞宣传世博会，对大陆观光客赴台旅游、两岸周末包机、二次“陈江会”等两岸大事给予充分关注，汶川地震后，及时制作了政府迅速救援、上海的台胞台商及岛内民众踊跃捐款的内容，并连续播出邀请台湾嘉宾制作的有关灾后重建、心理疏导以及报道大陆民众团结一心抗震救灾等内容的特别节目。自2009年8月14日起，浦江之声广播电台与台湾高雄大众广播公司KISS RADIO正式开展节目交流。KISS RADIO每周四次播出浦江之声电台制作的《上海走透透》和《世界的世博》。这样，浦江之声电台在原有短波发射覆盖岛内的基础上，借助台湾媒体增加了间接入岛的宣传平台，并且有效地向台湾民众宣传了世博会，这是一次重大突破。浦江之声不断充实服务台胞台商的咨询节目内容，充分展示祖国大陆改革开放、经济建设、社会发展所取得的巨大成就，多次举办有影响的活动，进一步提高知名度，获得台湾同胞高度赞誉，取得良好的宣传效果。

（3）厦门人民广播电台。

1986年10月5日，厦门人民广播电台对台部首播，对台湾广播节目栏目名为《为金门同胞服务》，1990年改为《对台湾同胞广播》。1994年4月更名为《海峡时空》。2002年4月并入新闻频率实现全频率对台广播，增强了节目的针对性和可听性，内容主要以宣传对台政策和弘扬闽南传统文化为主线，凸显厦门对台尤其是对金门的特色。改版后的节目有报道两岸最新动态的“海峡快报”，介绍两岸经济发展的亮点走向和前景的“海峡商情”，以闽台音乐民歌为主要内容的“海峡乡音”，介绍金门风土人情的“走进金门”，还有对台胞关心的问题进行释疑解惑的“海峡信箱”，介绍闽台地方性的特色文化的“海峡乡土味”，对涉及海峡两岸重大问题重大事件进行评述的“海峡漫谈”等。

二、对香港、澳门的宣传与报道

随着1997年香港回归和1999年澳门回归，广播电视适应形势，紧扣港澳宣传需要，推出多项后续特色报道活动。这些宣传与报道活动，策划、立意、取材独到，制作精细，播出有序，适时地配合了中央对港澳宣传的需要和对内涉港澳教育的要求，在听众中产生了较好的反响，取得了明显的实际效果。

1. 做好港澳回归的后续报道

香港、澳门回归后，广播电视对港澳的报道发生了变化。在宣传报道方针上由保证平稳过渡逐渐转变为港澳服务。因此，广播电视在宣传好“一国两制”“港人治港”“澳人治澳”的同时，加大服务意识，使港澳人士更多地了解国家政策，了解祖国内地。2000 年是《中华人民共和国香港特别行政区基本法》颁布 10 周年及实施 3 周年，也是《中华人民共和国澳门特别行政区基本法》（以下简称“《澳门基本法》”）实施一周年、香港立法会选举年，基本法的讨论再次成为热点。在香港立法会选举过程中，出现了一些不和谐的声音，发生多次上街游行，有的是在亚洲金融风暴中收入受损的不明真相的市民，有的则是别有用心的人，后者把矛头指向特区政府和中央政府。这些活动也波及澳门，对新上任的特区政府施加压力。因此，为更好地宣传“一国两制”，解疑释惑，维护香港、澳门的社会稳定，为解决台湾问题最终完成祖国统一大业做舆论准备。2000 年年初，中央人民广播电台推出《基本法大家谈》节目，同时派记者赴港，采访制作了系列报道《回归三年看香港》；在澳门回归一周年的时候，制作了《新澳门新景象》，用事实说明“一国两制，港人治港”和“一国两制，澳人治澳”的成功实践。

2. 突出对内地成就的大力宣传

面对港澳地区不断变化的新形势，广播电视机构发挥自身优势，有计划、有重点、有目标地加强了对港澳宣传工作。除继续加大对“一国两制”和“基本法”的宣传力度外，重点加强了中央政府对港澳特区的政策为两特区带来的益处，内地在经济、文化和现代化建设等领域取得的成就，港澳与内地多方面的联系、交流与融合等方面的宣传力度。2000 年，鉴于港澳的经济需求和中央开发西部的战略部署，中央人民广播电台制作了系列报道《充满希望的大西北》《科技带动西南开发》，同时对港澳企业参与西部开发以及港澳西部考察团的活动做了详细的报道。2007 年 7 月起，中央电台“华夏之声”《魅力中国》节目在澳门电台每周日的黄金时间播出，受到澳门听众的好评。

3. 注重开设特别专栏节目

广播电视密切关注港澳社会阶段性热点，开辟专题专栏节目，加强正面宣传和有效引导。2001 年，中央人民广播电台与香港特别行政区驻京办合作开办了《京港直通车》节目，该节目以互动式的主持、轻松活泼的风格以及针对性强的节目内容受到香港工商界、政界以及广大听众朋友的欢迎。2006 年中央电视台开办《直通香港》栏目，这是一档集资讯、专题和人物为一体的日播新闻杂志节目，每期 30 分钟，为香港与内地的交流提供了一个窗口。在 2006 年“两会”专题节目中，中央人民广播电台“华夏之声”特别开设了《华夏会客厅》专栏，每期节目都特邀来自港澳地区的代表委员，在节目中着重介绍“一国两制”“港人治港”“澳人治澳”的基本国策在港澳地区的成功实践所取得的丰硕成果，以及这些代表委员为促进港澳地区与内地特别是珠三角地区的交流与融合所做出的积极努力。2008 年，中央电视台《直通香港》置换为《直通港澳》，作为一个专题板块并入《中国新闻》的午间时段，每天播出港澳地区的新闻资讯。

4. 积极配合香港回归周年做宣传

为纪念香港回归祖国，中央电视台制作五周年纪录片《香港沧桑》、10 周年纪录片《香港十年》。2007 年 6 月至 7 月，为庆祝和纪念香港特别行政区回归祖国 10 周年，中央电视台及广东南方电视台、深圳电视台等单位与香港无线电视台、亚视合办庆回归 10 周年晚会、合拍电视剧《岁月风云》等，积极配合了回归 10 周年宣传报道工作。中央人民广播电台“华夏之声”特别制作了 20 集大型系列音乐节目《歌声中的十年》，在“华夏之声”普通话频率和双语频率的 4 个音乐栏目中播出。6 月 30 日到 7 月 1 日，“华夏之声”双语频率和普通话频率并机播出纪念香港回归祖国10周年大型直播节目《辉煌十年　荣耀香江》，向珠三角和港澳地区听众立体、全面地展示了香港回归十年来在政治、经济、民生和文化等各方面所取得的成就。

5. 有序推进节目改革调整

面对港澳回归后的新变化，适应新形势，加强对港澳宣传，有序推进节目改革已刻不容缓。中央人民广播电台台港澳广播中心从2000年下半年开始着手全面改革，对港澳地区广播的第七套节目“华夏之声”和对内涉台港澳教育的节目“海天风景线”与台内其他几套节目同步推出。2001年3月，中央电台对港澳广播节目“华夏之声”经原国家广播电影电视总局批准，正式更名为华夏之声广播电台，每天播音21小时，包括新闻、专题、文艺等节目。为更好地服务港澳听众，2006年，“华夏之声”对节目做了部分调整，增设了《聚焦深圳》《麻辣碰碰群英会》《月光男孩》《一路听吧》《嘻哈咚吧啦》《疯狂hi歌派》《午夜时分》等栏目，增强了节目的新闻性、娱乐性。2007年，“华夏之声”的主要外宣节目《魅力中国》在香港电台普通话台播出时间，在原有周播一小时的基础上另增加了20分钟的日播节目，扩大了节目的影响力，7月，该节目调整为每周日播出一小时。同年，2003年在香港电台普通话台开始播出的《华夏掠影》节目重新进行了改版，使港澳听众能更为及时、准确和全面地了解国内外的重大新闻。

6. 加强与港澳媒体的合作交流

广播电视机构不断致力于促进内地与港澳及大珠三角区域全方位的交流与合作，增强港澳同胞对内地、对祖国的认同感和归属感。2009年，中央人民广播电台加强与港澳媒体合作，积极宣传“一国两制”伟大成绩。“华夏之声”与香港电台普通话台加大《华夏掠影》《魅力中国》等栏目的长期合作力度，加强日常节目的合作密度。春节期间，“华夏之声”和香港电台普通话台与珠三角地区30多家省市电台联合推出了《魅力中国》特别节目“华夏新春同乐会”，扩大了联合规模。“华夏之声”与香港特区政府驻京办合作的《每周听香港》《京港直通车》栏目，2009年在合作内容与方式上有所创新。《每周听香港》栏目扩大为与九省市电台联合播出，使得内地更多受众增加了了解香港、走进香港的机会。

三、涉台港澳重大事件的宣传报道

广播电视集中力量做好涉及台港澳重大事件的宣传报道，宣传祖国大陆促进全国各地交流交往，为台港澳同胞谋福祉的重要举措，并有针对性地揭露与批判于我国不利的言论行径，开展与重大事件相关的系列活动，有效地引导了舆论，取得了良好的宣传效果。

1. 主动做好突发、敏感事件舆论引导，及时发声争取民心

广播电视新闻节目和各专题节目密切配合，紧紧抓住涉台港澳重大敏感事件，充分利用岛内外人士和台港澳舆论对“一国两制”的实际意义进行分析，对“台独”等各种分裂言行进行批判，既斗争坚决，又讲究策略。2001年，对台宣传的特点是听众关心的热点多、涉及我国对外关系的突发事件多、敏感事件多，在涉及台港澳听众关心的一系列敏感、突发事件的报道上，如中美撞机事件、“9·11”美国遭恐怖分子袭击事件、美国军事打击阿富汗事件等，广播电视在把握好导向的前提下，充分发挥新闻人的主动性和广播电视的优势，在“第一时间”给听众提供客观、准确、及时的报道，取得了较好的效果。2003年，中央人民广播电台对台广播在做好祖国大陆抗击非典报道的同时，密切关注台湾疫情的发展，用心把握民众心态及需求，进行精心策划和布置新闻节目，及时迅速传递祖国政府和人民对台湾同胞的关爱。报道全国各地抗击非典情况的同时，针对台湾当局利用加入世界卫生组织大做政治文章，撰写播发《且看台湾领导人的心态》等评论和多个专家访谈，重在说理，引导舆论批驳了台湾当局对祖国大陆的无端指责。2007年，中央人民广播电台对台湾广播把反对和遏制“法理‘台独’”放在各项宣传工作的首位，突出“和平统一、一国两制”的宣传，针对台湾当局的种种“台独”言行和倒行逆施的行径，及时采访台

湾学者以及岛内的普通百姓，深入分析“台独”的危害性，揭露“入联公投”的欺骗性，使民众充分认识“台独”的本质和危害，争取台湾民心，较好地引导了舆论，取得了良好的宣传效果。

2. 积极配合中央对台港澳工作，周密部署重大热点事件的报道

在做好日常宣传报道、正面宣传中央对台港澳方针政策的基础上，广播电视对台港澳受众关心的热点问题和一些重大事件报道，如北京申办奥运会、第 21 届世界大学生运动会、《澳门基本法》颁布 8 周年、香港回归 4 周年、澳门回归后第一次立法会选举、中国加入 WTO、上海 APEC 会议、澳门回归两周年等，都做了周密的部署，收到较好的宣传效果。

2005 年，中央人民广播电台对台湾广播精心策划，主动出击，在宣传报道“胡锦涛总书记关于新形势下发展两岸关系的四点意见”、制定《反分裂国家法》、国民党、亲民党、新党三党主席访问祖国大陆、春节包机、扩大台湾农产品在祖国大陆销售、向台湾赠送大熊猫、纪念抗战胜利 60 周年暨台湾光复 60 周年等重大事件中，发挥了对台湾广播舆论主导作用，为配合中央对台工作做出了积极的贡献。2008 年北京奥运会期间，广播电视精心组织策划、全力投入操作，成为台港澳民众了解北京奥运的重要窗口，使台港澳受众及时、充分地了解比赛进程，感受到大陆成功举办全球最大体育盛会的壮举。

3. 紧紧围绕国家重大政治文化历史问题，开展丰富的系列特别节目报道

2000 年，为了加强对西部大开发战略的宣传报道，中央人民广播电台“华夏之声”特意制定了报道方案，从不同侧面对港澳人士投身西部联合开发进行报道宣传，为西部和港澳穿针引线架设沟通的桥梁。他们派出记者跟随香港特别行政区西部访问团赴西部三省全程跟踪采访，即时发回多篇报道，受到国务院港澳办和香港特区政府的好评。文艺、方言等节目的记者也多次深入新疆、甘肃、陕西、云南、贵州等西部地区，调查和了解台港澳企业在西部的实际情况，制作了系列报道《港澳企业在西部》和《西部风情》等。

2002年十六大报道期间，中央人民广播电台对台湾广播相继播出了大型系列报道《说我中华》《中国世界自然文化遗产巡礼》《我心中的中国》《理想之歌》《西部放歌》等，在突出报道经济和文化成就的同时，着力于为台湾听众解疑释惑。并在会前推出了系列广播节目《中国共产党的基本知识》，着重介绍中国共产党历次代表大会情况、基本政策和组织原则，在会议期间，打破常规及时准确地将十六大的信息传达给台湾听众。会议结束以后，在继续报道好成就的同时，又精心策划于12月24日在新闻广场推出32集的系列广播节目《十六大报告名词解释》，并相继在闽南话和客家话节目中播出所有这些报道。

2005年，为纪念抗日战争胜利60周年暨台湾光复60周年，广播电视系统客观地向台湾听众介绍了中国抗日战争在世界反法西斯战争中的重要地位和作用，充分反映了中华民族浴血奋战为世界反法西斯战争做出的巨大历史贡献，再现了国共两党抗日战争合作史，讲述了台湾同胞英勇不屈的抗日事迹和精神，共同缅怀两岸团结一致抗日的历史，引起台湾听众强烈共鸣。纪念抗战胜利和台湾光复60周年系列特别节目主要有：《记住这一刻——抗战胜利六十周年》（20集）、《闽台抗日英雄谱》（20集）、《抗战故事知几许》《构建经济强国、自立世界民族之林》《永不忘记——纪念台湾光复六十周年》等。

2009年，在“5·12”汶川特大地震一周年来临之际，中央人民广播电台“华夏之声”特别制作播出了大型直播、系列专题等节目，并与香港电台普通话台同步播出。特别是于5月12日当天，播出特别节目《爱心穿越时空，川港共建家园》，以及系列专题《震后，四川依然美丽》等节目，通过特别节目的重点打造，系列节目的层层展现，真实反映了港澳特区对灾区援建项目的进展情况，体现了川港一家、血浓于水的真挚情感，受到了港澳听众的好评。

四、与台港澳媒体的交流合作

广播电视对增进全国各地人民的接触与磨合，消除彼此意识形态的隔阂，实现祖国统一起着至关重要的作用。广播电视不仅要承担起传递信息、引导舆论的责任，还要承担起凝聚民族共识、争取民心、促进统一大业的重任。新世纪以来，广播电视媒体解放思想，开拓创新，主动作为，通过加大节目合作交流密度，扩大对台港澳宣传；拓展活动平台，推动广播影视合作；举办大赛研讨会交流，加强联络联谊等措施，加强与台港澳媒体的交流与合作，取得了较好的成效。

1. 加大节目合作交流密度，增进全国各地互通了解

中央电视台海外中心对台部通过节目合作等形式，陆续向台湾媒体提供节目，促成节目在台湾媒体播出，主要有中天台、台视、民视、高点电视台、人间卫视、中嘉有线电视等。2001 年开办的《天涯共此时》栏目，每期由中央电视台与台湾媒体合作制作，该栏目内容和定位围绕全国各地民生热点和共同感兴趣的社会话题，两岸共同展开采访、共同制作，在台湾中天电视台全年播出。2006 年 7 月起，CCTV-4 的《台商故事》《走遍中国》《国宝档案》《中华医药》《天涯共此时》等五个栏目的部分节目在台湾高点电视台播出。9 月 2 日，由中央电视台海外新闻部、福建广播影视集团和台湾 TVBS 无线卫星电视台联手打造的大型系列直播节目《海峡西岸行》正式启动，该节目在选题和报道角度上突出以两岸不同的视角报道全国各地，除在 CCTV-4 和福建电视台同步直播外，TVBS 将其改编为系列报道和专题节目的形式在台湾岛内播出，共有 300 万人次的台湾观众收看了该节目，收视率最高达到了 0.64%，节目入台传播模式和效果都取得了很大突破，同时也为 CCTV-4 的节目以后入台传播积累了宝贵经验。此外，中央电视台译制的《名将之约》《奥运来了》等栏目在台湾东森新闻台每天滚动播出三次，全天累计有 60 多万人收看。《共同关注》《国宝档案》等栏目在台湾人间卫视连续重播，观众好评如潮。中央电视台还与台湾电视媒体连线制作了《青藏铁路通车》《海峡西岸行》等节目，在岛内同步转播。

2008年年初，CCTV-4在香港"亚视"地面无线数字电视频道完整转播，开始为香港市民提供免费收视服务。中国长城（亚洲）电视平台上的CCTV-4、海峡卫视、厦门卫视等11套节目在台港澳地区收视用户继续增加。此外，还有4000多小时的影视节目在台港澳播出。

2009年，中央人民广播电台通过多种形式加强与台港澳地区的交流与合作。中央人民广播电台积极宣传"一国两制"伟大成绩，"华夏之声"与香港电台普通话台加大《华夏掠影》《魅力中国》等栏目的长期合作力度，加强日常节目的合作密度。春节期间，"华夏之声"和香港电台普通话台与珠三角地区30多家省市电台联合推出了《魅力中国》特别节目"华夏新春同乐会"，扩大了联合规模。"华夏之声"与香港特区政府驻京办合作的《每周听香港》《京港直通车》栏目，在合作内容与方式上有所创新，《每周听香港》栏目扩大为与九省市电台联合播出，使得内地更多受众增加了了解香港、走进香港的机会。对台湾广播推出由中央人民广播电台主持人与台湾岛内文化界、传媒界名人共同主持的栏目《口口声声》，其内容主要围绕"美食与音乐"展开，使岛内听众在轻松娱乐中了解祖国大陆的社会进步、经济成长和民生富足。举办两岸媒体"重走客家迁台路"大型联合报道活动，邀请了台湾10家广播媒体全程参与采访报道。两岸媒体记者沿着客家先人的迁台线路，实地考察福建、广东两省重要客家史迹、客家风情。

2. 适时调整相关政策，推动影视交流合作

2006年，内地与港澳及台湾合拍、协拍电视剧18部；聘用台港澳导演、编剧、演员、摄影师等500多人次参与电视剧、综艺晚会和专题节目制作；协助台港澳20多个专题片摄制组赴各地采访。

为适时调整相关政策，进一步推动对台港澳交流合作，2007年11月初，由国家广电总局领导在两岸城市文化创意产业论坛上宣布关于两岸合拍电视剧和台湾从业人员参与大陆电视剧拍摄的新政策，并面对台湾媒体阐释政策调整的初衷和背景。此政策发布实施，台湾社会和影视业界反响热烈，岛内媒体认为新的惠台政策将会极大地推动两岸影视交流合作，为两岸影视产业共同繁荣开创新局面，并有助于提升中国影视作品的外销潜力。在《关于建立更紧密经贸关系的安排》第四阶段，制订出台了内地与港澳合拍电视剧有关新政策，以鼓励支持内地与港澳合拍电视剧。2007 年全年内地与港澳及台湾合拍、协拍电视剧和专题片 40 多部，合作、协作制作文艺晚会、专题节目 50 多个，开展节目展映、展销和节目交换、授权播出以及技术合作等项目近 100 个，合办了 10 多个业务交流研讨会。台港澳业界有 80 多个团组来访，内地业界 100 多个团组赴台港澳访问。全国各地节目交流日益深化，大量广播影视节目在台港澳地区播出。

2008 年，全国各地业界人员往来频繁、密切，全年有 70 多个台港澳业界团组来访，130 多个境内团组赴台港澳访问。内地代表团赴港参加了"香港国际影视节"，组织 100 多位大陆业者参加了"台北影视展""金马影展"等，并展映大陆影片。

3. 举办形式多样的赛事活动，搭建沟通情感的平台

2002 年 3 月，台湾当局开始禁播 CCTV-4 节目，在两岸政治局势一时难以化解的背景下，两岸经济和民间交往却逐渐升温。CCTV-4 经过精心策划，及时推出了适合两岸青年学子交流交往的大型益智型节目《海峡两岸知识大赛》。这档节目是与台湾中天电视台合作制作的，每年举办一次，在全国各地播出。大赛主要是以中华五千年传统文化、两岸建设成就以及两岸的历史地理知识、两岸割舍不断的历史渊源为主要内容。节目播出后收到了很好的效果，两岸的收视率都高于同时段平时播出的节目。这档节目持续吸引台湾青少年关注，增进了两岸青年的相互了解与感情沟通，在台湾青少年中颇有影响。

2006 年 9 月，正是红衫军静坐、游行倒扁高潮，岛内媒体千篇一律集中炒作这一事件，此时，中央电视台积极推动在台北中天电视台举办的第五届海峡两岸知识大赛，成为岛内一道亮丽的风景线，格外引人关注，在岛内产生了轰动效应。大赛为两岸青年人交流交往搭建了平台，两岸 20

多所大学的参赛队员在为期一周的交往中结下了深厚的友谊，台湾大学生在留言板上写道：认识很多大陆同学很开心，大赛结束以后两岸同学还不断互相发电子邮件，有的还互相邀请互访。

2006 年 11 月 1 日，由“华夏之声”主办的“我看香港回归十年”大型有奖征文活动正式启动。征文的要求是具体真实地反映十年里香港社会、经济、文化等各方面的发展变化；“一国两制”在香港实践中的成功经验和深远意义及影响；展望香港未来的发展前景；香港与内地各种关系的新进展、新成果；台港澳同胞及内地同胞对香港回归祖国的新认识、新感受、新看法。

4. 全面加强研讨联谊，进一步拓宽交流合作的渠道

2006 年，全国各地合办了 10 多个广播电视业务交流研讨会，内容涉及卫星及有线电视、数字广播和数字电视技术及内容服务、电视剧和专题片制作等。台港澳业界有 70 多个成规模的团组来访，其中包括香港电视专业人员协会、台湾新闻协会、台北广电公会、台湾广播电台联合会等业界团体。内地业界 80 多个团组赴台港澳访问。7 月份，大陆业界代表赴台参加了两岸首届动漫制作研讨会。8 月下旬在京召开了海峡两岸电视业交流座谈会，两岸 200 多位业者与会，达成 60 多项合作意向。9 月份，中央人民广播电台赴台举办海峡两岸广播交流研讨会。

2007 年 8 月，中央人民广播电台对台湾广播中心举办了第十届台湾听众联谊会，来自宝岛的 14 位高校电台主播、专业指导老师和中广宝岛网闽南话节目主持人参加了这次活动。参加联谊会的台湾听众认为，对台湾广播节目公益性、权威性很强，值得台湾借鉴；收听中华之声、神州之声节目能打开青年学生的视野，使其受益匪浅。与会的台湾高校专业指导老师还郑重表示，要把中央人民广播电台对台广播中华之声、神州之声写入课程大纲，作为广播专业学生的必修内容，鼓励同学多听中央人民广播电台节目，增进对大陆的准确了解，让青年人认识到两岸交流的必要性和重要性。联谊会的成功举办扩大了对台广播节目在岛内的影响。2009 年，中央人民广播电台对台湾广播中心还举办了第11届对台湾广播联谊会，邀请台湾岛内听众、青年学生、媒体代表、专家学者等20位代表参加，对两岸广播同业之间的合作空间、合作模式等议题进行了务实探讨。许多台湾中南部广播媒体表示，希望两岸媒体加强合作，进一步拉近两岸间的距离，服务两岸人民。

◆ 本章小结

进入新世纪以来，我国的广播电视节目改革进一步深化，广播电视新闻节目在不断进行创新，涌现出了很多优秀的广播电视节目，也使得广播电视节目进一步深入人心。

在新世纪里，广播电视节目改革不断深化，节目形态多元化发展。新闻节目越来越重视重大突发事件现场报道、直播报道，新闻的时效性得到了增强，有效发挥了广播电视媒体在重大突发事件中的舆论引导功能。与此同时，电视娱乐节目大量兴起，以《超级女声》等为代表的电视娱乐节目的快速发展在很大程度上体现了此时期电视娱乐节目在中国的产业化发展探索和大胆尝试。此时期，广播电视科教节目不断改革创新，走出了一条符合大众收听收看习惯的大众科教之路，成为人们喜闻乐见的广播电视节目。此外广播电视法制节目的数量越来越多，节目形态多元化发展，成为被受众接受、认可和喜爱的节目类型，也涌现出了很多优秀的广播电视法制节目。

这一时期广播电视媒体的服务功能也进一步加强。以《感动中国》为代表的一类栏目紧贴时代背景，弘扬社会主流文化，传播了正能量。这一时期兴起的行风热线类节目搭建起政府与民众的沟通桥梁，在选题上贴近群众，关注着民生、为民解难，为市民参政议政提供了便利，纠正了社会不正之风，这类节目也成了构造和谐社会的有力助推器。在这一时期，中国广播电视媒体对于体育报道也投入了极大的热情，特别是2008年北京奥运会时，广播电视媒体不仅为中国观众呈现了一次体育赛事的视觉盛宴，而且向世人展示了一个现代化、团结、积极向上的中国国家形象。

广播电视媒体的交流沟通作用进一步得到了体现。党中央有关部门相继实施了“万里边疆文化长廊”“西新工程”等大型文化工程，极大地促进了少数民族和民族地区的广播电视事业的发展，为少数民族广播电视的发展提供了新的发展契机。各主要少数民族地区的广播电视事业也不断创新发展，少数民族广播电视成为沟通党、政府和少数民族人民群众的桥梁。此外，在这一时期广播电视媒体与台港澳媒体的交流与合作越来越多，增强了台港澳同胞对内地、对祖国的认同感和归属感。

总体来看，随着我国的广播电视事业改革的深化，广播电视媒体的服务功能得到强化，一些优秀的广播电视节目深入人心，广播电视媒体的影响力不断提高。

第八章　新世纪广播电视事业的发展(中)

进入新世纪以来，伴随着我国社会主义市场经济体制的不断完善和各项改革的逐步深入，我国的广播电视对外交流工作进入了一个新的历史时期，广播电视系统的国际交往活动日趋频繁。我国先后召开了多次全国性的广播电视工作会议，确立了新时期广播电视的基本任务和奋斗目标，制定和实施了广播电视一系列正确的方针和措施，推动了广播电视事业的迅猛发展，开创了广播电视工作的新局面，使我国的广播电视事业，无论在深度还是广度上，都比过去有了质的飞跃。我国的广播电视媒体，与国外媒体在合作中竞争、在竞争中合作，始终稳定持续地走在世界广播电视大国发展前列。

第一节　广播电视对外宣传报道工作新变化

广播电视作为国际传播的重要组成部分，在其对外宣传报道中，通过对节目内容、形式与制作方式的多角度创新，不断改进报道方式，着力打造宣传品牌，节目质量显著提高，传播效果和影响力明显提升，在构建中国国家形象、提升国家文化软实力、建立公正平衡的国际信息传播新秩序等方面发挥了举足轻重的作用。

一、重大宣传报道出新出彩

做好重大宣传报道，发挥国际主流媒体的影响力，是我国广播电视媒体的重要任务。重大宣传报道因为新闻价值含金量高，受众关注程度高，历来为各家媒体高度重视。重大宣传报道往往考验媒体的报道实力、影响力和权威性，同时，对重大宣传活动进行大规模、持续性的报道，也有助于迅速提升媒体在国际上的影响力和公信力。2001 年至 2009 年，国内国际重大事件多、热点多、突发事件多。中国广播电视机构精心策划、周密部署，在重大事件、重大活动报道上表现出众，同时开辟多种渠道，扩大在国内外影响，赢得了一个又一个重大宣传报道战役的胜利。

1. 重大宣传报道呈现规模化

随着我国经济的飞速发展和国际地位的不断提高，事关中国的重大国际国内事件日益受到国际社会的关注。作为对外传播的中央主要媒体，中央电视台、中国国际广播电台等承担的重大宣传报道任务不断增加，报道内容不断丰富，报道水平不断提高，呈现出规模化的趋势。

（1）报道数量逐年增加，报道领域不断扩展。

自 2001 年以来，中国广播电视重大宣传报道在数量上呈线性方式增长，传播规模不断扩大。2001 年，国内国际大事多、热点多、突发事件多，是对外宣传我国原则、立场、方针、政策，扩大国际影响、树立良好形象的有利时机。纪念党的 80 周年、亚太经合组织系列会议、第 21 届世界大学生运动会、中国入世、北京申奥、上海五国峰会、西藏和平解放 50 周年等报道全面准确及时，在中美撞机、“9 · 11”恐怖袭击、美英军事打击阿富汗、巴以冲突等热点突发事件中，报道力度、直播规模和应急能力明显提高。2002 年，中国广播电视圆满完成十六大、“两会”、江泽民主席访美并出席亚太经合组织会议、美国总统布什访华、中日邦交正常化 30 周年、中韩建交 10 周年、申办世博会、揭批“法轮功”、反“台独”、亚运会以及香港回归五周年等重大事件的报道。2003 年，成功组织并完成了“两会”、伊拉克战争、抗击“非典”、载人航天飞船成功发射返回等重大宣传报道任务。2004年，中国广播电视完成了“中国文化年”、朝核问题北京“六方会谈”、雅典奥运会、邓小平同志100周年诞辰等一系列重大宣传报道工作。2005年，对“两会”、十六届五中全会、中央经济工作会议、纪念抗战胜利60周年、台湾政党领导人大陆行、“神六”发射、西藏自治区成立40周年、新疆维吾尔自治区成立50周年等进行了重点报道。2006年，在“两会”、建党85周年、青藏铁路通车、长征胜利70周年、上海合作组织峰会、东盟纪念峰会、全国科技大会、首届世界佛教论坛、博鳌亚洲论坛年会、中非合作论坛北京峰会等20多项重要活动，进行了及时有效的报道。2007年，宣传十七大是工作的重中之重，贯穿全年始终，香港回归10周年、建军80周年、内蒙古自治区成立60周年、嫦娥一号探月卫星发射升空等宣传，积极主动，及时充分、形式多样、成效显著。2008年，遵循“两个奥运，同样精彩”的理念，高水平、有特色地完成北京奥运会和残奥会宣传报道。此外，改革开放30周年、汶川地震抗震救灾、“神七”发射等重点宣传，形式多样、内容丰富。对冰雪灾害、“3·14”事件、三鹿奶粉事件等突发事件的宣传，反应迅速，报道权威，增信释疑，引导有力。2009年，“新中国成立60周年”宣传，在前方报道团队规模、直播语种数量、直播平台规模、境外受众群体数量等方面，实现了中国广播电视重大报道活动的多项突破。新疆“7·5”事件后，中国广播电视迅速组织报道全面介绍事件真相，扭转国际舆论被动局面，有力回击敌对势力攻击，有效传递中国政府声音，在国际社会引起强烈反响。

（2）直播报道日渐常态化。

现场直播是媒体传播能力表达的突出表现之一。直播的重要意义在于它不但能够让受众听到和看到新闻，还能够将新闻发生的现场和景观呈现给受众。随着媒体技术的飞速发展，现场直播作为报道新闻事件最为快捷高效的手段，已经成为提高媒体节目竞争力的最为有效的方式。重大宣传报道的现场直播，不仅能及时准确地传达信息，更为受众带来强烈的现场感和冲击力，使受众成为历史的见证人。近十年来，中国广播电视不断改进直播方式，丰富直播手段，完善直播体系，使重大宣传报道直播从过去的应急报道转变为日常报道的重要组成部分。

2001年，中国国际广播电台的多语种直播工作取得重大进步，在“北京申奥”揭晓当晚进行了三个半小时直播，莫斯科前方记者、北京庆祝会现场，及上海、青岛、香港和华盛顿、巴黎、多伦多、悉尼的记者多点传送现场口播报道，与后方主持人的交谈有序交叉，如此大规模的脱稿直播方式在中国国际广播电台广播史上尚属首次。2004年是中国国际广播电台直播工作的“丰收年”，胡锦涛访法期间对两次重要活动进行了首次越洋在线直播，还对博鳌亚洲论坛、全球扶贫大会、第28届世界遗产大会、第89届国际世界语大会开幕式及闭幕式、国务院新闻办公室每周例行新闻发布会等重大活动进行现场直播，在直播场次、直播语种、直播方式等方面都创下了历史纪录，强化了对外广播的冲击力。2005年，中国国际广播电台继续推进直播报道常态化，除对国务院新闻办公室每周召开的新闻发布会进行现场直播外，还开展了西藏成立40周年、新疆成立50周年等20多场次多语种现场直播，特别是首次用英语同传，对台湾政党领导人演讲进行了直播。2006年，中国国际广播电台全年共对44场重大宣传活动进行了直播，不仅英语、华语等通用语参与，而且对象地区语言通过无线广播和网上音视频等手段也参与了直播报道。2007年，中国国际广播电台针对十七大报道、“两会”报道、香港回归十周年、建军80周年等20多项重点宣传，进行了38场重大直播，强化了实效，丰富了信息。2008年，中国国际广播电台采用英语、汉语、俄语、法语、西班牙语、日语、德语等7种语言进行了14场直播，8月8日至24日北京奥运会期间，运用英语和汉语两种语言，对国内外受众现场直播了奥运会、残奥会的开闭幕式。2009年，中国国际广播电台使用26种语言，对国庆60周年庆典活动，进行了音、视、图、文全方位直播。多语种无线广播，发挥了广播新闻短平快、传播迅速快捷、先声夺人优势，使海外受众实时与我国重大事件同步，感受国庆庆典活动热烈气氛。

在经历了直播1997年香港回归引起电视“直播热”后，进入新世纪的中国电视在对国内外重大事件宣传报道上继续不断探索，以及时、全面、客观的电视直播实现了报道质量与宣传效果的显著提升。2003年伊拉克战争的爆发在震惊世界的同时也引起了各国电视媒体间的直播竞争。CCTV-4不仅在第一时间向全球观众发布了伊拉克战争的开战消息，更在此后长达20多天、超过400小时的电视直播中以大量的同声传译与权威专家评述提供了关于战争深层次、多角度的全景纪录。这次报道不仅确立了CCTV-4在全球华语媒体中的领军地位，也被评论家视为中国电视媒体与国际接轨的重要标志。继伊拉克战争之后，中央电视台又先后投入对美国“勇气号”登陆火星、印度洋海啸救援、海地地震、美国撤兵伊拉克等重大国际事件的电视直播当中。

除了对重大国际事件的报道，中国电视媒体的对外宣传报道也在大力推进对国内重要活动与重大事件的报道改革，在实现电视直播常态化的同时，不断刷新各项直播纪录。在时政报道方面，中国电视媒体在对党的十六大、十七大、“六方会谈”、“中非合作论坛”以及国家领导人重要出访活动的电视直播中，做到了在“第一时间”“第一现场”发布“第一手消息”，有力抢占了引导国际舆论的制高点。在成就和重大活动报道方面，从“神五”“神六”“神七”到“嫦娥一号”“嫦娥二号”发射报道，从2008年北京奥运会到新中国成立60周年系列庆典活动报道，中国电视媒体在中国展示其发展成就和重大活动的每一个关键时刻，都以及时、全面、丰富的电视直播扮演了“历史见证者”的重要角色。此外，在突发事件方面，面对2008年、2009年西藏、新疆相继发生的暴力事件，中国电视媒体依托国际频道展开及时、全面、公开的新闻报道，向海外观众通报事件的最新进展以及中国政府的应对措施。而面对“汶川大地震”这一备受国际社会瞩目的重大灾害性事件，中国电视媒体更是展开了以中央电视台“《抗震救灾　众志成城》直播特别节目”为代表的宣传报道。有关节目在中央电视台各国际频道播出后，不仅赢得了海内外观众与国外媒体同行的一致赞誉，其节目信号更在全球约 113 个国家和地区的 298 家电视机构被转播或部分使用。[①] 中央电视台的汶川地震报道有效争夺了世界传播话语权，是中国电视传播史上具有里程碑意义的事件。正是通过上述这些具有不同象征意义的“媒介事件”，中国电视媒体逐渐在对外宣传报道中修正了报喜不报忧的所谓“正面宣传”思路，得以在海外观众心目中树立起中国社会蓬勃发展的正面形象。

（3）播出语种规模不断扩大。

长期以来，语种多、语种全、受众面广一直是中国国际广播电台的核心竞争优势，作为世界上播出语种最多的中国国际广播电台，在各项重大宣传报道中充分发挥多语种优势，扩大报道的语种规模，覆盖更多的对象国家和地区，是中国国际广播电台长期坚定不移的战略方针。经过十年的不断摸索和努力，参与重大宣传报道的语种规模从过去仅有英语、汉语普通话等少数通用语言发展到 61 种语言齐上阵，能覆盖全球 98% 以上的国家和地区。

2000 年 9 月 25 日，中央电视台第九套节目——英语国际频道正式开播，每天 24 小时不间断地播出以新闻节目为主的各类节目，对中央电视台节目进入西方主流社会起到了推动作用。2004 年 1 月 1 日，中央电视台推出西班牙语节目，同年 10 月 1 日与法语组成 CCTV–E&F（西班牙语—法语国际频道）正式对外开播，让西班牙语和法语国家和地区的人民通过这一窗口了解中国，认识世界。2007 年 10 月 1 日，为进一步增进西班牙语、法语国家观众对中国的了解，并为在中国工作和生活的西班牙语、法语观众提供服务，中国中央电视台原有的西班牙语—法语国际频道正式分为 CCTV–F（法语国际频道）和 CCTV–E（西班牙语国际频道）两个频道播出。2009 年 7 月 25 日，中央电视台阿拉伯语国际频道开播，9 月 10 日，

① 刘习良主编：《中国广播电视改革发展十年回眸（2001 年 ~2010 年）》，中国国际广播出版社，2012 年版，第 158—160 页。

中央电视台俄语国际频道（频道呼号：CCTV–Русский）正式开播，至此，中央电视台国际传播已形成中、英、法、西、阿、俄六种语言和八个国际频道的新格局。

2. 重大宣传报道手段立体化

随着中国广播电视播出语种的增加，播出渠道的增多，特别是随着新媒体技术的不断出现和应用，中国广播电视对重大宣传报道的手段日趋多样化、立体化、综合化，逐步探索出一条多语种直播、多媒体联动、新媒体运用的重大宣传报道路子，并在报道实践中取得了巨大成效。

（1）主题报道和现场直播相结合。

对于重大宣传报道活动，实行前期精心策划，在常态报道中有效营造浓厚氛围，形成较强的舆论引导力和社会关注度，在事件发生时，与现场直播相结合，形成强大的舆论场和报道高潮，这是发挥主流媒体舆论影响力的有效途径。新世纪以来，中国广播电视在重大宣传报道方面加大前期策划力度，加强整合传播能力，做好主题报道与直播的密切结合，形成完整的报道体系，切实加强报道的传播力和有效性。

对十六大报道是2002年中国广播电视宣传报道工作的重中之重。从11月4日至16日，中国国际广播电台对十六大重要活动的直播总时长达到28小时40分钟，前后方共有9种语言对十六大开幕式及江泽民同志代表第十五届中央委员会作报告进行了直播，其中英语、汉语普通话为现场直播，广州话、日语、朝鲜语、蒙古语、俄语、法语、西班牙语等7种语言在台内直播机房直播，这是中国国际广播电台对重大活动所进行的直播中语种最多、规模最大的一次，标志着中国国际广播电台的直播工作上了一个新的台阶。

2005年10月12日至17日的“神六”全程直播报道引起广泛关注。中央电视台中文、英文、西班牙语—法语国际频道运用直播、专题、新闻等方式，全面、及时、深入、生动地对“神六”从升空到返回的全过程进行了跟踪报道。特别是CCTV–4坚持“第一时间、第一现场”的新闻制作理念，在6天时间中连续直播69小时。13演播室和北京航天城飞控中心演播室先后共进行访谈29场，与68人次嘉宾进行访谈，其中包括七大系统的总指挥和总设计师。派出4组记者分赴酒泉卫星发射中心、北京航天城、西郊机场等各报道点采访，并采制了大量有价值的独家报道。6天的特别节目中共与5个（纽约、华盛顿、法国、俄罗斯和印度）海外分演播室连线22次。“神六”发射返回期间共播出相关新闻字幕300余条。4场“台北演播室”“香港演播室”与“北京演播室”直播连线成为特别节目一大亮点。

2008年北京奥运会是吸引全球注意力、涵盖全球观众的大型赛事活动。为做好奥运会开幕式的现场直播报道，作为东道国主播台和祖国大陆、澳门地区唯一的电视、新媒体持权转播机构，中央电视台精心策划，全面部署，安排第一、二、三、五、七套节目和高清综合频道、央视网进行全程直播，新闻频道部分直播，成功实现安全播出。这是1948年电视转播首次介入现代奥运会后的60年来，第一次以高清晰度电视信号和网络新媒体的形式，全程直播奥运会开幕式。开幕式直播前后，中央电视台新闻频道、奥运频道和中文、英语、法语、西班牙语国际频道等围绕开幕式展开充分报道，播出《开幕当天的交通》《社会各界喜迎奥运》等新闻，以及《一起看奥运》《从奥林匹亚到万里长城》《奥运中国》等大量专题和特别节目。中央电视台在整个北京奥运会过程中既做好了国际公共信号的提供，履行了东道主的义务，又做好国内的电视现场直播工作。通过对奥运会的直播，中国电视现场直播报道的实力得到大幅提升，中国的电视现场直播进入了世界先进行列，为今后的电视现场直播活动留下了丰富的技术和人才资源，积累了宝贵经验。

（2）多媒体手段立体综合运用。

新世纪以来，中国广播电视逐步认识到了新型媒体在国际传播中所起的巨大作用。对于重大宣传报道的手段，也在新媒体技术的不断发展中日趋丰富，优势互补、新旧融合的积极尝试，多媒体手段的立体综合运用，显著推进了中国广播电视对于重大宣传报道的把握能力，提高了传播效果。

从2006年开始，中国国际广播电台开展的所有重大宣传报道活动，都制定全台多语种广播、网上音视频、对内调频环球资讯滚动播出以及《世界新闻报》平面报道的联动方案，整合了资源，挖掘了潜力，形成了音、视、网、报集团作战、多媒体联动的大传播格局。全年共对44场重大宣传活动进行了直播，不仅英语、华语等通用语言参与，而且对象地区语言通过无线广播和网上音视频等手段参与了直播报道。在中非合作论坛北京峰会上的阿拉伯语直播，在中国—东盟建立对话关系15周年纪念峰会上的越南语直播，在“中俄国家年”闭幕式上的俄语直播，体现了中国国际广播电台的多语种优势。在“中俄友谊之旅”活动中，43种语言广播、环球资讯广播及“国际在线”各语种网站、《世界新闻报》都进行了及时全面报道和直播，显示了国家级外宣媒体的综合实力。在2008年北京奥运会期间，中国国际广播电台53种语言的对外传播窗口依托音、视、网、报、刊、手机广播电视等平台，协调配合、发挥优势、联动报道。43种语言的无线广播“短、快、活”传递奥运第一资讯，53种语言的在线广播图文并茂、灵活互动，“听”“说”“读”“写”展现全景奥运。11个境外调频电台贴近受众奉献鲜活赛事，12个环球网络电台在线收听传播全球，40多种中外文刊物为受众刊发奥运信息，4个对内外宣传频率、多语种直播式报道奥运新闻和专题。《世界新闻报》奥运专刊深层次解读奥运赛场内外，中英文“国际在线”手机版多媒体音、视频奥运资讯服务人群。[①] 2005年至2008年，中国国际广播电台组织了30多场形式多样、互动感强的多语种网络对话，吸引了网民广泛参与，以互动交流为特征的新型节目形态，成为多语种网站的常态方式。

2007年2月，央视国际首次尝试通过网络电视、手机电视、IP电视等多终端全球同步直播中央电视台春节联欢晚会，取得了出色的收视成绩。期间通过互联网收看春晚节目的观众达到917万人次，海外和台湾地区同时在线人数最高达15万人次，通过手机电视收看的观众则累计达到216

① 王庚年主编：《中国国际广播电台发展史》（2001—2011），中国国际广播出版社，2011年版，第55、58页。

万人次。2007年10月，央视国际尝试采用“全球化、多语种、多终端”的报道方式全面报道十七大开幕式盛况，首次实现了全球化、多语种网络视频直播以及网络、手机、电视三大平台的联动报道，同时还推出了中国第一个时政新闻手机视频杂志《手边——十七大特刊》，使手机电视正式成为中国电视对外舆论宣传的新阵地。2008年，“央视国际”更名为“央视网”，同时完成了以“奥运圣火点火、传递及登珠峰报道”“北京奥运会、残奥会报道”为代表的多项重大对外宣传报道，摸索出了突出视频优势、尊重观众视角、推进台网联动、开通互动渠道等一系列行之有效的对外宣传新手段。特别对2008年北京奥运会的火炬接力报道，堪称央视网报道规模最大、覆盖范围最广、用户体验最丰富的一次全球直播推送，以四大平台无缝覆盖的方式开创了奥运会转播的新纪元。①

二、精品栏目、节目推陈出新，提升国际传播力

媒体间的竞争归根结底是节目及其内容品质的竞争。一个电台或电视台在社会上的影响力主要取决于它的节目水平和质量。新世纪以来，中国广播电视围绕提升国际传播能力，加快构建国际一流媒体的目标，积极追求有效传播，不断提升内容品质，以节目改革为基础，以创新节目观念、节目内容、制作手段、节目形式和播出风格为抓手，以受众实际需求为导向，不断推陈出新，涌现出一大批优秀节目，扎扎实实提高了品牌影响力和国际竞争力。

1. 新闻立台，强化引导

新闻传播是传媒的第一功能，“新闻立台”是对媒体的一个基本要求。在当前“西强我弱”的国际传播格局下，媒体实力已被纳入国家战略，媒体的舆论引导力体现着政府执政能力。中国广播电视媒体要打造与中国综合国力相匹配的世界一流媒体，就必须站在中国立场上，服从国家战略需

① 刘习良主编：《中国广播电视改革发展十年回眸（2001年~2010年）》，中国国际广播出版社，2012年版，第174—175页。

要，着力塑造国家形象，强化传递中国声音。长期以来，中国广播电视在对外传播中始终牢记中国立场，重视新闻节目的重要作用，充分满足不同国家受众了解中国信息，了解世界信息的需求。

中国国际广播电台的各语种广播均开设有整点新闻和时事报道节目，并将其作为重点节目。2009 年 9 月 8 日，为了更好地加强各地区传播中心新闻和时事节目的针对性和快速反应能力，中国国际广播电台在东南亚地区传播中心和西亚非地区传播中心分别试点成立地区传播中心编辑部，取得了良好效果。2009 年年底，全台各地区传播中心均成立地区编辑部。编辑部进一步加强了各地区传播中心下设语言部的新闻节目制作力量，推出了一大批新闻性对外广播节目，比如英语环球传播中心的《新闻纵贯线》《新闻与报道》《今日》《脉动中国》等节目，其中《新闻与报道》被世界国际广播电台的权威机构——国际广播联盟评为“2009 年世界十大最佳短波节目”。此外，还有印度尼西亚艾尔辛达电台播出的《中国视点》、斯瓦希里语部创办的《今日非洲》节目等新闻性节目广受听众好评。

2009 年以来，中央电视台按照中央关于“统筹国内国际两个方面”“立足国内、面向世界”的要求，提出并实施了“新闻立台”的传播战略。新闻立台是中央电视台作为国家电视台最重要的属性，是发挥“党和国家重要舆论阵地和文化阵地，中国了解世界、世界了解中国的重要窗口”作用的最根本保证，也体现了第一媒体的最根本特征。2009 年，中央电视台进行了新闻资源的合并，将英语、法语、俄语、西班牙语、阿拉伯语五个外语频道划入新闻中心，再加上之前已经并入新闻中心的海外新闻部，大新闻中心的格局浮上水面。经过重新建构，几个外宣频道真正具备了独立运作的能力，都能做到整点有新闻，次次有更新。新闻节目速度快、信息量大，而且都包装新颖、形式多样。2009 年仅英语新闻频道新闻自采率就增加了四倍，新闻首发率增加 1/2，各外语频道的收视率也有了很大的提升。实践证明，主打新闻，主攻消息，新闻立台，充分体现了国家电视台电视外宣的本质特征，中国电视外宣的传播特色更加鲜明，贴近性、吸引力和亲和力显著增强。

2. 文化推广，兴趣先导

新世纪以来，随着中国经济的飞速发展，中国的国际地位迅速提高，世界各国对中国的关注也日渐增多，特别是对中国传统文化、民俗、旅游等方面的兴趣日益浓厚，与此同时，我国在对外传播中也认识到了文化推广的重要价值。胡锦涛总书记在党的十七大报告中指出，“当今时代，文化越来越成为民族凝聚力和创造力的重要源泉、越来越成为综合国力竞争的重要因素”，并突出强调了提高国家文化软实力的重要性。中国国际广播电台在大力加强汉语推广工作的同时，还在各语种对外广播中着力推出形式多样、内容丰富的文化栏目，并重点打造了一批符合受众兴趣，独具特色的广播文化节目，如2001年日语部开设的《心动北京》、西班牙语部推广的《五彩中国》，2003年俄语部开设的《你说我说大家说》节目，2004年阿尔巴尼亚语部开播的《学汉语》双语节目，2007年华语环球节目中心开办的日播类文化节目《孔子学堂》等。中央电视台也以“弘扬文化，荟萃精华”为宗旨，不断改版和创新文化栏目，如2002年整合了原来CCTV-4中《旅行家》《中国风》《纪录中国》《民族大家庭》《千秋史话》《东方家园》等多个周播栏目而推出的一档日播大型文化栏目《走遍中国》，受到观众欢迎；2004年又克服重重困难开办了《国宝档案》栏目，介绍祖国的国宝文物，讲述一件件国宝文物的历史渊源和围绕发掘、鉴定、失踪、寻找和保护这些国宝的曲折动人又鲜为人知的故事，在吸引观众的同时弘扬了中华传统文化，受到海内外观众的好评，收视率也一直名列前茅。

3. 文艺表达，娱乐受众

文艺是人类的精神食粮，是人类社会的精神推进器。它有助于提高人们的审美情趣、满足人们对物质产品的审美要求、引发人们对生存状况的思考、引导人们关爱世界，不断地推动社会进步。

文艺类节目对受众有着巨大的吸引力，对于广播而言，音乐和文艺类节目是广播节目的主力军。在中国国际广播电台的广播节目中，音乐文化类节目一直很受重视，为各国听众带来了大量优秀文艺和音乐作品，受到听众的广泛欢迎，影响较大的有英语环球传播中心推出的《中国什锦秀》《音乐旅程》，2004年7月华语环球节目中心制作的具有原创特色的《民乐逍遥游》，2007年9月豪萨语部创办的《非洲音乐》，2008年斯瓦希里语部创办的《CHECHE ZETU》非洲音乐节目，2009年3月普什图语部开播的《丝绸之路》节目等。

从20世纪80年代的零星出访、参加演出起步，不到30年间，电视文艺对外传播迅猛发展，传播力、影响力不断扩大，并塑造了一批知名的国际品牌节目。一是创办于1996年的手拉手活动，曾先后出访美国、加拿大、新西兰、南非、澳大利亚等国家和地区，举办了多场“融合中外文化精髓，汇聚中外艺术名家”的大型晚会。2000年以来，中央电视台每年至少举办一场较大型的手拉手活动，这些演出在当地引起了广泛的影响。二是《中华情》节目。2003年创办的《中华情》大型文艺栏目是CCTV–4一档定位于全球华人的大型文艺栏目。栏目由国务院台湾事务办公室、文化部、中国文联和原国家广播电影电视总局发起。2004年以来，《中华情》在奥地利维也纳金色大厅、荷兰阿姆斯特丹音乐厅、德国汉堡音乐厅、瑞士卢塞恩音乐大厅、埃及开罗国家歌剧院等世界知名的艺术殿堂举办了20余场大型民族音乐会，以传统民族音乐等节目为载体，面对西方主流社会推广高雅纯正的中华民族国粹艺术。目前《中华情》已经成为我国政府文化外交的展示平台。三是中秋、元旦、春节双语晚会。中秋、元旦双语晚会是中国电视文艺的一个著名品牌，在全球华人观众中有着非常高的声誉。2004年中秋佳节来临之际，CCTV–4在上海浦东举办了“浦江月”中秋晚会，来自全国各地的知名影视明星和当红歌手齐聚舞台，表达了全球华人的共同心声，开启了中秋、元旦双语晚会的扬帆之旅，开创了电视文艺对外传播的新形式。此后，中秋、元旦双语晚会年年出新意，届届有回味。

2007 年之后，中央电视台又相继举办了“山庄月”、2008 年“荣成月”、2009 年“宜春月”等一系列中秋双语晚会，已经成为全球华人共度佳节、共赏明月、共温亲情的一项不可或缺的精神享受。[①]

4. 服务受众，沟通心灵

广播电视的大众属性要求坚持“服务为本”的思想，这也与“外宣三贴近”的要求一脉相承。新世纪以来，随着人们生活方式的改变，文化水准的提高，人们娱乐欣赏的兴趣也逐渐发生转移，但服务永远是需要的，而随着现代社会分工的细化，广播电视的服务越来越趋向于泛社会化与全方位化。事实证明，只有善于联系受众，善于服务受众，广播电视节目才能立于不败之地。

中国国际广播电台的僧伽罗语部节目《听众信箱》，开办于 1975 年，以服务听众，答疑解惑，与听众互动，介绍听众俱乐部活动，介绍听众反馈，中国、斯里兰卡歌曲欣赏为主要内容，斯里兰卡听众经常来信谈收听该节目的感受并提出中肯的意见和建议，2005 年，该节目获得中国新闻奖一等奖。2003 年 7 月，孟加拉语部开播了以女性听众为主要服务对象的节目《女性世界》，以介绍妇女儿童保健常识、中国妇女的成功事例为主。节目播出后吸引了很多孟加拉国女性听众，很多女性听众来信说，她们做饭时都不忘把收音机放在旁边，因为不想漏过任何一期节目。2009 年 6 月，塞尔维亚语部推出《二十四节气与养生》系列节目，向受众介绍中医养生的小知识，一经推出便受到了听众及合作媒体的高度肯定。

为了加强频道的受众意识和服务意识，更好地发挥“中国窗口”的作用，中央电视台英语国际频道进一步转向新闻和全球化的资讯服务，以中国的眼光、全球的视野，及时、准确、客观、充分地报道发生在中国和世界的新闻时事和重大事件。2004 年，CCTV-9 精办了一大批介绍中国各

① 张长明著：《传播中国：二十年电视外宣亲历》，人民出版社，2011 年 12 月版，第 271—276 页。

专题和文艺的栏目，如《旅游指南》《纪录片》《自然与科学》《外国人看中国》《中国各地》《中华文明》《中华艺苑》等。创办了深度报道栏目《今日亚洲》和人物访谈节目《人物聚焦》。CCTV-9还加强了系列节目的策划和制作，如“中国面临的挑战”“聚焦中国能源”“中国入世三周年”等系列报道。

5. 精品专题，题材丰富

2000年以来，随着一系列改革措施的出台，中国广播电视节目内容日益丰富，题材涉猎日渐广泛，出现了一大批品牌专题节目。这些节目制作精良、题材丰富，包括社会、经济、科技、教育、美食、时尚等多方面内容，形式灵活多样，充分满足了不同国家不同层次不同受众的需求，使得中国的广播电视节目的可听性、吸引力大幅增强，进一步赢得了各国受众的喜爱，大大增强了中国广播电视对外传播的有效性和影响力。中国国际广播电台罗马尼亚语部的《科教卫》节目，旨在向对象国受众介绍中国在科技、教育和卫生领域的发展情况和取得的成就，突出中国特色，针对中高等教育水平的受众。节目选材上注意针对性、时效性和贴近性，尽量选择实用、易懂或是有趣味性的内容，服务受众，具有很强的互动性和实用性。蒙古语部《美丽的草原我的家》节目创办于2002年8月，主要向蒙古国听众集中介绍中国蒙古族聚集区经济文化的繁荣发展和蒙古族各阶层人民的工作、学习和生活状况。节目突出民族特色和地方特色，对消除蒙古国听众对我国蒙古族现状的很多误解起到了非常明显的作用。英语环球传播中心的专题节目《社会前沿》，网罗中国社会百态，2009年曾入选国际广播联盟世界年度十大最佳短波节目。华语环球中心的《侨讯专递》，面向海外华人华侨，因其具备权威性、贴近性、服务性，自播出以来一直受到海外听众的广泛关注和喜爱。

6. 精心改版，重在影响

1999年2月召开的全国对外宣传工作会议指出：“对外宣传工作要继

续坚持以邓小平理论和党的路线方针政策为指导，贯彻我国的对外方针政策，加大向世界全面介绍中国的力度，增进各国对中国的了解，积极开展国际问题报道和国际舆论斗争，加强和维护社会主义中国的国际形象，更好地为改革开放和现代化建设服务，为祖国统一、世界和平和人类进步作出新的更大的贡献。”[①] 由于有了正确的外宣指导思想，迈入新世纪的中国国际广播电台把握“内外有别，外外有别”的对外广播原则，加强节目针对性，坚持以正面宣传为主、以事实为主、以我为主的方针，积极进行节目改革和调整，迅速改变了对外广播的面貌，赢得了听众的广泛信赖。

2000 年 7 月 1 日，中国国际广播电台对 43 种语言的对外广播节目进行大规模改版和调整，规范节目构成，进一步增强新闻时效，加大国内问题的对外报道力度，加强节目的针对性和可听性，优化节目内涵，提高节目质量。这次改版主要突出了三个方面，一是加强新闻时效和增加信息量、规范新闻和新闻性节目；二是加大国内新闻报道力度，有计划、有系统地介绍中国的基本情况和国外关心的问题；三是强化广播特点，推广节目主持人形式，提倡直接用外语作现场口头报道和尽量使用音响，对重大活动进行现场直播，使节目更具可听性，更加贴近外国听众的收听习惯。从听众反馈情况来看，各国听众对中国国际广播电台改版后的节目从形式到内容都给予了充分肯定和认可，达到了预期的目的。[②] 2003 年 5 月 15 日，中国国际广播电台对内（FM88.7MHz）广播节目以“HIT FM”的频道名称正式推出，新改版节目打破原来的节目模式，对整套节目进行统一管理、策划、制作和播出，成为以多语种国际新闻和国际流行音乐为主体的专业化频率，很快在业内独领风骚，赢得众多年轻听众的青睐。从 2008 年第四季度至 2009 年 11 月底，中国国际广播电台的 37 个语言广播，根据对原有节目形态、播出内容、播出对象的调查分析，先后分三批对原有节目

① 王庚年：《国际电台台长王庚年：中国国际广播 60 年（2）》，人民网—传媒频道，2009 年 9 月 16 日，http：//media.people.com.cn/GB/137684/10067379.html。

② 王庚年：《国际电台台长王庚年：中国国际广播 60 年（2）》，人民网—传媒频道，2009 年 9 月 16 日，http：//media.people.com.cn/GB/137684/10067379.html。

流程、制作力量安排和内部工作机制进行调整，对网站的内容策划、框架设计、页面制作进行全面改版，对海外落地和无线节目构成、节目形态和编排风格进行深化调整。德语、印尼语等19个语言部以发展在线广播为主，俄语、越南语等11个语言部实行无线与在线并重，斯瓦希里语等4个语言部以发展海外整频率落地为主，乌尔都语等3个语言部仍以重点办好无线广播为主。同时，以"国际在线"为第一播出通道，视频发稿实现常态化，建立音、视、文、图组合式发稿模式，改革创新新闻发稿机制。

2003年，CCTV-4改版，主要体现在以下几个方面：加强新闻报道，增加新闻事件；加强新闻评述，提高反应速度；加长整点新闻，合理安排时段；压缩部分栏目，确保新闻广告；实时调整播出，体现灵活机动。为了进一步提高CCTV-4的竞争力，2004年中央电视台对第四套的新闻、专题、文艺类节目以及对台节目也进行了力度不小的改进和改革。专题节目要求重视现实题材，统一整体风格，把握节目质量，加强宏观管理。文艺体育节目着重共享，利用本台其他频道的节目资源和资料，通过改编包装推陈出新，吸引观众，并推出了"中华情"晚会品牌，扩大频道影响。午间新闻改版是新闻节目改版的重点和亮点。在改版后的午间新闻里增设对世界各地主要报纸头版头条内容的介绍，让观众及时了解针对当天重大新闻各平面媒体的反应，并聘请各大媒体总编进演播室点评一周国内外大事。

为打造真正的国际化频道，进一步提高CCTV-9在海外的影响力，吸引更多海外观众的眼球，更好地承担起为中国的和平发展创造客观友善的国际舆论环境的重任，2004年5月8日，CCTV-9进行全面改版，开始启用外国人主持节目。这次改版的亮点是对频道宗旨进行了重新定位。根据中央及台领导的指示精神，频道宗旨从过去的"让世界了解中国、让中国走向世界"转变为"全球的触角、中国的眼光、世界的窗口"。改版的核心在于将原来的一个窗口变成了两个窗口，不仅是国际社会了解中国的窗口，也是国际社会了解世界的窗口。为此，频道的宣传词由"YOUR

WINDOW ON CHINA”（了解中国的窗口）改为“YOUR WINDOW ON CHINA AND THE WORLD”（了解中国、关注世界的窗口）。[①] 2005年，根据中央电视台领导提出的创立“品牌”电视频道的要求，中央电视台海外中心对中、英文国际频道分别进行一次全面改版。CCTV-9的改版于9月26日零时推出，也正逢CCTV-9开播五周年的纪念日。

7. 创新栏目，打造品牌

多年来，我国广播电视对外宣传报道工作锐意改革创新，不断改进报道方式，着力打造宣传品牌，与全球多家媒体建立了长期合作关系，构建起了全方位、多层次、宽领域的大外宣格局，节目质量显著提高，传播效果和影响力明显提升。

中国国际广播电台与全国31个省区市共同开办《中国之窗》节目，使海外华侨、华人了解祖国各地的变化，体会改革开放的进程。作为全国广播大外宣合作的品牌产品和代表性成果，《中国之窗》节目于1995年5月1日开播，截至2009年9月，已经播出5200多期，是我国唯一全球覆盖、国内与海外同步播出的广播节目。目前，中国国际广播电台华语传播中心与全国30余家地方电台建立了良好合作关系，不仅全方位、多角度、客观真实地向世界展示了中国的社会发展与文化文明，更成为海外受众了解中国的一个窗口。为配合国家外交战略，中国国际广播电台以国家重大外交和外宣活动为契机，积极打造品牌栏目，取得良好的外宣实效。2005年9月28日，《环球资讯》（CRI Newsradio）在北京地区使用调频FM90.5开播，集合中国国际广播电台独特的资源优势和语言优势，实现全天24小时新闻即时滚动播出，力争体现“第一资讯、资讯第一”的频率特色，打造中国资讯广播第一品牌。2008年开办的《外交全记录》，全景记录中国外交舞台上的人物与事件，是国内第一档与外交部合作的广播栏目，受到外交部领导充分肯定和广大听众热烈支持。特色多媒体栏目《大

① 赵化勇主编：《中央电视台发展史》（1998—2008），中国广播电视出版社，2008年版，第62—63页。

事小情·随走随记》开设以来，受到各大网站竞相转载，高居新闻排行榜首。

新世纪以来，CCTV-4加大了品牌化建设的步伐。最先创办的新闻栏目《中国新闻》，多年来以简洁、明快的风格受到观众喜爱，一直是CCTV-4最受海外观众和海外媒体欢迎的栏目之一。作为CCTV-4的主打名牌栏目，《中国新闻》的前身是《中国中央电视台新闻》，1992年刚开办时，时长只有10分钟，每天滚动播出4次。1994年5月，节目时长延长至30分钟，并正式定名为《中国新闻》。《中国新闻》荟萃了国内要闻、国际要闻以及地方、社会、文体、科技等方面的新闻信息，具有信息量大、主题突出、包装精致、可视性强、感染力深等特点。1999年，《中国新闻》栏目获"中国新闻奖"电视节目编排一等奖，标志着《中国新闻》成为品牌栏目，开始走向成熟。《中国新闻》已经由当初一个新闻栏目的名称扩大为整个CCTV-4系列新闻节目的统一品牌，几乎涵盖全天每个整点时段，除三档重点档《中国新闻》（北京时间12:00、21:00、次日04:00）外，还包括十几档整点滚动新闻，均为直播。2000年，随着CCTV-4的再次改版，《新闻60分》出炉，该栏目以北美地区的华人华侨、驻外机构人员、留学生为受众主体，每天在北京时间08:00—09:00播出，是中央电视台第一个长达一小时的新闻栏目。2002年9月2日，CCTV-4以"加强新闻，突出对台，弘扬文化，荟萃精华"为宗旨，提出了"整点有新闻，次次有更新"的口号，推出24次整点新闻和《走遍中国》《名将之约》《同乐五洲》等新栏目。2003年，《中国新闻》和《中国报道》两大品牌栏目合二为一，形成30分钟新闻加30分钟访谈的一小时新闻板块，沿用《中国新闻》栏目名称。半年之后，访谈板块又从《中国新闻》中独立出来，创办了《今日关注》栏目。为了使CCTV-4更好地向港、澳、台、侨"四位一体"的华人频道方向发展，2006年，CCTV-4根据对海外传播要"贴近实际、贴近需求、贴近习惯"的原则，新创办了《华人世界》《台商故事》《台湾万象》《缘分》等栏目。特别是《华人世界》栏目一亮相就引起了海外华人华侨的广泛关注，被誉为全球华人共享的电视传媒平台。此后，CCTV-4特色更加鲜明。一方面以自办的四大日播品牌栏目《中国新闻》《海峡两岸》《今日关注》《走遍中国》和自办的七大周播栏目《中华医药》《名将之约》《天涯共此时》《体育在线》《同乐五洲》《中华情》《互动空间》等共同构成了晚间黄金收视带。另一方面，荟萃了全台十几个不同类别的品牌栏目，构成了CCTV-4特色鲜明而又丰富多彩的节目格局。不仅在海外中文电视媒体中赢得了遥遥领先的龙头地位，在国内电视媒体中也有不低的收视表现。①

随着我国国际地位的不断提高、对外交往的不断增加，中国广播电视外宣工作面临一个充满机遇与挑战的变革期。为了更好地“向世界报道中国、向中国报道世界”，中国广播电视对外节目以“外宣三贴近”为原则，努力贴近中国发展的实际，贴近外国受众的思维习惯，贴近外国受众的现实要求，媒体核心竞争力大幅提升，品牌影响力日益扩大。

第二节 “走出去工程”迈出新步伐

2000年9月5日至7日，原国家广播电影电视总局在北京召开了第五次全国广播影视系统外事工作会议。会议特别提到，“必须加快实施走出去战略”，“必须牢牢掌握主动权，只有主动出击，才能真正实现走出去战略，才能真正树立起阵地意识，做到守土有责”。可以说，此次会议的召开，为今后广播电视对外交流工作的开展，特别是为“十五”期间实现广播电视“走出去工程”确定了目标，奠定了基础，创造了条件。2001年12月，国家颁布《关于广播影视“走出去工程”的实施细则》，明确提出“走出去”

---

① 赵化勇主编：《中央电视台发展史》（1998—2008），中国广播电视出版社，2008年版，第54—57页。

的目标、任务和措施。“走出去工程”的主要任务就是以广播影视为媒介和载体，通过各种途径，把中国的声音传向世界各地，树立中国良好的国际形象，这是提升我国“软实力”的重要组成部分。按照原国家广播电影电视总局“走出去工程”的总体部署，中国广播电视机构密切配合我国外交、对外经贸，扎实推进舆论安全和外宣工作，积极开展节目海外落地工作。截至2009年，中国广播电视机构“走出去工程”形成了整频落地覆盖全球、本土制作出新出彩、海外机构全球布局、工作机制科学有序的良好局面，进一步增强了中国广播电视在国际舆论斗争中的竞争力和影响力。

一、广播电视海外落地成效显著

中国广播电视节目在海外落地工作，是“走出去工程”的重要组成部分，也是中国广播电视提高国际影响力和竞争力的关键手段。经过多年海外落地模式的不断探索，中国广播电视机构的境外落地业务，从节目代理到租机发射，从租时段播出到整频率落地，从每年落实两三个项目到每年实施几十个项目，实现了跨越式发展，为中国广播电视在海外拓展打开了广阔的空间。

1. 海外落地新路径探索

进入21世纪，中国广播电视机构与境外机构、国际主流媒体的合作不断扩大，在不断探索过程中，海外落地工作迈上了新的台阶。

（1）通过境外代理推进节目落地。

为了破解节目形式和当地受众收听收看习惯存在差距、境外广播电视节目准入限制等难题，中国广播电视进行了落地模式的探索，实行“境外代理”方式。境外代理落地，即寻找境外合作伙伴，运用商业化运作模式，购买重点国家城市电台电视台时段播出落地节目。这是中国广播电视节目“走出去工程”较早采用的方式。这一方式重点是在发达国家推广节目，试图冲破意识形态方面的阻碍，使中国的声音能够到达发达国家受众的耳畔。进入新世纪以来，借助这一方式，中国广播电视的落地范围得到明显扩大，“走出去工程”步伐明显加快。

2000年元旦，中国国际广播电台与美国广播公司在纽约的WOR电台成功直播《对话》节目，这是中国国际广播电台为实现对外广播节目在西方国家主流社会有效落地的一次成功尝试。8月30日，中国国际广播电台利用租用的华盛顿新世界电台时段，与该台合作，现场直播了国务院新闻办公室主任赵启正在美国全国新闻俱乐部作的《中国人的美国观》的讲演，同时上网同步直播，这是中国国际广播电台有史以来的第一次。2002年，中国国际广播电台与巴拿马中文台合作，周一至周六播出汉语普通话、广州话和西班牙语节目各1小时。2003年，通过与英国世界广播网合作，租用伦敦Spectrum Radio中波频率在伦敦播出1小时汉语普通话和1小时英语节目。此后，还通过世界广播网租用俄罗斯圣彼得堡中波频率播出1小时俄语节目、在德国柏林租用频率播出德语节目。2004年，通过美国银视网在美国有线广播网CRN-1每天播出1小时英语节目，覆盖美国阿拉斯加和夏威夷以外的所有州及巴哈马群岛。2005年，与塞尔维亚黑山电台合作，对贝尔格莱德及周边地区播出1小时塞尔维亚语节目，通过加拿大贾纳市的调频电台每周播出半小时英语节目。

2001年，中央电视台分别与美国时代华纳和新闻集团签署协议，CCTV-9在美国部分城市进入有线网和直播平台落地播出，与此同时，对方的星空和华娱两个频道进入广东部分有线网落地播出，从此开创了与境外媒体互惠落地合作模式的先河。2006年，CCTV-9每天1小时节目通过巴基斯坦NVIBE电视频道落地，覆盖巴基斯坦和南亚地区，CCTV-9每天1小时节目通过马尔代夫国家电视台TVM播出，覆盖全国24万观众；每周2小时节目通过孟加拉国RTV有线电视频道在孟加拉国落地，覆盖150万用户。2007年，与韩国KBS公司签约，CCTV-9通过KBS代理推广，进入韩国44个有线网数字频道播出。截至2008年12月，中央电视台共与227家海外媒体签署了265个落地合作项目，使中央电视台的外宣频道在140个国家和地区落地播出。其中，境外合作代理规模和影响比较大的项目有：与美国IN公司合作代理CCTV-4在全美进入有线网落地，与俄罗斯NTV Plus合作在俄罗斯落地CCTV-4/9，与印度ESSEL公司签署了代理推广CCTV-9，与菲律宾Cable BOSS代理推广CCTV-9进入菲有线网落地、与挪威电信合作在北欧四国落地CCTV-9、与TVB国际公司合作在澳大利亚落地CCTV-4等。

境外代理的方式有效地拓展了中国广播电视在海外落地的渠道，引起了西方媒体的关注。BBC国际电台监听部几次对中国国际广播电台采取与第三方合作扩大落地的办法进行了报道和评述，认为中国通过其他机构传播节目，显著扩大了中国的影响。

（2）与境外发射机构合作扩大覆盖范围。

在推进节目海外落地的同时，中国广播电视机构积极与境外发射机构合作，以达到扩大节目覆盖区域，增强节目信号、吸引更多受众的目的。

2003年年初，CCTV-9在英国的BSkyB和法国的TPS两个直播卫星平台同时开播，一举覆盖了这两个国家的近千万用户。9月，CCTV-9通过尼罗河卫星在埃及和中东地区落地播出，覆盖该地区共300多万用户。2004年，CCTV-4和CCTV-9在俄罗斯进入当地最大的直播卫星平台NTV Plus落地播出、CCTV-9在印度落地、三个国际频道在古巴开播、CCTV西语节目在阿根廷落地等。截至2004年，中央电视台国际频道节目信号已基本覆盖全球，并在北美、欧洲、亚洲、大洋洲和中南美洲的120多个国家和地区实现了落地入户，其中CCTV-4在境外入户超过1000万户，CCTV-9在境外入户达到4000万户。

2003年4月，中国国际广播电台租用波罗的海国际广播电台中波频率的广播时段播出6小时广播节目，播出语种包括俄语、汉语普通话、英语、捷克语和波兰语节目，节目覆盖东欧和北欧部分地区。2004年11月1日，与英国VT摩林通信公司合作，通过其分别位于荷属安德列斯群岛中的博内尔岛、南非Meyerton和智利圣地亚哥的短波发射台向墨西哥、南部非洲和巴西等国家和地区播出中国国际广播电台9小时英语、西班牙语、葡萄牙语和汉语普通话节目。

2004年11月28日，原国家广播电影电视总局在阿尔巴尼亚建立的短波发射基地正式启用，该基地每天通过短波频率播出中国国际广播电台英语、法语、德语、西班牙语、葡萄牙语、阿拉伯语、和汉语普通话8种语言64个小时的节目，大大改善了中国国际广播电台节目在欧洲、北非及北美东部地区的收听效果，是中国对外广播发展史上的重要里程碑。至2004年年底，中国国际广播电台海外落地节目的总时数达202小时，落地节目语种包括24种外语以及汉语普通话和3种方言，覆盖全世界60多个国家和香港、台湾地区等。

（3）组建频道集成平台助力节目海外推广落地。

为了加强对北美地区的电视外宣，配合外交工作和对台工作，按照中央和原国家广播电影电视总局的统一部署，中央电视台海外中心积极配合中国国际电视总公司，联合国内10多家电视台和几家境外媒体共同参与、由中国国际电视总公司负责频道集成和海外推广落地的中国卫星电视平台——“长城卫星电视平台”成功组建，并于2004年10月1日在美国隆重推出，这是“走出去工程”的重大成果，也标志着中国电视面向世界的传播从过去单个媒体各自为战的局面向强强联合规模化经营迈出了坚实的步伐，是21世纪初中国电视开拓海外市场的一项重大举措，具有里程碑意义。

长城（美国）平台以商业化运营模式，通过卫星直接入户，开创了中国对外电视频道大规模成功落地的先例。该平台由13个电视台的19个电视频道组成，包括中央电视台的中文国际频道、英语国际频道、西班牙语—法语国际频道、戏曲频道、娱乐频道和中国电影频道及北京电视台、上海东方卫视、广东南方卫视、江苏国际频道、浙江国际频道、厦门卫视、福建海峡卫视、湖南卫视、中国黄河电视台、凤凰卫视美洲台、凤凰卫视资讯台、亚洲电视本港台（美洲）和华夏电视台，覆盖1500万户精英收视人群。这是众多中文电视媒体联手为美国观众奉献的一席丰盛的电视套餐，堪称全美最富价值的中文频道组合。长城（美国）平台的开播极大地改善了中国电视节目在美国的落地状况，CCTV-9 和当年新开播的 CCTV-E&F（西班牙语—法语国际频道）也随长城平台进入该直播平台的基本层，在美国众多主流社会观众家庭落地入户，从而实现了长城平台既服务于海外华人又面向国外主流社会的双重目标。截至 2008 年 4 月 4 日，长城（美国）平台的订户数已达 66247 户，并继续以每月近千户的速度稳步上升。[①]

继长城（美国）平台之后，长城（亚洲）平台于 2005 年 2 月 1 日开播，以非商业化运营的模式，通过直播卫星开路播出。长城（亚洲）平台由 11 个电视频道组成，包括中央电视台的中文国际频道、英语国际频道、戏曲频道及北京电视台、上海东方卫视、广东南方卫视、江苏国际频道、福建海峡卫视、湖南卫视、深圳电视台和厦门卫视。通过亚太 5 号卫星 Ku 波段播出，覆盖中国香港、澳门、台湾地区和日本、韩国、缅甸、泰国等部分亚洲国家。长城亚洲平台以地道的中文电视节目为特色，旨在满足亚洲华人华侨的收视需求，同时为亚洲地区英语观众提供一套精彩纷呈的中国电视“大餐”。

长城（欧洲）平台是长城（美国）平台和长城（亚洲）平台的延伸，于 2006 年 8 月 28 日在法国巴黎通过 IP 电视正式开播。14 个中国电视频道将采用包括 IP 电视、有线电视和卫星直播等多种传播方式，覆盖全欧洲。这也是长城平台首次通过 IP 电视落地的方式进入用户家庭。截至 2008 年 2 月底，用户数已达到 11824 户。

2006 年 12 月 22 日，由包括中央电视台、上海东方卫视、北京电视台等 9 个电视频道组成的长城（加拿大）平台获准在加拿大落地。2007 年 2 月 15 日，长城（加拿大）平台在加拿大罗杰斯有线电视网试播，试播的两个月时间里受到加拿大华侨华人的广泛称赞。据罗杰斯公司通报，自 2007 年 4 月 17 日正式接受用户征订以后不到一周时间，订户就突破了 3000 户，

① 赵化勇主编：《中央电视台发展史》（1998—2008），中国广播电视出版社，2008 年版，第 67 页。

创造了长城平台用户发展的最好成绩。截至 2008 年 2 月底，长城（加拿大）平台的用户数已升至 7663 户。

2008 年 1 月 1 日，长城（拉美）平台正式开播，此节目包集成了来自中国中央电视台和地方电视台的 15 个频道。长城（拉美）平台通过卫星覆盖整个中南美洲地区，多角度演绎中华神韵，全方位展现当代中国。长城（拉美）平台不仅为华侨华人观众服务，满足他们的收视需求，也为英语和西班牙语观众打开一扇了解当代中国发展和中国人民精神风貌的重要窗口。

2009 年 9 月 20 日，长城（东南亚）平台以 IPTV 模式在东南亚地区播出，由长城（马来西亚）平台频道和长城（新加坡）平台频道两种模式构成。

目前，长城平台已经在美国、亚洲、欧洲、加拿大和拉丁美洲落地，并将向大洋洲和世界其他地区扩展。根据世界不同地区观众的需求，长城平台的频道组合分别由来自中央电视台、地方电视台、香港和美国的 10 多个汉语、英语、西班牙语和法语等综合和专业类频道组成，节目内容集各家所长、服务方式因地而异。长城平台的宗旨是，为海外的华人华侨服务，并且为英语、西班牙语和法语观众打开一扇了解中国的窗口。长城平台在已经实现播出的地区引起强烈反响，受到广大华人观众和主流媒体的热烈欢迎。

（4）利用新技术手段探索落地渠道。

在利用传统广播电视手段实现节目落地的同时，中国广播电视还尝试利用新技术推广节目。2002 年，中国国际广播电台通过南非 MIH 广播电视公司电视广播频道实现英语节目、汉语普通话节目、法语节目、阿拉伯语节目、豪萨语节目、斯瓦希里语节目在南部非洲的落地。2005 年，中国国际广播电台通过和日本最大的有线广播机构日本有线广播网（US-EN），实现华语节目在日本落地，每天播出 24 小时。该项目在日本全国有 200 多万用户。此后，还与加拿大 CBC 等媒体就 DRM 技术进行无线广播探索。

2. 整频落地飞速发展

随着我国综合实力的提高及各级领导对提高我国软实力、掌握话语权的重视，自 2005 年起，中国广播电视海外建台等项目被提上日程，整频率落地模式成为海外落地的发展重点，得到大力拓展。整频率落地主要是指在境外建台，独自占有一个频率播出节目，或者是在境外电台电视台租用整频率播出节目，或在境外播出机构每天租用 10 个小时以上的时段播出节目。广播电视整频率落地模式，具有传输信号稳定、节目编排系统、传播内容贴近、播出风格互动性强等优点，突破了传统落地模式带来的不足，备受世界广播电视主流媒体的青睐，是西方国家拓展境外落地的主要手段。

从 2006 年建设海外第一家调频台至今，中国国际广播电台大力推进节目境外整频率落地，到 2009 年，中国国际广播电台已圆满完成在美国、澳大利亚、芬兰、尼日利亚、刚果（布）、蒙古、塞内加尔等 14 个国家的整频率电台项目建设，新增海外落地播出时数 249 小时 / 天，为全球受众快捷、深入、客观了解中国，提供了直接渠道。至此，中国国际广播电台已在海外建立 34 个整频率调频台或中波台，扣除优化调整项目停播节目 113 小时 / 天，累计每天落地播出总时数为 838.5 小时，落地节目语种为 40 种（英语、法语、西语、俄语、德语等 35 种外语和汉语普通话及 4 种汉语方言），分布于世界五大洲，覆盖全球 60 多个国家和地区。

根据党中央关于加强传播能力建设的总体要求，中央电视台加大了“走出去工程”的推进力度，特别是对新开办的阿拉伯语和俄语频道，采取了超常规的积极措施，打破了以往“先开播，后落地”的一贯做法，在频道开播的当天实现同步落地，开拓了电视节目海外落地工作的新思路、新视野。截至 2009 年，中央电视台中、英、西、法、阿、俄 6 个国际频道新增落地项目共计 38 个，节目海外落地项目总数已达 333 项；中文、英语、法语、西班牙语 4 个国际频道的整频道海外落地总用户数已超过 1 亿户，已接近英国 BBC、美国 CNN 国际频道海外落地用户数。其中，CCTV–4 用户约 1500 万，CCTV–9 用户达到 7568 万，CCTV–F 用户 1051 万，CCTV–E 用户 328 万。

此外，不少省级电视台以及其他一些有条件的电视台也通过长城平台或者其他途径积极开拓境外传播，取得了很好的成绩。中东部地区省级台以东方卫视为代表。东方卫视于2002年起在日本落地，2003年起通过与TVB战略合作在澳大利亚落地，同年9月在中国澳门地区落地。2007年4月，东方卫视通过TVB付费电视网在中国香港地区落地，[①] 同年，东方卫视又通过中国电视长城欧洲平台在法国落地播出，后又逐步向英国、德国、荷兰、意大利、西班牙、比利时等华人较多的国家推进。目前，东方卫视是中国辐射海外最广的省级卫视。边疆地区的地方电视台则充分利用地域优势，努力扩大在周边国家的落地。如广西卫视在越南、老挝、柬埔寨、菲律宾4个东盟国家落地，西藏卫视的藏语频道进入了尼泊尔最大的有线电视网，内蒙古卫视在蒙古、俄罗斯和新西兰的部分地区落地，新疆电视台的哈萨克语频道在蒙古落地，等等。此外，2004年6月开播的专业外宣电视台——中国黄河电视台——以推广汉语教学和传播中国文化为主要内容，目前通过长城电视的美国、加拿大和拉美三大平台实现海外落地，每天播出6小时节目，24小时滚动播出。[②]

许多国家政要和决策咨询机构通过中国广播电视海外整频率落地节目，及时了解中国政府发展的新思路、新举措和新动态。许多国家大商巨贾和跨国公司通过中国广播电视在海外整频率落地节目，及时了解中国社会发展的经济政策和市场行情。许多国家普通受众和民间社团通过中国广播电视在海外整频率落地节目，全面了解中国人民的生活状况和旅游风情。许多国家的年轻人通过中国广播电视在海外整频率落地节目，学习汉语，了解中国悠久历史和灿烂文化。

经过多年实践，中国广播电视海外落地逐步形成了具有中国特色的走出去新路，主要有自行建台、经援建台、委托代理等几种模式。

一是自行建台。“自行建台”就是由中国的广播电视机构向对象国政府申请专门频道频率，自筹资金并委托国内专业公司，在对象国建设和安

① 叶国标、梁智勇：《中国电视媒体对外传播新格局与国际化策略浅析》，《新闻记者》2010年第9期，第42—45页。

② 常江、余鸿雁：《中国电视对外传播模式的问题与建议》，《对外传播》2014年第2期，第30页。

装设备，实现节目播出。目前，中国国际广播电台在肯尼亚内罗毕、老挝万象、柬埔寨金边和瓦努阿图等国家和地区取得了十分突出的宣传效果。

2006年2月27日，中国国际广播电台内罗毕CRI 91.9FM调频台开播，这是我国在海外开设的第一家调频电台，覆盖内罗毕及周边地区约200万人口，每天播出19个小时的英语、斯瓦希里语和华语节目。胡锦涛主席等国家领导人于4月访问肯尼亚时，收听了中国国际广播电台在内罗毕开办的调频广播，对节目内容和播出效果给予了充分肯定。内罗毕调频台首开中国对外广播在国外建立电台的先河，而且打破了国际上斯瓦希里语调频广播长期由西方媒体垄断的局面，在我国对外广播史上具有里程碑的意义。美国之音认为，内罗毕调频电台的开播，是“这个亚洲大国试图在非洲扩大影响力的一种方式”。BBC等西方媒体评论道，“此举不亚于中国在非洲爆炸了一颗原子弹”。①

2006年11月19日，老挝万象调频台开播，这是中国国际广播电台在亚洲地区整频率落地的第一家调频台，每天播出12.5小时老挝语、汉语普通话和英语节目。胡锦涛主席与老挝国家主席朱马里共同启动了中国国际广播电台万象调频台的开播。2007年9月10日，中国国际广播电台在瓦努阿图维拉港、桑托岛和马拉库拉岛建设的3家调频台正式开播。3个调频台每天各播出18小时的英语节目，节目信号覆盖瓦努阿图近20万人口。这3座调频台的建成和播出增强了我国对南太平洋国家和地区的话语权。2008年12月11日，在柬埔寨首都金边，“金边中柬友谊台”成立，每天播出18小时柬埔寨语、英语、汉语普通话和潮州话节目，节目信号覆盖金边市及周边地区100多万人口。

境外调频台项目受到所在国政府的高度重视，并得到了当地政府首脑及社会各界人士的热烈反响和好评，对促进中国与对象国家和地区的政治、文化和经济的交流，促进当地人民对中国的了解起到了积极作用。

---

① 王庚年主编：《中国国际广播电台发展史》（2001—2011），中国国际广播出版社，2011年版，第159页。

二是经援建台。“经援建台”是我国给亚非拉地区发展中国家提供援建项目时，将中国广播电视建设纳入其中。由对方提供频道频率，我方出资，在开展援建的时候一起建设，这是一种外援、外交与外宣“三结合”的新模式。商务部和原国家广播电影电视总局将我国外宣工作与外交、外贸结合起来，与增加我国外宣“走出去”的力度达成了一致。

2003 年 12 月，胡锦涛总书记在全国宣传思想工作会议上提出，要大力发展涉外文化产业，积极参与国际文化竞争。中共十六届四中全会则明确提出，推动中华文化更好地走向世界，提高国际影响力。由此，广播电视等媒体开始加大走出去步伐。从这一年起，中国广播电视国际经济技术合作总公司开始参与电视节目“走出去”援建落地业务，并在其后两年中先后完成汤加、古巴、瓦努阿图、萨摩亚等国的落地项目，成为“走出去工程”电视节目海外落地工作中的一个不可或缺的重要组成部分。2005 年上半年，中央电视台与喀麦隆两家公司签约，履行为其援建转播设备的协议，对方完整转播 CCTV–E&F（西班牙语—法语国际频道）和 CCTV–9 两个频道的节目。

2008 年 11 月 19 日，中国国际广播电台在利比里亚建立的 5 个调频台正式开播，每台分别通过卫星接收和播出 18 个小时的英语和汉语普通话节目，节目信号可覆盖利比里亚全国 60% 的人口约 180 万。该项目是中国国际广播电台通过原国家广播电影电视总局和商务部共同合作在非洲实现的第一个“三结合”项目。2009 年，通过同样的方式，中国国际广播电台在刚果（布）首都布拉柴维尔建起了整频率调频电台，每天转播 18 小时的法语和汉语普通话节目。①

三是委托代理。“委托代理”就是以中国广播电视自身机构名义，向对象国申请专门频道频率，委托当地有实力的机构承办，不需国内派人前往实施。2005 年，中央电视台还与英国载闻公司签约，首次尝试委托代

① 王庚年主编：《中国国际广播电台发展史》（2001—2011），中国国际广播出版社，2011 年版，第 160 页。

理有偿推广 CCTV-9 落地的合作模式。签约当年，载闻公司就成功地代理 CCTV-9 进入东欧多个国家和以色列等国的 20 多家有线网和直播卫星平台，填补了 CCTV-9 在这些地区落地的空白。2007 年，中国国际广播电台委托尼日尔当地调频电台建立尼亚美调频台，每天播出 18 个小时的法语、豪萨语、英语和汉语普通话 4 种语言节目，节目信号可覆盖尼亚美及周边地区 100 多万人口，是中国国际广播电台在西非法语区国家开办的第一个整频率电台，对加深中尼、中非人民之间的友好合作关系，进一步扩大我国在非洲的影响发挥了积极作用。2009 年 12 月，中国国际广播电台成功委托当地公司，低成本高效率地实现了在塞内加尔 4 个城市的调频落地，每天同步播出法语和汉语普通话节目 18 个小时，节目覆盖约 250 多万人。

委托代理可以大大缩短实施周期，且当地机构熟悉本国情况，可规避建设风险。但这种模式要求对象国在法律政策上允许中国的广播电视媒体在当地落地播出，需要该国在专业能力上有较强实力的合作伙伴。

此外，在不断推进海外频道频率建设的同时，中国广播电视机构还采用“境外租台”“公司化运作”等方式，使落地工作更加高效快捷，中国广播电视“走出去工程”也开始大规模向欧美发达国家进军。自 2006 年起，中国国际广播电台先后在蒙古国、澳大利亚、摩纳哥、巴拿马、美国、芬兰等地，通过与当地电台合作租时落地。2006 年 3 月，中国国际广播电台在蒙古国第二大城市乌拉省府达尔罕正式落地，开创了“境外租台”落地模式的先河。2007 年 6 月，澳大利亚珀斯调频台的落地实现了在西方国家节目整频落地零的突破。2008 年 10 月，中国国际广播电台通过美国洛杉矶当地电台下属的中波台实现整频率落地，首次成功实现在美国及北美地区的整频率落地。2008 年 10 月 15 日，中国国际广播电台节目通过加拿大温哥华当地电台实现了在温哥华的中波整频落地播出。该台每天播出 12 小时汉语普通话节目，节目信号覆盖加拿大不列颠哥伦比亚省约 290 多万人口。这是中国国际广播电台在加拿大首次通过购买当地电台，播出自己制作的节目，有利于加强当地华人华侨对祖国的凝聚力和向心力，促进加拿大人民对我国的深入了解。此外，中央电视台驻外机构也更多地以公司的形式开展对外合作与市场运营，逐步推进海外视频发稿平台和海外节目制作中心的内容建设与市场化运营，以公司化形式传播和打造国际品牌节目，加快节目外销平台由零售模式向集成销售模式转变。

“境外租台”“公司化运作”等模式，实现了中国广播电视节目在对华存在戒备且对外媒管制较严、媒体市场化程度较高的国家落地播出，可以规避其媒体市场对华壁垒，快速有效地获取广播电视资源，实现了海外落地工程的跨越式发展。

二、全面推进海外本土化媒体建设

在国际传播领域，媒体实施“本土化战略”，指的是媒体为适应某一区域市场受众的媒体接触特点和需求而进行的经营思路和操作手法的改造过程，涉及媒体的内容生产、经营、人才使用等各个方面。中国广播电视实施“本土化”落地，就是通过与对象国有实力的媒体公司合作，由中国提供或由双方联合采访介绍中国情况的节目素材，再经合作方根据当地受众的信息需求和接受习惯，对节目进行内容、形式、风格上的本土化包装，用对方国母语在当地的主流媒体或网站播出。“本土化”落地是实现传播者与受众之间语言转换和文化对接的前提，也是突破传播对象国制度、体制、法律等制约，增强传播效果的有效途径。

大力推进海外本土化媒体建设，是中国广播电视各项工作的重中之重。

1. 采访制作的“本土化”

与合作机构联合采访制作节目是实现广播电视节目本土化的有效手段。自 2004 年以来，中国国际广播电台英语中心与芬兰合作伙伴电台每年都进行有针对性的联合实地采访，每次共同确定 20 多个芬兰听众关注或感兴趣的选题，然后密切合作，一起采访和制作节目。比如，越来越多的芬兰听众既对中医中药感兴趣，又对中医理论是否有科学依据、中药是否用动物肝脏作原材料等欧洲素食主义者非常关心的问题抱有很多疑问。

芬兰记者在联合采访中结合听众的疑问，直接向被采访人提问，具有极强的针对性，也符合芬兰听众的思维习惯。这个节目得到很多当地听众的积极评价。2009年，由中央电视台投资的中视传媒股份有限公司和英国广播公司（BBC）联合摄制纪录片《美丽中国》，该片历时4年，共投资500万英镑，拍摄了中国50多个国家级野生动植物和风景保护区、86种中国珍奇野生动植物和30多个民族生活故事，展现中国的自然人文景观。在与英国广播公司的合作过程中，能够掌握更符合海外观众收视偏好的节目内容和形式，对于节目内容的本土化有显见的好处。该片不仅获得美国艾美奖新闻与纪录片多项大奖，还在全球50多个电视频道播出。

2. 报道资源的“本土化”

一是记者编辑的本土化，便于激发受众的“自己人”意识，从而更容易起到节目推介的作用。2005年8月17日至20日，第十三届欧华年会在芬兰坦佩雷市举行。为做好这次报道，中国国际广播电台特约合作电台记者，为英语中心的对欧洲节目及落地节目提供本届年会的新闻报道，节目还采用英语中心主持人和当地特约记者对话、现场采访的形式，增强了节目的现场感和可听性；二是节目制作室的本土化，2009年5月8日和10日，中国国际广播电台澳大利亚堪培拉节目制作室和珀斯节目制作室分别在当地挂牌成立，节目制作室与合作伙伴一起制定本土化节目运行方案，每天向中国国际广播电台提供节目素材并与英语中心和华语中心进行连线报道；9月5日，洛杉矶北美节目制作室挂牌成立，该制作室部分转播中国国际广播电台英文节目，同时以中国国际广播电台节目源为基础，补充北美新闻时事节目，还制作洛杉矶本土节目，包括音乐、气象、路况、财经和本地新闻等。通过这些合作，我国的广播电视机构可以在最短的时间里熟悉当地的人文环境，适应其媒体运行模式，更快地提升自己的品牌和市场影响力，更加容易发展自己的种种优势尽快融入当地，被当地受众接受。

3. 网络电台的“本土化”

在推进节目“本土化”落地的同时，中国广播电视又探索通过网络以多媒体形式实现本土化落地。2009 年 9 月，中国国际广播电台与芬兰大众明天传媒有限公司采取市场合作方式，在北欧本土制作并成功推出芬兰、瑞典、丹麦、荷兰、挪威、冰岛、爱沙尼亚、立陶宛等 8 种外语网站，使中国国际广播电台节目通过新媒体手段，实现在海外的本土采集、制作、发布、互动和运营，开创了新媒体外宣的新型合作模式。本土化的创新模式，填补了中国声音在北欧国家中缺位的空白点，为我国国际广播增加了新的广播语种；其以当地电台的风格和模式播出的本土化落地节目，大大增强了中国国际广播电台节目的针对性、贴近性和实效性，吸引了更多的听众；同时，中国国际广播电台节目通过网络以多媒体形式本土化落地，也大大提高了欧洲受众在当地访问中国国际广播电台网站的速度，方便欧洲国家特别是北欧国家受众及时、全面和客观地了解中国。

本土化节目既缩短了受众与电台电视台的物理距离，拉近了受众与节目的心理距离，增强了广播电视落地节目的影响力和感染力，又规避了对象国特别是西方国家对我国广播电视节目落地准入的限制。实践证明，本土化是一条效果好、受限少的节目落地新模式。本土化节目落地模式及其取得的突出效果得到了中央领导和原国家广播电影电视总局领导的高度重视，并予以充分肯定。

三、海外分支机构加快全球化建设

为进一步抢占海外发展先机，巩固境外落地建设成果，中国广播电视机构根据我国外交、外贸、外宣重点和地理分布情况，科学规划海外机构建设布局，加快推进海外分支机构建设步伐。

2007 年，中国国际广播电台（简称国际台）提出建设境外地区总站和节目制作室的战略目标，根据规划，2010 年至 2011 年，中国国际广播电台将在法国、泰国、埃及、俄罗斯、美国、巴西、澳大利亚等地建设 7 个海外地区总站。2010年至2012年，将在新西兰、芬兰、美国、蒙古国、尼泊尔、斯里兰卡、孟加拉国、土耳其、西班牙等国建设16个海外节目制作室，到2020年，将在亚太、欧洲、非洲、美洲等重点落地国家共建立70个节目制作室。中央电视台计划到2010年年底，建成欧洲、美洲、亚太、俄罗斯、中东、拉美、非洲7大中心记者站，在世界各地拥有50个海外记者站。以此为标志，中央电视台的海外报道网络将基本形成，中央电视台的全球新闻采集能力和国际传播能力将得到大幅提升。

1. 记者站遍及全球

自1984年2月，第一个驻外记者站——香港记者站建立以来，伴随着中国电视事业的迅猛发展，中央电视台驻外记者站取得了长足进步，驻外记者站对中央电视台时政新闻与国际新闻报道能力的提高做出了卓越贡献。截至2008年，中央电视台已在17个国家和地区设立了19个常驻站点，派出常驻记者58人，初步形成了遍布亚、非、欧、美和大洋洲的全球新闻报道网络。[①] 中国国际广播电台的驻外记者事业始于1980年12月3日，中国国际广播电台的第一个记者站——驻日本记者站在东京正式成立。这个开拓性举措，结束了一个国家对外广播电台长期以来没有自己国际新闻来源的历史。从1983年至2000年，中国国际广播电台先后（按建站时间顺序）在南斯拉夫、法国、巴基斯坦、墨西哥、美国、中国香港地区、德国、泰国、埃及、俄罗斯、联合国、津巴布韦、澳大利亚、阿根廷、比利时、肯尼亚、土耳其、印度、瑞士、尼日利亚、卡塔尔、韩国、中国澳门地区、英国、意大利、以色列、新加坡、巴西建立了28个记者站，并于2006年和2007年又完成了3个站，即波兰、伊朗、哈萨克斯坦记者站的建站工作，至此，32个驻外记者站的总体规划完成，一个布局合理、遍及五大洲的驻外记者站网络逐步形成。[②]

① 吴菲菲：《中央电视台驻外记者：报道传世界》，央视网。

② 王庚年主编：《中国国际广播电台发展史》（2001—2011），中国国际广播出版社，2011年版，第169页。

2. 彰显全球化报道视野

置身于全球传播的舞台上，必须放眼全球，不仅要紧跟国内事件，同时也要随时关注世界各地的大事小情。2008 年，中央电视台在建台 50 周年之际提出加快“两个转变”的发展战略，其中一个转变是“由以国内发展为主兼顾国际，向国内、国际并重发展转变”，这表明在新的历史起点，中央电视台自觉着眼于国际国内两种竞争，在统筹国际国内的宏观战略思想下，逐步实现由本地传播向全球传播的跨越式发展。目前，国际传播“西强我弱”的态势还没有从根本上改变，西方媒体垄断了国际新闻的来源，这些国际新闻从表面上看是客观的报道事实，但其中隐藏了西方的观点立场和价值判断。多年来，国际台的驻外记者一直秉承“中国立场、世界眼光、人类胸怀”的原则，在重大国际新闻事件中“以中国的视角、全球的视野”来报道和解读世界，来发出自己的声音，在国际舆论斗争中进行有效的舆论引导。2003 年伊拉克战争期间，中国国际广播电台的驻外记者始终注意对新闻事实进行核实、比较，绝不做西方媒体的“传声筒”，始终以全球化的报道视野，坚守中国立场，全面、公正、平衡地完成报道任务。

第三节　国际广播电视人才培养与管理

新世纪以来，我国大力加强国际传播能力建设，努力构建覆盖广泛、技术先进的现代传播体系，形成与我国现代经济发展水平和国际地位相适应的国际传播能力。加强国际传播能力建设是国家战略，也是一项系统工程。抓好这项工程，人才是关键，人才资源是第一资源。能否尽快培养和造就一批高水平的、优秀的国际传播后备人才，直接关系到国际传播能力建设战略的成败。[①] 为此，广播电视系统高度重视队伍建设，制定合理的

① 苏志武：《为加强国际传播能力提供坚实人才支撑》，《求是》2011 年第 4 期，第 53 页。

人才培养政策，加强科学规划，通过高校和新闻机构两条腿走路，理论和实践相结合，人才工作机制不断创新，人才队伍规模不断壮大，结构进一步优化，素质不断提高，为我国国际传播事业的发展提供了有力的人力资源保障。

所谓国际传播人才，指的是国际传播实践领域从事对内传播世界和对外传播中国工作的实践者，其主体是从事国际新闻和对外新闻报道的采、写、编、评、译、播等工作的记者、编辑等。[①] 由于广播电视对当今世界舆论的影响力巨大，广播电视的对外传播无疑是国际传播的一个重要组成部分。

培养和管理好国际广播电视人才不仅是现实发展的需要，而且也已成为我国的国家战略任务，得到各界高度重视。原国家广播电影电视总局制定的《2001 年至 2010 年广播影视事业发展计划纲要》指出，在广播电视领域要加强队伍建设，打造一支政治强、业务精、纪律严、作风正的高素质队伍。原国家广播电影电视总局时任局长徐光春在 2001 年全国广播影视工作会议上指出，“中国的广播影视事业，不仅肩负着通过广播电视节目和电影作品团结、鼓舞全国人民为实现党的任务而奋斗的使命，而且承担着对外宣传的任务，在世界上树立中国的良好形象，为中国的现代化建设创造良好的国际舆论环境。要完成这一任务，必须大大增强我广播影视的国际竞争力。”[②]

提高中国广播电视的国际竞争力核心在人才。一方面，我国高校对国际广播电视人才的培养规模不断扩大，力度不断加强。以中国传媒大学为代表的高校在国际广播电视人才培养方面开辟出新的路径，走“产、学、研”结合的道路，加大国际交流，开放办学，提升学生国际视野，取得了一定成绩，积累了宝贵的经验；另一方面，为了构建和发展现代对外传播体系，

① 张毓强、尚京华、唐艾华：《中国国际传播人才培养的历史沿革》，《当代传播》2010 年第 4 期，第 97 页。

② 北京广播学院主编：《中国广播电视年鉴（2001）》，中国广播电视年鉴社，2001 年版，第 8 页。

在国际上提高中国的话语权和影响力，新闻机构顺应形势发展需要，建立和完善国际广播电视人才培养与管理制度。

作为中央级媒体，国际台和中央电视台是外宣的重要阵地，承担着主要的广播电视对外传播任务。近年来，随着中国综合实力的增强和国际地位的提升，国际台和中央电视台的对外传播事业取得了迅猛发展，而合理的人才培养政策为两台对外传播提供了人才保障。为了构建和发展现代对外传播体系，国际台于2007年在人事办公室成立了人才工作处。中央电视台加大了员工培训的资金投入和人才培养力度。而地方级媒体如上海文广集团也加大了“走出去”的步伐，在培养广播电视国际人才方面做出了尝试。

一、新世纪对国际广播电视人才的迫切需求

新世纪以来，我国各项事业的发展和国际地位的提高需要营造良好的国际舆论环境，然而西强我弱的国际舆论格局并没有发生根本改变，我国的国际传播能力还不够强大，世界描绘中国形象的主导权还掌握在西方媒体手中。毋庸讳言，广播电视是影响舆论的一个重要方面，而广播电视的对外传播是跨文化传播的重要媒介，需要遵循客观规律，了解受众的需求，按照传播对象国的不同情况，“内外有别”“外外有别”，以受众为中心传播信息。与此同时，随着我国广播电视“走出去工程”的逐步繁荣壮大，也迫切需要一大批高素质专业人才开拓国际市场、经营管理好在海外落地的媒体。

1. 扭转西强我弱的国际舆论格局，有赖于人才

经过30多年的改革开放，中国经济在新世纪突飞猛进，科教文卫体育各项事业取得长足进展，令世界刮目相看。尽管中国的复兴是通过和平崛起的方式，不但没有威胁任何国家，还对世界经济发展做出了突出贡献，但是随着综合实力的提高，客观上对西方发达资本主义国家的霸主地位形成了挑战，因此以美国为首的西方媒体使用各种方法对中国进行不实报道，

妄图抹黑中国，“中国崩溃论”“中国威胁论”等妖魔化中国的论调此伏彼起、甚嚣尘上，相比之下，中国在国际舆论导向方面缺乏议程设置的能力，常常是被动反击，而且反击的声音弱小，不利于我国政治、经济、文化等各项事业的发展。究其原因，长期以来形成的西强我弱传播格局，造成了国际舆论上对中国不利的态势，要扭转这种局面，树立中国的正面形象，就需要提高中国媒体的国际影响力，提高中国在国际问题上的话语权，这就需要一大批精通国际主流话语传播方式的专业人士在国际舞台上发出中国的声音，做到“中国立场，国际表达”。

2. 达到跨文化传播的最佳效果，有赖于人才

要在国际上增强中国媒体的影响力，中国的广播电视不仅要提高硬件水平，在世界上扩大覆盖面，让世界人民都能听到中国的声音，还要提升软件水平，摒弃空洞、生硬的说教，做到中国媒体传播的信息“随风潜入夜，润物细无声”，能让受众“入脑、入心”，取得对外传播的实效。跨文化传播研究发现，文化和语言被公认是最能抵消外来广播电视节目影响的两项因素。因此，广播电视媒体在制作国际传播节目的过程中，要充分考虑到文化和语言的对接问题。这就要求传播者尽量采用对象国当地的语言传播信息，同时还要熟悉对象国的风俗文化和受众心理，并据此对我们的传播方式进行调整，注重以日常生活化的传播方式来加深相互了解，消除误解隔阂，培育彼此认同，尽量减少异质文化间的直接碰撞，用外国受众熟悉的方式讲好中国的故事，用生动、真实、质朴的内容来传递和塑造积极的国家形象和涉华国际舆论，在世界上发出中国的声音。这就需要一大批既了解中国政策、又通晓外国国情，既理解新闻传播规律、又懂得媒体经营管理的高素质人才。因此，对国际广播电视人才的培养和管理成了时代赋予广播电视高等院校和新闻机构的命题。

2010 年，原国家广播电影电视总局《广播影视“十二五”人才发展规划》中强调，“国际传播人才队伍的建设要适应加强国际传播能力建设的要求，以提高广播影视国际传播能力为核心，按照掌握话语权，赢得主动权的要求，努力建设一支熟悉国际传播规律，掌握对外宣传策略和技巧，具有跨国界、跨文化沟通能力的国际传播人才队伍”。

3. 实施广播电视“走出去工程”，有赖于人才

从2001年开始，国家开始实施广播电视“走出去工程”。国际台节目在海外落地不仅是“走出去工程”的重要组成部分，也是实现建立现代国际广播体系战略构想的关键手段，自2006年内罗毕调频台开播至2011年6月，国际台已经在62家海外电台实现了节目落地。

2003年中央电视台提出要办成“与中国国际地位相适应、具有国际影响力和竞争力的电视媒体”的新战略，对海外落地工作提出了相应要求。中央电视台自2002年至2012年相继开办了5个国际频道，形成6个语种、7个国际频道的格局，同时，海外落地业务迅猛发展：2002年，整频道加部分时段落地项目总共只有50个；2003年年底整频道落地用户数达到3200万；2012年年底，中央电视台共与全球119个国家和地区的电视机构签订了落地合作协议，电视信号覆盖全球171个国家和地区，累计海外用户数超过3亿户，中央电视台7个国际频道进入全球1874家酒店，累计客房数为52万间。[①] 随着中国广播电视“走出去”步伐的加快，以及与国际媒体交流、合作的扩大与深化，对高素质复合型人才的需求已成当务之急。

二、高等院校对国际广播电视人才的培养

改革开放直接催生了国际新闻专业，并为该专业的发展带来了前所未有的机遇。为了解决人才需求的缺口，特别是为了给我国新闻机构培养合格的驻外记者，在政府的支持下，中宣部、教委（当时的教育部）、新华社和广播电影电视部（当时的广播电视部）联合从1982年起在一些高校中开设国际新闻专业五年制本科和国际新闻双学士学位，从而正式开始了

① 李舒东主编：《中国中央电视台对外传播史》（1958—2012），人民出版社，2013年8月版，第259—260页。

我国的国际新闻专业化教育。北京广播学院 1982 年率先在外语系开设了五年制的国际新闻本科专业，厦门大学和国际关系学院也分别于 1983 年、1984 年相继开设了国际新闻本科专业；复旦大学、上海外国语学院于 1983 年开设了双学士学位的国际新闻专业，中国新闻学院也在 1986 年开设了双学士学位和硕士学位的国际新闻专业。①

1. 为对外传播事业培养多语种人才，在外语系基础上设置国际新闻专业

为满足对外广播事业人才的急需，自 20 世纪五六十年代开始，北京广播学院外语系陆续开办过波斯语、土耳其语、意大利语、斯瓦希里语、乌尔都语、普什图语、泰米尔语、葡萄牙语等 23 种外国语专业，其中 7 种语言是在我国率先开办的专业。非通用语专业根据实际需求隔届招生，很多非通用语种和国际台联合培养人才，例如乌尔都语专业专门聘请了国际台乌尔都语播音员授课，学生到中国国际广播电台实习，毕业后大部分进入中国国际广播电台工作。2003 年通过教育部评审，北京广播学院建成国家外语非通用语人才培养基地。

由于国际新闻专业的复合型特点，高校一般将其作为外语系或新闻系的一个分支。北京广播学院自 1982 年在外语系开设国际新闻本科专业后，于 1986 年开始招收国际新闻专业硕士研究生，1999 年招收博士研究生，并于同年成立了国际传播学院，2008 年在原国际传播学院的基础上成立外国语学院。

北京广播学院作为培养广播电视人才的专门学校，在培养对外传播人才方面形成了鲜明的特色。除国际新闻方向外，北京广播学院外语系还根据社会需求增设了英语播音与主持艺术专业方向、戏剧影视文学影视剧译制片方向、网络英语信息采编方向以及非通用语双语专业，课程设置上也针对广播电视对外传播开设有英语播音理论与实践、英语节目采编播实务、广播电视英语新闻采写等特色课程。

---

① 张毓强、尚京华、唐艾华：《中国国际传播人才培养的历史沿革》，《当代传播》2010 年第 4 期，第 99 页。

随着广播电视行业对国际新闻人才需求的加剧，近年来，除了北京广播学院开设了双语播音主持专业外，地方一些高等院校也开办了类似专业。如浙江传媒学院开办了英汉双语、法汉双语、日汉双语播音与主持艺术专业。

2. 加强对内对外交流，深化与拓展对国际广播电视人才的培养

20 世纪 90 年代以来，北京广播学院把握我国高等教育改革与信息传播业迅速发展带来的契机，坚持“人无我有、人有我优、人优我特”的学科建设原则，把优势学科做大做强，同时广泛开展国内外合作与交流，按照“植根广播电视，依托传媒界，面向社会开放办学”的发展思路，加强与广播电视主管部门和企事业单位的办学合作，走“产、学、研”结合的道路，与国家和省市电台、电视台及传媒研究机构共建教学与研究基地，培养学生的实践能力，开展科研合作，取得了显著成效。

1994 年，借北京广播学院 40 周年校庆之机，与澳大利亚广播公司（ABC）合作，召开了该校历史上规模最大的一次国际会议——国际广播电视人才培养研讨会，来自境外 10 个国家的 30 多名代表以及国内一百多名代表参加了研讨。2000 年 3 月 12 日，北京广播学院举办了“面向 21 世纪中法国际传播学研讨会”。随着学校国际知名度和学术地位的提高，一些知名集团和院校，如美国的新闻集团、密苏里新闻学院、越南胡志明国家政治学院、韩国的东西大学、英国的 BBC 国际台和中文台等也慕名前来寻求交流合作的机会。通过和国际广播电视机构和实体的交流合作，进一步扩大了学校的知名度，开阔了师生的眼界，把握了国际广播电视行业的最新发展方向，确立了广播学院在某些特色领域国际领先的学术地位，也有利于更好地为中国广播电视事业培养高层人才。

3. 在开放办学的基础上，形成“三方办学”的国际广播电视人才培养新模式

为适应新形势下我国对外传播的要求，在高等院校开放办学的基础上，为了迅速集中力量加大高素质人才培养力度，满足媒体的实际需要，2009

年 5 月，根据中共中央宣传部的规划和统一部署，一种全新的“三方办学”人才培养模式应运而生，即政府主管部门、媒体和高校联手办学，走出了中国特色的国际传播人才培养之路。在政府主管部门的统一领导与部署下，中国 5 所名校——清华大学、中国人民大学、中国传媒大学、北京外国语大学和复旦大学进行试点，创设国际新闻传播硕士专业。从 2009 年开始首批面向全国招收了 150 名学生，作为我国国际新闻传播事业的后备人才。5 校采用了一种既有别于我国现行新闻教育体制，又不同于西方新闻院校人才培养方法的新型办学模式。在政府主管部门的指导下，5 校从媒体实际人才需要、从与西方媒体竞争需要、从面向未来媒体发展趋势出发，创立了一种全新的政府主管部门、媒体和高校联手办学的人才培养模式。①

国际新闻传播硕士研究生班增设了海外媒体实践和西方国家新闻报道与写作（英文）等更高层次的课程培养目标，吸纳新华社、人民日报社、中国国际广播电台、中央电视台、中国日报社和中新社 6 家国际传播重点媒体参与培养方案的制订和实施，集中大量资源和力量，为中央重点新闻媒体培养国际传播后备人才。这种政府、媒体、学校三方联合培养的模式在资源配置的效率和优越性上大大优于以往，也能够更好地解决教育与媒体实际工作相脱节的问题。

在国际新闻传播硕士研究生班建设中，中国传媒大学面向全校硕士研究生，实行多语种、多专业背景选拔。培养过程中，充分利用新媒体手段，开展互动式的师生交流；配备双导师；利用国际化教学平台，拓展学生国际视野。此外，还依托校园媒体平台和中央主要外宣媒体，建立社会实践基地，推荐学生在中央六大主要外宣媒体实习；推荐学生利用小学期到我国主流媒体驻外机构见习，使其置身于西方本土环境中了解国外传媒生态，实践国际新闻报道；推荐学生参与国家留学基金委项目选拔，赴我国主流

① 司久岳、吕鸿、商旸：《提高国际传播力和影响力，人才是核心——走中国特色国际传播人才培养之路》，《人民日报》2010 年 9 月 15 日，第 023 版。

媒体驻外机构进行实习。[①]

近年来，正是有了传播理念的与时俱进以及在国际广播电视人才培养方面的充分实践，中国高等院校为我国输送了一大批高素质的国际传播人才，分布在国际台、中央电视台以及凤凰卫视等地方广播电视台，既有像凤凰卫视总裁刘长乐这样的高级管理人才，又有像白岩松这样的著名新闻节目主持人。

三、新闻机构的国际广播电视人才培养与管理制度的完善

新闻机构近年来用人机制越来越灵活，在广播电视人才培养方面做出了大胆的尝试。国际台和中央电视台是在实践中培养、管理国际传播人才的重要新闻机构，各地方电台和电视台根据自身实力，在重大国际事件发生时，也纷纷派出人员出国采访报道，在培养国际传播人才方面也在摸索适合本台实际的道路。

作为我国对外传播的主阵地，经过多年的发展，中国国际广播电台已经初步培育了一批适合外宣工作的人才队伍。为发挥外语人才和驻外记者两大人才优势，中国国际广播电台2004年提出了“以人为本，人才立台，人才兴台，人才强台”的理念，切实让人才为构建现代国际广播体系提供智力支持。中央电视台的对外传播事业在新世纪进入繁荣阶段，在“新闻立台”“全球传播”理念的指导下，构建起了全球新闻采编网络，形成了中文、英语、法语、西班牙语、俄语、阿拉伯语等多语种对外传播的格局，对国际电视人才的培养和管理也提上了日程。

2004年12月，原国家广播电影电视总局时任局长王太华在全国广播影视工作会议上指出，“要抓好‘四个一批’人才培养工程。广播影视一定要培养名记者、名主持人、名编辑、名播音员、技术专家、管理和经营人才”。随后，中国国际广播电台和中央电视台加快了高端人才、核心人才、后备人才的培养步伐，使后备人才培养形成了梯次，主要包括建立和

① 袁军：《加强高素质国际传播人才培养》，《光明日报》2011年4月2日，第7版。

完善驻外记者管理、学术“首席”、“四个一批”等制度，开展国际交流，加大对国际广播电视人才的培养力度。

1. 完善驻外记者管理制度

驻外记者是国际传播内容的主要生产者，他们的素质和竞争力如何直接决定了国际传播内容竞争力。西方主流媒体选派驻外记者非常注重其专业素养和工作经验，因此能作为驻外记者派出的人员大多是业界的精英。就美国媒体而言，“驻外记者向来被看成是美国记者圈子里的精英，他们一般比国内记者要更年长和有经验，受教育程度也更高”。[①]

（1）中国国际广播电台驻外记者管理制度。

为适应我国改革开放形势的需要，1980 年 12 月，经中宣部批准，中国国际广播电台第一个驻外记者站——驻日本记者站在东京正式建立，到 2007 年，32 个驻外记者站（含香港和澳门记者站）的总体规划圆满完成。随着海外落地事业的发展，中国国际广播电台还根据形势发展需要，建立了非洲、亚洲、北美、中东、拉美、澳洲、俄罗斯东欧 7 个地区总站。

多年来，中国国际广播电台已经形成了一整套行之有效的驻外记者管理制度。随着形势的变化和记者站的增加，中国国际广播电台完善了驻外记者的选拔和派出机制，加大了培养力度，不断建设高素质的驻外记者队伍。

首先，在人才培养方面，每年开办驻外记者培训班，有志于驻外工作的员工都可以报考，经过几个月的新闻采编、英语、摄像、多媒体技能等课程的学习后，考试合格才能获得驻外资格。获得驻外资格后，就相当于进入了驻外人才储备库，一旦有合适的机会即可派出。

其次，在驻外记者的选拔方面，中国国际广播电台打破了事业和企业编制的界限，面向全台甚至全社会公开招考驻外记者，即使是聘用人员，只要德才兼备、符合外派条件，也可以派驻国外。

---

① 张宸：《国际传播人才的竞争与培养》，《中国记者》2012 年第 9 期，第 57 页。

再次，对驻外记者的考核和召回方面，在总结经验的基础上，与时俱进。由新闻中心对每个驻外记者发回的报道根据质量打分，每月统计一次驻外记者的分数和排名，对发稿量大、发稿质量高的记者给予奖励，还通过加分鼓励记者勇于开拓创新，比如推动中国国际广播电台节目海外落地、举办活动推介中国国际广播电台、做好中国国际广播电台广播孔子课堂工作等。对于工作不积极，没有正当理由连续3个月没有完成发稿任务的驻外记者予以召回。

第四，加强驻外记者的回任管理。经过层层甄选和多重考量派出的驻外记者本身就是整体素质较高的人才，而在外派工作的实践中，随着视野的开阔和经验的丰富，驻外人员的知识、技能和能力不断得到加强。一般而言，通过海外工作，尤其是亲身参与海外重大事件直播报道等工作的历练，驻外人员的政治把关能力、现场表达能力、协调应变和沟通能力、抗压能力等都会得到显著提升，同时还会积累丰富的对象国政治、经济、文化知识。[①] 因此，做好驻外记者的回任管理工作，有效地开发、评估和使用驻外回任人员的人力资本，从而提高组织效率，已成为驻外记者管理制度的题中应有之义。目前，中国国际广播电台拓宽回任后职业发展通道的方式主要有两种：在常规晋升渠道上加以重用；打通专业发展通道，比如将回任记者纳入岗位“首席”“四个一批”的范畴。

（2）中央电视台驻外记者管理制度。

1984年，中央电视台建立第一个驻外记者站，截至2009年12月，已在全球设立了31个常驻记者站（其中2009年新增记者站12个）。到2012年年底，中央电视台已形成由北美、非洲2个海外分台，欧洲、俄罗斯、中东、亚太、拉美5个中心记者站为指挥调度中心，下辖63个记者站共为支撑的海外记者站网络。国际人才网络建设也由单纯的台派记者团队发展为由283名台派记者、141名当地雇员、64名特约报道员共同组成

① 战伟萍：《国家媒体驻外人员回任的全过程管理研究》，《国际广播影视》2014年第3期，第54页。

的国际化团队，逐渐形成覆盖全球的海外记者站网络、新闻报道服务网络以及国际人才网络，为中央电视台增强国际新闻报道能力、提升国际视频话语权、打造国际影响力提供有力支撑。①

经过多年的工作实践并参考国际媒体的运作经验，中央电视台按照业务扁平化、行政垂直化的原则，对海外记者站实施"台本部—海外分台/中心记者站—记者站"三级管理模式，以《中央电视台海外记者站管理暂行办法》为大纲，出台和草拟了海外记者站行政、业务、技术、财务、考核等的系列管理办法及配套的工作手册，做到有章可循、有法可依，为海外记者站的发展提供全面的制度保障。

在日常管理中，中央电视台还积极探索海外记者站运营管理的科学机制：注重平衡业务能力与语言能力的通才选拔机制、讲求实效的培训机制、灵活适用的分级保险机制（针对驻外人员海外工作的实际情况，建立了常规保险、长期特殊保险和短期特殊保险三级保险机制。常规保险覆盖所有驻外人员）、适应快速反应要求的预算划拨机制、与业务紧密挂钩的护照管理机制，另外，还建立了应急签证办理机制，设备多层配发保障机制。

建立应急报道快速反应机制是近年来中央电视台海外新闻服务网络建设的重点，主要是通过国际机构为海外记者站提供全球范围内尤其是高危、动荡地区的节目制作、安保、后勤等方面的专业服务，并在保险、设备等各方面建立适配的应急机制。②

2. 建立梯队人才培养机制

近年来，中国国际广播电台大力推进人才工程，不断完善以"首席制"为主的核心人才使用模式，以"四个一批"工程为主的优秀人才选拔模式和"百人计划"为主的后备人才储备模式，坚持人才使用和人才培养相

① 李舒东主编：《中国中央电视台对外传播史》（1958—2012），人民出版社，2013年8月版，第230页。

② 李舒东主编：《中国中央电视台对外传播史》（1958—2012），人民出版社，2013年8月版，第237—238页。

结合，在使用人中培养人、在培养人中使用人的成功经验。①

（1）设立首席制，发挥骨干人才示范作用。

为加强高端人才队伍建设，优化人才培养机制，鼓励员工争做业务能手和行业专家，形成尊重知识、尊重人才、尊重创造、尊重劳动的氛围，针对人才高度密集的特点，中国国际广播电台于2007年推出了首席制。首席是中国国际广播电台在各编播岗位的领军人物，代表中国国际广播电台在相应领域和相应岗位的最高水平。2007年首次聘任了9位岗位首席，有著名主持人、记者、翻译等，他们均是来自各部门的业务能手，无论是在行业内还是在受众市场都已经得到了高度的认可，2009年又评聘了4名岗位首席。首席们不仅是行业精英，还在率领团队开展国际传播方面发挥了独特的作用。

几年来，首席工作室成果丰硕。以岗位首席刘素云为核心的“刘素云工作室”已经出版《奥巴马画传》《贝·布托——血雨腥风中坠落的“铁蝴蝶”》《她可以当总统——奥巴马夫人米歇尔》《法国第一夫人——卡拉·布鲁尼》等书籍，反馈良好，提升了国际台的影响力。②

以中国国际广播电台的首席翻译为例，在国际传播领域，中国国际广播电台拥有全国规模最大的外语人才队伍，外语资源独一无二，在国际传播中发挥着巨大作用。除了从事日常新闻报道的翻译、播音工作外，近年来，中国国际广播电台开展了国产电视剧译制工作，取得了突出的成绩。2011年，由斯瓦希里语部翻译配音制作的电视连续剧《媳妇的美好时代》在非洲热播，拉近了非洲和中国的距离，加深了中非人民的感情，是跨文化传播的一次成功尝试，增强了国际传播工作的实效。而这部电视剧的翻译工作就是由中国国际广播电台的首席翻译、斯瓦希里语专家陈莲英主持完成的。目前，每年大概有10部电视剧、52部电影，四五部动画片和一些纪录片译配成英语和法语。其他非通用语言大约每年译制一两部电视剧。

① 王庚年主编：《媒体品牌战略研究》，中国国际广播出版社，2013年1月版，第242页。

② 王庚年主编：《中国国际广播电台发展史第二卷（2001—2011）》，中国国际广播出版社，2011年11月版，第329页。

由中国国际广播电台缅甸语、法语、西班牙语、阿拉伯语、葡萄牙语、豪萨语等语言部译制的国产电视剧纷纷登上了非洲和亚洲等国家的荧屏，为中国文化走出去，提升中国软实力做出了应有的贡献。

（2）建立“四个一批”人才库，培养青年后备人才。

为加强核心人才培养，引导青年职工研究问题、钻研业务，建设结构齐全、业务精湛、勇于创新、爱岗敬业的高素质复合型人才队伍，形成竞先争优的良性机制和人才辈出的良好局面，2007 年，中国国际广播电台在青年职工中实施了“四个一批”人才培养工程，即在全台范围内选拔 40 岁以下、德才素质好、发展潜力大的优秀青年人才，加大培养力度，争取在 5 到 10 年内造就一批国际问题研究专家、国际时事观察员、评论员，一批名播音、名主持，一批名翻译、名编辑、名记者、名版主，一批技术应用和管理专家（简称“四个一批”）。2007 年首批培养对象共确定 93 人。

按照计划，中国国际广播电台每年为“四个一批”培养对象提供国内外的学术、技术交流机会，举办有关专业研讨会，为他们提供项目经费，让他们直接参与重点宣传、重大项目、重要管理活动。“四个一批”培养对象经过几年的锻炼之后，在自己的岗位上都有所成就，完成了各项重大宣传项目，也推出了一批卓有成效的专业著作。几年来，中国国际广播电台推进“四个一批”以人才带项目工程，取得各类科研成果 100 多项。

为优化人才结构，培养高素质复合型及急需紧缺人才，2010 年 11 月国际台下发《2010—2015 年百名国际传播事业发展人才培养实施办法》《2010—2015 年百名非通用语业务骨干境外培训实施办法》，启动“双百人才队伍建设工程”。按照实施办法，拟自 2011 年至 2015 年，通过台内选拔和社会招聘等方式，培养国际媒体研究、媒体经营管理、新媒体研发应用、海外事业发展等 100 名国际传播优秀人才，在全台范围内选派 100 名左右优秀非通用语青年骨干赴境外进行培训，学习先进的节目制作及媒体管理经验，为事业发展提供充足的人才保障。[1]

① 王庚年主编：《中国国际广播电台发展史第二卷（2001—2011）》，中国国际广播出版社，2011 年 11 月版，第 329 页。

（3）制订“1131”人才工程规划，培养各类型专业人才。

进入新世纪以来，中央电视台从事业发展的战略高度，提出了实施“新世纪人才工程”的战略构想。2006年，提出了“1131”人才规划，即培养100名具有现代管理能力的优秀中高层管理人才，100名熟悉市场运作规律的优秀经营管理人才，300名精通电视技术的优秀专业技术人才，1000名国内一流的编辑记者和播音员、主持人。在这些战略规划的推动下，中央电视台确定了人力资源管理新体系的基本内容，推动了组织结构、用工方式、人员管理、干部晋升、薪酬管理、员工培训等八个方面的转型。①

3.“走出去”与“请进来”的开放培训制度

按照党中央提出的加强国际传播能力建设的要求，为推进国际传播人才的选拔与培养、加强对外文化交流人才队伍建设，打造一批具有国际视野、熟悉国际传播规律的高层次人才队伍，各媒体积极开展多种层次、不同形式的培训项目。如中央电视台涉外培训从无到有，从小规模到大范围、高层次，得到了长足的发展，自2004年下半年以来，共举办各类培训项目45期。参加培训的各级干部员工共1951人。仅2007年就组织了涉外培训项目13期，培训员工769人次，形成了“美国哥伦比亚大学高级管理培训班”“美国丹佛大学中国传媒高级管理人员培训班”等一系列培训项目。②

在“走出去”培训方面：2005年至2009年，55名处级以上干部赴美国哥伦比亚大学参加“高级管理培训班”；连续多年选拔人员参加美国丹佛大学“中国传媒高级管理人员培训班”（由安娜·谢和谢诚刚基金会赞助、美国丹佛大学承办）；2013年15位处级干部赴新加坡南洋理工大学参加“管理创新培训”；此外还有海外实习计划：2013年选派CCTV-9 10名骨干职工赴美，在中央电视台北美分台参加培训；利用国家政策，

① 赵化勇主编：《中央电视台发展史》（1958—2008），中国广播电视出版社，2008年版，第366页。

② 赵化勇主编：《中央电视台发展史》（1958—2008），中国广播电视出版社，2008年版，第373页。

组织公派留学。

在“请进来”培训方面：每年邀请CNN、BBC、法国电视二台等国际一流媒体的资深从业人员来台举办不同主题的培训项目。近几年，中央电视台的海外影响力在逐步扩大，显然得益于其灵活、务实、高效的国际传播人才培养制度。

再如，上海文广集团创新人才培育制度，制定针对中高层管理人员的个性化培训方案，把高质量的培训作为激励手段推出，先后推出了赴美的哥伦比亚大学管理培训班、与法国里尔高等新闻学院合办的研究生班、赴英国攻读硕士学位等项目。

4. 常态的、全员培训制度

除了对核心人才的重点培养，中国国际广播电台还推进培训工作制度化和常态化，举办全台性培训班，提高全台人员的整体素质。以新入台人员为例，岗前培训班紧紧抓住“角色转变”这一核心理念，不断创新。在以往新闻和技术培训的基础上，2006年引入体能训练和考核环节，2007年引入社会考察环节，2008年引入轮岗实习环节，2009年吸纳非通用语编外员工参加培训。2010年加大创新力度，设置军事训练环节和社会调研环节，并形成21万字的调研报告汇编，效果良好。

此外，其他岗位的培训有序开展。2006年至2011年，人事部门共举办青年干部新闻业务轮训班、新媒体技术轮训班、语言部人才培养研讨班、调频台培训班、转正考核培训班、签稿人培训班等全台性培训20期。

从2004年起，中央电视台对培训工作的投入逐年加大，培训班数量从2003年的47期增加到2006年的180期，参加培训的人员也从4840人次增加到了14060人次，培训规模扩大，内容更加丰富，形式更加多样，层次显著提升。从2005年开始，中央电视台着手新型培训体系的搭建工作，2006年，初步形成了以岗位培训为核心、素质教育为平台、涉外培训为特点、干部锻炼培训等其他培训为补充的教育培训体系。

四、以多元化方式培养国际广播电视人才

在美国，学习国际传播的学生多数是来自世界各国的留学生，国际化和市场化培养是其明显的特征。这种开放的国际传播教育，不仅有益于提高教育质量，因为在开放的国际教育中，学生可以自由地在正日益变为全球性的市场中选择他们可以找到的最好的课程，还有益于培养学生国际思维。①

从总体上看，我国高校培养国际传播人才的方式比较单一，国际传播人才的来源基本上是两种：学外语的和学新闻的，而且基本都是国内学生，缺乏其他领域的专业知识、缺乏实践经验、国际视野和国际交流，这样无形中限制了人才发展的空间。因此，有学者建议培养国际传播人才，传统的新闻宣传体制包括人才培养的体制，要从单一的、单向度的一种方式向多元化、多层面开放，进行跨学科、跨校跨国融合，在注重语言、文化教育的同时，要继续开展国际政治、经济、文化的研究，使学生具备进行对外传播的国际知识、文化底蕴和对国际形势的研判能力。

近年来，我国在国际传播教育国际化和市场化方面也有一些有益的尝试，除了政府、高校和媒体三方办学的独特模式外，还有如“复旦大学新闻学院 2006 年全球媒介与传播双硕士学位项目”，主要面向世界各国具有传媒实践经验、对中国报道和中国社会文化感兴趣的优秀传媒工作者招生，实现了高校和业界联手办学。2010 年，新华社与上海外国语大学签署战略合作协议，双方在国际传播人才培养、新闻学与国际传播学研究以及共同开发传播学特色课程等方面开展合作，为我国国际传播事业培养和输送高端人才。而中央电视台“走出去”和“请进来”的培训制度也为高端人才提供了更好地了解市场、与外国同行加强交流的实践机会。

高素质的国际传播人才是提升国际传播能力的基础和关键。中央领

---

① 贺明华：《国际传播人才培养系统模式探析》，《国际新闻界》2012 年第 10 期，第 63 页。

导同志把加强国际传播人才培养的重要意义和紧迫性归纳为“三个迫切需要”，即宣传我国发展成就、发展道路、发展理念，提升国家文化软实力的迫切需要；开展国际舆论斗争、维护我国国家安全和意识形态安全的迫切需要；打造国际一流媒体、增强我国国际传播能力的迫切需要。[①]

2010年，原国家广播电影电视总局《广播影视“十二五”人才发展规划》中把国际传播人才视为我国未来广播电视行业第三大紧缺人才，计划在“十二五”末期，我国国际传播从业人员从现在的60万激增到100万，加快培养复合型、创新型国际传播人才成为当务之急，这也是我国谋求从传媒大国转身传播强国的关键所在。国家高层要求，要适应信息化条件下国际舆论传播的新特点新形势，加快国际传播后备人才培养步伐，努力造就一支政治立场坚定、新闻业务精通、深入了解国情、熟练运用外语、熟悉国际规则的外向型复合型国际传播人才队伍，为提高国际传播能力，营造有利于改革开放和社会主义现代化建设的良好国际舆论环境提供坚实人才支撑。

新世纪以来，中国的综合实力和国际地位迅速提升，广播电视走出去的步伐也在加快，但是中国媒体的国际传播能力仍然远远落后于西方国家，加强国际传播能力建设上升成为国家战略的重要组成部分。为此，在政府主管部门的推动下，高等院校在开放办学的基础上，加强与中外媒体的合作，加强国际交流，不拘一格培养人才。同时，中国新闻机构随着自身实力的增强，目标瞄准世界级媒体，越来越重视对国际广播电视人才的培养和管理，在激励机制、培训制度等方面不断创新，努力在实践中打造“政治强、业务精、纪律严、作风正”同时具有国际视野的国际传播人才队伍。

① 袁军：《加强高素质国际传播人才培养》，《光明日报》2011年4月2日，第7版。

第四节　广播电视对外交流合作成效显著

随着我国改革开放的进程，为了适应海外传播和国际文化交流的需要，中国广播电视机构不断加强与海外媒体的联系，积极开展各种形式的国际交流与合作，在广播电视节目海外落地、参与国际多边或双边活动、技术交流、培训管理等方面取得了显著成效，大大增强了我国广播电视在国际上的影响力和竞争力，为提升我国文化软实力做出了积极贡献。

一、广播电视节目的交流与合作异彩纷呈

对外开放步伐的加快带来了广播电视对外节目发展的与时俱进。在中外互动、交流过程中，各广播电视机构普遍都以前所未有的姿态，积极探索节目走出去之路，对外宣传节目制作水平不断提高，一大批优秀电视节目推向世界，扩大了国际影响力，提升了我国的国际形象，取得了良好的宣传效果。

1. 节目制作水平显著提高

新千年伊始，中国电视媒体就在与海内外同行的交流合作中做出了颇为有益的尝试。通过与以英国 BBC 为代表的世界 70 多个国家和地区近百家电视台组成全球直播联合体，中央电视台在其迎接新千年特别节目《相逢 2000 年》中依托国际平台，成功向世界观众展示了中国各地的风土人情以及跨越新千年时的欢腾场面。而在此后十年中国电视的发展历程中，无论是中央还是地方电视媒体，都在对外宣传节目的制作方面不断加强与海外电视媒体的交流合作，显著提升了节目品质及其在海内外受众中的影响力。

2. 海外资源整合成效突出

在对外交往过程中，注重海外资源的整合利用，推动我国广播电视事业的整体创新。2006 年 1 月 30 日，《华人世界》栏目在中央电视台中文国际频道开播。这档新闻类杂志型栏目以“搭建全球华人的话语平台和全球华语媒体的展示平台”为宗旨，自创办之初就吸引了海外近 20 多家中文电视媒体和 60 多家华文报纸、期刊共同参与节目。该节目在制作过程中充分利用了中央电视台驻外记者站以及各家海外华语媒体提供的新闻资讯，受到了海外社团和华语媒体的一致好评。《华人世界》栏目的成功运作充分展现了中国电视媒体在对外宣传节目制作中整合海外资源、树立国际眼光的改革创新。

3. 宣传效果取得巨大进展

2008 年年初，大型电视纪录片《同饮一江水》在中央电视台隆重推出，随后又以各种语言版本在多家外国媒体播出。作为中央电视台发起多国联合制作的电视节目，《同饮一江水》携手越南、老挝、缅甸、泰国、柬埔寨等大湄公河次区域国家，历时三年拍摄完成，充分实践了中国电视媒体对外宣传节目“以我为主、多国合作”的全新制作方式。在节目制作过程中，以中央电视台为主的制作团队充分利用各国电视媒体的资源优势，解决了跨国拍摄中的技术难题，准确捕捉了各国最富特色的自然景观与文化元素，切实达到了密切与大湄公河次区域国家人民文化交流的宣传效果。地方电视媒体进入新世纪以来在开展海外合作、制作外宣节目方面也颇有进展，宣传效果有效提高。2003 年，云南电视台与越南电视台联合制作了 4 集电视纪录片《两国将军》，以纪念中越两国建交。同时，各地方电视媒体也通过举办“电视异地采访”与“电视周”活动积极加强与海外媒体联系，并相继推出了一系列地方特色鲜明、融合国际视野的对外宣传节目。

4. 国际形象得到有效改善

2000 年，上海电视台展播的电视纪录片《世纪之交看上海》就由来自英国、德国、美国、日本、新加坡等多个国家以及我国港澳台地区的媒体工作者共同拍摄制作，通过对形形色色上海人的街头采访展现了新世纪上海生机勃勃的发展景象。这一节目在各国电视台播出后好评如潮，极大提升了上海城市的国际形象。2003 年，安徽电视台推出了与之相似的《走进中国安徽》电视采访活动，邀请多家国外电视媒体前往安徽参与拍摄，并与 2004 年在《东方纪事》栏目中展播了外国媒体眼中的安徽形象，同样在海外收到了良好的宣传效果。

二、加强与世界知名媒体集团的业务联系

进入新世纪以来，中国广播电视媒体在联合海外媒体、实现资源共享方面取得了可喜成绩。世界著名的几大国际媒体，在海外传播方面有着悠久的历史和丰富的经验，广播电视机构主动加强与世界知名媒体集团的业务联系，从简单的节目交换到深层次的合作，在学习的同时自身一步步走向成熟。

1. 与美国有线电视新闻网（CNN）广泛合作

美国有线电视新闻网（CNN）在全球新闻传播中的影响举足轻重。在中央电视台英语国际频道开播前，海外节目中心外语节目“借船出海”，每年为 CNN《世界报道》提供几十条单条新闻，选取西方人关注的话题，精心制作，有效地传播了来自中国的声音。

2001 年 11 月 14 日，中央电视台台长赵化勇同美国特纳广播系统亚太公司总裁，马可宝、美国有线电视新闻网（CNN）董事长兼首席执行官伊萨克森签署了双方合作协议。根据协议，CCTV 和 CNN 分别在其新闻节目中使用对方的新闻内容，在国际重大事件的报道中进行合作和协调。这样，中央电视台英语国际频道的宣传，可以更多地利用 CNN 的信号，而 CNN 也可以在中国举办重大活动时更多地转播中央电视台英语国际频道的信号。

2. 与英国著名传媒集团联合成立合资公司

2002 年 11 月，中央电视台投资的中视传媒股份有限公司旗下的多媒体制作公司 CTV Media 与英国著名的传媒集团企鹅出版社、朗文新概念和《金融时报》的母公司培生公司（Pearson）联合成立了名为 Pearson CTV Media 的合资公司，为我国 3.5 亿个家庭提供英语教育和娱乐节目。

3. 邀请美国福克斯（FOX）电视网制片人参与节目的策划

中央电视台英语国际频道和美国 FOX 的合作，最初是 FOX 负责中央电视台英语国际频道在美国的落地工作。为了提高外语节目的制作水平，吸引更多的海外观众，中央电视台英语国际频道自 2004 年起就聘请 FOX 新闻频道资深制片人约翰·特伦齐奥为顾问，进行频道包装和节目改版。

4. 与路透社合作制作财经节目

2004 年，世界四大通讯社之一的路透社主动提出和中央电视台英语国际频道合作的一揽子方案。经双方协商，路透社每日在美国和中国香港专门为 CCTV–9 制作一档财经节目，在 CCTV–9《财经报道》栏目中播出。在世界经济发展日益全球化的今天，《财经报道》节目所采取的联合制作方式实现了中国电视媒体与海外媒体间的信息资源共享，扩大了 CCTV–9 的报道视角，以更具全球性的广阔视角提升了节目权威性，在海外观众中取得了良好的收视效果。①

三、对外交流形式多样内容丰富

为了推动中外广播电视文化、科技的交流和沟通，我国积极参与和开展了文艺晚会、文化周等丰富多彩的活动，同时还通过承办交流会议、签署合作协议等多种形式，开展多种业务合作，树立中国改革开放的大国形象，为我国政府和我国广播电视界赢得了国际声誉。

---

① 赵化勇主编：《中央电视台发展史》（1998—2008），中国广播电视出版社，2008 年版，第 69—70 页。

1.“手拉手”活动架起中外文化交流和友谊之桥

中央电视台在海外举办文艺晚会、文化周等多种活动，扩大了中国电视在国际上的影响。“手拉手”是中央电视台为增进与各国电视媒体合作交流、对外传播中国文化艺术而制作的大型品牌综艺节目，自1996年创办以来，已先后到访美国、加拿大、南非、澳大利亚、西班牙、法国、印度、阿根廷、埃及等国，受到广泛的欢迎和好评。“手拉手”以友谊、交流和弘扬中华文化为主旨，将文艺演出的艺术魅力与电视传播的技术优势结合起来。节目以中国代表性的歌舞、器乐、武术、杂技等艺术内容为主，由一流中外艺术家领衔，注重中外文化的交融、中外艺术家的同台互动，如安排中外艺术家共同主持晚会、互相表演对方的节目等。经过十年的打造与完善，“手拉手”在总体策划和艺术影响力上都有了新的提高。2006年“手拉手”艺术团到埃及访问，与中国驻埃及使馆、埃及及国际合作部、埃及国家电视台一同合作，在开罗金字塔广场成功举办《中国埃及建交50周年暨中埃“手拉手”电视晚会》，温家宝总理与纳齐夫总理共同出席晚会，并对晚会给予充分肯定。2007年9月22日，在加拿大温哥华成功举行了《中加手拉手——为奥运喝彩》大型文艺演出，这是中央电视台2007年在海外举办的规模最大的北京奥运主题晚会。除在温哥华外，“手拉手”艺术团还在卡尔加里成功举办了第二场演出。

2.“中秋、元旦双语晚会”在海外搭建情感交流平台

中秋和元旦中英文双语晚会，分别通过中央电视台中文国际频道和中央电视台英文国际频道向全球现场直播。“中秋双语晚会”突出亲情、乡情、同胞情，在中秋佳节通过电视晚会营造全球华人大团圆的氛围，搭建一个“海上生明月，天涯共此时”的情感交流平台。《山庄月·中华情》《七彩云南·魅力中国》等双语晚会直播后，还安排在中央电视台中文国际频道欧洲版和美洲版黄金时段重播。“元旦双语晚会”强调民族性和国际性相结合，体现出国际搭台汇世界精华、包容各国文化的大家风范，为全球观众搭建文化交流和情感交流的平台。民族元素、国际表达、创意精美是这两大晚会的特色。

3. 会议交流增进国外对中国的深入了解

2003年12月17日，我国首次举办的以纪录片为主题的国际性研讨会在广州开幕。来自世界15个国家和地区的近百名电视纪录片创作人员与会，对电视纪录片进行深入探讨。研讨会以“历史文化”为主题，评选产生的59部中外优秀纪录片，大多讲述“祖先的故事”，如中国的《海路十八里》、澳大利亚的《水淹小城》和法国的《烧炭工》等。来自中国、美国、澳大利亚、法国等国家和地区的147部纪录片参展。①2004年9月27日到29日，经原国家广播电影电视总局批准，以“与世界牵手，与时代同行”为主题的中国横店影视博览会在浙江横店影视产业实验区举行。这是我国深化文化体制改革，放开举办影视业会展的地方权限后首次举办的影视博览会，也是民营影视企业第一次唱主角的影视节目盛会。

4. 签署协议助力中外广播电视开展交流合作

随着中国在世界的影响日益增大，中国也成为各国关注的中心。越来越多的电视机构希望与中国的媒体合作，了解急速变化中的中国。中央电视台与许多国外媒体签署了协议，主要的文件有：与美国映佳公司签署新的合作协议，与美国泛美卫星公司签署新的卫星合作协议，与克罗地亚签署电视业务合作协议，与德国巴伐利亚电视台签署合作协议，与马达加斯加签署转播CCTV-9授权协议，与印度尼西亚美都电视公司签署合作协议，与乌克兰国家电视台签署合作协议，与越南国家中央电视台签署转播CCTV-4、CCTV-9合作协议，与塞浦路斯广播公司、菲律宾ABS-CBN分别签署会谈纪要等。②

四、利用国际多边或双边活动，积极开展广播电影电视对外文化交流

2000年至2009年，原国家广播电影电视总局积极参加广播影视国际

① 上海文广影视网，http：//wgj.sh.gov.cn/。

② 陆地：《2005：中国电视产业大解码》，《南方电视学刊》2005年第1期。

多边活动或双边活动，通过参加亚广联、亚太广播发展机构等国际组织，承办国际研讨会、论坛，举行电视、电影节等方式，加强与国外同行的联系，冲击国际传播大市场，不断扩大我国在广播电视领域的国际影响。

1. 积极参加和承办广播电视国际组织活动

亚广联（ABU）和亚太广播发展机构（AIBD）是我国在广播电视领域参与多边合作、扩大我国际影响的重要阵地，也是利用国际组织的有利条件培训我国广播电视专业人员和提高我国广播电视节目质量和技术水平的重要渠道。2006 年 11 月 1 日至 9 日，原国家广播电影电视总局在北京成功承办了第 43 届亚太广播联盟大会。会议介绍我国广播电视行业发展情况，与各国代表进行交流。原国家广播电影电视总局还精心安排了“中国数字电视技术发展”和“2008 年中国奥运会广播电视报道”专题讨论、亚广联广播电视大奖颁奖晚会、小型节目展等活动，利用多边国际舞台扩大影响，开展对口交流，取得良好效果。中央三台选送的节目均获得亚广联节目奖重要奖项。中方热情周到、高效细致的会务工作和各项组织活动也得到了与会代表的高度赞赏。亚广联秘书长表示，这是最成功的一次亚广联盛会。

2. 举办国际研讨会、论坛，深化国内外广播电视交流合作

2004 年 11 月 21 日，原国家广播电影电视总局在北京隆重举办“21 世纪广电传媒高峰论坛”，邀请了新闻集团、时代华纳、维亚康姆、美国国际数据集团、日本索尼公司、摩根士丹利公司等 200 多名世界知名传媒和投资机构的主管和高级管理人员参加，围绕广播电视传媒产业的现状与发展趋势、数字化发展的战略、广播电视传媒的投融资、数字付费电视的发展、竞争策略和营销服务等领域进行了深入分析讨论，在加强合作、共同发展等方面形成了许多共识。中宣部部长刘云山会见参加论坛的中外传媒机构负责人时指出，选择在联合国确定的“世界电视日”举办广播电视传媒高峰论坛具有重要意义，论坛为中国与世界广播电视媒体的交流与对话搭建了一座重要的平台，为未来的合作与发展创造了更多的机会。他希

望这种合作与交流能够继续健康发展，使世界人民能够通过丰富多彩的中国影视产品更加真实客观地了解中国。联合国副秘书长沙希·塔鲁尔向论坛发来贺词，对原国家广播电影电视总局在“世界电视日”举办论坛表示感谢，对参加论坛的代表表示欢迎。

2008 年，原国家广播电影电视总局在杭州组织“影视文化产品海外营销研讨会”，邀请德国、日本、韩国等国家和香港地区的专家与国内业界进行交流；举办了“中德媒体与隐私权保护法律研讨会”；成功主办了“中国—东盟广播电视高峰论坛”，论坛通过了《北京声明》，为中国与东盟国家广播电视进一步深化合作翻开新的篇章。2009 年 5 月 13 日，原国家广播电影电视总局在北京举办了“中国—南亚国家广播电视论坛”，主题为“加强交流合作、促进共同发展”；10 月 24 日，以“深化合作，共创未来”为主题，在广西南宁举办中国—东盟电视论坛，进一步加强与联合国教科文组织、欧广联（EBU）的业务交流和往来，同时对本系统与国际组织的联系加强规范管理；10 月 30 日，在杭州组织举办了“新媒体与国际传播研讨会”，英国、荷兰、日本、韩国等国家和地区的专家在会上与国内业界进行了深入广泛的交流。

3. 通过互动活动积极开展双边交流

2007 年，原国家广播电影电视总局协调落实好俄罗斯“中国年”期间“俄中友谊之旅”及其他相关活动，为“中国年”的成功举办营造了良好的舆论氛围。作为中方组委会成员单位，积极参与、协调落实“中日文化·体育交流年”、中国“西班牙年”的各项活动，为增进中日、中西关系和文化交流做出积极贡献。

4. 利用国内外广播电视节（展）平台，大力推动我国电视产品走向国际市场

2008 年，中国国际电视总公司和上海文广集团分别组织中央和地方多家电视台、民营影视机构参加戛纳春季电视节（MIPTV）和秋季电视节（MIPCOM）；积极协调参与上海电视节（国际电影节）、杭州国际动漫节、中国国际影视节目展、中国广播发展论坛等活动。2009年，原国家广播电影电视总局邀请境外知名专家参与上海电视节（国际电影节）、杭州国际动漫节、大学生国际动画节、中国广播发展论坛等活动，介绍先进经验和信息。

五、通过国外摄制组的采访拍片，借助外力扩大对外宣传

新世纪以来，在开展广播电视国际交往过程中，我国广播电视界大胆探索，成功运用了多种借助国外媒体介绍和宣传中国的方式，通过国外摄制组来华采访拍片就是非常重要的渠道之一，不仅架起了中外沟通的桥梁，而且大大加强了我国广播电视对外宣传的力度。

1. 积极协助境外摄制组拍摄专题节目、电视剧

对一些境外摄制组来华拍摄给予积极的协助，在接待境外摄制组工作中注意加强协调管理。2000年4月，日本NHK摄制组在云南拍摄《彩云之南》专题节目，首次用高清晰度数字技术进行实况转播。协助韩国KBS摄制组赴陕西和新疆拍摄《西部开发纪行》专题节目，此节目的播出使韩国观众对我国的西部开发政策有所了解。继续加强与境外广播影视制作单位电视剧的合拍（协拍）管理工作，共审批合拍电视剧9部，协拍电视剧12部。2001年共审批中外合拍（协拍）电视剧9部（193集）。

2. 涌现一大批题材好、影响大的优秀电视纪录片

2002年9月，日本广播协会NHK采用高清晰度电视技术从广西桂林向日本观众直播了中国山水大型系列节目，在日本引起轰动。11月，由中央电视台发起，联合柬埔寨、老挝、缅甸、泰国、越南等五个国家电视台共同制作大型系列电视纪录片《同饮一江水》。在大型纪录片领域，以我为主，实现多国合作，在中央电视台发展史中尚属首次。《同饮一江水》的制作是六国国家电视台不断密切联系、增进了解的结晶。通过这次合作，六国国家电视台加深了友谊，为开展更多更广泛的合作项目创造了条件。

2003年，陆续播出一些题材好影响大的优秀电视纪录片如日本NHK在北京和陕西进行的两次卫星直播、韩国MBC拍摄的《今日西藏》、5集系列片《中国》等。2004年，中共中央政治局常委李长春在外事司上报的“走出去工程”简报上批示：“类似这种合作应多搞，外宣办、广电总局、中央电视台都可以联系国际上的友好台直接到中国拍摄纪录片。”

3. 来华摄制组数量批次逐渐增多

随着我国改革开放的不断深入和2008年奥运会的临近，来华摄制组逐渐增多。2000年，共审批境外电视摄制组146批，641人次。2001年总局审核、审批境外电视摄制组（包括港澳台）共111批，其中亚非拉地区80余批，比上年增加20余批。2004年，经外事司审批，仅由中华广播影视交流协会接待的国（境）外电视专题片摄制组就达70个，其中增加最多的是来自欧洲和亚洲的摄制组。2005年，境外媒体对中国的关注增强，整体数量有所增加，共批准188个境外摄制组，报道量不断扩大，报道内容长、范围广、影响大。2006年，共批准180个国外摄制组来华采访，数量比往年有所增加，题材广泛、报道量和影响也较大。港台摄制组来内地拍摄专题片的数量也不断增加，2006年共批准了专题片摄制组16批。2007年共有境外210批摄制组来华拍摄。2008年，配合奥运会全年共审批100多批境外摄制组来华拍摄专题片。2009年，全年共审批120多批、700多人次的境外摄制组来华拍摄。

4. 做好境外摄制组来华拍摄的邀请和接待工作

自1997年以来，中央电视台接待了美国、日本、巴西、奥地利、德国、捷克、摩尔多瓦、白俄罗斯、瑞典、西班牙、土耳其、朝鲜、蒙古、葡萄牙、克罗地亚、俄罗斯、缅甸等来自世界各地的几十个国家的电视媒体人士，协助他们在中国进行拍摄工作。[①] 2007年，巴西环球、墨西哥特莱维萨、匈牙利、捷克、阿根廷、巴西以及阿尔巴尼亚、利比亚、哈萨克斯

① 陆地：《2005：中国电视产业大解码》，《南方电视学刊》2005年第1期。

坦等主流媒体机构的摄制组来华采访。2008 年，配合奥运会和“走出去工程”，积极策划选题，邀请印度、埃及、赞比亚、法国、阿尔巴尼亚等国家的摄制组来华采访，加强工作主动性，收到良好效果。2009 年，邀请并资助牙买加、阿尔巴尼亚摄制组来华拍摄，节目在其国内播出引起热烈反响。

5. 来华摄制组采访的题材十分广泛

来华摄制组采访的题材涉及政治、经济、农业、工业、文化、教育、科技、体育、医疗、环保、自然风光、名胜古迹、民俗民风等，涉及领域十分广泛；有综合性的介绍，也有专题深度采访。许多记者感到亲身到中国的所见所闻与在本国的道听途说完全不一样，称“变化之大，超出来华前的想象”。

6. 积极做好境外摄制组来华采访管理工作

本着“借船出海，为我所用”的原则，我国对摄制组提出的合理要求尽最大努力予以协调和满足，对拍摄目的不明确或内容不合适的项目则坚决婉拒，对发现的问题立刻纠正和处理。2007 年，根据国务院新颁布实施《奥运会及其筹备期间外国记者来华采访管理规定》，及时调整管理办法，取得良好效果。2009 年，我国逐步建立起境外摄制组资料库，便于信息统计和科学管理。

六、针对广播电视发展的重点工作和实际需要，拓展国际培训与合作渠道

进入新世纪以来，针对我国广播电视发展需要，积极推动广播电视科技交流和培训，在邀请境外广播电视科技专家来华讲学方面做了不少工作，努力学习和引进国外先进的广播电视管理经验和专业技术，以提高我国广播电视整体技术水平。

1. 大力支持广播电视从业人员参加广播电视国际组织在华举办的培训班

2000 年，亚广联（ABU）和亚太广播发展机构（AIBD）在华举办“因特网远程教育”“音像档案资料”“数字声音广播制作”“数字资源与信息”等培训班，“德国之声”举办“三维电脑绘画在电视中的应用”培训班。2001 年，为配合国家西部大开发的战略部署，原国家广播电影电视总局在协调派员参加“德国之声”、亚太广播发展机构培训方面向西部地区倾斜，使其为我国西部发展培养广播电视专业人才服务，为我国“走出去工程”服务，这一年亚广联、亚太广播发展机构和亚洲媒体信息中心共为我国培训业务人员 15 批 17 人次。2002 年共选派 10 批（15 人）参加亚广联、亚太广播发展机构和亚洲媒体信息中心（AMIC）组织的各类培训班和专业会议，学习借鉴国际广播影视发展的先进经验，帮助提高我国广播电视从业人员的科技管理水平。

2. 举办题材多样的培训班，努力提高广播电视外宣工作人员的素质

在满足中央三台（中央电视台、中央人民广播电台、中国国际广播电台）需求的同时，加大了为地方广播影视机构的服务。2005 年分别为北京、重庆等地广播影视机构涉外管理人员举办讲座，为原国家广播电影电视总局直属单位举办护照签证专办员培训班，组织直属单位及地方外事管理、涉外行业管理工作人员出国考察，编发《广播电视对外、对港澳台交流工作文件选编》，受到基层单位的欢迎和好评。2006 年，原国家广播电影电视总局有关部门举办了“广播电视节目营销培训班”，邀请国际资深营销专家针对不同类别的影视产品做了专题讲座。全国 37 家电台、电视台、节目制作公司的节目营销人员参加了培训，增强了我国从业人员对海外营销策略的整体了解。

3. 组织推荐我国专业人员赴境外考察，拓展国际合作渠道

为了系统借鉴国外的先进经验，推动我国广播电视事业的发展，广播

电视系统派遣大量人员外出学习考察，引进和吸收西方发达国家的先进技术，拓展广播电视国际交流与合作新途径。2007年，针对广播影视发展的重点工作和实际需要，原国家广播电影电视总局组织专业考察团赴芬兰、瑞典、丹麦和挪威访问，重点考察了北欧公共广播电视管理服务模式和广播电视数字化、我国广播节目落地本土化运作；协调组织代表团赴英国就“数字化时代的媒体法规及战略管理”专题进行研讨和考察，拓展国际培训与合作渠道。

4. 为发展中国家举办培训班，增进广播电视机构对中国的了解

2006年，分别为非洲国家、发展中国家和东盟国家广播电视管理和技术人员举办培训班，为学员提供了有针对性的培训，对增进相关国家广播电视机构对中国的了解起到积极作用。各国学员均对培训效果给予了积极评价。2008年，培训发展中国家的广播电视工作人员，建立长期合作。全年共承办7个培训项目，共有近80个国家的300多名发展中国家的广播电视行业人员参加，扩大我国在发展中国家的影响。2009年，继续贯彻落实“外交、外援、外宣”相结合的原则，培训发展中国家的广播影视工作人员取得阶段性成果。2009年，共举办6个发展中国家广播电视培训班，分别由原国家广播电影电视总局培训中心、中广公司和上海文广集团承办；培训中心和中广公司同时分别承办商务部5个培训项目；此外，商务部和原国家广播电影电视总局还共同举办1个广播电视部级研修班。已有80多个国家的320多位学员来华参加培训，对增进我国与发展中国家的广播电视交流合作发挥了积极作用。

七、加强广播电视涉外行业管理，机制和体制逐步建立

2000年，根据“政策指导，管理服务，组织协调和监督检查”的管理思路，加强宏观管理，与此同时，密切注意国际广播电视界的动向，通过收集、整理和调研，完成了国外媒体集团发展趋势及研究的课题调研，进一步规范广播电视的对外交流活动。

2001 年，为了适应形势的变化，草拟了《关于改进国外临时来华摄制组审批和接待工作的建议》《中外合拍影视纪录片的规定》《赴国（境）外租买频道和建台管理暂行办法》《关于改进境外广播电视公司驻华机构临时进口广播电视节目（资料）处理办法》等文件，这些文件有利于规范报批程序，加强管理力度，提高工作效率。

2004 年，对引进剧、动画片的管理和宏观调控能力进一步加强。2004 年共审批同意引进境外影视剧 262 部 1681 集，动画片 5 部 203 集；同意发行合拍剧 10 部 289 集，合拍动画片 1 部 26 集；为贯彻原国家广播电影电视总局《广播影视加强和改进未成年人思想道德建设的实施方案》的通知和《关于加强涉案剧审查和播出管理的通知》等有关规定，及时调整、制定了多项境外影视剧、动画片管理工作的具体措施，并予以落实；为鼓励合拍，便于管理，经原国家广播电影电视总局领导批准，增加了合拍动画片专门的许可证编号——广外合动审字。2006 年，建立了引进剧的许可证版权期限制度，强化版权意识，避免版权纠纷。

2007 年，组织举办了全国性省级、市级和县级“新形势下卫星电视接收设施管理培训”活动；顺利完成了国内境外卫星电视用户转星调整工作；有关管理法规完善工作取得了新进展；加强了卫星电视接收设施的管理；专项整治了各类网络非法传送节目的问题；指导、督促了相关机构进一步强化版权意识，规范了境外节目引进播出工作。

2008 年，进一步加强境外节目引进、播出规范化管理，对引进剧报批中所涉及中介机构的资质、报审时限、重播剧的审查和调控等进行了规范，确保产地和题材多样化，加大对乱播乱放行为的监管和查处力度。

◆ 本章小结

进入 21 世纪，随着中国国力的提升，广播电视的对外传播呈现出崭新的面貌，在报道的内容和形式上都有了质的飞跃，“走出去工程”迈出了新的步伐，在国际广播电视人才培养方面，高校与媒体多方合作，形成了规模，开辟了新路径，广播电视对外交流合作也取得了显著成效。

在宣传报道工作上，报道领域扩大，数量增加，重大报道呈规模化，直播成为常态，综合运用多媒体手段，精品栏目和节目不断涌现，品牌意识增强。

“走出去工程”迈出新步伐，广播电视机构因地制宜，积极探索适合不同国家国情的落地路径，海外落地工作不断取得突破。与此同时，海外分支机构建设也迅速开展，广播电视媒体的驻外记者站、节目工作室等纷纷建立，节目内容和形式更加贴近海外受众，本土化建设取得一定成效。

更加重视国际广播电视人才培养与管理，在开放办学的基础上，形成了“政府、高校、媒体”三方办学的新模式，为我国国际新闻传播事业培养具有国际视野和实践经验的后备人才。新闻机构在培养和管理国际广播电视人才方面形成了一套行之有效的制度，并根据新情况不断改进，日臻完善，例如中国国际广播电台的驻外记者管理制度、首席制，等等。在各方努力下，多元化的国际广播电视人才培养模式逐渐形成。

广播电视对外合作与交流不断加强。与世界知名媒体的合作，丰富了我国广播电视的节目内容；和海外同行共同制作节目，有利于取长补短提高节目质量，同时有利于提高对外传播效果，树立良好的中国国际形象；利用国际多边或双边交流平台，提高了中国节目和中国媒体在海外的影响力。

尽管中国广播电视的对外传播已经取得了一定成绩，但是和世界知名媒体相比，我们的传播力量还很薄弱，国际话语权仍然掌握在西方媒体手中，因此加强国际传播能力建设还有很长的路要走。

第九章　新世纪广播电视事业的发展（下）

进入新世纪以后，我国的广播电视频率频道专业化创新发展更加成熟，中央及地方电视台纷纷开设新闻频道，中央电台陆续完成了《中国之声》等九套节目的频率专业化改革，各地方电台的交通广播也有新的发展。信息技术的高速发展与用户需求的快速增长，广播电视媒体的数字化和网络化的发展，为广播电视媒体带来了新的发展机遇。这一时期，以满足社会公众基本文化需求的广播电视公共服务逐渐兴起。随着广播电视媒体行业的快速发展，对于新型广播电视人才的需求也促进了广播电视教育事业的蓬勃发展，在日新月异的广播电视实践中出现的许多新问题迫切需要通过理论研究来回答，学术研究跟踪热点，研究领域日益拓宽，研究手段先进，产生了一批优秀的广播电视研究成果。

第一节　积极推进广播电视频率频道专业化改革

从世界广播情况来看，广播业最为发达的美国在 20 世纪 70 年代就开始了专业化整合。电视方面，随着有线电视技术的成熟与应用，美国最早出现电视专业化频道。1972 年 11 月，美国 HBO 频道开播，开创了全新的电视运营模式。1980 年 6 月，世界上第一个 24 小时播出新闻的专业化频道 CNN 开播，“把频道专业化提升到了一个前所未有的高度”[①]。随后几年内，相继成立 MTV 音乐电视、Discovery 探索等大量专业电视频道，使整个美国电视行业焕然一新，20 世纪 80 年代也被称为美国电视专业化频道的“黄金岁月”，这些专业化电视频道至今为世界观众所喜爱。

一、我国广播电视频率频道专业化发展进程及现状

一般而言，广播电视频率频道专业化是指广播电台、电视台根据广播电视市场的内在规律和受众的特定需求，以一个频率、频道为单位进行内容定位划分，使节目内容和频率、频道风格能够比较集中地满足特定受众的特定需求，而实施的响应改革措施和呈现出的状态以及发展趋势。

进入 20 世纪 90 年代，我国传媒开始被推向市场。1992 年，中共中央、国务院在《关于加快第三产业发展的规定》中将广播电视定为第三产业，在“事业单位、企业经营”的方针下，财政拨款逐年递减，巨大压力下广播电视不得不考虑趋向市场以求生存。20 世纪 90 年代之后，“市场转而以需求为主导，消费者需求的多样性凸显出来，这进一步刺激和加速了企业间的分工，迫使企业从无差异市场转向差异性目标市场”[②]，在此环境下，进一步细分受众市场，提升广播电视专业化水平，成了不二策略。2000 年 11 月 17 日，原国家广播电影电视总局下发了《关于广播电视电视集团化发展试行工作的原则意见》，明确提出广播电视逐步发展成为多媒体、多渠道、多品种、多层次、多功能的综合性传媒集团，开启了继报业集团化后我国传媒集团化的新阶段。实行广播电视集团化必定带动内部进行资源整合，频率频道专业化显然成为“电视传媒谋划经营的中心”[③]，许多冠以专业名称的广播电视频率频道相继问世。另外，有线电视和数字付费电

---

① 巢立明：《解读频道专业化》，《新闻大学》2002 年第 3 期。

② 林晖：《当代中国新闻媒介的整合与改革》，复旦大学博士学位论文，2003 年，第 88 页。

③ 邹定宾：《电视频道专业化过程中的风格化问题》，《电视研究》2001 年第 8 期。

视的推进，则为广播电视频率频道专业化的产生和推进，提供了必要的技术背景。

总体来看，我国广播电视频率频道专业化大体经过两个时期，分别是20世纪80—90年代的初步兴起期和新世纪以来的迅速发展期。2009年之后，诸如乐视等大型视频网站提供的风靡一时的专业化视频频道，以及主流传统广播媒体和其他新媒体提供的专业化网络广播，使得广播电视频道频率专业化进入新的境界。

1. 20世纪80—90年代的广播电视频率频道专业化的兴起

广播频率专业化并不是21世纪才有的新名词，1986年，广东珠江经济台的创建，开启了中国广播业务改革和运行模式的转型，在“珠江模式”的带动下，全国不少电台开设了一批经济频率。20世纪90年代，我国市场经济体制逐步确立后，各级广播电台实行系列广播的策略，迈出了广播频率专业化的坚实一步。1991年9月30日，上海人民广播电台开办交通广播，成为中国内地第一家交通广播频率。从1992年年底起北京人民广播电台（简称北京电台）开始创办专业台，到1994年北京电台已先后开办了经济、新闻、音乐、交通、文艺、体育和首都生活等7个频率。20世纪90年代中后期，省、计划单列市及省会城市电台也全面推开频率专业化改革。

在电视方面，20世纪50年代到70年代，中国电视事业基本处于起步阶段。1984年5月，我国第一个具有明确受众定位的电视栏目——中央电视台少儿栏目《天地之间》开播。1985年1月1日，中央电视台在第二套播出经济类栏目《经济生活》，标志着我国电视专业化从内容维度进上一步展开。1986年中国教育电视台的开播，可以看作是我国电视专业化的明显起步。到1993年年底，中央电视台相继开办四套电视节目，第一套以新闻为主，第二套以文体节目为主，第三套以经济节目为主，第四套主要面向国际观众，电视频道专业化趋势逐渐明朗，直到1995年1月1日体育频道开播，中央电视台频道专业化程度才有了明显的提升。

2. 新世纪以来广播电视频率频道专业化迅速发展

新世纪以来，以中央电台、中央电视台为龙头，我国广播电视事业频率频道专业化步伐明显加快，尤其得益于媒体产业化、集团化运作的深入推行，广播电视专业化取得明显成效。

（1）中央级媒体专业化全面升级。

迈进新世纪后，中国广播的改革发展随着我国市场经济的发展再上新台阶。2001 年，广播的广告收入增长达到 20%，大幅超越了报纸（增长 3%）和电视（增长 6%）。在这样的形势下，2003 年 1 月 8 日至 10 日召开的全国广播影视工作会议上，原国家广播电影电视总局局长徐光春在会上作报告时正式宣布 2003 年为“广播发展年”，要求加快广播频率专业化、节目对象化的步伐。[①]

在此之前，中央人民广播电台已经率先开始了频率专业化的改革，成为“广播发展年”的改革序曲。2002 年起，中央电台开启了“频率专业化、管理频率化”的改革。2002 年 10 月 28 日“华夏之声”开播，拉开了中央电台频率专业化改革的大幕。[②] 新闻频率通常作为我国各级广播电台的第一频率存在，受制于历史因素和现实政策因素，新闻频率在专业化上往往存在着综合频率的成分。2004 年 1 月 1 日，中央电台第一频率正式定名为中国之声，基本打破了以往新闻、社教、文艺节目的综合状态，形成以频率为单位的统一运作模式。2004 年 1 月 1 日还推出了民族之声。至此，中央电台完成了全台原有 8 套节目的改革，形成了中国之声、经济之声、音乐之声、都市之声、中华之声、神州之声、华夏之声、民族之声等 8 套专业化频率，迈出频率专业化的坚实步伐。到 2004 年 8 月 18 日，中央电台再度推出全新的第九套节目文艺之声，标志着中央电台频率专业化改革基

① 哈艳秋：《中国新闻传播史研究》，中国广播电视出版社，2005 年版，第 145—146 页。

② 王宴青：《探索：中央人民广播电台频率专业化管理频率化改革纪实》，中国广播电视出版社，2005 年版，第 43 页。

本完成。2009年1月1日老年之声开播，2009年3月1日藏语广播新闻综合频率开播，2009年10月28日娱乐广播开播，进一步完善了中央电台的专业化频率分布格局。2008年由音乐之声率先推进并在文艺之声、都市之声、老年之声、娱乐之声等频率推行的制播分离运营新模式，则彰显中央电台频率专业化运作的成熟。截至2009年，中央电台已开办14套专业化频率。

电视方面，为了应对中国电视从栏目竞争进入频道竞争的时代格局，以及跨国传媒机构大举渗透、省级卫视异军突起、新媒体浪潮扑面而来的严峻形势，1999年，中央电视台就率先提出“频道专业化、栏目个性化、节目精品化”战略，开始全面推行频道专业化改革，也成为全国地方电视台推行频道专业化的标杆。2000年，中央电视台相继对一、二、三、四套节目进行改造①；2001年7月9日，中央电视台频道再次大调整，新开科教频道、戏曲频道先后推出《百家讲坛》等知名栏目；2003年5月1日开始试播，7月1日起正式播出的中央电视台新闻频道，实现了中国新闻传播从栏目化运作到频道化运作的转变，成为中央电视台频道专业化建设的一个重要标志。2004年3月29日推出和音乐频道，1999年开播的综艺频道也于2004年进行全面改版，《同一首歌》《星光大道》《艺术人生》等一批精品栏目品牌效应凸显。在对外传播方面，从最初的国际节目交流，到创办对象性栏目，到创办专业国际频道，再到单频道到多频道、单语种到多语种的转变，中央电视台的海外传播专业化程度逐步得到提升。2002年，1992年10月1日开播的国际频道进行了力度最大的改版，采用全中文对外传播，争取建设独立频道形象，《新闻60分》《中国新闻》等栏目品牌价值提升，2003年，国际频道对伊拉克战争的全方位报道，使其在国内外一鸣惊人，2007年1月1日国际频道又实现亚洲版、欧洲版、美洲版三版播出（同一呼号，三个频道，分别播出）。CCTV-9（英

---

① 2009年8月24日，中央电视台第二套变更呼号为财经频道，专业化色彩进一步浓厚。

语国际频道）、CCTV-F（法语国际频道）和CCTV-E（西班牙语国际频道）也实现独立播出。

自2005年，中央电视台提出由“频道专业化”向“专业频道品牌化”的转变战略，进一步优化专业频道布局，各频道先后进行大规模改版，微调成为一种常态机制。在2009年开始的大规模改革中，“中央电视台摒弃中心制，改行频道制，为专业化频道的构建和发展奠定了良好的组织构架基础”[①]。到2009年中央电视台逐步形成了以CCTV-1（综合频道）为龙头，以各专业频道为支撑的频道格局。截至2009年年底，中央电视台开播23套开路频道，15个数字付费频道及长城平台频道，5个网络电视频道[②]。经过专业化改革，中央电视台“全台2009年平均收视份额为33.88%，继续稳占全国收视市场的1/3强”[③]。

（2）地方电台电视台专业化发展异军突起。

2003年作为中国广播发展年，在频率专业化、节目对象化的总体方针下，全国各类专业化频率呈现出整体扩张的态势。

在“广播发展年”的战略目标下，传统的广播文艺节目再度细分市场，音乐、戏曲等纷纷从文艺广播剥离，单独成立专业频率。2003年1月8日，上海东方广播电台经典音乐频率开播，成为我国内地首家具有专业水平的经典音乐频率。2003年11月26日，浙江绍兴电台戏曲频率开播，是当时全国首家戏曲专业频率。上海文广新闻传媒集团（SMG）的音乐广播专业化动作更大，音乐广播根据受众市场定位再度细分出动感101、经典947

① 丁俊杰：《中国电视专业化频道研究》，中国传媒大学出版社，2012年版，第60页。

② 开路频道包括：综合频道、财经频道、综艺频道、中文国际频道（亚洲版、欧洲版、美洲版）、体育频道、电影频道、少儿·军事·农业频道、电视剧频道、英语国际频道、科学·教育频道、戏曲频道、社会与法频道、新闻频道、少儿频道、音乐频道、法语国际频道、西班牙语国际频道、阿拉伯语国际频道、俄语国际频道、CCTV-高清频道和CCTV-1高清频道。数字付费频道包括：高尔夫网球、风云足球、风云音乐、第一剧场、风云剧场、世界地理、电视指南、CCTV-娱乐、CCTV-戏曲、央视精品、怀旧剧场、国防军事、女性时尚、中国电影和中视购物。网络电视频道包括：中国网络电视新闻台、中国网络电视体育台、中国网络电视综艺台、爱西柚（播客台）和爱布谷（搜视台）。

③ 焦利：《中国中央电视台年鉴（2010）》，中国广播电视出版社，2010年版，第36页。

和 Love Radio 等三个专业频率[①]。在频率专业化营造的发展环境下，细分后的频率拥有了固定的收听群体，自然而然地吸引广告商前来投放广告，获得良好的经济效益。除音乐、交通等大众化专业频率外，新世纪以来小众化的专业频率也得到较大发展。2005 年 6 月 1 日江西台正式开播健康老年广播；黑龙江电台的“97 频道”，作为少儿老年复合频率播出，在全国各级电台中都比较少见；2000 年 10 月 1 日黑龙江电台都市女性频率开播；2005 年 10 月 12 日贵阳电台女性频率开播。这一批小众化的专业广播频率的开播，使得广播频率专业化布局进一步完善。

电视方面，在中央电视台实行频道专业化改革的同时，各省、市电视台也在积极改版重组，其中海南电视台动作较大，频道专业化程度较高，引人注目。2002 年 1 月 28 日，海南卫视正式更名为旅游卫视，一度被广播电视界认为是频道专业化的里程碑。2004 年 7 月 5 日，旅游卫视再度改版，原来播放电视剧的时间全部用来播出旅游节目，在电视剧为王的收视战中此举实在难能可贵。几乎与旅游卫视实行频道专业化同步，全国各卫视频道也相继进行频道专业化改革，但专业化程度并不理想，如湖南卫视主打快乐中国的娱乐特色、安徽卫视的电视剧特色、江苏卫视的情感特色等，突出某一特色、主打某一品牌的综合频道模式，只能算作专业化运作的初级状态。相较而言，反倒是以专业化命名的地面频道在频道专业化上，迈出的步子更大一些。2000 年 12 月 27 日，中国第一家省级广播影视传媒集团——湖南广播影视集团宣告成立，保留原有三台的七个频道，分别用卫星频道、经济频道、都市频道、生活频道、文体频道、影视频道、信息频道再行播出。2002 年 1 月 1 日，上海文广新闻传媒集团全新启动 11 个专业频道[②]，各频道分工明确，皆可看作是省台实行频道专业化的一个大举措。

① 王兰柱主编：《2009 中国广播收听年鉴》，中国传媒大学出版社，2009 年 11 月版，第 11 页。

② 分别是：上海电视台新闻综合频道、上海电视台生活时尚频道、上海电视台电视剧频道、上海电视台体育频道、上海电视台第一财经、上海电视台纪实频道、上海东方卫视、上海东方电视台新闻娱乐频道、上海东方电视台文艺频道、上海东方电视台音乐频道和上海东方电视台戏剧频道。

（3）付费数字电视的开通使广播电视专业化再度升级。

2003年3月，十届全国人大一次会议将数字电视列为对国民经济发展有深远影响的重大高科技产业项目之一，原国家广播电影电视总局也把当年的主要任务确定为“开展有线数字广播影视业务，推进广播电视数字化、网络化，以业务发展带动网络整合”。2003年9月1日，主要由中央电视台和北京广播影视集团开通的数字电视付费频道正式通过原国家广播电影电视总局的审批，电视剧场、CHC家庭影院、全纪实、动漫秀场、靓妆、天视家居、游戏竞技等20多个中国第一批数字付费频道宣告成立。① 2004年8月1日，经原国家广播电影电视总局批准，数字付费频道开始通过卫星传输，覆盖率大大提高。为便于有线数字付费频道的落地，2003年10月，经原国家广播电影电视总局授权，由中央电视台和中国国际电视总公司投资组建的中国付费电视集成运营平台中央数字电视传媒有限（简称中数传媒）公司成立，成为我国第一家覆盖全国范围、从事数字付费频道集成技术支持及代理营销业务的运营机构，截至2009年12月，中数传媒集成播出付费频道达50套，覆盖全国217个地区有线电视网，2009年实现汇总收入3.2亿元。② 2004年8月，上海文广新闻传媒集团成为我国第二家获得经营许可证的数字付费频道集成运营机构，先后设立魅力音乐等15个有线数字电视付费频道进行专业化传播。2004年11月，原国家广播电影电视总局共批准数字付费广播电视频道83套，而到了2009年年底，在全国播出的数字付费电视频道已经达到140多套。值得注意的是，作为国家级的中央人民广播电台，也参与到了电视频道专业化的大潮中来，其2004年主办的数字电视频道央广健康频道正式开播，覆盖全国216个城市7734.95万数字电视用户。③ 这些付费电视频道皆属于典型的专业化频道，对备受单一盈利模式困扰的准专业频道们而言，数字付费电视的兴起，无

① 赵斐：《2003—2010中国数字付费电视频道发展研究》，山东大学博士学位论文，2011年，第75页。

② 焦利：《中国中央电视台年鉴（2010）》，中国广播电视出版社，2010年版，第284页。

③ 数据参见原国家广播电影电视总局官网。

疑又给我国频道专业化的发展提供了一剂强心针。

二、推行频率频道专业化的重要意义

21 世纪初，全国广播电视行业大规模开展的频率频道专业化改革，从根本上说是顺应时代发展需求，抓住时代契机，进一步细分受众市场以提高传播经济效益和社会效益的有益实践，也是广播电视行业促进自身发展、推动广播电视产业化发展的重要一环。

首先，推行频率频道专业化，有助于满足受众多元化需求。20 世纪 90 年代，随着我国市场经济取代计划经济，我国的社会阶层也从简单化向多元化发展，传统广播电视综合办台的模式，很难再适应受众多元化需求。广播电视频率频道专业化的推进，本身就是建立在细分受众的基础之上。专业化频率频道开辟后，必定会遵循各自定位安排节目播出，在众多的频率频道中，正是他们各自之间的差异，使得受众拥有更大的内容选择权，从而得到更广泛的精神文化享受。

第二，推行频率频道专业化，有助于推进广播电视内部运作模式向集约化方向变革。20 世纪八九十年代现实环境，促使中央电视台全面实行中心制，15 个“中心”下设若干部门，各部门下辖各个栏目，形成了“中心—部门—科组—栏目”四级体制。然而随着广播电视被推向市场，从粗放式的经验管理到精细化、集约化的科学管理转变成了必然趋势，选择频道制运作已是一种发展趋势。2000 年 9 月 25 日 CCTV-9 开播时，即率先采用频道总监制，“标志着中央电视台开始迈向建立现代电视传媒管理体制的探索之路”[①]。2004 年，CCTV-2 经济频道启动“频道制”改革，构建频道总监、工作室主任、制片人三级组织管理机构，后来又撤销了工作室，由频道直接面对栏目，行政层级实现最小化。2005 年，《中央电视台频道制改革方案》（征求意见稿）初步拟定并试运行，则标志着淡化级别、减少层次的频道化运作机制在中央电视台的进一步成熟。作为电视界的领头

① 罗琴：《论中央电视台品牌战略的制度基础》，《现代传播》2007 年第 2 期。

羊，中央电台的频道制改革也引起了全国各地方电视台的关注和效仿。

第三，推行频率频道专业化，有助于推动制播分离真正开展。制播分离是我国电视行业改革的重要举措，也是推行频道专业化不得不面对的课题。20世纪90年代末开始，一些电视台初试制播分离，但国家层面的政策一直不明朗。2003年年初，时任中央电视台台长的赵化勇就曾提出，除新闻频道外，其他频道逐步全部成为商业经营的专业频道，全部采取市场核算，制播分离也在此时迈开步伐。2003年12月，原国家广播电影电视总局局长徐光春进一步明确了电视台可以搞制播分离。也是在2003年，中央电视台的《开心词典》《幸运52》《艺术人生》等栏目作为制播分离的试点开始运行。2004年，湖南电视台进行“娱乐频道”整频道公司化运作，分离后推出《超级女声》，巩固了湖南台在娱乐节目上的霸主地位。“天津电视台、吉林电视台、长春电视台还将电视剧制作分离出来，组建面向市场的节目制作公司，实现了电视剧的制播分离。”①

第四，推行频率频道专业化，有助于催生良性电视节目市场，促进我国广播电视产业化发展。从20世纪80年代开始，“四级办广播、四级办电视”的政策给中国带来数以千计的电台、电视台。受多重因素制约，我国广播电视节目基本上属于自产自销，电视市场很不成熟。一大批民营电视节目公司进入电视行业后，电视节目的市场竞争进一步加剧。2001年12月，原国家广播电影电视总局颁布《关于组建广播电视节目交易中心的实施细则（试行）》，决定在北京建立全国性的广播影视节目交易中心，在上海、广东、辽宁、陕西、四川等省建立区域性广播影视节目交易中心。上海电视节、北京国际电视节、四川电视节、中国国际广播影视博览会相继成为电视节目交易的盛会。广播电视节目交易市场进一步实现了规模化和规范化。

纵观我国电视频道专业化的进程和现状，短短十几年，能取得如此

① 欧阳友权、王昌连、毛慧：《电视频道专业化研究》，中国广播电视出版社，2011年版，第125页。

大的成就实属不易。目前我国的专业化频率频道布局，广播的一般为新闻频率、经济频率、交通频率、音乐频率、都市频率、农村频率以及女性、老年频率等；电视多为（新闻）综合频道、经济频道、生活频道、影视频道、文艺频道、体育频道、都市频道、科教频道、少儿频道以及女性频道和法制频道等。“很多电台自频率专业化改革后，广播媒体到达率高达40.9%，受到了广告商的青睐。”[①]电视方面，逐步形成了三个层次的频道专业化格局：“第一是大众化专业频道，如新闻、电影、电视剧、娱乐、体育等频道；第二是分众化专业频道，如财经、历史、探索、国家地理等频道；第三是小众化专业频道，如机场、高尔夫等频道”，[②]在目前的消费水平下，这些专业化的电视频道基本上能满足不同层次的观众收视需求。

但多数专业化频道不专业、名为专业实为准综合也是不争的事实，单一的盈利模式和条块分割的市场结构，成为推行频率频道专业化的最大掣肘。目前，我国能盈利的专业频道都只能停留在诸如CCTV–2财经频道、CCTV–3综艺频道、CCTV–5体育频道、CCTV–6电影频道、CCTV–8电视剧频道等可以通过广告盈利的大众化专业频道。[③]同样受盈利模式的影响，2000年8月8日开播，主打文化牌、不做新闻也不染指娱乐的阳光卫视，起初算是专业化程度较高的一个电视频道。然而，2004年10月，阳光卫视正式宣布由人文历史频道转型为人文历史、财经娱乐频道，“标志着其‘专业化’时代的终结”[④]。另外，还存在较大空白区域等待专业化频道填补。我国已步入老龄社会，目前来看，也只有2009年1月1日开播的中央人民广播电台老年之声等几个专业化频率；作为世界上最大的发展

① 中国广播电视年鉴编辑委员会编：《中国广播电视年鉴（2004）》，中国广播电视年鉴社，2004年9月版，第26页。

② 孙玉胜：《电视盈利模式的错位——频道专业化与付费电视》，《现代传播》2002年第2期。

③ 孙玉胜：《电视盈利模式的错位——频道专业化与付费电视》，《现代传播》2002年第2期。

④ 赵路平：《我国电视频道专业化的困境——以“阳光卫视”为例》，《新闻界》2005年第1期。

中国家，还没有专门的全国性的农业频道，1995 年 11 月 30 日 CCTV–7 开播，但属于少儿、军事、农业、科技四类节目混合播出，2003 年 12 月 28 日，该频道开始向以军事节目和农业节目为主的电视频道迈进，但依然没有设立专门的农业频道。专业的农村、农民、农业电视频道，也仅有 2001 年正式开播的吉林电视台乡村频道、山东电视台农科频道和 2005 年正式开播的河北电视台农民频道以及 2006 年开播的河南电视台新农村频道等几个省级对农专业频道，显然不能满足广大农民的电视需求。广播方面，“专业频率也普遍存在专业性不强、节目质量不高、节目形式互相克隆、频率特色不明显等问题”。[①]

第二节　广播电视的数字化与网络化发展

新世纪以来，信息技术的高速发展与用户需求的快速增长，带来了以互联网为基础的第四代媒体和以移动通讯为基础的第五代媒体的快速崛起。这两种媒体与传统媒体的结合产生了许多新的媒体形态，其中与广播电视媒体相关的有网络广播、网络电视、IPTV 和手机电视等。数字化的广播电视在发展新的市场时也出现了一些新的媒体形态，如移动电视、楼宇电视等。这些新的媒体形态虽然是技术融合、业务融合与行业竞争的结果，却也给传统广播电视媒体的发展带来了新的机遇。

一、广播电视的数字化推进

新世纪以来，广播电视数字化呈现出加速发展的态势。所谓广播电视数字化，是相对于传统的广播电视模拟信号媒介而言。所谓“数字化”是

① 孙孔华、谭奋博：《频率专业化——广播与时俱进的必由之路》，《中国广播电视学刊》2002 年第 10 期，第 5 页。

指数字技术在信息技术领域的全面推广和运用，是对传统信息技术的重大变革。广播电视业的“数字化”是指从制作、播出、传输、分配接收环节在内的全系统的数字化，是指广播、电视、电影各个方面的数字化。数字化的发展带来的将是整个广播电视产业新一轮的优化升级，加速实现广播影视业从传统媒体向现代媒体的根本转变。纵观世界广播电视行业的发展态势，大力推广数字电视及相关产业已经成为许多国家电视传媒产业竞争的主导方向。因此广播影视的“数字化”程度，已成为衡量一个国家和地区广播影视实力和竞争力的最重要标志之一。

以数字电视为例，在电视节目的采集、制作、发射、接收、播出等环节，全部采用数字编码与解码技术以及数字化的传输技术，成为相对于传统模拟信号的新一代电视。数字电视的革命是继电视由黑白变为彩色的革命之后的第二次全球性的电视技术革命。

从世界范围内来看，早在20世纪90年代，美国、英国、日本等国便将数字电视纳入国家发展规划中。美国在1992年将数字电视视为建设信息高速公路的重要内容，通过《1996年电信法》，确立了数字电视的标准，设立了时间表，紧锣密鼓地开始了数字化建设。英国以消费者至上的理念贯彻数字化进程，将数字化推进与消费者承受力结合起来，通过一系列便民措施，引导消费者使用数字电视以及享受数字服务。而西欧小国荷兰更是在2006年率先成为全球第一个全面完成数字电视转换的国家。东亚的日本，则根据本国国情，以卫星数字电视为突破，带动地面电视播放数字化升级，力争在2011年实现全面数字化。

环顾世界，数字化趋势已成为广播电视发展的主流，能否在信息化浪潮中占领数字制高点，对于我国广播电视业乃至整个信息化产业的发展，都具有重要的意义。

1. 地面数字广播电视

（1）数字音频广播（DAB）。

数字音频广播（DAB）是继调幅和调频广播之后的第三代声音广播。与现行广播相比，DAB音质好，可提供CD质量的声音节目；抗多径干扰能力强，可保证高速移动状态下的接收质量，可在恶劣环境下接收；发射功率小，覆盖面积大，频谱利用率高，可大幅提高广播覆盖率；业务构成灵活，可作为多媒体数据的无线传输平台。DAB 是广播事业发展中一个新的里程碑。

1994 年，我国从美国 Comstream 公司引进了全套数字卫星广播节目传送设备（子频带编码 / 单路单载波），通过亚洲 1 号卫星（105.5° E）传送中央人民广播电台的 3 套立体声节目。1996 年，采用加拿大 IDC（International Dutacasting Corporation）数字声设备，通过亚洲 2 号（100.5° E）Ku 波段转发器传送 32 套数字广播节目。1996 年 12 月，我国开始启动“数字音频广播（DAB）重大科技产业工程项目”。国内第一个数字音频广播（DAB）先导网在广东（佛山、广州、五桂山）开始试验播出。北京、天津、唐山的 DAB 先导网陆续筹建。

另一方面，虽然我国的 DAB 研究日趋成熟，但一直未能形成与 DAB 配套的产业链，导致 DAB 的推广举步维艰。虽然在国内销售的 DAB 收音机大多数是国内生产的，但都属国外品牌，价格高达 1000 元以上，很难吸引广大的听众用户。DAB 终端的技术门槛高，其中核心技术属国外专利，无法得到国内电子企业的青睐，世界几家著名电子企业曾花巨资开发 DAB 芯片，均因功耗太大和价格高而以失败告终。数字接收机长期处于价格较高和缺乏的状态，无法使听众用户产生浓厚的兴趣。相对于 FM 调频广播优良的音质以及廉价收音机的高度普及，听众用户宁愿选择了后者，导致我国 DAB 广播还未获得市场广泛认可时便迅速过渡到 DMB 数字多媒体广播，从商业应用角度看，DMB 提供的多媒体业务比 DAB 单纯的音频广播更有市场应用价值，更能吸引用户。

我国的数字音频广播的发展在于充分发挥自身优势，积极融入媒体融合的时代潮流，加快商业化步伐。以北京人民广播电台为例，该台作为经原国家广播电影电视总局批准的、北京地区唯一的 DAB 运营商，于 2006 年 11 月 1 日正式推出 DAB 商业化运营模式，播出节目包括 16 套广播节目和6套电视节目。2010年，又研发出易通1039新媒体机，新媒体机整合了DAB及CMMB，避免了广播电视行业两种标准之间的竞争。实现了一个终端可以同时接收DAB的音频广播及CMMB的视频节目。

（2）地面数字电视。

地面数字电视是指用地面广播传播方式传输数字电视信号的一种电视系统，通过地面广播传播数字电视信号以实现数字电视收看。接收端应具备地面数字电视信号接收能力，如果是老式模拟电视机，也可以通过专用的机顶盒接收，然后转换成模拟信号连接到电视机上。数字电视地面传输环境最为复杂，也因其技术要求最高、受众广而备受关注。

地面数字电视目前已有美国电视委员会（ATSC）、欧洲数字视频地面广播（DVB-T）和日本地面综合业务数字广播（ISDB-T）三个国际电信联盟推荐的地面数字电视传输的国际标准。我国数字电视应用的具体标准，《数字电视地面广播传输系统帧结构、信道强词编码和调制》（DTMB）于2006年8月18日正式颁布。它是我国具有自主知识产权的地面数字电视传输技术体系，具有多项基础性技术发明，大量采用了无线数字通信方面的最新技术，是一项原创性无线数字电视传输新体制。2011年12月，国际电信联盟将我国的数字电视地面系统DTMB标准纳入其中，使得DTMB标准成为第四个地面数字电视国际标准。

中国的地面数字电视发展应该说有两个层面，一个层次是以公益性的广播为主，标志性的事件还是从2008年7月7日中央电视台体育高清频道的开播，另外一个层次上是商业化市场，2008年年底中国电视用户达到3.95亿，还有近2.32亿的用户仍在看地面模拟电视。未来十年内，中国国内有4亿台彩电需要更新换代；未来3年内，车载电视、车载机顶盒市场总容量可达80万台，个人多媒体终端如PMP将达到750万台；未来5年内电脑电视的用户数量有望达到3000万。在2008年至2012年间，中国多媒体手机市场的年复合增长率可达31.2%。而这些都将使用地面数字电视进行传输。按照原国家广播电影电视总局的统一规划，全国地市级城市到2015年年底停播模拟电视，到2020年年底全国停播模拟电视。

地面数字电视国标虽然2006年就已推出，但相比于有线电视的数字化进程相对缓慢。目前国内有线电视、直播卫星电视都已实现数字化传输，其中完全采用数字传输的直播卫星已拥有数千万用户，而有线数字电视用户已超过1.3亿户，地面电视成为目前唯一没有全面实施数字化的传输方式。2012年，我国《地面数字电视广播覆盖网发展规划》出台以来，地面数字电视的推广和应用被提到战略高度，这也标志着我国地面数字电视将进入加速普及阶段。地面数字电视的产业和技术也有了新的发展。比如清华大学自主开发完成的“地面数字多媒体电视广播传输系统”，稳定实现了大数据容量传输的地面无线数据传输。

2013年1月10日，国家发布了《关于普及地面数字电视接收机的实施意见》。第一阶段：2014年1月1日起，境内市场销售的40英寸及40英寸以上电视机应具备地面数字电视接收功能。第二阶段：2015年1月1日起，境内市场销售的所有尺寸电视机应具备地面数字电视接收功能。并且，在上述截止日期之前生产的不具备地面数字电视接收功能的库存电视机产品，在销售时都应配送地面数字电视机顶盒，并鼓励在有线电视网络未通达的农村地区使用的直播卫星机顶盒中增加地面数字电视接收模块。DTMB在国内的大力推广应用已经不存在技术上的问题，面对大好的政策支持，应充分发挥地面数字电视广播区域覆盖、接收灵活（可移动接收）的特点，分别构建针对农村、郊区以及城市等环境的地面数字电视广播覆盖网络，并根据各种环境下受众需求的不同，针对性的拓展地面数字电视广播的新业务，以吸引更多的用户群。

（3）CMMB（中国移动多媒体广播）。

CMMB是英文China Mobile Multimedia Broadcasting（中国移动多媒体广播）的简称，是国内自主研发的第一套面向手机、笔记本电脑等多种移动终端的系统。2006年10月24日，原国家广播电影电视总局正式颁布中国移动多媒体广播（俗称手机电视）行业标准，确定采用我国自主研发的移动多媒体广播行业标准。标准适用于30MHz到3000MHz频率范围内的广播业务频率，可以通过卫星或地面无线发射电视、广播、数据信息等多媒体信号的广播系统，实现全国漫游。

2004年以来，中国移动全面加快了手机电视等移动流媒体业务的试验步伐。以雅典奥运会为契机，广东移动推出了通过手机观看奥运电视直播和精彩片段的手机电视业务。此后，河北、四川、浙江、上海等省市移动公司也相继推出了手机电视业务。东方明珠集团于2006年5月正式推出DMB手机电视业务，第一阶段，采取整套电视节目移植的方式，提供中央电视台、上海电视台、东方电视台的电视频道节目。第二阶段，成立自身的节目制作团队，自主制作和购买适合手机屏幕观看的节目内容。第三阶段，进一步提供视频点播、娱乐互动、即时资讯等增值服务。广东省数字多媒体广播以"天声"手机电视为品牌名，先期开通广州、佛山等6个城市，收费模式确定为包月制，约为30元。提供三大类的业务服务：第一类为移动多媒体广播电视业务，初期包括一个专门的"天声手机频道"和四个电视转播频道；第二类为数字音频广播业务，在手机电视频道上实现音频广播功能；第三类为数据业务，实时提供订制电子报纸杂志、交通信息、金融股市、互联网信息等数据业务。

2008年，CMMB所覆盖的城市主要包括各直辖市以及省会城市，本着服务奥运的原则，也覆盖到了计划单列的奥运城市，总计为37个。在这些城市的主城区室外，以及有窗户的室内较浅处均能收到信号。2008年11月18日，成功开通了辽宁丹东的CMMB信号，标志着全国一百个地级市CMMB网络覆盖工程正式启动。2008年12月26日，工信部相关部门开始发放首批CMMB制式TD手机入网证。2008年12月29日晚7时，安徽淮北市发射机满功率播出，标志着全国一百个地级市的布网任务圆满完成。2009年1月，上海移动与上海文广新闻传媒集团在上海地区开始联手试播手机电视。到2009年年底，北京、上海、青岛、秦皇岛、广州、深圳、长沙、杭州、呼和浩特、银川、石家庄、昆明、武汉、重庆、福州、西安、南京等17个城市建成、开通了CMMB单频网，共计建设了55个大功率发射点，其中，北京市建成、开通了由8个大功率发射点组成的单频网，五环以内的室外覆盖率达到了95%以上；天津、沈阳、济南、南宁、成都、西宁、宁波、厦门、哈尔滨、长春、太原、郑州、南昌、乌鲁木齐等15个城市的单频网正在抓紧建设或筹划之中。移动多媒体广播电视实现全国118个地市的网络建设，这是全国广播电视行业首次统一产业运营、实现“全国一盘棋”发展的战略格局的具体体现。2010年4月，全国已经307个城市开通了手机电视信号。2013年全年CMMB网络新增覆盖人口5360万人，累计用户数已达到470万户，其中付费用户230万户。网络运维水平不断提升，中央前端机房全年播出合格率达到99%。运营支撑系统日益完善，全年广播电视用户订购CMMB业务成功达到98.5%。专业频道推送、手机终端通用平台移植、内置天线、高效能编码器优化等新技术的研发与产品化取得突破。睛彩报纸、睛彩杂志、睛彩生活、睛彩资讯、政府公共信息、专业频道等七类新业务产品更加完善，开发了CMMB云媒体服务等新业务。

2. 卫星数字广播电视

卫星数字广播电视具有覆盖面广、受地形条件影响小等优点。近年来，由于数字压缩技术的突破，使电视图像、声音及各种多媒体信息都采用数字方式来处理，因为数字信号易于处理和存贮，具有信号质量好，经多代录放和多环节传输之后，仍可良好复原，从而保证了图像、声音和各种信息的高质量。随着卫星技术和功率器件的发展，卫星发射功率的进一步提高，以及Ku波段频率的使用，使得卫星地面接收的天线半径大大减少，为卫星广播的普及使用创造了有利条件。

我国采用数字电视压缩技术，首先应用在卫星广播领域。1995年11月30日，中央电视台通过原甲星5号卫星播出了五套卫星数字压缩加密电视。1996年6月转到亚洲2号KUN播段播出。1997年元旦起，湖南、湖北、等14省（区）的15套广播电视节目采用数字压缩技术上星播出，极大地推进了我国广播电视数字化进程。到 1999 年 10 月 1 日，我国 31 个省（区、市）的广播电视节目全部实现上星播出。上星的节目全部采用了数字压缩方式。卫星数字电视的播出，不仅节约了投资，提高了卫星转发器的利用率，而且提高了节目质量，同时也促进了卫星数字接收机产业的发展。1999 年 1 月 1 日，中国广播电视（CBTV）卫星直播平台通过鑫诺一号卫星 K 频段转发器进行面向农村的“村村通”数字卫星电视直播试验。这是我国首次利用通信卫星 K 频段转发器开展的 D（DierctHome 一直接到家）业务，将中央 8 套电视节目、8 套广播数字方式进行直播。10 月，卫星直播试验平台进行了扩容，将地方 29 套电视节目及相应的广播节目进行了直播。卫星直播试验的成功，在电视节目的监管、交换、传输、质量监控，到户技术服务、收费管理和网络管理方面积累了经验，为我国直播卫星的应用在技术、人才、运营等方面打下了物质和技术基础。

为了在新千年里使我国卫星广播水平上一个新台阶，同时为实施直播卫星广播打下良好的技术基础，原国家广播电影电视总局制定了卫星传输数字化过渡方案。2000 年 10 月 31 日，中国教育电视台（CETV）使用中国教育卫星宽带传输网（CEBSat）通过鑫诺一号卫星 Ku 频段转发器开展了远程教育电视直播试验。从 2001 年 1 月 1 日起，中央电视台 1、2、7 三套节目数字压缩编码后打成一个数据包，上行亚太 4A 转发器。CCTV–2、CCTV–7 模拟电视节目与数字电视节目并发一段时间，关键时段根据用户接收机更新情况确定。CCTV–1 模拟电视节目与数字电视节目并发到年 1 月 1 日终止播出。从 2001 年 7 月 1 日起，山东、浙江在亚太 A1 上合租一个新转发器传输两省卫星数字电视节目。卫星模拟电视节目并发时间由两省自己决定。考虑到云南、贵州、四川三省经济状况和地面大量卫星模拟接收机的实际情况，三省卫星数字电视上行亚太 A1 卫星的播出日期和卫星模拟电视终止播出日期由三省自己决定，并于 2005 年完成数字化过渡。2009 年 10 月，原国家广播电影电视总局构建了直播卫星安全模式，广播系统正式开始向全国提供直播卫星广播业务。直播卫星“村村通”用户超过1000万。2011年，国家广播电视安全调度中心研发出全国卫星广播电视地球站运行监测平台，系统构建了以原国家广播电影电视总局为中心节点，32个省地球站和4个中央地球站位终端节点的统一运行监测平台，实现了对全国36个地球站播出运行数据的实时采集状态监测和灵活展现。

3. 有线数字电视

我国将广播电视数字化列入国家发展规划之中，原国家广播电影电视总局将有线电视数字化作为突破口，全面推进数字化工作。实现数字化的关键在于将模拟用户整体转换为数字用户。我国大部分广播电台、电视台收集、制作、播出、传输环节已基本实现数字化，只有接收环节即用户的电视机还是模拟的，这已成为广播电视全面实现数字化的瓶颈。

根据国情，我国的广播电视数字化按照东部、中部、西部三个区域，分四阶段实现。第一阶段是2003年至2005年年底，重点推进直辖市、东部地区地级以上城市、中部地区省会市和有条件的地级市、西部地区部分省会市有线电视基本完成向数字化过渡。第二阶段是2006年至2008年年底，重点推进东部地区县以上城市中部地区地级市和大部分县级城市、西部地区部分地级以上城市和有条件的县级城市有线电视基本完成向数字化过渡。第三阶段是2009年至2010年年底以前重点推进中部地区县级城市、西部地区大部分县以上城市有线电视基本完成向数字化过渡。第四阶段是2011年至2015年年底前全部完成西部地区县级城市的有线电视向数字化过渡。截至2008年，有线电视数字化已在全国大中城市全面推开，全国100多个城市进行了有线电视数字化整体转换，其中50多个城市已完成，全国有线数字电视用户超过了4000万，接近全国有线电视用户总数的三分之一。

依照国家规划，最迟到2015年，我国将全部完成数字化转换工作。而这基本达到国际电信联盟的规定[①]，与西方先进国家相比，我国在数字化推进方面基本与先进水平保持同步。考虑到我国的国情复杂，经济发展

① 张丽：《世界广播电视发展趋势研究》，中国传媒大学出版社，2011年版，第19页。

不平衡等诸多制约广播电视发展的不利因素，能够紧跟西方国家的脚步，稳步实现数字化，是具有历史意义的。

由于各地社会经济发展水平不同，在推进数字化的过程中呈现出不同特点和模式，构筑了有中国特色的广播电视数字化之路。

整体转换是我国有线电视数字化的根本途径，也是数字化的关键所在。在我国，实行整体转换就必须免费为用户配置数字机顶盒。这个问题不但我国面临，其他国家也遇到过。为了早日实现数字化，我国对此进行了有益的探索和实践，力图将国家信息化的要求与群众对信息的需求有效结合起来，创造出了有中国特色的有线电视数字化发展模式。

以山东青岛为例，通过增加多彩的节目内容、增加海量的信息服务、适当提高收视维护费、免费为用户安装机顶盒，建立了一个政府支持、群众认可、市场运作、社会参与、加快广播电视事业发展的整体转换模式，走出了有中国特色的以信息化、本地化、个性化服务推动有线电视数字化的发展之路。2004 年，中共中央政治局常委李长春视察青岛有线数字电视，充分肯定了“青岛模式”。同年 6 月 21 日，温家宝总理视察青岛有线数字电视，称赞“方便群众，做得很好”。

在青岛模式的基础上，广东佛山摒弃了过去以付费节目推销机顶盒的方式实现了四个转变：第一，由卖机顶盒转变为整体转换。第二，由境外节目推动数字化转变为以合法的节目内容和海量的信息服务来推动数字化发展。第三，推进信息化的家庭终端由计算机转变为电视机。第四，由事业单位发展的模式转变为产业化运作、集约化经营。

杭州模式给用户提供了两种收看方式：一种是用户申请基本型机顶盒，免费配置一台价值 850 元的基本型机顶盒，用户按原来有线电视每月 14 元的标准可以看到 60 多套数字电视节目，清晰度提高，比原来增加了 30 多套，增加了天气、交通、政务信息等免费内容；另一种是用户申请增强型交互式机顶盒，预交一年的收视费 588 元（交互式节目费用每月 35 元，加上原有的每月 14 元网络维护费，每月共 49 元），除了可以收看 60 多套数字电视节目、资讯信息等内容外，还可以从8万多小时的节目内容中点播自己想看的节目。两种机顶盒的区别在于：前者是广播式，只能“看电视”；后者是交互式，可以实现点播等互动功能，真正达到“用电视”。

在数字电视业务上，苏州创造了两个“全国第一”。2003年，苏州就在全国率先开展数字电视业务。2009年，苏州的数字电视用户已超过了86万户。同时苏州又是全国第一个实现数字电视城乡一体化整体转换的城市，整体转换率达到了97.85%。目前，已建成拥有56套基本电视节目和58套付费电视节目以及20套立体声数字广播的节目平台，并充分发挥数字电视的强大功能，设置了政务公开、金融理财等11个单元、近百个子栏目，使覆盖千家万户的电视机成为集公共传播、信息服务于一体的“家庭多媒体信息终端”。

青岛、佛山、杭州、苏州等地的积极探索，为我国实现数字化提供了具有指导意义的经验。切实可行的整体转换模式，是在具有复杂国情的发展中国家实现数字化的有效途径。在中国特色的数字化实现之路上，只有跳出传统电视的框框，将有线电视数字化与当地政府的工作部署融为一体、与社会各界和广大群众的需求融为一体、与国家信息化和城市现代化融为一体努力做到与国家同进、与社会同步、与人民同行才能真正找到有线电视数字化发展的途径和模式。截至2009年3月，全国数字电视用户达到4766万，全国有229个城市进行了数字化电视转换，其中106个城市已经完成了转换。北京、天津、青海、海南、贵州、吉林等地的城市有线数字电视用户比例已经超过了50%。

4. 演播室的数字化变革

音频技术的数字化作为一种日益成熟的技术，注定是广播电台技术应用的发展方向。数字技术与计算机网络技术的飞速发展，使广播节目的采集、录制和播出产生质的飞跃和革命性进步。[①]

---

① 樊志军：《论数字化、网络化技术在广播新闻传播中的应用》，《河北广播》2006年第4期。

（1）数字化技术应用于采访，使广播新闻传播更为便捷和逼真。

广播记者、编辑或节目主持人可以通过互联网在世界范围内查询相关的信息源，加上数字录音机能高效、快捷地完成文字和声音素材的采集，用计算机硬盘或数字录音带取代传统的磁带来记录声音并进行非线性编辑，从而极大地提高了采录和制作的速度、效率和灵活性，进一步提高了新闻的时效，并有效地保证了节目成品的声音质量。

先进的移动数字设备，使得异地采写的声音信号和文字，均能通过互联网及时传递给编辑部，极大地提高了新闻时效性，改善了采编条件。

（2）数字化技术应用于编辑制作，使广播新闻编辑更为简便、快捷。

声音是广播区别于报纸等媒体的最大优势，但传统广播最费时间和精力的就是对采访录音的剪辑加工，特别是远赴外地采访时还不得不带上笨重的剪辑设备。而应用了数字化采访机等设备后，剪辑采访录音就像把几块“积木”编号并搬来搬去一样轻松，记者一机在手就可在采访后的很短时间内剪辑出新闻或节目成品，在争取最快的同时大大减轻了劳动强度。文字编辑利用先进的办公自动化新闻编排系统，便捷地进行文字的编辑处理和稿件的审阅，播音员、主持人从打印稿件直至实现电子屏幕报稿。

新型数字制作调音台、数字延时器、数字压缩器、数字扩展器、数字混响器、DAT 数字录音机、专业激光唱机、多轨数字音频工作站等齐全的周边专业设备，可同期或分期现场录制、剪接、合成各类节目，也可以向工作站灌录各类播出节目。音频工作站等数字设备的应用，让操作变得简单而准确，精确到一个字、一点停顿的剪辑，甚至可以进行跳跃式的数字化非线性剪接，极大地提高了节目采录和制作的速度和效率，提高了节目的制作质量和时效。

（3）数字化技术应用于播出管理，使广播新闻传播更为规范和流畅。

进口数字调音台、专业激光机、数字延时器、热线电话耦合器、数字音频工作站为中心设备的数字直播系统，取代了主持人传统的手工操作直播方式，使他们全身心地集中在节目的演播上，大大解放了节目生产能力。依托音频工作站网络搭建的自动播出系统，使得每天录制播出的节目和广告，由计算机严格按照经审核的节目版面进行播出，减少了人为的随意性，保证了规范性和准确性。

二、网络广播电视的发展

20 世纪 60 年代以来，随着互联网的发明，世界范围内掀起了信息化的浪潮，信息与传播技术已经成为经济与社会发展的巨大加速器，同时也促成了新产业的诞生，新媒体产业就是其中之一。新媒体产业得益于数字技术，肇始互联网，融合广播电视、电信和信息技术等产业技术革新力量，占领电脑、电视机和手机等多个终端，在 21 世纪的第一个十年发展迅速。

“网络广播电台”是以网站为载体，使用互联网传输多套广播节目，实现传统电台的功能。它无需占用无线频率资源和发射设备，既可利用现有电台频道节目，将覆盖范围扩展至全球，又可利用现有资源和素材另行搭配组合，创立特色的新的网络频道，受众群体也将更加广泛。“网络电视”又称 IPTV（Internet Protocol Television），它基于宽带高速 IP 网，以网络视频资源为主体，将电视机、个人电脑及手持设备作为显示终端，通过机顶盒或计算机接入宽带网络，实现数字电视、时移电视、互动电视等服务，网络电视的出现给人们带来了一种全新的电视观看方法，它改变了以往被动的电视观看模式，实现了电视以网络为基础按需观看、随看随停的便捷方式。

以网络广播电台和网络电视为代表的视听新媒体日益壮大，给传统电视的发展带来了巨大压力和挑战。“在技术、政策、竞争等因素推动下，主动与视听新媒体融合发展成为传统电视摆脱被逐步边缘化处境的一种选择。”正如美国传播学者罗杰·菲德勒认为的，“通过研究作为一个整体的传播系统，我们将看到新媒介并不是自发地和独立地产生的——它们从旧媒介的形态变化中逐渐产生。当比较新的传媒形式出现时，比较旧的形式通常不会死亡——它们会继续演进和适应。”①

1. 世界范围内网络广播电视的大趋势

20 世纪 20 年代问世的无线电广播 38 年后拥有了 5000 万听众，而电视诞生 13 年后就拥有了 5000 万观众，因特网则从 1993 年对公众开放后仅 4 年就拥有了 5000 万用户。据权威统计，互联网在全球有 17 亿用户，而且以平均每秒钟增加 7 个用户的速度增长，比人口的自然增长速度高出几千倍。②

网络的发展最初带来“传统媒介”的恐慌，随后，传统广播电视媒体逐步发现，网络的出现，对于广播电视不是威胁，相反是一个机遇。广播电视高度发达的美国，与网络联合，实现传统广播电视的网络化，是扩大自身影响力，凝聚品牌效应的新的机遇。

最早实现网络与电视互动的是美国有线电视新闻网（CNN），它在 1995 年 8 月建立自己的网站，正式拉开了网络电视的序幕。继 CNN 之后，美国另外三大电视网哥伦比亚广播公司（CBS）、福克斯广播公司（FOX）和美国广播公司（ABC）于 1997 年 5 月之前相继上网。1996 年 7 月，微软公司与美国全国广播公司（NBC）联盟，以 MSNBC 的网站名上网，实现了电视与网络的互动。③

哥伦比亚广播公司电视部（CBS Television Station Division），拥有 35 家电视台，分布于美国电视市场排名前 20 位中的 18 个电视市场。关于因特网战略，公司副总裁达纳迈克林托克认为：哥伦比亚广播公司是一家内容公司，对它来说，因特网不过是另一种收入渠道，“我们把画面、声音和动作提供给人们，至于传送工具是电视，还是因特网，对我们都无关

① 王长潇：《传统电视与视听新媒体融合发展路径的选择与拓展》，《国际新闻界》2011 年第 12 期。

② 王峻涛：《互联网的过去和未来》，《2002 年全国省级电视台广告年会专家讲稿》。

③ 刘连喜：《新媒体论——CCTV.COM 的第一个十年》，中国国际广播出版社，2007 年版，第 145 页。

紧要。”①

福克斯电视台公司（Fox Television Station Inc.）的因特网战略重点在“地方”二字：地方电视台品牌、地方电视台个性和地方电视台节目。要求其所属的22家电视台的网站办出自己的特色来，为福克斯公司的观众提供一系列“网上一站到位”式的服务。

全国广播公司（NBC）拥有的电视台网站的目标是：向观众提供大量分类新闻，这样观众就不必为获取他们需要的信息而观看全部网上广播。而且注重各类信息来源的本地化，目标是成为特定市场的门户网站。

美国广播公司（ABC）的10家电视台网站专注于低成本内容。因特网集团副总裁兼总经理利科曼德勒说：“关于网站，有一点已经明确，即创造内容是耗资巨大的。我们的优势在于，我们已经拥有了优秀的品牌内容。”该公司的基本战略是复制电视台模式：网站与各电视台的内容相互链接，各网站也向电视台提供内容。

不仅以美国最具代表性的美洲如此，欧洲的各大电视台也几乎都在积极建设自己的网站，各有其发展的战略规划。其他各大洲的电视台也都有意积极发挥网站的作用。英国广播公司（BBC）的网站一直是最受欢迎的网站之一。该站浩瀚丰富的信息每月都吸引100万人访问，他们从网上点击收看时事和体育节目以及深受人们喜爱的《EAST ENDERS》《星远行》等电视剧。法国电视一台的网站是访问率最高的法语电视频道，其娱乐节目、最新新闻和有关其节目背景的信息吸引着越来越多的人。在德国，卢森堡广播电视台的网站备受欢迎，它不断更新的新闻和节目吸引越来越多的人光顾。在瑞典，瑞典电视台和电视四台的两个网站越来越受人青睐。

2. 中国网络广播电视的发展

1995年5月中国向社会开放互联网接入并提供全面服务。当年，中国国内第一份上网的中文电子刊物是《神州学人》，到年底，国内尝试上网

① 刘连喜主编：《媒介前线：网络和电视的亲密接触》，中华书局，2003年版，第97页。

的报纸、期刊有七八家，这表明中国网络新闻媒体还处在起步阶段。紧随其后，传统媒体将自己传播内容实现网络化传播的风潮，由报纸向广播电视蔓延。

（1）起步期（1996年—2000年）：从传统广播电视到上网建站。

1996年10月，广东人民广播电台在中国内地建立第一家广播网站；1996年12月15日，珠江经济广播电台在网上进行实时广播，标志着中国的网络广播在网络传播领域的诞生。中国国际广播电台于1997年设立网站，1998年12月26日正式开通；上海人民广播电台也在1997年年底尝试了网上直播。中国广播网由中央人民广播电台主办，是中央重点新闻网站，1998年8月13日注册开通，是中央新闻媒体中最早开通互联网站的机构之一。到2000年年底，全国已有20余个省级电台和48个地市级广播电台开通网站。

电视台也开始建立网站。1996年12月，央视网（cctv.com）建立并试运行。重点发布中文文字信息，尝试提供网络视频。之后，广东电视台、上海电视台相继开办网站提供电视视频服务。这一时期，建立网站的电视台不少，但是提供网络电视视频的不多。已经提供视频业务的网站也因为视频传播效果不佳，没有大力推进网络电视业务。

起步期的广播电视网站，其实质是广播电视部门在网络这一新媒介的延伸。与母体广播、电视部门存在着依附关系。从网站的内容生产来看，网站本身无法独立进行新闻报道的采访，广播电视网站内容绝大部分照搬其母体广播电视。从网站与广播电视部门的关系来看，网站隶属于广播电视部门，是其一个分支机构，其主要任务是扩大广播电视部门的知名度和加强与网民的互动，以弥补广播电视线性传播的不足。由于此时网络带宽有限，因此视频类的节目并不多，观看效果也一般。

（2）快速成长期（2001年—2008年）：网络广播走向成熟，网络电视快速发展。

这个时期，随着对等网络（P2P）、内容分发网络（CDN）技术的成熟，广播电视网站从图文并茂到影像传播，取得快速发展，其中网络广播走向成熟，其标志是依托中央电台和中国广播网母体诞生的银河网络电台。网络电台的出现，标志着新媒体视听由广播网站到网络电台的重大飞跃，以银河电台、“国际在线”多语种网络电台为代表的网络平台注定要以新媒体的姿态参与互联网时代激烈的媒体竞争，同时又要整合传统媒体资源，催生更新领域的媒体势力。此时期网络电视也有较大的发展，网络直播形式开始大量地采用，网络节目也有一定的创新。

① 网络广播走向成熟。

网络广播占用带宽有限，通过网络传播基本已不存在大的障碍，网络广播的质量完全可以满足听众的需求。由于网络广播开办的技术门槛和资金门槛比较低，商业性的网络广播以及个性化的网络广播发展都很快，在听众中特别是青少年中的影响力日益扩大。相应地，广播媒体开办的音频网站虽然有很大发展，但仍处在传统广播的延伸和补充状态，商业化运作方面还没有大的起色。

2004 年 1 月 16 日至 19 日，李长春同志先后到中国国际广播电台、人民日报社、新华通讯社、中央人民广播电台、中央电视台等新闻单位走访调研，并就中央人民广播电台对台湾宣传做出重要批示：“要把传统的无线电广播和互联网的在线广播相结合，使互联网成为对外宣传的新渠道。”到 2005 年年底，全国 34 个省（包括台湾地区）、直辖市、自治区、特别行政区，除了海南省电台和澳门特别行政区没有查询到省级广播网站外，其他省级电台已相继建立起了广播网站。还有 97 个地市级的电台也开办了自己的网站。[①] 这些省市级的音频网站的内容大致分为两种：一是节目的实时、在线收听，二是对往期节目或者其他节目的点播。

值得一提的是，中国广播网银河网络电台和“国际在线”多语种网络电台的开播，标志着网络广播的成熟。中国广播网银河网络电台于 2005

① 中国广播电视年鉴编辑委员会编：《中国广播电视年鉴（2006）》，中国广播电视年鉴社，2006 年版，第 221 页。

年7月28日正式开通。这是为了进一步适应网络媒体的特点和规律，应广大青少年网民需求应运而生的。该电台提供了互联网电台、移动电台、播客、博客、音视频点播等高质量、个性化、互动式的娱乐音视频媒体服务。借助于固定网、移动网、广播网络的三合一技术平台，受众可以通过Internet和手机两种方式收听到银河台节目。中国国际广播电台网站“国际在线”2005年7月13日正式推出了“国际在线”多语种网络电台InetRadio（www.inetradio.en）。电台使用英语、德语、日语和汉语普通话等四种语言播出。在栏目内容设置上，以广大青少年网络受众为主，包含了资讯、谈话、音乐和外语教学四大类节目，每天更新节目11.5小时。“国际在线”多语种网络电台开播以来，深受网民青睐。

省级音频网站主要有以下三种形式：一是省、市、自治区人民广播电台建立的网站。如“天津电台”“吉林电台”“龙广在线”“上海东方电台”“北京广播网”“河南广播网”“宁夏电台”“重庆广播在线”“山东广播网”“湖南广播在线”“广西电台”“云南电台”“陕西电台金号网”“湖北广播网”“内（蒙古）广在线”、贵州电台主办的网络媒体“今日传播”、“广东广播在线”、新疆电台主办的“新疆新闻在线”、青海人民广播电台网站等。

二是广播电视网或者是广播影视网，通过主页再链接电台页面。如“江苏广播电视网”，这是由江苏广播电视总台办的网站，“江苏广播”只是主页上的一个“栏目”。这种形态的还有“河北广电网”、江西“今视网”、“西藏广播影视网”等。

三是各个系列台（或各个频率）建办的广播网站。各个频率从属于广播电视集团或广播电视总台，由于没有一个综合的广播电视网站，下面的频率（系列台）就相继建起自己的网站。如“浙江广播新闻综合频道”“浙江电台交通之声”“上海人民广播电台新闻频率”“山西长城经济广播”“四川人民广播电台卫星频道”“甘肃卫星广播都市调频台”“安徽音乐台”“安徽交通广播”“福建人民广播电台新闻广播”“辽宁人民广播电台新闻台”。有一点要强调的是部分系列台（或各个频率）建办的广播网站，也是以省级广播网的形式出现的，如“浙江广播新闻综合频道”就从属于“浙江广播网”，“浙江广播网”只是一种称谓，并没有一个综合的广播网站。“上海人民广播电台新闻频率”也是以上海文广集团“广播频率”的栏目出现的。

② 网络电视快速成长。

与网络广播所需要的带宽相比，网络电视对技术的要求要高得多。网络电视在发达国家兴起已经有了近 20 年的历史，最早的网络电视需要一个机顶盒，通过电话线和普通电视机就可以进入 WebTV 网址，浏览互联网上的信息。后来发展为通过速度更快的有线电视网访问相应的站点，点播节目或进行网上购物等。我国的网络电视起步要晚一些。中国中央电视台于 1996 年开始在国际互联网上申请了域名，建立了自己的站点。接着，各省市级电视台都纷纷开辟了自己的网站，其中有些开设了视频节目可供点播。据初步统计，到 2005 年年底，中国的 34 个省（包括台湾地区）、直辖市、自治区、特别行政区的省级电视台除了青海省[①]之外，都建立了自己的网站，并且开设有音视频的频道或栏目，可供观众下载或者点播，各省内的地市级电视台也大都建立了网站，其中有 108 个地级市电视台的网站开设有音视频下载或点播的频道或栏目。央视国际网站的快速发展和各地电视台网站的遍地开花，为下一阶段网络电视台的出现奠定了坚实基础。

央视国际网站作为国家重点新闻网站的央视网络，经过九年的发展，在重大新闻事件、中央电视台大型活动、栏目和主持人的宣传、与电视互动、频道建设等方面已取得长足发展，在技术保障、内部管理等方面日趋科学化，发挥了党和政府对内、对外网上宣传舆论主力军的重要作用。央视网坚持“视听”特色的定位，充分发挥中央电视台视频资源优势，通过提供视频直播、点播服务，为网民提供了一个生动鲜活的收视新渠道，在为党和国家的重大政治宣传服务的同时，积极引导网上舆论，不断丰富网上内容，改进网络传播方式，吸引了成千上万的网民。央视国际突出网站视音频传播特色，加大网络传播与电视传播互动力度，大量采用网络直播

① 青海电视台网站于 2007 年 8 月 18 日开通。

的形式，并且自办了一系列影响广泛的节目，比较著名的有《电视批判》《线上故事》《在线主持》等节目。这些网络自办节目充分发挥了网络互动性强的特点，依托中央电视台的强大主持人资源和名牌效应，利用网络、电视、网友三位一体的互动交流方式，为网友与电视节目之间架起沟通的桥梁。

（3）全面繁荣期（2009年以来）：平台型网络电视台出现。

无论从技术指标还是规模指标衡量，国内平台型网络电视台的建构始于2009年12月28日中国网络电视台的开播。作为网络视听新媒体，中国网络电视台具有传统电视台不具备的全球覆盖、海量内容、及时传达、个性定制、互动分享等优势，在致力于建设充分发挥电视平台和网络平台的双平台的优势，建设成为我国具有公信力和权威性的网络视频互动传播平台，成为用户喜爱的公共信息娱乐网络视频平台的过程中，中国网络电视台一改之前“窗口式”网站建设，转而向平台型网站建设的方向努力。

中国网络电视台的出现，标志着中国广播电视网络化的成熟。从窗口式的网站到独立的网络电台、电视台，广播电视的网络化孕育出了新的媒介平台和传播主体。从早期的央视国际网站到今天的中国网络电视台，中央电视台在网络化探索方面，引领了中国电视网络化的潮流。

创建于1996年的央视网是中国最早发布中文信息的互联网站之一，是国家重点新闻网站之一。

2006年4月28日，在央视网站的基础上，央视国际网络有限公司（简称央视国际）成立。央视国际网络有限公司是中央电视台网络新媒体业务的平台，是对中央电视台以电视节目为主的各类信息进行网络传播和推广的独家授权机构，拥有国家主管部门颁发的信息网络转播全业务资质，包括网络电视、手机电视、IP电视、公交移动电视等四个平台。央视国际网站成立以来，充分依托中央电视台的母体优势，在突出视频优势的同时，以奥运会为契机，推动网台联动，广泛开展互动渠道，成为传播主流思想、传递中国声音、反映网情民意的重要平台。然而此时的央视国际还是网站形态，虽然已经形成视频特色，但是距离真正独立的新媒体平台还有差距。

经过2008年的筹备、酝酿，2009年12月中国第一个国家网络电视台（CNTV）成立。作为中国国家网络电视播出机构，中国网络电视台是以视听互动为核心、融网络特色与电视特色于一体的全球化、多语种、多终端的公共服务平台，向海内外传播，影响越来越大。国家级网络电视台的成立，带动了全国范围内网络电视台纷纷成立的热潮。2010年4月原国家广播电影电视总局批准安徽网络电视台成立，这是我国第一个省级网络电视台。之后，江苏、湖南、浙江、山东、黑龙江等省纷纷申请成立网络电视台。至2011年4月，我国有11个省级网络电视台成立。

中国网络电视台作为龙头，带动了我国网络电视的发展，具有举足轻重的作用。[①]我国省级网络电视台发展较快，特色鲜明，可以安徽网络电视台、江苏网络电视台、湖南网络电视台、山东网络电视台、浙江网络电视台等为代表。安徽网络电视台以电视剧传播为主，影响较大。安徽电视台在电视剧传播方面一直是一个强项，“剧行天下，爱传万家”，形成了品牌，深入人心。安徽网络电视台充分发挥安徽电视台这一母体的强项，在电视剧方面做强做大。安徽网络电视台致力于为用户提供以视频为核心的热剧、娱乐产品及资讯服务。依托安徽卫视优质热剧资源和强力推广体系，着力构建中国热剧娱乐特色资讯发布平台，为网民提供一流的热剧、娱乐、资讯直播点播视频服务，力争成为中国热剧第一门户网站。江苏网络电视台是由江苏广电总台（集团）竭力打造的专业网络传播平台，作为江苏广电总台的官方网站，囊括了江苏城市、综艺、影视、体育、少儿、国际、公共等11个方面的内容，具有现代感、资讯感及江苏文化风味，频道以新闻板块、益智板块、电视剧板块的合理划分，清晰地将新闻、综艺、电视剧三项作为重点传播对象。湖南网络电视台（金鹰网芒果TV）依托湖南卫视在娱乐节目方面的优势，侧重于娱乐与综艺，在娱乐节目与综艺节目方面开风气之先，“芒果”“金鹰”成为湖南网络电视台与湖南

① 张智华、解春：《中国网络电视台发展现状与思考》，《中国电视》2011年第7期。

卫视共享的品牌。山东网络电视台侧重于民生新闻，成为山东新闻视频第一门户网站，有齐鲁博客、齐鲁社区、齐鲁民生、视频中心、健康频道等特色频道。浙江网络电视台侧重于资讯传播。它整合了浙江卫视在内的18个广播电视频道的优势资源，打造“浙江第一视频门户”，为网民提供互联网、电视网。

这个时期网络广播电台也有较大发展。中广网提出“全球最大的中文音频门户、建设全球华语音频网上乐园”的战略目标，不断优化技术平台，全力保障面向全球的网络广播技术平台安全播出，从设备、架构、应用和备份等各方面进行优化调整。中广网创新“台网一体”机制，圆满完成突发事件、重大主题报道，图文、音、视频、全媒体创造“台网联动，广播可视”效应，打造全天24小时不间断直播的中文互动在线广播第一品牌。发挥广播音频门户优势，将银河网络电台办成一流的国家网络电台。抢占无线互联网新阵地，推出中央媒体第一份有声手机报，通过百网联动全面促进中广网品牌建设。

总体来看，2009年以中国网络电视台的成立，网络电视发展成为这个时期广播电视网络化最具标志性的事件。标志着13年的广播电视网络化进程进入以网络广播电视台为形态的、成熟的新媒体时代。

3. 网络广播电视的节目生产与播出

作为一种新的媒介形态，网络广播与网络电视其内容生产离不开传统广播电视部门的供血，在新旧两种媒介进行融合时，必然在初期体现出网络广播电视对传统广播电视的依赖性。在人类广播电视史上，作为新媒体的广播在应用于大众传播的初期，其播报内容也是来自传统的报纸。网络广播电视也不例外，从内容上来说，网络广播电视经历了从照搬、融汇创新到独立生产的过程。

（1）根据网络传播的特点，打造网络广播电视节目。

广播和电视作为传统媒体，与互联网传播有着较大差别。作为电子媒体，广播电视具有线性传播的特点，其保存性和互动性较差。互联网的出现、互联网视频的发展，在一定程度上弥补了广播电视的上述缺点。即时的互动可以带给观众良好的参与感和体验。广播电视网站在初期经历过照搬母体节目的阶段之后，随着对于新媒体传播特性认识的深入，逐步探索结合新媒体的特性制作广播电视节目。2001 年 3 月 23 日，中央人民广播电台《医药咨询台》节目和网站联合推出的“世界防治结核病日”特别节目开播。中央人民广播电台网站对该节目进行网上音频、视频直播。这是网站第一次进行网上音视频直播活动，也是第一次进行广播、网络互动直播。广播节目采取音频视频直播，在一定程度上是对于传统广播节目的颠覆和突破，是广播节目适应互联网传播媒介的一种突破。

在电视方面，以“央视国际”为例，其对于中央电视台视频资源的整合，是网络广播电视消化吸收传统电视节目的典型。“央视国际”不是中央电视台的简单电子版，而是对其名牌主持人和名牌栏目的进一步挖掘和延伸，从而提高整合水平，增加原创的比例，在更好地宣传母体的同时，也宣传自己。央视国际基于这样的认识，创办了网上品牌栏目，通过精心的策划先后推出了《电视批判》《线上故事》《在线主持》《网评天下》《绝对新闻现场》《央视新闻网播》等一批名牌栏目。

如《线上故事》，央视国际配备专门的文字记者，深入到电视的一线，深入电视台的台前幕后，把那些电视主持人、导演、名记者、名制片人鲜为人知的幕后故事采写出来，在网上发布。《央视新闻网播》是中央电视台的新闻在网上播出，实现了大整合的概念，在央视网上，无论是新闻频道的新闻，还是第四套和第九套的新闻，都在《央视新闻网播》里一网打尽，电视由于自己的传播特性很难做到的整合，但在网络上全部实现了。这样既具有电视特色，同时满足网络传播的新的节目，逐步形成网络广播电视的特色。

（2）突出互动，再造广播电视生产流程。

电视一直追求的与观众互动，借助网络平台得以实现。网络吸收电视的内容，电视借助网络平台，真正实现传播效果的最优化。网络对于传统广播电视生产流程的再造体现在：

第一，播出前与观众互动。通过观众调查、选题及问题征集和背景资料的铺垫，使网络成为电视节目的一个策划中心。颠覆了传统“电视节目由制片人”决定的传统节目策划流程。通过网络传播的电视内容，电视节目策划人员可以清晰地了解大多数受众的需求和观看期待。同样，观众也可以通过电视台网站对电视栏目及节目进行了解。观众对于节目的期待，对于电视节目策划人员产生了直接的作用，从而对广播电视的节目产生影响。

第二，播出中与观众实时互动。通过同步音视频直播，或同步图文直播以及网上互动交流的方式，使网络成为广播电视节目的一个播出中心。网上视频直播已经成为海外华人了解收看中国广播电视节目的最受欢迎方式，吸引了广泛的观众关注，网上的实时互动交流也为网民提供了一个继续贡献观点和智慧的平台。观众在收看节目的同时，可以在网上交谈自己的感受和体会，可以发表自己对电视节目的意见和建议，甚至还可以在网上展开讨论。2002 年的春节晚会首次出现网络主持，央视国际让网络互动成为中央电视台一年一度的春节晚会的新形式、新内容，让广大观众耳目一新。从传播技术讲，央视国际网站对春晚全程进行直播，使海外华人华侨能如愿以偿地收看来自祖国的盛典。央视国际第一次将春节晚会向全球互联网用户进行网上直播，弥补了电视信号在海外不易落地和接收的问题，使更多的海外观众可以在网上收看到中国的春节联欢晚会。从传播理念上，央视国际首次向晚会引入网络整体互动的理念，这种全新的传播形态，为全球亿万华人网民开辟了连接晚会、见证并参与节目的崭新渠道，也为晚会开创了新局面。中央电视台网络宣传部主任刘连喜曾指出，2002 年央视国际网络全面参与春节晚会，首开先河有三项：其一，现场首次单独设置网络专区；其二，开通春节论坛，电视节目主持人首次以网络主持人的新形象出现，与网友在线交流；其三，为晚会提供三轮竞猜活动，并当场公布结果，网络传播首次成为晚会的组成要素。从传播过程看，在晚会开始前 4 小时，网络便开通在线主持，全面介绍晚会的各项情况，为晚会营造出互动参与的气氛。从晚会形式看，以网络在线主持为依托的支持辅线与传统的司仪式主持构成两条不同形态的主持方式，一动一静，相得益彰，成为晚会突出的亮点。

第三，节目播出后与网络的互动。通过调查播出后的受众反应情况、浏览统计数据、继续深度报道、提供图文音视频内容查询等互动手段，使网络成为电视节目的资料中心和电视节目的评估中心。广播电视由于线性实时传播，很难回顾或者反复观看，网络媒体既有印刷媒体随时翻看的优点，又克服了时效性、缺乏分类和篇幅受限等缺点，成为稍纵即逝的电视节目的资料库和分类信息图书馆。同时，它又为电视节目的继续深入报道、受众评论提供一个无限的公共空间。节目播出后，通过对网上内容浏览量和点击量的统计对节目进行评估。这样，从节目的策划、播出到节目评估的系列工作都可以在互联网上得到快捷、高效而又低成本的实现。

4. 网络广播电视发展的意义

网络广播电视的产生是广播电视网络化成熟的标志。这种基于数字化和网络化的蓬勃发展，整合了广播电视与互联网两种传播媒介的一种新的传播形式，既保留了广播电视媒介形象直观、生动灵活的表现特点，又兼具了互联网按需获取、注重交互的独特优势。因此，网络广播电视的兴起不可避免地对传统广播电视的诸多方面造成了强有力的挑战，具体体现在以下几方面：

（1）对传播中心论的挑战：从传者为中心的线性传播转向受众为中心的交互传播。

传统广播电视传播是以传者为中心的单向线性传播，传受双方的角色界定相对比较明确，传与受的地位存在一定的不对等性。先前传播理论发展中提出的“把关人”“子弹论”“意见领袖论”“议题设置功能论”等传播理论都将传播者置于中心者的地位进行讨论和研究，即使是后来美国社会学家卡茨提出的以受众为中心的“使用与满足”论也依然是强调了传播者的地位或作用，不能从根本上改变受众在传播中的被动地位。虽然近几年来，随着广播电视的发展，传播理论有所突破，受众的中心地位慢慢突显出来，但受众在信息反馈方面仍存在着一定的被动性，这种信息反馈大多是事后的、随机的，缺乏主动性和直接性。

网络广播电视的传播是一种以受众为中心的交互式传播，传受双方的角色界定较为平等，同时传受双方的角色还可进行互换：受众可以成为信息的传播者，传播者也可以成为信息的接受者。这表明网络广播电视传播过程中并不存在着一个固定的传播者的概念，“智慧可以存在于传输者和接受者两端”[①]。它剥除了昔日把关人在信息传播中的特权，暴露了“把关人”“意见领袖论”等以传者为中心的传统传播理论的缺陷。同时，网络广播电视传播对传播理论的研究也提出了一系列新的课题，如在传者与受众关系互换后怎样实现信息的控制；新的媒介环境对受众的行为和心理会产生什么样的影响；新媒体时代，传播者该怎样去获得最佳的传播效果等。简言之，以传者为中心的线性传播研究为主的旧框架将让位于以受众为中心的交互传播为主的新框架。

（2）对受众的影响：从大众传播转向分众和个性化传播。

自从1923年1月21日奥斯邦电台开播宣告了广播在中国的诞生，1958年中国电视开始试播至今，广播电视已经培养了一大批忠实的受众。在传统媒体传播时代，广播电视延伸了人的感官，成为人们放眼世界的窗口、进入社会议程的信息平台，甚至成为人们生活的本身。但是在当前强调个性发展的时代，受众的需求已变得日益多元和具体，这种因个性化特征而带来的众口难调是传统媒体难以克服和逾越的瓶颈。而网络广播电视的出现适应了受众需求个性化的趋势，从而将受众从传统电视中的“大众”分离裂变为各种不同需求、诉求的分众，甚至出现“若干人”的受众群。据统计，国内电视数字化、网络视频等传媒的崛起将分流传统电视50%的

---

① （美）尼古拉·尼葛洛庞帝：《数字化生存》，胡泳等译，海南出版社，1996年版，第31页。

受众，其中网络视频将分流12%至15%的电视受众。数据表明网络电视的兴起对电视受众的分流已成为不争的事实。

网络广播电视加速传统大众的分流，形成分众化、个性化传播的原因是多方面的。首先，网络广播电视传播理念的内核是分众和差异化。在大众市场已经饱和的情况下，网络广播电视立足受众的动机、需要、欲望等诸方面的差异对受众市场进行分众，开拓具有特定需求的分众市场，从而实现信息发送和接受的个性化和主动性。其次，在传播内容的分销和服务方式上，网络广播电视坚持以服务群体和服务对象进行传播，按年龄、地域、收入、职业等标准确立自己的收视群体，有的放矢地选择节目内容与服务方式，确立在某一细分市场的优势，最大限度地满足了用户的个性化收视需求。最后，网络广播电视的时尚性，决定了其用户高度集中在年轻化、时尚化，并且具有较高消费能力的人群身上。

（3）对服务内容的要求：从相对单一变为丰富多彩。

传统广播电视为受众提供的服务内容相对于网络广播电视来说是单一的。以电视为例，传播的服务内容不是提供信息就是提供视听休闲娱乐，一方面由于传统电视仅仅只是一个单向传播工具，并且受众能观看到的电视节目量有限，目前，国内的普通家庭，能够收看的电视频道一般仅50—60个左右；另一方面由于传统电视为受众提供的是一次性的服务，即在时间线上顺序播出节目，缺乏贮存性和复现性，特别是直播节目，受众晚一分钟打开电视机，就失去了一分钟的信息，这种一次性消费模式，造成了电视资源的浪费，并且受众在整个节目观看过程中始终处于被动地位。与网络电视带来的交互性革命类似，网络电台的出现则是广播互动史上新的一步。凭借互联网技术和新媒体技术的互动性特征，网络音乐电台可以增加电子邮件传递、电子布告栏、网上论坛、聊天室等信息服务，增强自身的反馈性。凭借这些举措，主持人可以在网上即时回答听众们的意见，传达网友对亲友的祝福。在听众有点播要求时，主持人会立刻做出反应，给予满足。如果电台的节目库中没有听众要求的节目，主持人可以马上为听众搜索下载，如果还是没有找到，甚至可以在聊天室或论坛中发动众多听众一起寻找。如此快捷、方便、有趣味、低成本的互动方式会吸引更多的网民加入其中。

网络广播电视借助新媒体技术实现了交互和存贮，大大丰富了服务内容，它为用户提供的是一个平台，满足了每一个用户的收视需求，使受众收听、观看广播电视的过程不再局限于简单的视听体验，而转变为多元服务体验的过程。网络广播电视能弥补传统广播电视在服务内容上的单一性、一次性，这是由其自身的特点决定的。

首先，网络广播电视具有节目资源的丰富性。网络广播电视的最大亮点就是其庞大的在线音频、视频库，拥有多达上万个国内外广播、电视节目，无论是综艺娱乐还是体育新闻，几乎受众能想到的广播电视节目都能很快在音频、视频清单中搜索到。其次，网络广播电视的价值在于为用户构建简便、安全、快速、互动的服务平台。网络广播电视凭借其独具特色的综合服务网来满足受众对新闻、娱乐、经济、旅游、咨询、教育、购物等各种需求的多维度的服务平台，实现受众多元化、个性化的需求，从而改变了广播电视仅作为传播工具的局限性。最后，网络广播电视的另一优势就是可延时播放和重复收听、观看。因此，受众能够完整地观看到自己喜爱的广播电视节目，并且根据需求可暂停、快进，并反复观看，这种多次消费服务，提高了广播电视节目资源的利用率，激发和增强了网络电视的活力、竞争力。美国著名未来学家尼葛洛庞帝指出：面对数字化时代，“一个个产业揽镜自问‘我在数字化世界中有什么前途’时，其实，它们的前途百分之百看它们的产品或服务能否转化数字”。如果这一论断正确，广播电视恰恰是能把其产品或服务百分之百转化数字的产业。数字式采编播技术、多媒体技术使广播电视产品或服务的数字化从可能变为现实。如何理性看待并恰当应对新世纪以来汹涌澎湃的网络广播电视浪潮？有学者认为，应当把中国广播电视的发展置于世界广播电视的历史格局中加以考察。20世纪末互联网络的崛起，更使我们真正看到了一个开放的世界、互联的世界。只要接通网络，“世界”便扑面而来。过去只能在书中通过文字间接体悟到的西方各国广播电视媒体，现在借助网络传播，都可以活生生地展现在我们面前。[①] 例如CNN、ABC、CBS、NBC，甚至新近开播的美国互动电视OPEN TV等。地球的确越来越像一个村庄，跨文化、跨地域的交流与传播也越来越频繁。表现在中国广播电视界，则是近年来对西方广播电视从内容到形式的学习与借鉴，还有从技术到设备的引进与改造。网络媒体还处在童年阶段，它的未来发展也还需我们拭目以待。但无论怎样，作为人类智慧的结晶，它已经并且还将继续改变着我们的生存方式与生活内容。

第三节　广播电视公共服务建设不断完善

党的十七大报告指出“坚持把发展公益性文化事业作为保障人们基本文化权益的主要途径，加大投入力度，加强社区好乡村文化设施建设。”[②] 党的十八大进一步提出“加强重大公共文化工程和文化项目建设，完善公共文化服务体系，提高服务效能。促进文化和科技融合，发展新型文化业态，提高文化产业规模化、集约化、专业化水平。构建和发展现代传播体系，提高传播能力。”[③]

贯彻落实中央文件精神，加快广播电视公共服务建设，构建富有中国特色的社会主义广播电视传播体系，是建设社会主义文化强国的必由之路。

① 艾红红：《网络时代的新视野——广播电视史学研究三论》，《现代传播》2002年第2期。

② http：//news.xinhuanet.com/newscenter/2007-10/24/content_6938568.htm。

③ http：//www.xj.xinhuanet.com/2012-11/19/c_113722546.htm。

新世纪以来，我国以农村基层和西部地区为重点，大力建设和完善公共文化服务体系。回眸十年来我国广播电视公共服务建设历程，我们可以发现，通过“村村通”、“西新工程”以及“三网融合”等一系列广播电视工程的探索和实践，我国已经初步完成了现代传播体系的建设，为建设文化强国的总体目标，打下了坚实的基础。

一、中国广播电视公共服务的发展历程

广播电视公共服务属于社会性公共服务，既具有社会性公共服务的一般属性，也具有公共文化服务的特殊性和作为传播媒介服务的特殊性。它是由政府部门和有关社会组织提供的、以满足人民群众相关公共需求为目标的广播电视服务。具体分析，这一内涵的表述包括六层意思：（1）是以保障和实现人民群众基本文化权利为宗旨；（2）是以满足人民群众基本资讯需求、文化教育和娱乐需求为目标；（3）是以提高国民思想文化素质、传承民族文化、促进公民文化认同为目的；（4）是以广播电视传输覆盖网络为物质条件；（5）是以广播电视频率频道入户为载体；（6）是以新闻资讯、生产生活信息、文化教育和娱乐等基本节目为内容。

由此可见，广播电视公共服务综合了传输覆盖网络服务、节目内容服务和公共平台服务等多重功能，是政治、经济、社会等与群众生产生活密切相关的各种基本信息和基本文化娱乐服务的总称。[①]

1. 广播电视公共服务建设的缘起

中国广播电视公共服务的实践可以追溯至20世纪50年代。在新中国广播电视事业发展之初，党和政府通过建立农村广播网，扩大广播传输覆盖网络，较好地满足了农村群众收听广播的需求，可视为我国广播电视公共服务的雏形。但从整体上看，这一时期的广播电视组织、运行和服务均由政府计划管理、直接实施，尚未出现与公共服务相对应的市场服务的

① 杨明品、李江玲：《中国广播电视公共服务理论几个基本命题探析》，《中国广播电视学刊》2011年第1期。

概念，因此，建立农村广播网的举措不能算作严格意义上的广播电视公共服务。真正意义上的中国广播电视公共服务建设肇始于20世纪90年代。1998年，以广播电视“村村通”工程的启动为标志，我国广播电视公共服务以工程建设为抓手，以农村地区为重点，正式拉开帷幕。经过10多年的建设发展，已经进入升级转型的新时期，具有中国特色的广播电视公共服务发展模式初步形成。

2. 中国广播电视公共服务体系的发展阶段

统观我国广播电视公共服务10余年的发展历程，大致可以分为两个大的阶段。[①]

（1）起步发展阶段（1998年至2005年）。

起步发展阶段我国广播电视公共服务的最大特点，就是以农村地区为重点，以扩大广播电视传输覆盖为突破口，通过大力推进农村广播电视公共服务重点工程，提高广播电视传输覆盖水平。

从世界各国的发展经验看，公共服务是社会经济发展的产物。当市场经济发展到一定程度后，社会公众要求政府提供公共产品，以满足其不断增长的公共需求，在这个社会背景下，公共服务的概念应运而生。在我国，1992年党的十四大确立了我国经济体制改革的目标是建立社会主义市场经济体制，明确提出在国家宏观调控下，市场对资源配置起基础性作用，这意味着国家宏观经济体制开始从计划经济向市场经济转型。随着这一市场经济改革的推进，以往广播电台、电视台的人员工资和日常经费由公共财政全额保障的格局被打破，“事业单位企业化运作”的新型管理方式对广播电视机构提出了新的发展要求，广播电视产业发展被提上重要议事日程，市场服务的概念随之出现。广播电视市场服务受商业利益驱动，必然出现市场失灵现象。在此情况下，为保障社会公众的基本文化权益得以顺利实现，由政府主导，提供满足社会公众基本文化需求的广播电视公共服务的

① 杨明品、李江玲：《中国特色广播电视公共服务发展历程探析》，《中国广播电视学刊》2011年第2期。

任务日益紧迫。

我国广播电视公共服务是按照城市与农村两大区域分别推进的。在城市，由于人们居住集中，消费能力较强，用户和广告市场资源丰富，受技术进步和消费需求等多种因素的推动，公共服务与市场服务都发展得比较好。与之相比，由于投入不足，农村广播电视发展速度缓慢，严重滞后于城市。原有的农村广播网逐渐瘫痪废弃，承担农村无线覆盖任务的中波台、高山调频电视转播台普遍存在设施陈旧、设备老化、发射功率不足、播出时间不够、覆盖效果差的现象。在一些地形复杂、居住分散、经济欠发达的“老少边穷”地区，广播电视覆盖难度大，依然存在大量广播电视“盲村”。到 1998 年广播电视“村村通”工程启动之前，全国仍有近两亿人听不到广播、看不到电视，且主要分布在广大农村地区。农村广播电视发展水平的低下严重制约了中国广播电视事业的发展，占中国绝大多数人口的农村群众的基本文化权益难以得到根本保障。针对这一状况，原广电部党组于 1998 年年初提出了“广播电视事业建设的重点是覆盖，覆盖的重点在农村”的工作方针，把农村作为广播电视事业建设的重中之重。在这一背景下，我国广播电视公共服务确立了“村村通”广播电视的发展目标，选择以重点工程建设的方式，从扩大农村广播电视覆盖着手，保障广大农村群众的基本文化权益得以实现。从总体发展情况看，从 1998 年到“十五”时期末这一时间跨度的广播电视公共服务尚处在初级阶段，公共服务的动力主要来自外部的压力而非主动的选择，公共服务的水平仍停留在加强基础设施建设、扩大传输覆盖范围这一重点问题上，建立完善公共财政保障机制、建立健全运营维护长效机制和构建完整的广播电视公共服务体系等核心要素，尚未破题。此外，广播电视公共服务中出现的诸如公共服务组织体系不健全、体制未理顺、主体责权不清、内容服务严重不足等问题，也对下一步的公共服务建设发展提出了新考验，迫切需要采取新思路、新举措，实现新突破。

（2）升级转型阶段（2006 年至今）。

2006 年是“十一五”开局之年，在这一年，国务院办公厅发出《关于进一步做好新时期广播电视村村通工作的通知》（国办发［2006］79号），明确指出，“村村通”是“农村公共文化服务体系的重要组成部分，是当前农村文化建设的一号工程”。以此为起点，中国广播电视公共服务在“十一五”时期进入升级转型的新阶段。到了这一时期，广播电视公共服务已经从工程建设上升为体系建设、从部门行为上升为国家行为，由被动选择向主动选择转换。也就是在这一阶段，中国广播电视公共服务从理念创新到政策创新，从技术创新到体制机制创新，在升级转型中初步形成具有中国特色的公共服务发展模式。

具体体现在四个创新：

第一，通过理念创新，逐步确定我国广播电视公共服务的目标取向。在这一阶段，我国广播电视公共服务的发展目标从单纯注重扩大传输覆盖上升为传输覆盖与内容建设并重，从推进工程建设上升为构建公共服务体系的层面。这一目标取向在国办发［2006］79号文件中已经得到具体体现，文件明确要求，在提高农村广播电视覆盖水平之外，“增加收听收看广播电视节目套数，丰富服务‘三农’的广播电视节目内容”。在2007年国家发展改革委、财政部、原国家广播电影电视总局《关于印发“十一五”全国广播电视村村通工程建设规划的通知》（发改社会［2007］1706号）中指出，“十一五”期间广播电视“村村通”工作的任务除逐步消灭盲区之外，还要“增加收听收看广播电视节目套数，建立健全‘村村通’的长效机制，构建广播电视农村公共服务体系”。

第二，通过政策创新，逐渐实现广播电视公共服务职能向政府归位。处于升级转型阶段的广播电视公共服务体系框架初步成形。在这一时期，以政府推动和财政支持为主要内容的政策发挥了极其重要的作用。各级党委、政府的认识逐步深化，政策推动的力度越来越大。在前一阶段，国务院办公厅转发原国家广播电影电视总局等部门《关于巩固和推进村村通广播电视工作意见的通知》（国办发［2004］60号）中，仅提出将“村村通”工程“纳入国民经济和社会发展规划的农村基础设施建设项目”，“村村通工程运行和维护经费原则上由地方各级人民政府分级负担”。在升级转型阶段，国办发［2006］79号文件中，已经提出“五个纳入”，即把做好“村村通”工作“纳入地方各级政府工作的重要议事日程，纳入地方经济社会发展和社会主义新农村建设的总体规划，纳入公共财政支出预算，纳入扶贫攻坚计划，纳入干部考核的内容”，同时按照分级负责原则，进一步细化并明确了各级政府的职责以及公共财政的投入，并首次提出“村村通”工程建设中税收和电价优惠政策。这意味着国家支持农村广播电视公共服务发展的政策有了重大创新：出现了四个转变：一是政策目标从模糊到具体的转变；二是政策措施从抽象的原则到实用和可操作的转变；三是政策手段从单纯的财政投入到财政投入、税收优惠、电价优惠和配套政策等“组合拳”的转变；四是政策层次从部门政策到国家政策的转变。通过政策创新，中央、省、市、县各级政府都被赋予了农村广播电视公共服务的相应职责，政府在公共服务中的主导地位得以确立。

第三，通过技术创新，逐步夯实广播电视公共服务发展的支撑力量。升级转型阶段的广播电视公共服务，统筹无线、有线、卫星等多种技术手段，在农村地区因地制宜推行无线覆盖、有线联网和直播卫星覆盖，三者并用，使得农村广播电视传输覆盖得到迅速发展，收听收看效果得到显著提高，节目内容也越来越丰富。这一阶段，“村村通”工程的建设标准，从原来的2+1（收看2套电视、收听1套广播），逐步提高到4+2、8+4。到20户以上“盲村”建设中采用直播卫星技术后，“村村通”工程实现了跨越式发展，通过直播卫星方式，农村群众可以收听收看到包括中央、各省以及少数民族语言节目在内的多套清晰的数字广播电视节目，节目内容更加丰富多彩。

第四，通过体制机制创新，不断探索建立广播电视公共服务长效机制。从起步发展阶段到升级转型阶段，我国广播电视公共服务发展经历了从工程建设向体系建设转型的过程，从以往只突出强调基础设施建设发展到基础设施建设、体制机制改革、政策建设、内容建设和监督检查等多头并举，适应社会主义市场经济体制环境的农村广播电视公共服务体系框架初步形成，体制机制建设的核心地位逐步得到重视。随着文化体制改革的深入推进和数字化时代的到来，广播电视公共服务的体制机制正在发生重大转型，逐渐从适应计划经济体制转向适应市场经济体制、从适应模拟时代转向适应数字时代。在公共服务主体方面，广播电视事业单位成为独立法人和独立核算单位，既履行公共服务的职能，又承担经营和创收任务。

二、“村村通”的实施及影响

1.“村村通”实施的概况

1998 年，为解决边远农村地区群众听广播看电视难问题，当时的国家广电部和国家计委启动了广播电视“村村通”工程（简称“村村通”）。当时国内还有已通电但未被广播电视无线覆盖的行政村 11.7 万个，自然村 56.3 万个，共约 1.48 亿人无法收听收看广播电视，针对这种状况，原广电部党组提出了“广播电视事业建设的重点是覆盖，覆盖的重点在农村”的工作方针。从 2001 年至 2010 年，广播电视“村村通”可分为两个主要阶段。第一个阶段是 2001 年到 2005 年的“十五”时期，主要解决全国已通电行政村和 50 户以上自然村的“村村通”问题；第二阶段是 2006 年至 2010 年的“十一五”时期，主要解决 20 户以上已通电自然村“村村通”问题，同时大力提高农村地区的广播电视无线覆盖水平。[①]

（1）“十五”时期的广播电视“村村通”工程。

从 1998 年到 2005 年年底，国家发改委和财政部共安排资金 10 多亿元，地方配套投入建设资金 25 亿元，用于广播电视“村村通”工程建设和维护。到 2005 年年底，全国完成已通电的 11.7 万个行政村和 8.6 万个 50 户以上自然村通广播电视的任务，解决了 9700 多万农牧民听广播看电视难的问题。在“村村通”工程带动下，全国广播、电视人口综合覆盖率分别

① 刘习良主编：《中国广播电视改革发展十年回眸（2001 年~2010 年）》，中国国际广播出版社，2012 年版，第 179 页。

从1997年的86.02%和87.68%提高到2005年的94.48%和95.81%。北京、天津、浙江等省、市已基本实现行政村“村村通”有线电视。[①]

2001年是国家实施“十五”计划的开局之年，根据“十五”计划纲要，原国家广播电影电视总局决定把继续推进“村村通”作为实现此后5—10年广播电视事业发展具有全局性作用的重点工程加以部署实施。2001年7月19日，原国家广播电影电视总局发出《关于继续做好巩固、拓展、提高“村村通”广播电视工程的通知》，要求各地抓好巩固、拓展和提高的工作。此后，在国家发布的一系列文件中，“村村通”在政策上和实际执行中，都受到了政府部门的高度重视。“十五”期间，仅在2004年和2005年两年中，中央财政投入资金达7.5亿，对中部11个省的国家扶贫开发工作重点县和西部12个省区市给予补助。各级地方配套资金8.9亿元，共完成8.6万个50户以上自然村和新通电行政村“村村通”工程建设任务。使2700万农村群众可以收看到中央第一套、第七套、少儿频道和本省第一套电视节目，收听到中央第一套和本省第一套广播节目，这也就是所谓的“4+2”标准。

“十五”期间，“村村通”工程仍有部分问题亟待解决：由于我国各地自然条件和经济发展水平差异明显，全国不能收看收听广播电视的自然村仍然数目庞大。2004年，仍有48万多个自然村无法收看收听广播电视。此外，一些已经完成“村村通”工程建设任务的地方，由于确保工程长期运行的有效机制，日常维护费用得不到保障，设备损坏后无法及时修复，因此出现了不同程度的“返盲”现象。这些问题在“十一五”期间，成为重点解决的问题。

（2）“十一五”时期的广播电视“村村通”工程建设。

“十一五”期间，针对新时期“村村通”工作面临的形势和任务，2006年1月17日，李长春、刘云山、陈至立等中央领导在原国家广播电

---

① 张海涛：《以超强力度用超常措施加紧推进新一轮广播电视村村通工作——在全国新一轮广播电视村村通工作会议上的讲话》，2006年2月24日。

影电视总局召开了广播电视“村村通”现场办公会，对全面推进新一轮“村村通”工作进行了部署。这个时期“村村通”建设的一大重点是，提高农村广播电视节目无线覆盖水平被纳入了“村村通”工程建设的范畴。2007年7月20日，国家发改委、财政部、广播电影电视总局联合发出《关于印发“十一五”全国广播电视村村通工程建设规划的通知》，明确“十一五”时期广播电视“村村通”工程主要围绕两项任务展开：第一，20户以上已通电自然村“村村通”工程建设；第二，农村广播电视节目无线覆盖工程建设。相较于“十五”时期的工程计划，“十一五”规划在要求和覆盖范围上都有了较大的提高。在中央及各级政府的大力支持下，在全国广播电视系统的努力下，“十一五”时期“村村通”工程建设取得了较大突破：一是基本实现全国所有行政村和20户以上已通电自然村通广播电视。二是农村地区的广播电视无线覆盖水平大大提高。2009年原国家广播电影电视总局组织各地广播电视部门按计划完成了首批369.8万套直播卫星接收设备配售、安装任务，使19万个“盲村”农户受益。目前，我国已基本解决广大农村和少数民族地区群众听广播看电视难的问题，农村群众的基本文化权益得到更好的保障。

2.“村村通”工程的特点及历史价值与评价

广播电视“村村通”工程，旨在解决中国农村地区广播电视覆盖问题，是一项前无古人的宏大工程，其意义不仅在于新闻事业的发展壮大，对于中国社会的平衡和持续发展，必将产生深刻而长远的影响。

（1）自上而下的政治动员。

该项工程由于其深刻的人文关怀和鲜明的时代特色，一提出就受到党和政府高度重视。从1998年开始，“村村通”经常见诸中央领导的讲话之中，其深刻的政治意义和社会价值，得到了最高领导的确认。在执政党的主流话语系统里，“村村通”成为体现党和政府关怀农民的民心工程，在广播电视业内更是将其视为“一号工程”。因此，深刻的政治性是该工程区别于一般技术工程的一个鲜明特色。

（2）沟通城乡的创举。

在中国广播电视事业发展史上，只有中国共产党领导下的政府能够提出扫除农村广播电视覆盖盲区，并以此为目的进行政治动员和资金投入。中国是一个幅员辽阔的国家，复杂的地理地貌，不平衡的社会经济发展状况，都是制约传播的客观因素。对广大的农村地区进行有效的传播，成为亟待解决的问题。近代以来，受西力东渐的影响，我国部分城市开始了近代意义的新闻事业，但是广大农村在相当长的时间内，仍然依靠原始的传播方式进行传播。民国政府在抗战中一度西迁重庆，大量新闻机构迁入西部，在一定程度上缓和了信息传播中东西不平衡、城乡不均匀的态势，但没有从根本上解决农村信息传播的困难。新中国成立后，党和政府十分重视对农村宣传问题，于20世纪50年代以简易有线广播为主要工具，建设农村传播体系，在我国广播电视史上起到了重要的积极作用。随着信息化的深入，城乡发展不平衡进一步深化，有效解决农村传播，让党的声音传遍中国大地，时代赋予“村村通”工程以更加深刻的社会意义。

（3）深远重要的社会意义。

由于资金、技术等客观因素，我国人数最多的农民不得不成为“沉默的大多数”，在上层建筑的构建中处于边缘地位。随着信息化的深入，经济社会发展的不平衡带来的信息传播的不平衡，有加剧城乡差距与贫富差距的趋势，传播学上“知识沟”的理论，在我国初现端倪。在这样的时代背景下，“村村通”无疑是解决当前农村问题的一个重要契机和渠道。事实上，经过近十年的建设，“村村通”已经初步改善了农村，改变了农民。有的干部在下基层时看到农民贴有称赞“村村通”的春联：“电视村村通顺风顺雨顺民意，节目天天看得乐得福得民心。横批：农家乐。”[①]可见，电视对于农村和谐稳定的重要意义。

① 王太华：《把“村村通”作为广播电视为“三农”服务的重中之重》，《中国广播电视学刊》2005年第5期。

三、“西新工程”的实施与意义

在为西部大开发鼓劲的同时，为了进一步推广广播电视“村村通”工程的成果，2000 年 9 月，西藏、新疆等边疆少数民族地区广播电视覆盖工程（简称“西新工程”）正式启动。作为广播电视公共服务的一项重点工程，实施范围包括西藏、新疆、内蒙古、宁夏四个自治区和青海、甘肃、四川、云南四省的藏区，同时还包括福建、浙江、广西、海南和吉林延边部分地区，涵盖国土面积超过 498 万平方公里。通过“西新工程”的实施，给地域辽阔、地形复杂、民族众多的西部边远地区乃至全国的边疆地区人民群众带来了巨大的实惠。

1.“西新工程”的缘起

“西新工程”缘起于 2000 年 6 月，全国人大常委会副委员长、农工党中央主席蒋正华率团对西藏进行考察。考察团发现相当一部分藏区人民对于中央人民广播电台和中央电视台的节目接收很困难，有着长达 4000 多公里边防线、西藏人口的 80% 是农牧民，大多数听不懂汉语。因此扩大和提高藏语广播、电视的覆盖率，对于维护西藏的社会稳定、维护民族团结、维护祖国统一，对于我国的改革开放和社会发展，对于我国的长治久安，具有极其重大的意义。在充分调研的基础上，农工党中央向中共中央提交了《关于西藏考察情况的汇报》，引起了江泽民总书记的极大关注和高度重视，他当即对加强西藏等边远省区广播电视工作发表了重要讲话，并于次日凌晨给中共中央有关领导同志写信，要求大力加强宣传舆论工作，要在资金、人员和技术上调集足够力量，加强广播电视的条件，让党和国家的声音进入千家万户，全信长达 1200 多字。两天后，中央召开专题会议，决定实施新中国成立以来规模最大的广播电视覆盖工程——“西新工程”。

2.“西新工程”的实施

“西新工程”明确提出分步骤分阶段实施的目标：第一阶段，2000 年年底“明显见效”；第二阶段，2001 年年底使七省区空中广播外强我弱的局面“根本改变”；第三阶段，“十五”期间“全面加强”广播电视覆盖工作。

“西新工程”第一、二阶段实施范围包括西藏、新疆、内蒙古三个自治区和四川、青海、甘肃、云南四省藏区，涵盖国土面积为 498 万平方公里，占全国总面积的 51.9%，主要是藏族、维吾尔族、哈萨克族、蒙古族和柯尔克孜族等少数民族聚居区。“西新工程”实施前，这些地区空中广播呈外强我弱的态势，境外电台在我国周边地区用 25 座发射台、41 部中短波发射机、总功率 1.2 万千瓦，对我国七省区实行大功率、长时间、多频率和多种语言的广播覆盖。

“西新工程”第一、二阶段的建设和维护经费共投入 19.28 亿元，是新中国成立以来国家投入最大的广播工程。其总体规模是：（1）在 7 省区每个县都新建或扩建了发射台，其中 98% 的发射机为国产设备。（2）建立 1 个现代化的广播覆盖效果监测网。（3）中央人民广播电台新开办第八套少数民族语言广播节目，西藏人民广播电台新开办康巴藏语广播节目，少数民族广播节目制作译制能力明显提高。

2003 年开始的“西新工程”第三阶段第一期工程的建设，在原有七省区基础上增加了宁夏回族自治区，建设内容也从原来的广播扩大到了电影和电视，同时加强了“走出去工程”。2003 年，通过实施“西新工程”，新建、扩建了一批广播电视台，新增、更新了一批发射机，还组织编制了“西新工程”第三阶段第二期技术方案，重点是提高西部地区广播电影电视的发展水平，加强边境地区广播电视建设和大力推进“走出去工程”。2004 年 7 月底，国务院批准了原国家广播电影电视总局关于“西新工程”第三期第二阶段的建设方案，要求按计划用 2004 年和 2005 年两年时间完成这一期工程计划，同时，将工程实施范围内各省区所承担的“走出去工程”和广播电视“村村通”工程一同纳入“西新工程”。[1]

---

① 刘习良主编：《中国广播电视改革发展十年回眸（2001 年 ~2010 年）》，中国国际广播出版社，2012 年版，第 187 页。

3.“西新工程”的历史意义

“西新工程”旨在解决西部边远地区收看电视收听广播困难的问题，在中国广播电视传播史上，与“村村通”一样，具有划时代的意义。从某种程度上说，“西新工程”是“村村通”的核心，因为存在传播障碍的地区，大部分位于西部。建设好“西新工程”，对于实现“村村通”具有巨大的促进作用。

（1）“西新工程”是新闻事业发展史上的重要事件。

长期以来，对广大西部少数民族地区进行信息传播一直是一个重要而敏感的问题。西部地区地域广阔，社会经济发展相对落后，民族情况复杂，这一直是制约我国新闻传播事业在西部发展的客观因素。在电视已经成为第一媒体，相当一部分西部地区无法正常收看收听中央电视台以及中央电台的节目，不但不利于党的声音的传播，更不利于民族团结。

（2）“西新工程”的实施有利于我国的信息安全。

我国是一个多民族国家，民族团结与和谐，对于维持一个大一统的多民族国家是必要的。在“西新工程”实施以前，境外势力的广播和电视信号在我国西部的某些地区十分猖獗，甚至强于我国中央政府的声音。这对于我国西部地区的民族和谐和国家安全构成重大挑战。一国政府的主张在该国的有效传播，是国家主权的一部分。西部空中电子信号的多元，对我国的信息安全和国家安全构成严重威胁。

四、“三网融合”的回溯

“三网融合”又叫“三网合一”，是指电信网、广播电视网和互联网的相互渗透、互相兼容、并逐步整合成为全世界统一的信息通信网络，其中互联网是其核心部分。

1.“三网融合”理念的萌发

1993 年 3 月，我国为提高国家信息化水平、缩小与发达国家的差距，提出建设跨世纪“金桥工程”，其中就率先提出了将语音、图像、数据及多媒体信息等多种业务综合于同一平台的设想。

1997年4月国务院全国信息化工作会议通过了“国家信息化总体规划”，在规划中明确提出国家信息化基础设施的基本框架是“一个平台、三个网”，即广播电视网、互联网、电信网在一个平台上实现互联互通和资源共享，这也是国家首次明确提出了“三网”这一范畴。同年，联合国经济与社会事务部高级顾问周宏仁在《计算机世界》发表文章，首次系统论述了电脑、电视、电话三合一的国际趋势，认为“电脑、电视和电话三合一的新时代正在来临”。这是国内关于“三网融合”最早的全面介绍。[①]

2.“三网融合”在曲折中探索实践与相关部门的利益博弈

“三网融合”一经提出，在业界和学界引起了高度的关注，围绕“三网融合”的实施路径，引发了社会的广泛讨论。在“三网融合”的大趋势下，形成以谁为主导的“三网融合”，成为广播电视部门与电信部门争论和博弈的焦点。基于各自不同的利益，形成了不同的主张和诉求，由此拉开了广播电视部门与电信部门长达10余年的纷争。

广播电视与电信的矛盾由来已久。一方面，在中国互联网发展过程中，双方都有意主导宽带市场，电信部门着力将已有的窄带拨号上网升级到宽带，广播电视一方也大力铺设自己的骨干网络；另一方面，双方都在尝试进入对方的业务领域，一些地方的电信部门试图开展有线电视的传输业务，而广播电视部门希望开展部分电信业务，双方的这些举动都受到了对方的强烈反对。双方冲突不断，从互剪线路到破坏对方的基础设施，以湖南的“临湘事件”为代表，部分地区甚至爆发了流血冲突。1999年年初，湖南省临湘市电信局在未经有关部门许可的情况下，擅自经营有线电视传输业务，被当地有线电视台将设备查封。后来，临湘市电信局在一位副局长带领下，冲击了临湘有线电视台，多人在冲突中受伤，这就是所谓的“临湘事件”。由于该事件的发生，1999年9月，国务院办公厅转发《关于加强广播电视有线网络建设管理的意见》（即第“82号文件”），明确规定：

① 张迪：《广播电视业的三网融合之路》，南京师范大学硕士学位论文，2012年。

禁止广播电视和电信双方互相进入对方的经营业务，这次纷争才告一段落。国务院“82号文件”的出台，是“三网融合”探索中的一次挫折。

3.“三网融合”的正式启动与实施

2001年3月15日国家通过的十五计划纲要，第一次明确提出“三网融合”：“促进电信、电视、互联网三网融合。”在2006年，十一五规划纲要，再度提出“三网融合”：积极推进“三网融合”。建设和完善宽带通信网，加快发展宽带用户接入网，稳步推进新一代移动通信网络建设。建设集有线、地面、卫星传输于一体的数字电视网络。构建下一代互联网，加快商业化应用。制定和完善网络标准，促进互联互通和资源共享。至此，“三网融合”不但是数字技术发展的必然趋势，也逐步上升为国家意志。

2008年1月1日，国务院办公厅转发国家发展改革委、科技部、财政部、信息产业部、税务总局、原国家广播电影电视总局六部委《关于鼓励数字电视产业发展若干政策的通知》（国办发［2008］1号），提出：“以有线电视数字化为切入点，加快推广和普及数字电视广播，加强宽带通信网、数字电视网和下一代互联网等信息基础设施建设，推进‘三网融合’，形成较为完整的数字电视产业链，实现数字电视技术研发、产品制造、传输与接入、用户服务相关产业协调发展。”显然，国家希望以数字电视作为突破口，推动“三网融合”。与此同时，电信行业迎来大规模的内部整合，2008年5月23日，运营商重组方案正式公布。中国联通的CDMA网与GSM网被拆分，前者并入中国电信，组建为新电信，后者吸纳中国网通成立新联通，铁通则并入中国移动成为其全资子公司，中国联通的基础电信业务将并入中国电信。2009年1月，中国移动、中国电信、中国联通分别获得TD-SCDMA、CDMA2000和WCDMA的3张3G牌照，三家新运营商进入电信全业务竞争时代。进入2009年，“三网融合”的步伐悄然加快。

2009年5月19日，国务院批转发展改革委《关于2009年深化经济体制改革工作意见》的通知（国发［2009］26号），文件指出：“落实国家相关规定，实现广电和电信企业的双向进入，推动‘三网融合’取得实质性进展（工业和信息化部、广电总局、发展改革委、财政部负责）。”

2010年1月13日，国务院总理温家宝主持召开国务院常务会议，决定加快推进电信网、广播电视网和互联网三网融合。会议上明确了三网融合的时间表。

4.“三网融合”的趋势与评价

从三网融合的提出、酝酿、再到上升为国家意志，经历了一个较为漫长的过程。从世界的范围看，“三网融合”已是大势所趋，而我国也意识到了这个问题，因此，“三网融合”是在政府主导下推动进行的。如何在“三网融合”过程中，逐渐打破行业间的壁垒，平衡各方的利益，是实现“三网融合”的关键所在。国家公布了三网融合的时间表，但是具体落实如何，还有待观察。但不管怎样，“三网融合”的探索不会停止。中国传媒大学的黄升民教授认为：“三网融合不是替代式的你生我灭，也不是楚河汉界式的嘴上融但实质上各做各的。它是市场上海量信息、多样业务、智能终端激发出的需求融合，也是国家意志推进信息化建设的要求融合。所以中国特色的三网融合，是一种游走于市场和国家意志之间的三网融合，其融合模式从最初的3+1模式，到现时的1+3模式，可能还会出现其他变局。但是不管怎样，参与各方要知道网络升级改造不是最终目的，更不能迷失于纯粹的经济利益，而是要有媒介思维，要保障信息传输安全可控，在商业模式和公共服务之间取得平衡。”①

从组织结构上看，广播电视公共服务是一个由多个环节组成的系统工程。“村村通”、“西新工程”和“三网融合”主要是侧重广播电视公共服务的“硬”基础，属于广播电视公共服务基础设施体系范畴。除此之外，广播电视公共服务还包括：组织体系、保障体系、内容服务体系、体制机制等。其中，组织体系是广播电视公共服务的支撑，它由相关主体构成，包括中央、省、地、县、乡镇等各个层级的政府部门、电台电视台、广播电视站、传输覆盖运营机构。保障体系是广播电视公共服务体系的“软”基础，主要包括公共财政支持、公共服务标准及价格机制、公共服务发展

---

① 黄升民：《游走于市场需求和国家意志间的三网融合内在逻辑》，《现代传播》2011年第7期。

规划、公共服务监督与评估以及相关公共政策、法律法规。内容体系处在广播电视公共服务的中心位置，包括广播电视频率频道、广播电视节目等，包括政务信息、时政信息和一般的社会信息、经济信息、天气信息、灾害信息，等等，也包括基本的文化、娱乐和大众教育。体制机制是广播电视公共服务体系的组织制度与运行方式。广播电视公共服务体制即政府、电台电视台等播出机构、传输覆盖运营机构等各主体之间的组织制度，广播电视公共服务机制指有关主体相互之间的运行方式。

广播电视公共服务既具有文化公共产品的一般属性，也具有独有的特殊属性。第一，广播电视公共服务具有较强的意识形态属性，是党和国家的政治工具、政权建设的重要手段及社会治理工具。第二，广播电视效益社会性、导向性异常突出。坚持正确的导向，会使全社会受益，促进社会的发展。第三，广播电视节目具有较强的消费主体性。是一种精神产品，其消费需求具有个性化和多样化特征。第四，广播电视公共服务具有综合性。如政务服务、社会信息服务、远程教育服务等。第五，广播电视公共服务具有层次性。可分为设施层次、工具层次和内容层次，层次的差异性决定了供给机制的差异性。

总之，广播电视公共服务是建设公共服务型政府的重要方面，是文化公共服务的重要内容，是一个国家文明程度和和谐发展的重要标志。广播电视公共服务是一个复杂的系统工程，要建立长效机制。渠道覆盖是满足公众公共服务需求的前提，均等化、普适性的内容供给是公共服务的实质，建立公正、合理的评估机制是衡量公共服务的重要举措，最终还是要在法律法规、资金保障和制度建设等方面保障公共服务的可持续发展。

第四节　广播电视产业的发展壮大

新世纪以来，党中央、国务院高度重视发展文化产业，采取了一系列政策措施，深入推进文化体制改革，加快推动文化产业发展。从总体看，新世纪我国文化产业呈现出健康向上、蓬勃发展的良好态势，在建设文化强国的道路上迈出了坚实的步伐。文化产业日成为中国经济发展新的增长点。

一、新世纪广播电视产业发展的政策引导和推动

党中央、国务院把推进文化产业包括广播电视产业发展作为国家经济社会发展和社会主义文化建设的重要组成部分，制定一系列方针政策和规划，着力加以引导和推动。其中有代表性的举措有：2000 年，国家在制定和实施《国民经济和社会发展第十个五年规划纲要》时，第一次把发展文化产业列入其中；2002 年，党的十六大第一次把发展文化产业写入政治报告，第一次把发展文化产业同发展公益性文化事业并列为文化建设的战略性任务；2003 年，国务院批准出台《关于文化体制改革试点工作中支持文化产业发展的规定》，提出支持文化产业发展的经济政策；2005 年，国务院批准出台《关于非公有制资本进入文化产业的若干规定》，提出鼓励、引导和规范非公有资本进入文化产业的政策；同年年底，中共中央、国务院《关于深化文化体制改革的若干意见》就深化文化企业改革、加快文化领域结构调整、培育现代文化市场体系等提出了一系列指导性意见；2006 年，中央批准实施《国家“十一五”时期文化发展规划纲要》，对“十一五”时期文化产业发展做出全面规划；2007 年，党的十七大做出推动社会主义文化大发展大繁荣的战略部署，提出大力发展文化产业、实施重大文化产业项目带动战略、加快文化产业基地和区域性特色文化产业群建设、培育文化产业骨干企业和战略投资者，创新文化生产方式，培育新的文化业态，繁荣文化市场、增强国际竞争力的战略任务；2008 年国务院批准颁布发改委等六部委制定的《关于鼓励数字电视产业发展的若干政策》；2009 年，国务院批准实施《文化产业振兴规划》，明确提出 2011 年以前文化产业发展的总体目标、重点任务、政策措施和保障条件；2010 年，国务院办公

厅发出《关于促进电影产业繁荣发展的指导意见》，提出促进电影产业繁荣发展的总体要求、基本原则、发展目标和主要措施。

原国家广播电影电视总局和国家相关部门依照上述部署、政策和规划，结合广播电视的实际，相继制定了一系列广播电视产业发展政策性文件，指导和促进广播电视产业的发展。其中主要有：《关于促进广播影视产业发展的意见》《关于发展我国影视动画产业的若干意见》《关于鼓励数字电视产业发展的若干政策》《关于加快广播电视有线网络发展的若干意见》等。

上述政策的制定、出台和实施，标志着发展文化产业和广播电视产业，已被纳入国家整体发展战略的轨道，对于引导和推动文化产业和广播电视产业的健康、快速、持续发展，起到了重大的决定性的作用。与此同时，原国家广播电影电视总局依据国家有关法律法规，针对广播电视的特殊性和发展实际，制定和出台了一批部门规章，加强依法管理和市场监管，规范广播电视运作行为，维护广播电视产业的市场秩序和健康发展。

二、广播电视产业总体发展分析

“十五”和“十一五”期间，我国广播电视产业在国家政策推动和社会经济大发展环境下呈现出产业基础进一步夯实、整体发展快速推进的良好势头。十年来，全国广播电视总收入总体上保持平稳高速增长态势，年平均增长率达到18.41%，增长速度高于国民经济的增长水平。2010年，全国广播电视总收入在2001年的基础上翻了将近五倍，广播电视产业已成为国民经济的新兴产业和新的经济增长点。其中，全国广播电视实际创收收入占总收入构成中所占的年平均比重不超过13%。广播电视产业经营创收能力大幅增强，改变了20世纪80年代基本依靠财政拨款以及20世纪90年代财政补贴占1/4的收入格局。十年间，广播电视产业发展有如下特点：

1. 产业基础进一步夯实

“十五”和“十一五”期间，产业发展所依托的硬件和软件基础进一步夯实。硬件基础主要是广播电视的基础设施条件。国家大力实施了“村村通”工程、“西新工程”、农村电影放映工程等几项重点工程，加快推进以城市有线电视数字化为重点的广播电视数字化，各地在电台、电视台台内技术改造、广播电视传输网络的改造改建等基础设施方面加大投入，这使得广播电视覆盖面进一步扩大，技术水平和制播能力进一步提升，为产业发展搭建了良好的平台，面向市场开发业务、提供服务的能力显著增强。目前已形成覆盖全国的有线、无线、卫星等多种技术手段并用的多层次、现代化的广播电视综合覆盖网。

软件基础首先体现在发展政策的进一步完善上。国家对广播电视的内容产业发展和数字化发展提供了强有力的政策支持，并放宽市场准入，积极引导和鼓励民营资本投资广播电视产业，促进了多元化产业格局的形成。同时，软件基础的夯实还体现在广播电视机构不断推进内部的革新上，使自身的特色和优势得以发挥，不断拓展创收渠道、增强创收能力。最突出的就是从中央到地方各级电台电视台加快推进频率频道改版和节目栏目改革，推动了频率频道专业化、品牌化发展。

2. 产业各门类蓬勃发展

“十五”和“十一五”期间，广播电视产业形成了多个门类蓬勃发展的态势，产业链条逐步完善，产业领域不断拓展，面向市场的理念与市场运作的模式日趋成熟。

（1）内容产业稳步发展。

广播电视节目制作运营的潜能初步显现。据统计，2010 年广播节目生产制作数量达到 681.42 万小时，全年购买、交换广播节目时间为 105.45 万小时。内容为王的观念成为广播电视产业的共识。新世纪十年间，通过不断地深化体制改革，引入竞争机制，一批老牌节目焕发生机，一批新创办的节目应运而生。通过不断强化新闻节目，中央人民广播电台《新闻和报纸摘要》与《新闻纵横》的平均收听率稳定在2%以上，在2010年其平均市场份额达到16.34%。

十年间，中国电视荧屏亮点不断。湖南卫视《超级女声》的产业链开发相当突出，有机构估算，《超级女声》的节目广告、短信、冠名费等收入近亿元（短信收入超过3000万元、广告收入超过6000万），这还不算之后对节目品牌延伸营销的收入以及“超女”为湖南卫视带来的电视台品牌和节目品牌的价值提升。

电视剧产业继续稳定发展。电视剧生产在2008年之前持续快速增长。在2008年、2009年出现回落，结束了多年以数量增长为主的局面，开始步入以质取胜的阶段。十年间，优秀精品电视剧不断涌现，以《激情燃烧的岁月》《亮剑》《潜伏》《媳妇的美好时代》等一批主流价值观与艺术性、观赏性协调统一的优秀剧作为代表，为电视台赢得了丰厚的利润回报。在电视剧时段的广告仍然是电视广告主要构成的状况下，优秀电视剧的大量涌现也直接带动了电视广告的增长。

（2）广告经营继续保持快速增长，有线付费业务发展迅速。

“十五”和“十一五”期间，是中国广告业快速发展的时期。电视频道数量和节目生产量激增，节目制作水平不断提高，电视台的事业规模在不断扩张。作为支持电视事业发展的主要收入来源，电视台的广告经营为中国电视业的快速发展做出巨大贡献。2010年广播电视行业的广告收入实现大幅增长，全年达到939.97亿元，比“十五”期间增长了近一倍。

有线广播电视数字化的不断推进，付费频率频道业务经过8年多的探索，已初步建立包括付费频率频道内容制作、频道集成、网络传输、数据监管等在内的付费频率频道业务体系，初步形成付费频率频道业务产业链。截至2010年，原国家广播电影电视总局共批准开办付费频率频道174个，包括付费电视频道135个，付费广播频率39个；批准中数传媒、上海文广互动、华诚影视和鼎视传媒4家机构从事付费频率频道集成播控业务。至2010年年底，4家集成平台共集成113个频道。原国家广播电影电视总局规划财务司提供的数据显示，截至2010年年底，全国拥有付费数字电视用户1105万户，付费数字电视收入25.29亿，比2009年增长39%，比2006年增长384%。

（3）广播影视节展经济势头强劲。

“十五”和“十一五”期间，中国各类广播影视节展在参展规模、交易规模上均创新高，2005年中国国际广播影视博览会影视节目展和技术设备展交易额达17.67亿元，成为名副其实的广播影视领域“亚洲第一展”；中国国际广播电视信息网络展览会交易总额超过10亿元，第十一届上海国际电影节和第八届上海电视节交易总额突破9亿元；第一届国际动漫节动漫会展总成交额达到30亿元。广播影视节展已经成为广播影视节目交易、技术设备交易的重要平台，成为广播影视产业的重要组成部分和重要增值渠道，也同时成为广播影视产业繁荣程度的风向标。

3. 国有和民营主体均有较好的市场表现

经历了“十五”的产业体制改革，到了“十一五”收官之时，广播电视产业已经初步形成国有为主导、多种经济成分共同参与的新格局。全国现有广播电视节目制作经营机构1500多家，电视剧制作甲种证机构125家；全国各省以及许多市（地）成立了有线电视网络公司；此外，还有数量众多的广告代理等各类广播电视业务公司。

（1）国有市场主体不断壮大。

在产业性质最突出的有线电视网络运营领域，国有企业按照现代企业制度和现代产权制度的要求，加快公司制、股份制改造，建立完善法人治理结构，朝着真正意义的自主经营市场主体方向发展。几家上市公司保持了较好的业绩。北京歌华有线电视网络有限公司、陕西广电网络、上海东方明珠、中视传媒等的主营业务收入都有较大幅度增长。

（2）民营广播电视企业十分活跃。

随着国家在准入方面对民营资本降低门槛，在电视剧、动画片的创作生产领域，民营资本投资投产的比重正在迅速增加，涌现出一批颇具影响与规模的民营影视企业，民营企业已成为广播电视产业的一支重要力量。2003 年 8 月和 2004 年 6 月，原国家广播电影电视总局先后两次给 24 家实力雄厚的民营影视制作机构发放了长期的《电视剧制作许可证》。目前，中国内地大大小小的民营影视公司超过 2000 家，民营影视企业和其他社会力量投资电视剧创作的资金占全部电视剧投资的 80%。在广播电视节目制作经营领域，以电视节目制作为核心业务的光线传媒每日制作量超过 6 小时，拥有 12 档节目，在全国近 300 个电视频道 600 台次播放，年收入超过 3 亿元。

三、电视剧产业

中国是当今世界电视剧创作生产和消费大国。收看电视剧，是现今中国百姓茶余饭后最经常、最普遍的精神文化活动之一。播放电视剧已经成为电视台提高收视、吸引广告、增强收入、扩大影响的最重要途径之一。电视剧对广告的拉动效果非常明显，有些电视台电视广告的 70% 至 80% 得益于电视剧。“十五”和“十一五”期间，中国电视剧产业继续保持了良性健康发展和持续繁荣的良好态势，在制作、播出、购销等环节呈现出新的亮点和特点。

1. 电视剧产业发展概况

（1）电视剧品质提升，涌现一批优秀剧目。

“十五”和“十一五”期间，原国家广播电影电视总局大力实施精品工程，优秀精品电视剧不断涌现，现实题材创作始终保持主流和主导地位。仅以 2010 年为例，全年全国电视台播出的电视剧类型达到 20 余种，题材丰富、风格多样，满足了观众的多种收视需要。从播出比重看，家庭伦理、战争、谍战以及传奇四大类型占据超过 60% 的份额。其中，出现了一批主流价值观与艺术性、观赏性协调统一的优秀作品，其思想品味和艺术水准均得到广大观众的认可。现实题材的《任长霞》《圣水湖畔》《美丽的田野》，家庭伦理类型中的《媳妇的美好时代》《婚姻保卫战》《老大的幸福》等，以诙谐幽默的语言、时尚清新的画面反映老百姓的日常生活，引起收视热潮。谍战剧继2009年《潜伏》之后仍然出现了《最后的较量》《永不消逝的电波》《黎明之前》等口碑收视俱佳的优质电视剧。战争剧数量在“十五”期间经历高速增长之后，在“十一五”期间有所减少，但整体质量进一步提升，《生死线》《雪豹》等优秀战争题材剧为播放平台带来丰厚的收视回报。

（2）电视剧产量平稳，销售价格提升，交易集中提高。

“十五”和“十一五”期间，电视剧产量快速增长，在2008年、2009年出现回落，扭转了多年来电视剧生产以数量增长为主的局面，开始步入以质取胜的阶段。十年间，电视剧产值持续提高，电视剧交易进一步活跃，优质电视剧的发行价格呈逐年上升状。以2010年新《西游记》的销售为例，该剧包括首轮播出以及海外版权、网络版权的每集销售总价超过300万元，收获了2.6亿元。各个播出平台对电视剧优质资源进行垄断性竞争和购买，购剧成本大幅上升，湖南、浙江、江苏、安徽4家卫视的年购剧成本都在3亿至5亿元，江苏卫视为了在2011年实现全独播，将购剧预算提升至8亿元，中央电视台也将购剧预算从2010年的10亿元提高到2011年的16亿元。

（3）省级卫视成为电视剧播出主流平台，马太效应初步显现。

长期以来，电视剧是播出平台的内容基础以及收视增长的主要来源。“十五”和“十一五”期间，省级卫视在电视剧播出领域表现突出，市场份额快速增长，在当前，电视剧对于频道收视的贡献率仍然名列前位，根据“央视索福瑞”35城市网的数据，电视剧播出比重仍然保持40%以上的份额，资源贡献率高达111.2%，仅次于综艺和青少类栏目。为了追求收视率，各级省级卫视在电视剧市场的竞争达到白热化，2010年，在35个中心城市中晚间所有频道累计收视排名前10位的电视剧中，有9部在省级卫视平台播出。

省级卫视的竞争从以优质电视剧为核心的资源竞争转向了以播出平台

为基础的全方位竞争。在竞争中，省级卫视在电视剧播出领域形成了几个阵营，强势省级卫视依靠对优势电视剧资源的占有和播出平台强大的影响力和宣传能力，电视剧播出效果更加突出。江苏卫视、安徽卫视、北京卫视、浙江卫视处于领先位置，形成第一阵营。天津卫视、重庆卫视、贵州卫视等形成第二阵营。

2. 电视剧产业发展的特点

（1）由制播分离重新走向制播融合，定制、自制电视剧比例增大。

一段时期，电视剧节目的直播分离被视为电视体制改革的重要成果和电视产业发展的必经阶段。在“十五”和“十一五”阶段，中国电视剧制作经过制播合一、制播分离后，制作和播出正在重新走向融合。十年间，中国电视剧市场日益成熟，市场竞争日趋白热化。购剧成本增幅，加上各个播出平台更加看重通过自制和定制整合台内资源扩大影响力，各电视台自制剧、定制剧播出比例逐年增加，成为新世纪头十年的一个显著特点。以湖南卫视为代表，其自制剧、定制剧生产逐渐成了较为完备的商业生产流水线，《一起又看流星雨》《丝丝心动》《佳期如梦》等大量优质的自制剧成为湖南卫视收视率的保证。引发其他省级卫视纷纷效仿：浙江卫视的《爱上女主播》，江苏卫视重拍海岩三部曲，贵州卫视自制剧《女子炸弹部队》等。

（2）电视剧播放方式转变，独播剧受到青睐。

“十五”期间，曾一度出现一部电视剧同时在中央电视台、省级卫视和城市电视台播出的无序状态，这种“千台一面”的局面，令观众极为反感。随着市场竞争的日益规范，对首播剧和独播剧的争夺，成为取得较高收视率，在市场竞争中脱颖而出的有效途径。

2005 年，中央电视台争得《汉武大帝》《大宋提刑官》《八路军》《亮剑》等的首播权，全年中央电视台一套“黄金剧场”收视份额增长两成以上。首播剧让中央电视台尝到了甜头，各级电视台开始将目光瞄准独播剧，许多电视台纷纷加大对独家资源的掌控力度，希望通过独播的方式来提升频道的人气，创造品牌形象。中国电视进入了“独播剧时代”。2010年卫视黄金档前50部优秀剧目中，首轮独播的达到12部，占比24%，采用首轮两家播出的有9部，占比20%左右。在非黄金档，电视剧独播化更是占有绝对优势。在30部非黄金档优秀国产新剧和多轮剧中，独家播出的剧目占比为50%以上，在30部优秀非黄金档引进剧中，24部为独播剧，占比80%。可见省级卫视电视剧竞争正在进入全天候独播竞争时代。

（3）与视频网络合作分享收益，台网联播成为新亮点。

随着版权保护力度提高和金融危机带来的资本压力，越来越多的视频网站开始谋求与电视制作机构的合作，并分享收益。优酷网与1000多家电视剧制作单位建立了合作关系，获得了40000集热播及经典电视剧版权及5万小时影视剧；土豆网推出高清版，上面的约1.5万集电视剧都是通过与版权单位分成的模式引入的。安徽电视台与搜狐公司将共同发掘以电视剧为主体的用户娱乐空间和元素。电视剧版权拥有方按照资源合作的方式，透过网络进行数字发行，与网络运营方共同开发网络播出和广告运营业务。“十一五”期间，网台合作达到了一个新的高度。2010年4月，湖南卫视与优酷网达成合作，双平台联播古装剧《杨贵妃秘史》，在营销推广和后续产品开发上都发挥了电视台与网络平台的价值。

随着网络视频的发展，越来越多的观众选择在互联网看电视剧，互联网成为继电视台之后的电视剧重要的播出平台。台网联播的模式，结合了电视媒体的高覆盖率和互联网的灵活与互动，使电视剧的生命周期和关注度得到提升，并且可为广告客户提供更加完善的整合营销解决方案。

四、电视动画产业

动画产业是资金密集型、科技密集型、知识密集型产业，具有消费群体广、市场需求大、产品生命周期和高成本、高附加值、高国际化等特点，是开发潜力巨大的新兴文化产业。动画产业及其衍生产品包括电影、电视、音像、出版、广告、旅游、教育、食品、服装、文具、玩具、通讯、网络、数字娱乐以及相关的附属产品，覆盖面非常大。从世界的范围来看，动画在许多国家已经成为国民经济新的增长点。美国动画产业已在国民生产总值中名列第6位。2003年，全球动画片及衍生产品的产值大约在5000亿美元左右，是仅次于IT产业之后的又一新兴产业。“十五”和“十二五”期间，是我国动画产业快速发展的重要时期，具有如下特点：

1. 电视动画产量几十倍增长，质量不断提升

新世纪十年间，中国动画产业得到了长足的进步和发展。主要体现在：动画片制作企业数量增加迅速，从2001年一百家左右，发展到2010年的近一万家。从动画片生产的数量看，十年间，中国动画片的生产数量呈现几十倍几百倍的增长。2001年，全国完成动画片13部，8511分钟。到了2010年，全国完成动画片385部，22.05万分钟。

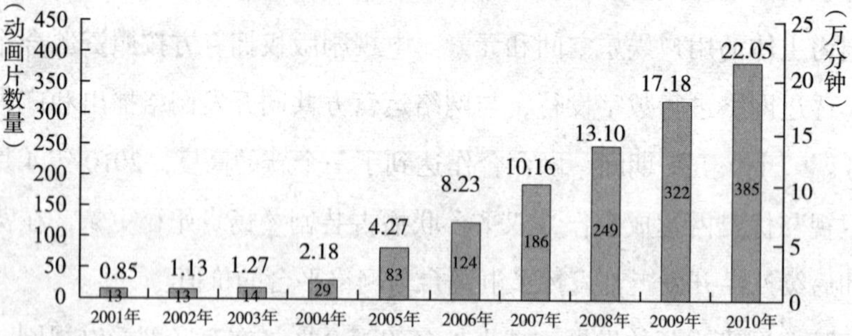

2006年至2010年全国制作完成电视动画片数量及长度（数据来源：原国家广播电影电视总局宣传管理司）

数量飞速增长，质量也在不断提升。2010年，原国家广播电影电视总局向全国电视播出机构推荐播出81部优秀国产动画片，是2006年的2.5倍。在“十五”“十二五”期间，中国国产优秀动画片层出不穷：《孔子》《少年师爷》《中华小岳云》《喜羊羊与灰太狼》系列作品等，体现了中国特色和中国精神。

2. 国产动画的播出与收入大幅提升

“十五”和“十一五”期间，中国影视动画播映体系建设日益完备，这是国产动画产业发展的另一重要成果。在播出政策的支持下，国产动画播出时间显著增加，播出数量逐年上升，收视份额不断增加。全国除33家少儿频道和5家动画频道外，其他电视频道也开设了许多少儿节目，这些都为国产动画的发展提供了良好平台。中央电视台每天播出动画片约12个小时，5家动画频道平均每天播出动画片都超过12个小时。全国共有300多家电视台都有固定时间播出动画片。动画频道、少儿频道的收视份额逐步上升，以中央电视台少儿频道为例，2010年少儿频道创造了频道开播以来的最好收视成绩，年均收视份额达2.77%，列全台各频道第四位，列全国上星频道第五位，是频道开播以来的最高年终排名。

3. 动漫基地发展形成品牌，动画产量占总量近八成

“十五”和“十一五”期间，原国家广播电影电视总局、文化部、新闻出版总署等部门将加快动漫产业基地发展作为支持动画产业发展的重要方式之一。目前，由原国家广播电影电视总局、文化部、新闻出版总署授权建立的动漫基地（含教学基地）分别为32家、5家和13家，另外工信部还授权建立了1个国家动漫游戏原创产业基地。中国目前有18个省（自治区、直辖市）拥有动漫产业基地，在此基础上，形成了中国长三角地区、华南地区、华北地区、东北地区、西南地区以及中部地区若干个动画产业集群带，影视动画产业成为当地加快经济发展方式转变中的战略性新兴产业。

目前，生产数量排在全国前列的国家动画产业基地是：杭州高新技术开发区动画产业园、无锡国家动画产业基地、沈阳高新技术产业园动漫产业园、深圳市动画制作中心、南方动画节目联合制作中心。由国家动画产业基地自主制作完成的国产动画片在2010年达到了269部，17.27万分钟，约占全国总产量的73.3%。

五、广告产业

“十五”和“十一五”期间，是中国广告业蓬勃发展的十年。在国家变“中国制造”为“中国创造”战略大背景下，品牌建设已经成为企业生存与发展的重中之重。“品牌中国”昭示了中国广告从业者的使命，也为中国广告业的增长提供了强劲的动力。

1. 广告收入占全国广播电视总收入的半壁江山，近年来比重有所降低，但依然是经营性创收的最主要来源

广告收入是中国广播电视行业经营收入的主要来源。“十五”和“十一五”期间，广播电视行业广告收入以平均15%的增长率逐年递增，占广播电视总收入的半壁江山，但占总比重已呈现逐年递减趋势。2010年，全国广播电视行业广告创收超过939.97亿元，较2001年的254.8亿元增长了将近3倍。

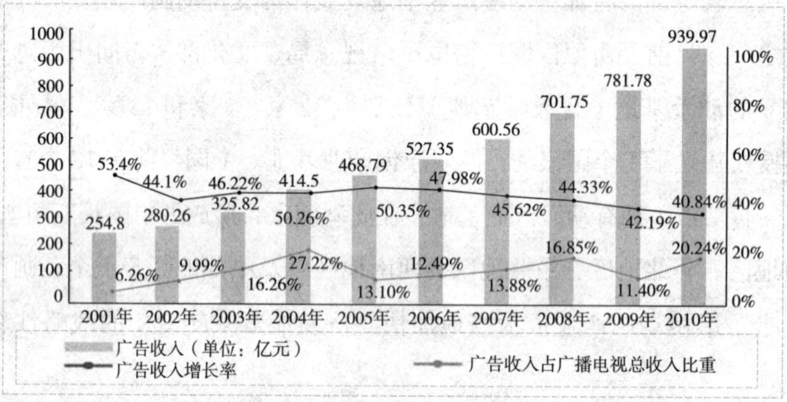

2. 电视广告收入是广播电视行业收入的绝对支撑

十年来，全国广播、电视广告收入均保持良好的增长水平，2010年的全国广播广告收入是2001年的5.3倍；2010年的全国电视广告收入是2001年的3.66倍。从全国广播电视行业广告收入构成来看，电视广告占据绝大部分份额。电视广告年均收入占广告收入的86%左右，广播广告占广告收入的10%左右。

3. 广告经营呈现品牌化，马太效应日益鲜明

随着中国广告行业的发展，广告主在电视广告上的投放行为日趋理性，对媒体价值的衡量从以往的单纯重视覆盖率、收视率等量化指标，逐步发展到综合考虑媒体影响力等各项反映媒体品质的质化指标。

近年来，一些省级卫视在频道定位、节目制作、科学管理、广告营销等方面锐意改革，在广告经营和品牌塑造上脱颖而出，如湖南卫视、浙江卫视、东方卫视等。同时，一些卫视频道的年收入甚至不及某些城市电视台。收视市场的博弈导致电视台的广告经营呈现“强者愈强，弱者愈弱”的马太效应。

六、付费频率频道产业

随着有线广播电视数字化的不断推进，付费频率频道业务经过 8 年多的探索，已初步建立包括付费频率频道内容制作、频道集成、网络传输、数据监管等在内的付费频率频道业务体系，初步形成付费频率频道业务产业链。截至 2010 年，原国家广播电影电视总局共批准开办付费频率频道 174 个，包括付费电视频道 135 个，付费广播频率 39 个；批准中数传媒、上海文广互动、华诚影视和鼎视传媒 4 家机构从事付费频率频道集成播控业务。2010 年年底，全国拥有付费数字电视用户 1105 万户，付费电视收入 25.29 亿元。总体来说，十年间，付费频率频道产业发展逐步壮大。

1. 付费频道内容建设取得较大进步

中国数字电视平台付费频道数目较多，频道种类和内容日趋丰富。涵盖电影、电视剧、体育、音乐、时尚、戏曲、军事、教育、生活、健康等，包含了国内及全球热播电视剧、好莱坞影片、纪录片、海外流行音乐节目、国际时尚最新趋势发布及足球、高尔夫、网球等专业化付费节目，一定程度上满足了受众分众化和个性化的需求。截至 2010 年年底，中数传媒共集成 43 个全国性付费频道、24 套全国性广播频率以及在长城平台播出的 CCTV 娱乐、戏曲频道。

各地电视台根据自身情况，强化各付费频道品牌建设。辽宁电视台的

“游戏竞技频道”和“电子体育频道”，每天制作2小时直播节目，开办了电子竞技电视联盟，推出了《自游主张》《D7 DOTA》《DOTA课堂》等专业性很强的节目，频道内容建设向精品频道转变。

河南电视台开办的“说文解字频道”，落地广播电视网络数达到60个，覆盖用户800万户，实现全天24小时滚动播出，每天节目更新量不少于4小时，全年共推出4档自制节目，自制节目总时长达21900分钟，河南电视台开办了《梨园》《文物宝库》《武术世界》三个付费电视频道，进一步丰富了付费电视内容。

2. 运营商推出特色营销

各运营商结合自身优势，开发新项目，丰富营销方式，完善渠道建设。辽宁电视台北斗传媒结合覆盖优势和地区网络资源，主动同4家集成平台开展节目代理合作，目前已经代理了中数传媒在辽宁、吉林、内蒙古，鼎视传媒在辽宁部分地区的销售业务。

甘肃省有线网络公司积极开展代理付费频道销售区域业务，新签订开播了“民生经济”“时尚旅游”“精彩回放”3家付费专业频道。

总之，“十五”和“十一五”期间，中国付费频道从内容和经营方面都有长足的进步，成为广播电视部门收入增长的新亮点。

七、广播电视产业发展中存在的问题

广播电视在改革开放、市场经济、科技进步和社会需求四大力量的推动下，已经发生了历史性的变化，获得了长期以来的快速、持续、全面发展，已经具备发展产业的物质与社会条件，但仍然存在以下问题：

1. 产业总体规模不大，产业结构不合理

广播电视作为文化产业的核心产业，所占比重过小。如果同电信产业相比，差距更大。传媒类产业的总收入还不到电信业务总收

入的 20%。广播电视部门拥有的资源与其对国民经济的贡献率是不相称的。

长期以来，广播电视经营紧盯广告，作为广播电视行业核心业务的付费电视还没有取得应有的市场。很多广播电视传媒仍然习惯、满足于经营传统的业务，对开发新产品、提供优质服务、满足受众多方面、多层次、多样性精神文化需求的意识不足，新业务的发展在创新体制、转换机制、面向市场方面作为不够，尚未形成产业发展链条。

2. 地区发展不平衡，农村与城市不平衡

东部与西部之间，经济发达地区与经济欠发达地区之间，广播电视呈现出明显的区域性差别。东部发达地区在广告收入与有线电视收入方面占有双重优势，这种东西部地区的差异影响了各地区的资源共享、信息沟通和成果交流，也制约了广播电视业在一定发展阶段实现跨地区发展和经营。

2005 年，全国 3.49 亿户居民中，农村居民有 2.47 亿户，占全国的 71%，但有线电视在城市拥有 7884 万用户，在农村只有 4684 万用户，仅占全国的 37.27%。两者相比，显然存在城乡广播电视发展的失衡状态，不利于农村广阔市场的开发。

3. 产业法律法规不健全

广播电视由于具有较强的意识形态性质，法律法规建设先天不足，已有的法规往往难以适应。随着数字、网络新技术的广泛应用，出现了诸如数字电视、移动电视、手机电视、网络电视等许多新的传播媒介和传播方式。面对层出不穷的新情况和产业发展的新趋势，各级广播电视行政部门对产业的引导和管理还很生疏，立法滞后和无法可依的问题十分突出。这使广播电视产业发展遇到诸多法制性障碍。

第五节　民营电视节目公司的兴起与发展

新中国成立后，随着党和政府对大陆私营电台的改造最终完成，“所有广播电台实现了由国家经营”①，到1953年，“中国商业传媒的历史画上了句号”②，新中国的电视事业也就诞生在国有国营的传媒体制下。1997年制定的《广播电视管理条例》规定，电视台只能由广播电视部门开办，不能由其他部门其他系统办，也不能“民办”，更不能同外资合办。随着我国改革开放的实施和深入，新兴的电视市场自发催生出一大批民营电视节目公司，在电视产业链最关键的内容环节，给我国电视事业的发展带来一抹亮色。

一、民营电视节目公司的兴起背景

改革开放以后，随着市场经济体制逐步确立，包括广播电视在内的我国传媒的经济属性逐步得到认识和加强。传媒生态的变革，成为民营电视节目公司出现的第一个源头。1992年，国务院在《关于加快第三产业发展的规划》中，将广播电视明确为第三产业，并正式提出、鼓励传媒产业化。

1991年，原国家广播电影电视部发布《关于广播电影电视集团化发展试行工作的原则意见》，随后出现了中国广电集团、湖南广播影视集团、上海文广广播影视集团等，广播电视集团的进一步运作经营又促使频道频率专业化的出现，由于1983年我国“四级办电视”政策的实施，电视台数量急剧膨胀，一时间电视节目需求剧增，而电视台内部有限的节目制作能力造成的“节目荒”，为民营电视节目公司的出现提供了巨大的市场空

① 赵玉明主编：《中国广播电视通史》，中国传媒大学出版社，2006年版，第210页。

② 张涛：《中华人民共和国新闻史》，经济日报出版社，1992年版。

间，这种“供需矛盾”在城市电视台表现得尤为明显。据1993年广播电视行业统计，以每天自制节目时数和播出时数相比，“中央电视台是1∶3，省级台平均是1∶6，全国电视台平均是1∶9”[①]。原有的“自产自播”模式和台际间节目交换模式，远不能真正解决节目播出缺口。

巨大的节目播出缺口和电视台自身有限的节目制作能力之间的突出矛盾直接促使了我国电视界制播分离的普遍出现。所谓的制播分离，“是指将一些电视节目制作的职能从电视台主体中分离出来，电视台播出的一些节目由独立经营的电视节目公司制作，电视台主要负责新闻类节目的制作和负责其他类节目的规划、评估、审查、收购和编排播出，电视台与节目制作公司是一种市场化的买与卖的商业关系”[②]。事实上，从20世纪80年代中后期开始，广告节目和电视剧便呈现出一定程度的制播分离状态，尤其是由社会影视公司制作、电视台购进播出的电视剧《宰相刘罗锅》《雍正王朝》的巨大成功，极大地推动了制播分离在电视栏目上的运作，民营电视节目公司的出现就是时间早晚的问题了。

二、民营电视节目公司发展进程

我国民营电视节目公司自20世纪90年代普遍出现，到2003年年底国家政策层面予以认可，10余年的时间里，民营电视节目公司始终处在非公开发展的状态。2003年年底原国家广播电影电视总局、国务院先后颁发《关于促进广播影视产业发展的意见》、“105号文件”，宣布允许各类所有制机构作为经营主体进入除新闻宣传外的广播电视节目制作业，标志着民营电视节目公司的最终合法化，2003年也成了民营电视节目公司发展的分水岭。

① 中国广播电视年鉴编辑委员会编：《中国广播电视年鉴（1994）》，中国广播电视出版社，1994年版，第55页。

② 任金洲主编：《中国电视与市场经济对话》，北京广播学院出版社，2002年版，第206页。

1.1994 年—1997 年，自发诞生，非公开经营

目前没有明确的资料记载，到底谁是我国内地第一家民营电视节目公司。民营电视节目公司的普遍出现是在 20 世纪 90 年代，1993 年年底，北京派格环球影视文化发展有限责任公司（后改名为派格太合传媒投资有限公司，简称派格太合或派格）悄悄挂牌成立。通常认为，“1994 年 11 月正式注册成立的民营电视公司北京嘉实广告文化发展有限公司（简称嘉实），为北京第一家也是中国第一家民营电视节目公司”①。嘉实名为广告公司，实则从事电视节目制作及销售代理，“具体的运作中，嘉实公司首先依托与上海东方电视台的合作拍摄继而进军影视娱乐报道节目”②。

1995 年 9 月 1 日，原国家广电部颁布《影视制作经营机构管理暂行规定》（16 号令）明文规定，“个人、私营企业原则上不设立影视制作经营机构（包括制作、复制、发行）”，“未申领《影视制作经营许可证》而从事电视节目制作的，责令其停业，查封所制作的节目，并处以非法经营所得二倍的罚款”。绝大多数民营电视节目公司选择挂靠资质单位经营或转入地下经营。“1996 年 3 月，嘉实首次向全国 20 多家省、市电视台推出一档自制的影视系列节目《影视新干线》”③一举成名。此后制作的《新闻故事》《相约星期六》《中国流行音乐雷霆榜》《娱乐特快》《重案调查》《热点人物》《目击者》等电视栏目相继在全国超过 400 家地方电视台播出。“从某种意义上来说以嘉实为代表的民营电视制作公司无疑是一个分水岭，它昭示出未来中国电视节目制作与销售方式将向多元化、专业化、市场化、集约化、工业化方向发展。”④

① 魏少华：《光线传媒成功运营的“九力模型”面面观》，《新闻大学》2013 年第 5 期，第 134 页。

② 张阿利：《民营电视节目制作机构发展的十年》，《中国广播电视学刊》2004 年第 2 期，第 60 页。

③ 张阿利：《民营电视节目制作机构发展的十年》，《中国广播电视学刊》2004 年第 2 期，第 60 页。

④ 张阿利：《民营电视节目制作机构发展的十年》，《中国广播电视学刊》2004 年第 2 期，第 60 页。

2.1997 年—2003 年，政策默许下的迅猛发展

随着电视节目的供需矛盾日渐突出，主管部门也意识到民营电视节目制作机构可以作为电视台的有益补充，从而推动电视产业化发展。这一时期广播电视管理部门相关会议和领导讲话中，出现强调加强系统内外合作的提法，虽未明确提出民营二字，但隐含着放宽对民营电视节目公司限制的信息。1997 年 9 月 1 日颁布实施的《广播电视管理条例》非但没有提出“个人、私营企业不可设立广播电视节目制作经营机构”，转而强调制作机构要经过“批准”和“取得广播电视节目制作经营许可”。1997 年 11 月底召开的全国新闻广播影视业改革开放座谈会提出“允许电视产业进行股份制试点改革”，再次释放民间资本进入电视节目制作领域的微弱信号。嗅觉灵敏的民营电视企业家们迅速捕捉到了国家政策变动的信息，尤其是 1999 年年底开始的大规模炒作行为，使得民营电视节目公司进一步为人们所熟知。这一阶段涌现出一大批民营电视节目公司，“光线传媒、派格太合、欢乐传媒、唐龙国际四家公司由于实力最强，被业界戏称为‘民营四公子’”[①]。

1998 年 6 月，其欣然传媒与中央电视台联合制作益智类节目《幸运 52》，一度创下收视高潮。1998 年，董朝晖在北京正式创立欢乐文化艺术有限公司（简称欢乐传媒），1999 年与北京电视台联合制作综艺节目《欢乐总动员》一举成名。1996 年至 1999 年我国制播分离政策逐渐明朗，加之娱乐化大潮日渐袭来，丰富的媒体实践经历使得王长田能敏锐捕捉市场气息，1998 年 10 月 5 日，王长田发起成立北京光线电视策划研究中心（后更名为北京光线传媒有限公司）（简称光线传媒），1999 年 7 月 1 日，光线传媒正式推出娱乐新闻报道栏目《中国娱乐报道》（后更名为《娱乐现场》），在二十几家地方电视台播出，三个月后在全国近百家地方电视台播出，被誉为“娱乐界的《新闻联播》”。2000 年光线传媒再度推出日播

---

① 陈汉辞：《王长田：做中国的“默多克”》，《第一财经日报》2011 年 7 月 19 日，第 A08 版。

栏目《世界娱乐报道》《中国音乐风云榜》《娱乐人物周刊》等电视栏目，在传媒界造成巨大轰动。“2000年光线传媒收入3000万元，到了2003年则实现收入2.5亿元。”[①]1999年10月12日，在业界具有独特性的北京银汉文化传播有限公司（简称银汉传播）正式成立，原中央电视台《新闻调查》制片人夏骏和中央电视台著名电视人王坚平为其高层管理者，银汉传播从2000年起与北京电视台生活频道合作，成为该频道最主要的节目供应商和广告经营商。这一时期，民营电视公司并非都以电视节目制作为主要业务，唐龙国际主攻国际电视节目版权交易；其欣然主要为央视开发节目。光线传媒的成功，带动越来越多的民营电视公司将主要业务转向电视节目制作上。2000年后，派格、星传媒、唐龙和嘉实等都在尝试着这种转型。光线传媒的成功，还带动一批诸如银汉传播、星美传媒、广东巨星影业等较有实力的民营电视公司从幕后走到前台。

2002年5月16日原国家广播电影电视总局发布公告重申凡未取得“广播电视节目制作经营许可证”“电视剧制作许可证”的社会机构、组织和个人不得从事相关业务，相较于从前的“原则上不得设立”规定还是前进了一步。2003年6月，原国家广播电影电视总局下发《关于改进广播电视节目和电视剧管理办法的通知》，明确规定除境外组织和个人（含合资机构）外，其他社会各类投资、咨询、发行公司或机构，如需制作广播电视节目，均可向当地省级广播电视行政部门提出申请，政策解禁进一步明朗化。粗略估计，截至2000年，全国至少有1000家以上打着各种旗号进行电视节目制作的民营公司。[②]

3. 2004年—2009年，合法化后的繁荣里有沉浮

2003年年底，原国家广播电影电视总局给886家广播电视制作机构颁发了《广播电视节目制作许可证》，光线传媒、欢乐传媒等民营电视节目

① 魏少华：《光线传媒成功运营的“九力模型”面面观》，《新闻大学》2013年第5期，第135页。

② 陆地：《解析中国民营电视》，复旦大学出版社，2005年版，第4页。

公司名列其中，意味着政策层面上间接承认了民营电视节目公司的合法地位。2003 年 12 月 30 日，原国家广播电影电视总局颁发《关于促进广播影视产业发展的意见》，指出“允许各类所有制机构作为经营主体进入除新闻宣传外的广播电视节目制作业”，第二天，国务院办公厅发布的“105 号文件”再次指出，鼓励、支持和引导社会资本以股份制、民营等形式兴办影视制作等文化企业，并享受同国有文化企业同等待遇，进一步破除民间资本进入电视制作业的藩篱，众多民营电视节目公司终于可以“浮出水面”光明正大地参与市场角逐。2004 年 8 月 20 日，原国家广播电影电视总局实施新的《广播电视节目制作经营管理规定》（第 34 号令），规定“国家鼓励境内社会组织、企事业机构（不含在境内设立的外商独资企业或中外合资、合作企业）设立广播电视节目制作经营机构或从事广播电视节目制作经营活动”，同时规定 1995 年 9 月 1 日颁布的《影视制作经营机构管理暂行规定》（16 号令）废止，民营电视节目公司行业准入最后一块障碍扫除，电视产业的大门正式向民营电视节目公司敞开。到 2004 年 11 月 28 日，原国家广播电影电视总局发布《中外合资、合作广播电视节目制作经营企业管理规定》，首次放宽外资准入，允许境外专业广播电视企业与我国广播电视节目制作机构和国内其他投资者可以合资、合作设立专门从事或兼营广播电视节目制作发行业务的企业，至此，实现了我国民营电视节目公司主体多元化。2004 年 11 月，光线传媒、海润影视和浙江横店影视基地等民营电视公司的代表首次参加了全国广播电视工作会议，标志着国家层面对其身份的认可，更象征着国家对其未来发展的鼓励和支持。

“2004 年 1 月，上海开麦拉传媒集团以每年 6000 万元的价格正式获得内蒙古卫视频道 15 年的经营权；北京金天地影视文化公司、深圳泉来实业公司等与贵阳电视台合作成立一家新公司，全面经营贵阳电视台除新闻以外的所有节目内容（包括广告）；唐龙国际传媒集团联手上海东方电影频道获得和中央电视台电影频道分享奥斯卡颁奖晚会国内转播的权利。”[1]到2006年年初，原国家广播电影电视总局再次向社会电视节目制作机构发放了“广播电视节目制作经营许可证”共计1944张，民营电视节目公司的数量再次剧增。到2009年，“经过10余年的发展，光线传媒已经成为中国最大的民营电视制作商和发行商。《娱乐现场》《音乐风云榜》等娱乐节目在全国600余家电视频道播出，真正做到了‘娱乐全中国’。光其业务也拓展到现场活动、电视剧、影视经纪人等电视领域，拓宽了民营电视机构的运营模式”[2]。新千年之后，一匹名为东方风行传媒的民营电视节目公司黑马闯入人们视线。2000年12月，著名主持人李静创办北京东方欢腾文化艺术发展有限公司，所制作的《超级访问》在北京电视台以及全国200多个省市级电视台播出，一举成名，2007年年末正式更名为“东方风行传媒”。2009年6月，其制作的深夜访谈节目《非常静距离》成为电视娱乐访谈节目中难得的一个佳品。[3]

有乐亦有苦。播出渠道的限制，成为众多民营电视节目公司发展的一大掣肘。地方电视台一直是民营电视节目公司的重要播出平台，2004年我国有线电视台和无线电视台合并，有线网不办台，电视台数量急剧减少，对民营电视节目公司形成巨大冲击。2005年1月，北京电视台以调整为由使得光线传媒被迫走出，也显示了民营电视节目公司的劣势。另外，“2004年，嘉实的新闻专题节目《目击者》，因受到另一档自办脱口秀节目《事事关心》（内容涉及敏感国际问题）的影响而被叫停，嘉实的其他节目也大受影响，与全国二百多家频道的合作一度受阻”[4]，也昭示着民营电视节目公司在内容生产上的空间有限。近年来，尤其是2004年至2006年娱

① 刘远军、郭赫男：《我国民营电视发展的几个阶段及其特征》，《新闻知识》2012年第11期，第8—9页。

② 张晶：《光线十年：中国民营电视的诞生与发迹》，《经济观察报》2009年9月28日。

③ 东方风行传媒官网。

④ 刘远军、郭赫男：《我国民营电视发展的几个阶段及其特征》，《新闻知识》2012年第11期，第9页。

乐真人秀节目崛起后，一贯擅长节目策划制作的民营电视节目公司没能抓住这一契机，2006年第四届中国国际影视节目展上，老牌的“民营电视四公子”集体失语，当以《中国好声音》为代表的电视节目掀起真人秀大片时代高潮时，也很少见到那些老牌民营电视节目公司的身影。2003年至2006年，仅实力较强的光线传媒在节目业务上的应收始终徘徊在2亿至3亿元之间。业绩的下滑使得诸多民营电视节目公司不得不考虑转型，光线传媒在不放弃原有业务基础上转而投资内地电影，“而与此同时，曾与光线传媒并称为‘民营电视四公子’的派格太合、欢乐传媒、唐龙三家电视节目公司，则退出了行业”[①]。

三、民营电视节目公司兴起的意义

中国内地民营电视节目公司自产生以来就有先天的政策性不足，这既包括播出平台的国有垄断，也包括来自政策上对其生产内容的严格控制。本身作为市场主体参与市场角逐的民营电视节目公司，融资困难、内部管理和人事问题、人才队伍的缺乏等，也或多或少影响其进一步发展。尽管民营电视节目公司存在着诸多先天不足、后天失调的问题，但它的出现，对于中国电视市场的良性发展和社会多元文化的繁荣，立下了汗马功劳。

首先，民营电视节目公司的兴起催生了中国电视节目市场的建设和成长。1992年以前，我国广播电视节目经营主要是以台际间的节目交流形式出现，各台采用了对方的节目后，用互开稿费的方式作为对节目生产制作方的经济补偿。随着我国市场经济体制的逐渐确立和发展，单纯的以物易物式的节目交流逐渐走向衰弱，正在此时，社会上出现了一批民营电视节目公司，打破传统电视行业节目交易的非市场化惯性，在有限的空间下，力争遵循市场规律，日渐催生出一个相对成熟的电视节目市场。

其次，将资本运作的概念引进电视行业并付诸实践，促进电视产业化

---

① 李晓红：《王长田：勤勉隐忍的骆驼》，《中国经济时报》2014年1月16日，第11版。

进程。2003年年底原国家广播电影电视总局出台《关于促进广播影视产业发展的意见》，明确提出支持开展广播电视产业化运作。产业化运作不是一个抽象的概念，而是一系列以电视节目的生产、经营、播出和相关服务为主要业务范围的企业及其在市场上相互关系的集合。受制于历史因素，作为事业单位的电视台，向经营单位转变的过程相对缓慢。而民营电视节目公司生于市场长于市场，吸纳社会资金并寻求开拓全国节目市场的资本运作，节目运作机制和产品管理模式都更贴近市场。

第三，推动了电视频道专业化建设。目前，中国内地有上千个电视频道，得益于新世纪以来的广播电视集团化推行，这些频道纷纷走上了专业化道路。而专业化频道不专业、大量低水平同质节目的重复，也备受观众的指责。随着数字时代的来临，数字电视、IPTV的发展将会再次催生出大量电视频道。民营电视节目公司正好可以弥补电视台有限的节目制作能力，填补大量专业频道的节目空缺，随着电视节目公司自身的发展，仍将成为推动电视频道专业化的重要力量。

第四，打造精品节目，进一步促进电视内容的多元化。民营电视节目公司作为独立的市场主体，必须遵循市场优胜劣汰的规律，竞争意识是与生具备的，只有出精品节目，才能卖给电视台进而换回前期投资。激烈的竞争使得民营电视节目公司在节目策划和制作上精益求精，像光线传媒的《娱乐现场》、嘉实的《目击者》、其欣然的《幸运52》以及东方风行的《超级访问》《非常静距离》等，过去或现在，都成为电视观众所喜爱的节目。

第五，促进文化创意产业的繁荣发展。文化创意产业是无烟工业和朝阳产业，已经成为当今发达国家和地区产业发展的一个重要趋势。按国家统计局、文化部、广播电影电视总局等单位的统计分类，文化产业核心层，就包括了广播电影电视服务、新闻服务等，且以文化内容的开发为重点，可见广播电视是中国目前极具潜力的文化创意产业之一。然而，受体制因素的阻碍，传统电视台节目缺乏原创性，创新意识不强，大量广播电视产业资源在地区割据、条块分割中消耗，严重制约和限制了广播电视文化创意产业的发展。这些突出矛盾的解决，除了电视台自身改革，更要靠市场嗅觉灵敏、创造力超强的民营电视节目公司。

总体来看，国家对民营电视节目公司的态度经历了禁止、默许到认可和鼓励的三重变化，在这三种政策背景下，我国民营电视节目公司的发展也经历着相应的自发兴起、迅猛发展到繁荣壮大的三个阶段。同时也应看到，电视产业化的现实进程和历史趋势，以及民营电视节目公司在其中发挥了不可或缺的作用，倒逼国家政策持续改进，从而逐步实现了民营电视节目公司的合法化、正规化。在未来的发展道路上，真正实现民营电视节目公司经营多元化以及获得实质上的同等市场主体待遇，仍将成为困扰民营电视节目公司发展的主要问题，但政策的日渐开放，也意味着民营电视节目公司的发展环境将进一步宽松。

第六节　广播电视教育与研究的繁荣

新世纪初叶的十年，我国广播电视发展势头相当迅猛，产业化步骤的加快、一批广电集团的组建、频道专业化改造以及人员、技术等方面大幅提高，广播电视教育蓬勃发展标志着我国广播电视业进入了一个高速增长的时期，与发达国家的差距逐步缩小。2001 年中国正式成为世界贸易组织成员国，随着国家开放力度的加大，广播电视市场的竞争日益激烈。在全行业启动新一轮改革和发展的背景下，广播电视面临更为复杂的内挤外压的新形势，日新月异的实践中出现的许多新问题迫切需要通过理论研究来回答，各级广播电视主管部门对于理论研究越来越重视，投入越来越大，学术研究跟踪热点及时准确，研究领域日益拓宽，研究手段先进，研究成果不但整体上繁荣，还产生一批把中国国情与国际理念有机结合的优秀研究成果。

一、新世纪广播电视教育蓬勃发展

在广播电视教育方面，依旧保持着强劲的发展势头，标志性的发展成果不断涌现。北京广播学院更名为中国传媒大学，突出了传媒特色，把握住了传媒业发展的时代主题，学校各项事业突飞猛进发展。经过20多年发展，我国的广播电视高等教育进入了一个相对成熟的时期，在适应政治导向和市场需要的同时，进行多方面、深层次的培养已经是发展方向之所在。在教育内容上，广播电视高等教育从除了新闻传播类、广播电视艺术类专业为主，发展到涉及通信技术、经营管理等方面，如广播电视工程、电子信息工程、通信工程，经营管理类，如公共事业管理、文化产业管理等，全方位多角度地培养广播电视行业人才，尤其进入新世纪以来，随着新媒体技术的不断发展，广播电视工程与技术方面也取得了长足的进步；在学科建制上，广播电视相关学科专业已经成熟，不仅得到社会的广泛认可也得到国家相关主管部门的认可，广播电视学科体系初步形成，办学层次不断提高。广播电视学成为独立学科。这都对于广播电视的教学和研究产生了重要影响。

1. 从北京广播学院到中国传媒大学

在当今中国高等教育学校中，中国传媒大学是一所专门培养“传媒”人才的学校。其前身是成立于1959年的北京广播学院。随着信息技术革命的风起云涌，在各种传媒形式交叉、融合、汇流的趋势下，新闻传播教育必须以大传播的理念、全媒体的视野，植根广播电视，面向传媒界，为广播、电视、电影、报纸、期刊、网络、出版及新媒体竭诚服务，成为培养和造就高素质信息传播创新人才的摇篮；成为传媒领域科学研究的前沿；成为推动传媒科技成果向现实生产力转化的重要力量。学校提出了传媒领域产学研相结合的办学思路。根据中国传媒大学在广播电视领域的特色和优势，主张“根植广播电视，依托传媒界，面向社会，开放办学”的办学思路，并在实践中得到检验。

中国传媒大学是教育部直属的国家“211工程”重点大学。学校致力于广播、电视、电影、网络、出版、报纸、期刊及新媒体高层次人才培养和科学研究，是一所文、工、管、理、经、法多学科协调发展，以信息传播为特色的综合性大学。1998年，经国务院学位委员会第十六次会议批准，中国传媒大学成为博士学位授予单位，并获得新闻学、广播电视艺术学2个博士点，迈入了招收博士研究生的新阶段。2000年，中国传媒大学新增传播学、语言学及应用语言学、通信与信息系统、电影学4个博士点，并获得新闻传播学一级学科博士学位授予权。硕士点也由“九五”初期的7个增至13个。

新世纪以来，中国传媒大学在两方面取得了突破，学校各项事业更上一层楼。一是经过长达8年奋斗，学校终于在2001年10月通过国家教育部的检查验收，从而正式跨入我国高等教育“211工程”建设百强名校行列。2002年年初，教育部正式决定，将中国矿业大学北京校区东校园“整体并入北京广播学院”。2003年，中国传媒大学增列电磁场与微波技术、戏剧戏曲学2个博士点；经国务院学位办备案批准，在新闻传播学一级学科内自主增列了广播电视新闻学、广告学、国际新闻学、传媒经济4个博士点，以及编辑出版学、舆论学等6个硕士点；获准设立新闻传播学、艺术学、信息与通信工程3个博士后科研流动站。2004年北京广播学院又设立了3个博士后科研流动站。[①] 2004年，“北京广播学院”变更为“中国传媒大学”，2006年，中国传媒的大学发展成为拥有13000余名全日制在校生的万人规模大学。学校从1993年仅有7个硕士点发展到2009年拥有4个博士后科研流动站、24个博士点、48个硕士点、3个专业学位领域，全日制在校研究生人数从不到100人增加到近4000人。

中国传媒大学以“立德、敬业、博学、竞先”为校训，坚持“结构合理、

---

① 赵玉明：《十年来中国大陆广播电视教育的新发展》，《现代传播》2006年第1期，第124页。

层次分明，重点突出、特色鲜明，优势互补、相互支撑”的学科建设思路，充分发挥传媒领域学科特色和综合优势，形成了以新闻传播学、艺术学、信息与通信工程为龙头，文学、工学、艺术学、管理学、经济学、法学、理学等多学科协调发展，相互交叉渗透的学科体系。

中国传媒大学致力于高层次、复合型创新人才培养。建校50多年来，学校培养了大批信息传播领域高层次人才，为党和国家的传媒事业以及经济社会发展做出了重要贡献，被誉为“中国广播电视及传媒人才摇篮”“信息传播领域知名学府”。

作为信息传播研究领域的学术重镇，中国传媒大学致力于传媒内容和形式创新研究、传媒高新技术研发和为政府企事业单位决策咨询服务，形成了一批重要科研成果。学校建有艺术研究院、传播研究院、新媒体研究院和文化发展研究院，建有教育部人文社会科学重点研究基地广播电视研究中心、广播电视数字化教育部工程研究中心、媒介音视频教育部重点实验室、国家语言资源监测与研究中心有声语言分中心、国家工商行政管理总局全国公益广告创新研究基地、文化部国家文化贸易理论研究基地、北京市哲学社会科学研究基地（首都传媒经济研究基地）、国家广播电影电视总局高校人文社科研究基地（新闻学与传播学研究基地、广播电视艺术学研究基地、语言学及应用语言学研究基地），建有“高等学校学科创新引智计划”——数字媒体工程创新引智基地、教育部非通用语种人才培养基地和国家动画教学研究基地。学校主持完成了国家数字中短波广播技术标准制订与系统研制、参与国家手机电视、移动多媒体技术标准制订，在数字广播技术领域处于国内领先、国际先进水平。学校办有教育部“名刊工程”期刊《现代传播》。

学校建有校园多媒体网络、数字有线综合业务网、图书文献信息资源网、现代远程教育网，公共服务体系日趋完善；建有2个国家级实验教学示范中心——广播电视与新媒体实验教学中心、动画与数字媒体实验教学中心，6个北京市实验教学示范中心——广告实践教学中心，动画实验教学中心，影视艺术实验教学中心，传媒技术实验教学中心，电视节目制作实验教学中心等；多媒体教室、演播馆、实验室等装备精良，功能完善；图书馆形成了信息传播学科内容丰富，纸质、电子、网络形式多样的馆藏体系。

学校与200多所国外知名大学、科研与传媒机构建立了交流合作关系。2009年学校发起成立了“传媒高等教育国际联盟”，23个国家和地区的62所知名传媒高校加入“联盟”。学校还是联合国教科文组织“媒介与女性”教席单位，建有亚洲传媒研究中心、欧洲传媒研究中心等国际学术研究机构。由学校主办的亚洲传媒论坛、世界大学女校长论坛、中国传播论坛等高层次国际学术会议，已成为国际传媒界、高教界交流的重要平台。

学校设远程与继续教育学院，采取函授、夜大、现代远程教育等多种教学模式，建立多媒体、多形式、多层次的继续教育体系，为信息传播领域提供全方位继续教育服务。目前在全国30个省、市、自治区建立了8个分院、30个函授站、34个远程校外学习中心。

2. 浙江传媒学院

浙江广播电视高等专科学校创建于1986年，隶属于原国家广播电影电视部。2000年2月转制为原国家广播电影电视总局与浙江省共管，以浙江省管理为主。2000年4月，浙江广播电视高等专科学校和浙江广播电视学校合并（原浙江广播电视学校创建于1978年），组建了新的浙江广播电视专科学校。2003年1月，国家教育部正式批准在浙江广播电视高等专科学校的基础上筹建浙江传媒学院。2004年5月，教育部正式下文批准成立浙江传媒学院。与此同时，新校区在杭州下沙高教园区顺利建成。2009年9月，浙江省人民政府下发了《关于建设浙江传媒学院桐乡校区的批复》，2011年9月，桐乡校区正式投入使用，两校区总占地1286亩，总建筑面积近61万平方米。同时学校通过了教育部的升本评估、教育厅的教学水平评估、学士学位授予权评估，2012年学校成功获得了专业硕士学位授予权。

学校已初步形成以传媒类和艺术类专业为主干，文学、艺术学、经济学、工学、管理学等多学科交叉渗透、协调发展的学科专业体系；学校开设本科专业 34 个，其中艺术类专业 16 个，播音与主持艺术和广播电视编导等 2 个专业为国家特色专业。

3. 山西传媒学院

山西传媒学院是原国家广播电影电视总局和山西省人民政府共建的全日制普通本科院校。学校前身是创办于 1983 年的华北广播电视学校，1990 年经教育部批准，在华北广播电视学校基础上成立“国家广电部管理干部学院”，隶属原国家广播电影电视总局。2000 年学校划转为山西省人民政府主要管理、原国家广播电影电视总局共管共建的原则，更名为广播电影电视管理干部学院，2013 年 4 月经国家教育部批准，在其基础上建立山西传媒学院。学校是现国家新闻出版广电总局动画教学研究基地和国家新闻出版广电总局干部培训基地。

学院设有制作系、艺术设计系、动画系、编播系、传媒管理系、基础部、思政部 7 个教学单位。主要开设影视摄影与制作、播音与主持艺术、动画、广告学、录音艺术、数字媒体艺术、广播电视学、广播电视编导、文化产业管理、广播电视工程等 10 个本科专业。影视动画、电视摄像、主持与播音、影视广告、新闻采编与制作、广播电视网络技术等 27 个专科专业及专业方向。

4. 广播电视专业教育的另一方面军

我国高等院校广播电视教育的办学模式大致有三种。一是综合性大学新闻院系的办学模式，以中国人民大学、复旦大学、武汉大学、四川大学、暨南大学等一批综合性大学的新闻院系为代表。这些综合性大学在创建初期就在新闻教育中涉及了广播电视高等教育，而且设立广播电视新闻学专业的时间较早，并借助多学科并存的优势，立足于著名大学的品牌优势和良好的生源基础，积极探索广播电视教育的新路子。二是传统广播电视专业院校的办学模式，以中国传媒大学为代表。其悠久的办学历史、雄厚的师资实力、完善的教材、良好的教学设施条件、在广播电视系统内较高的声誉和威望是其优势。这些院校在全国广播电视教育中起带头与示范作用，他们的办学模式在新的历史条件下不断发展。三是专业院校的办学模式。随着近年来我国办学环境的宽松和教育改革，原先在一定范围内的各类型院校开始尝试向多学科领域发展，并根据自己院校的特点结合新型专业办学，如语言、民族、农林、师范、财经、体育、政治、理工类院校创办的广播电视专业，以学科交叉、文理渗透、追求特色的新型办学思路引人注目。这类专业点有着师资交叉易于思维拓展、院系课程设置有特色等特点，但总体上还有待于提高和充实。①

新世纪以来，随着广播电视业的快速发展，对于广播电视人才需求量越来越大。有越来越多的高校加入广播电视人才培养的队伍中来。以广播电视编导专业为例，2001 年以前，国内有北京大学、中国传媒大学、东北师范大学、吉林艺术学院、哈尔滨工业大学等 20 所高校开设了广播电视编导专业，此后，该专业迅速在全国范围内扩展。越来越多的综合性大学、师范类院校、理工类院校以及农林类院校，结合自身特色，开始了差异化办学。

截至 2010 年，全国开办广播电视编导专业的高校（不含民办院校）达到了 112 所。这些高校的培养模式各有特色，在新世纪的十年中，它们成为广播电视培养专业人才的另一重要方面军，对我国广播电视事业的贡献功不可没。主要代表学校有：北京大学、中国传媒大学、河北师范大学、辽宁大学、沈阳大学、吉林大学、东北师范大学、吉林艺术学院、东北农业大学、哈尔滨工业大学、哈尔滨师范大学、同济大学、华东师范大学、上海戏剧学院、上海大学、南京师范大学、四川大学、成都理工大学、四川师范大学、西北师范大学、新疆艺术学院等。

---

① 蔡尚伟：《广播电视新闻学》，复旦大学出版社，2006 年版，第 274 页。

5. 民办广播电视教育方兴未艾

近些年来，在民办高校中也开始设置与广播电视相关的专业点，办学定位于一线技术、管理等应用型人才，注重培养广播电视新闻采、写、编等基础实践方面的能力。创办于 2004 年的中国传媒大学南广学院，是中国传媒大学与华夏视听传媒集团等社会资本合作，经教育部批准创建的全日制本科层次高等院校，共开设 36 个本科专业，90 个专业方向，致力于培养新闻传播领域的专业人才。中国传媒大学南广学院是中国传媒大学设立的唯一一所独立学院，也是江苏省唯一一所传媒类教学应用型独立院校，也是当前广播电视教育领域中民办院校的排头兵。独立学院已经成为我国教育的一种重要力量。截至 2009 年 9 月，在全国 375 所独立院校中，设有新闻相关专业的有 100 多所，其中，开设有广播电视新闻专业的有 23 所，[①] 主要培养广播电视新闻专业应用型人才，层次主要有专科和本科。与国内公办高校相比，我国民办高校的办学定位于培养一线技术管理销售应用型人才。作为强调实践的广播电视专业被越来越多的民办高校列为重点建设专业。

中国传媒大学南广学院依托中国传媒大学独具特色的学科专业优势，根据“大传播、全媒体、综合性、应用型、国际化”的办学理念，现设有播音主持艺术学院、广播电视学院、新闻传播学院、国际传播学院、摄影学院、演艺学院、艺术设计学院、动画与数字艺术学院、文化管理学院、传媒技术学院等 10 个二级学院和 1 个思政与基础教学部。开设了 36 个本科专业，90 个专业方向，基本覆盖了文化传媒各个领域。其中，播音与主持艺术专业为江苏省“十二五”时期重点建设专业。截至 2010 年前后，在校本科生已突破 11000 名，其中，艺术类占 60%。现有一批在教育界、传媒界卓有成果的教授，还有诸多富于创新精神的中青年学术带头人和充满活力的青年教师。

---

① 肖娜、赵晓玲：《独立学院广播电视新闻专业人才培养模式探析》，《新闻知识》2009 年第 12 期，第 77 页。

中国传媒大学南广学院定位于把学院建设成为特色鲜明、国内知名、国际化发展的教学型传媒院校，发展成为中国应用型本科传媒人才培养基地、传媒从业人员继续教育基地和传媒内容创研制作基地。

二、广播电视理论研究硕果累累

1. 研究队伍不断壮大，研究视域越来越宽

21 世纪的头十年，在日益成长壮大的理论研究队伍中，除原有广播电视系统、高等院校的人员更新换代以外，一些其他人文社会学科的专业理论工作者也纷纷“触电”，加入广播电视理论研究的行列中来，使广播电视理论研究队伍有了整体上的改观，队伍素质大为提高。特别是 2004 年 4 月，原国家广播电影电视总局组建发展研究中心（初期与规划院合署，2007 年 2 月独立）以来，专门开展广播电视宏观政策、发展战略、法律法规、体制改革、产业和新媒体发展等重要课题的研究，收集分析国内外广播电视行业发展动态，发布广播电视行业发展年度报告、视听新媒体发展报告等，较好完成近 80 项重要或重大课题研究工作，得到中央领导和社会各界的肯定。该中心由最初的十几人，到 2010 年发展成一支以博士为主体的近 40 人的学术研究力量，成为近几年广播电视行业开展政策和热点问题研究的中坚力量。与此同时，各地广播电视机构 20 世纪建立的研究室，在 21 世纪的头十年纷纷更名为“研发中心（部）”，除保留研究职能外，还大力开展新节目形态研发和媒介产品开发研究，研究人员呈现年轻化和高学历化趋势。可以说，以国家新闻出版广电总局发展研究中心为代表的新一代研究机构的出现，使我国广播电视理论研究骨干队伍由以往的以中老年为主转变为以中青年为主，学历结构也发生了质的变化，战略式课题研究的效率大为提高，决策和应用理论研究面貌大为改观。

随着研究视角的扩大和对国外成果的借鉴，我国广播电视理论研究的方法手段更加多样、内容对象更加广泛。比如，在方法手段上，大量借鉴相关学科的视角切入，采用数据统计、个案调查相结合，采用符号学、叙

事学和比较研究进行综合分析，使研究结论的可信度大为提高；在内容和对象方面，不仅关注传者，还有传播观念变迁研究、受众（效果）研究、体制机制研究等；不仅关注主流话语，还有对较为边缘问题的探讨，如对农传播、对弱势群体传播等；还能够在比较视野中观照中西广播电视的异同，得出的结论更具科学性和学理性。

此外，中广协会（学会）、各省级协会（学会）及其专业委员会围绕行业特点，开展行业调查。对于三网融合、产业发展、受众调查、新兴节目、机制创新以及广播电视与民族发展、与新农村建设、与国际舆论建构等诸多问题，均有关注。总之，新世纪广播电视理论研究正呈现跨学科、高融合、多样化的特征，广播电视理论体系日益走向健全、成熟。

2. 理论阵地进一步扩大，学术空气活跃

进入新世纪以来，我国广播电视学术期刊发展进入一个新时期。截至2010年年底，全国广播电视学术刊物超过100种。较之20世纪90年代，学术刊物在质量上和数量上都有提高。《中国广播电视学刊》不断跟踪行业热点，加大了学术征文的力度；《现代传播》总结30年办刊经验，从2010年起由双月刊改为单月刊，扩展了理论阵地；创刊于1996年9月的《南方电视学刊》始终秉持“新锐、前瞻、深度”的定位，2010年取得国家正式刊号。

创刊于1985年3月的《电视研究》由中央电视台主办，其刊物定位为“电视实践的理性思考”，创刊20余年来始终坚持以研究并传播电视应用理论信息为主。常设栏目“本期话题”作为集中讨论业界、学界重大热点及发展态势的栏目，选取前沿、鲜活同时也极具实践指导价值的选题，约请电视界内外从事理论研究的专家学者有针对性地集中研讨，有力地推动了电视理论和实践的深入发展。

广播电视期刊作为广播电视理论和业务研究成果的传播平台，为广播电视实践提供理论依据和方法指导，在一定程度上改变了广播电视领域重实践轻理论的倾向，促成了广播电视理论研究格局的形成，填补了某些领域的理论研究空白，推动了广播电视理论体系的建立，并为深化广播电视改革提供了一定的理论依据和学术支持。

截至2009年年底，全国广播电视刊物超过100种；而到2010年，全国广播电视期刊总数约180种，其中公开发行的近60种，并且刊物的质量和数量都在不断提升。经过多年的发展，全国范围内基本形成了以《中国广播电视学刊》《现代传播》《电视研究》《南方电视学刊》四大媒体理论刊物为主题的广播电视期刊方阵，形成了各具风格特色的广播电视理论研究格局。尤其是作为统领全国广播、电视、报纸、期刊的国家一级学会“中国广播电影电视报刊协会”，为广播电视期刊的健康发展起着建设性、引领性的作用，其下属的“广播电视期刊专业委员会”每年定期举办各种主题的研讨会和优秀新闻作品评奖活动，于2008年评选出了10家“首届中国广播电视十佳学术期刊”和两家“首届中国广播影视品牌期刊”，这些举措为营造广播电视领域的学术气氛，推动广播电视理论的深入研究创造了有利的条件。

经过业界与学界多年的努力，在广播电视期刊及其他刊物上所呈现出的广播电视理论研究成果日益丰厚，基本上搭建起了具有中国特色的广播电视领域研究的理论框架和学科体系。

这一时期，新增两份省级期刊。创刊于2002年1月的《西部电视》以服务西部为目标，由四川电视台、重庆电视台、陕西电视台、贵州电视台等联合主办；创刊于2005年3月的《北方传媒研究》，由北方传媒研究中心与吉林省广播电视媒体共同主办，该杂志是东北地区第一家跨媒体、跨区域的传媒理论刊物。

新世纪广播电视研究专著也日益丰富，水平不断提高，一些具有突破性研究成果的著作把广播电视学术理论研究推向新高度。《中华人民共和国广播电视简史》[①]（1949—2000）是原国家广播电影电视总局主持完成

① 徐光春主编：《中华人民共和国广播电视简史》，中国广播电视出版社，2003年6月版。

的我国第一部系统记录新中国广播电视发展历程的史书。全书45万字，共六章，史料丰富，对宣传业务记述较为全面，具有思想性和权威性，是当代中国广播电视史研究的重要成果。

《中国广播电视通史》[①]以新中国成立为界限，分上、下两卷，共十章60余万字。上溯至1923年中国境内出现第一座广播电台，下至2000年，对20世纪我国广播电视的成长轨迹和重大史实作了全景式的描述和评析。《通史》是列入国家哲学社会科学“七五”规划项目的课题，是广播电视系统首次获得国家社科基金立项，它的出版，对夯实广播电视史学的学科基础，深化广播电视史学研究有着重要现实意义。

《中国广播电视新论》[②]是原国家广播电影电视总局委托中广学会实施的重点课题项目。作为基础学科的研究成果，全书50万字，分为广播电视历史论、属性伦、功能论、宣传论等共12章。该书在受众研究、产业经营成效、管理体制改革等方面提出不少真知灼见。

还有一批著作在这一时期产生较大影响。它们是：刘习良主编《中国电视史》（2007年）、胡智锋《中国电视观念论》（2000年）、欧阳宏生《电视批评论》（2000年）、时统宇《电视批评理论研究》（2003年）等。

可以看出，这一时期广播电视史学研究成果呈现权威、翔实、精专的特点，个别领域有所突破；基础理论研究跟踪了时代发展的步伐，成果具有一定的时新性；应用理论和决策研究继续向又深又广两个方向发展。

3. 中国广播电视协会转换职能，学术号召力进一步提升

进入新世纪以来，中国广播电视协会（简称中广协会）继续承担“组织广播电视战线的广大工作者和理论研究者进行深入研究探讨，探索广播电视的发展规律，切实把握广播电视的新动向、新趋势，为推动我国广播电视大发展大繁荣提供理论支撑和建设性意见，为广播电视服务中国特色

① 赵玉明主编：《中国广播电视通史》（上下卷合印本），北京广播学院出版社，2004年1月版。

② 张振华主编：《中国广播电视新论》，中国广播电视出版社，2004年8月版。

社会主义建设、实现中华民族伟大复兴贡献力量”的任务。原中广学会在2004年8月更名为“中广协会”之后，依然努力发挥学术理论研究阵地的作用，围绕我国广播电视发展的实际需要，制定规划，提出选题，组织攻关，学术号召力进一步增强。

在新世纪头十年，中广协会组织学术年会、高端论坛及各类主题研讨会、推介会70多场，直接听众万余人次；编撰、出版广播电视学术著作50余部；举办4届广播电视学术论文评选活动，评出获奖论文417篇（其中七届116篇、八届114篇、九届94篇、十届93篇），另十一届100篇；举办3届广播电视学术著作评选活动，评出获奖著作115部。除此之外，还开展了一系列创新工作：（1）成立学术委员会，组建学术研究基地；（2）组织评选“十佳百优”广播电视理论人才，建立理论人才库；（3）开展“年度学术理论研究项目”招标工作。

◆ 本章小结

新世纪以来，在广播电视频率频道专业化的优势更为明显，节目更加专业，受众群体固定，吸引了更多的广告商投放广告，获得了良好的经济效益，广播电视产业在蓬勃发展。

广播电视不断在进行改革与创新，满足受众的多元化需求。这一时期广播电视频率频道专业化快速发展，使得受众拥有更大的内容选择权。频率频道专业化，是广播电视行业分工的必然，是受众市场细分的需要，也是媒体竞争与产业化的必然结果。

广播电视的数字化网络化在不断发展。进入新世纪以来，随着新媒体的发展，广播电视媒体也积极寻求与新媒体的合作之路，涌现出了一些新的媒体形态，如移动电视、楼宇电视、网络电台、网络电视台等，这给广播电视的发展注入了活力，数字化网络化已成为广播电视媒体的发展注入了勃勃生机。

具有中国特色的广播电视公共服务发展模式初步形成，取得了很好的社会效益。“村村通”“西新工程”的实施，解决了中国农村地区以及西部边远地区广播电视的覆盖问题，为进一步发展壮大我国广播电视新闻事业提供了有力的保障，此外，这对中国社会的平衡和持续发展还具有深刻而长远的意义。

广播电视产业发展壮大。新世纪以来，我国广播电视产业形成了多个门类蓬勃发展的态势，产业链条逐步完善，产业领域不断拓展，面向市场的理念与市场运作的模式日趋成熟。这一时期，民营电视节目公司开始兴起和发展，民营电视公司以市场生存，市场越广阔，其发展空间越大，很多电视节目公司产品直接面向众多地方电视台，形成一个联播网，突破了广播电视的地域壁垒。

总体来说，进入新世纪以来我国广播电视发展势头迅猛，产业化步骤加快，广播电视教育事业蓬勃发展也促进了广播电视事业的繁荣，可以说我国广播电视业开始进入了一个高速增长时期。

第十章　1949 年以后香港广播电视业的发展

1923 年，香港一批业余无线电爱好者自发开展实验广播活动，揭开了香港地区广播事业发展的帷幕。香港广播电视事业发展成长于英国殖民统治时期，因此自身带有浓重的商业属性，从一家电台到如今的四家电台，从 20 世纪 50 年代电视事业的起步，到如今辉煌且兴盛的电视市场，被商业裹挟的香港广播电视业在竞争中得到了快速发展。待到 1997 年香港回归祖国怀抱，香港特别行政区的广播电视事业得到了更加优越的发展环境，除了自身事业的进步，还借助内地无限广阔的市场，为自身的发展添砖加瓦，从交流经验、技术到交流人员，从节目交换到合拍节目，香港特别行政区的广播电视事业开启了崭新的发展历程。除此之外，香港对于广播电视的管理也在逐渐健全，管理机构与法律条例并行推行，为香港广播电视事业的健康发展保驾护航。在 20 世纪的 76 年的发展中，香港的广播电视事业经历过辉煌也经受过坎坷，如今正在向前迈进。

第一节　香港广播事业的发展

香港广播事业开始于 20 世纪 20 年代，一直发展缓慢，直到 20 世纪 50 年代末，商业电台的产生为香港广播事业带来了激烈的竞争，这才开始较快发展。伴随着香港回归和新世纪的到来，香港广播事业有了长足的进步。纵观其发展历程，大致可以分为三个阶段：50年代到60年代末为第一阶段，70年代到80年代末为第二阶段，90年代以后为第三阶段。

1. 20世纪50年代到60年代末：两大商营广播诞生，为香港广播事业添活力

香港广播事业起始于1923年，当时一群香港市民自发组成无线广播社，不时播发时事消息、音乐剧等。1928年6月30日，在港英政府的资助下，香港电台开播，呼号为GOW。1929年，该台呼号改为ZBW，也就在同年，港英政府宣布这个电台为政府所办，并成为香港地区唯一一座公共广播机构。随后设立中文台，呼号为ZEK。1948年8月，港英政府将两台呼号合并，正式定名为“香港广播电台”（RADIO HONG KONG，简称RHK或香港电台）。50年代到60年代的香港电台播出过许多深受听众欢迎的节目，如《掌上明珠》、《广东话》、第一个烽烟节目《电话说心声》等。香港电台曾归属过公共关系部门、香港政府新闻处，1954年，港英政府将香港电台改成一个政府部门，其主要财政来源是政府拨款。在电台构架上，香港电台设广播处长一职，负责制订符合香港电台《节目制作人员守则》的编审制度，并对所有编辑决策担负最终责任。同时，香港政府委任跨界人士组成顾问委员会，就有关香港电台服务的事宜向广播处长提供意见，包括编辑方针、节目标准、服务表现评估、服务改善、让公众参与广播等，听取有关香港电台节目投诉的报告和公众意见调查报告，加强香港电台的管制和对公众的问责。

在香港广播发展的初期阶段，广播的管理制度十分严格，港英政府规定未经当局批准并获得经营牌照，任何民间商业机构不得经营广播电台，因此从1928年6月30日到1949年年初“丽的呼声”出现以前的这20年里，香港地区只有香港电台。

1949年3月22日，港英政府批准英国丽的广播公司在香港开办有线广播，中文名为“丽的呼声”（Rediffusion Hong Kong），这是香港广播史上港英政府批准设立的第二家广播机构，也是香港首家商营有线电台。开播之初，“丽的呼声”设有一个中文台（Silver Network，也称银色中文台）和一个英文台（Blue Network，也称蓝色英文台），播出时间为每天早晨 7 点至午夜 12 点，电台节目除本台自制以外还会转播香港电台的节目。1956 年，“丽的呼声”开办第二个中文台——金色电台（Gold Network），每天除了播出 5 个小时的普通话节目外，还会播出 7 个小时的粤语节目、两个小时的潮州话节目以及各一个半小时的上海话和其他方言节目。由于“丽的呼声”注重节目质量，节目很受听众喜爱，用户数量直线上升，到 1959 年，“丽的呼声”用户达 6.5 万户，听众近 100 万人左右。

20 世纪 50 年代香港市民对广播节目多元化的需要越来越强烈，1957 年，港英政府决定发放第二个商营广播电台牌照，由商业广播有限公司取得。1959 年 8 月 26 日，由香港企业家何世义创办的香港地区第三家电台——香港商业电台（Commercial Radio Hong Kong，简称商业电台）正式开播。开播之初，发射功率 1000 瓦，商业电台设有中文和英文两个中波台，播出时间从早 7 点到晚 12 点。节目内容上，由于当时港英政府规定商业电台不能自办新闻节目，所以当时商业电台的节目以广播剧、娱乐和音乐节目见长，长此以往，这三种节目类型就成为商业电台的品牌节目。

2. 20 世纪 70 年代到 80 年代末：公营电台谋求转型，香港广播重新洗牌

20 世纪 70 年代，中英两国的正式建交扩展了香港与中国内地合作的空间，合作项目增多，刺激了香港经济的快速发展。80 年代开始，伴随着中国内地改革开放力度的不断增强，香港凭借其港口位置成为中国与世界连接的重要窗口，因此香港与内地紧密的联系为香港广播事业的继续发展创造了有利条件。同时，港英政府在这一时期开始鼓吹新闻自由，放松对广播机构的规制，香港的广播业进入转型期。

一度以政府部门身份存在的香港电台开始向公营机构转型。1973 年香港电台设立新闻部，与政府新闻处脱离关系，成为独立部门，并制作大量的对话节目，提供让市民及社会团体自由发言的公共空间。在节目制作方面保持公正客观的立场，以及增加鼓励公众参与的节目。香港电台又进行了内部改组，按照对象和内容更明确地划分各台的定位，使它们更具特色。最后，制作一些针砭时弊、甚至批评政府或政策的节目，如20世纪70年代末推出的《铿锵集》，引起广泛的回响。

1974年年初，香港电台扩展为四条频率：第一台是以中波播出的中文台，第二台是以调频播出的中文台，第三台是以中波播出的中文台，第四台是以调频播出的英文台。1978年，香港电台又开办了第五个台，是一个中英文双语调频电台，主要用于转播英国广播公司的海外节目。1989年，香港电台又开办了第六台和第七台两个新闻台。香港电台在这一时期仍然为香港广播事业开拓创新了许多节目，比如推出了儿童剧《小时候》、首个公众论坛节目《城市论坛》、与警方合作的《警讯》、写实戏剧《狮子山下》等。

在香港电台发展的同时，香港第四家广播电台——英军广播电台于1971年开播了。它是英国国防部下属伦敦英军电台总部的分支机构。开办之初只在晚上播出两个小时的尼泊尔语节目。1987年，该台英语台24小时播音，尼泊尔语台每周时长总计80多个小时。英军电台的节目类型主要为音乐、新闻和教育等。

伴随着新电台的开播与这一时期香港电视事业的发展，“丽的呼声”于1973年9月底宣布正式结束其开办了24年的有线广播服务，丽的呼声（香港）有限公司开始全力进军香港电视界。这十年间，香港的广播成为香港电台、商业电台与英军广播电台的天下。

3. 20世纪90年代以后：三大电台一较高下，香港广播步入激烈竞争期

1990年以后，随着香港地区的主权逐渐从英国转移到中国，香港社会发生了很大的改变。经历了1997年亚洲金融风暴和1999年股市震荡，香港经济在曲折中发展；在香港主权移交前后，人们也曾为主权的变化而一

度焦虑，导致香港电影电视市场上出现以周星驰为代表的无厘头电影走红，以缓解当时人们的心情；并且香港广播于 2007 年步入数字广播的时代，香港的广播事业在这样的大环境下日益发展前进。

（1）三大电台的竞争。

20 世纪 90 年代初，港英政府把开办第二家商营广播电台的牌照批给新城广播有限公司，于是 1991 年 7 月 1 日，香港的第二家商业广播电台诞生——“新城广播有限公司”（Metro Broadcast Corporation Limited，简称“新城台”）。该公司由香港嘉禾电影公司、德宝电影公司、和记通讯三大财团以及美国广播集团合组。新城台成立之初有三个频率，全天 24 小时广播，分别是以播放粤语歌曲为主的中文劲歌台、英文采讯台和双语金曲频率。其中英文采讯台是当时亚洲唯一的全天 24 小时广播英语新闻的电台，并且每半个小时播出一次本地新闻。后新城台进行了二次改革，将“劲歌台”最终更名为“新城娱乐台”，主要以娱乐资讯为主；“金曲台”更名为“新城财经台”，以财经时事为主，并逐步增多了外语广播；采讯台增加了粤语和其他语种的新闻播报，并且部分时段转播中国国际广播电台的节目。

新城台的成立改变了香港广播市场，提升了广播的竞争压力，比如新城台开台就从香港电台、商业电台以重金挖走很多员工，令两台不得不开始进行节目创新以应对人才流失，在 2009 年以前进行过大大小小多次改革，对两个老牌电台——香港电台和商业电台形成了不小的威胁。

面对新城台的来势汹汹，香港的三大广播电台展开了激烈的竞争，集中表现在新闻资讯节目上。作为国际金融贸易中心的香港，听众对新闻资讯及时性的要求极高。香港各家电台发挥无线广播在这方面的优势，使电台节目实现资讯化。各电台不惜高投入，必要时还动用直升机，尽量提供及时、密集的新闻资讯报道，做到每半小时、每一刻钟乃至每几分钟报道一次。

另外，三大电台还将竞争的关注点放到了采用最新传播技术、提供更加优质化的广播服务上来。比如商业电台在1999年开始与巴士合作，在巴士上安装收音设备播放叱咤903的节目；香港电台利用最先进的“双向交流电话语音系统”，于1996年4月推出“新闻通”和“节目通”服务，使电台听众无论身处香港或海外，只要通过电话拨打“新闻通”或“节目通”热线，就可听到最新的新闻节目，或收听到香港电台某个频率的节目。

三大电台在一较高下的同时，香港政府对广播市场的经营权逐渐开放，逐步引入新的经营商。2008年11月12日，香港特区政府批准第四家电台牌照，由香港前立法会议员郑经翰创办的雄涛广播有限公司（Wave Media Limited）是一家商业电台，它就是香港数码广播有限公司（Digital Broadcasting Corporation Hong Kong Limited，缩写为DBC）的前身，在2009年12月11日使用220.352兆赫进行了试播，计划于2010年11月正式开播。

（2）回归前的香港广播事业。

在1997年回归之前，广播就开始不断增加内地信息。新城采讯台从1995年开始，每天播出中国国际广播电台提供的《你好香港》的特别节目，向香港听众介绍中国内地的经济发展、社会进步和文化体育等情况。同年，新城台又增加了《发展新大陆》节目，主要反映全国各地的社会民生，取得了良好的收听率。1996年，新城台进一步扩大与中国国际广播电台的业务合作，为中国国际广播电台开辟2个小时的节目时间，推出普通话《今夜星空》节目，增加了有关内地话题的内容。商业电台在1995年与中国国际广播电台联合推出了《基本法知识竞赛》节目。1996年，商业电台又推出了公共事务节目《政经星期六》，节目以专访形式，与政府官员、社会精英等讨论香港的未来。香港电台第五台在1996年推出杂志性节目《长音万里行》，以轻松明快的形式加强人们对普通话的兴趣。后于1997年3月31日开设了全港第一个普通话电台——普通话台，取代了香港电台原有的第七台相关服务，开办了《唱谈普通话》，以新颖的形式教香港人民学讲普通话。

1997年7月1日，香港正式回归祖国，香港广播界对九七政权交接及其相关活动作了全面深入的报道。香港电台以粤语、英语、普通话全面报道了政权交接仪式及庆祝活动，并且通过主持人与世界多个华语电台互通消息，报道世界对香港回归的反应，纷纷推出了《香港精神》《九七倒数》《蓝图 2000》等节目。新城电台和商业电台也进行了数小时的实况报道。

自 1997 年 7 月 1 日开始，全港有 3 家广播电台，即香港电台、商业电台和新城电台。其中香港电台从回归后由港英政府的香港电台变为香港特别行政区府的电台，下属有 5 个台，每天均 24 小时播音，听众总人数占全港 9 岁以上人口的 85%；商业电台下属有 3 个台主要以广告宣传、流行歌曲、广播剧集、新闻、财经报道等为内容；新城电台下属 3 个台，主要提供流行歌曲、娱乐节目和消息报道。而于 1971 年创办的英军电台，随着中英政权交接，于 1997 年 6 月 30 日晚关闭，结束了在香港的广播。

（3）回归后的香港广播事业。

香港回归后，香港市民的民主期望越来越高，加上 1997 年金融风暴、地区失业、社会贫富差距扩大等问题，香港进入了一次长时间的经济衰退期，社会问题层出之时，广播在此时发挥了重要的“代议功能”，特别是 2003 年“非典”期间，大量烽烟（Phone-in）节目[①]的出现，如香港电台的《自由风自由 Phone》、商业电台《风波里的茶杯》、新城电台的《新香蕉俱乐部》等节目，为市民提供了讨论平台，受到广大市民欢迎。

1989 年，港英当局曾允许香港电台改为公营广播机构，但未能落实，90 年代初港英政府又提出将香港电台“公司化”的计划，但最终也未能实现。香港回归后，对香港电台定位与发展方向的讨论更加热烈，在讨论中曾出现过三种不同的声音：其一，主张维持现状不变，继续作为政府部门，这被认为是最保守的一种取向。其二，认为香港电台应彻底地转变为政府喉舌，但这对于香港电台而言无异于走回头路。其三，支持香港电

① 烽烟节目：烽烟是香港对 Phone-in 的音译，是一种即时现场直播的节目。节目中观众致电与主持人或嘉宾直接对话、发表意见。Phone-in 节目可以是电台节目，也可以是电视节目。它的作用主要是作为沟通双方的平台，使大家可以平等直接的对话。

台进行“公司化”改革成为独立的公共广播机构。终在长达10余年的政策咨询与讨论后，2009年9月22日，香港特区政府明确宣布“由香港电台肩负香港公共广播机构的使命”，“继续以政府部门的身份服务市民”[①]。2005年4月开始，香港电台推出了数码广播，这个广播提供的是高品质的音效。至2009年，香港电台每年制作节目51379小时，其中新闻节目6668小时。

自回归祖国后，特区政府确立了“促竞争、重科技”的规制取向，鼓励广播业界公平竞争、投资并积极采用新科技，香港广播逐渐向着数字化、网络化方向发展。由于香港地形多山少平地，且楼宇众多，移动的情况下接收广播容易造成“多径传播”[②]的干扰，影响收听效果。而数字广播具有可提供的频率数量大，音质佳，覆盖面广，抗干扰能力强等优点，因此，早在1998年香港就开始致力于发展数字广播。香港资讯科技及广播局联通香港三大电台进行了第一次数字声音广播测试，并且在香港岛歌赋山及九龙笔架山设置了数字发射器。2004年到2006年间，香港电台进行了三次数字声音广播的测试，并且于2009年表示，经过十年的测试，香港电台已经做好数字广播的准备。目前，雄涛广播已于2009年12月开通了7条数字广播进行试播，香港广播的数字广播时代已经到来。

随着互联网时代的到来，广播网络化也成为香港广播的发展趋势。香港三大电台开设自己的官网，提供完整节目在线试听，依托网络扩大节目的收听范围。其中，香港电台的网络服务更加完善。香港电台在1994年12月推出了自己的网上服务——香港电台网站（rthk.hk，后更名为香港电台网上广播站，www.rthk.org.hk）。2000年以来，香港电台开始全面拓展自己的网上服务功能，每天直播全部频率的节目，及时提供广播的中文新

① 商务及经济发展局网站：《香港电台肩负公共广播使命》，http：//www.cedb.gov.hk/ctb/chs/press/2009/pr22092009.htm，2009年9月。

② 多径传播：指无线电信号分割为二或多个讯号的副本，经过多个路径抵达接收天线的传播现象。大气层对电波的散射、电离层对电波的反射和折射，以及山峦、建筑等地表物体对电波的反射都会造成多径传播。

闻文本，还增加特别现场录音，让听众能够第一时间听到原声。2005 年，推出了 myrthk 功能，公众能够依据自己的喜好建立个人香港电台网上频率，个性化的功能为香港电台互联网上的发展增添动力。

截至 2009 年年底，香港地区共有 4 家广播电台：香港电台、商业电台、新城电台和雄涛广播。4 家电台共有 20 个频率，其中商业电台和新城电台都各有三个频率，拥有两条粤语超短波（FM）频率和一个英文中波（AM）频率；雄涛广播在 2009 年 12 月 11 日开始试播，拥有 7 条数码频率；唯一的公营电台香港电台则拥有剩余的 7 个频率，每周节目制作量约为 2016 小时。

2009 年香港三大类广播电台及其频率

分类	电台	频率
商营电台	香港新城广播	财经台 知讯台 采讯台
	香港商业电台	雷霆 881 叱咤 903 AM864
	雄涛广播	Channel 1 数码中文金曲台（Hong Kong Legend） Channel 2 数码天碟台（Audiophile） Channel 3 数码英文金曲台（Golden Oldies） Channel 4 数码古典音乐台（Classical Music） Channel 5 数码戏曲台（Chinese Opera） Channel 6 数码亚洲音乐台（Asian Music） Channel 7 数码怡情音乐台（Easy Listening）
公营电台	香港电台	第一台 第二台 第三台 第四台 第五台 第六台 普通话台

第二节　香港电视事业的发展

香港电视事业开始于20世纪50年代，由于成长于资本主义市场环境下，香港电视天生带有竞争性，因此造就香港电视繁荣与失控发展的双重方向。统观香港电视事业的发展，大致分为三个阶段：1957年到20世纪70年代是香港电视事业初期发展时期，20世纪80年代香港电视进入竞争时期，20世纪90年代以后是香港电视事业发展的新阶段。另外，香港地区的电视大部分是商营电视台，但公营电视台也介入其中，香港电台电视部则是香港电视事业中特殊的存在。

1. 1957年到20世纪70年代：电视事业诞生，迎来初期发展

20世纪60、70年代的香港社会发生着剧烈的变化，国际资本大量涌入，华人财团崛起，推动香港经济多元化的同时，为香港电视事业的诞生注入了经济动力；港英政府也陆续批准电视台开播，但对电视台的管制仍然严格，这使得香港电视事业在诞生初期发展缓慢。

1957年5月29日，“丽的映声”（Rediffusion Television，RTV）在香港开播，正式拉开了香港电视业的序幕。该台由丽的呼声（香港）有限公司创办，是亚洲电视有限公司（Asia Television Limited缩写为ATV，简称亚洲电视台或亚视）的前身。“丽的映声”是一家收费电视台，开台之初用户达到640家。1973年，增加新股东，改组为丽的电视广播有限公司，但英国资本仍然占80%。

“丽的映声”当时只有一个黑白有线英文台，每天从19点到23点播出，节目大部分是从国外购买来的电影、纪录片和新闻片，只有少部分时间穿插播送中文节目，没有自制节目。1963年9月，“丽的映声”增设中文台，以广东话为主要播音语言，开台当日就为观众奉上了香港电视史上第一部喜剧《妙趣横生》。1973 年，“丽的映声”电视结束了 16 年的黑白放映，台名也由“丽的映声”改为“丽的电视”。从 1976 年起，该台与香港电视广播有限公司合资购买了卫星转播新闻的专利权，每天早晨可放映国际新闻纪录片，还添置新设备，收录转播内地广东电台的新闻节目。[①]1978 年，“丽的电视”改为 24 小时全天播放模式。

1967 年 11 月 19 日，香港“电视广播有限公司”（Television Broadcasting Limited，缩写为 TVB，简称无线电视）成立。该台是香港第一家商业无线电视台，由香港利氏家族的利孝和联合邵逸夫等本港知名人士、英美外资财团合股创办，利孝和任董事会主席。

无线电视台自开播之初便使用彩色播映系统，正式开播时有翡翠台（中文台，粤语）和明珠台（英语台）两个频道，每天从 18 点到 24 点播出。开台当天，无线直播了《澳门第十四届格兰披治大赛》，成为香港电视史上首次实现现场直播的电视台。70 年代，无线开始提高电视台设备技术水平，使用电子采访设备进行新闻报道，利用人造卫星对尼克松访华进行现场直播，无线的新闻时事节目得到了初步的发展，开办了《新闻特写》《广角镜下》《焦点》等栏目。

1975 年 9 月 7 日，香港的第三家免费商营电视台，也是香港唯一一家纯中文电视台——香港佳艺电视有限公司（Commercial Television，简称“佳视”）成立，该台由六家机构合资开办，分别是商业电台、怡和洋行、《星岛日报》《华侨日报》《工商日报》及 1976 年入股的林炳炎（恒生银行创办人之一）家族。在 6 个股东当中，商业电台拥有最大的主导权，商台董事长何世义一直兼任佳视总经理，直到 1976 年林氏家族入股为止。

该台开创了成人教育电视节目的先河，每天晚上为上班族播放包括汽车修理、英文等课程。自 1976 年，“佳视”播出了自制武侠剧《射雕英雄传》后，在香港一时掀起了拍摄武打片的热潮。随后，“佳视”走上了“武侠风”的节目路线，先后推出《神雕侠侣》《雪山飞狐》《鹿鼎记》等多部武侠剧，

① 李献文、何苏六：《港澳台电视概况》，北京广播学院出版社，2004 年版，第 10 页。

均取得了较好的收视率。1978年8月22日，佳艺电视台宣布因经济发生困难而停止营业，“佳视”从创办到停播仅存在了两年多时间，使得香港电视事业又回到了“丽的映声”与无线电视台两强竞争的局面，并且两家电视台的激烈竞争贯穿了整个80年代。

2. 20世纪80年代：双雄争霸，抢占香港电视市场

20世纪80年代，香港经济继续蓬勃发展，同时，基于英国殖民统治将于1997年终结的预期[①]，港英政府开始大力推行“新闻自由”，放松了对传媒的管制，香港电视事业迎来了发展的时期。

“丽的映声”由于连年亏损，1981年4月，英国资本退出，大卫·史默等人组成的澳大利亚财团从丽的电视有限公司购入61%的股份，接管了丽的电视。1982年7月，华人财团“远东机构”董事长邱得根加入丽的电视台董事局，与澳洲财团各占五成股份。同年12月，丽的电视广播有限公司改名为亚洲电视有限公司（简称“亚视”或ATV），并沿用至今，将中文台定为“亚视本港台”，英文台定为“亚视国际台”，新台标样式为红、绿、蓝三环交叠，形成圆球形。1984年1月12日，澳洲财团退出，邱氏家族购入澳洲财团全部股权。1988年年底至1989年1月，林建岳家族、丽新集团和新世界发展有限公司相继收购了亚洲电视有限公司全部股权，三家的股权占有分别为33.33%、16.67%和50%。1989年4月，亚视董事局宣布任郑裕彤为主席，林百欣为副主席。

1989年上半年，无线电视台被邵氏兄弟集团从郭鹤年手中以3.068亿港元购得电视广播及香港电视股份各1900万股，这样，邵氏兄弟及邵逸夫本人持有的电视广播及香港电视的权益分别增加到34.72%和34.19%，再度成为两家公司的单一大股东，而郭鹤年对这两家公司的持股量则均降至25.9%，邵逸夫仍为电视广播及香港电视的行政主席，郭鹤年为公司董事。

无线电视台创办人之一的邵逸夫是香港乃至整个华人世界赫赫有名的

① 殷琦：《香港广播电视规制变革及其趋向分析》，《现代传播》2011年第9期。

娱乐业大亨，从 80 年代开始执掌无线电视台，一直到 2010 年卸任主席一职，掌管无线电视台的 20 多年间，无线电视台好戏连台，星光熠熠，成为香港电视行业的主导者。

邵逸夫原名邵仁楞，生于上海的一个商人家庭，是家里的第六个孩子，也因此在以后的娱乐圈，被人们尊称为“六叔”。邵逸夫少年时就跟随哥哥经营电影事业，而后又自己投资拍摄了中国首部有声电影《白金龙》，这部电影也成为邵逸夫独自闯荡的开路石。第二次世界大战中，邵逸夫将事业从内地转投到当时相对平静的香港，从此，香港成就了邵逸夫的娱乐王国。20 世纪 70 年代，邵逸夫开始涉足当时正在迅速成长的香港电视行业，作为股东之一创办了无线电视台，举办了首届香港小姐选美大赛，让港姐成为香港的一个形象标志，又开办无线艺人培训班，直接成为无线电视剧演员的主要来源，并且成功推出当时红遍亚洲的四大天王、五虎将等一大批港星。邵逸夫留给后人的不只是在电视电影等影视方面的贡献，他还专注于慈善事业，建立邵氏基金会用于社会救助，设立邵逸夫奖用于奖励在科技领域的杰出贡献者，投身教育事业，在内地多处兴建逸夫楼。

亚视与无线电视台都属于商营电视台，免费向观众提供电视节目，其主要收入来自广告费，而广告费的确定则以节目的收视率为依据。因此，从 20 世纪 70 年代开始，亚视与无线电视台之间为了争取高收视率，在技术、节目和人力上展开了激烈的竞争。

两家电视公司都投入大量精力和资金购买最新的制作及播送技术，亚视引进了最新的电视科技设备——二合一 Betacam 摄影机，结束了胶片制作的时代。无线电视台率先配备了配音室，并且所有节目都实现了全彩色制作和播出。

两家电视台均把主要精力放在中文台晚上的黄金时间的节目上。为了迎合市民的口味，这段时间几乎都播出电视剧和娱乐节目。电视剧以古装武侠剧为主，兼有历史剧、青春剧、侦探剧等，亚视制作的长篇电视剧如《大侠霍元甲》《陈真》等大受欢迎，并成为最早一批引进内地的港剧。

娱乐节目则以无线电视台占上风，每星期一至星期五播出的长寿节目《欢乐今宵》拥有大量观众，每年一度的大型歌舞综艺节目有《金唱片颁奖礼》《星光熠熠劲争辉》《欢乐荡东华》。亚视在这一方面也迎头赶上，从1985年开始，亚视获得“亚洲小姐竞选”的主办权，此后“亚洲小姐竞选”成为亚视一年一度的大型节目，深受市民欢迎。

两家电视台对新闻节目日益重视，亚视设立了新闻直播中心，并且对新闻节目进行了重新编排，延长了新闻节目的播出时间，晚间新闻从原来的15分钟延长到40分钟，早上还播出普通话新闻。无线电视台在1980年成立了公共事务科，专门策划时事节目，每天早、中、晚都有详尽的新闻节目，每周还有杂志式的新闻时事节目。

这一时期，两家电视台也在体育节目上展开了角逐。亚视推出《劲运纵横》，无线电视台就有《体育世界》。亚视在1975年开始实况直播赛马日的各场赛事，无线电视台则投入重金购买世界级别的体育赛事的播映权，如1974年、1978年两次取得独家转播世界杯足球赛，为亚洲15个国家和地区提供服务；1984年，洛杉矶奥运会，无线电视台特设国际广播中心，为亚太和中东等10余个国家提供转播服务；还与中央电视台合作，成功转播了亚运会，备受观众赞扬。

两家电视台的经营也朝着国际化、多元化方向发展，本地制作的电视片逐步打入国际市场，无线电视台与美国加利福尼亚Falcon Cable Television共同成立了电视广播（美国）有限公司，为海外华人提供中文电视节目。两家电视台还开办儿童节目、妇女节目和各类教育节目，其中还包括普通话课程，并且向观众提供立体声和英语、粤语的双语电视节目。

在人才竞争上，两家电视台十分注重对工作人员社会责任感的培养。亚视提出要推行良好意识，以净化电视画面的工作人员道德标准，无线电视台也强调净化电视画面，推行健康主题节目，发挥教育功能，减少传播污染。

3. 20 世纪 90 年代—2009 年：群雄崛起，香港电视事业迈入新发展阶段

时间进入 20 世纪 90 年代，香港经济发展平稳，顺利渡过经济危机；政治上，香港在回归祖国后，与祖国内地的联系越来越多；并且自 90 年代以来，香港电视机的家庭普及率达到 98%，成为香港居民获取信息和娱乐休闲的主要方式。种种形势上的变化，都促成了 90 年代香港电视业“群雄逐鹿”的现象。

（1）老牌电视台不断进行变革，竞争加剧。

进入 20 世纪 90 年代以后，两家老牌电视台亚洲电视与无线电视台不断进行着改革和创新。亚视的改革首先从节目制作开始，1990 年开始将节目制作外判，减少自制剧及节目。接着为其“国际台”的节目增加艺术文化元素，推出了《演艺天地 Art World Presents》，将世界音乐名家介绍给了香港观众，并重新定位观众市场，开始提供高品质节目以吸引高收入、高教育水平的观众收看。亚视的新闻资讯节目播放时间和次数开始增加：在早、中、晚都有多次固定的新闻节目时间，晚上的黄金时间的 6 点至 12 点都分别有两次详细新闻报道，期间还安排了《时事追击》《港人讲事》《戏人戏语》等固定栏目，当有国际大事发生，通常会中止正常节目以便插播新闻。2004 年，随着内地与香港特区签署的《关于建立更紧密经贸关系的安排》（Closer Economic Partnership Arrangement，简称 CEPA）的实施，泛珠三角经济区域合作（9+2）的形成，亚视以“立足香港、推进内地、成为泛珠三角最有影响力的媒体”作为自身的新定位，以卫星为传送平台，把亚视的节目，跨境播送至内地及亚太地区，亚视走上了一个新的服务层面，为日后香港地区电视数码化奠定了良好的基础。2007 年年底，亚视推出数码广播，并开通了 8 条数码频道，除同步播出“本港台”和“国际台”两套原有节目之外，还有一个频道按照合作协议转播中央电视台 4 套节目。2009 年 1 月，台湾旺旺集团主席蔡衍明以个人名义入股亚视，交易完成后，蔡衍明持有亚视四分之一股份，成为亚视最大股东，因此节目制作开始偏

向以模拟台湾节目为主。

无线电视台的改革和亚视一样，节目一改香港电视界只偏重电视剧和娱乐节目制作的趋势，进一步强化了对新闻资讯类节目的报道力度，主要体现为：第一，新闻资讯类节目播出频率的提升。本时期，无线电视台每天集中播出新闻四到五次，其中最主要的是每晚 18:30 的《六点半新闻报道》。该节目按照“包裹式新闻”（News Package）模式，把内容相关的消息组合在一个“包裹”中，巧妙地以事实报道来影响社会舆论。第二，重大新闻事件的直播报道，创办了如《城市小心眼》《财经透视》《环宇风情》等节目。另外，在节目的制作上开始对工作人员采取“流动制”以提高制作效率。对海外市场的开拓方面，无线同欧洲、澳洲的电视机构签订节目合约，又在新加坡有了落地播出频道。无线还与湖南电视台、深圳电视台等内地电视机构进行了多次合作，与上海文广新闻传媒集团合作宣传世博会，与中央电视台合作转播北京奥运会，并与中央电视台四套和九套节目进行了大量的经常性的合作。2009 年年底，无线电视台全年播放节目约 16000 小时，为香港 230 万个家庭提供免费电视节目，其中翡翠台是香港市民最常收看的电视台。①

这一时期，亚视和无线电视台主要在名牌节目、自制电视剧以及台庆上展开了激烈的竞争。如 1994 年两台先后推出反映社会热点的名牌节目——亚视推出《今日睇真 D》（“今日看清楚”之意），成为当时香港电视史上最为著名的娱乐资讯节目，无线电视台则推出《城市追击》。亚视引进了英国的知识竞赛节目《百万富翁》，曾一度击败无线电视台保持了 28 年高收视率的“香港小姐选拔总决赛”。无线电视台紧接着推出了从英国 BBC 引进的《一笔 OUT 销》（“一笔勾销”之意），直接与亚视的《百万富翁》相对抗。电视剧方面，亚视采取自制、联合制作与购买并举的措施对抗无线电视台，如电视剧《纵横四海》是与本地联合制作，《雍

① 中国广播电视年鉴编委会编：《中国广播电视史年鉴（2010）》，中国广播电视出版社，2010 年版，第 118 页。

正王朝》购自内地，《还珠格格》购自台湾琼瑶的公司，《少年英雄方世玉》则为自制，这些电视剧的播出，使得亚视打破了 32 年来由无线电视台保持的不败纪录。无线电视台一直以自制电视剧擅长，比如收视率名列前茅的电视剧《法网伊人》《烈火雄心》《绝世好爸》等，深受观众喜爱。至于台庆更是各出奇招，亚视在 1997 年以电视颁奖礼的形式举办台庆，动员了全台艺人参与演出，并以电视颁奖作为口号。无线电视台则紧随其后，同样以颁奖典礼的形式举办台庆。

（2）回归年的电视界。

香港回归祖国在即，从 1995 年开始，香港广播电视业的“九七效应”日益显现，电视台纷纷开办与回归祖国有关的节目与活动，介绍内地社会生活、风土人情，探讨香港未来等一系列节目出现。香港有线电视台从 1995 年开始转播广东珠江台新闻和中央电视台国际频道的节目，传讯电视台推出专题节目，向香港人民介绍内地的风土人情。华娱电视台每天报送五分钟的回归快讯，又从 1996 年下半年拍摄了一部纪录片《香港回归中国》，关注回归前一年的香港在各方面的变化，该片分上下部，分别在回归祖国前后播出。香港电台电视部推出《香港岁月》与《香港印象》，从人文风情与香港人物两个方面回顾过往的香港社会，展望回归祖国后的香港。无线电视台在 1996 年推出《九七透视》专题片，深入探讨回归祖国后香港社会的改变，又于同年推出了名人专访，以配合“九七回归”。香港电视界为使香港人民全面了解内地，亚视英文台每晚播出中央电视台新闻联播，凤凰卫视也转播中央电视台制作的介绍内地的专题片《旅行家》等，使香港人民对内地的认知加深。

1997 年是香港的回归年，也是香港电视事业重要的一年。伴随着香港回归祖国，香港的广播电视事业蓬勃发展，而且竞争更加激烈。自 1997 年 7 月 1 日开始，香港共拥有 6 家电视台，即无线电视、亚洲电视、有线电视、传讯电视、华侨娱乐电视和卫星电视。这些电视台均属商业性质。

1997 年 7 月 1 日，香港回归的政权交接仪式和有关活动成为世界关注的焦点。为了迎接这一盛事，亚视调动400余名员工，对交接仪式及民间庆典活动进行了长达48小时的报道，并先期制作了《97备忘录》《成长话香江》《97新里程》等多期专题节目，以及长达6小时的综艺节目《跑马地万众同心大汇演》等。香港电台电视部也积极配合回归活动的报道任务，从6月30日到7月1日，全天直播了回归的各项活动，并且香港电台网站的访问量突破900万次，创造了香港互联网广播史上的奇迹。有线电视台连续48小时转播政权交接仪式及相关活动，并转播中央电视台、CNN、BBC等台的回归直播节目。凤凰卫视中文台连续60个小时多角度、全方位、立体化地报道回归过程，动用两架直升机跟拍香港回归的整个活动，此举被称为世纪报道。无线电视台对这次历史盛事做了长达72小时的不间断直播和报道，其直播报道《香港政权交接仪式》创下了1997年节目的最高收视率。

（3）遍地开花的电视台。

1990年年底，由Hitch Vision香港有线公司创办了卫星电视，该集团由香港港和记黄埔有限公司和李嘉诚家族控制的一家公司合资拥有。国际传媒公司新闻集团（News Corporation）于1995年完成对卫星电视的收购，由澳大利亚传媒大王默多克任主席。卫星电视设有免费及收费频道，共有5个频道，分别是体育台、音乐台、新闻台、中文台及合家欢台，以英语、汉语、日语等多国语言为亚洲观众播放体育、新闻、音乐、电影等节目。

1993年10月31日，由香港九仓集团投资的“九仓有线”正式开播。它开创了香港多频道收费电视的先河，标志着香港电视业发展进入了多元化的新时期。开播初期采用微波传送，成为全天24小时播送中文的有线电视台。设有新闻台、体育台、儿童台、电影台、音乐台等8个频道。1998年，“九仓有线”改名“香港有线电视公司”。现时有线电视的主打频道均以本地广东话播放，包括有线第1台、新闻台、财经资讯台、娱乐台、有线娱乐新闻台、18台、电影1台、电影2台、HMC1、HMC2、体育台、足球台，另有多条外购的娱乐、纪实、体育、国际新闻频道等，采用普通话及英语等语言频道。

1994 年 11 月 24 日，“香港传讯电视网络有限公司”宣告成立，简称“传讯电视”（CTN），由当时号称香港传媒王子的于海品创办，是一家全华语卫星电视网络。该台靠向用户收费和广告收入支持。传讯电视的信号覆盖整个亚太地区及北美洲，观众对象是该地区讲华语的民众。该台有两个频道：“中天”频道，全天 24 小时播放新闻、国际时事、财经动态、体坛消息等；“大地”频道，侧重时尚生活及软性资讯，包括艺术和文化动向、环境和大自然奇趣等。传讯电视于 1997 年易主于台湾和信集团，1999 年 2 月，传讯电视决定将总部由香港迁往台湾，专心经营台湾市场。

1994 年，“华侨娱乐电视广播有限公司”宣告成立，该台简称“华侨娱乐电视”（CETV），由电视界人士蔡和平夫妇主办，1995 年 3 月 11 日正式播出，每天 24 小时用普通话向全世界华人播放。“华娱卫视”自称“无色情、无暴力、无新闻”，致力于传播中国的优秀文化。其节目内容包括综艺、纪录片、游戏、电影及其他资讯性节目。该台节目不加密，免费收看，靠广告收入支持。1997 年 10 月该台与内地 5 家公司签署合同，股权重组，共同办台。但时隔一个月，由于内地 5 家公司的入股违反国家有关规定，占新股东 32% 股份的“中国亚洲电视艺术中心”首先提出撤股，致使这次交易流产。此后，“华娱卫视”到处求支援，并在 1998 年 10 月获准在珠江三角洲地区落地，经历了近一年的股权重组风波终告结束，但是华娱卫视的困境并未解决。2000 年 6 月 15 日“华娱卫视”与美国的时代华纳公司建立“战略性伙伴关系”，经营权易手。

1996 年 3 月 25 日，香港卫星电视有限公司和今日亚洲有限公司、华颖国际有限公司联合在香港成立凤凰卫视有限公司，成为香港唯一一家全部用普通话 24 小时昼夜播出的电视台。该台称其服务宗旨是：“立足香港，以沟通中国大陆、香港和台湾及亚洲乃至全世界的华人，将历史悠久、博大精深的中华文明传播给世人。”凤凰卫视有六大频道及两大媒体，分别为：中文台、资讯台、欧洲台、美洲台、香港台、电影台；两大媒体是《凤凰周刊》和凤凰新媒体（凤凰网、凤凰移动等）。1996年3月31日凤凰卫视中文台正式开播，该台主要面向中国观众，其节目包罗万象，题材新鲜，引领观众走向一个崭新的视听空间。开播之年，凤凰卫视推出了一档纪录片《凤凰大视野》，深入而立体讲述重大历史事件或人物，《说不尽毛泽东》《世纪宋美龄》《伊战启示录》的播出引发观众对现在生活的反省与思考。从1997年3月开始，凤凰中文台开办了《时事直通车》，每晚九点开始播出半小时的时事新闻，此后又开办了《凤凰早班车》《凤凰快报》《凤凰全球连线》等一批优秀的新闻节目。经过自身的不断摸索与实践，凤凰卫视开创了人性化的新闻传播方式，改变了中国电视新闻播报一贯的刻板风格：其栏目策划大都以主持人为中心，以展示主持人的个性风采，并且始终保持着对重大突发事件的迅速反应。比如吴小莉的《小莉看世界》（现改名《今日看世界》），以记者吴小莉独特的视角关注每周重大的新闻事件，通过重新整理，做出独到见解；鲁豫主持的《鲁豫有约》（现改名《说出你的故事》）创造了一种新颖的谈话模式，以轻松的气氛专访有特殊经历的人，却带给观众更深刻的思考与启发；胡一虎的《一虎一席谈》将讨论变为公开的舆论场，对每周的热点话题进行充分深入的讨论，让每个意见在这里备受尊重。该台自开播以来，对多起重大新闻事件的报道，均采用了直播的形式。如《柯受良飞越黄河》《97香港回归世纪报道》《黛安娜王妃葬礼》《北京申奥特别报道》等。自1998年以来，凤凰卫视的电影台、欧洲台、澳洲台、资讯台、美洲台相继开播，为全球海外华人提供电视节目的服务。

1998年，无线电视成立银河卫星广播有限公司，开始经营收费电视。无线收费电视曾以“exTV银河”和“SUPERSUN新电视”名称提供收费电视服务，现通过卫星、和记宽带和NOW宽带电视传送节目，是香港首个利用其他公司传送平台的收费电视服务商，用户超过10万。无线收费电视现有约41个电视频带，包括11个由无线电视制作的电视频道和其他外购电视频道。

随着 2000 年香港特别行政区新《广播条例》的出台，香港进一步放宽了非本地服务电视的进入，加上内地即将加入世界贸易组织，香港出现了第二次开办卫星电视的浪潮。

2000 年 8 月 8 日，以内地著名的电视节目主持人杨澜为主席的“阳光卫视”在香港正式开播，该台以播出文化历史及人物传记等纪录性节目为主。2005 年泰德集团从星美传媒手中购得 70% 的股份，阳光文化媒体集团仍持有阳光卫视 30% 的股份。2008 年香港阳光卫视已进入有线电视和电讯盈科 NOW 宽频电视对香港观众播出。2000 年 10 月 1 日，台湾“年代公司”与几家合作伙伴开办了“东风卫视”。“东风卫视”2003 年 10 月进入有线电视频道对香港观众播出。2000 年年底，和信企业团将传讯电视经营权卖给象山集团（Wisdom Group）。2001 年 1 月 4 日，象山集团把传讯电视与中视卫星合并为“劲道数位电视股份有限公司”（Power TV），传讯电视正式走向历史。2001 年 3 月 28 日，以播出电影为主的“美亚电视”开播。美亚电视有限公司为香港美亚娱乐资讯集团附属公司，节目内容以电视剧及电影为主。近几年相继开通的有美亚电视台（香港、亚洲）、香港影视台和美亚电视剧台。通过当地有线电视系统和卫星直播的方式向亚洲、东非、欧洲等地区播出。2005 年美亚电影台加入香港 NOW 宽频电视进行播出。

4. 具有公共属性的香港电台电视部

1969 年，在港英政府的扶持下，香港电台成立了公共事务电视制作组，专门制作配合港英政府各项政策措施的电视节目。1970 年，香港电台正式成立了电视部，每周制作 12 小时有关公共事务的电视节目，主要以宣传港英当局各项政策措施、推广公民责任和社会意识、建立政府与市民之间的沟通桥梁为职责。香港电台电视部没有自己的播出频道，其节目播出是由港英政府以法律形式规定的：香港的商业电台、电视台每天必须拨出一定时间无偿播出香港电台制作的电视节目。1972 年，香港电台教育电视部开播，1976 年，香港电台教育电视部与港府教育署的教育电视组合，定名为“电视制作中心”，香港电台从此开始负担为全香港学校制作教育节目的任务。作为官方的电视部，20世纪70年代香港电台电视部制作的节目大多带有政治色彩。

进入20世纪80年代，“沟通桥梁”成为香港电台定位的一个重点，有别于70年代的“宣传政策”的观点，香港电台的自我定位开始转变，展现出公营电视的特点。香港电台电视部的节目分三大部分：一是公共事务节目，其节目主要有《铿锵集》《头条新闻》《城市论坛》等；二是戏剧、综合节目等一般节目，戏剧节目主要有《狮子山下》《小时候》《香江岁月》等，综合节目方面主要有《校际时事及学术常识回答》《阳光之家》等；三是教育电视节目，包含学校教育节目组、成人教育节目组、辅助教育节目组和青少年节目组，代表节目有《打电话问功课》《小宝宝》《少年行》等。自2000年开始，香港电台推出外判电视及电台节目计划，引入新制作意念，推动培育本地独立创作。

截至2009年12月底，香港地区共有23家本地免费、本地收费和非本地电视节目服务持牌机构，共提供525个电视频道，其中可在香港本地接收的频道有374个。香港地区有两家免费播出的本地电视机构，分别是电视广播有限公司（简称无线或TVB）及亚视电视有限公司（简称亚视或ATV）；有三家收费播出的本地电视机构，分别是电讯盈科“Now宽频电视”（NOW TV）、香港有线电视公司（I-Cable TV）及无线收费电视有限公司（TVBPV），三家电视机构共提供309个频道，每周共播放47575小时节目，比2008年增加4.9%，其中34.3%（106个频道）属于本地制作；此外，还有在香港注册并提供“非本地”收费电视服务的电视机构，现有凤凰卫视、华娱卫视等18家机构，提供202个卫星电视频道，香港居民可接收其中的51个频道。另外，还有27家“其他须领牌的电视服务持牌机构”，主要为香港84家酒店提供服务。而香港商务及经济发展局（CEDB）下辖部门之一的香港电台（RTHK）电视部和教育电视部，其制作的电视节目通过商业电视频道等方式播出。香港地区从历史上与现状来看，主体上均采用商业广播体制，除香港电台（RTHK）属于公营广播机构外，上述电视机构都是商业公司。

2009 年香港电视服务持牌机构一览表[①]

监管机构	电视属性	电视机构（成立年份）	主要制作 / 播出频道	备注
商务及经济发展局（CEDB）	政府 / 公立 / 免费电视	香港电台 /RTHK（1928）	a. 通过 TVB、ATV 等商业电视台频道播出; b. 香港电台高清频道（RTHK HD TV）; c. 香港电台标清频道 1（RTHK SD TV1）; d. 香港电台标清频道 2（RTHK SD TV2）。	1928 年以“COW”台号开播声音广播。
通讯事务管理局（CA）	商业 / 本地 / 免费电视	亚视 /ATV（1957）	a. 本港台; b. 国际台; c. 亚洲台; d .CCTV 综合频道; e. 深圳卫视(国际版)。	1957 年以“丽的映声”台名开播电视（有线 / 收费播出）；1973 年起改无线 / 免费播出。
		无线 /TVB（1967）	a. 翡翠台; b. 明珠台; c. J2 频道; d. 互动新闻台; e. 高清翡翠台。	
	商业 / 本地 / 免费电视（未开播）	香港电视 /Hong Kong Television（牌照审批中）	计划开播： a.2 个自办频道; b.4 个转播频道; c.6 个联营频道。	在筹备过程中，一直以“城市电讯”电视部旗下香港媒体制作公司名义展开工作；现已正式命名为“香港电视”。
		香港电视娱乐 /HK TV Entertainment（牌照审批中）	计划开播： a. 粤语频道; b. 英语频道。	电讯盈科（PCCW）旗下公司。
		奇妙电视 / Fantastic Television（牌照审批中）	计划开播： 奇妙 1 台; 奇妙 2 台; 奇妙 3 台。	香港有线宽带通讯公司旗下子公司。
（已倒闭）		佳艺电视 /CTV (1975)	曾播出 1 个中文频道。	1975 年 9 月开播；1978 年 8 月宣布清盘倒闭。

① 资料引自赵民：《对香港免费电视牌照增发过程的分析——兼论香港广播电视规制的特点》，《新闻大学》2012 年第 6 期。

续表

通讯事务管理局（CA）	商业 / 本地 / 收费电视	香港有线电视 /i-Cable TV（1993）	共播出超过 110 个收费频道： a. 有线电视自制的基本节目 / 频道：重点新闻台、新闻台、直播新闻台、天气台、财经资讯台、第 1 台、娱乐台、儿童台、高清电影一台、高清电影二台、i-Cable Sports Times 频道、体育台、足球台、18 台、63 台、球彩台、赔率台、hd200 台、第 300–305 台（6 个频道均为英超联赛频道）、英超自选服务台（690 台）、第 180–184 频道（5 个频道均为有线成人剧场 /CAT 频道）； b. 其他电视台 / 节目商提供的节目 / 频道：中国新华电视、央视新闻频道、央视中文国际频道、央视英语频道、凤凰卫视资讯台、东森亚洲新闻台、半岛电视台英语频道、CNN Headline News、CNN International、BBC World、Channel NewsAsia、BloombergTV、CNBC 等。	1993 年以“九仓有线电视”台名开播。
		无线收费电视 /TVBPV（1998）	共播出超过 40 个收费频道： a. 由 TVB 或 TVB 关联企业提供的节目 / 频道：新闻台、新闻 2 台、娱乐新闻台、电影台、美食台、剧集台、精选台、经典台、音乐台、安哥台、生活台、生活 2 台、儿童台、TVBS–News 台、TVBS–Asia 台、TVB8 频道； b. 其他电视台 / 节目商提供的节目 / 频道。	TVB 为其重要股东：1998 年成立时名为“银河卫星广播”。
		Now 宽频电视 /Now TV（2003）	总共播出超过 190 个收费频道（其中包括超过 20 个高清频道）： a. now 宽频电视自制频道：如 now 新闻台、now 财经台、now 香港台、now SPORTS 频道（共 7 个）等； b. 其他电视台 / 节目商提供的节目 / 频道。	实际登记持牌人为：电信盈科媒体有限公司（PCCW VOD Limited）。
商务及经济发展局（CEDB）/ 通讯事务管理局（CA）	商业 / 本地 / 收费电视	香港宽带 bbTV/HKBN bbTV（2003）	总共播出超过 110 个收费频道： a. 香港宽带 bbTV 自制频道：如香港新闻台、公共资讯台、直播资讯台等； b. 其他电视台 / 节目商提供的节目 / 频道。	宽带数码电视被 CEDB 界定为互联网电视，因此不需领取收费电视牌照，不受广播条例监管。 2003 年定名为“香港宽带电视”。

续表

通讯事务管理局（CA）	商业/卫星电视/非本地电视服务/可收费	1. 凤凰卫视 / Phoenix Satellite Television Company Limited（1991）	
		2. 华娱卫视广播有限公司 / CETV（1995）	
		3. 阳光文化网络电视企业有限公司 / Sun Television Cybemetworks Enterprise Limited（2000）	
		4.Pacific Century Matrix（HK）Limited（2001）	
		5. 亚洲电视公司 / Asia Television Ltd（2004）	
		6.Auspicious Colour Limited（2005）	
		7. 亚洲时报在线有限公司 / Asia Times Online Ltd（2007）	
		8. 时代卫视国际传媒集团有限公司 / Times International Media Group Limited（2007）	
		9. 中华卫星电视集团股份有限公司 / China Satellite TV Group Company Limited（2009）	
		10. 无线收费电视有限公司 / TVB Pay Vision Limited（2009）	
		11. 柏兆有限公司 (Power Star Limited（2009）	

第三节　香港广播电视业的管理

20 世纪 50 年代以后，香港的广播及电视事业快速发展，广播从原来的一家公营电台发展到三家广播电台，电视机构从无到有，逐渐增多，广播电视业的兴盛引发了行业内激烈的竞争，香港的管理机构和法律制度随之出现，以便从宏观上对广播电视事业的发展进行把控，以期不失于正确的发展方向。从监管机构到法律条例，香港管理部门不断改变管理规范，转变管理职能，香港的法律制度也在不断更新，以适应不断发展变化的广播电视业。

1. 香港广播电视事业的监管机构

截至 2009 年，香港对广播电视事业的监管机构主要有 4 个，即政府辖下的香港电台广播处、处理与执行与广播电视事业相关法律规定的影视及娱乐事务管理处、监督香港广播事业的广播事务管理局，以及维护香港电讯市场的电讯管理局。这些机构保障了香港广播电视事业的有序进行，促进了香港广播电视向着更加健康的方向发展。

（1）香港电台广播处。

1954年，香港电台广播处（Broadcasting Department）成立，正式接管了此前监管电台的政府新闻处，也明确了香港电台作为政府机构的职能和性质，负责监督和管理公营广播电视事业。现隶属于商务及经济发展局。

香港电台广播处的前身是广播委员会。当时香港电台刚刚成立不久，政府看到了电台强大的影响力，以及作为社会公共资产的重要性，随即设立了委员会对公营电台进行监管。后来经历数次机构调整，香港电台于1956年正式成为政府的职能部门，设立广播处处长一职管理电台，广播处长即为香港电台台长。现任处长是黄华麒。

由于香港电台是政府部门，因此它既不受同级监管机构的管辖，也不受《电讯条例》《电视条例》及广播电视业务守则的约束，而是实行自律，自觉遵守相关法律和业务守则。

（2）影视及娱乐事务管理处。

香港影视及娱乐事务管理处（Television and Entertainment Licensing Authority，TELA），是广播事务管理局的执行部门，现隶属于中华人民共和国香港特别行政区政府商务及经济发展局，辖下的部门有娱乐事务管理科和广播事务管理科。2007年，香港社会曾对影视及娱乐事务管理处的职能出现过争议，缘由在于管理处对香港书展上一参展商的书籍封面发出警告，书籍《爱情神话》的封面取自18世纪法国画家热拉尔的画作《赛姬接受丘比特的初吻》，管理处认为封面上男女人物赤裸接吻，构成不雅成分，而劝喻参展商停止此书参展。而后，社会各界对管理处这一行为颇有争议，认为当局对文化艺术的定义太多狭隘，事后，管理处收回劝喻。这就是管理处的职责之一，即巡查市面上的影视及零售店，以监察淫亵及不雅物品的发布情况，并协助淫亵物品审裁处工作。除此之外，管理处的主要职能还包括：处理各项娱乐牌照的签发等工作，执行在香港上映电影的评级工作；协助广管局就香港无线电视和亚洲电视两家免费电视台及香港有线电视、now 宽带电视等收费电视、非本地电视节目的服务牌照以及广播电台的牌照，向行政长官及行政会议提供建议，进行检讨及延续牌照等，以确保香港与传送外地的电视和电台的广播内容水平。①

随着香港的商业广播电台和商业电视台的出现，政府加快了对商营广播电视的监管，成立的影视及娱乐事务管理处专门负责香港电影、电话及其他各项娱乐活动。先后隶属于文康广播司、工商及科技局，于 2007 年 7 月 1 日划入商务及经济发展局。

（3）广播事务管理局。

广播事务管理局（Broadcasting Authority），简称广管局，于 1987 年根据《广播事务管理局条例》成立，其职责是监管香港的电台及电视广播，现任处长是何沛谦。广管局的前身是电视监督及电视咨询委员会。在香港广播电视事业发展初期，政府为使影视及娱乐事务管理处更好地履行职能，组成了电视咨询委员会。1984 年 2 月，广播事业检讨委员会成立，委员会由 16 名官员、议员等人士组成，主要职责是对广播事业提出各项建议。1987 年 9 月，港英政府组建了广播事务管理局，它的成立使政府对广播电视事业的管理由直接控制转为了间接控制。现辖下的部门有两个，一是投诉委员会，主要负责受理关于广播电视事务的投诉，并就这些投诉对相关广播电视机构做出处理；二是业务守则委员会，主要负责定期检讨各项广播标准。

广管局的具体职能是进行相关的电台及电视广播的咨询、接受有关电台及电视广播的节目内容的投诉，并对投诉展开调查，然后向有关的电台、电视台做出轻微或强烈劝喻、书面警告、罚金等惩罚措施，甚至可以吊销

① 中国广播电视年鉴编辑委员会编：《中国广播电视年鉴（2011）》，中国广播电视出版社，2011 年版，第 117 页。

电台、电视台的牌照等。广管局的这些措施在一定程度上限制了在竞争激烈的香港广播电视行业的违规不良行为。

早在1998年，有违伦常的“陈健康事件”[①]轰动全港，其当事人陈健康的所作所为对社会造成恶劣影响，然而，当时亚视《今日睇真D》和无线电视《城市追击》等资讯娱乐节目跟访陈健康事件，并且播出了陈健康公开向深圳情人电话示爱的片段，随后，广播事务管理局接获了306宗投诉，指亚视《今日睇真D》和无线电视《城市追击》对陈健康事件报道手法不良。广管局认为，两个节目过分渲染和利用陈健康对其婚姻、家庭和婚外情的看法，严重违反电视业务守则，分别向亚视及无线电视罚款10万及5万港元。同样，在2006年，无线电视台播出了影片《秋天的童话》，但因片中出现粗口等不文明语言而被市民投诉至广管局，最终广管局裁定投诉成立，无线被劝谕，再次播出时删除了影片中的不文明语言。

（4）电讯管理局。

电讯管理局（Office of the Telecommunications Authority，简称OFTA），简称电管局或电讯局，于1993年7月1日成立，现隶属于中华人民共和国香港特别行政区政府商务及经济发展局，电讯局是在原邮务署电讯部的基础上成立的，原隶属于工商及科技局，2007年7月1日被划入商务及经济发展局。现任处长为黎陈芷娟。主要职能包括：监管香港电讯市场，管理香港无线电频谱，在政府制定广播政策时提供技术上的意见及《电讯条例》和《电话条例》的执行。

随着现代科技的不断进步，新媒体日益强势，传统媒体开始利用新媒体手段谋求转型，使广播电视与电讯融合成为必然趋势。同时，在香港媒体关于机构统一规管的讨论业已展开多年。从而，在2006年，政府通过电讯管理局和广播事务局合并的建议，并提出新机构成立后一至四年内检

① 陈健康事件：1998年10月19日，香港上水天平邨发生一起命案，事件起因于陈健康在深圳另结新欢，抛妻弃子，而导致陈健康妻子不悦，妻子遂将他们的两个孩子从上水天平邨的住宅楼上抛下，而后自己跳楼自杀身亡。

讨法例，将规管电讯和广播法例融成单一法律。

2. 香港广播电视事业法律条例

香港目前对广播电视事业的法律监管，主要有 4 类法律：专门性法律如《电视条例》《电讯条例》《广播事务管理局条例》等，香港相关法律也规定了广播电视的义务，如《诽谤法》《版权条例》《博彩税条例》等，还有广播电视机构制定的媒体的业务守则，如《电视通用业务守则——节目标准》《电台业务守则——节目标准》等。具体见下表：

法律类别	法律条例名称
专门法律	《电视条例》《电讯条例》《广播事务管理局条例》
相关法律	《诽谤法》《版权条例》《不良广告（医药）条例》《博彩税条例》等
业务守则	《电视通用业务守则——节目标准》《电台业务守则——节目标准》等

对公营机构香港电台的管理，主要依据为三份文件树立起其管治框架，包括广播处长代表香港电台与政务司、广播事务管理局共同订立的《香港电台约章》；以及与广播事务管理局签订的《谅解备忘录》，自愿接受广管局的规管；还有于 1998 年制订的《节目制作人员守则》，将节目制作标准及编辑方针以书面形式列出，载明香港电台遵守由广管局发出并适用于所有商营广播机构的通用业务守则。

2000 年 7 月 6 日，香港特别行政区颁布了 2000 年第 48 号条例——《广播条例》，是为了提高电视节目水平，增强电视广播市场的竞争力。这个条例代替了原来的《电视条例》，目的是促使电视市场开放、规管机制放宽、新科技得以汇流，同时更是使香港成为机会之都，令广播行业迈进新纪元。

新颁布的《广播条例》将电视节目服务分为四类：本地免费电视节目服务、本地收费电视节目服务、非本地电视节目服务，以及其他须领牌电视节目服务。《广播条例》在规管拥有权和控制权方面，做出了重大更改，最大的改变是重整过去的规管模式，将电视结构重新分类，并且依据技术中立的原则，根据提供服务性质是否收费及针对区域对电视的不同结构做出界定。为了配合开放广播市场，《广播条例》大幅放宽有关拥有权及投资的规例，为使广播机构能够更灵活地包装广告，取消了各类牌照的广告限制。最后，《广播条例》加入了禁止反竞争行为及滥用市场支配优势的条文，以确保持牌人可在电视市场公平竞争。

第四节　香港广播电视与内地的交流合作

香港广播电视事业作为中国广播电视事业的重要组成部分，自始至终都与内地保持着高度紧密的内在联系。在香港尚未回归祖国前，香港的广播电视事业的发展水平相对高于内地，与内地的交流合作更多的是输出，成为内地广播电视事业接触新鲜事物的一座桥梁。香港回归祖国后，与内地的联系自然更加深入，合作更加宽广，特别是随着国内经济水平迅速提升，广播电视事业也得到了迅猛的发展，香港与内地的交流合作将更上一个台阶。

1. 20 世纪 70 年代到 80 年代的交流与合作

20 世纪 70 年代末，香港经济的起步，带动了香港广播电视业的发展、广播电视业务的扩展，客观上就产生了与内地交流合作的需要。70 年代早期香港广播电视界与内地的接触开始于对节目的“索要”与“购买”，这一特点一直贯穿于香港与内地广播电视的交往中。与此同时，内地正经历着“文化大革命”所带来的社会动荡，因此，内地广播电视对外交流非常谨慎。

在初期的接触中，香港广播电视界表现得更为积极主动，到 1979 年，香港电视界的一些摄影队已经开始频繁往来于香港与内地之间，拍摄一些新闻、风光片等。这一时期，双方就在这种浅层的接触中对彼此有了初步的认识。

这一时期，主要的交流合作体现在两大方面：一是技术、管理方面的交流。无线电视台派出专门团队来到内地作技术交流，向内地电视台系统地介绍了该台各个部门、组织机构、机房、播音室设施、技术设备状况和人员分布情况等；同时，当时内地技术欠佳，许多广播电视的器材设备都是通过香港广播电视器材中介商介绍、引进到内地来，内地也学习、接受了不少先进的广播电视的国际运作规则、管理办法、节目制作的新观念，等等。二是与外界沟通的桥梁。当时中国开始逐渐对外开放，但还不充分，在一些重大的国际体育赛事的转播权商谈、租用国际卫星线路、广告的海外代理、境外节目的采购等很多与外界的沟通联系方面，通过香港电视机构来协调。

2. 20 世纪 80 年代到回归前的交流与合作

20 世纪 80 年代起，在“一国两制”方针政策的指导下，香港广播电视界与内地交流逐渐深入，并且范围扩大。随着内地的宣传意识不断增强，内地各大宣传机构开始更加主动地与香港广播电视机构合作。与此同时，香港电视界赴内地拍摄内容也大为扩展，除了拍摄风光、特色产品，还有内地人民的日常生活、甚至还有政治性大事。

经验交流和学术交流在逐渐增多。双方交流电视新闻制作、播出的经验，无线电视台介绍了在卫星国际新闻节目的制作、播出以及如何保留卫星节目原版，以备事后汇编使用等方面的经验，“丽的”经验交流团队也分成了新闻、技术、广告、节目制作、拍片等五组进行，香港与内地的经验交流走向了一个新的阶段。香港广播电视界的高层人士也相继来访内地，亚视总裁、无线电视董事等曾率领香港电视代表团来访，为香港与内地业务合作迈向新台阶。

随着两地交流的增多，香港电影、电视剧在内地掀起了一场“港片热”，香港的武侠剧让许多内地人成了“武侠迷”，《霍元甲》《陈真》《射雕英雄传》《上海滩》等在内地的播出，曾一度又一度地造成了万人空巷的场面，这些香港电视剧也成了内地人心中港片的经典。

随着两地经济上合作的增多，政治上更多的交流，使得两地的广播电视业的交流更加密切，合作形式更加完备，交流内容更加丰富。一是两地合办节目、合拍节目增多。仅1995年港澳广播电视从业人员回内地采访拍片或访问的团组共153批，1119人次，内地广播电视系统赴港澳的团组有78批，418人次，较往年有所增加。[①] 最有代表性的是1987年春节，香港电台与中国国际广播电台合办的《向全球华人贺岁》；之后又在中秋节继续合作，合办了《向全球华人贺中秋》；还有1988年，亚视与广东电视台合作制作了《省港缤纷迎夏日》的大型歌唱综艺节目；珠江经济广播电台与香港电台合办大型特别节目《粤港经贸专线》，加强了香港市民对内地及香港两地法律制度的认识。随着香港回归进程的加快，香港电视机构纷纷来内地拍摄电视节目，比如无线电视的《大江南北》、亚视的《11亿人民》等，而中央电视台也多次赴港拍摄电视片，如《香港沧桑》《大京九》。二是节目的输出和引进频繁。1992年仅广东电视台就从无线电视和亚视引进电视剧约250小时。1996年，中央电视台与九仓有线电视台签订转播协议，由九仓有线电视台转播中央电视台第四套节目，亚视也与中央电视台签订转播协议，用粤语转播中央电视台第四套节目，中央电视台为海外观众制作的电视节目实现了在香港的播出。

3. 回归后的交流与合作

1997年，是香港回归祖国的一年，借此时机，香港与内地的广播电视交流活动达到了高峰期。据统计，原国家广播电影电视部（现国家新闻出版广电总局）直属单位访问香港达112批，1229人次。香港广播电视机构来访内地的代表团、摄影队、电视剧组共93批，1309人次。[②] 回归后，

① 中国广播电视年鉴编委会编：《中国广播电视史年鉴（1996）》，中国广播电视出版社，1996年版，第652页。

② 中国广播电视年鉴编委会编：《中国广播电视史年鉴（1998）》，中国广播电视出版社，1998年版，第526页。

根据“一国两制”“港人治港”原则，两地的广播电视业继续遵守互不隶属、互不干涉原则，制定了内地与港澳《关于建立更紧密经贸关系的安排》（CEPA）补充协议，调整了港澳从业人员参与内地影视剧制作的相关政策，鼓励港澳演职人员来内地从事业务活动。且在新世纪以来，内地推行“走出去工程”，加强对港澳台的宣传工作。在这些政策的引导下，香港与内地的合作交流进一步加强，出现了合办影展、连线播出节目、节目交换等新的合作形式。主要体现在四个方面：

节目交易更加频繁。2002 年 7 月 1 日，CCTV-9 正式成功进入香港地区，在香港有线电视台播出。12 月，中央电视台中、英文频道成功进入香港主流酒店。2004 年，20 多家内地电视节目制作播出单位派员参加了香港国际影视展，并举办“中国之夜”和中央电视台频道推介活动。中央电视台的《华夏掠影》《魅力中国》等大型专题节目已在香港电台连续播出两年。

合办节目增多。2002 年中央电视台与香港中华文化公司、香港无线台和澳门民政总署联合主办了“香江明月濠江情”晚会，这是内地与港澳台艺术家和观众共度中秋、期盼团圆、祈祷统一的系列品牌节目。中央电视台与香港 Channel［V］音乐台共同主办全球华语音乐榜中榜颁奖典礼。重庆电视台与香港电视广播有限公司联手大型综艺晚会《八方缘聚重庆夜》。“华夏之声”与香港特区政府驻京办的合作节目《京港直通车》和《每周听香港》得到了香港特区政府的充分肯定和积极评价，成为沟通香港和内地的信息桥梁。

对电视剧合拍进行了有益探索。2002 年云南接待香港无线电视台拍摄《永安旅游特辑》《星辰旅情趣》等，去广西拍摄“广西风情”专题片在香港及东南亚地区播放。香港 BANG 制作公司到云南拍摄纪录片《中国的悬棺》《丽江古城探秘》等。香港无线电视台去广东拍摄电视剧《人生马戏团》部分外景。同时，香港电视台又与内地签约拍摄基地，如 2003 年广西与香港无线电视台签署创建“香港—大新德天风景区电视拍摄基地”

合作协议书。

香港从业人员开拓事业新空间。随着近些年来，内地与香港地区的合作交流频繁，香港的从业人员以多种方式参与交流合作，在内地发展已经成为香港从业人员的主流事业方向。2004年港澳台演职人员380多人次参加100多部国产电视剧的拍摄，有120多名港澳台演艺人员受邀参加电视综艺、演唱会、访谈节目的录制。[①] 2005年，内地邀请港澳导演、演员等从业人员300多人次参与国产电视剧、专题类节目的制作。[②]

第五节　香港的广播电视教育

广播电视作为香港传媒领域的主力，一直以来的蓬勃发展自然与香港的传媒教育有着密切联系。香港的传媒教育从小学开始就有涉及，一直延伸至大学课程内。同时也有社会团体、相关机构等开设传媒教育的课程，供社会人士学习。

1. 香港的传媒教育

香港的传媒教育有两个层面的含义：一是指媒介素养教育，在香港被称为传媒教育。主要为了提高学生对各种传媒的认识，鼓励学生用批判的态度使用和分析大众传媒的资讯，希望学生对传媒资讯有鉴别能力、判断能力和运用能力。传媒教育使学生能够意识到传媒的影响，了解传媒资讯隐含的含义，以及如何通过传媒进行互动。[③] 这样的媒介素养教育从香港

① 中国广播电视年鉴编委会编：《中国广播电视史年鉴（2005）》，中国广播电视出版社，2005年版，第541页。

② 中国广播电视年鉴编委会编：《中国广播电视史年鉴（2006）》，中国广播电视出版社，2006年版，第542页。

③ 徐雯：《政府出指南，多方共参与，中国香港的传媒教育》，《上海教育》2013年第20期。

小学校园里就开设相关课程，从小培养香港市民对传媒的解读能力，创造能力，以期塑造成为有责任心的公民。二是指以大学为主，社会团体机构为辅的传媒教学，以传授专业的新闻、广播、电视等传媒知识为任务，以培养专业的传媒人才为目标，是传媒事业可持续发展的最主要动力。

香港关于广播电视的教育事业主要来自香港各个大学内，香港的新闻从业人员基本是由香港中文大学、香港浸会大学、香港树仁大学及珠海书院四所院校培养出来的。[①] 从大学内所走出的学生逐渐成为香港传媒事业的中坚力量。而社会团体、机构所开设的各类课程，则旨在培养民众与传媒的沟通能力，尽可能提高民众的媒介素养。

2. 香港各大学内的传媒教育

香港的传媒教育开始得较晚，比如香港中文大学于 1963 年创办了新闻与传播系，为 4 年学制；香港浸会大学于 1968 年设立传理系，开设了广播电视、新闻、电影及广告公共关系等 4 个专业；香港树仁学院在 1971 年开设新闻系，一直与国外学校合作办学，直到 2001 年被批准开办新闻荣誉学士学位课程；香港大学于 1999 年 9 月成立新闻及传媒研究中心，与香港新闻界有着广泛的合作关系。

香港高等学府的传媒相关院系虽然规模不大，但是课程的设置十分科学，既注重学生的学理方面的培养，又能够使学生的动手实践能力得到充分的发挥。以香港中文大学的新闻传播学院为例，学院共设有五个专业，即广播电视、新闻采编、广告与公关、多媒体与电讯、传播研究。就广播电视专业而言，学院的专业设置相对齐全，配有广播录音室、影像编辑室等，能够为学生提供课程涉及的必备设施。课程的设置上强调理论与实践并重，以培养学生的职业责任感及专业素养为目的。

---

① 方汉奇主编：《中国新闻传播史》，中国人民大学出版社，2002 年版，第 523 页。

香港中文大学新闻与传播学院广播电视学专业课程表①

必修课	选修课	社会科学及通识教育课（略）
大众传播理论	广播制作	
世界传播史	创意媒介导论	
中\英文新闻采访写作	摄影研读	
中\英文新闻编辑	认识电影	
批判传播理论	剧本写作	
传播研究方法	广播电视新闻	
传播法规	流行音乐制作与营销	
新闻道德与媒介评述	数码录像艺术	
	娱乐工业等	

香港大学的新闻及传媒研究中心对学生则提供了一种叫作“综合性融合媒体课程”创新性课程，要求学生不仅学习基础的新闻报道与写作，还要掌握新的融合媒体技术，比如制作广播电视新闻、纪录片、网络新闻等。在此基础上，可以主修新闻法、财经新闻、中国报道等方面的课程。其中涉及广播电视的课程有广播电视新闻、广播新闻等。

香港大学新闻及传媒研究中心融合媒体课程表②

必修课	选修课	中国传媒课程	财经新闻课程	多媒体课程	科学、健康和环境课程
报道与写作	高级新闻报道与写作	中国报道	全球化时代下财经新闻的阐释与写作	图片新闻	环境传播
新闻和全球传播的关键议题	数据新闻	中国传媒和社会相关阅读	全球金融新闻	高级网络新闻	科学报道
媒体法	硕士学位毕业课题设计	中国专题报道	全球经济新闻	纪录片鉴赏	健康与医疗报道
网络新闻	媒体研究：理念和方法			纪录片制作	
视频新闻制作	新闻编辑			广播新闻	
广播电视新闻					

① 摘自段鹏：《香港传媒教育的特点及发展趋势》，《现代传播》2003年第6期。

② 资料来源：香港大学新闻及传媒研究中心官网，http：//admissions2014.jmsc.hku.hk/%e8%af%be%e7%a8%8b/。

3. 香港团体与机构的传媒教育

香港传媒教育的历史相对较短，它并非始于自上而下颁发的课程指引和教材，而是一直在受到来自不同背景的、关心年轻人教育和成长的人士的推动。

香港电台作为香港政府的一个部门，具有公营广播的属性，在广播电视等媒介与社会的态度上，始终保持着公营广播的社会责任感。因此，香港电台电视部门在教育局的资助下，面向全社会，制作传媒教育节目，以期通过多媒体节目为公众提供资讯，教育和娱乐内容。

随着大众传媒的快速发展，人们潜移默化地受到来自广播、电视、报纸等媒介的影响，而且愈发深入，为了加强香港民众的媒介素养，香港传媒教育协会应运而生。成立于 2000 年的香港传媒教育协会，本着“鼓励、推动及发展传媒教育，提高大众尤其是青年人的传媒素养”的宗旨，汇聚香港热心传媒领域的教师、传媒工作者和社会人士，一起学习、交流传媒教育的知识和技巧，并加以实践和推广。2001 年，传媒教育协会与香港大学合作，开办了一系列为中学教师提供的传媒教育方面的课程。这是传媒教育协会推广传媒教育的一种方式，同时还有出版书籍、开办研讨会、分享会等教育方式。

香港特别行政区政府在 1998 年发表了名为《与时并进，善用资讯科技学习：五年策略 1998/99 至 2002/03》文件，详细讲述了将科技资讯融入学习教育的策略。因此，香港教育城（EDCity）是于 2000 年在优质教育基金的资助下，由前教育署及香港中文大学的推动，成立的一个一站式的教育网站。“该组织主要为推动资讯与传媒素养，即体验、解读、分析和制作媒体作品的能力。通过使用数位技术，学生可以增强自身的语言、写作、交流和批判性思维能力。”[①] 2003 年教育城开设了传媒校园频道，通过论坛等途径传授学生关于传媒的知识，此后，还设立了传媒教育资源中心，

① 张志俭：《香港传媒教育的发展》，《“传媒与中国”复旦论坛（2007）：媒介素养与公民素养论文集》，2007 年 12 月，第 339 页。

为教师提供高品质的教学资源。从专业学府到政府机构，从社会团体到互联网站，多元化的教育方式为香港的传媒教育开拓了更为宽广的道路。

◆ 本章小结

香港最早的广播开始于1923年，香港电台作为全港唯一由政府扶持的广播，从诞生之日起，就承担着政府与民众沟通的功能，除了宣传政府的政策、方针，还制作大量文化教育节目，充分发挥着电台的社会功能。在1949年以前，香港广播只有香港电台一家，一枝独秀20载，使得香港广播事业发展相对缓慢。随着时代的发展，20世纪50年代以后，港英政府对广播事业态度逐渐开放，商业广播开始出现，随之而来的行业竞争迫使香港电台重新审视自身，再寻定位，将公营电台作为其发展方向，对节目制作更加倾向于公共服务功能的展现，推动了香港的文化发展，为市民提供自由表达意见的渠道。在新世纪，香港电台迈出了向互联网广播发展的步伐，从1994年12月推出网上服务，直到现在为止，其互联网广播服务范围日益扩大，已经成为香港电台不可或缺的重要组成部分。香港电台由于属于政府部门，不以营利为目的，因此电台的运行资金依靠政府拨款，不用考虑商业利益的问题，但却享有独立自主的采编方针，推出的节目能够考虑到少数群体的需求，一直具有较高的公信力。

香港广播事业真正迎来发展是在商业广播出现之后。1949年3月22日香港第一家商营广播诞生，“丽的呼声”的出现打破了香港电台独霸广播事业的现状。1959年8月26日，香港的第三家广播电台香港商业电台开始播音，彻底改变了香港广播事业的发展格局。由于商营电台纯粹依靠广告收入维持生存，而广告的投入的多少则取自电台收听率的高低，因此，商营电台从一开始就需要不断适应听众需求，主动迎合听众收听兴趣，所推出的节目深受听众喜爱，这也就造成当时广播事业激烈的竞争。在“丽的呼声”停播32年后，香港才出现新的商营电台，新城电台的出现将香港广播事业的格局一分为三。20 世纪 90 年代以后，一公营广播加上两大商营广播，牢牢把控着香港的广播市场。

在香港电视事业初期发展时期，只有亚视、无线电视与香港电台电视处。香港电视事业开始于 1957 年，“丽的映声”拉开了香港电视事业的帷幕。而后，无线电视台开播，两者都属于商业性质的电视机构。在香港电视事业中，还有一个特例，就是香港电台电视处，以公营机构的身份介入电视事业中，对香港电视的发展来说，有着指引及规范的作用。亚视与无线电视作为香港电视事业中两大王牌的电视机构，竞争从 20 世纪 70 年代持续至今。不像广播行业，香港的电视行业可以说是“百花竞放”，大大小小的电视台层出不穷，在这个不大的岛屿上，香港电视业却走在世界电视业的前面，这样的电视格局无疑是加快了香港电视业的前进步伐。

总的来说，香港的广播电视特点有三：一是竞争激烈，由于香港广播电视是商营与公营并存的现状，导致商营的广播电视需要更多的投入与公营机构、同行较量。二是节目信息迅捷，香港作为国际金融中心，人们对信息流通的速度要求很高，这也就造就了香港广播电视对于信息即时性的高标准。三是内容偏重娱乐性，香港社会压力大，使得听众、观众更加喜爱收听、收看娱乐性较高的节目，因此，香港广播电视中娱乐节目的比重较大，且有严肃节目娱乐化的倾向。

香港广播电视事业蓬勃发展，离不开其完备的监管机构及健全的法律制度。四大主要规管机构：香港电台广播处、影视及娱乐事务管理处、广播事务管理局及电讯管理局对香港广播电视行业进行全面的监管，不仅为香港的广播电视起到了净化作用，还提供了广播电视能够保证健康运行的大环境。在法律条例方面，广播电视机构制定的规范自身的业务守则是维持发展的基础，《电视条例》《电讯条例》《广播事务管理局条例》等专门法律是保障广播电视正确发展的核心，相关的法律条例则是起到补充完善广播电视监管的作用。

自新中国成立以来，香港与内地在广播电视方面的交流合作从未中断，程度不断加深。20 世纪 70 年代以前，内地处在社会主义建设时期，各个方面尚未充分发展，广播电视的发展更是落后于世界水平，香港作为内地与世界联系的窗口，充分发挥其沟通作用，将学习得来的先进技术、经验与内地交流，使内地的广播电视得以赶上世界发展潮流。进入 80 年代，伴随着改革开放的不断深入，两地的交流逐渐拓宽，合作也逐渐增多。随着 90 年代香港回归祖国，两地的交流合作开始以前所未有的速度发展，如今，内地与香港在广播电视上的合作正在迈向一个崭新的高度。

香港的广播电视教育事业的发展是伴随着广播电视的兴盛而起步的，对于香港的广播电视教育的认识应当从宏观角度理解，香港对于广播电视的教育是传媒教育的一个方面，无论是大学课程的设置还是机构、团体的教学，广播电视的知识传授是培养公民媒介素养必不可少的组成部分，从此出发的教育事业才是培养广播电视人才、发展广播电视事业的正确方向。同时也应当看出，传媒教育的不断发展客观上刺激了香港广播电视事业的更大进步，在新时代下，香港的广播电视事业也将迎来更多辉煌成就与更加有希望的未来。

第十一章　1949 年以后澳门广播电视业的发展

澳门是一个国际化都市，几百年来，一直是中西文化融合共存的地方。澳门于 1999 年 12 月 20 日回归祖国，在此之前，澳门长久地在葡萄牙政府的殖民统治下。回归后，澳门成为我国的一个特别行政区，依据《澳门基本法》实行高度自治，在“一国两制”政策的引导下，澳门在经济、文化等方面的特色得以延续。因此，澳门广播电视业的发展不可避免地也跟随回归的步伐而有所变革。

澳门的广播事业起步于 20 世纪 30 年代，目前有两个电台：一是隶属于澳门广播电视有限公司的澳门电台，二是私营的绿邨电台。澳门的电视业初创于 1984 年，起步较晚，但发展迅速。“目前澳门有一家电视台，一家有线电视台和两家以澳门为基地提供卫星电视广播的公司。”[①] 与世界上一些大都市或是中国内地及香港台湾地区相比较，其广播电台、电视台数量未必算多，但其广播电台、电视台的规模及其在当地社会的影响，却是相当突出的。

---

① 李成俊：《澳门华文媒体发展新趋势》，载《第二届世界华文传媒论坛论文集》，香港中国新闻出版社，2003 年版，第 37 页。

第一节　澳门的广播电视事业

追溯历史，澳门的广播业发端于20世纪初，至今已走过80余年的历史。广播是在澳门发展历史最长的电子媒介。期间，澳门的广播事业经历了由电台“一枝独秀”走向与有线电视、卫星电视并行发展的过程。在不断发展和竞争激烈的媒介环境中，澳门广播业没有走向衰落，而是坚持与时俱进，在革新技术、提高节目质量的同时，注重不断满足受众的需求，逐渐脱颖而出，成为澳门电子传媒中的佼佼者。

与源起于20世纪30年代的广播相比，电视在澳门的出现足足晚了半个世纪。1984年澳门电视台出现以前，澳门没有本地的电视台，由于地缘原因，多年来澳门市民一直收看香港的电视节目，有的兼收广东省的电视节目。1984年5月13日，澳门广播电视公司负责筹建的澳门电视台正式开播，成为澳门第一家电视台。澳门回归后，进入卫星电视时期，前后创建了澳门卫星电视旅游台、澳门卫星电视五星台、澳门卫星电视亚洲台等。2000年7月，澳门有线电视台正式开播，此后澳门形成了门类齐全的多元化电视事业格局。

澳门现有电台频道表

电台性质	经营者	开播日期	播放频率
公私合营电台	澳门广播电视股份有限公司　澳门电台	1933年8月26日	中文台
			葡萄牙文台
私营电台	绿邨738台有限公司　绿邨电台	1950年	绿邨738

一、20 世纪 80 年代前：广播独立发展阶段

澳门第一个无线电广播电台于 1933 年开播，设于邮政总部大楼内，先后以 CQN—MACAU 及 CRY-9-MACAU 两个呼号广播，每天从 21 点至 23 点播音两小时，用葡萄牙语播送音乐和新闻节目，以播放唱片音乐为主。这家电台是澳门电台的前身。1941 年，澳门广播会成立，它继承了 CRY-9-MACAU 的设施及广播器材，并改以葡萄牙语、英语和粤语广播。在管理体制上，当时行政上尚无对广播电台的管理。1948 年，澳门电台成为官方电台，隶属于澳门政府新闻旅游处，80 年代初，才有了“澳门广播电台”的正式名称。

除澳门电台外，澳门还有一家私营商业电台——绿邨电台。1950 年，由土生葡萄牙人、时任澳门经济局局长罗保博士创办，初期电台所在地是罗保的绿村别墅，因而得名。绿邨电台以粤语和葡萄牙语播音，以音乐节目为主，播送包括罗保博士写作的乐曲，后来节目类型有所扩展。该电台发射功率强大，初时是 1000 瓦，后来增强至 3000 瓦。澳门、香港和珠江三角洲许多地区，都能收听到它的广播。60 年代初，绿邨电台因播放赛狗节目而风行一时，小说、长篇广播剧也是那个年代最受欢迎的电台节目。1964 年起，绿邨电台全部改用粤语广播，并开始承接广告，具有了半商业性质。1969 年后，绿邨电台改为纯商业电台，每天播音 18 小时，节目内容以娱乐为主，包括粤曲、广播剧、点唱、赛狗消息等。由于绿邨电台“不谈政治”的宗旨，以及未能向政府申请到新闻执照，因此没有自编的新闻节目，只在综合节目中由广播员根据报纸的报道，加播一些居民感兴趣的社会新闻。绿邨电台的经营主要靠广告费收入，以及教会的赞助。

从 1933 年起到 20 世纪 80 年代，澳门广播业从初创起步到初具规模，走过了半个世纪的发展历程，现已成为澳门地区发展较为稳定且影响广大的电子媒体。

二、20世纪80年代至90年代：广播与电视并存竞争阶段

1983年1月1日，澳门广播电视公司（简称澳广视）成立，它是一家由澳葡政府出资、行政上独立的公共企业，负责管理澳门的广播电视工作。澳门广播电视公司成立后，设立了电台部，并接管澳门广播电台，并开始着手筹建澳门电视台。"澳广视的成立标志着澳门进入了广播与电视同步发展，二者并存竞争的阶段，传媒生态开始转变。"①

1984年5月13日，澳门电视台正式开播，该电视台覆盖面仅及本地。"注重娱乐性和教育性的节目，在政府和市民之间担任中间人的角色。向政府提出批评和建设性的意见，向市民宣传和解释政府实施的政策，并将要广泛地为市民服务，多搞群众活动"是澳门电视台的角色定位。双语播音是澳门电视台的最大特色，节目内容以进口葡萄牙语、汉语和英语电影为主，此外还有一些新闻、电视系列片和其他特别节目等。面对狭小的市场份额，澳门电视台在提高节目的质量和发射效果两方面不懈努力。首先，在节目内容方面，澳门电视台致力于多元化发展，加强自制节目的比重。如1985年8月，依照香港娱乐节目的发展模式，澳门电视台制作了首届"澳门小姐"节目；1986年7月，首次与广东电视台合作拍摄纪录片《帆船》。其次，扩大发射功率，以吸引更多观众。1986年10月，澳门广播电视公司第一个电视转播站——大炮台转播站建成，该转播站启用后，覆盖面由原来的30%提升到80%。

深受香港电视与本土电视业的双重冲击，澳门广播业随之做出积极应对，力求维持其稳定发展。1988年2月17日，澳门电台进行改革。此次改革以节目多元化为宗旨，开设音乐节目、杂志式节目、青少年广场等，满足听众需求，如《乐府晨声》《晨早奇兵》《乐坛前锋》《澳门文化》等节目，形式多样，内容丰富。1989年，澳门电台继续改进节目内容。

① 谭天、董天策：《港澳台广播电视》，暨南大学出版社，2010年版，第16页。

1990 年，澳门电台搬迁至新口岸南光大厦，此后，澳门电台的广播可覆盖珠江三角洲一带。

1988 年 5 月 1 日，澳门广播电视公司改名为“澳门广播电视股份有限公司”，简称仍然是“澳广视”，逐步接受私人股东入股，成为政府和私人机构合资组成的有限公司。经过一系列改革，1989 年年初，澳广视完成了从公营性质到公私合营性质的转变，成为一家“有限公司”，但澳门政府仍拥有 50% 以上的股权。[①] 随着澳广视的一系列改革，澳门电视台也进一步完善自我。首先，加强发射功率，扩大播出区域。发射功率进一步加强后，最大发射功率可达 200 千瓦，香港岛南部、九龙尖沙咀及九龙西部等地都可以清楚地收看到澳门电视台节目。其次，延长播出时间。从 1989 年 7 月 1 日起，节目播出时间从早上 05:30 延续到次日凌晨 00:00。此外，澳门电视台还十分注重与内地的交流与合作。如 1988 年，澳门电视台首次与珠海电视台合作筹拍电视连续剧《天网》，这是澳门有史以来第一部由本土制作的电视连续剧，开创了它与内地电视台良好的合作之风。“改革很快取得立竿见影的效果，根据数据统计，1989 年当年电视台的收入比前一年增加了三倍。”[②]

进入 90 年代，澳门电视台的新闻节目及综合性娱乐节目都较以前更加丰富。面对香港传媒的冲击，澳门电视台在加强新闻节目的同时，开始走节目本地化的道路，一大批反映当地民俗风情的纪实性、娱乐性节目应运而生，如《澳视新闻》《澳视新闻档案》《两岸动态》《澳门晨光》等。在电视节目制作方面，澳门电视台继续保持制作特别节目的传统，同时还向全世界转播介绍澳门形象的节目，如《澳门国际音乐节》《世界女排大奖赛澳门站》《葡式斗牛》等。1999 年澳门回归，澳门电视台做了大量的报道，并制作了一个长达一年的时事特辑《见证回归》，以介绍澳门在回归前后的政治和社会民生变化。

① 谭天、董天策：《港澳台广播电视》，暨南大学出版社，2010 年版，第 112 页。
② 谭天、董天策：《港澳台广播电视》，暨南大学出版社，2010 年版，第 112 页。

进入90年代后，澳门电台也采取措施，加快改革步伐：第一，注重提高节目质量，拉近与听众的距离。一方面，澳门电台注重加强资讯节目，增加服务性。澳门电台以“融入社群，服务人人”为目的，务求节目具有本地特色，综艺类的《通天行动派》和访谈类的《濠江茶馆》《第一线电台》等节目都为广大听众所喜欢。另一方面，澳门电台还开办各种有奖竞猜和有奖问答游戏，开办《开心擂台赛》等直接吸引市民参与的节目。第二，改良技术。澳门电台从1990年11月起开始用粤语和葡萄牙语同时广播，又称中文台和葡萄牙文台，两台均全天24小时广播，播出的节目全为本地制作，包括新闻、综合资讯、音乐、访谈和宗教节目等。葡萄牙文台的主要对象为在澳门的葡萄牙人及懂葡萄牙语的人士，除播出国际和本地新闻外，还通过卫星转播葡萄牙电视台最受欢迎的节目。第三，加强合作，同各地电台建立协作关系。90年代，澳门电台同广东台、广州台、佛山台、珠海台和香港的电台建立了密切的合作关系，也同境外、国外的电台交换节目。如1994年，澳门电台中文台与珠海电台合作制作了《珠海新姿》，与广州电视台合作制作了《穗澳穿梭快线》等节目。通过合作，不仅增加了双方的交流和了解，而且也丰富了澳门电台的节目。这一时期，绿邨电台也有所调整，主要是股权的更迭和变化。1994年年底，绿邨电台以需要整顿节目为由停播。1998年重新开播，复播后该台的节目以提供赛马和赛狗方面的信息为主，在澳门赛马及赛狗日期间现场转播，及时分析播报实况，为博彩娱乐服务。

20世纪80年代到90年代的这一时期内，澳门的广播业不再一枝独秀，而是与电视并行发展，虽然竞争激烈，但广播依然保持着较为平稳的状态持续发展。究其原因，主要有以下几点：第一，澳门广播业起步较早，受众基础较牢靠。澳门最早的广播诞生于1933年，而电视台的诞生足足晚了半个世纪，在这期间，澳门地区的人们已形成了收听广播的习惯，因而广播业有较为强大的受众基础。第二，广播是声音媒介，具有突破时空限制、实现伴随收听等电视所没有的传播优势。第三，澳门广播业坚持不懈地改进节目质量，吸引受众。在长期的发展历程中，澳门广播业吸取经验教训，逐渐摸索出适合本土化生存的方式，不断改进节目质量，提升经济效益的同时兼顾社会效果，在吸引更多受众方面下了很大功夫。最后，从客观环境来看，澳门地区的受众长期收看香港电视节目，制约了本地电视业的发展。在澳门本土电视业诞生以前，澳门居民长期以来都是收看香港的电视节目，即使是本地电视业发展以后，许多受众也已形成收看香港电视节目的习惯，对本土电视业的发展造成很大冲击，从而为广播的发展创造了良好机遇。

三、回归后：广播电视发展飞跃期

1999年澳门回归祖国以后，整个社会政治开明，经济发展，文化繁荣，为传媒业的发展创造了良好的氛围，澳门广播业的发展也迎来了新的机遇与挑战。进入新世纪，澳门广播业迈入新的发展阶段。面对崭新的社会环境，面对香港电视业与本土电视业的冲击，以及新媒体技术带来的新一轮挑战，澳门广播业做了全面的调整，不仅在技术上锐意革新，在节目质量上也有很大程度的提高。

首先，澳门电台更新设备，积极推进网络广播。为顺应媒介技术快速发展的趋势，澳门电台在技术上不断锐意创新。电台首先更新设备，由原来的模拟广播转换为数字广播，大大增加了广播的频段选择，也提高了播音质量。同时，电台还积极推进网络广播。网络广播具有互动性强、信息量大、时效性强等优势，使听众能更加自由自主地收听广播。2000年12月13日澳门广播电视公司的官方网页正式上线，听众可以直接通过其网页的专设频道收听澳门电台的节目，并可以通过网页论坛与节目主持人实现沟通互动；澳门电台中文台于2001年开设网络直播；葡萄牙文频道于2009年起开设网上直播。其次，澳门电台以“关心澳门，服务大众”为宗旨，提升节目质量。这一时期，澳门电台的节目趋于杂志化，重视本土化发展。澳门电台除每天固定播出新闻报道节目外，还推出了让听众发表意见的“时事评论”热线节目，这个节目就听众关心的时事，邀请政府及有关机构的代表同听众对话；还有针对青少年的娱乐和知识性节目以及教育性节目；另外还有特别节目如直播赛车、除夕倒数等。此外，为了加强对节目质量的监控，澳门电台还建立起科学的收听调查分析体系，注重听众的收听反馈，将其作为电台节目取向的准绳。澳门电台在注重经济效益的同时，还十分重视电台的公共服务责任，在社会中承担起传播信息、舆论监督、引导舆论、娱乐教化的职责，增强了澳门电台的公信力和在受众中的影响力。

2000 年 3 月 22 日，绿邨电台以“绿村 738 台”的名称恢复广播，自此该台在停播多年后正式恢复播音。恢复播音后的绿邨电台是一个多元化的商业电台，向听众提供赛狗、赛马、新闻、音乐、体育、科技、生活、资讯等节目。

新世纪以来，网络电台成为一种新兴的广播模式，澳门广播业紧随潮流，推出网络广播。艺骏电台是澳门网络广播起步初期较为成功的代表，该台 2008 年 2 月开播，最初只有三个节目，2008 年年底，艺骏电台的规模扩大至三个频道共 40 多个节目，已辐射中国内地、台湾等地。2009 年，艺骏电台不断创新，开发了多档贴近年轻人口味的节目。

澳门回归祖国后，澳门广播电视有限公司也开始了自己的新旅程。第一，努力尝试新的传输方式。借助不断更新发展的技术，创办网络广播和电视节目，每天 24 小时提供粤语及普通话电视新闻，网民可以通过留言板自由发表意见，还可通过其官方网页收看节目。第二，加强与内地的交流与合作。澳门回归祖国后，澳门广播电视有限公司在内地的成都、深圳、长春、青岛、武汉和北京等 6 个城市的电视台举办了澳门电视节，向内地推介澳门特区。同期，先后也有成都、广州、深圳、长春、青岛等 11 个内地城市在澳门联合举办电视节。此外，澳门广播电视有限公司继续与中央电视台合作，其重要的电视新闻专题栏目《澳视新闻档案》仍然在使用中央电视台《焦点访谈》的内容。2010 年，它还与中国传媒大学达成合作协议，并应邀成为该大学的科研教育基地。第三，在原有基础上改进节目。例如2000年9月1日，已经陪伴澳门观众6年的《澳视晨彩》在原有的基础上，增加播映时间，还加入许多新板块，颇受观众欢迎。澳广视自制杂志型节目《TDM万花筒》也不断改进，节目风格追求贴近生活、适合澳门本地观众口味。第四，澳门广播电视有限公司的葡萄牙文电视台仍正常播出。这是澳门回归后保持原有生活方式不变的一种体现。澳门广播电视有限公司每年以高薪从葡萄牙聘请电视新闻记者、编辑和制作人员，来维持这个频道的正常播出。为响应特区政府把澳门建成一个国际化的休闲、旅游、娱乐、会展中心的号召，葡萄牙文电视台也用大量时间播出英语节目（加葡萄牙文字幕），主要是好莱坞的故事片，以争取更多观众，提高资源有效利用率。第五，开设新的电视频道。自2008年7月“澳视高清”开播以来，澳门广播电视有限公司又先后增开了“澳门—MACAU”“澳视体育”“澳视生活”“澳广视数码电视”4个频道。

澳门广播电视有限公司新增频道一览表

频道名称	开播日期	节目内容	备注
澳视高清	2009.7.15	综合类电视节目	该频道大部分节目与澳门电视台同步播放
澳门—MACAU	2009.10.1	新闻、文化、教育、综艺	该频道定位为中国与葡萄牙语国家级海外华人间的广播平台
澳视体育	2009.10.9	体育赛事、与运动相关的节目	该频道不播出广告
澳视生活	2009.10.26	以自制节目为主	该频道旨在拉近澳门市民的距离

四、澳门卫星电视的发展

澳门卫星电视的筹划起于20世纪80年代末90年代初，但是直到1998年才基本完成构架建设。

1995年2月澳门成立澳门宇宙卫星通讯服务公司（注册商标：澳门卫视MSTV），这是一家私营公司，本着立足澳门、宣传澳门的宗旨，其业务不断发展。澳门卫视可覆盖整个东南亚地区、俄罗斯、澳大利亚、日本、以色列、马尔代夫及香港、台湾在内的30多个国家和地区。澳门卫视采用合作办台、频道专业化的方式，通过专业分工，使节目制作、播出部门可以集中必要的人、财、物，利用先进的技术设备和技术手段，提高节目水准和质量。

澳亚卫视有限公司（MASTV）于2004年获批卫星电视专营牌照，有6个卫星电视频道经营权，牌照有效期为15年。目前有一个频道澳亚卫视中文台，取得卫星电视频道经营权前，原在澳门卫视频道播出。2001年6月开播，内容是以新闻资讯、娱乐、强档影视剧为主的综合性节目。2005年该公司进行重组，吸收了中国石油和中国石化两家集团公司作为股东。2006年4月，澳亚卫视与广东省广播电影电视总局和南方广播影视传媒集团签订了落地协议书，使澳亚卫视进入珠江三角洲地区。澳亚卫视中文台节目已进入香港宽频与香港银河卫视。

澳门中华卫星电视（控股）集团有限公司获取经营牌照后，打破了由宇宙卫视公司独家持牌的格局。澳门中华卫视于2008年3月28日正式开播，董事长为吴立胜，是澳门娱乐业的知名人物。中华卫视所属频道以专业、活泼、欢乐为特色，热情向全球奉献精彩的影视娱乐节目。中华卫星电视（控股）集团有限公司拥有6个卫星频道，以北京为制作基地，发挥“一国两制”的政策优势，广泛联合世界各地媒体，以信息、科技、节目的紧密合作，共创世界华人文化、经济、传媒的新世代。

莲花卫视于2002年10月28日开播，2008年重组，并于2008年12月1日获得特区政府批准拥有6个卫星电视频道经营权。公司重组后投资逾亿元添置先进设备，发展方向定位于本土化，以提供精英文化和澳门本土资讯为主要内容，全景式报道澳门新闻、会展、旅游、财经、人文和民生最新动态，澳门多姿多彩的社会生活。主要栏目有《澳门新闻》《澳门现场》《市民论坛》《人在澳门》《名家闲评》《墨海观潮》《交易日直播》《财富人生》《前言讲座》等。该公司称现在其节目已进入澳门17万户家庭，进入了中国香港、中国台湾和新加坡、马来西亚有线网络。现任台长为李自松。总部位于澳门新口岸皇朝区，建立了澳门第一个高清电视制作基地。澳门莲花卫视覆盖中国大陆、香港、台湾和日本、韩国、新西兰、澳大利亚、中东等 50 多个国家和地区。尤其是在澳门、香港、大陆、东南亚、北美的收视人群较集中，大型高档社区及四、五星级酒店转播莲花卫视的较多。同时网上开通实时同步直播视频，播出语言以英语、普通话为主，有部分粤语节目。连续两年与香港《文汇报》推出“品牌故事 @ 澳门”系列专辑，以全新的角度，翔实记录介绍澳门本土品牌企业的发展历程、品牌企业的营商策略以及品牌形象的文化创意等，深受政府、企业、消费者好评，是港澳有影响力的经济报道和评选活动。

五、澳门的有线电视

在澳门卫星电视蓬勃发展的同时，1999 年 1 月 20 日，中葡联合联络小组批准了《澳门有线电视专营合约》，同年 4 月 22 日，澳葡政府同澳门有线电视有限公司签署了有效期 15 年的专营合约，根据这份合约，授权澳门有线电视有限公司以专营形式向澳门居民提供收费有线电视服务，并免费提供两个频道予澳广视下属的电视台、电台使用。2000 年 7 月，澳门有线电视正式启播，它是澳门唯一建立和运营公共电讯系统及以专营方式提供收费的电视服务的公司，现任行政总裁为林燕妮。澳门有线电视的开播标志着澳门已形成无线广播电视、卫星电视、有线电视相结合的多元化的综合广播电视网络。前 6 年其股份由葡萄牙电讯公司、澳门广播电视有限公司、大西洋银行、澳门宇宙卫星电视有限公司等持有由葡萄牙电讯的代表负责项目管理及运营。2006 年，在澳门经营公共天线 30 多年的广星传讯以逾亿澳门元的代价，购入葡萄牙电讯在有线电视的股权，成为澳门有线电视最大的股东。

“澳门有线电视”以“凝聚智慧力量，秉承尽善尽美之服务”为宗旨，努力为广大市民提供多元化及贴近生活的优质电视频道，成为市民获取新信息、提升国际视野、增广见闻的一个信息指针。同时汇聚世界各地约 70

多个不同类型的频道，打破传统的思维模式，将知识性、娱乐性及学术性相结合，建立一个全新的信息频道“33频道”，并组合成国际频道、亚洲频道、本地频道、体育频道、生态纪实、电影频道、教育频道、卡通戏剧频道、音乐时装频道等频道类别。其节目包括新闻、资讯、经济、教育、体育、娱乐、儿童、时装、音乐、大自然、电影、电视剧等，节目以粤语、普通话、英语为主，也有葡萄牙语、德语及意大利语节目。澳门有线电视转播中央电视台4和9频道以及广东、福建、珠海电视台节目，还转播香港无线电视、亚洲电视、凤凰卫视以及美国有线电视新闻网、英国广播公司国际台、美国全国广播公司财经频道、德国之声、日本广播协会国际频道、法国5频道电视台、意大利广播公司国际频道和葡萄牙广播电视国际台的节目。目前采用MPEG-2数码技术传送、解码，画面稳定清晰。

第二节　澳门广播电视业的管理

一、澳门的新闻政策及新闻事业管理制度

澳门回归之前，由于长期处于葡萄牙的殖民统治之下，澳门新闻政策不可避免地受到葡萄牙的政治制度的影响。葡萄牙是欧洲大陆上历史最为悠久的威权政治的独裁国家。1557年，葡萄牙在澳门开始了其长达442年的殖民统治，并且在澳门也实施威权统治的政治制度，推行威权主义报业制度下的新闻事业管理政策。澳门现行的新闻政策是依照《葡萄牙共和国宪法》中涉及新闻传播的相关法律条文所制定的。《葡萄牙共和国宪法》于1976年4月2日通过，曾历经三次修改，该法保障了澳门公民的信息使用、表达自由、信息自由、出版自由和广播权等基本权利。这些自由包括有权以语言文字、图像或任何媒介，自由表达及传播其思想，且不得遭

受妨碍与歧视。新闻工作者有根据法律规定接近信息来源之权利、获得保护其职业独立性与职业上之保密之权利；创办报章及任何刊物，也无须事先经行政部门许可或审查。因此，澳门不存在任何由政府执行的新闻检查制度，也不干涉非官方新闻机构的运作和经营。随着澳门地区实施《葡萄牙共和国宪法》，这种宽松自由的传媒环境在该法的保障下得以延续，澳门由威权主义报业制度的规制转变为一个拥有自由报业制度的地区。但是，新闻自由不是绝对的自由，为了防范媒体的过度自由化，澳门政府近年来通过了一些法令对新闻事业辅以必要的规范和管理。如在法令中明文禁止新闻记者在新闻报道时对个人做人身攻击与诽谤，侵犯他人的隐私权等。

目前，澳门特别行政区政府新闻局是澳门唯一的新闻管理机构。澳门特别行政区政府新闻局为澳门特别行政区政府专责协调和研究澳门的社会传播，以及在该领域内向行政当局提供协助的部门，是政府与澳门及外国传播媒介沟通的桥梁。它的前身是澳葡政府新闻旅游司，后独立为新闻处，再提升为厅级机构。1984 年 10 月 1 日，新闻厅改名为新闻署。回归后，正式定名为澳门政府新闻局。新闻局直接隶属于行政长官，是政府内部的传媒关系顾问，它的目标在于协助政府各部门建立有效的新闻发布机制，加强与传媒及公众的联系和沟通，提高施政透明度。“新闻局依《澳门基本法》中有关‘50 年不变’及‘新闻自由’的规定，基本上延续前葡澳政府的新闻政策。”[①] 澳门政府新闻局还担负着为政府制定宣传方案、协助媒体进行新闻报道工作、作为沟通桥梁确保好政府与传媒的联系、制作《澳门年鉴》和《澳门杂志》、为澳门大众传播机构及新闻工作人员进行注册登记和换发记者证等多项职能。

澳门政府新闻局的工作职能事无巨细，在澳门回归后的几年时间之内，比较完满地履行了自己的职责，为澳门社会营造了一个相对平稳的舆论环境。

---

① 林昶：《澳门中文报业在两岸交流中所扮演的角色》，第二届世界华文传媒论坛论文集，香港中国新闻出版社，2003 年版，第 46 页。

二、澳门广播电视的管理

广播电视媒体作为社会上的一种特殊行业，要受到相应的政策指引和法规管制，以确保其在社会与大众中的影响力及自身的公信力。由于社会制度和市场体系的差异，不同国家、不同地区在广播电视媒体的管理与政策法规的制定上，存在着显著差别。澳门前后历经澳葡政府和特别行政区政府两任政权的管辖，在广播电视管理与政策法规的制定上存在着的变化，体现出适应本地区广播电视事业发展的管理特色。

1. 澳门广播电视管理机构

电信管理局是澳门特别行政区监管电信业市场运作及维持公平营商环境和发展的局级政府部门，成立于 2006 年 5 月 15 日。现任局长为陶永强。澳门电信管理局的职能包括以下的项目：规范、监管以及推动电信行业发展，以确保行业公平竞争的环境；分析及审批有关广播、有线电视以及卫星广播等牌照申请；监管无线电频率使用状况，移动电话用户需每月缴付 12 澳门元的无线电频率使用费，2007 年宣布免收该费用，2008 年费用则为 10 澳门元；订定电信行业所使用器材的标准，并提供规范、认可和检测；负责发放无线电操作员牌照。另外，电信管理局亦负责监管互联网牌照的发放、对外通讯设备的架设等事项。

2. 澳门广播电视的管理法规——《视听广播法》

澳门因其特殊的地理位置，新闻事业起步较早，但相应的新闻法规政策的制定则显得较为滞后。直到 1990 年，澳葡政府才颁布《出版法》，作为规范澳门新闻出版事业，管理从事新闻、出版活动企业的法律。而在广播电视事业领域，1989 年 9 月 4 日由澳葡政府正式颁行的《视听广播法》，标志着澳门的广播电视事业进入有法可依的阶段。

鉴于澳门的视听广播向来均在并无法例管制的情况下经营，《视听广播法》的颁行，其目的并不在于干涉澳门视听传媒自由运作、舆论自由的传统，而在于“订定进入及经营该事业的有关制度、赋予政府适当的规例以促进其发展，以及严格管制本地区频谱的不同频道”①，并就视听传媒的资讯传播、使用频段、节目编排、广告播放、经营制度等方面做出规范，以确保本地区视听传媒的自由和有责任感。

《视听广播法》共五章八十二条，它的部分具体内容如下：

《视听广播法》在第一章第二条中规定了使用之依据与频段：“无线电频谱系属本地区公权范围”②，电视、广播的设立和经营都须在政府所规定的频段内进行。

《视听广播法》在第一章第三条中提出广播业之宗旨在于：一是尊重现有道德文化价值，为培养市民形成良好道德观做出贡献；二是为保证市民信息获取做出贡献，确保市民无障及无歧视的信息及信息权；三是为促进社会及文化进步以及市民对政治、公民及社会的关注做出贡献。广播电视事业被视为是一项“对市民极为重要的公共电讯服务”③，应当“确保信息的公正性、多样性、严谨性及客观，以便对公共权力维持其独立性”④。

《视听广播法》在第二章提出设立广播委员会对视听广播业进行监督，并对广播委员会的组成成员、职权与职能等各方面做出明确规定，如“1. 主动或经总督、立法会主席或三名立法议员要求，对所有与其职权有关的问题发表意见；2. 重视广播专营公司及经营者在新闻、节目及广告方面的活动……9. 就发展有素质的电视及电台所需的工作提出建议并开展工作”⑤等。

《视听广播法》对于澳门视听广播业的准入制度亦有明确规限。电视广播和电台广播在准入制度上存在显著差异。《视听广播法》第三章第十二至十四条规定：“电视广播为一项公共服务，它可以透过批给合约，

① 资料来源：1989 年 9 月 4 日第 8/89M 号法令。
② 资料来源：1989 年 9 月 4 日第 8/89M 号法令。
③ 资料来源：1989 年 9 月 4 日第 8/89M 号法令。
④ 资料来源：1989 年 9 月 4 日第 8/89M 号法令。
⑤ 资料来源：1989 年 9 月 4 日第 8/89M 号法令。

交由主办事处设在澳门，且在信誉、技术、财力上有保障的公司法人经营。电视广播业之批给一般是以竞投方式进行，并须在政府公报上刊登。但当有充分适当理由时，批给也可以直接洽谈方式为之。批给应有确定的期限，对承批之事业，不得再进行分批。”[①] 而电台广播业则受发牌制度管制，第三十二至三十四条明文规定：“经营人只有在领取牌照后，方得从事电台广播业。为经营电台广播业而发出的牌照，事前竞选须进行竞投，但有重大理由及适当解释时，也可直接洽谈。牌照由总督以批示方式批给，并在政府公报上刊登。对竞投者，发牌人有权以公共利益为由而拒绝发牌。”[②]

在业务经营方面，《视听广播法》在第四章中做出规定，倡导信息传播及节目安排之自由，对资讯、新闻报道、新闻从业员、强制性之发布、被禁止之节目等各方面都进行了明确的规制。

此外，根据《视听广播法》的相应规定，澳门的广播电视媒体还应依法行使广播权和答复权。

《视听广播法》已推行20余年，其间，仅对部分内容做出过相应修改，其他部分均未做出调整，一直沿用至今。《视听广播法》对于澳门广播电视业的意义是不言而喻的。它的出台为澳门广播电视业制定出明确的法律规范，为视听广播媒体提供了政策指引。它的内容完善，分为五章，一共有八十二条具体详细的规定，这些细目条款一方面确保了澳门地区内视听媒体的传播自由权，另一方面也明确了广播电视媒体承担的职责与所应履行的社会责任与义务，体现出权利与义务相一致的管制原则。

澳门的回归，为澳门广播电视事业的发展带来新的机遇与挑战。随着电子技术的不断发展，全国各地的合作与交流日益频繁，我们有理由相信：澳门的广播电视事业将办得更精彩、更具吸引力，澳门广播电视事业将迈出更加坚实有力的步伐，日渐走向成熟、走向辉煌。

---

① 资料来源：1989年9月4日第8/89M号法令。

② 资料来源：1989年9月4日第8/89M号法令。

第三节　澳门的广播电视教育

澳门特别行政区自 1999 年 12 月 20 日成立以来，新闻与传播教育、广播电视教育已取得了显著的发展。澳门大学是澳门特区唯一一所提供新闻与传播专业的高等教育机构。该校的新闻与传播教育最早可追溯到 1991 年，当年，澳门大学开设了英文传意学士课程（English Communication Program）和应用中文与中文传意学士课程（Applied Chinese and Chinese Communication Program），分别附设在英文系与中文系下面。经过多年的酝酿和准备原属于中文系与英文系下面的两个传播专业于 2004 年正式归并成立了传播系，从此澳门大学的新闻传播教育开始走向更为专业的轨道。

澳门回归祖国十年多来，随着两地交往的日益频繁和拱北口岸电子通关的便利化，许多渴望学习成才的澳门籍居民把近在咫尺的珠海广播电视大学作为接受成人教育、职业技能教育和终身学习的理想平台。从 2000 年珠海广播电视大学招收第一届澳门学生以来，迄今已有 2069 名澳门籍居民从珠海广播电视大学毕业，或正在攻读珠海广播电视大学的成人学历教育，内地广播电视大学的文凭得到了澳门特区政府的承认，成为广大澳门同胞提升文化素质、更好实现个人价值的重要阶梯。[①] 直到 2010 年 9 月 18 日，广播电视大学澳门校友会在澳门隆重成立，成为澳门广播电视教育史上的一件大事。广大广播电视大学澳门校友克服文化上的差异，努力完成学业，利用所学知识默默奉献于社会，为传播悠久的中华文化，密切内地与澳门教育文化的交流，倡导终身学习的理念做出了特殊的贡献。

① 杨连成：《广播电视大学澳门校友会成立，澳门人爱珠海电大》，《光明日报》2010 年 9 月 19 日。

◆ 本章小结

澳门的广播事业起步于20世纪30年代，目前有两个电台：一是隶属于澳门广播电视有限公司的澳门电台，二是私营的绿邨电台。澳门的电视业初创于1984年，起步较晚，但发展迅速。1999年12月20日澳门回归祖国后，其广播电视业的发展也不可避免地跟随回归的步伐而有所变革。在经历政府经营、商业合作和私人入股后，澳门的广播电视业多元化的格局已经形成。

第一，紧随时代潮流，不断改进创新。唯有不断改进、不断创新，才能在激烈的媒介竞争格局中脱颖而出。进入新世纪，面对崭新的社会环境，面对香港电视业与本土电视业的冲击，以及新媒体技术带来的新一轮挑战，澳门广播电视业做了全面的调整，不仅在技术上锐意革新，在节目质量上也有很大程度的提高。澳门电台积极推出网络广播，澳门广播电视有限公司也努力尝试新的传输方式，不断更新技术。

第二，加强与内地的交流与合作。澳门回归祖国后，澳门广播电视有限公司在内地的成都、深圳、长春、青岛、武汉和北京等6个城市的电视台举办了澳门电视节，向内地推介澳门特区。同期，先后也有成都、广州、深圳、长春、青岛等11个内地城市在澳门联合举办电视节。通过交流与合作，可以优化资源配置，搭建合作平台，培养优秀人才，使澳门与内地形成互利共赢的局面。

第三，完善经营管理，注重人才培养。澳门的广播电视业拥有专业的管理机构和完善的管理制度，为澳门广播电视业的正常运转提供了保障。例如其《视听广播法》已推行20余年，其间，仅对部分内容做出过相应修改，其他部分均未做出调整，一直沿用至今。此外，澳门特别行政区自1999年12月20日成立以来，新闻与传播教育、广播电视教育已取得了显著的发展。

澳门的广播电视事业经历了初创时期的艰难发展阶段，回归祖国后开始了一段新的“旅途”。进入新世纪，澳门广播电视业进行了很大的调整，新技术不断被引进，广播电视节目质量得到了很大的提高。

第十二章　1949年以后台湾广播电视业的发展

台湾的广播事业始于日本占领期的20世纪20年代中后期，是在日本驻台湾总督府的控制下发展起来的。1925年6月17日，日本殖民者在举行殖民统治30周年仪式上，首次进行为期10天的广播，但旋之即停。1928年12月22日，日本殖民者台湾总督府交通局递信部以1KW的电力试播广播节目，并于1931年正式设立10KW电力的广播电台，呼号JFAK。1931年1月13日（一说2月1日）日本殖民当局在台北成立台湾区广播电台的管理机构——台湾放送协会。到台湾光复前，台湾放送协会先后在台湾设立台湾台、台南台、台中台、嘉义台、花莲台5家广播电台[①]。这些电台均为日本殖侵略者开办，受台湾总督府直接控制，是日本侵略者推行殖民统治的思想文化工具。

1945年台湾光复后，国民党政府接收日本侵略者所设立的广播电台，在此基础上加以改造，形成新的广播系统。1945年10月5日，国民党政府指派国际台传音科专员林忠抵台，从1945年11月10日到27日，先后接管上述日设5家广播电台，并改呼号。接收期间林忠担任台湾台台长，并改组台湾放送协会为台湾广播协会，作为台湾广播事业管理机构，并使之隶属于“国民党中央执行委员会中央广播事业管理处”。1946年年底国

① 综合参见赵玉明主编:《中国广播电视通史》, 中国传媒大学, 2006年版, 第534页; 温世光:《中国广播电视发展史》, 三民书局, 1983年初版, 第66页, 第80—81页; 陈扬明:《台湾新闻事业史》, 中国财政经济出版社, 2002年版, 第138页。

民党当局创办台东广播电台，1948 年 3 月正式开播高雄广播电台，[①]。到 1949 年 12 月南京国民政府迁台前，台湾共有 7 家广播电台[②]。

第一节　台湾广播电视业的发展

1949 年至 1950 年，蒋介石通过对国民党政党改造、推行地方自治、土地改革三大措施，逐步稳固了政权。1951 年全面戒严政策的实施，台湾地区最终全面形成富有强人政治色彩的威权体制。在这种体制下的大众传媒，包括具有巨大社会影响力的广播、电视在内，便成为主要政治力量的侍从，也成为其他利益集团竞相争取的权利工具。

从 1949 年至 1987 年，台湾的威权体制并非一成不变，总体上经历了由“蒋介石时期的硬性威权”到“蒋经国时期的软性威权”最后走向衰落的转变。在硬性威权体制时期，国民党当局对新闻媒体主要采取“强势控制”的手段，而软性威权时期总体上呈现出由管制到管理的逐步放松趋势，[③] 这便构成了当代台湾广播电视事业发展的基本媒介环境。

一、从天空戒严到天空开放——台湾广播电视业发展沿革

出于稳定政权的现实需要，1950 年，国民党当局密集制定了戒严法令，

① 温世光：《中国广播电视发展史》，三民书局，1983 年初版，第 90—91 页。

② 综合参见赵玉明主编：《中国广播电视通史》，中国传媒大学，2006 年版，第 534 页；温世光：《中国广播电视发展史》，三民书局，1983 年初版，第 90 页；陈扬明：《台湾新闻事业史》中国财政经济出版社，2002 年版，第 141 页；方积根：《台湾新闻事业概观》，新华出版社，1990 年版，第 64 页；陈飞宝：《当代台湾传媒》，九州岛出版社，2007 年版，第 231 页。

③ 陈久华：《台湾政治转型过程中表达自由问题研究》，知识产权出版社，2012 年版，第 100 页。

诸如1950年1月“行政院”颁布《反共保民总体战纲要》，4月“立法院”颁布《惩治叛乱条例》，6月蒋介石下令颁布《戡乱时期塑检匪谍条例》[①]等。借助以上法令，1951年到1987年，国民党在台湾实施长达38年的全面戒严。在新闻领域率先实施的“戒严”是1951年“报禁”政策的推行。作为对社会影响力巨大的广播以及后来诞生的电视，自然也被囊括在“戒严”之内，1959年国民党当局以“整顿频率”为由，不再接受民营广播台登记申请，广播频率不再对民间开放，开始了所谓的“天空戒严”，并一直持续到1992年。

1992年以前台湾广播电台构成比较表[②]

性质	台数	台数占比	发射机部	发射机占比	发射功率	发射功率占比
民营电台	20	60.61%	64	14.71%	1.8	1.80%
军营电台	6	18.18%	176	40.46%	51.4	51.4%
公营电台	6	18.18%	56	12.87%	3.7	3.70%
党营电台	1	3.03%	139	31.95%	43.2	43.20%

民营电台：正声、民本、台湾广播、中华、华声、凤鸣、益世、中声、胜利之声、国声、建国、燕声、民立、天南、电声、成功、震华、天声、先声、台北国际小区；

公营电台：警察、幼狮、教育、渔业、台北市政、高雄市政；

军营电台：“中央广播电台”、复兴、汉声、空军、光华、复兴岗；

党营电台：“中国广播公司”。

1. 20世纪50年代至80年代强人政治时期“天空戒严”下的初步发展

1949年随同迁台的“中央广播电台”、空军广播电台、军中播音总队以及民本广播公司，与台湾本土的7家广播电台一起，构成了当代台湾广播事业的发展基础。从1949年国民党迁台到1992年“天空开放”以前，

① 何海兵：《台湾六十年》，上海人民出版社，2009年版，第60页。

② 综合参见郑瑞成《解构广电媒体——建立广电新秩序》，澄社出版社，1993年版，第100页；陈飞宝：《当代台湾传媒》，九州岛出版社，2007年版，第241页。

台湾广播电台主要分党营、公营、军营和民营四种形式[①]，广播电台总量增加至 33 家，其中公营军营 13 家，民营 20 家，总计电台 177 座，各广播事业机构还在台湾各地设有分台或转播台[②]。

“中国广播公司”，简称“中广”，1949 年 11 月 16 日于台北正式成立，它的前身是国民党于 1936 年 1 月在南京成立的中央广播事业管理处。国民党中央广播电台于 1928 年 8 月 1 日成立，成立之初，隶属国民党中央宣传部。1932 年 4 月中央广播电台从“中央宣传部”独立出来，划归“中央广播无线电台管理处”。1936 年 1 月中央广播无线电台管理处更名为“中央广播事业管理处”，作为管理机构，该处直接负责管理中央广播电台和全国部分地方广播电台。1943 年，国民党当局为发展战后全国广播事业，决定以原有中央广播事业管理处所管辖的电台为基础，拟成立“中国广播公司”，因时局不稳一再搁浅。1949 年 11 月 16 日“中国广播公司”于台北正式成立，国民党迁台之前的台湾台、台中台、台南台、台东台、嘉义台、花莲台、高雄台等 7 家广播电台划归“中国广播公司”，以台湾台为主力，构成其事业基础。成立后的“中国广播公司”受国民党中央委员会和“行政院”双重领导，属国民党官方广播机构。成立之初，节目分为三部分，即对大陆、对海外调频广播和对台湾岛内广播。“中国广播公司”对台湾广播节目，主要有新闻节目、音乐节目、综合节目、广播剧和广播小说、教育节目以及公共关系节目等类型，另有新闻、农业、交通灯专业电台。“中国广播公司”对海外广播始于 1951 年 5 月 5 日，受国民党政府委托，以“自由中国之声”为名，代表“国家电台”对外广播。1950 年 12 月 18 日，国民党台湾当局为强化对大陆“心战”宣传，开始运用“中国广播公司”一架中波发射机，以“中央广播电台”名义，对大陆广播进行播音。

中央广播电台，原系 1928 年 8 月 1 日成立于南京的“中国国民党中

---

① 郑瑞城：《解构广播电视媒体——建立广电新秩序》，澄社出版社，1993 年版，第 109 页。

② 方积根：《台湾新闻事业概观》，新华出版社，1990 年版，第 64 页。

央执行委员会广播无线电台”，简称“中央广播电台”。国民党广播事业自1928年诞生到迁台之前，对内广播由中央广播事业管理处所属的中央广播电台和各地广播电台负责；对国际广播，由中央广播电台负责。国民党迁台后，为展开对大陆的宣传，决定运用“中国广播公司”一部750千赫中波机，由国民党中央大陆工作会所主办，由国民党中央直接指导，继续用“中央广播电台”的呼号，对大陆每日播音6小时。1951年8月，为强化心战功能，成立大陆广播组，独立作业。1954年5月20日扩大组织，成立大陆广播部。1972年7月1日，台湾当局决定将由国民党中央直接指导的大陆广播部，从“中国广播公司”独立出来，正式建立中央广播电台。中央广播电台的发射基地有4个，分别针对大陆各个目标地区定向播出，在强人政治时期，主要服务于对大陆的“心战”。中央广播电台的节目大致分为新闻、报道、评论、音乐、文艺、综合6大类，使用普通话、广东话、闽南语、客家语、上海话以及蒙古语、藏语、维吾尔语，全天24小时播音。

国民党迁台初期，面临着解放军师陈福建沿海巨大军事压力，再加上出于稳固岛内政治统治的需要，从20世纪50年代到90年代，军事势力逐步深入广播、电视事业中，这也为台湾日后的广播电视“三驾马车”管理机制的形成埋下伏笔。这一时期的主要军营电台有军中播音总队、空军广播电台、汉声广播电台、金门马祖广播电台等。

20世纪50年代到90年代，台湾公营广播电台主要有：1954年3月1日正式开播的台湾省政府警察广播电台，1956年10月31日开播的非营利性幼狮广播电台，1958年6月开播的台北市市政广播电台，1960年3月29日开播的教育广播电台。公营电台在分配广播频率资源上本就占尽先机，再凭借当局财政支持，因而实力较厚，成为“教化”民众的主要阵地。

1949年随同国民党迁台的民营广播电台有益世、民本、凤鸣广播电台，加上在台湾新创办的广播电台，1992年“天空开放”以前民营电台已有20家。民营台大多实行全天24小时播音，节目突出娱乐性、服务性。经费除少量来自台湾当局的津贴，绝大部分来自广告收入。国民党迁台初期，民营电台得到的频率资源往往有限，大多数民营广播电台发射功率在 1 千瓦左右，尽管民营台数量上远超党、公、军营台，但在发射机数量和发射功力上，无法与之匹敌。即便如此，得以建立民营电台的人员也多为“特定人士”。另外，国民党当局对民营电台的渗透相当严重，如正声公司约 58% 股份为军方情报局所占，台长任命自情报局，因此具有半官方的色彩。[①]

进入 20 世纪 60 年代，台湾政局的稳定以及经济状况的好转，更受电视时代到来的刺激，台湾电视事业建设提上日程。1952 年，“中国广播公司”副总经理曾虚白赴英国、美国考察电视，欲拟建台事宜，因耗资巨大作罢。1960 年 5 月 20 日，“中国广播公司”在公共场所设立 50 架电视机，实况转播蒋介石续任“总统”就职仪式，此为台湾有史以来首次电视播出，且连续播映 7 天，轰动一时。1961 年 10 月，台湾当局通过了《电视广播电台设置暂行规则》《黑白电视广播技术标准规范》《电视广播接收机登记规则》三项法规，确立台湾电视采用 NTSC 制式。随后，最早的三家无线电视台（“台湾电视台”“中国电视台”“中华电视台”）先后成立，台湾步入无线电视发展期，“天空戒严”期间，仅有的三家无线电视台垄断了台湾电视市场（因此，三家无线电视台习惯上又被称为“老三台”）。

1961 年 2 月 28 日，“台湾省政府委员会议”决定，由“新闻处”设立台湾电视广播事业股份有限公司，随后成立“台湾电视事业筹备委员会”负责建台事宜。多方遴选，“台湾电视事业筹备委员”最后选定与富士电气会社、日立电气制作所、日本电气会社、东京芝浦电气会社四家日本电气公司合作。1962 年 4 月 28 日，“台湾电视事业股份有限公司”（即台湾电视台，简称“台视”，英文缩写 TTV）正式成立，林伯寿任董事长，周天翔任总经理。1962 年 10 月 3 日，“台视”试播，10 月 10 日正式开播，每日中午、晚上两次播出。开播当日由宋美龄按下启动按钮。“台视”初期发射电力 5 千瓦，黑白信号，覆盖台湾北部。1965 年 10 月 10 日，“台视”中南部转播网正式启用。1969 年 9 月 7 日，“台视”发射了第一个彩色信号，

① 参见陈飞宝：《当代台湾传媒》，九州岛出版社，2007 年版，第 236—238 页。

开始不定期试播外国彩色影片，9月25日宣布彩色试播成功，1972年“台视”成立10周年时，彩色节目比例已占80%，覆盖台湾全省的转播系统也已经大致建立完成。

早在“台视”开办前后，就有很多私人或团体试图创办电视。眼见“台视”开播一年多就能盈利，各方人士申请开办电视台的热情进一步高涨，于是，台湾当局决定在“台视”完成全省联网后开办第二家民营商业电视台。1967年10月17日，台湾当局批准“中国广播公司”出资50%，各民营电台共投资28%，工商、文化界人士投资22%，共同组建台湾第二家无线电视台。1968年9月3日，“中国电视事业股份有限公司”（即“中国电视台”，简称“中视”，英文缩写CTV）正式成立，谷凤翔任董事长，黎世芬任总经理。1969年10月9日，“中视”试播，10月31日正式开播，且为彩色信号。“中视”是台湾第一个全部以彩色画面播映节目的电视台，促使台湾电视发展到了彩色阶段。初期发射机功率10千瓦，只能覆盖台湾北部。1970年，“中视”迁入南港自建的电视大厦。1999年8月9日，“中视”股票公开上市，成为台湾第一家股票上市媒体，揭开了台湾电视跨世纪的一页。

其实，从某种程度看，“中华电视台”是台湾的第一家无线电视台，它的前身——教育电视台——比“台视”还要早8个月。

1962年2月14日，台湾“教育部”开设“国立教育电视实验广播电台”，主要配合“教育部”展开教育工作，每天播放两三个小时，节目内容以课堂教学与社会教育为主。1963年12月1日正式播出，名称改为“国立教育电视广播电台”。由于资金困难，建立台湾联播网的计划没有实现，且一直发送黑白电视信号。

教育电视台在开播初期因独此一家，吸引了大批观众。当发射电力强大的“台湾电视公司”问世以后，尤其是在“中国电视公司”实现彩色播出后，始终停留在黑白电视阶段的教育电视台受到巨大冲击。台湾当局也为加强军中政治教育以及社会教育，决心扩展教育电视台。1969年2月教育电视台老东家“教育部”联合“国防部”成立“筹备指导委员会”，提出将教育电视台改组扩建成“中华电视台”的方案。1971 年 1 月 31 日，“华视文化事业股份有限公司”（即“中华电视台”，简称“华视”，英文缩写 CTS）正式成立，由“教育部”、“国防部”、企业界人士以及华侨等共同投资，属财团法人组织。1971 年 7 月，教育电视台惨淡经营 9 年后停播并纳入“中华电视台”。1971 年 10 月 10 日“华视”试播，10 月 31 日正式开播。“华视”开播之初，黑白信号，每天约播出 8 小时，1975 年 5 月，全面改用彩色播出。

“台视”“中视”“华视”名义上属于商业电视台，经济来源也主要依靠广告收入。但从资本构成上看，却有着明显的官办性质。“台视”49% 的股份牢牢掌控在国民党当局手中；“中视”50% 的股份掌握在“中国广播公司”手中；“华视”资本构成表面具有多元化色彩，“国防部”和“教育部”合占 41% 的股份，占据 25% 股份的黎明文化公司，其高层领导多属国民党，经过 1983 年到 1991 年的资本扩充和变动，“华视”的股东成员更多的加入了政府高官、高级军方将领。国民党通过与部分私人资本合股经营，从而达到对电视台的实际控制，商办官控的体制，既避免了专制的恶名，又有效地弥补了资金的不足。

进入 20 世纪 70 年代，中产阶级的崛起带动社会运动此起彼伏。1972 年蒋经国担任台湾“行政院长”后，立即推行政治革新，台湾进入软性威权体制时期。进入 20 世纪 80 年代，中产阶级要求重新分配政治、经济、文化资源，新一轮改革呼之欲出。1986 年国民党十二届三中全会召开，台湾开始从威权体制逐步过渡到多元民主政治体制。①

在 1986 年改革中，解除“戒严”、开放“报禁”和“党禁”历史影响深远。1987 年 7 月 14 日，蒋经国正式宣布解除长达 38 年的戒严。紧随“解严”步伐，1988 年 1 月 1 日，台湾当局正式宣布解除“报禁”。但国民党并没有在解除报禁的同时，解除针对广播电视的“天空戒严”禁令，广播电视

① 何海兵：《台湾六十年》，上海人民出版社，2009 年版，第 96 页。

依然被国民党全方位把控。

也是在这一时期，台湾“党禁”正式解除，在野的民进党为上台执政，在处于国民党控制的媒介环境下，为民进党“助选”的地下电台粉墨登场。所谓地下电台，又叫非法电台，是当时的人们对未经合法授权擅自使用放大器等器材设备进行播音的电台的统称。一些民进党色彩浓厚的地下电台，往往自称“民主电台”，名义上反抗国民党当局广播资源垄断，实则为民进党“助选”。1990 年 3 月，民进党秘书长张俊宏陆续在中和、高雄、高屏等地设立“民主之声”广播电台，首开利用地下电台为反对政治力量“助选”的先河。1992 年台湾“大选”前后，正是地下电台风起云涌的时候，1992 年，张俊宏在其办公室再次装设发射器进行播音，成立“全民电台”播发有关“选举”的新闻。1993 年，民进党要员许荣棋租用张俊宏的频率，开办“台湾之声”广播电台，此举“让更多的有志于政治角逐的人群起效之，大量的地下电台在法外之地涌现，甚至连执政的国民党也一度想推出自己的地下电台”①。民进党乐于创办地下电台，同时台湾民众也乐于在一言堂之外收听另一种声音。1992 年“选举”期间，29.4% 的台湾民众听过地下电台的新闻广播，台北县市 600 万人口当中，潜在听众 264 万人，占 44%，主动听众 53 万人，占 9%。② 即便在国民党当局实施“天空开放”后，地下电台依然大量存在，并沦为“平时卖药、‘选举’时为政党摇旗造势的政商结合怪胎”③。

2. 20 世纪 90 年代社会转型时期“天空开放”下的日渐多元

1988 年 1 月 13 日，蒋经国去世当晚李登辉继任“总统”，1990 年 3 月 21 日当选国民党主席，李登辉时代正式到来。随着蒋介石父子离世，台湾强人政治体制也走到了终点。在李登辉由“代总统”荣升“总统”前，

---

① 王天滨：《台湾新闻传播史》，亚太图书出版社，2002 年版，第 558—559 页。

② 佟文娟：《过程与分析——媒体与台湾政治民主化（1949—2007）》，厦门大学出版社，2009 年版，第 89 页。

③ 佟文娟：《过程与分析——媒体与台湾政治民主化（1949—2007）》，厦门大学出版社，2009 年版，第 92 页。

国民党内部产生分裂，来自内部的反对势力阻碍了李登辉在 1992 年“大选”时的加冕之路。迫不得已，李登辉开始与民进党合作，并得其援助。作为回报，李登辉上台后也给予民进党更大的政治空间，广播电视资源遂成为交换品。再加上台湾社会各界要求当局打破垄断，1993 年 1 月 30 日，国民党当局正式宣布对民间开放广播频率，由“新闻局”会同“交通部”将可供民间设立调频或调幅广播电台的频率加以整理，允许民间申请设立电台，迈出了继解除“报禁”之后大众传媒领域逐步开放的第二步——“天空开放”。

此时，台湾开放的频率以中、小功率的地方性电台为主，音质佳的调频广播电台占多数。新成立的调频及调幅电台一定程度上改了变台湾广播资源分配“重公营，轻民营”“重政府宣传，轻公共利益”的失衡格局。然而政党仍然主控广播媒体。1993 年广播频率资源对社会开放，民进党迅速将旗下的“全民电台”“绿色和平台湾文化广播电台”“台中全国广播公司大彰化之声”“南台湾之声”等地下电台合法化。在 1993 年到 2000 年分 10 个梯次开放的广播频率中，民进党成为最大赢家，仅 1994 年 12 月第四梯次频率释放中，民进党和亲民进党人士申请并获准的电台就多达 18 家。在新成立的电台中，有政治背景的申请者更容易获得执照，第 9 次获准的申请者中，不乏“总统府”参议的姐夫、国策顾问、议长、议长的妹妹、议员等。[①] 国民党的“中广”仍在台湾内外起着举足轻重的作用，广告收益和观众收听率一向高居台湾广播界榜首。军方汉声广播电台等媒体向来以量取胜，又占有着台湾广播频道的精华。因此，1993 年实施的广播资源开放，实际上是广播资源在各个政党间的再分配。

进入 20 世纪 90 年代初，几乎与广播对民间开放同时，台湾有线电视的合法化、正规化也提上日程。

台湾的有线电视是从“社区共同天线”开始的。台湾早期有线电视包括三大组成部分，分别是由“交通部”管辖的社区共同天线系统、“第四台”

① 陈飞宝：《当代台湾传媒》，九州岛出版社，2007 年版，第 261 页。

和有线民主电视台。

由于台湾地区地形崎岖，各地存在许多电视收讯不良的死角；在城市里，相邻高大建筑对无线电视信号接收构成影响，导致收视受阻。于是就有了在地势较高处架设接收天线，接收信号后通过线缆传输到户的做法，也即有线电视的雏形。早期社区共同天线系统只单纯服务于收视不良的地区民众，再加上当时的《广播电视法》严禁自设闭路系统播放录影电视节目，因此，早期小区共享天线只接收三家无线电视台的信号。1969 年在台湾花莲地区出现第一个社区共同天线。

科技的进步使得彩色电视机走入寻常百姓家，电子工业得以生产出相对廉价的有线电视传输系统必备的硬件设施，科技的进步还使得拷贝录影带便于操作。经济的进步使得台湾居民得以享受“第四台”有线电视服务。20 世纪 80 年代“老三台”所播出的电视节目形态呆板，无法满足大众日益高涨的新需求。在巨大的市场需求刺激下，“第四台”应运而生。

依 1982 年台湾“新闻局”给出定义，“第四台”是指利用录放影机，加装线路送入一般住户，经由电视接收机或其他类似机具，利用电视备用的第四频道接收，供人直接收视收听的电视播放系统。因在第四频道播出，故称之为“第四频道”，又因为该电视播放系统实际上成为除“台视”“中视”“华视”之外的第四家电视台，故称为“第四台”。也就是说，“第四台”并不是指一家电视台，而是指通过有线传输的方式播放电视节目的一类系统的统称。初期“第四台”只在闭路电视系统内播放武侠、警匪、爱情影片等录像带节目，其中不乏色情片。后期“第四台”开始接收三家无线电视台的信号供用户收看，并接收日本及其他国家的卫星电视信号，因此，“第四台”提供的电视节目远比“老三台”丰富多样。

一般认为台湾“第四台”最早出现于 1979 年，比之更早的“第四台”雏形——有线录影带播放系统——则是由陈锦池于 1970 年在台北市开办。由于当时有线电视并未获得当局许可，为非法性质，再加上“第四台”多播放色情节目造成不良社会影响，以及“第四台”大量使用盗版录影带对整个版权市场的冲击，1983 年“新闻局”开始实施“顺风专案”等取缔行动，后取缔行动也由专案行动改为日常性取缔工作。从见于官方记录开始，至 1993 年有线电视合法化前，台湾的“第四台”飞速发展，在此期间全台湾有“第四台经营业者 200 余家，总计有 60 万订户，约 400 万人收视，年营业额高达 30 亿元”[①]。

所谓的“民主有线电视台”，也是“第四台”的一种，它主要以政治为诉求，所播放的其他节目内容与一般的“第四台”并无差异，只是较少播放色情节目，在“竞选”时期，通常为反对势力宣传造势。1990 年 2 月 28 日台湾第一家民主有线电视台“中和民主台有线电视”正式开播，在此之后，民进党操办的分散在各地的“民主有线电视台”分台相继成立。为进一步壮大声势，1990 年 10 月 15 日，由 24 家民进党所掌管的民主有线电视台成立“台湾民主有线电视台全国联合会”，民进党主席黄信介当选名誉主席。

早期的共同天线经营者与“第四台”经营者之间在业务上，泾渭分明互不侵犯，共同天线系统不播放录影带，只转播台湾“老三台”的电视节目，“第四台”则只播放录影带而不转播三家无线电视的节目。这种不成文的默契在卫星电视出现后逐渐被打破，双方均投入力量加入卫星频道的转播，纠纷由此而起。随着时间的推移，新设立的一批“第四台”无视“互不侵犯”的默契，开始转播三家无线电视的节目，使得双方矛盾进一步加剧。“新闻局”在历次取缔“第四台”后无功而返，转而颁布“共同天线业者不得转播卫星节目”的禁令，遭到合法的共同天线系统经营者的强烈反对。合法的共同天线系统经营者欲逼迫“新闻局”收回成命，非法的“第四台”则企图走上合法化的道路，“民主有线电视台”也想在合法的环境下展开政治斗争，1982 年 4 月 11 日，三种有线电视势力在阳明山召开会议，试图摒弃旧恶并走上联合道路。除了台湾地区之内的压力，台湾当局更要

① 数据参见郑瑞成：《解构广电媒体——建立广电新秩序》，澄社出版社，1993 年版，第 464 页。

面对来自日本、美国等卫星电视节目的长驱直入，更重要的是来自北京的中国中央电视台也通过卫星进入台湾的千家万户。于是，将有线电视纳入法律管理轨道，迫在眉睫。

1993年8月11日，台湾《有线电视法》公布实施，1993年11月9日，行政院“新闻局”依《有线电视法》颁布《有线电视节目播送系统暂行管理办法》，将当时的共同天线业及未依规定设立的“第四频道”纳入管理，统称为“有线电视节目播送系统”（简称“有线播送系统”），从而实现台湾有线电视的合法化和正规化。1999年2月2日，《有线电视法》修正发布全文76条，并改名称为《有线广播电视法》。

1994年1月台湾“新闻局”把全台划分为51个有线电视经营区，每区15万人规模，原则上施行一区一系统的做法。1994年2月台湾当局制定《有线电视系统申请须知》，开放有线电视设立申请，共156家获得筹备许可。经过最初的多、散、乱的格局后，中小实力的有线电视系统经营者或被并购，或增加规模，到2004年重新划分的47个有线电视经营区里，有线电视系统经营者有63家，除18家为独立系统外，剩余45家分属东森媒体科技、中嘉、太平洋联网、台湾宽频通讯和联邦性质的台湾基础网络五大集团，占据全台湾81%的收视户。

进入20世纪90年代中期，无线电视频道资源开放也提上日程。早在“报禁”解除之初，台湾社会各界急切要求当局开放电视频道资源。迫于现实压力，国民党当局于1993年年初宣布对社会各界开放广播资源后，于1993年年底1994年年初，宣布接受第四家无线电视台申请。但并没有迈出实质性步伐，真正促成台湾第四家无线电视台成立的是1995年爆发的“三退联盟”运动。

在国民党宣布开放无线广播电视资源后，台湾知识界称国当局在新闻伦理和新闻自由上有严重偏差，国民党“党、政、军”三股势力理应全面退出广播电视领域。1995年2月，囊括了台湾社会科学界高级知识分子的“澄社”，联合“传播学生斗阵”“台北律师公会”等多个精英团体，组成“三退联盟”，要求国民党“党、政、军”三种势力退出所掌控的广播电视领域。此时的民进党意在获取无线电视频道资源，双方拥有共同的奋斗目标，于是走向联合。1995 年 5 月 20 日“三退联盟”发起“5·20 媒体全面改造”大游行，要求电波频道全面开放、“党、政、军”三股势力全面退出广电领域。民进党派出陈水扁参与街头游行。巨大压力下，国民党当局重申向民间开放第四家无线电视台，但并未对“党、政、军三种势力退出广电领域”做出回应。民进党在得到国民党开放广播电视资源的许诺并私下达成协议后，便不再卖力支持。本想借力使力的“三退联盟”处在了尴尬境地，声势浩大的“三退行动”在席卷台湾半年后也不了了之。

1993 年 12 月 29 日台湾当局宣布开放第四家无线电视台时，有三家筹备处提出申请，起初有民进党背景的民间传播公司和全民电通公司均参与申请角逐，协商之后，两家公司合并成立“民间全民联合无线电视公司”参与角逐。声势浩大的“三退联盟”运动之后，1995 年 6 月 16 日，国民党当局公布“民间全民联合无线电视公司”获得第四家无线电视台的筹设许可。1997 年 6 月 11 日，“民间全民电视公司”（简称“民视”，英文缩写 FTV）正式开播。至此，由国民党控制的“老三台”垄断局面被这家新成立的第四家无线电视台打破。民间传播公司董事长蔡同荣和全民电通公司董事长张俊宏，两人皆为民进党核心成员。“民视”成立后两人分别担任正副董事长，民视的其他主要领导人，民进党成员占据绝对优势。

“民视”总部及新闻部位于台北市，南部新闻中心位于高雄市。开播之初，幼小的“民视”无力与老牌的“台视”“中视”“华视”相抗衡，收视率和广告业绩相当差，于是打起了电视剧战，1988 年年底推出电视剧《春天后母心》一炮而红，自 1999 年 10 月至 2000 年 10 月连续 13 月出现盈余。[①] 随着新传播技术的发展，2000 年 6 月民视与“台视”“中视”“华视”“公视”联合推进数字电视试播。截至 2009 年年底，“民视”共 4 个频道在播。

---

① 陈飞宝：《当代台湾传媒》，九州岛出版社，2007 年版，第 302 页。

进入20世纪90年代末，随着20世纪60年代以来台湾经济的腾飞以及蒋经国时代台湾当局对广播电视控制松动，台湾三家无线电视台商业属性日渐凸显，政治说教性犹存，对利润的追求导致广告播出量持续快速增长并引发无序竞争，以及大量播出品格堪忧的娱乐节目，引起台湾社会各界的抨击，开办公共广播电视的呼声日渐高涨。

早在1982年，台湾当时的“行政院长”孙运睿正式提出“公共电视”的设想，并交由“新闻局”筹办。几经周折，1984年5月20日台湾公共电视节目《大家来读三字经》在“中视”播出，这是台湾公共电视的里程碑，但离真正公共电视台的创办还有一段距离。此后，“老三台”各自拿出不同时段联播公共电视节目，然而这种借窝生蛋的播出模式传播效果并不理想。于是，成立公共电视台势在必行。当然，公共电视台的开播也充满了诸如缓解民怨、公共电视于政治无害、让渡边缘资源继续维持独占等政治考虑。

从1995年11月20日到1996年1月20日，公共电视台进行两个阶段的试播。在民间社会团体、公共媒体、催生联盟等的力争下，1997年6月18日，台湾《公共电视法》最终得以通过公布。1998年7月1日，财团法人公共电视文化事业基金会（简称公视基金会）正式成立，同日，“公共电视台”正式开播。从1980年孙运睿提议成立公共电视台至此，公视完成了长达18年的建台历程。

“公共电视台”（简称“公视”，英文缩写PTS）由依法成立的“财团法人公共电视文化事业基金会”经营管理，“公视”不得播出广告，经费来源有台湾当局拨款、企业赞助、个人捐助和其他财源，同时依法从有线电视播送系统收取的年度经营额的1%拨付“公视基金”使用。公共电视节目的主要来源，一是委托台湾岛内电视公司制作，二是向国外公共电视台购买。节目内容主要包括文化、教育、新闻时事、特殊服务等，强调知识性、教育性、趣味性和服务性。公共电视台的节目播出后，其知名度逐渐提高，弥补了商业电视台的不足，使观众有了较多选择节目的机会。

3. 21世纪初至今社会多元期广播电视公共化的再继续

台湾“公共电视台”的成立，迈出了台湾广播电视公共化的坚实一步。其实，早在1995年“三退联盟”风生水起时，联盟内部就有人主张无线电视公共化。在“三退联盟”黯然收场之后，这些人联合其他民间团体组成“无线电视民主化联盟”（简称“无盟”），在2000年“大选”前和民进党结成联盟继续战斗，其中部分成员参与陈水扁“竞选”的《传播政策白皮书》的撰写。2000年陈水扁上台，民进党成了“台视”和“华视”的控制者，自然不愿提及“党、政、军退出广电领域”这茬。担着“新御用”的恶声，2003年“无盟”被迫宣布解散并另起炉灶组建媒体改造学社继续战斗。2000年后，失去“台视”和“华视”控制权的国民党重拾民进党昔日做法，转而支持广播电视公共化。民进党当初在《传播政策白皮书》也承诺广播电视公共化这一议题，压力之下，2002年，民进党提出“广播电视法部分条文修正案”，主张广播电视事业采取股份有限公司或财团法人组织形式，并要求政府、政党或由政府、政党持有百分之十以上股份之事业不得持有广播电视事业之股份。2003年2月8日，国民党高调宣布“国民党立法院党团支持广电法修法，退出媒体不再经营”。2003年6月，民进党“中常会”通过“党职人员退出广播电视媒体的决议”，要求民进党二级党部执评委以上党职人员必须退出广播电视媒体经营层。

至此，台湾《广播电视法》修正案的出台也就水到渠成。2003年1月和12月，台湾《广播电视法》修正案规定，以两年为缓冲期，党、政、军势力全部退出广播电视领域，《有线广播电视法》和《卫星广播电视法》也做出同样规定。2005年最后期限到来前，国民党宣布“中视”“中广”转卖荣丽投资公司。2006年，台湾“政府”控制的“台视”实现私有化，“国防部”和“教育部”控制的“华视”纳入公共电视集团，公营性质的客家电视、原住民电视和宏观电视，也在2007年划归公共电视集团。

从最终实现“党政军三股势力退出广播电视领域”的过程来看，实际上是政治力量相互较量、相互妥协的结果。而公共广播电视集团的建立，是台湾各界推行广播电视媒体公共化的重要成果。

台湾公共广播电视集团（简称台湾公广、公广集团、公广，英文缩写TBS）于2006年7月1日成立，以公视基金会、中华电视公司等为基础，是台湾第一个、也是目前唯一的公共媒体事业群。纵观公共广播电视集团的成立过程，充满了政治较量和妥协。

2000年陈水扁竞选时提出《传播政策白皮书》，主张当时为国民党所控制的“华视”与“台视”公共化，以及成立一个公共广播电视集团。2004年5月，在推行广播电视公共化、党、政、军退出广播电视媒体运动中有着广泛影响力的媒体改造学社联合“传播学生斗阵”“台湾媒体观察教育基金会”等社会团体，多次抗议当局私有化“台视”和“华视”，2005年5月18日，台湾当局通过《无线电视事业公股处理条例草案》，确立“华视”公共化，“台视”民营化。此后不久，“华视”总经理江霞称不能“华视”公共电视化，“华视”纳入公共集团，但仍实行商业化运作机制，媒体改造学社等对此并不买账。2005年12月25日，“台视”“华视”多名高层集体请辞以示不满。2006年1月3日，台湾“立法院”通过《无线电视事业公股处理条例》，规定“政府机关”应将持有公共化无线电视事业之股份，附负担捐赠财团法人公共电视文化事业基金会。在各方利益纠葛中，此举虽然饱含妥协意味，但无疑迈出了成立公共广播电视集团的实质性一步。2006年7月1日公广集团正式成立，2007年1月1日，客家电视台、原住民电视台、台湾宏观电视台加入，公共广播电视集团得以最终建立。

公共广播电视集团成立之后，“公视”的经费来源，除了逐年递减的政府捐赠之外，主要由企业赞助、个人捐赠及其他间接经营性收入。“华视”完全依赖广告及其他业务收入，自负盈亏。早在2006年7月1日公广集团成立当日，揭牌仪式就分别在“公视”“华视”举行，2006年8月，由“华视”新闻部与“公视”新闻部共同组建“公广集团新闻平台”，致力于实现人力资源和新闻资源的共享，但磨合不到八个月即宣告暂停运作。从公共广播电视基团内部运作机制看，各组成单位之间的融合有待现实考量。

4. 目前台湾广播电视设立情况概览

截至 2009 年年底，台湾共有无线广播电台 172 家，无线电视电台 5 家，直播卫星广播电视服务经营者 8 家，卫星广播电视节目供应者 99 家 232 个频道，有线电视系统经营者 60 家，有线电视播送系统 3 家。而台湾面积只有 3.6 万平方千米，人口也仅有 2300 多万，激烈的市场竞争可见一斑。

2009 年年底台湾广播电视台 / 公司数量统计表 [1]

类别	家数 / 频道数	备注
无线广播电台	172 家	1. 开放设立前即已存在之电台计 29 家（含中央广播电台）。 2. 前 10 梯次广播频率开放获准设立之电台共计 143 家（中功率 66 家、小功率 77 家），皆已取得广播执照正式营运。
无线电视电台	5 家	台视、华视、中视、民视、公视。
小区共同天线业者	7 家	良成（3 张执照）、华峰、正喜、庆丰、腾辉。
卫星广播电视事业（直播卫星广播电视服务经营者）	8 家	1. 台湾本土业者 5 家：太空电视、星际传播、弘开数字科技、国际先进音乐、侑玮卫星通讯。 2. 境外业者 3 家：新加坡商全球广播商业新闻电视台有限公司台湾分公司、美商特纳传播股份有限公司台湾分公司、英属盖曼群岛商艾科思达亚洲多媒体股份有限公司。
卫星广播电视事业（卫星广播电视节目供应者）	99 家 232 个频道	台湾本土业者 79 家公司，152 个频道。 境外业者 29 家公司，80 个频道。 （境内、外兼营业者 9 家）
有线电视系统经营者	60 家	新和有线电视股份有限公司申请终止经营经准，该系统经营者执照于 2009 年 8 月 31 日废止。
有线电视播送系统	3 家	1. 名城、祥通、东台等 3 家。 2. “年进”因申请终止经营，于 2008 年 12 月 31 日注销其登记证。

① 数据来自“台湾通讯传播委员会”官网统计资料。

现今台湾无线广播电台共有172家，其中汉声广播电台、教育广播电台、内政部警政署警察广播电台、台北广播电台、复兴广播电台、高雄广播电台、行政院农业委员会渔业署渔业广播电台等7家运营资金皆有“公务预算”给养，依据台湾广播电视法的规定，属于公营电台，其余则属商办电台。

相较于无线广播电台的数量，目前台湾无线电视仅有5家占据市场鳌头。他们分别是：台湾电视事业股份有限公司，即“台视”TTV；中国电视事业股份有限公司，即“中视”CTV；中华电视股份有限公司，即“华视”CTS；民间全民电视股份有限公司，即民视FTV；财团法人公共电视文化事业基金会，即“公视”PTS。这5家无线电视台，共占据20多个频道，通过无线信号、有线、卫星信号覆盖全台。

按照台湾2007年1月29日颁行的《有线广播电视法》，现今的台湾有线电视主要分为两大组成部分，一是有线广播电视系统[①]经营者，一是有线广播电视播送系统。有线广播电视系统经营者是指依法核准经营有线广播电视者。频道供应者是指以节目及广告为内容，将之以一定名称授权予有线电视系统经营者播送之供应事业，其以自己或代理名义为之者，亦属之。有线电视分订户定期缴交基本费用后收听收看的基本频道和基本频道以外须额外付费的付费频道。依据《有线广播电视法》之规定，无线电视台必须载于有线电视上作为基本频道提供用户收看。依据台湾通讯传播委员会公布的数据，2009年年底，全台湾有线电视用户4980251户，普及率高达63.80%。

依据2003年台湾《卫星广播电视法》的规定，卫星广播电视事业，是指直接向订户收取费用、利用自有或他人设备提供卫星广播电视服务的直播卫星广播电视服务经营者，以及利用自有或向卫星转频器经营者租赁转频器或频道，将节目或广告经由卫星传送给服务经营者、有线广播电视

① 有线广播电视系统：指有线广播电视之传输网络及包括缆线、微波、卫星地面接收等设备。

系统经营者（包括有线电视节目播送系统）或无线广播电视电台的卫星广播电视节目供应者。目前较为重要的卫星电视公司主要有三立电视股份有限公司、八大电视股份有限公司、中天电视股份有限公司、东森电视事业股份有限公司、纬来电视网股份有限公司、龙华数字媒体科技股份有限公司等本土企业以及时代华纳（TimeWarner）、日本广播协会（NHK）、英国广播公司（BBC）等在台湾播出的外商卫星电视公司。东森电视事业股份有限公司下设东森新闻、东森洋片、东森戏剧、东森综合、东森YOYO、东森电影以及东森购物频道等。另外还拥有东森美洲卫视、东森亚洲卫视、东森欧洲卫视三个海外频道。实力较雄厚的八大电视股份有限公司下设 GTV 第 1 台（频道）、GTV 综合台、GTV 戏剧台等多个频道。

二、台湾电视节目发展历程①

1974 年台湾新闻评议委员会通过《电视道德规范》和《无线电广播道德规范》，其中，《电视道德规范》将台湾电视节目分为新闻节目、教育节目、文艺娱乐节目和公益节目四类，并要求播出比例力求合理平衡，电视节目编排应尽量配合不同观众的作息时间。《广播道德规范》将广播节目分为新闻节目、教育节目、音乐及戏剧节目、一般娱乐节目、广告和公共服务节目 6 类。两者在广播电视专门法颁布之前，对广播电视节目予以基本规范。1976 年颁布的《广播电视法》将广播电视节目分为新闻及政令宣导节目、教育文化节目、公共服务节目和大众娱乐节目 4 大类，并沿用至今。1977 年依据《广播电视法》颁布的《广播电视节目规范》，将上述四类广播电视节目具体化，且基本沿用至今。

1. 20 世纪 60—70 年代强人政治前期起步阶段

强人政治前期，台湾电视刚刚起步，因此电视新闻基本处于起步阶段。

① 本节综合参见李献文、何苏六《港澳台电视概观》，北京广播学院出版社，2004 年版；李献文：《台湾电视文艺纵览》，中国广播电视出版社，1997 年版；陈炜：《世俗之镜台湾综艺节目研究》，中国电影出版社，2013 年版。

1962年“台视”正式开播时，即推出《台视新闻》，开始使用幻灯机投射新闻内容，每一节半小时。中南部的新闻靠传统交通运输传递，国际新闻靠外国通讯社周折转送而时效不足，1968年初次尝试卫星转播台湾红叶少年棒球与日本少年棒球比赛实况新闻。1969年“中视”推出《中视新闻》，两台在竞争中加速了电视新闻的进步。“华视”成立后，三家电视台相继建立一整套完整的采编制度，并逐步实现彩色新闻播出。1971年老牌的“台视”利用卫星实况转播美国登月事件，轰动一时。

台湾有了电视后不久，就有了电视剧。20世纪60—70年代的台湾电视剧，受制于强人政治的影响，带有鲜明的政治宣传色彩。1962年“台视”开播当年，就播出了台湾历史上第一部闽南语电视剧《重回怀抱》，此后不久，“台视”推出了台湾电视史上的第一部自制的国语电视剧《浮生若梦》，引发社会各界广泛关注。1969年“中视”开播后重磅推出连续剧《晶晶》，轰动台湾宝岛，该剧每天播映一集，养成了电视观众的收视习惯，自此电视连续剧站稳了八点档黄金时段，遂引发电视剧制作热潮。1971年“华视”成立后立即加入电视剧制作的行列中，台湾的电视剧市场呈现出三足鼎立的格局。电视剧带来的巨额广告利润使得各电视台一再延长剧集，“中视”的《天下父母心》长达90集，《再生花》达到167集，“台视”的220集电视剧《傻女婿》再创新高，“华视”的《包青天》本来口碑颇好，但350集的“鸿篇巨制”一度让观众觉得有些吃不消，台湾当局不得不出面硬性规定电视剧集数。

作为电视节目重要组成部分，台湾的综艺娱乐节目自台湾电视诞生后就走上银屏。1962年“台视”开播后，受技术限制，综艺娱乐节目均为现场直播。作为新生事物，由慎芝和关华石制作的以演唱国语歌曲为主的《群星会》，在那个文化相对贫乏的年代，好评如潮。随着科技的进步，许天赐制作和紫兰主持的《绿岛之夜》融歌唱、猜谜、问答、魔术、竞赛、观众参与等形式于一体，节目的综艺性日渐明朗。“中视”“华视”成立，于是构成三足鼎立的竞争格局，1969年“台视”推出90分钟时长的《欢乐周末》，轰动一时。“中视”自不甘落后，1970 年推出《欢乐假期》，播出长达 18 年之久，成为“中视”的招牌栏目。“华视”成立后立即推出具有台湾特色和田园之乐的《阳光—绿野—摄影棚》《翠堤春晓》等，令观众在歌唱杂耍之外耳目一新。1978 年“台视”推出《五灯奖》，先后推出张惠妹等知名歌手，乐而不淫，播出长达 33 年，成为台湾电视史上除了各台新闻以外最长寿的节目。

2. 20 世纪 80 年代强人政治后期壮大阶段

经过前 30 年的高速发展，20 世纪 80 年代台湾地区经济进一步繁荣，都市文化和大众文化日趋强盛，社会多元化趋势进一步加强。在技术上，1976 年“台视”率先采用 ENG 电子摄像机，台湾电视新闻步入电子影像时代。微波传输技术的采用，卫星传送新闻的做法，一改传统交通运输传送的时效低下的弊端，促进各家电视台电视新闻信息量和信息组织形式的变革。在机制上，各电视台的新闻采、编、制、播均已全面形成并相对成熟。“台视”的新闻制播以采访组、国外新闻组为主体，两者将采集的新闻信息初步整理后交制作组，制作组导播决定美工配合计划后，送核稿人审核后，交由技术部播出。“中视”的新闻制播以采访组、制作组为主体，采访组将新闻初步整理后交付制作组进行冲片剪辑，之后交由“主编”增添美工并进行核稿编稿，完成后的新闻成品交导播再次处理后播出。“华视”新闻制播师承“中视”，又有了新的改进。80 年代“台视”“中视”“华视”在各自新闻播报类节目外，又分别增设《台视新闻热线追踪》《六十分钟》《华视新闻杂志》等栏目。

80 年代以后的台湾电视剧创作异彩纷呈，都市剧、乡土剧、言情剧、武侠剧、历史剧等都在这一时期成型，反映了那个年代台湾社会现实以及人文诉求。1984 年由著名编导林福地执导的《星星知我心》，在台湾社会都市化日趋深入的档口，因契合人们对“浓浓的亲情、融融的乡情”的缅怀，再加上品质高超，一经“台视”推出，引发万人空巷，这在台湾电视史上并不多见。1985 年林福地再度推出《星星的故乡》，同样收获很大成功。1988年“华视”推出的《在水一方》《京华烟云》，在当年台湾收视调查中稳居榜首。乡土剧的风头过后，台湾民众再度回归复杂的都市现实，1986年琼瑶与“中视”合作的言情剧《牵情》一鸣惊人，铺平了琼瑶进军电视剧领域的道路，言情大戏《几度夕阳红》播出后，琼瑶戏成为“八点档之霸”，此后几乎每年都有琼瑶剧问世，《庭院深深》甚至突破50%收视大关。80年代台湾视坛还刮起武侠风，享有盛名的电视武侠剧大多改编自古龙和金庸武侠小说，楚留香、郭靖、黄蓉等形象深入人心。1985年“中视”推出《一代女皇》后历史剧再度复兴，慈禧、杨贵妃、李师师先后被搬上银屏，就连潘金莲也不幸落网。“台视”《铁血杨家将》、“华视”220集的《新包青天》均收视颇佳。《戏说乾隆》一经“中视”推出，又打开了历史剧戏说之风。

80年代经济社会的变革同样给综艺娱乐节目带来巨大的发展空间。1979年“台视”推出由张艾嘉主持的以介绍电视人辛酸经历为内容的《幕前幕后》，引起不小的反响。1979年8月“华视”隆重推出张小燕主持的拼盘式综艺节目《综艺100》，一度成为歌星的必登之台，台湾校园歌曲也从这里红遍整个宝岛。一向享有“综艺看华视”美誉的“华视”于1986年推出《连环泡》，嬉笑怒骂又反讽时弊，深受业界和观众的信任，后期加盟的主持人胡瓜、陶晶莹等，很快蹿红于台湾主持界。当然，80年代的台湾歌功颂德、讨好讨喜的综艺娱乐节目亦有之。

3. 20世纪90年代社会转型期成熟阶段

20世纪90年代，台湾先后实现有线电视、卫星电视正规化、合法化，第四家无线电视台民视开播，台湾电视新闻处于多元繁荣阶段。信息时代的来临以及竞争的加剧，促使各电视台纷纷采取新闻专业台的策略。1995年卫星频道TVBS-N新闻台开播，1998年力霸东森新闻频道开播，截至2000年台湾新闻专业频道多达11个，这其中就包括在台湾完整落地的美国CNN。90年代的激烈竞争，迫使各家电视台提高电视新闻时效性，1997年“白晓燕绑架撕票案”，1999年台湾7.3级强震、名古屋空难、桃园空难，1999 年澳门回归等重大新闻中，各家电视台使出浑身解数，争取第一时间发稿。90 年代的电视新闻中，各电视台对“竞选”新闻的报道，也成为拉高收视率的一大法宝。

20 世纪 90 年代初期，虽然政治、经济、文化、社会的转型带给台湾电视剧题材广阔、形态多样的新格局，然而政治风云激荡又使得电视剧稍显平淡无奇。尽管如此，1991 年“华视”推出《床边爱情故事》单元剧，《荒唐的爱》斩获 1992 年金钟奖单元剧奖，刘雪华也凭借《风里的爱》捧走金钟奖最佳女演员奖，“华视”还推出的家庭喜剧《家有仙妻》，也造成一时轰动，被内地引进后好评如潮。经过前 30 年的过度开发，都市剧、乡土剧、历史剧、言情剧等使得观众出现收视疲劳，于是，1998 年，琼瑶携手内地，重磅推出《还珠格格》，轰动全国各地甚至整个华人圈，捧红赵薇、范冰冰、李明启等一大批新老明星，成为 20 世纪 90 年代后期少有的电视剧佳作。

20 世纪 90 年代之后，有线电视合法化，卫星电视逐渐成熟，台湾的电视市场竞争愈演愈烈。能不能推出夺人眼球的综艺娱乐节目，成为各电视台的重要法宝。“中视”相继推出《欢乐假期》《欢乐传真》《欢乐星期五》《欢乐喜碰碰》《欢乐八点见》等“欢乐”系列综艺娱乐节目。1991 年“华视”推出由张小燕、阳帆主持的《综艺万花筒》，播出长达 5 年之久。1993 年“台视”奋起直追，推出由费玉清、张菲主持的《龙虎兄弟》，曾以 34.1% 的高收视率证明其成绩斐然。1996 年“中视”再放大招，推出《我猜我猜我猜猜猜》，先后由龙劭华和大小 S 姐妹、吴宗宪、庾澄庆等担纲主持，一直播出到 2010 年。90 年代还处于起步阶段的有线电视，虽然有意加入综艺娱乐竞争中，但实力有限，鲜有成绩突出者。

4. 21 世纪以来社会多元期的繁荣阶段

2000 年民进党陈水扁上台执政后，台湾的政治气候更加云谲波诡，台湾经济一度疲软，社会问题比较突出，这一切都反映在了电视新闻之中。“选举”时节，“民视”花巨资打造《台湾政治档案》对国民党的旧伤疤“二二八事件”进行歪曲。2004年“大选”时“民视”开办《头家来开讲》、“华视”开办《台湾心声》、“台视”开办《台湾高峰会》等栏目，为陈水扁进行辩护，有些栏目为人所不齿而不得不关闭。泛蓝阵营内的东森台《全民乱讲》，TVBS李涛主持的《2100全民开讲》和李艳秋主持的《新闻夜总会》等栏目，则对民进党展开批判。激烈的市场竞争和社会治安状况日下，使得台湾社会新闻日渐繁盛，并一度成为各家电视台黄金时段的“重头新闻大戏”，“黄金新闻”比比皆是。

进入21世纪，台湾电视剧时常给观众带来意外惊喜。2000年琼瑶出手不凡，与内地合拍的《情深深　雨濛濛》2001年在大陆播出时直逼红遍亚洲的《还珠格格》的收视率，在台湾“中视”播出时平均收视率高达6.05。2001年“华视”推出《流星花园》，偶像剧一夜爆红，随后三立电视制作播出《薰衣草》，使得偶像剧进一步发扬光大。2002年“华视”首播的《粉红女郎》，2003年“台视”播出的《再见阿郎》，收视也比较可观，但为一电视剧而万人空巷的风光难再。

综艺娱乐节目方面，激烈的竞争下，各制作方挖空心思搞创新。2004年1月由中天电视台推出蔡康永和徐熙娣担纲主持的《康熙来了》，是现今为台湾最具代表性的综艺谈话性节目，也是大陆观众所喜爱的为数不多的台湾电视综艺节目。2007年由陶晶莹主持的《超级星光大道》，集选秀、戏剧与真人秀于一身，又契合了当代台湾社会对真善美的追求，先后产生林宥嘉、萧敬腾、蓝又时等一大批新秀，成为台湾继《五灯奖》之后又一成功的歌唱选秀类综艺节目。

第二节　台湾广播电视业的管理

在涉及媒介政策和管理时，必然会碰到这样一个无法回避的问题，即政党、政府在媒介政策的制定和管理中扮演什么样的角色，“多龙治水”还是“一马当先”，影响着广播电视事业的发展轨迹。通过上一节当代台湾广播电视事业发展史的描述，可以看出，台湾广播电视事业的变迁，大致经过“政府（政治力量）主导，到政府有限放权，再到商业活泛竞争”这样一条基本顺承衔接之路，这种路径的选择，离不开其背后的管理机制变革逻辑。

一、台湾广播电视行政管理机制的变迁

1949 年国民党迁台后，广播电视的主管机构一度出现频繁更迭，甚至两年一变的情况。

1. 一元制管理

1947 年 5 月 2 日，国民党在南京组建“行政院新闻局”掌理全国广播事业，首任局长董显光，副局长曾虚白，下设“国内宣导”“国际宣导”“传播业辅导及分析”三处。1949 年 3 月“行政院”精简机构时，“行政院”秘书处下设新闻处，代替原新闻局管理全国广播事业。迁台之后，国民党中央改造委员会联合交通部等有关部门于 1950 年组建“广播事业辅导会议”，裁撤新闻处，原归新闻处管理的广播事业划归给“广播事业辅导会议”，直接由国民党而不必再经由“政府”进行管理。1952 年“教育部”又重新成立广播事业管理委员会，代替原来广播事业辅导会议全权管理广播业务。1954 年 1 月，“行政院新闻局”恢复原有建制，重新掌管台湾广播事业。1958 年，台湾“行政院”又将广播事业又交由“交通部”主管。尽管主管机构的频繁更迭，但“令出一门”的情形未作变更，这一时期的广播电视管理基本上为一元制。

2. 二元制管理之始

到了 1961 年，广播电视事业行政业务的管理又移交“行政院新闻局”，

但广播电视技术业务则由“交通部”负责，自此，一家广播电台的设立和运行，首先应到“新闻局”备案，由“新闻局”转送“交通部”核发电台架设许可证。“交通部”验收合格予以颁发电台执照，“新闻局”再授予广播或电视执照后才能正式开播。也即，自 1961 年，台湾的广播电视事业主管机构，由原来的一元制转为二元制。尽管 1967 年原由“新闻局”主管的广播电视业务划归“教育部文化局”，技术业务仍由“交通部”受理，1973 年又将广播电视事业管理再度划归“新闻局”，但二元制管理的格局未作变更，且二元制一直沿用到 2006 年“台湾通讯传播委员”的成立。

3.“三驾马车”制

通过梳理台湾广播电视主管机关的变革，可以发现，广播电视的一般业务，原则上由“新闻局”和“交通部”会同主管，后来则由“台湾通讯传播委员会”会同“交通部”主管。但在正式管理体制外，“国防部”与“交通部”于 1955 年正式制定“国防部、交通部通讯联合会报简则”，“国防部”自此可以参与广播电视电波频率的配用与管理。此后，由“交通部”和“国防部”联合制定的“执掌办事细则”，以及“频率指配处理实际程序”，使得“国防部”得以介入整体性频率配用事务，名义上作为广播电视技术业务主管机关的“交通部”，不再参与军用频率资源配用事宜。自此，在台湾实际上存在三家广播电视主管机关，分别是“新闻局”“文化局”等一般行政性业务主管部门，“交通部”技术性业务主管部门和“国防部”军用广播电视主管部门，由此形成台湾广播电视管理的“三驾马车”制。1976 年台湾《广播电视法》正式颁布施行，第 4 条第 1 款规定：“广播电视事业使用之电波频率，为国家所有，由交通部会同新闻局规划支配”，明确了二元制管理。第 6 条又规定，“军事机关设立军用电台，其所用发射方式、频率及呼号，由国防部会同交通部处理”，使得“三驾马车”制最终被确立下来。

4. 二元制的回归和深化

20 世纪 90 年代中期的“三退联盟”运动以及 21 世纪初再度兴起的“无盟”运动等，促使 2003 年《广播电视法》修正案通过。新修正案规定，“以两年为缓冲期，党政军势力全部退出广电领域”；新修正案删除 1976 年《广播电视法》第 6 条“军事机关设立军用电台，其所用发射方式、频率及呼号，由国防部会同交通部处理”条文，同时规定“广播、电视事业使用之电波频率，为国家所有，由交通部会同主管机关规划支配”和“广播、电视事业之主管机关为国家通讯传播委员会，独立超然行使职权”两条，又使得台湾广播电视的管理机构回归二元制。

相继爆发的“三退联盟”运动和“无盟运动”与政治力量相结合，在促进台湾媒体公共化过程中，党政军三股势力从广播电视领域退出后，对于由什么组织来管理广播电视事业的问题，台湾政党和民间力量相互妥协，于是，“台湾通讯传播委员会”（简称通传会，英文全称 National Communications Commission，缩写为 NCC）得以成立。

2005 年 10 月 25 日“立法院”通过“通讯传播委员会组织法”，规定 NCC 全面接管原属“新闻局”等的广播电视管理业务。2006 年 3 月 1 日，仿效美国联邦通信委员会的“台湾通讯传播委员会”正式成立。按照现行的“广播电视法”规定，“电台主要设备及工程技术之审核、电波监理、频率、呼号及电功率之使用与变更、电台执照之核发与换发，由交通部主管；其主要设备，由交通部定之”。而“广播电视法”也明确规定，“广播、电视事业之主管机关为国家通讯传播委员会，独立超然行使职权”，也就是说，NCC 的成立，使得台湾广播电视事业的二元制管理走向深化。

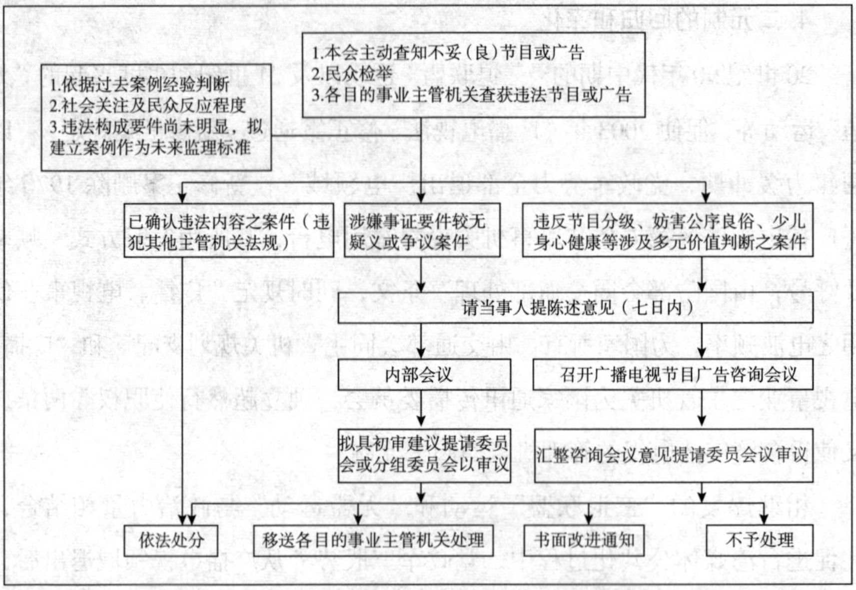

“台湾通讯传播委员会”作业流程图[①]

然而，名义上讲求独立于政治、中立监督媒体组织的“台湾通讯传播委员会”，在整个成立过程中也充满了政治算计。在日后运作中，又暴露出因在先天不足而导致的后天不良问题。早在 NCC 成立之初，民进党和国民党等就 NCC 的职能和人事安排等核心问题进行过长期较量，双方一度僵持不下，甚至在“立法院”还发生过肢体冲突。在实际运作中，NCC 的实际监管效用也处处受限。2007 年 4 月台湾“行政院”发表报告称 NCC 存在“十大罪状”，指责 NCC 失职。NCC 强硬响应，指责其粗暴干预行使正当职权。可见，实现和发挥 NCC 的良好初衷，还有很长的一段路要走[②]。

① 图表来自“台湾通讯传播委员会”官网。

② 谭天：《港澳台广播电视》，暨南大学出版社，2010 年版，第 204 页。

台湾广播电视主管机构沿革表[①]

年份	1950	1952	1955	1958	1961	1967	1973	1976	2006
主管机制	国民党中央改造委员会	教育部		交通部	新闻局 + 交通部	教育部 + 交通部	新闻局 + 交通部	新闻局 + 交通部	NCC + 交通部
备注			国防部/交通部通信联合会报简则制定					广播电视法公布实施	

结合上一节史实，对于当代台湾广播电视事业行政管理机制的变革，大致可以得出以下几点结论：

第一，在威权体制下，广播电视作为政治侍从，作为政治体系内在构成部分，与受控的政治力量共进退。在实施全面戒严之后，国民党当局随即宣布采取报禁政策，面对蓬勃发展的广播电视媒体，又出台“天空戒严”政策，严厉限制广播电视的设立申请，借助行政力量强力干预广播电视资源的社会分配。禁办之下，广播电视资源的分配首要考虑承接者政治背景，对于民营广播电视，给予其所有者、经营者政治经济等利益以示拉拢，并形成长期默契合作，又通过“党政军”“三驾马车”占据广播电视优质资源，挤压民营广播电视事业生存空间。时代的发展促使国民党当局对广播电视采取逐步开放的策略，在逐步解严时期，报禁最早解除，广播次之，电视最后解禁。国民党对广播电视采取官控商营的“半民主”式控制，为日后广播电视事业腾飞又留下余地。

第二，台湾的广播电视管理体制，经历了一元制到两元制的变迁。国民党迁台初，由国民党掌理广播事业事务。在随后形成的二元制管理中，广播电视管理权在文化取向的“教育部”与政治取向的“新闻局”之间频

① 郑瑞城：《解构广电媒体——建立广电新秩序》，澄社出版社，1993 年版，第 50 页。

繁转换，而最终业务管理权为政治取向的“新闻局”所掌控。但在二元制之外，又形成了“三驾马车”制，也即行政业务机构、技术业务机构与军事机构共同管理的局面。呈现此种复杂局面，一方面与法律内容之间的暧昧有关，另一方面，则是因为政治局势的动荡起伏导致相关部门的权力强弱不定。①

第三，由民间发起的“三退联盟”运动和“无盟”运动，结合反对党力量，最终使得台湾广播电视“公共化”迈出坚实一步。随着党政军三股势力相继退出广播电视领域，台湾广播电视管理再度回归二元制。“台湾通讯传播委员会”的成立使得台湾广播电视二元化管理机制进一步向美国等国家方向发展。“台湾通讯传播委员会”的组建，一定程度上有助于维持台湾媒体公共化成果。

二、台湾地区广播电视法制建设

台湾对广播电视采取法律手段管理，以1976年“立法院”通过的《广播电视法》及与之配套的多部子法的颁布实施为转折点。在此之前，台湾当局对广播（电视）事业的管理，主要采取严格的行政控制。1951年实施“报禁”政策，暂停新报创办；1959年实行“天空戒严”政策，暂停新电台的申办。1976年，台湾当局出台《广播电视法》，此后逐步形成了以《广播电视法》《有线广播电视法》《卫星广播电视法》《公共电视法》《通讯传播基本法》等为核心的广播电视法律体系，为广播电视管理提供了比较完备的法律依据。

1976年1月8日，台湾当局公布《广播电视法》全文51条，将当时已成气候的广播电视管理纳入法律轨道。1977年1月1日“新闻局”依据《广播电视法》制定《广播电视法施行细则》公布实施。1977年8月6日，《广播电视事业负责人与从业人员管理规则》公布实施。《广播电视法》自颁布后至2009年年底，经历了6次修订调整。大体而言，2003年

① 郑瑞城：《解构广电媒体——建立广电新秩序》，澄社出版社，1993年版，第51页。

以前，台湾广播电视法对广播电视事业的“管制”功能要大于“管理”功能，2000 年政党轮替后，台湾开始多元化发展，因此 2003 年对《广播电视法》进行两次修订，规模较大，突破也较大。

从 1976 年颁布到 2003 年 12 月 24 日第五次修订之前，《广播电视法》第 1 条开宗明义地指出立法目的在于“报道新闻，评论时事，推广社会教育，发扬中华文化，提供高尚娱乐，增进公共利益”，于是，各广播电视台的节目内容决不能与“阐扬国策宣扬政令”相抵触，要积极传播特定政治理念或意识形态。2003 年 12 月 24 日第五次修正后的第一条规定“为促进广播、电视事业之健全发展，维护媒体专业自主，保障公众视听权益，增进公共利益与福祉，特制定本法”，时代的发展迫使台湾当局对广播电视的管制理念逐步淡化。

但也并非都有所调整，1976 年《广播电视法》第 21 条规定了 6 大项广播电视节目不得播出的内容，分别是：损害国家利益或民族尊严、违背反共复国国策或政府法令、煽惑他人犯罪或违背法令、伤害儿童身心健康、妨害公共秩序或善良风俗、散布谣言、邪说或淆乱视听。这六项一般性限制规定，至 2009 年未变动。

对广播电视节目的表现形式的管制，主要表现在对节目比例以及传播语言的限制上。1976 年《广播电视法》第 16 至 20 条规定，新闻及政令宣导节目、教育文化节目、公共服务节目的播放时间，广播电台不得少于 45%，电视台不得少于 50%，各类型节目的内容标准及时间分配，由主管机关裁定。这些规定，至 2009 年没有发生变动。关于语言的限制，《广播电视法》第 20 条规定，电台对台湾岛内广播播音语言应以国语为主，方言应逐年减少；而“广电法施行细则”第 19 条规定，国语播音调幅电台不得少于 50%，调频电台及电视台不得少于 70%。后随着时代的发展，1993 年 8 月 2 日进行《广播电视法》第二次修订时，语言限制一条予以删除。

1976 年《广播电视法》规定，电台播送之节目，除新闻外，主管机关均得审查。电台应将其节目时间表，事前送主管机关核备；变更节目时亦同。无论任何类型之节目，凡供电台使用者，其输入或输出，均应经主管机关许可。这几项规定确立了事前审查机制，并且6次修订中，从未变更。1977年9月20日，台湾当局公布实施《广播电视节目规范》，并于1984年、1986年进行修订，再次规定节目先审后播，改动再审。1999年12月31日，台湾当局制定《无线电视节目审查办法》，再次强化事前审查机制。然而通讯委员会的成立，给事前审查机制带来一定冲击。尽管截至2009年《广播电视法》第25条依旧有事前审查的规定，但作为主管机关的NCC，于2008年5月9日宣布废止《无线电视节目审查办法》，这意味着，台湾地区实行多年的事前审查机制，实际上已经弱化。

台湾现行的《有线广播电视法》最早制定于1993年8月11日，截至2009年先后共经历6次大的修整，其中，1999年2月3日发布修正全文76条，名称更改为“有线广播电视法”，对有线广播电视运营管理、节目管理、广告管理、资费管理、权利保障、罚则等加以规定。台湾现行的《卫星广播电视法》自1999年2月3日公布实施全文46条，截至2009年经历2次修正，对卫星广播电视运营管理、节目及广告管理、权利保障、罚则等加以规定。《有线广播电视法》和《卫星广播电视法》在节目管理上，与《广播电视法》大同小异。另外，1999年，台湾“新闻局”依照当时的《广播电视法》《有线广播电视法》《卫星广播电视法》，制定了《电视节目分级处理办法》，并于2000年、2001年、2003年、2007年先后进行修订。依照办法，所有无线电视、有线电视、卫星电视的电视节目分为四级①，并按照规定时段播送。

① 分别是：未满18岁者不宜观赏的限制级，未满12周岁儿童不宜观赏，12岁到18岁的少年需要在监护人或师长的辅导下进行观赏的辅导级，未满6岁之儿童不宜观赏，6岁以上未满12岁之儿童需父母、师长或成年亲友陪伴观赏的保护级，一般观众皆可观赏的普遍及。人体裸露镜头应视剧情需要列入以上四个级别才可播出。

台湾电视节目分级标识[①]

电视节目分级播送时段表[②]

时间		06:00至16:00	16:00至19:00	19:00至21:00	21:00至23:00	23:00至次日06:00
无线电视		普、护	普	普	普、护	普、护、辅
有线电视、卫星电视	一般频道（未锁码）	普、护	普	普	普、护	普、护、辅
	电影频道（未锁码）	普、护	普	普、护	普、护、辅	普、护、辅
	一般频道（锁码）	普、护、辅、限				
	电影频道（锁码）					

除此之外，台湾当局还有 1997 年 5 月 31 日通过、公布的《公共电视法》，对公共电视组织机构、经费财务、节目制播、救济等方面进行了规范。2004 年 1 月 7 日公布施行的《通讯传播基本法》对通讯传播的基本原则、管理机构、法规修订等作了原则的规定。另外还有 2008 年 1 月 9 日制定发布的“通讯传播委员会组织法”及“实施细则”等，这些专门法的颁布与实施，使台湾的广播电视事业管理基本做到了有法可依。

三、台湾广播电视自律机制

世界上对新闻机构的管理，大多采用法律、行政法规等他律和行业自律两种机制。国民党迁台后，台湾媒体界陆陆续续成立众多报业公会、新闻评议委员会等行业组织并颁布相应行业公约，初步形成了新闻媒体自律机制。随着新闻事业的发展，原有新闻行业组织进行改组，新的行业组织陆续诞生，更多较为细致的行业自律规范颁行，进一步规制着台湾的新闻媒体。

① 图表来自“台湾通讯传播委员会”官网。

② 图表来自“台湾通讯传播委员会”官网。

1942年，中央政治学校新闻系主任马星野草拟《新闻记者信条》十二条，从12个方面对新闻记者进行规制，1950年1月25日由台北市报业公会通过、1955年8月16日由台湾报纸事业协会通过、1957年9月1日台北市新闻记者公会通过，成为台湾较早的新闻伦理道德准则，一并适用于广播电视从业者，并沿用至今。

为进一步补充法律和行政对新闻行业监管的不足，并进一步维护新闻行业秩序，1971年4月29日，原“台北市报业新闻评议委员会”改组扩大为“台北市新闻评议委员会”，1974年9月1日正式扩大为“台湾新闻评议委员会”，委员会由报业、广播、电视等8个新闻团体[①]共同推荐专家、学者组成，就新闻评论、节目、广告等问题展开调查听证，做出仅具有新闻道德批判性质的裁定。1974年6月29日台北市新闻评议委员会通过《电视道德规范》《无线电广播道德规范》，自此，台湾广播、电视方面的自律建设日渐系统化、正规化。[②]2001年9月10日，“台湾新闻评议委员会”再次改组，成立“社团法人台湾新闻媒体自律协会”，受理新闻、评论、节目、广告所涉及之当事人之陈诉，或社会各方人士之检举，经调查、听证后做出裁定，[③]旨在推行新闻自律工作，提高新闻道德标准，促进新闻事业的健全发展。

20世纪70年代台湾三家无线电视相继成立，并在有限的市场上展开角逐，为避免恶性竞争，1970年3月16日，“台视”“中视”“华视”相互妥协，联合成立了“台湾电视学会”，以便“研究电视学术，培养电视人才，改进电视技术，发展电视事业”，并延续至今。1976年，“电视学会”通过《电视广告规范》，作为行业自律公约，对台湾的广告事业给予规范。目前，“电视学会”有“台视”“中视”“华视”“民视”“公

① 8个新闻团体分别是：台北市报业公会、台湾省报纸事业协会、台湾新闻编辑人协会、台湾通讯事业协会、台湾广播电视业协会、台湾电视学会、台北市新闻记者公会以及高雄市报纸事业协会。

② 参见社团法人新闻媒体自律协会官网。

③ 参考台湾“政院新闻局2003出版年鉴”。

视”5 家无线电台为团体会员，个人会员约 3300 人，5 家无线电视台总经理担任常务理事及轮流担任理事长，总部随之轮流设于台湾各家无线电视台总部。总体来看，“学会在协调解决各无线电视台间之共同问题上，发挥极大的润滑功能，同时也起到广播电视主管机关与无线电视事业间的桥梁作用”①。

另外，台湾还有 1954 年 3 月 26 日成立的台湾广播事业协会（1980 年 3 月 1 日正式改组为台湾广播电视事业协会）、1994 年成立的“传播学生斗阵”、1995 年 3 月 29 日成立的“台湾新闻记者协会”、1999 年 9 月 21 日成立的台湾第一个媒体观察的非营利组织“财团法人台湾媒体观察教育基金会”、2003 年 5 月 4 日成立的“媒体改造学社”以及 2009 年 3 月 26 日成立的目前台湾地区唯一的全台商业性广播电台职业团体“台湾广播商业同业公会”等，他们各有侧重，从不同的方面，对台湾的广播电视发展给予规制和支持。

第三节　台湾的广播电视教育

依据台湾新闻传播生态环境、新闻传播事业自身发展进程和新闻传播教育发展的实际情况，大致将当代台湾广播电视教育分为三个阶段：20 世纪 50—80 年代奠基起步时期，20 世纪 90 年代快速发展期，2000 年至今蓬勃发展时期。

一、20 世纪 50—80 年代奠基起步期

据蒋经国授意，1951 年政工干校（政治作战学校）成立，在台湾首创

① 参见“台湾电视学会”官网。

“新闻组”进行新闻教育[①]，出身美国密苏里新闻学院、担任《台湾新生报》社长的谢然之担任组长，同时聘请当时新闻界知名人士黄天鹏、唐际清、陈恩成等人为教授。在新闻教学上，仍以报纸为主，广播教学甚少。1954年国立政治大学成立新闻研究所，1955年恢复大学部新闻系。1956年成舍我发起创办“私立世界新闻专科学校”，1962年开设“广播电视科”，专门培养广播电视人才。1963年中国文化大学创立新闻系，教学内容包括广播电视组等五个部分，1963年文化大学成立大众传播系，课程内容以广播、电视、电影为主。[②]

在早期新闻相关从业者的勤奋耕耘下，台湾的新闻传播教育有了良好的基础。随着20世纪70—80年代经济、政治、社会等环境相对宽松，以及广播电视事业的长足发展，台湾的新闻教育，尤其是广播电视教育，又有了新发展。老牌的政治大学、文化大学分别成立传播学院、新闻暨传播学院，开设广播电视学等课程，培养研究生层次人才。据统计，1990年台湾就读于新闻系的有1258人，就读于大众传播学系的有1842人，广播电视系的有154人，新闻研究所和大众传播研究所博士硕士128人。从这些教育下走出的新闻传播学字，对于当时的新闻事业发展提供不少心力和贡献，例如公共电视的推动，有线电视法的制定，同时负起媒体监督建言的责任。[③]

二、20世纪90年代蓬勃发展期

进入20世纪90年代，台湾的新闻传播环境发生重大变化。报禁的解除，广播电视频道频率资源对民间开放，有线电视合法化，卫星电视增多，导致新闻界对新闻专业人才的需求骤增。再加上受社会逐渐走向高学历、传播科技的变革以及学科精细化等因素的影响，90年代台湾新闻传播教育

① 方积根：《台湾新闻事业概观》，新华出版社，1990年版，第144页。
② 方积根：《台湾新闻事业概观》，新华出版社，1990年版，第144页。
③ 郑贞铭：《台湾新闻传播事业卷》，复旦大学出版社，2005年版，第174页。

进入蓬勃发展期，广播电视教育作为其中一支，也取得长足发展。

1995 年辅仁大学将大众传播学系的广播电视组改制升级为影像传播学系，专门授予电影、摄像、录像、广播电视、卫星电视等电子媒体知识；1996 年政治大学增设广播电视研究所硕士班，培养广播电视高级人才，推动广播电视学术研究；1997 年世新大学成功改制，设立新闻传播学院，下设广播电视电影系，旨在培养学生理论、实务以及批判与研究的才干；1997 年铭传大学更名，新闻传播学院下设广播电视学系；其他新老大学，如淡江大学、中正大学、台湾大学、中山大学等，均设有广播电视及相关专业。[①]

三、21 世纪以来全盛时代

21 世纪信息经济时代来临，社会环境进一步宽松。在激烈的竞争面前，台湾高校在新闻传播教育上，迎来全盛时代，初步形成了四大传播学院引领风骚的格局。

政治大学传播学院进行重大变革，传播学院广播电视学系设置广播电视节目设计与制作、电讯传播与媒介管理、新闻采编等学程，硕士班致力于政策法规与管理、广播电视制播与广播电视社会影响等领域研究。政治大学传播学院出版的《广播与电视》《新闻学研究》《广告学研究》《传播研究简讯》分列台湾传播研究期刊前四名。文化大学新闻暨传播学院下设新闻、广告、大众传播及信息传播学系，各系建立完善的实习制度及配套设备，包括虚拟摄影机、电子出版实验室、多媒体制作中心。世新大学新闻传播学院下设广播电视电影学系，系下设有大学部、硕士班、硕士在职专班、二年制在职进修专班四个层次教学单位。大学部下设广播组、电视组、电影组；硕士班下设创作组和理论组，广播电视电影硕士班创作组（MFA）成立于 2003 年，硕士班理论组（MA）成立于 2012 年；二年制在职进修专班原是 1995 年开办的“三年制专科毕业生在职进修班”，1999

① 陈飞宝：《当代台湾传媒》，九州岛出版社，2007 年版，第 450—464 页。

年改现名，2005 年改为新闻传播学院五系联招，以拓展在职进修管道，促进学界与业界的实质交流；硕士在职专班（MA）成立于 2003 年，旨在增强在职进修人士在媒体生态与科技发展等学术思维，培养媒体产业企划与管理人才。铭传大学传播学院在广播电视教育中，也堪称翘楚。

◆ 本章小结

1949 年国民政府大举迁台，带去了在大陆业已成熟的广播硬件和软件，台湾广播事业才开始有了明显提升。国民党迁台之后，鉴于“二·二八事件”以及在大陆的失败教训，迅速在台湾建立起“党国”一体的具有强人政治色彩的威权体制，大众传媒被置于政治力量的全面操纵之下。在实施全面戒严之后，国民党当局随即宣布采取报禁政策，面对蓬勃发展的广播电视媒体，又出台“天空戒严”政策，严厉限制广播电视的设立申请，借助行政力量强力干预广播电视资源的社会分配。禁办之下，广播电视资源的分配首要考虑承接者政治背景，对于民营广播电视，给予其所有者、经营者政治经济等利益以示拉拢，并形成长期默契合作，又通过“党政军”“三驾马车”占据广播电视优质资源，挤压民营广播电视事业生存空间。时代的发展促使国民党当局对广播电视采取逐步开放的策略，在逐步解严时期，报禁最早解除，广播次之，电视最后解禁。国民党对广播电视采取官控商营的“半民主”式控制，为日后广播电视事业腾飞又留下余地。

在此种媒体生态环境下，控制大众媒体就等同于控制政治权利，争夺政治权利就要争夺大众媒体。从 20 世纪 80 年代开始，后继的民进党在向国民党夺权过程中，下大力气在广播电视上宣传造势，关键性的“竞选”逆袭也是在广播电视的参与下得以完成。不同于国民党强人政治时期的刚性管控，民进党主打打破国民党广播电视垄断以及广播电视公共化旗号，但上台后并未放弃对台湾广播电视的控制。台湾的广播电视事业，从诞生之初寡头垄断到今天的多元竞争，始终处在政治力量不同程度、不同形式的干预之下。随着台湾地区的发展，干预的方式和程度由“明目张胆”“无微不至”转变为“深居简出”。

20 世纪末 21 世纪初，台湾新崛起的社会阶层联合政治势力，共同推动并在一定程度上实现了台湾广播电视的公共化。而这种公共化的趋势，仍在继续，一并体现在了台湾广播电视行政管理、法制管理和行业自律机制乃至广播电视教育上。

参考文献

［1］《中国共产党中央委员会关于建国以来党的若干历史问题的决议》，人民出版社，1981年版。

［2］中央广播事业局办公室编：《全国广播工作会议文件选编》1982年。

［3］云南省广播电视厅编：《当代中国的广播电视　云南省资料性文稿》，1985年。

［4］左漠野主编：《当代中国的广播电视》，中国社会科学出版社，1987年版。

［5］《当代中国的广播电视》编辑部选编：《中国广播电视大事记》，北京广播学院出版社，1987年版。

［6］方积根、唐润华、李秀萍编著：《台湾新闻事业概观》，新华出版社，1990年版。

［7］顾明主编：《中国改革开放辉煌成就十四年（广播电影电视卷）》，中国经济出版社，1992年版。

［8］刘淮著：《齐越和他的播音生涯》，中国国际广播出版社，1993年版。

［9］国家民族事务委员会经济司编：《中国民族统计·1992年》，中国统计出版社，1993年版。

［10］于广华主编：《中央电视台大事记》，人民出版社，1993年版。

［11］国家民委政策研究室编：《中国共产党主要领导人论民族问题》，民族出版社，1994 年版。

［12］中华人民共和国史广播电视编辑部编：《当代中国广播电视回忆录》，中国广播电视出版社，1995 年版。

［13］袁军、哈艳秋著：《中国新闻事业史教程》，中国广播电视出版社，1996 年版。

［14］杨伟光主编：《中央电视台发展史》，北京出版社，1998 年版。

［15］方汉奇编：《中国新闻事业通史（第三卷）》，中国人民大学出版社，1999 年版。

［16］赵凯主编：《上海广播电视志》，上海社会科学院出版社，1999 年版。

［17］《中华人民共和国广播电视简史》编辑部编：《改革开放中的广播电视（1984—1999）》，中国国际广播出版社，2001 年版。

［18］梁建增著：《焦点访谈红皮书》，文化艺术出版社，2002 年版。

［19］任金州著：《中国电视与市场经济对话》，北京广播学院出版社，2002 年版。

［20］陈扬明、陈飞宝、吴永长著：《台湾新闻事业史》，中国财政经济出版社，2002 年版。

［21］徐光春主编：《中华人民共和国广播电视简史》，中国广播电视出版社，2003 年版。

［22］张振华主编：《中国广播电视概要》，北京广播学院出版社，2003 年版。

［23］刘连喜主编：《媒介前线：网络和电视的亲密接触》，中华书局，2003 年版。

［24］张振华主编：《中国广播电视新论》，中国广播电视出版社，2004 年版。

［25］李献文、何苏六著：《港澳台电视概况》，北京广播学院

出版社，2004 年版。

［26］《北京广播学院五十年》（征求意见稿），中国传媒大学出版社，2005 年版。

［27］张小平著：《民族宣传散论》，中国藏学出版社，2005 年版。

［28］陆地主编：《解析中国民营电视》，复旦大学出版社，2005 年版。

［29］哈艳秋著：《中国新闻传播史研究》，中国广播电视出版社，2005 年版。

［30］王宴青主编：《探索：中央人民广播电台频率专业化管理频率化改革纪实》，中国广播电视出版社，2005 年版。

［31］郑贞铭编著：《20 世纪中国新闻学与传播学（台湾新闻传播事业卷）》，复旦大学出版社，2005 年版。

［32］赵玉明主编：《中国广播电视通史》，中国传媒大学出版社，2004 年版。

［33］刘习良主编：《中国电视史》，中国广播电视出版社，2007 年版。

［34］丁淦林主编：《中国新闻事业史》，高等教育出版社，2007 年版。

［35］李辉著：《中国体育的电视化生存》，学林出版社，2007 年版。

［36］陈飞宝著：《当代台湾传媒》，九州岛出版社，2007 年版。

［37］游洁、郑蔚著：《电视法制节目新论》，中国广播电视出版社，2007 年版。

［38］赵化勇主编：《中央电视台发展史（1958—1997）》，中国广播电视出版社，2008 年版。

［39］赵化勇主编：《中央电视台发展史（1998—2008）》，中国广播电视出版社，2008 年版。

［40］白润生主编：《中国少数民族新闻传播通史（上下）》，中央民族大学出版社，2008 年版。

［41］金星华、张晓明、兰智奇著：《中国少数民族文化发展报告 2008》，民族出版社，2009 年版。

［42］岳淼著：《中国电视新闻节目发展史研究（1958—2008）》，厦门大学出版社，2009 年版。

［43］何海兵主编：《台湾六十年》，上海人民出版社，2009 年版。

［44］赵玉明、艾红红著：《中国广播电视史教程》，中国广播电视出版社，2009 年版。

［45］苗棣主编：《中国广播电视节目概论》，南京师范大学出版社，2010 年版。

［46］杨波主编：《中央人民广播电台简史》，中国广播电视出版社，2010 年版。

［47］王求主编：《中央人民广播电台简史（续编）（2006—2010）》，中国广播电视出版社，2010 年版。

［48］第二十九届奥林匹克运动会组织委员会：《北京 2008 年奥运会总结报告》，北京体育大学出版社，2010 年版。

［49］国家民族事务委员会经济发展司、国家统计局国民经济综合统计司：《中国民族统计年鉴 2009》，中国统计出版社，2010 年版。

［50］胡耀亭、陈敏毅主编：《中国国际广播电台发展史第一卷（1941—2000）》，中国国际广播出版社，2011 年版。

［51］王庚年主编：《中国国际广播电台发展史第二卷（2001—2011）》，中国国际广播出版社，2011 年版。

［52］张长明著：《传播中国：二十年电视外宣亲历》，人民出版社，2011 年版。

［53］欧阳友权、王昌连、毛慧著：《电视频道专业化研究》，中国广播电视出版社，2011 年版。

［54］吴廷俊主编：《中国新闻传播史（1978—2008）》，复旦大学出版社，2011 年版。

［55］丁俊杰主编：《中国电视专业化频道研究》，中国传媒大学出版社，2012 年版。

［56］刘习良主编：《中国广播电视改革发展十年回眸（2001 年 ~2010 年）》，中国国际广播出版社，2012 年版。

［57］刘凯著：《感动的力量》，长江文艺出版社，2012 年版。

［58］陈久华著：《台湾政治转型过程中表达自由问题研究》，知识产权出版社，2012 年版。

［59］李舒东主编：《中国中央电视台对外传播史（1958~2012）》，人民出版社，2013 年版。

［60］赵玉明著：《赵玉明文集》（三卷本），中国广播影视出版社，2014 年版。

［61］哈艳秋主编：《“广播电视史学：机遇与挑战”学术研讨会论文集》，中国广播影视出版社，2015 年版。

［62］中国广播电视年鉴编辑委员会：《中国广播电视年鉴》（1986 年—2015 年卷），分别由中国广播电视出版社、北京广播学院出版社、中国广播电视年鉴社出版。

后记

六月，天气炎炎、骄阳似火，北京的夏天热浪扑身、燥热难耐。8年的时光匆匆而过，看着手中这部近60万字的书即将付梓，我的心情也和这部沉甸甸的书一样难以平静，心中涌起无限感慨。

一部重要著作的完成需要经过众多环节，不仅需要多人相助，更需协作精神，这部书的出版就很好地体现了相互协作的团队精神。从2009年《当代中国广播电视史》获得教育部批准立项，期间经过大纲编写、资料收集等阶段，发表了相关论文15篇作为项目的中期成果。这15篇论文作者主要有我指导的博士、硕士研究生，他们是王启祥、黄玉迎、桂清萍、廖瑾，其中有的论文还获得中国广播电视协会（现为中国广播电影电视社会组织联合会）的奖励。

培养指导研究生的方法很多，这些年来我的经验是坚持“在学中干、在干中学”的理念：在学术研究中学会读书、学会思考，学习治学的方法和认真的态度，在研究中提高科研能力，让学生们参加课题研究，带着问题去思考、去读书。本书正是基于这种想法，在写作中邀请了广播电视史方向已经毕业的博士、硕士和在读博士生与硕士生参加。此书作为教育部项目，级别高、研究价值大，学生参加到大项目中来，对他们的要求高、锻炼也大。通过本书的写作，研究生们都在科研上有了很大的进步，如燕频负责第一、三章，她查阅了90多部参考书、阅读了大量的文献，因此她负责的两章完成早、质量高。又如张立雷负责的第十二章“1949年以后台湾广播电视业的发展”，他最初写了 2 万字的书稿，后又扩充至 7 万字，再后来又修改精简到 3 万字。台湾地区广播电视业的研究难度大，他运用了很多办法来搜集资料。张立雷由于写了关于台湾地区广播电视业发展的这一章，了解这方面情况，其硕士毕业论文也以台湾地区广播电视业方面的研究为选题，并顺利完成论文写作，通过答辩。段然、田荣娟负责的第十、十一章有关香港、澳门广播电视业的发展，张静、和莹负责的第四章“历史转折时期的广播电视事业”，韩文婷、齐亚宁、桂清萍负责的第七章“新世纪广播电视事业的发展（上）”、叶彤等负责的第九章关于“新世纪广播电视事业的发展（下）”的内容，都有很大的难度，但他们都很好地完成了写作任务。参与本书写作的人中有几位已经毕业了的广播电视史方向的博士和硕士：孙伶俐、黄玉迎、韩怀军、李文竹、桂清萍，他们的日常工作繁忙，都是单位的业务骨干或者担任一定的领导职务，但他们利用节假日等业余时间投入本书写作，保证了本书的顺利完成。

本书从立项到出版，历经 8 年。由于是一部跨世纪的广播电视专业史、断代史著作，内容多且庞杂，涉及 1949 年到 2009 年（部分数据更新至 2013 年）的长时间跨度内的广播电视事业，对 60 年来广播电视事业发展进行了全景式的展现。因此我们在写作中不敢掉以轻心。本书写作最为繁忙的一段时间应是 2013 年至 2016 年，这期间六易其稿，召开过多次书稿修改讨论座谈会。我们还常常利用现代化的科技手段，在网上通报写作进度、进行书稿的意见交流工作。

此书的执笔者有：哈艳秋（前言和第二章）；燕频（第一章、第三章）；张静（第四章第一、二、三、四节）；和莹（第四章第五、六节）；李文竹（第五章）；黄玉迎（第六章第一节、第七章第一节）；韩怀军（第六章第二、三、四节）；韩文婷（第六章第一节之六、七，第七章第一、二、四节）；齐亚宁（第七章第三节）；桂清萍（第七章第五节，第八章第一、二节）；孙伶俐（第八章第三、四节）；叶彤（第九章第一、二、三、四、六节）；张大鹏（第九章第二节）；张立雷（第九章第五节、第十二章）；段然

（第十章）；田荣娟（第十一章）。

本书的统稿工作主要由我来完成，我指导的博士生、硕士生除了完成他们承担的任务之外，燕频、齐亚宁、韩文婷、黄玉迎等同学，还协助我做了大量工作，如相关章节的内容补充、修改；各章小结的完善等。特别是齐亚宁对书稿的整体编排、格式调整、参考文献的整理等。还要提到作为广播电视史研究方向的大师哥（学生们这样称呼他）的王启祥，由于他工作较忙，没有参加本书写作，却在工作之余，通读书稿全部内容，提出了十分具体的修改意见，他的意见对日后书稿的修改、完善十分有益。博士研究生刘华、张大鹏在读博士期间阅读书稿，也对书稿提出了修改意见。张大鹏还对第九章第二节“广播电视的数字化与网络化发展”补充了重要内容。本书出版之际，这些学生都已经完成学业，走上工作岗位，但是大家都十分怀念共同战斗的岁月。这部书凝聚了各位同学的汗水与心血，本书的出版他们功不可没，在此向对本书做出贡献的同学们表示衷心的感谢。

本书出版之际还要感谢中国传媒大学赵玉明教授的大力支持和帮助。赵玉明教授是中国广播电视史研究的大家，一直以来关注这部书的出版；同时赵玉明教授也是我的硕士导师，长期关心我在学术上的发展和业务上的进步。在 2015 年寒假前，我把近 60 万字的书稿送给赵老师请他提意见，寒假后，赵老师针对书稿中广播电视教育等方面的问题提出了具体修改意见。

本书出版之际还要感谢李栋教授提出的宝贵修改意见。李栋教授是我十分敬重的一位老师，他在中国传媒大学长期从事广播电视技术的教学和研究工作，是广播电视技术方面的著名专家，学术造诣极高。2015 年春节前，我请李老师审读本书中第九章第二节“广播电视的数字化与网络化发展”，李老师非常认真地看了这一节的内容，并针对书稿提出了具体修改意见。春节过后我去李老师家，他详细地就这一节中有关“广播电视的数字化推进”提出补充的内容：1. 地面数字广播电视［（1）数字音频广播（DAB）；（2）地面数字电视；（3）CMMB（中国移动多媒体广播）］，2. 卫星数字广播电视。对第二节中涉及的相关年代、具体时间、数据提出了质疑。根据李栋老师的意见，我请2014级博士研究生张大鹏对这部分内容进行补充。他写完后，我再次请李栋老师看，他又对其中几处文字表述进行了修改。李老师做事认真是出了名的，这次我亲身领教了李老师的认真精神，心中十分感谢李栋老师。但令人痛心的是，这位在广播电视技术领域学识渊博、造诣深厚、平易近人的老师，因病于2016年5月1日去世。每当想起他的帮助，我都难以抑制感激和怀念之情，此书的出版也是对李老师的一个很好的纪念。

本书的出版，得到了时任中国国际广播电台副台长陈敏毅同志的支持和大力推荐。中国国际广播出版社的领导也十分重视此书的出版，特别是张宇清社长，百忙中审读修改书稿，对一些重要章节给出了具体的修改意见。中国国际广播出版社的祝晔同志对书稿进行了认真细致的审读，对一些内容进行了核实。她为人直爽、做事讲效率，对书稿也提出了很多具体的修改意见，给我留下了深刻的印象。本书的责任编辑何宗思同志对本书进行了认真的编辑修改，做了很多细致的工作。对中国国际广播电台、中国国际广播出版社的领导、编辑为本书所付出的辛勤劳动，在此表示深深的感谢。

另外，在本书写作中，吸收借鉴了近些年来广播电视研究方面的相关成果。在此，向这些著作、论文的作者表示感谢。

本书由于涉及历史时间长、跨度大、情况复杂，在写作中可能存在疏漏、错误之处，诚恳欢迎有识之士批评指正。

哈艳秋

2017年6月